Keith Johnstone, *Theaterspiele*

Keith Johnstone, geb. 1933 in England, prägte maßgeblich das moderne Improvisationstheater. Von 1956 bis 1966 leitete er als Dramaturg am Londoner Royal Court Theatre die legendäre Autorenwerkstatt, der Dramatiker wie John Arden, Edward Bond und Arnold Wesker angehörten. Er unterrichtete an der Royal Academy of Dramatic Art und entwickelte seinen eigenen Stil, der sich in weltweit gespielten Improformaten wie Theatersport, Gorillatheater, Micetro und Life Game niederschlägt. Er gründete und leitete die »Theatre Machine«, eine Improtheatergruppe, die in vielen Ländern auftrat.

Johnstone lebte seit den siebziger Jahren in Calgary (Kanada), wo er jahrelang als Professor lehrte und künstlerischer Leiter des Loose Moose Theaters war. 1998 gründete er das International Theatresports Institute und gab regelmäßig weltweit Workshops an Instituten, Schauspielschulen und Universitäten. Sein Buch *Improvisation und Theater* gewann in vielen Ländern großen Einfluss und erschien 1993 auf Deutsch im Alexander Verlag Berlin. Eine Auswahl seiner Kurzgeschichten und Theaterstücke erschien 2009 in dem Band *Wie meine Frau dem Wahnsinn verfiel. Stories & Plays*. Keith Johnstone starb 2023 in Calgary, Kanada.

Auf seiner Homepage www.keithjohnstone.com finden Sie weitere Informationen.

Keith Johnstone

THEATERSPIELE

Spontaneität, Improvisation und Theatersport

Deutsch von
Christine und Petra Schreyer

Alexander Verlag Berlin

Verschiedene Fassungen von Teilen des vorliegenden Buches erschienen bereits in den Loose Moose Newsletters, in *Don't Be Prepared* und verschiedenen anderen Publikationen der Loose Moose Theatre Company.

Ich möchte Dennis Cahill, Deborah Iozzi, Maralyn Potts, Per Olaf Inde und Ken »Rolf« Martin für ihre Unterstützung danken.
K. J.

14. Auflage

Alexander Wewerka, Fredericiastr. 8, D-14050 Berlin
www.alexander-verlag.com · info@alexander-verlag.com

Umschlag unter Verwendung einer Zeichnung von Stefan Wewerka

Druck und Bindung: FINIDR s.r.o., Český Těšín
ISBN 978-3-89581-484-6
Printed in the Czech Republic (August) 2024

Der Kaiser Heliogabalus setzte einen Preis aus für jeden, der ein neues Laster erfinden konnte.

»Es ist ein phantastisches und gleichzeitig ein sehr schwieriges und gefährliches Unterfangen. Nur geeignete und aufgeweckte Menschen sollten sich daran versuchen ...«
(Aus: *Impromptu Acting* von Andrea Perrucci [1615–1704], zitiert in: Cole/Chinoy [Ed.], *Actors on Acting*, New York 1949)

»Es ist, als hätte man mir erlaubt, wieder Kind zu sein und Teile meines Geistes zu beschäftigen, die ich schon vor Jahren abgeschottet hatte.«
Australischer Improvisierer bei der Olympiade

INHALTSVERZEICHNIS

VERSCHIEDENE SPIELE 438

REGELN UND TECHNISCHES 454

EINLEITUNG

In alten Geschichten wird von Hohlwegen erzählt, die so eng sind, dass Reiter, die in sie hineingaloppieren, für immer in ihnen festsitzen – es sei denn, sie werden gerettet.

Die einfachsten sozialen Verhaltensweisen verwirrten mich. Wenn ich zum Beispiel etwas vergessen hatte, machte ich einen Umweg um den ganzen Block, um es zu holen. Denn den gleichen Weg zurückzugehen hätte mich als Wahnsinnigen entlarvt, der ziellos umherirrt. Heute bin ich geschickter; ich werfe den Kopf zurück und mache einen »Ah!«-Laut, um klarzustellen, dass ich ein »vergesslicher Mensch« bin, und gehe *dann* meinen Weg zurück. Ich beherrsche eine Menge solcher Tricks. Wenn ich etwas verschütte, lache ich oder runzle die Stirn, bevor es jemand anderes tut, und wenn ich auf der Straße ausrutsche, sehe ich mich um; nicht etwa, um zu sehen, in was ich hineingetreten bin, sondern damit ich nicht wie jemand wirke, der den Drang verspürt, einen Spagat zu machen.

Ich konnte nicht Rad fahren. Ich konnte nicht werfen, ich konnte nicht fangen, und wenn man mich ins Wasser warf, ging ich unter. Sport hätte mir helfen können, aber der Sportlehrer hatte kein Interesse an den Tölpeln. Auch das Singen hätte mir helfen können, stattdessen sagte man mir, einfach gleichzeitig mit den anderen den Mund auf- und zuzumachen.

Was es noch schlimmer machte, war, dass ich so schrecklich stolz war. Ich schämte mich, wenn Leute mich nachts an meinem seltsamen Gang erkannten, und ich wurde rot vor Wut, empfahlen mir die Lehrer eine Sprachtherapie (wobei sie nicht erklärten, was das war oder wie man sie bekommen konnte). Ich hatte angenommen, meine Stimme sei perfekt, mein wahres Ich. Aber da nichts, was ich sagte, je wert schien, angehört zu werden, begann ich zu hoffen, dass sie recht haben könnten.[1]

Ich erinnere mich, dass ich nachsitzen musste und wütend darüber brütete, warum die Schule sich weigerte, mir zu helfen (mir, der Person, nicht mir, dem Schüler). »Ich bringe also kein deutliches Wort heraus! Ich bin also tapsig wie ein Bär? Warum sind meine Lehrer nicht verantwortlich dafür? Was ist so wichtig an der jährlichen Menge Kohle, die aus Newcastle exportiert wird?« So sehr war ich in diese Überlegungen versunken, dass ich mehrmals zum Gehen aufgefordert werden musste, als die Stunde um war.

Ich wollte, dass meine Ausbildung meine Stimme und meine Körperhaltung korrigierte und mir half, Beziehungen zu Menschen aufzubauen. Ich wollte etwas, von dem ich nicht wusste, ob es existierte, das aber »Die Schauspielkunst als Selbstvervollkommnung« hätte heißen können, und ich hatte recht, es zu wollen. Es hätte dazu beitragen können, mich zu retten (und Millionen andere).

Man könnte meinen, sozialer Druck würde Abweichungen im Verhalten regulieren, doch der Kontakt mit anderen Menschen ist anstrengend (unser Blutdruck steigt, jedesmal wenn jemand ins Zimmer kommt). Alles, was unsere Angst verringert, wird verstärkt eingesetzt. Erfüllt ein falsches Lächeln den Zweck oder ein verkniffener Mund, wiederholen wir dieses Verhalten, bis wir davon überzeugt sind, dass es »wir« ist, genauso wie wir überzeugt sind, dass unsere Körperhaltung und unsere Stimme »wir« sind.

Schauspielunterricht an der Schule wird als »Kinkerlitzchen« angesehen, und warum junge Menschen zu einem Beruf ausbilden, in dem die Alkoholismusrate erschreckend ist? Aber während es als »unwichtig« abgetan werden kann, ob Geografiestudenten zusammengekniffene Augen haben oder Chemiestudenten nuscheln, muss die Schauspielkunst die ganze Person in Betracht ziehen. Ein Schauspiellehrer (einer, der nicht mit irgendeiner Mammutproduktion zum Ende des Schuljahres überlastet ist) kann den Schülern helfen, mit verschiedenen »Selbsts« zu experimentieren – die schüchternen können selbstbewusster werden, die hysterischen gelassener. Das unterstützt den Reifungsprozess und wirkt therapeutisch, und kein Pädagoge, der dies begriffen hat, kann Schauspielunterricht als Kinderei abtun.

Durch Zufall unterrichtete ich bald viele der Fähigkeiten, die meine eigenen Lehrer ignoriert hatten. Es war ein bisschen so, wie wenn ein Krüppel Tanzunterricht gibt, aber ich war ein guter Lehrer, und ich verbesserte mich sogar selbst ein wenig.

George Devine meinte, dass seine Regisseure auch Lehrer sein sollten, und als das Royal Court Theatre ein Studio eröffnete, an dem Auffrischungskurse für »alle, die beruflich mit dem Theater zu tun haben«, angeboten wurden, lud er mich ein, dort Unterricht zu geben. Aber da ich nie geschauspielert hatte, hatte ich keine Ahnung, was ich auffrischen sollte.

Ich erinnerte mich an Rousseaus Rat, dass »... wenn wir das Gegenteil von dem tun, was unsere Lehrer taten, sind wir auf der richtigen Spur ...«, und hängte eine Liste ans Schwarze Brett mit der Überschrift: *Dinge, die mir meine Lehrer ausgetrieben haben.* Ich war dazu angehalten worden, mich jeweils nur auf eine Sache zu konzentrieren, also suchte ich nach Möglichkeiten, die Aufmerksamkeit zu teilen. Mir war beigebracht worden, vorauszuschauen, also erfand ich Spiele, die es schwierig machen würden, über das nächste Wort hinauszudenken. »Nachahmung« galt als Mogeln, deshalb forderte ich die Leute auf, einander nachzuahmen. Mit komischer Stimme zu reden war verboten gewesen, weshalb ich meine Schüler mit komischen Stimmen reden ließ. »Originalität« war belohnt worden, also wurde ich berüchtigt als der Schauspiellehrer, der rief: »Seid langweiliger!«[2] Es war, als stützte ich mich auf eine jahrhundertealte Tradition. Viele dieser »Umkehrungen« gelten heute als »klassische« Spiele.

Ich wollte Diskussionen über den »Wert« vermeiden, also gab ich vor, an der Komödie zu arbeiten. Wenn wir lachten, sagte ich, sollten wir uns einig sein, dass die Arbeit komisch war, unabhängig davon, wie irgendein anderes Publikum reagiert hätte. Dadurch wurde jede Menge Gerede abgeschafft, doch wir lachten den ganzen Tag. Waren wir wirklich so komisch? Es gab, soweit mir bekannt war, in England keine Improvisation (außer Stanislawski'schen Schauspielübungen), also war die einzige Möglichkeit zu beweisen, dass unsere Arbeit Qualität besaß, mich selbst auf der Bühne zu zeigen, als eine Art Löwenbändiger mit einem Rudel Improvisierer-Löwen.

Devine meinte auch, dass die Vorgänge am Theater für jeden zugänglich sein sollten, also nahm gewöhnlich mindestens ein Beobachter an meinem Unterricht teil. Das British Council schickte jeden Fremden vorbei, der neue Methoden der Schauspielerausbildung sehen wollte (wer sonst hätte sie willkommen geheißen?), und meine Improgruppe (die »Theatre Machine«) wurde bald eingeladen, im Ausland auf Tournee zu gehen.

Ein holländischer Impresario – Jan de Blieck – arrangierte unsere erste Tour.

»Aber das Publikum wird nicht verstehen, was wir sagen!«, meinte ich. »Warum sollten sie Tickets kaufen, wenn sie kein Englisch sprechen?«

Jedesmal, wenn wir in einem neuen Land ankamen, war das einzige Wort, das wir auf den Plakaten lesen konnten – neben »Theatre Machine« aus London (oder was auch immer) –, das Wort MIME. Viele der Besucher verstanden kein Wort, also war es sinnlos, geistreich zu sein oder Witze zu machen. In Dubrovnik lernten wir sechs Wörter Serbokroatisch, und das Publikum jubelte, wann immer wir sie anwendeten. Aber eines Abends hatten sie keine Wirkung – niemand hatte uns gesagt, dass die Plätze an achthundert Matrosen eines russischen Kreuzers verkauft worden waren.

Ich hatte unsere Arbeit auf die Basis des Geschichtenerzählens gestellt; hätte sie auf Gags beruht, wären wir in Ungnade nach Hause geschickt worden.

Gruppen von Teenagern kamen wochenweise zu Besuch ins Royal Court Theatre und sahen sich Proben an, lernten Schauspieler und Agenten kennen und besuchten Shows (einschließlich eines professionellen amerikanischen Ringkampfes). Zwei Inspektoren Ihrer Majestät nahmen an einer der Diskussionen mit den Jugendlichen teil (John Allen und Ruth Foster). Zwölf männliche Achtzehnjährige starrten mich an, mürrisch und teilnahmslos, also sagte ich ihnen, dass andere Gruppen sehr gerne hier am Theater gewesen waren, doch »... alles, was ich von euch höre, ist, dass ihr euch für nichts interessiert, außer wie viel die Leute verdienen«.

Ich provozierte sie, provozierte sie so lange, bis einer von ihnen knurrte, dass Theater nutzlos sei, also wozu etwas darüber erfahren. Ich sagte: »Im Theater geht es um Beziehungen. Warum bringe ich euch nicht bei, wie man Mädchen ›abschleppt‹.«

Zwei von ihnen fielen über mich her. Der eine war rot im Gesicht und der andere aschfahl, aber ich kann mich nicht erinnern, welche Farbe furchterregender war. Sie riefen in einer Art Verzweiflung, »Mädchen abschleppen« sei eine Fähigkeit, die man entweder hat oder nicht hat. Plötzlich redeten auch die anderen alle wütend durcheinander und versicherten mir, wie seltsam es war, an einem Ort zu sein, wo jeder seine Arbeit zu mögen schien, sich um andere Dinge als Geld kümmerte, und wie auf sie nur elende Scheißjobs warteten, die sie nicht interessierten. Dann sagten sie den Inspektoren ihre Meinung, erzählten von ihren repressiven Schulen. Der Kurs sollte um vier Uhr dreißig zu Ende sein, aber um sieben Uhr waren sie immer noch eifrig dabei.

Dadurch wurde ich für die Inspektoren zur Persona grata, und für Jahre gab ich Workshops bei der »Sommerschule für Schauspiellehrer« des Ministeriums für Erziehung und Bildung (in Strawberry Hill) und bildete Gruppen von »fortgeschrittenen Schauspiellehrern« für das Greater London Council aus. Ich unterrichtete jedes Jahr die »Theatre-Go-Round«-Sommerschule der Royal Shakespeare Company und gab Hunderte von Vorführungen an Schulen und Colleges.

Bis ich England verließ, arbeitete ich an der Royal Academy, und seitdem habe ich an Theaterschulen in vielen Ländern gearbeitet, einschließlich etwa fünfzehn Jahre an der Danish State School (mit Unterbrechungen). Eugenio Barbas International School Of Theatre Anthropology (ISTA) widmete dem Studium der Improvisation eine Sommerschule und lud Dario Fo, Grotowski und mich ein, je eine Woche lang einen Workshop zu geben.

Kürzlich sah ich ein Buch, das aus Interviews mit Lehrern von führenden englischen Schauspielschulen zusammengestellt war, und war überrascht, meinen Namen auf dem Titel, zusammen mit Stanislawski, Laban, Grotowski u. a., zu sehen.[3]

Spiele

Sich ein Improvisationsspiel ganz von vorn auszudenken ist fast unmöglich: Das Beste, was man machen kann, ist, bereits bestehende Spiele zu bearbeiten. Denn Spiele sind ein Ausdruck für Theorien. Nehmen wir zum Beispiel an, dass Improvisationsspieler ihre Spontaneität kaputtmachen, indem sie vorausdenken, und dass dieses Denken verbal ist; wir könnten sagen: »Erfindet eine Geschichte, indem jeder ein Wort hinzufügt« oder: »Improvisiert eine Szene, ohne ein einziges Wort zu benutzen, das den Buchstaben ›s‹ enthält.«

Oder lasst uns die Theorie aufstellen, ein Publikum will eine Person sehen, die durch eine andere verändert wird; dies könnte zu »Sagte er/sagte sie«-Spielen führen, in denen die Spieler ihre Bühnenanweisungen von ihren Partnern erhalten.

Wenn unsere Annahmen richtig wären, wären dies ausgezeichnete Spiele (was sie sind); ich habe jedoch Lehrer kennengelernt, die kein Interesse an der Theorie haben oder daran, den Zweck jeden Spiels zu kennen. Sie wollen einfach neue Spiele, die sie aufgrund ihres Neuigkeitsgehaltes verwerten können. Ich habe sie sogar sagen hören: »Alles, worauf es ankommt, ist, dass du sie am Lachen hältst.«

Spielebücher sind als Gedächtnisstütze brauchbar, aber wir müssen wissen, warum die Spiele existieren, oder sie werden missbraucht, und nachdem sie missbraucht wurden, werden sie verworfen (jedenfalls verdienten sie es, verworfen zu werden).

Die meisten Spiele, die in diesem Buch beschrieben sind, entstanden aus folgenden Theorien:

1. dass sich die Improvisationsspieler gegen imaginäre Gefahren verteidigen, so als ob diese Gefahren real wären, obwohl das Theater ein Ort ist, wo selbst Leichen noch Vorhänge bekommen,

2. dass das »Splitten der Aufmerksamkeit« anderen Teilen der Persönlichkeit die Möglichkeit gibt, zu agieren,
3. dass die Schauspielkunst von Herrschaft und Unterwerfung handelt,
4. dass das Publikum sehen will, wie eine Figur von einer anderen verändert wird,
5. dass Geschichten Struktur erhalten, indem sie ihren eigenen Anfang ausschlachten,
6. dass die Zuschauer die Schauspieler in Übergangsstadien sehen wollen,
7. dass Improvisationsspieler die »Erlaubnis« brauchen, extreme Zustände zu erforschen,
8. dass wir das meiste, was geschieht, versäumen, wenn wir vorausdenken (auf der Bühne oder im Leben).

Die Ursprünge des Theatersports

Amerikanisches Ringen war das einzige Beispiel für Arbeitertheater, das ich je gesehen hatte – eine Art lebendig gewordener Zeichentrickfilm, in dem ›Schreckliche Türken‹ ›Exkommunizierte Priester‹ zerfleischten und kräftige Helden schlappe Schurken vernichteten und Zwerge zwischen den Beinen des Schiedsrichters herumhüpften. Muttis und Vatis brüllten Ratschläge, Omas stolperten nach vorn und schwenkten ihre Handtaschen, Teenager versuchten, die »Bösewichter« dazu zu bewegen, aus dem Ring zu springen und sie in Stücke zu reißen. Die Wettkämpfe fanden in Kinos statt (vor der Leinwand), und die Ringer wälzten sich vor Schmerzen auf dem Proszenium; niemand vom Theater hätte das für echt halten können (und auch niemand, der ein bisschen Ahnung von Anatomie hatte). Es dauerte jedoch noch Jahre, bevor mir klar wurde, dass manche der rasenden Omas bezahlte Statisten waren.[4]

Die Ekstase der Zuschauer war etwas, wonach ich mich sehnte, am »normalen« Theater aber nicht erlebte. Manchmal lagen die Darsteller minutenlang ineinander verschlungen auf der Matte, während die Zuschauer sie mit frechen und witzigen Rufen anfeuerten. Unsere Besucher im Royal Court waren dagegen brav wie die Sonntagsschüler.

John Dexter und William Gaskill hatten mich zu einem Catchkampf mitgenommen, und hinterher malten wir uns aus, die Catcher durch Improvisationsspieler zu ersetzen. So wurde die Saat für den Theatersport gesät, aber die Diskussion war akademischer Natur, da jedes Wort und jede Geste auf den öffentlichen Bühnen vorab vom »Lord Chamberlain« genehmigt werden musste, der die Stücke im Namen der Königin zensierte.[5] In Wirklichkeit war das Lord Chamberlain eine Gruppe ehemaliger Offiziere. Ich hätte Geld dafür gegeben, einen neben die Bühne zu setzen, um jedesmal zu pfeifen, wenn ihm etwas unbotmäßig erschienen wäre, doch er wäre weggejagt worden.

Diese Zensur genoss die volle Billigung der »Gesellschaft der West-End Theater Manager« (denn sie garantierte die Fadheit ihrer Erzeugnisse), und da die Queen nicht belangt werden kann, gab es keinen Regress; dennoch machten meine Improvisationsspieler auf den öffentlichen Bühnen bald, was sie wollten (zum Beispiel einmal die Woche im Cochrane Theatre) – etwas, was seit zweihundert Jahren nicht passiert war.

Ich gab Komödienkurse vor zahlendem Publikum, und das Lord Chamberlain drückte ein Auge zu (man wollte einem Lehrer nicht verbieten, in der Öffentlichkeit zu unterrichten). Aber ein Wettbewerb zwischen Teams von Improvisationsspielern wäre zu offensichtlich Unterhaltung gewesen. So war der Theatersport nur eine Möglichkeit, meine Schauspielkurse lebendiger zu gestalten, bis ich es in Kanada versuchte (eine liberalere Gesellschaft). Die Kanadier sind begeisterte Sportler, und sie tobten und jubelten wie bei einem Eishockeyspiel. Mit dem »Secret Impro Theatre« im Kellergeschoss der Universität Calgary gingen wir an die Öffentlichkeit, und später mit der »Loose Moose Theatre« Company, die ich mit Mel Tonken (einem Tierarzt) gründete.

Ich führte das Spiel in Vancouver (wo ich ein ausgezeichnetes Theater dafür fand) und Europa ein, und seitdem hat es sich über die ganze Welt verbreitet (leider oft in minderwertigen Formen). Elf Länder beteiligten sich an der Winterolympiade in Calgary, und unsere Internationale Sommerschule zieht Spieler aus zwanzig verschiedenen Ländern an. Der Vorsitzende des Californian State Arts Council besuchte uns und teilte unseren Geldgebern (und dem Canada Council) schriftlich mit, unsere Arbeit sei »so nützlich, dass sie sie von Kalifornien aus unterstützen würden, wenn sie dazu befugt wären«.

Ehemalige Student/inn/en des Loose Moose schreiben für Shows wie *Saturday Night Live* und *Rosanne* und/oder treten darin auf. Sie arbeiten an Drehbüchern mit und als Schauspieler oder Stand-up-Komiker.[6] Der Erfolg hatte zur Folge, dass erfahrene Schauspieler Calgary auf der Suche nach Ruhm und Reichtum scharenweise verließen. Die Wettkämpfe im Moose werden oft vollständig von Teenagern geleitet, die die Musik improvisieren, die Beleuchtung und die Kommentare, sich um die Genehmigungen kümmern und so weiter. Dieses Selbstvertrauen und die Fähigkeit, »Haltung zu bewahren«, sind auch die Tugenden, die vornehme englische Schulen wie Rugby und Eton zu vermitteln versuchen (obwohl ihre Vorgehensweise ziemlich unterschiedlich ist).[7]

Das Loose Moose liegt am südlichen Ende des Flughafens Calgary, und da wir nicht mit öffentlichen Verkehrsmitteln zu erreichen sind, ist die Gefahr, dass wir zu verwöhnt werden, gering; das zwingt uns, ständig neue Wege zu finden, um das Interesse der Leute zu wecken.* Wir zeigen jedes Jahr sechs improvisierte Schauspiele für Kinder, regelmäßige »Late Night Shows« (einschließlich »The Life Game«), plus »Micetro Impro« an Freitagen, »Gorilla-Theater« an Samstagen, »Theatersport« an Sonntagen sowie gelegentlich ein abendfüllendes Schauspiel.[8]

Das Loose Moose ist ein finanzschwaches,[9] semiprofessionelles Theater in schlechter Lage, und doch ist es eines der bekanntesten Improvisationstheater der Welt geworden.

---

* 2005 bezog die LMTC einen neuen Aufführungsraum im Calgary Crossroads Market. (Anm. d. Red.)

Theatersport im Loose Moose

Es ist zwei Minuten nach acht an einem Sonntagabend, und der Duft nach Popcorn weist auf eine Veranstaltung hin, die beim Volk beliebt ist (Kanadier verbinden Popcorn nie mit etwas Kulturellem). Der Winter steht vor der Tür, und das Theater mit zweihundertsiebzig Plätzen ist zum Bersten voll mit Leuten zwischen fünfzehn und fünfundzwanzig Jahren (die Altersgruppe, die traditionelle Theater so schwer erreichen).

Die Zuschauersitze steigen steil auf drei Seiten der Bühne an – ideal für den Theatersport, wo die Zuschauer ständig direkt angesprochen werden. Das Gebäude wurde für Viehauktionen geplant, wo die Käufer die Beine der Tiere sehen mussten. Wir können uns also auf der Bühne lang ausstrecken und immer noch gesehen werden – eine Rarität unter den meisten Theatersportarenen.

Die Eröffnungsmusik hat begonnen, und die Zuschauer jubeln, wenn ein Lichtkegel über sie hinweggleitet (wie bei der Oscarverleihung). Der Scheinwerfer fällt auf den Kommentator, der erhöht am Rande des in einem Halbkreis sitzenden Publikums vor einer Anzeigetafel steht.

Er/sie begrüßt das Publikum und »bricht das Eis«:

»Nennen Sie jemandem die Gemüsesorte, die Sie am meisten hassen!« oder: »Reichen Sie jemandem in der Reihe hinter Ihnen die Hand!« oder: »Erzählen Sie einem Fremden ein Geheimnis über sich selbst!« oder: »Umarmen Sie jemanden, den Sie nicht kennen!« (Ich bin immer wieder verblüfft, dass die Zuschauer einverstanden sind, sich gegenseitig zu umarmen.)

Man könnte das Publikum auch bitten, die »Welle« zu machen, was am besten von einem Improvisierer von der Mitte der Bühne aus angeleitet wird.

Der Kommentator wird zu einer körperlosen Stimme, die bei Problemen helfend eingreift, die Feinheiten erklärt und einem sagt, wenn man das Licht am Auto hat brennen lassen. Eine »Stimme« kann kurze Bemerkungen machen, ohne aufdringlich zu sein, wohingegen ein Conférencier, der auf die Bühne springt, wie ein Buch reden muss, um seine Unterbrechung zu rechtfertigen (und er reißt sogar Witze, nur um dann die Show an die Spieler zurückzugeben, wenn das Lachen verebbt).[10]

»Und jetzt das traditionelle ›Buh‹ für die Richter, bitte!«

Drei Richter in Roben überqueren die Bühne und setzen sich im »Graben« nieder, der unsere Bühne umgibt; um den Hals haben sie Fahrradhupen (»Rettungshupen«) hängen, mit denen sie »Warnungen wegen Langeweile« signalisieren, doch sie bewahren eine ernste Haltung (denn es macht keinen Spaß, gutgelaunte Leute auszubuhen).

Einen typischen Abend könnte der Kommentator so einleiten: »... ein zehnminütiges Herausforderungsmatch, das von zwei unserer Anfängerteams ausgetragen wird. Die »Erdferkel« betreten die Bühne. Applaus, meine Damen und Herren... «

Die »Erdferkel« betreten die Bühne auf der ihrer Bank gegenüberliegenden Seite. Dadurch können wir sie eingehend betrachten, während sie die Bühne überqueren. Sie bleiben dicht beieinander, sodass sie eine Gruppe bilden und nicht länger Individuen sind.

»Und jetzt Applaus für die ›Bösen Billys‹!«

Die Teams am Loose Moose sitzen im Halbdunkel des Grabens, im Gegensatz zu den meisten anderen Gruppen, die ihre Teams hervorheben und sie die ganze Zeit beleuchten oder sie sogar auf der Bühne postieren, mit dem Gesicht zum Publikum, wo sie gezwungen sind, einen starren Ausdruck von Frohsinn beizubehalten.

»Ein Richter und zwei Mannschaftskapitäne zur Mitte«, sagt der Kommentator.

Eine Münze wird geworfen, und der Gewinner ist hochherzig und sagt: »Ihr dürft die erste Herausforderung stellen.«

Ein Spieler betritt Feindesland und sagt: »Wir, die ›Erdferkel‹, fordern euch, die ›Bösen Billys‹, zur besten Szene eines neueren Films heraus!« (oder was auch immer).

»Wir nehmen an!«, sagen die Gegner.

Jedes Team improvisiert eine entsprechende Szene (die Herausforderer fangen an), und die Richter bewerten jede Szene, indem sie Karten hochhalten, die von null bis fünf nummeriert sind: Fünf bedeutet hervorragend, null bedeutet schlecht, und ein Hupen mit der Fahrradhupe heißt: »Seid so nett und verlasst die Bühne!« Herausforderung folgt auf Herausforderung, bis die vereinbarte Zeit erreicht ist.

Ein Team kann zu allem herausfordern (mit Einverständnis der Richter), zum Beispiel Bruce McCullochs berühmte Herausforderung, »die beste Szene in der Zeitspanne zu vollenden, in der ich meinen Kopf in einem Eimer unter Wasser halten kann«. Aber die meisten Teams fordern nur zu Spielen heraus (und einige immer zu den gleichen Spielen). Es ist besser, Spiele mit Geschichten zu durchsetzen oder die »beste religiöse Szene« zu fordern oder »die beste Darstellung des Traums eines Zuschauers« und so weiter.

Manchmal gibt es »Auge in Auge«-Herausforderungen, bei denen Spieler der gegnerischen Teams in einer Szene zusammen spielen – vielleicht in einem »Das Beste von drei Hutspielen« oder in einer Liebesszene, die nach Ernsthaftigkeit und Wahrheit beurteilt wird.[11] Szenen können sich hinziehen (wie am konventionellen Theater), aber jede langweilige Szene wird durch die Richter mit einer »Warnung vor Langeweile« unterbrochen (ein Hupen aus der Fahrradhupe eines Richters[12]). Wenn bei einer langweiligen Szene nicht gehupt wird, kann das Publikum protestieren, und wird eine Szene, die gefällt, ausgehupt, kommt es zu einem Massenaufstand.

Eine der Strafen ist es, zwei Minuten lang mit dem Strafkorb auf dem Kopf neben der Anzeigetafel zu sitzen. Manchmal setzen die Richter auch einem Zuschauer, der sich anstößig benimmt, einen Korb auf (sie weigern sich nie, der Gruppendruck ist enorm). Doch wie seltsam muss es sein, ins Theater zu gehen und herausgepickt zu werden, um mit einem Korb auf dem Kopf dazusitzen!

Nach diesem Anfängerspiel kommt meistens eine fünfzehnminütige »freie Impro«, bei der ein Lehrer Unterricht abhält (genauso wie ich es mit der »Theatre Machine« in den Sechzigern machte). Das kann auf erfrischende Weise interessant sein; das Tempo ist anders, und die Zuschauer lernen Termini technici wie »Blockieren«, »Kneifen« oder »Überbrücken« – sie freuen sich, in die »Geheimnisse« eingeweiht zu werden.

Auf die freie Impro folgt üblicherweise ein »dänisches Spiel«, das so genannt wird, weil ich es in Dänemark entwickelte zu einer Zeit, als uns daran gelegen war, zu beweisen, dass der Theatersport international Anklang finden würde. Die Richter gehen ab, und der Ombudsmann erklärt den Strafkorb (wenn dieser noch nicht zum Einsatz gekommen ist) und fordert die Zuschauer auf, nach jeder Herausforderung den Namen desjenigen Teams zu rufen, das die beste Arbeit lieferte. Er übt mit den Zuschauern, die Namen der Teams so laut wie möglich zu schreien.[13]

Das Match beginnt, und nach je zwei Herausforderungen erinnert der Ombudsmann die Zuschauer an die Szenen, die sie gerade gesehen haben: »Bevorzugen Sie die Szene, in der sich der Henker in den Gefangenen verliebt? Oder den alten Hausmeister, der einen tränenreichen Abschied von seinem Besen spielt? Ich zähle bis drei – eins!, zwei!, drei!«

Die Gewinner bekommen fünf Punkte, und eine neue Herausforderung wird gestellt.

Manchmal muss ein nochmaliges Schreien erfolgen, und die Namen der Teams müssen getrennt gerufen werden, doch selbst wenn wir ein Messgerät hätten (einen »Dezibelmeter« oder so was) würde ich es nicht einsetzen. In der Masse zu schreien ist gut für die Seele – unsere Vorfahren schrien bei Tagesanbruch noch vor dem Frühstück fünfzehn Minuten lang –, und es ruiniert das objektive Denken, das eher Frigidität als Vergnügen einbringt.[14] Aber wo kann man schon in der Menge schreien? Zu Hause darf ich nicht, im Bus darf ich nicht, im Büro darf ich nicht.

Teams stellen ihre Szenen mimisch dar, in Kauderwelsch, in Reimen, in Liedern und so weiter. Requisiten werden massenhaft beschafft – in einer Westernszene fegt dürres Gestrüpp über die Bühne, und für eine Himmelsszene schweben flaumige Wolken darüber. Manchmal machen Freiwillige aus dem Publikum mit (einmal sah ich fünfzig Leute auf die Bühne laufen, sich hinlegen und saugende Geräusche machen, während die Improvisierer durch sie hindurchwateten und vorgaben, Entenjäger zu sein).

Die Pause ist um neun Uhr und dauert etwa fünfzehn Minuten

(das hängt davon ab, wie lang die Schlangen am Erfrischungsstand sind). Danach spielen unsere erfahrensten Improvisierer ein »überarbeitetes Match« (bei dem die Gewinner jeder Aufgabe eine »freie Szene« bekommen, bei der sie noch mehr Punkte machen können), das heißt, das »tollste« Team erhält die meiste Zeit auf der Bühne. Wir versuchen, unsere besten Spieler für die zweite Hälfte aufzuheben, denn wenn das Ende wunderbar ist, hat der Zuschauer das Gefühl, die ganze Show war wunderbar.

Dieses überarbeitete Match dauert vierzig bis fünfundvierzig Minuten, und unser Publikum hat spätestens um zehn Uhr das Theater verlassen (denn sie müssen am Montagmorgen arbeiten).

Wenn die Vorstellung gut lief, hat man das Gefühl, die Zeit in Gesellschaft einer Menge gutgelaunter Leute verbracht zu haben, die wunderbar kooperativ sind und keine Angst vor dem Versagen haben. Es ist therapeutisch, in einer solchen Gesellschaft zu sein und zu schreien und zu jubeln oder vielleicht sogar selbst auf die Bühne zu gehen, um mit den Darstellern zu improvisieren. Mit ein bisschen Glück fühlt man sich, als wäre man auf einer wunderbaren Party gewesen; gute Partys hängen nicht vom Grad der Trunkenheit ab, sondern von positiven Interaktionen.

Was Theatersport erreichen kann

Einige Leute (viele davon glühende Anhänger des Kapitalismus und begeisterte Sportfans) verurteilen den Theatersport mit der Begründung, er fördere das Konkurrenzverhalten. Doch während Text-Theater tatsächlich das Konkurrenzverhalten fördert (ich könnte Ihnen Geschichten erzählen, die Sie nicht für möglich halten), bringt der Theatersport eifersüchtigen und egoistischen Anfängern bei, gut gelaunt zu spielen und mit Würde zu scheitern. Unter vernünftigen Bedingungen kann der Theatersport:

1. die universelle Angst vor dem Angestarrtwerden vermindern
2. »stumpfsinnige« Leute in »brillante« Leute verwandeln

3. zwischenmenschliche Fähigkeiten verbessern und zu einer lebenslangen Beschäftigung mit menschlicher Interaktion ermuntern
4. das »Funktionieren« auf allen Gebieten verbessern (wie es auf Schlangenölflaschen immer heißt)
5. die Fähigkeit, Geschichten zu erzählen, entwickeln (Geschichten sind wichtiger, als den meisten bewusst ist)
6. den Schüler sowohl mit dem Innenleben als auch der Oberfläche des Theaters vertraut machen.

Ich hoffe, Sie werden nach Gebrauch dieses Buches zustimmen, dass diese Ansprüche gerechtfertigt sind.

PROBLEME MIT DEM FEEDBACK

»Ich liebe Spaß, doch zu viel Spaß ist von allen Dingen am abscheulichsten.«
William Blake, zweiter Brief an Dr. Trustler

Narrenparadies

Es macht Spaß, sich am Gelächter des Publikums zu berauschen, aber Improvisierer sollten mehr bringen als seichte Unterhaltung. Sie sollten die Träume und Albträume und Leidenschaften verkörpern, die im Geist des Zuschauers gefangen sind, und vor allem sollten sie Geschichten erschaffen. Unglücklicherweise ist so ziemlich die einfachste Weise, einen Lacher zu kriegen, sich über die Geschichte lustig zu machen:

»Heil Cäsar!«

»Copius – warum trägst du dieses Bettlaken?«

Das Publikum mag zwar lachen, aber es wird bald feststellen, dass nichts passiert, und danach müssen die Witze wirklich gut sein. Und wenn das Lachen verklungen ist und nichts anderes geboten wird, kann man sich für Wochen gedemütigt fühlen.

»Aber ist nicht der ganze Sinn und Zweck des Theatersports, die Leute zum Lachen zu bringen?«

»Würdest du sie nicht gerne zum Weinen bringen?«

»Ja.«

»Möchtest du nicht, dass sie vor Entsetzen erbeben?«

»Natürlich.«

»Möchtest du nicht, dass sie von Ehrfurcht ergriffen sind? Vor Spannung platzen? Und vor Mitleid zerfließen?«

»Absolut!«

»Nun, dies kann nicht der Fall sein, wenn Lachen das Maß aller Dinge ist!«

Das Rinnen der Tränen oder das Knistern von Gänsehaut im Publikum können die Spieler nicht hören, doch sie reagieren auf jedes Glucksen (»Sie lachen, also müssen wir richtigliegen!«). Ein Zuschauer lacht aber auch, wenn er verlegen ist, wenn er lieber gemütlich mit einem guten Buch im Bett liegen würde. Manchmal lacht eine Gruppe betrunkener Teenager über jedwede Idiotie, und unerfahrene Improvisationsgruppen fordern dieses Verhalten heraus und sehen nicht, dass die meisten Zuschauer mit verschränkten Armen dasitzen.

Als ich die »Theatre Machine« leitete, wollte ich, dass die Zuschauer innerhalb der ersten Minuten hysterisch lachten (damit sie wussten, dass wir die Macht hatten, sie zum Lachen zu bringen), und dann kämpfte ich gegen das Gelächter an, schwächte kurz vor der Pause ab, um am Schluss dem Gelächter fünfzehn Minuten lang freien Lauf zu lassen. Nicht dass uns das immer gelang, doch wir wussten, komisch anzufangen und immer weniger komisch zu werden ergibt keine großartige Abendunterhaltung.

Gegen das Gelächter anzukämpfen stellt Wohlwollen her (denn wenn die Zuschauer lachen, lachen sie unisono). Wenn man das Lachen unterdrückt, bis es keine andere Wahl mehr hat, als zu explodieren, wird das Publikum zu einer Einheit. Strebt man ständig nur nach »billigen Lachern«, zersplittert die Reaktion der Zuschauer.

Auf jeden Fall macht zu viel Lachen die Leute krank. Ich will, dass die Leute so sehr lachen, dass sie sich auf dem Boden wälzen, aber sie werden müde, ihre Rippen tun weh; sie brauchen Zeit, sich zu erholen, ihre Batterien aufzuladen. Moss Hart entdeckte dies, nachdem die Proben zu *Once In A Lifetime* in einer Katastrophe endeten. Sam Harris klärte ihn auf: »Ich wünschte, mein Sohn«, seufzte er, »dies wäre kein solch lärmendes Stück ... ich habe dieses Stück vielleicht schon hundertmal gesehen, und ich denke ... dass es die Zuschauer erschöpft ... Sicher lachen sie. Aber ich denke, sie sehnen sich danach, diese Bühne wenigstens einmal mit vielleicht zwei oder drei Leuten zu sehen, die das Ganze in Ruhe besprechen ... Sobald diese Show begonnen hat, spricht niemand mehr miteinander. Sie machen nur Krach wie verrückt und rennen rein und raus ...«

Hart entfernte viele Witze und gab dem Publikum Raum zum Ausruhen, und das Stück wurde witziger; nicht »ständig witzig«, sondern witzig bis zum letzten Vorhang. Moss sagte: »All die Stolpersteine, über die wir uns ganz umsonst den Kopf zerbrochen hatten, schienen sich leicht und natürlich wie von selbst aufzulösen …«[15]

Gags sind in Ordnung, wenn die Darstellung nicht länger als eine Viertelstunde dauert. Und auch wenn die Gags »frisch« sind, ist es wie ein »Bankett aus Anchovis«, wie jemand einmal über die Lektüre von Seneca sagte.

Zu viel Beifall

Besucher am Loose Moose wundern sich oft, dass die unter den Zuschauern sitzenden Moosers nur lachen und applaudieren, wenn das Publikum lacht oder applaudiert. In dieser Hinsicht sind wir streng, denn künstliche Begeisterung würde die Darsteller in die Irre führen. Dennoch habe ich Theatersport in Theatern mit fünfzig Plätzen gesehen, wo alles und jedes mit Begeisterungsrufen und Gekreische empfangen wurde, obwohl es nicht eine einzige denkwürdige Szene gab (die wenigen echten Zuschauer sahen sich um, als ob sie auf der falschen Party gelandet wären). Die Spieler wussten, dass ihre Freunde und Kollegen dieses gefälschte Feedback erzeugten, und doch ließen sie sich davon täuschen (genauso wie geschminkte Lippen und falsche Wimpern ihren Zauber ausüben, obwohl wir uns der Künstlichkeit bewusst sind).

Bei den Zuschauern laufen sehr subtile Prozesse ab: wachsende Identifizierung mit den Spielern, Spannung, die daher kommt, dass sie sich fragen, ob die Vorstellung ein Erfolg sein wird, die Erwartung eines Wunders. Diese »Kommunion« wird zerstört, wenn ein Teil des Publikums mit künstlicher Begeisterung reagiert.

Vor langer Zeit sah ich ein Video eines Robin-Williams-Stand-ups in San Francisco, wo die Zuschauer alles mit der gleichen Begeisterung aufnahmen. Das verwirrte ihn, und er zog eine »Komiker in der Hölle«-Nummer durch und machte mehr und mehr Ausländerwitze. Dann zerrte er jemanden auf die Bühne. Hätte er eine Kellnerin herangezogen, hätte es hinreißend sein können – denn die Fans hätten sich wirklich dafür interessiert –, aber er ging auf Nummer sicher und wählte John Ritter, und das Jubeln ging weiter.[16] Am Ende der Show tauchte er immer wieder auf, als könnte er es nicht ertragen abzutreten, ohne diese enge Verbindung zum Publikum zu haben, bei der es von Minute zu Minute mit äußerster Sensibilität reagiert. Er war wie ein Fischer, der verzweifelt, weil immerzu Fische in das Boot springen und es sich nicht bei einem lohnt, ihn zu behalten. Als er schließlich aufgab und in seine Garderobe eilte, folgte ihm die Kamera und fand ihn zusammengekauert in einer Ecke. Auf die Frage, wie es gelaufen sei, antwortete er (soweit ich mich erinnere): »Großartiges Publikum.«[17]

Mein Rat an Darsteller, die zu viel Beifall bekommen, ist: Tut nichts, absolut gar nichts, bis die Leute wieder zur Vernunft gekommen sind.

Das »Genug gesehen«-Spiel

Ich habe vieles ausprobiert, um eine Klasse zu unmittelbarem Feedback zu ermutigen. So bat ich sie, die Spieler auszubuhen oder Sachen zu werfen. Aber nichts funktionierte, bis ich auf die Idee kam, sie zu bitten, still hinauszugehen, wenn sie genug gesehen hatten – Abstimmung mit den Füßen ist eine sehr natürliche Sache.

Ich erkläre, dass in diesem »Spiel« eine Runde beendet ist, wenn die Hälfte der Zuschauer den Raum verlässt, und Gewinner ist die Person, die unsere Aufmerksamkeit am längsten fesseln konnte. Es gibt wahrscheinlich keine Freiwilligen, man muss sie eine Weile locken.

»Dies ist ein fortgeschrittenes Spiel«, sage ich. »Also können wir es noch ein paar Monate aufschieben. Aber falls jemand tapfer genug ist, stoppen wir die Zeit, und wenn er fünfzehn Sekunden durchhalten kann, erhält er ein dickes Lob.«

Dadurch fühlen sie sich sicherer, denn sie glauben (fälschlicherweise), dass sie das Interesse der Klasse viel länger als fünfzehn Sekunden fesseln können. Dann sage ich:

»Nach jedem Versuch fragen wir die Leute, warum sie gegangen sind. Sie müssen es nicht wissen, aber einige werden uns sagen können, warum ›die Fäden gerissen sind‹, und das sind wichtige Hinweise.«

Ich könnte auch die Gruppe von dänischen Schauspielern erwähnen, die von diesem Spiel so gefesselt waren, dass sie es einen ganzen Tag lang spielten. Und ich versichere mich, dass es auch gehört wird, wenn ich jemandem erzähle, es seien gewöhnlich die beliebtesten Studenten, die sich als Erste freiwillig melden.

Schließlich kriege ich einen Freiwilligen (wahrscheinlich ist es ein Mann):

»Was soll ich tun?«

»Tu alles, von dem du glaubst, es interessiert uns, aber fang nicht an, bevor der Zeitnehmer ›Los!‹ sagt.«

»Los!«

Er beeilt sich, einen Stuhl zu holen, stellt ihn mitten auf die Bühne und beginnt, an seinem Stiefel zu zerren.

»Zwölf Sekunden!«, sagt der Zeitnehmer, als die halbe Klasse aufsteht, um zu gehen. Hätte er den Stuhl auf vernünftige Weise geholt, wären zwölf Sekunden vorbei gewesen, bevor er sich gesetzt hätte, und wir hätten Zeit gehabt, uns zu fragen, was er vorhatte.

»War denn der Stiefel nicht interessant?«

»Er hätte es sein können, aber du warst wie wild.«

»Ich wollte euch nicht langweilen!«

»Wenn es dich schon nicht interessiert, wie soll es dann für uns interessant sein? Es war, als schaute man sich ein Video im Schnelldurchlauf an.«

Er soll alles, was er getan hat, noch einmal tun, aber dreimal so langsam, und er wird viel interessanter. Die Vorstellung, dass Geschwindigkeit langweilig sein kann, ist eine Offenbarung für ihn, obwohl die Langsamkeit großer Clowns legendär ist.

Man wird bald eine große Menge von Freiwilligen haben, die Geschichten und Witze erzählen und von einer Emotion zur anderen übergehen und alles tun, von dem sie glauben, es interessiert uns. (Die Drohung eines Striptease kann das Zimmer im Nu leeren.) Jemand singt, und nach ein paar Takten läuft alles hinaus, dann singt jemand anderes, und wir bleiben Sekunde für Sekunde. Es ist also nicht einfach, das Geheimnis zu erraten. Charakteristisch für dieses Spiel ist, dass die Zuschauer nicht einer nach dem anderen einzeln durch die Tür gehen, sondern in Wellen; die »Fäden« reißen, und die halbe Klasse ist verschwunden. Mütterliche Zuschauer zögern zu gehen, aber sie tun es, wenn ich sie auf solche Momente aufmerksam mache, in denen sie eigentlich hinausgehen wollten, doch die Regung unterdrückten.

Nach jeder Runde erinnere ich den Spieler, dass er/sie die Leute fragen kann, warum sie gegangen sind. Einige Leute haben keine Ahnung, andere werden sehr deutlich, und das Spiel wird zu einer spannenden Erforschung dessen, was »die Fäden zum Reißen bringt«.

Eine Spielerin kratzt sich, und wir gehen fast sofort.

»War ich nicht interessant?«

»Warum sollten wir hier sitzen und dir zuschauen, wie du dich kratzt?«

»Aber ich habe mich an verschiedenen Stellen gekratzt.«

»Du hattest Angst, das Kratzen zu entwickeln, also hast du einfach immer das Gleiche gemacht.«

»Aber was hätte ich tun sollen?«

»Etwas Naheliegendes. Du reibst etwas betäubende Creme auf die juckende Stelle und stellst fest, dass dein ganzes Bein taub geworden ist, so dass du merkwürdig läufst. Oder du entdeckst eine Beule und stellst fest, dir wächst noch ein Kopf.«

»Dass ein zweiter Kopf wächst, ist naheliegend?«

»Wenn du die Beule gerade entdeckt hast, wächst sie offensichtlich. Und es wäre offensichtlich gut, wenn sie etwas wäre, wozu du einen Bezug hast.«

Ein anderer Spieler zieht seinen Stiefel aus und tastet darin herum. Er tut, als fände er einen kleinen Gegenstand, aber er wirft ihn weg, und es kommt zu einer Massenflucht. Als wir zurückkehren, zeigt er auf jemanden:

»Warum bist du hinausgegangen.«

»Nachdem du den Stein erst ›gestrichen‹ hattest, hast du nicht ausgesehen, als wüsstest du, was du tun sollst!«

Der Faden reißt, wenn es klar wird, dass der Darsteller mit nichts mehr beschäftigt ist außer einer Art Bluff, das heißt wenn wir nicht mehr glauben können, dass er aus diesem ganz speziellen Hut noch ein Kaninchen ziehen wird. Folglich ist die Wahrscheinlichkeit groß, dass wir gehen, wenn die Spieler eine Aktivität abschließen oder Dinge zu wiederholen beginnen.

Stellen wir uns vor, du bist der Darsteller in diesem Spiel. Wenn du durch ein Fenster kletterst, werden wir warten, ob diese Aktion einen Zweck hat. Krieche hinüber zu einem Safe (auf überzeugende Weise), versuche ihn zu öffnen, und wir werden glücklich sein – wenn uns ein solches Klischee nicht langweilt –, aber wenn du den Safe nicht aufkriegst, werden einige Leute gehen, denn sie spüren, dass du lieber auf der Stelle trittst, statt tapfer einer unbekannten Zukunft entgegenzutreten. Andere werden gehen, wenn du im ersten Safe einen zweiten findest, und wenn du in diesem noch einen dritten findest, werden alle gehen.

Nach einiger Zeit sollen sich die Studenten paarweise freiwillig melden; dadurch fühlen sie sich sicherer, doch wenn sie einander ignorieren oder sich gegenseitig die Ideen ruinieren, leert sich der Raum im Nu.

Im Zusammenhang mit dem normalen Theater ist »Genug gesehen« ein schreckliches Martyrium, doch nachdem ein paar Spieler das Risiko erst einmal auf sich genommen haben, ist es nicht schlimmer, als wenn man beim Fangenspielen eingefangen wird, und mit ein bisschen Übung wird man in der Lage sein, minutenlang hintereinander zu improvisieren und dennoch die Aufmerksamkeit des Publikums zu fesseln.

Dieses Spiel sollte nur versucht werden, wenn die Studenten mit großer Begeisterung bei der Sache sind und sich gegenseitig unterstützen. Wenn es gelingt, werden sie schnelle Fortschritte machen.

Straßen-Theater ist wie »Genug gesehen«. Die Leute fühlen sich nicht verpflichtet, zu bleiben und zuzusehen, und das gibt ausgezeichnetes Feedback.[18]

Gorilla-Theater

Gorilla-Theater ist eine Weiterentwicklung von »Thema und Pfand« (eine Theatersportform, in welcher die Schauspieler ein Pfand geben, wenn sie es nicht schaffen, ein vereinbartes Thema zufriedenstellend auszuführen).

Auf einer großen Tafel steht FÜR DIESE SZENE IST VERANTWORTLICH SPIELER ..., dahinter ist Platz für den Namen. Vier oder fünf erfahrene Spieler schieben abwechselnd ihre Namen in diese Lücke, damit sie Regie führen können. Nach jeder Szene fragt ein Spieler (nicht der Regisseur): »Ich zähle bis drei – verdient diese Szene eine Banane oder ein Pfand? Eins, zwei, drei ...«

Wenn das Publikum BANANE ruft, kommt ein Gorilla herein (jemand in einem Gorillaanzug) und befestigt eine flache Plastikbanane an den Kleidern des Regisseurs. Wenn aber das Publikum PFAND schreit, bringt der Gorilla eine Schüssel mit Papierschnipseln, auf denen jeweils eine Strafe geschrieben ist; zum Beispiel:

- Übernehme in der Pause die Bar.
- Gib den Zuschauern die Hand, wenn sie das Theater verlassen.
- Stolziere arrogant über die Bühne, während das Publikum pfeift und buht.
- Spiele die schreckliche Szene noch einmal, aber diesmal richtig.
- Rufe deine Mutter an und erzähle ihr, bei was für einer schrecklichen Szene du gerade Regie geführt hast (von einem Mobiltelefon von der Mitte der Bühne aus).
- Erfinde einen Limerick, der auf dem Namen eines Zuschauers basiert.
- Trage während der nächsten Szene den ferngesteuerten Strafkragen.[19]

Nach ein paar Stunden nimmt der Spieler mit den meisten Bananen den Gorilla für eine Woche Urlaub mit nach Hause. Die erfolgreichsten Regisseure sind diejenigen, die für ihre Vision kämpfen und/oder die meiste »Hitze« hervorrufen. »Hitze« ist ein Begriff aus dem Ringkampf und bedeutet Massenzorn und/oder -aufregung. Ringer erzeugen Hitze durch Selbstverherrlichung oder durch Tricks, indem sie zum Beispiel mit den Fäusten auf den absolut gesunden, aber dick verbundenen Arm des Gegners einschlagen. Beim Gorilla-Theater erzeugen die Spieler (nicht alle) Hitze, indem sie sich selbst zur Zielscheibe machen durch übermäßig selbstsichere Bemerkungen wie: »Ihr findet, das war eine gute Szene? Wartet, bis ihr diese hier seht!«

Es ist gut, einen Bösen zu haben, der so aggressive Dinge sagt wie: »Das war ein ganzes Bündel Bananen wert! Was? Wer hat das gesagt! Sehr lustig! Bilde dir ja nicht ein, du findest deine Reifen nicht zerschnitten vor, wenn du nach Hause fahren willst!«

»Um die Vision kämpfen« ist das Herzstück des Gorilla-Theaters. Wenn du eine Horrorszene willst oder eine romantische Szene oder eine politische Szene oder was auch immer, solltest du jedes Mittel einsetzen, um sie zustande zu bringen; verwende Dialoge, bearbeite die Handlung, demonstriere, was dir vorschwebt, und besetze das Stück, wenn notwendig, neu (vielleicht sogar, indem du einen Spieler hinter die Kulissen verbannst und seine/ihre Rolle selbst übernimmst – die höchste Beleidigung im konventionellen Theater). Die daraus entstehenden Konflikte können herrlich unterhaltsam sein. An einem schlechten Abend versuchen die Regisseure zu belustigen und kämpfen um nichts, was der Mühe wert wäre, aber das ist ein Verrat an der Form.

Micetro

Dieses Spiel gibt ein genaueres Feedback als die billigenden/missbilligenden »Abstimmungen« beim Gorilla-Theater.

Es begann 1994 in Utrecht, wo für eine Aufführung von Studenten eines viertägigen Sommerkurses, der von mir geleitet wurde, Tickets verkauft worden waren. Alle zweiundzwanzig wollten daran teilnehmen, also beschloss ich, mit allen anzufangen und dann die schwächeren Spieler zu eliminieren, und zwar durch ein so offensichtlich unfaires »Verfahren«, dass die Ausgeschlossenen sich nicht schlecht fühlen mussten.

So wird es gespielt: Man braucht eine Anzeigetafel mit übereinanderliegenden horizontalen Rillen. Diese Rillen sind von eins bis fünfzehn nummeriert (zweiundzwanzig sind viel zu viele), und in jeder steckt die Namenskarte eines Spielers, die nach rechts geschoben werden kann. Den Spielern werden Nummern umgebunden (im Sportgeschäft erhältlich), damit die Zuschauer sehen können, wer gewinnt. Der Punktrichter stellt die beiden Regisseure vor (die vorne in der Mitte sitzen, Gesicht zur Bühne) und übt mit dem Publikum, für eine Bewertung von EINS zu klatschen (wenn sie eine Szene hassten) oder für eine Bewertung von FÜNF (wenn sie eine Szene liebten). Es ist wichtig, dass sie auch für EINS klatschen, sonst sind sie zu höflich, eine solch niedrige Bewertung zu geben. Er/sie stellt dann die Spieler vor, die über die Bühne gehen und sich in den Graben gegenüber der Anzeigetafel drängen (das heißt, sie sitzen vom Publikum aus gesehen links).

Die Anzeigetafel ist die ganze Zeit sichtbar, und der Punktrichter sitzt in der Nähe, aber sie wird nur dann direkt angestrahlt, wenn die Szenen bewertet werden.

Die Regisseure ziehen aufs Geratewohl aus einer Metallschüssel nummerierte Metallscheiben (die sie mit einem hörbaren Klappern in eine zweite Schüssel werfen) und rufen die Nummern auf.

»Drei, eins, sechs und zehn, bitte.«

Diesen vier Spielern (oder wie viele jeweils gewählt wurden) wird von den Regisseuren eine Szene oder ein Spiel vorgegeben. Die Regisseure rufen Ideen, korrigieren Irrtümer und veranlassen, dass das Licht heruntergedreht wird (wenn der Beleuchtungsimprovisierer diese Entscheidung nicht sowieso schon getroffen hat). Immer wenn die Techniker gelangweilt sind, blinkt – für das Publikum gut sichtbar – ein rotes Licht, und das ist eine

Warnung für alle Beteiligten, dass die Szene in zehn Sekunden enden muss (die Regisseure für Micetro sind oft die »Regisseure« des Theaters, aber es sind die Teckies, die entscheiden, wann ihre Arbeit langweilig ist).

Die Szene ist zu Ende, und die beteiligten Spieler gehen zum Graben auf der Seite der Anzeigetafel (vom Publikum aus gesehen rechts), während der Punktrichter das Publikum fragt, ob die Szene eine EINS wert war oder eine ZWEI ... und so weiter, bis FÜNF. Die Nummer, die den meisten Applaus erhält, wird zur Anzahl der Punkte addiert, die jeder Spieler erhält, auch wenn er nur für einen Moment als Kellner auftauchte oder die Bühne überhaupt nicht betrat (daher die eingebaute Ungerechtigkeit). Der Punktrichter schiebt ihre Namensschilder die richtige Anzahl von Spalten weiter, und wieder werden die Metallscheiben klappernd in die Schüssel geworfen, um die Spieler für die nächste Szene auszuwählen.

Wenn alle Spieler die Bühne überquert haben, eilen sie zurück, um die zweite Runde zu beginnen. Dieses wiederholte Überqueren der Bühne informiert das Publikum, wie jede Runde fortschreitet, und wenn ein Spieler ganz allein übrig ist (links vom Publikum), weiß jeder, dass es eine Soloszene geben muss.

Nach der zweiten Runde versuchen wir, die Schlechtesten auszuscheiden, aber wenn zwölf Spieler zusammen die niedrigste Bewertung haben, müssen wir bis zur nächsten Runde warten, oder das Spiel wäre nach wenigen Minuten vorbei.

»Die Nummern fünf, vier, zwölf und sieben müssen ausscheiden!«, sagen die Regisseure.

Die Verlierer überqueren die Bühne und verneigen sich oder winken fröhlich, während der Punktrichter ihre Namen von der Tafel nimmt (ich hätte ihre Namen gerne auf Metallscheiben, die klappernd in einen Eimer geworfen werden könnten). Manche gehen hinter die Bühne, um bei der Szenografie zu helfen, andere schließen sich dem Publikum an. Diese Ausscheidungen gehen nach jeder Runde weiter, bis ein einziger einsamer Maestro gewinnt und/ oder ein Solo spielt; er erfindet vielleicht ein Gedicht, oder er verkörpert alle Rollen in einer Szene oder einen Gefangenen, der mit einer zahmen Spinne kommuniziert. Dann zeigt der Punktrichter eine Fünfdollarnote in einem goldenen Rahmen und sagt: »Wenn Pat ...« oder wer immer »... diese Fünfdollarnote nicht wirklich verdient, klatschen Sie jetzt, und wir fügen sie dem Preis der nächsten Woche hinzu.«

Einige Leute applaudieren – aus Scherz –, und dann wird das Publikum gebeten: »Aber wenn Pat diesen großartigen Preis verdient, klatschen Sie jetzt!«

Das Publikum jubelt, Pat wird auf die Schulter der anderen Spieler gehoben, und der Kegel des Scheinwerferlichts fällt auf ihn. Wir schalten unsere Konfettimaschine an, die Diskolichter wirbeln, und Seifenblasen schweben durch die Luft. Das Publikum geht fast immer sehr glücklich nach Hause, weil Micetro eine der angenehmsten Impro-Formen ist. (Der Preis muss vernachlässigbar sein, oder der Wettbewerb wird bösartig.)

Es kommt vor, dass ein guter Spieler zu einem frühen Zeitpunkt mit Pauken und Trompeten untergeht, und ein schwacher kann im Kielwasser eines guten Spielers mitgezogen werden, doch im Schnitt sind es die schwachen, die bald ausscheiden. Dieses Feedback ist so unbestechlich, dass Spieler mit einem aufgeblasenen Ego sich anderen Improformen zuwenden oder beschließen, ein paar Stunden zu nehmen.

Die Regisseure wechseln sich bei der Gestaltung der Szenen ab, doch sie übernehmen die Verantwortung für alle Szenen – und wenn nicht der eine sagt: »Ich habe etwas«, kann der andere jederzeit die Regie übernehmen (und darf sich auch sonst einmischen, wenn die Szene ins Stocken gerät). Viele der Anfangsszenen sind Gruppenszenen (oder das Spiel würde drei Stunden dauern), doch nach der Pause überwiegen Zweipersonen- oder Solostücke. Manchmal fragen die Regisseure die Spieler: »Habt ihr etwas?« – vor allem gegen Ende des Spiels.

Regisseure, die gut sind im Geschichtenerzählen und die zusammenarbeiten, um Aktion und Interaktion zu schaffen, werden die Dinge in Gang setzen, und die Spieler fühlen sich sehr sicher, denn für jeden Fehlschlag werden die Regisseure verantwortlich gemacht.

Meine Erfindungen werden immer verändert, um sie »sicherer« und »demokratischer« zu machen – ich habe Gruppen kennengelernt, die sich weigern, schlechte Spieler auszuscheiden –, aber der Zweck von Micetro ist, dass es spannend ist, immer weniger Leute immer länger zu sehen und sich zu fragen, wer überleben wird. Die Leute stöhnen vor Enttäuschung, wenn ein beliebter Improvisierer früh ausgeschlossen wird, und klatschen gegen Ende des Spiels nach VIEREN und FÜNFEN, weil sie ihre Stars noch ein bisschen länger sehen wollen, aber das macht ja das Spiel so mitreißend – manchmal scheitert der Favorit beim Grand National schon am ersten Hindernis, aber das ist kein Grund, die Hindernisse beiseitezuräumen.

Ich hätte Micetro schon vor Jahrzehnten erfunden, wäre mir klar gewesen, wie leicht es den Zuschauern fällt, sich auf eine Bewertung zu einigen. Die meisten klatschen für die gleiche Nummer. Zum Schreien komische Szenen, Szenen mit echtem Gefühl (Pathos) und Szenen, die Geschichten erzählen, erhalten VIEREN und FÜNFEN, wohingegen Spieler, die nur »rumblödeln«, eher EINSEN und ZWEIEN erhalten.

Wir stellten Micetro in unserer »Anfängernacht« vor (es entwickelt die Fähigkeiten von Anfängern schneller als jede andere Form) und spielten es zuerst bis zur Pause, aber bald wurde Micetro abendfüllend. Mit fünfzehn Spielern dauert das Spiel knapp zwei Stunden einschließlich der Pause.

(Es wird Micetro geschrieben, weil dies weniger prätentiös klingt als Maestro und weil wir so auf den Plakaten freche kleine Mäuse [engl. mice] zeigen können.)

Taschenlampentheater

Taschenlampentheater ist eine vergnügliche Methode, ein sofortiges Feedback zu bekommen. Für das Loose Moose ist es nicht geeignet, aber in kleinen Aufführungsräumen funktioniert es sehr gut.

Jeder der Zuschauer bekommt eine Taschenlampe, und alle anderen Lichter werden ausgeschaltet. Jetzt können die Darsteller selbst feststellen, ob sie im Wortsinne »glänzender« oder »glanzloser« werden, je nachdem, wie viele Leute sich für sie interessieren. Ich bin stolz auf dieses Spiel, weil es so simpel ist und so eindeutig. (Man sollte es kurz halten!)

Lass dich nicht bestechen

Das Publikum, als Ganzes gesehen, ist ein Genie, das intuitiv weiß, wann es Zeit ist, unruhig auf den Sitzen zu rutschen oder aufmerksam zu sein, doch es kann die Unvorsichtigen korrumpieren. Es handelt sich nicht nur darum, dass die Reaktion der Zuschauer zum Blödeln verleitet. Wenn man im richtigen Leben ekelhaft ist, wird man durch die Reaktionen anderer Leute gezügelt. Aber tu etwas Ekelhaftes auf der Bühne, und irgendwelche Idioten werden lachen oder sogar jubeln und damit dieses Benehmen sanktionieren (genauso wie die Teenies es sanktioniert haben, dass Michael Jackson sich zwischen die Beine fasst[20]). Wenn du versehentlich sabberst und jemand kichert, ermutigt dich das, noch mal zu sabbern. Und geht dieser Prozess unwidersprochen weiter, wirst du bald als der »sabbernde Komiker« bekannt sein, und du erkennst vielleicht nie, dass dich die niederträchtigsten Mitglieder des Publikums auf diesen Zustand reduziert haben.

DIE GRUNDLAGEN

Der Sprung ins kalte Wasser

Der erste Theatersport in Vancouver wurde am Abend nach einem zweitägigen Workshop gespielt. Ich hatte die Idee in der letzten halben Stunde vorgestellt, und die Studenten waren so begeistert, dass ich vorschlug, sie sollten sich bei einem Theater in der Gegend um die Erlaubnis bemühen, nach dem letzten Vorhang ein kleines Match zu spielen. Das Theater war einverstanden, das Publikum wurde zum Bleiben eingeladen und amüsierte sich köstlich (genau wie die Spieler).

Mein Rat ist also folgender:

- Spiele ein Match in der Öffentlichkeit, bevor du überhaupt weißt, was du tust.
- Mache Fehler (mit guter Laune).
- Lecke deine Wunden, übe weiter, stürze dich wieder hinein.

Gruppen, die für sich allein üben, geben bald auf. Hätten sie vor einem Publikum gestanden, hätten sie ein großartiges Abenteuer erleben können. Und es gibt Dinge, die man im stillen Kämmerlein nicht lernen kann (zum Beispiel gute Miene zu machen, wenn man öffentlich ausgebuht wird). Man muss Richter finden, die den Mut haben, langweilige Darsteller von der Bühne zu werfen.

Im schulischen Umfeld kann man öffentlich auftreten, indem man vor einer andern Klasse spielt oder während einer Pause oder sogar in einer anderen Schule.

Typen von Improvisierern

Brückenbauer bauen eine »Brücke« zu einem Ziel, das sie mit einem Schritt hätten erreichen können.

Bulldozer trampeln aus Unempfindlichkeit oder Unwissenheit durch die Ideen und die Szenen anderer.

Regisseure wollen alle Entscheidungen treffen. Sie kommandieren andere Spieler herum und kritisieren sie (manche machen das mitten auf der Bühne, andere beschränken sich auf die Spielerbank).

Stumpfsinnige wählen das Negative und senken den Einsatz.

Witzbolde sind auf einen Lacher aus – auf Kosten alles anderen.

Oberflächliche verweigern emotionales Engagement. Sie sind geschickt darin, die Handlung voranzutreiben, doch sie bleiben distanziert.

Hysteriker arbeiten in einem Zustand großer Aufregung. Es ist fast unmöglich, mit ihnen zu arbeiten, weil sie ununterbrochen reden, auch wenn sie bloß ständig den gleichen Satz wiederholen.

Beifahrer akzeptieren Ideen, doch sie weigern sich, eine Szene voranzutreiben. Beifahrer zu sein ist eine Fähigkeit, die jeder Improvisierer beherrschen sollte – denn manchmal genügt es völlig, einen anderen ans Steuer und sich selbst einfach mittragen zu lassen.

Angeber wollen im Mittelpunkt stehen, auch wenn sich das Publikum zu Tode langweilt. Solches »Star«-Verhalten hat wenig mit der eigentlichen Leistung des Spielers zu tun. Frage sie, wie die Show gelaufen ist, und sie berichten, wie die Show *für sie* gelaufen ist.

Witzbolde, Oberflächliche und Beifahrer können brauchbar sein, doch Bulldozer, Regisseure, Stumpfsinnige, Hysteriker und Angeber sind eine Belastung.

Improvisierer sollten keines dieser Extreme sein, doch sogar gute Improvisierer fallen in einen »Typus« zurück, wenn sie aus der Fassung gebracht werden.

Der Anfang

Sagen wir, dass Ihre Schüler vor sich hin brabbeln und sich gegenseitig kaum beachten (ein häufiger Zustand). Sie können sie bremsen, indem Sie festlegen, dass der erste, der ein Wort mit »n« verwendet, das Spiel verliert. Zum Beispiel:

»Grüß dich, Papa.«

»Du kamst spät zurück letzte Nacht, Astrid!«

»Papa« verliert (weil das Wort »Nacht« ein »n« enthält). Wenn »Papa« aufgepasst hätte, hätte er das n vermeiden können, indem er gesagt hätte:

»Du kamst spät zurück ... äh ... um drei!«

Noch mehr Spaß an dem Spiel haben die Schüler, wenn man sie in zwei Gruppen einteilt, die gegeneinander antreten, wobei der Gewinner jeder »Runde« fünf Punkte zur Belohnung bekommt. Jetzt spielen die Schüler eine Version von Theatersport (so fing es im Royal Court Studio an). Allmählich kommen immer mehr Improspiele dazu, zum Beispiel das »Blockieren verboten«-Spiel, bei dem der erste Spieler, der eine Idee ruiniert, verliert.

Wählen Sie zwei »Mannschaftskapitäne« aus, die jeweils ein Team von drei Spielern zusammenstellen. Ernennen Sie einen Punktrichter und drei Richter. Die beiden Teams fordern sich gegenseitig heraus, wobei alles, was ihnen einfällt, eine Herausforderung sein kann (mit Einverständnis der Richter): »die beste Herr-und-Diener-Szene« zum Beispiel oder »der beste indische Beinringkampf«. Die Zuschauer werden ermutigt, ihre Teams anzufeuern; auf diese Weise kann eine enorme Begeisterung freigesetzt werden.

Jeder Richter bekommt ein Set Punktkarten (von null bis fünf) und eine Fahrradhupe, mit der er langweilige Szenen abbrechen kann. Später kann man einen Kommentator hinzufügen (vorzugsweise mit einem Mikrofon) und vielleicht sogar Tonimprovisierer und Szenografen ernennen. Aber diese Idee sollte so vorsichtig eingeführt werden, dass die Schüler glauben, sie seien von selbst daraufgekommen, das heißt, gehen Sie nicht von Anfang an aufs Ganze.

Wettbewerb erzeugt das Verlangen, die Technik zu verbessern, und der Lehrer wird zu einer schöpferischen Quelle für die Schüler, die begierig darauf sind, Fähigkeiten zu beherrschen – eine ideale Lehrsituation.

Unterweisen der »Form«

Die »Fetten Katzen« und die »Erdferkel« (vier Schüler in jedem Team) werden vom Kommentator vorgestellt und überqueren die Bühne. Ich halte sie auf:

»Schlendert hier nicht herein wie vereinzelte Individuen. Achtet aufeinander. Wir wollen, dass keiner von euch von den anderen abgesondert erscheint.«

Sie versuchen es noch einmal.

»Besser!« Ich sage: »Aber ihr macht einen nervösen Eindruck.«

Noch ein Versuch.

»Jetzt seht ihr arrogant aus. Da habt ihr uns beim ersten Mal besser gefallen!«

»Also was sollen wir tun?«

»Glaubt immer fest daran, dass die Zuschauer noch viel netter sind, als ihr erwartet habt. Ihr erlebt jedesmal eine angenehme Überraschung, wenn ihr ins Publikum seht. Ihr sollt das nicht ›demonstrieren‹, ihr sollt es einfach ›erleben‹, dann werden sich eure positiven Gefühle unbewusst übertragen.«

Wenn sie immer noch nicht eifrig und gutgelaunt sind, fordere ich sie zum Beispiel auf, sich vorzustellen, sie hätten die ganze Woche in Kisten voller Holzwolle verbracht und dass jetzt ihre einzige Chance gekommen sei, ganz und gar lebendig zu sein. Oder ich fordere sie auf, beim Hereinkommen die Augen etwas mehr als gewöhnlich zusammenzukneifen. Dies hat so gut wie immer zur Folge, dass sie sich feindselig fühlen. Jetzt versuche ich, die umgekehrte Wirkung zu erzielen.

»Kommt wieder herein, aber diesmal reißt ihr die Augen auf, so weit es geht!« (Siehe Seite 337)

Schüler mit weit aufgerissenen Augen sehen alles beifällig an, und sie scheinen sich vor dem sie umgebenden »Raum« weniger zu fürchten (nimmt man den Leuten im wirklichen Leben ihre Schutzmechanismen, wächst ihre Angst, nimmt man ihnen ihre Schutzmechanismen auf der Bühne, wird ihre Angst geringer).

Ich fordere den Kommentator auf zu sagen: »Und jetzt das vorschriftsmäßige ›Buh!‹ für die Richter!«

Zwei Richter laufen quer über die Bühne zu ihrer Bank, und ein dritter überwacht auf der Mittelbühne das Werfen der Münze.

»Ihr solltet alle beieinander bleiben«, sage ich.

»So sparen wir Zeit«, sagt der mit der Münze.

»Aber dann können wir die Richter nicht als einen ›einzigen Organismus‹ sehen. Überquert die Bühne als Einheit, und nehmt eure Plätze ein, während die Zuschauer buhen und zischen. Dann kann der Kommentator das Buhen unterbrechen, indem er sagt: ›Der Hauptrichter zum Münzewerfen zur Mitte, bitte!‹« (»Hauptrichter« ist eine Fiktion – ein Richter sollte nicht gegenüber den anderen den Chef spielen.)

Die »Fetten Katzen« gewinnen, und einer von ihnen murmelt: »Wie wär's mit einem Herr-und-Diener-Spiel?«

Ich unterbreche: »Ihr seid jung, ihr seid gesund, ihr seid nicht gelähmt! Lauft auf die andere Hälfte der Bühne und schleudert ihnen mit klarer Stimme eure Herausforderung entgegen. Seid korrekt, sprecht: ›Wir, die ‚Fetten Katzen', fordern euch, die ‚Erdferkel', zum besten Herr-und-Diener-Spiel heraus!‹ Seid dynamisch! Vergesst dieses ›Hamlet-Getue‹, dass man sich vor dem Duell zittrig fühlt!«[21]

Zwei Fette Katzen kommen auf die Bühne, und ich halte sie sofort auf.

»Welche Botschaft vermittelt ihr dem Publikum?«

»Wir haben noch nicht angefangen!«

»Die Vorstellung hat begonnen! Die Zuschauer können sehen, dass ihr ängstlich seid! Das sagt ihnen, dass ihr gar nicht wirklich spielen wollt.«

»Wir wollen aber spielen!«

»Dann zeigt, dass es euch Spaß macht!«

Sie versuchen es noch einmal, und ich halte sie wieder auf.

»Haben wir nicht fröhlicher ausgesehen?«

»Ihr habt gegrinst wie schlechte Zirkusclowns!« (Lauter Zähne und zusammengekniffene Augen.) »Und was ist mit euren Teamkameraden, die noch auf der Bank sitzen? Was machen die denn?«

»Wir haben gar nichts gemacht«, protestieren sie.

»Eben! Also welche Botschaft wird da vermittelt? Dass ihr froh seid, auf der Bank bleiben zu dürfen, während eure Teamkameraden die Arbeit leisten! Ihr seht aus wie zwei Leute, die erleichtert sind, einer unangenehmen Aufgabe entronnen zu sein! Dadurch schafft ihr kein Wohlwollen!«

Diesmal springen alle auf, und sie diskutieren, wer die Szene spielen soll.

»Und was verrät uns das jetzt? Dass ihr egoistisch seid! Es ist schon in Ordnung, eifrig zu sein. Seid aber so großzügig, dass es euch nichts ausmacht, wenn ein anderer spielen wird.«

Die »Fetten Katzen« schwärmen auf die Bühne. Zwei gehen frohgemut zurück zur Bank, während die anderen sich abplagen, eiligst einen Tisch und Stühle heranzuschleppen.

»Ihr dürft euch niemals hetzen, wenn ihr Möbel oder Requisiten aufbaut. Seid einfach zügig und gewandt.«

»Aber wir wollen die Zuschauer nicht warten lassen.«

»Das Publikum mag keine Leute sehen, die panisch auf der Bühne umherirren. Sie wollen sehen, dass ihr alles im Griff habt. Dadurch fühlen sie sich sicherer! Das Theater ist ein Ausdruck von Vitalität, aber es ist auch eine Höhle, wo sich Menschen sicher fühlen dürfen. Hetze beunruhigt die Leute!«

Sie fangen mit einer Herr-und-Diener-Szene an, die in einem belagerten Schloss spielt. Nach ein paar Sätzen halte ich sie auf (wir sind hier in einem Kurs über die Form eines Matches, nicht bei einer eigentlichen Aufführung).

»Nehmen wir an, die Szene ist abgeschlossen, und die Richter zögern, ihre Punkte zu vergeben – was macht der Kommentator?«

»Ich sage ihnen, sich zu beeilen?«

»Zu autoritär. Mach Andeutungen, sag ganz ruhig: ›... Die Richter lassen sich Zeit mit ihrer Entscheidung ...‹ Wenn das nicht funktioniert, versuche es mit: ›Das Publikum wird ein wenig unruhig ...‹ Kommentatoren sollten nie herrisch oder aggressiv erscheinen.«

»Stellen wir uns vor, dass die »Fetten Katzen« mit ihrer Herr-und-Diener-Szene fertig sind und dass sie wirklich gelungen war. Würden uns die Richter bitte zeigen, wie sie die Szene bewerten?«

Jeder Richter vergibt drei Punkte.

»Aber da die Szene doch gelungen war, möchte ich wenigstens ein paar Vieren sehen. Wir wollen keine Richter, die Angst haben, kritisiert zu werden, wenn sie hoch bewerten!«

Jetzt springen die »Erdferkel« auf die Bühne, um ihre Szene darzustellen.

»Wartet!« Ich sage: »So hat das andere Team angefangen. Gibt es keine andere Möglichkeit, eure Vitalität auszudrücken?«

Sie sind bestürzt.

»Wünscht euren Kollegen viel Glück. Schüttelt ihnen die Hand. Tut so, als wären sie Boxer, und ihr wärt ihre Sekundanten. Verkündet, sie seien ›die ungeschlagenen Sieger dieses Spiels‹. Bittet sie um Autogramme. Durch Bravsein könnt ihr keine gute Laune oder Mut und Verspieltheit vermitteln.«

»Aber dann fangen die Richter an, uns auszuzählen!«

»Das hoffe ich (nichts geht über Abwechslung), doch sobald sie zu zählen beginnen, fangt ihr mit dem Spiel an.«

Die »Erdferkel« wollen gerade mit ihrer Herr-und-Diener-Szene beginnen.

»Einen Moment, bitte. Das ist eine Szene mit einem Tisch und zwei Stühlen, aber wir haben gerade eine ebensolche Szene gesehen! Wie wär's, auf der kahlen Bühne zu spielen oder das ›Ruderboot‹ auf die Bühne zu schleppen. Oder ihr holt euch Freiwillige aus dem Publikum, die als Zerrspiegel in einem Spiegelkabinett fungieren.«

Sie fangen an, die Möbel wegzuräumen, während ihre Teamkameraden im Graben sitzen und gelangweilt aussehen.

»Wartet! Ihr solltet bestrebt sein, eure Kollegen auf der Bühne zu unterstützen (selbst wenn sie Mitglieder des gegnerischen Teams sind). Das hier ist Theater und nicht die Welt der Arbeit, in der sich die Leute im Schweiße ihres Angesichts abplagen.«[22]

Die Herr-und-Diener-Szene der »Erdferkel« beginnt.

»Halt!«

»Was ist denn jetzt schon wieder los?«

»Die andere Szene spielte in einem Schloss, und die hier spielt auch in einem Schloss. Warum nicht zwei Leuchtturmwärter beim

Golfspielen? Oder Gott, der von einem der Engel massiert wird? Wiederholt nicht einfach, was die andere Mannschaft gemacht hat – außer wenn sie so furchtbar war, dass ihr sagen könnt: ›Wir werden euch zeigen, wie man diese Szene spielen muss!‹«

Wir machen weiter.

»Stellen wir uns vor, dass die »Erdferkel« eine ziemlich langweilige Szene gespielt haben. Würden die Richter bitte ihre Punkte vergeben.«

Jeder Richter bewertet mit einer Eins.

»Wenn die Szene nur einen Punkt verdiente, warum haben wir sie uns dann angesehen? Werft die Spieler von der Bühne, wenn sie so schrecklich sind. Warum sie weiterplappern lassen?«

Jetzt sind die »Erdferkel« dran, eine Herausforderung zu stellen, und sie schlagen ein »Ein Wort auf einmal«-Spiel vor. Zwei von ihnen beginnen:

»Wir *gingen* einmal *durch* den *Wald* ...«

Ich wende mich an ihre Teamkameraden auf der Bank.

»Nehmen wir an, ihnen fällt plötzlich kein Wort mehr ein. Was macht ihr?«

»Wir soufflieren ihnen.«

»Ausgezeichnet – oder ihr bittet das Publikum um ein Wort.«

Die »Fetten Katzen« präsentieren ihre Antwort auf die Herausforderung:

»Wir *gingen* einmal *durch* den *Wald* ...«

»Moment! Die erste Szene spielte bereits im Wald. Warum fangt ihr eure Szene nicht woanders an: in einer Arztpraxis oder auf einem Kreuzfahrtschiff. Wenn wir aber annehmen, die Aufgabe hätte geheißen ›die beste Ein-Wort-auf-einmal-Szene, die in einem Wald spielt‹ und die ›Erdferkel‹ hätten die Hütte der drei Bären entdeckt. Welche Art von Szene würdet ihr spielen?«

»Wir könnten ein Lebkuchenhaus entdecken ...«

»Lasst euch nicht von der vorangegangenen Szene beeinflussen! Ihr könntet zwei Holzfäller sein, die das letzte Paar Schneeeulen schießen wollen, oder zwei Jäger, die im Wald sind, um Dichter zu schießen.«

Die »Erdferkel« werden zu einem »Stirb«-Spiel herausgefordert (ein Spiel, bei dem derjenige Spieler eine Geschichte weitererzählen muss, auf den der »Spielleiter« deutet. [Seite 317]).

»Einen Moment!«, sage ich und halte sie auf.

»Was ist denn jetzt los?«

»Nicht genug Abwechslung.«

»Aber deswegen haben wir doch ein ›Auge in Auge‹-Spiel gewählt!«

»Ja, aber das ›Stirb!‹-Spiel ist wieder ein verbales Spiel, bei dem die Schauspieler abwechselnd eine Geschichte kreieren, das heißt, es ähnelt dem ›Ein-Wort-auf-einmal‹-Spiel. Stellt eine neue Herausforderung.«

»In Ordnung! Wir, die ›Erdferkel‹, fordern euch, die ›Fetten Katzen‹, zu einer ›Erfahrung‹ heraus.«

»Zu vage. Das ist, als wollte man einen Stabhochspringer mit einem Kugelstoßer vergleichen. Die Zuschauer wollen sehen, wie die Spieler in der gleichen Disziplin konkurrieren.«

»Okay, wir fordern euch zu einer ›Erfahrung beim Trampen‹ heraus, die von einem Zuschauer erzählt wird.«

»Wir nehmen an!«

»Ich bin einmal getrampt«, sage ich, »und ich wurde stundenlang nicht mitgenommen, aber dann sah ich eine fliegende Untertasse und steckte den Daumen raus …«

Sie bereiten sich darauf vor, die Geschichte zu spielen.

»Ihr glaubt diesen Unsinn?«

»Nein«, sagen sie.

»Warum akzeptiert ihr etwas, was ihr genauso gut selbst hättet erfinden können?«

»Aber warum müssen Geschichten aus dem Publikum wirklich sein?«

»Weil sich die Zuschauer dann die Wirkung auf die Person vorstellen, die sie erzählt hat. Und ihr könnt fragen, wie genau ihr wart.«

Wir machen weiter.

»Nehmen wir an, die ›Erdferkel‹ haben eine wunderbar komische Szene dargestellt. Was werden die ›Fetten Katzen‹ machen?«

»Wir werden eine noch komischere Szene spielen.«

»Aber die Zuschauer sind vor Lachen aus ihren Sitzen gefallen. Könnt ihr damit konkurrieren? Warum nicht etwas Langsames, etwas Ernstes, etwas ›Emotionales‹?«

Ich lasse zwei Schüler in die Mitte der Bühne kommen und sage: »Stellt euch vor, ihr arbeitet wirklich gut zusammen. Was jetzt?«

»Wir freuen uns über die Neuigkeit!«

»Mehr als das!«

Ich wende mich an die Spieler auf der Bank:

»Diese Szene läuft wunderbar – was macht ihr?«

»Wir machen mit!«

»Aber wenn sie gut läuft, werdet ihr doch nicht gebraucht. Bleibt auf der Bank und wartet auf eine Gelegenheit, sie zu beenden!«

»Wenn sie erfolgreich ist?«, fragen sie empört.

»Eine Szene, die dann zu Ende ist, wenn die Zuschauer sich den Bauch halten vor Lachen, wird vier und fünf Punkte gewinnen, während sie, wenn sie sich hinzieht, vielleicht nur zwei oder drei bekommt. Aber nehmen wir an, eine Szene läuft schlecht …?«

»Wir betreten die Bühne und helfen ihnen.«

»Richtig! Oder gebt lautstark Ratschläge! Oder mimt, sie von der Bühne zu fegen! Oder kommt als Ärzte und bringt sie in die Anstalt zurück. Oder schnappt euch das Mikrofon und kommentiert das Ganze! Wenn die Bühne der letzte Ort ist, wo ihr sein wollt, ist der richtige Zeitpunkt für eine Rettungsaktion gekommen!«

Herausforderungen

Herausforderungen stellen

Wahrt, wenn ihr eine Herausforderung stellt, eine gewisse Förmlichkeit. Die Herausforderung soll wichtig erscheinen. Wenn schon die Spieler das Spiel nicht ernst nehmen können, wie sollen es dann die Zuschauer? Und fasst euch kurz. Die meisten Herausforderungen sprechen für sich selbst. Liefert ein Minimum an Informationen, die nötig sind, dem Geschehen zu folgen. Wenn ihr vergessen habt, etwas Entscheidendes zu erklären – zum Beispiel, dass ein »Vorbeigreifen« ein Hutspiel verliert –, kann der Kommentator diese Information nachliefern.

Zu allem möglichen herausfordern

Mannschaften können zu einem Rechtschreibwettbewerb herausfordern, der überzeugendsten Wiedergabe einer Berühmtheit, zur besten Verteidigung eines angeklagten Verbrechers, zum überzeugendsten Heiratsantrag an jemanden aus dem Publikum – zu allem. Es braucht kein einziges Improspiel dabei zu sein.

Einige Gruppen versuchen, solche Herausforderungen von vornherein auszuschließen, die »immer schiefgehen« (einmal sollte das ausgezeichnete »Sagte er/sagte sie«-Spiel verboten werden), wenn wir jedoch jedes Spiel, das einer Gruppe nicht gefällt, verbieten würden, würden einige der besten Spiele eliminiert und die schwierigeren nie beherrscht werden. Das Problem liegt nicht beim Spiel selbst, sondern bei schwachen Richtern, die eine Szene nicht abbrechen, auch wenn es offensichtlich ist, dass sich die Spieler nur noch abquälen.

Versucht, in aufeinanderfolgenden Shows nicht die gleichen Herausforderungen zu stellen. Eine Gruppe verkaufte »Bingo«-Karten, und die Zuschauer schlossen Wetten ab über den Ausgang des Hutspiels oder des Schreibmaschinenspiels und so weiter. (Sie konnten das machen, ohne ihr Publikum zu langweilen, denn sie brachten Theatersport nur auf ihrem jährlichen Kabarett). Jahre später traf ich sie wieder, und sie erzählten mir, dass sie vom Theatersport genug hätten, aber das Geld brauchten. Ich sagte: »Wenn man weiß, was einen erwartet, erstickt das jede Spannung im Keim. Macht Theatersport, der nicht auf Spielen beruht. Werft die Bingokarten über Bord, oder bereitet für jede Vorstellung neue vor. Und sie sollten nur einen Teil der Show ausmachen.«

Eine Herausforderung sollte keinen Hinweis auf die nächste geben

Nervöse oder ungeübte Spieler werden von dem, was sie gerade gesehen haben, angeregt. Das verringert die Abwechslung. Wenn ein Käfer riesengroß wird und Leute angreift, sollte nicht in der nächsten Szene eine Blume riesengroß werden.

Der Theatersport hat an sich einen Hang zur Wiederholung. Man kann dieses Problem abmildern, indem man Herausforderungen mit »offenem Ende« stellt – zum Beispiel: »Wir fordern euch zu einer Szene heraus, in der die Fähigkeit, sich auszudrücken, gefragt ist.« Dadurch aber wird der Theatersport weniger sportlich (weil es weniger Vergleichsmöglichkeiten zwischen den Teams gibt). Eine Gruppe, die es überdrüssig war, dass die Teams sich gegenseitig kopierten, hat sogar die Antworten auf die Herausforderungen entfernt. Das heißt Team A erhält eine Herausforderung von Team B, und dann kriegt Team B eine Herausforderung von Team A, aber sie führen die Herausforderungen nicht selbst durch. Dadurch wird Theatersport noch weniger sportlich. Man sollte Theatersport nicht auf den am wenigsten begabten Spieler zuschneiden.

Lass dich nie von einer gerade gesehenen Szene anregen. Wenn es passiert, sollten die Richter unterbrechen. Zum Beispiel:

»Wir haben gerade eine Schwimmszene gesehen und weigern uns, noch eine anzusehen. Die Herausforderung war eine Szene am Strand, also baut Sandburgen oder verkauft Eiscreme oder vermietet Eselsritte oder erforscht eine Höhle, aber schwimmt nicht!«

Das »Zuschauerteam«[23] verhindert Wiederholungen bei den Herausforderungen, indem es ruft: »Das Buch! Das Buch!«, bevor sie in vorgeblicher Panik zu einem Buch stürzen, in das sie mögliche Herausforderungen eingetragen haben. Wenn man ein solches Buch anlegt, schreibt man in eine Spalte die verbalen Herausforderungen, in eine andere die physischen Herausforderungen, in eine dritte die Solo-Herausforderungen und so weiter. Dann kann man immer eine Herausforderung aus einer anderen Spalte auswählen.

Dauer von Herausforderungen

Einige Gruppen wollen, dass jede Szene sechs Minuten dauert (oder was auch immer), aber das verringert die Abwechslung. Andere verwechseln Dauer mit Qualität und nehmen an, dass eine Szene von einer Viertelstunde besser ist als eine, die dreißig Sekunden dauert. Ich habe Matches gesehen, in denen die Darsteller nicht an einer einzigen Szene Spaß hatten, und doch kämpften sie weiter, um sie zu Ende zu bringen. Es wäre besser gewesen, zu sagen: »Das ist Mist! Fangen wir lieber noch mal von vorne an!«

Herausforderungen, die ich gesehen habe:

- Den komischsten Witz.
- Das beste einminütige Radiodrama, im Dunkeln gespielt (das gibt den Zuschauern die Gelegenheit zum Schmusen).
- Die beste Szene mit einem vom anderen Team ausgewählten Gegenstand in der Hauptrolle (von Seattle dazu herausgefordert, brachte Calgary eine lebendige Ziege auf die Bühne).
- Den besten Gebrauch des anderen Teams (zum Beispiel als Möbel, als unförmiges Wesen in einem Science-Fiction-Film, als Kegel und Kegelkugel und so weiter).
- Die beste Szene auf einem Bein (die Richter lagen auf der Bühne, um die Füße im Auge zu behalten).
- Die beste Szene mit einem Freiwilligen aus dem Publikum (nichts für Anfänger, denn Freiwillige müssen höflich und großzügig behandelt werden, und das muss man beherrschen).
- Den besten Schöpfungsmythos.
- Eine Szene, die das Publikum zum Weinen bringt.
- Die langweiligste Szene. (Solche Szenen sind gewöhnlich überdurchschnittlich interessant. Ich werde nie die »langweiligste Vollziehung einer Ehe« der Dänen bei der Olympiade vergessen.)
- Die beste Darstellung eines echten Traumes, der von einem Zuschauer erzählt wird.
- Ein Märchen, mit einem Freiwilligen aus dem Publikum als Held.

– Die ernsthafteste Szene.
– Die positivste Szene.
– Die wahrhaftigste Szene.
– Die romantischste Szene.
– Die entsetzlichste Szene.
– Die psychotischste Szene.
– Die beste Liebesszene mit einem tragischen Ende.
– Die Lösung eines Rätsels, das von einem Zuschauer aufgegeben wurde.
– Die beste Entschuldigung.
– Die beste Lüge.
– Die beste Enthüllung einer Ungerechtigkeit.
– Die Szene mit dem größten Pathos.
– Die beste Zerstörung eines Traumes.
– Das beste Verbrechen.
– Die beste Rache.
– Die beste Flucht.
– Die sanfteste und liebevollste Szene.

Großartige Teams zermartern sich die Köpfe, um neue Herausforderungen zu finden, und setzen sich selbst Ziele wie, in jeder Szene einen Freiwilligen aus dem Publikum dabeizuhaben oder jede Szene in Kauderwelsch zu spielen.

Sich weigern

Ein Team kann eine Herausforderung ablehnen (mit Einverständnis der Richter). Solche Weigerungen tragen zur Abwechslung bei (und geben den Zuschauern Diskussionsstoff für den Nachhauseweg). Typische Weigerungen können sein:
– »Wir möchten diese Herausforderung zurückweisen mit der Begründung, dass es allen bis hier steht!«
– »Diese Aufgabe ist zu vage.«
– »Wir möchten die Herausforderung zurückweisen, wenn Sie nicht in der Lage sind, uns klarzumachen, was Sie eigentlich meinen!«

– »Wir hatten schon zwei Szenen in Versen. Will wirklich irgendjemand, dass auf sie zwei ›Opern‹ folgen?«

Wenn eine Weigerung aufrechterhalten wird, muss eine neue Herausforderung gestellt werden. Sollte sich diese ebenfalls als unannehmbar herausstellen, müssen die Richter eine Herausforderung stellen.

Auch die Richter können sich weigern; sie können sagen: »Wir beanstanden dieses Spiel!« (und dafür Gründe nennen), oder sie können einen Wink geben: »Wenn ihr diese Herausforderung zurückweisen wollt, werden wir euch gern unterstützen!«

Kürzlich wiesen Richter eine Herausforderung zum »besten Selbstmord in Zeitlupe« zurück mit dem Hinweis, dass die Herausforderung allgemeiner gehalten sein müsse, zum Beispiel »zum interessantesten Selbstmord«.

Weigerungen sollten niemals automatisch angenommen werden, zum Beispiel:

»Wir fordern euch heraus zur besten Szene, in der ein Bart vorkommt!«

»Das weisen wir zurück!«

»Mit welcher Begründung?«

»Mit der Begründung, dass sie Bärte haben und wir nicht!«

»Abgelehnt!«

»Abgelehnt?«

»Mit der Begründung, dass ein Team sich nicht weigern sollte, nur weil es ihm an Fantasie mangelt.«

Gute Entscheidung! Schließlich kann ein glattrasiertes Team einen Bart mit einer Perücke improvisieren, oder ein Wissenschaftler könnte ein so wirkungsvolles Haarwuchsmittel erfinden, dass ein Sondereinsatzkommando sich erst mit dem Rasierer einen Weg bahnen muss.

Als einmal drei Mitglieder eines Teams mit dem Strafkorb auf dem Kopf auf der Bank saßen, weigerte sich der vierte Spieler, die Herausforderung zur »besten Hackordnung mit vier Personen« anzunehmen. Dies wurde abgelehnt mit der Begründung, dass das Publikum liebend gerne sehen würde, wie ein einzelner vier verschiedene Figuren spielt (oder er hätte mit drei Freiwilligen aus dem Publikum arbeiten können).

Sogar wenn man von einem Team zu einem großen »Zaubertrick« herausgefordert wird und ein einstudierter Trick dargeboten wird – es gibt keine Regel, das zu verhindern[24] –, kann ein improvisierter Trick immer noch gewinnen. Man könnte die »Gedanken« eines Zuschauers »lesen« oder während einer Varietéshow auf der Titanic einen Eisberg hervorzaubern.

Sperren vermeiden

Viele Gruppen stellen sich selbst eine Falle, indem sie ankündigen, was passieren wird. Zum Beispiel: Wenn sie sagen: »Und jetzt zur letzten Herausforderung«, und das Ergebnis ist langweilig, ist es unmöglich, noch eine Herausforderung hinzuzufügen.

Die »Warnung wegen Langeweile«

Eine »Warnung wegen Langeweile« ist eigentlich schon das Ende, aber so klingt es weniger wie eine persönliche Beleidigung als der unmissverständliche Ruf »laaaaangweilig«.[25]

Die Warnungen werden mit einem Tuten der Rettungshupe (Fahrradhupe) gegeben, die jeder Richter oder jede Richterin um den Hals trägt. Bevor ich die Hupen einführte, hielten wir eine Nullpunktekarte hoch, um ein Team von der Bühne zu werfen, doch es fällt den Spielern schwerer, beleidigt zu sein, wenn ihnen mit einer Hupe statt mit einer Nullpunktekarte Einhalt geboten wird. Die Richter können eine Szene auch beenden, indem sie das Zeichen geben, das Licht herunterzudrehen (ebenso wie die Teckies), doch muss dies in einem passenden Moment geschehen.

Wenn die Zuschauer vor Wut heulen, wenn eine Szene ungerechtfertigterweise ausgehupt wurde, vereint sie das mit den Schauspielern, und doch nehmen manche Spieler die »Ungerechtigkeit« übel.

»Kein Richter kann immer im Recht sein«, sage ich. »Und der Theatersport ist keine Schule, wo jedermanns Ansehen davon abhängt, dass man korrekt benotet wird. Und schließlich werdet ihr nicht mitten in der Blattlaussaison in der Tundra ausgesetzt!«

»Aber, Keith, ist dir nicht klar, wie deprimierend die Warnung auf das Publikum wirkt?«

»Das trifft nur zu, wenn die Spieler wie geprügelte Hunde von der Bühne schleichen, aber es ist herzerfrischend, Improvisierer zu sehen, die von der Bühne geworfen werden und trotzdem ihre gute Laune nicht verlieren.«

»Nun, ich habe nicht die Schauspielschule durchlaufen, um mir sagen zu lassen, ich sei langweilig!«

»Wenn du würdevoll sein willst, warum dann improvisieren?«

Warnungen können brutal sein, wenn sie ungeschickt gehandhabt werden; aber richtig angewandt, schaffen sie gute Stimmung (weil die Zuschauer Improvisierer, die von der Bühne geworfen werden und trotzdem glücklich bleiben, wie Helden verehren). Das Problem liegt nicht in der Warnung selbst, sondern bei den armen, verwundeten Kreaturen, die sich zu ihrer Bank zurückschleppen, oder bei den verbitterten Genies, die den Richter mit finsteren Blicken bedenken. Wenn ein Mooser so zu seiner Bank zurückkriechen würde, würden die anderen Mitglieder des Teams sofort dazwischengehen. In einer schlechten Nacht stürmen die Teams manchmal in die Garderobe und fragen: »Wo waren denn die Langeweile-Rufe, als wir sie brauchten!« (Als ob es ihnen verboten wäre, langweilige Szenen selbst zu beenden!)

Warnungen sind notwendig, weil manche Spieler nicht einsehen wollen, wie öde sie sind – oder es macht ihnen nichts aus. Ich hörte einmal zufällig, wie ein Schauspieler/Improvisierer sagte: »Ich bin Künstler, also warum sollte ich mich darum kümmern, was das Publikum denkt?« (Da fragte ich mich, wie sein Sexleben wohl aussieht.) Arrogante Spieler beklagen sich auch, dass die Teckies das Licht ausblenden, bevor das Publikum das Interesse verloren hat, aber kann es überhaupt einen besseren Moment geben? Die Wahrheit ist, dass die meisten Warnungen erst zu spät gegeben werden, weil schwache Richter Angst davor haben, ausgebuht zu werden oder sich vor Bösartigkeiten selbstverliebter Spieler fürchten.

Es gibt eine Gruppe, die die Warnung abmildert. Sie sagen, sie bedeute nur, »... dass es den Spielern nicht gelungen ist, ein Ende zu finden«, aber das widerstrebt dem Wesen des Sports. Die Zuschauer wollen beim Boxen sehen, wie jemand k. o. geschlagen wird, und bei Bootsrennen, wie ein Boot sich überschlägt. Und sie wollen sehen, wie Improvisierern unmissverständlich gesagt wird, dass sie versagt haben. Langweilig ist langweilig, und viele Szenen sind schon nach zwanzig Sekunden langweilig (das heißt bereits unrettbar blöde).

Anstatt zu lernen, wie man eine Ablehnung mit Humor tragen kann – was höchstens fünf Minuten dauert –, spielen viele Gruppen ohne Warnung. Andere geben den Spielern zwei oder drei Minuten, um »ein Ende zu finden«; dies wird signalisiert, indem ein Handtuch hineingeworfen wird, und doch sind dem schon lange Minuten der Langeweile vorausgegangen. Eine weitere unbefriedigende Lösung ist es, für alle Szenen Zeitlimits zu setzen, manchmal nur eine oder zwei Minuten (unbefriedigend, weil die Spieler lernen sollten, Szenen selbst zu beenden).

Eine Herausforderung ist wie ein Haken, der in einen See geworfen wird, und wenn er nichts wirklich Interessantes heraufzieht, sollte er noch einmal ausgeworfen werden. Warum sollte irgend jemand dasitzen und über einen leeren Haken nachgrübeln?

Geschichte der Warnung

In den Anfangszeiten waren wir so bemüht, die Gefühle der Spieler nicht zu verletzen, dass ein Team erst bei der dritten Warnung die Bühne verlassen musste (und die Beurteilung musste einstimmig sein). Dann warfen wir Teams nach der zweiten Warnung von der Bühne und dann nach der ersten – nachdem wir erkannt hatten, dass Gerechtigkeit weniger wichtig war als der Weitergang des Spiels. Schließlich beschlossen wir, dass jeder Richter zu jedem Zeitpunkt jede Szene beenden könnte, und zwar ohne Rücksprache.

Gelangweilte Richter spielen oft mit ihrer Hupe, aber es widerstrebt ihnen, »es« tatsächlich zu tun. Heute leuchtet ein rotes Licht zu ihren Füßen auf, wenn sich die »Höllenrichter« langweilen (Höllenrichter sind Improvisierer-Kollegen, die im Publikum versteckt sind). Da diesem roten Licht nicht gefolgt werden muss, fühlen sich die Höllenrichter nur minimal verantwortlich. Für sie ist es leicht, festzustellen, wenn sie sich langweilen und auf den Knopf zu drücken. Die offiziellen Richter können das rote Licht ignorieren, aber es reißt sie aus ihrer Versunkenheit.

Ich hätte diskretere Mittel und Wege finden können, um schlechte Improvisierer von der Bühne zu bekommen, aber ich hatte genug von jenem Zuschauer, der Theater »schätzt« und sagt: »Das fand ich recht gut«, als würde er über ein nicht ganz einwandfreies Ei reden.

Fliegenpapier

Stellen wir uns ein Anfängerteam auf der Bühne vor, das uns nichts zu bieten hat. Werden sie ihre Szene beenden, um sich zu beruhigen, und es dann noch einmal versuchen? Nein, denn sie schämen sich, eine Niederlage zuzugeben. Aber was ist, wenn ihre Arbeit plötzlich besser wird? Beenden sie die Szene jetzt? Warum sollten sie, wenn sie sich in der warmen Sonne des Beifalls aalen? Dieser Beifall dauert jedoch nicht ewig, und wenn er vorüber ist, ist es ihnen peinlich, sich davonzuschleichen. Fazit: Ob sie verlieren oder gewinnen – sie hängen fest.

Die Bühne ist nicht nur klebrig, sondern auch »magnetisch«, so magnetisch, dass der durchschnittliche Anfänger wahrscheinlich in jeder Szene auf der Bühne sein wird. Wenn sie auf der Mannschaftsbank sitzen bleiben, fühlen sie sich ausgeschlossen. Also laufen sie auf die Bühne und begreifen nicht, dass sie Ratschläge hätten rufen sollen oder Klangeffekte liefern oder auf eine Gelegenheit warten, das Zeichen zum Herunterdrehen des Lichtes zu geben.

Ich besuchte einen Wettkampf, wo sogar das »Team hinter der Bühne« ständig auf der Bühne war (»sich nützlich machte«). Man sagte mir, dass es »demokratisch sei, alle auf der Bühne zu haben«! Nicht so im Loose Moose, wo ein erfahrener Improvisierer manchmal gegen ein Vierpersonenteam spielt.

»Würde euer Publikum es nicht liebend gerne sehen, wie ein Solodarsteller auf die Bühne geworfen wird und irgendwie überleben muss?«

»Das wäre Angeberei!«, sagten sie.

»Aber es ist ungeheuer spannend, einen Menschen zu sehen, der im Mittelpunkt der Aufmerksamkeit steht und der trotzdem furchtlos ist. Sologeiger oder Zauberer sind keine ›Angeber‹!«

In schriftlichen Szenen hat die dritte Rolle meist eine Art Zuschauerfunktion, und warum sollte es bei Improvisationen anders sein? Szenen, bei denen alle Spieler beteiligt sind, sollten die Ausnahme sein, nicht die Regel.

Ungezogenheit

Ich habe Hunderte von Workshops abgehalten – in der Überzeugung, meine Arbeit sei wie ein Geldbeutel in einem Märchen, der nie leer wird –, und ich war sicher, dass es nach kurzer Zeit zwanzig andere, mit uns konkurrierende Gruppen geben würde (schließlich verdienten wir Geld und gingen in anderen Ländern erfolgreich auf Tournee), doch es war, als besäßen wir eine Art Zauberstaub, den wir nicht weitergeben konnten. Die wenigen Gruppen, die versuchten uns nachzuahmen, gaben entweder bald wieder auf oder boten nur blasse Imitationen (wie man mir berichtete).

Wir gingen mit einer Komödienklasse an die Öffentlichkeit und versuchten dabei alles zu vermeiden, was uns »akademisch« erschien. Was das Publikum sah, war ein ständiges Geplänkel zwischen den Improspielern und mir. Ich zwang sie, Szenen zu vollenden, die unverdautes Material enthielten, und sie rächten sich dafür, indem sie grundsätzlich das Gegenteil von dem machten, was ich ihnen sagte. Sie fingen mit einer Szene an, während ich eine andere vorbereitete; es ging immer irgendwie verrückt zu (ich fühlte mich ein bisschen wie Will Hay, der Komiker, der einen gequälten Schullehrer spielte). Unsere Nachahmer sahen diese Anarchie als Ausnahme, als nicht zur Show gehörig, statt sie als eben jenen Zauberstaub zu begreifen, der unseren Workshop zu einer beliebten Unterhaltung gemacht hatte.

Wer mich in der »All-Star Show« in Calgary gesehen hat, hat vielleicht bemerkt, wie ich eindringlich auf die Spieler einflüstere, woraufhin die Darstellung besser wurde. Die Leute dachten wahrscheinlich, dass ich den Spielern gute Ratschläge gab, doch was ich flüsterte, war: »Seid ungezogen! Macht mir das Leben schwer! Macht mich fertig!«

Wenn man dem Durchschnittsteam Ungezogenheit erklärt, denken sie, dies sei eine Gelegenheit, die Arbeit ihrer Gegenspieler zu ruinieren. Daran ist nichts Spielerisches, und das Publikum hasst es. Man sieht vorgetäuschte Ungezogenheit, wenn die Spieler auf der Bank Belanglosigkeiten rufen, die vorgeblich ihre gute Laune ausdrücken soll, aber sie klingen wie ungehobelte Betrunkene. Spieler, die auf geistreiche Weise ungezogen sind, werden vom Publikum geliebt und als verspielte Kinder angesehen. Zum Beispiel verhält sich ein Team, das mit voller Absicht eine Strafe für sich herbeiführt, störend, doch ein Team, das eine Strafe verdient, weil es die Bühne mit Blumen dekoriert hat, verbreitet ein gutes Gefühl.

Ungezogenheit wirkt nicht störend, sondern funktioniert gut, wenn sie genutzt wird, um »tote Zeit« zu füllen. Ich sehe mich außerstande, das Prinzip hier ausführlich zu erläutern, deshalb ein paar Beispiele:

- Eine Szene ist zu Ende, und ein Spieler kriegt einen Lacher, wenn er vorgibt, beim Verlassen der Bühne in den Graben zu stolpern.
- Am Ende eines dänischen Spiels drängelten sich beide Teams um die Ombudsfrau. Dann tauchte einer mit ihr auf den Armen aus dem Haufen auf und trug sie hinter die Bühne. (Das war nicht »politisch korrekt«, doch das Publikum zeigte tobend seine Zustimmung.) Wäre es mitten im Spiel geschehen, wäre es unannehmbar gewesen.
- Norm Hitchcock verlor während eines Hutspiels einen Hut. Die nächste Szene hatte bereits begonnen, bevor jemand bemerkte, dass er immer noch dastand, erstarrt in exakt der gleichen Hal-

tung. Das ist bestimmt schon fünfzehn Jahre her, doch ich denke immer noch mit Vergnügen daran.

- Während der Medaillenverleihung in Calgary aß Roger Fredericks seinen Blumenstrauß auf. Das war sehr viel unterhaltsamer, als zuzuschauen, wie die Sieger während einer weitschweifigen Rede regungslos dastanden, aber Roger rät davon ab (Schnittblumen aus dem Laden sind mit Chemikalien eingesprüht).
- Der Kommentator sagt: »Und heute Abend sind die Techniker in der Kabine nackt!« (Oder sie tragen eine Römerrüstung.) Das Publikum dreht sich zur Beleuchtungskabine um und sieht, dass es stimmt.[26]
- Ein Team gibt der ersten Reihe Kaffee und Kuchen.
- Ein Team sagt: »Wir nehmen die Herausforderung nicht an!«
  »Mit welcher Begründung?«
  »Mit der Begründung, dass wir glauben, wir würden verlieren!«
- Die Mitglieder eines Teams hielten falsche Bewertungskarten hoch und gaben ihren Gegnern Punkte, um sie zu verspotten (es war eine furchtbare Szene, und sie zeigten Fünferkarten). Die Richter entschieden für Auszeit und zogen die Karten ein. Hätte das Team ein zweites Set Karten hervorgezogen, hätten sie mit Sicherheit eine Strafe wegen Störung des Spiels bekommen.
- Die leichteste Art und Weise, sich ungezogen zu benehmen, ist, mehr Freiwillige anzubieten als nötig sind. Wenn ich eine freie Impro leite und Freiwillige suche, kommt es vor, dass sechzehn Leute auf einmal auf die Bühne laufen und sich auf das Sofa quetschen. So etwas schafft gute Laune und stellt klar, dass die Darsteller mutig sind – auch wenn sie es gar nicht sind.
- Bei der Olympiade in Calgary machten die Briten Fotos vom Publikum. Dann gaben sie die Kamera einem Zuschauer und posierten selbst für ein Foto. Die Richter mussten das Team zur Ordnung rufen, aber von diesem Zeitpunkt an waren die Briten die Lieblinge der Zuschauer.

Benimm dich nie ungezogen, wenn du nicht warmherzig und großzügig sein kannst.

Szenen mit Zuschauerbeteiligung

Freiwillige aus dem Publikum interessieren die Zuschauer auf eine sehr lebhafte Weise, und die Zeit mit ihnen wird nicht als »Teil der Show« gesehen. Niemals darf ihr Vertrauen missbraucht werden (wie es in Stand-up-Komödien oft geschieht). Auch wenn sie eine Idee nach der anderen zerstören – was sie tun –, muss man sicherstellen, dass sie erfolgreich sind. Erwecke immer den Eindruck, dass du sie in den Mittelpunkt der Aufmerksamkeit stellst (das sind sie sowieso, also kannst du dieses Verdienst ebenso gut für dich in Anspruch nehmen). Und gib ihnen freie Eintrittskarten, T-Shirts oder einen Gutschein für ihr Entgegenkommen. Behandle sie gut, und es wird so sein, als hättest du das ganze Publikum gut behandelt.

Ich habe Freiwillige gesehen, die in einer Szene herumliefen, ohne dass ihnen irgendjemand Aufmerksamkeit schenkte; die gebeten wurden, der Held eines Abenteuers zu sein, was nur als Ausrede für die Spieler diente, selbst zu glänzen; die nicht vorgestellt wurden; die keine Preise erhielten; bei denen sich nicht bedankt wurde; die nicht zu ihrem Platz zurückgebracht wurden. Viele Gruppen versuchen ein paarmal, mit Freiwilligen aus dem Publikum zu arbeiten, und geben es dann auf – das mag daran liegen, dass sie ihnen keinen Respekt zollten. Ein anderer Grund könnte sein, dass der beste Zeitpunkt, Freiwillige auf die Bühne zu bitten, dann ist, wenn man sie nicht braucht, das heißt, wenn alles wirklich gut läuft. Aber der Gewinn ist so groß, dass man sie auf jeden Fall bitten sollte.

Spiele »die beste Flirtszene mit einem Zuschauer«; synchronisiere ihre Stimme, während sie ihre Lippen bewegen; lass sie Puppenspieler sein, die die Schauspieler dirigieren. Sei erfinderisch.

Mimische Darstellung

Es gibt Schüler, die das Öffnen einer Tür mimen und dann durch die »Wand« daneben treten; ihr gemimtes Glas löst sich plötzlich in Luft auf; sie werfen den Kopf zurück, um »den Becher bis zur Neige zu leeren« – sie würden die Flüssigkeit über sich schütten, wäre sie echt.

Diese Fehler sind Botschaften, die besagen: »Seht, wie unfähig ich bin! Das ist offensichtlich nicht mein Gebiet. Beachtet nur die Schauspielerei!«

Dies mag den Darsteller beruhigen, aber niemandem sonst gefällt es, also rufe ich: »Lass dir Zeit! Pass auf! Entferne dich nicht von deinem Pferd, bevor du abgestiegen bist! Und wo sind die Blumen hingeraten, als du deine Freundin umarmt hast? Halte die Tasse gerade! Lauf nicht durch ihren Kühlschrank!« Und so weiter.

Manche Schüler versuchen das Problem zu vermeiden, indem sie die mimische Darstellung auf bloße »Pieptöne« verkürzen. Sie »gehen in die Küche«, gestikulieren einen Moment lang und kommen mit einer gemimten Tasse »heißen Kaffee« zurück.

»Langsamer!«, sage ich. »Das Wasser kann unmöglich schon gekocht haben – du hattest nicht mal Zeit, den Kessel zu füllen.«

Wenn die Studenten bereit sind, sorgfältig zu mimen, wird ihre Angst verschwinden, und sie werden sich sehr schnell verbessern. Wenn deine Darbietung unverständlich ist, verkünde frohgemut, was du gerade »machst«, und das Publikum wird dich wegen deiner Bescheidenheit lieben.

Wenn man den Boden »schrubbt« oder »Stiefel putzt« oder »jemandes Haar bürstet«, sollte man etwa zwei bis drei Zentimeter über der Fläche arbeiten. Die Hand darf nicht zur Faust geballt sein, wenn man vorgibt, sie halte etwas Umfangreiches.

Gemimte Gegenstände sind klebrig

Stellen Sie eine wirkliche Tasse auf einen Tisch, und lassen Sie sie dort stehen. Mimen Sie danach die gleiche Handlung: Es sieht aus, als stellten sie die gemimte Tasse auf den Tisch und würden sie wieder mit hochnehmen. Das kommt daher, weil die Bewegung, die nötig ist, um die wirkliche Tasse loszulassen, so winzig ist, dass sie nicht wahrgenommen wird.

Es ist notwendig, gemimte Gegenstände auf übertriebene Weise loszulassen, wenn man sie hinstellt oder hinlegt, sonst scheinen sie an einem festzukleben.

Das Jo-jo

Arbeitet eine Gruppe von Spielern zum ersten Mal in der Öffentlichkeit, sind sie so bescheiden, so verletzlich, dass das Publikum sie verehren wird. Beim nächsten Mal (oder beim übernächsten Mal) springen sie ohne eine Spur von Bescheidenheit auf die Bühne, und das Publikum wird sich sagen: »Sie denken also, dass sie lustig sind? Sollen sie es beweisen!«, und der ganze Ruhm wird zu Asche.

Man muss die Spieler vor der Unausweichlichkeit solcher Niederlagen warnen. Man muss ihnen erklären, dass das Publikum sie mit Zuneigung überschütten wird, sobald sie wieder bescheiden geworden sind, wodurch sie für die nächste Katastrophe reif sind. Dieses Jo-jo zwischen Überheblichkeit und Demut ist genauso wenig zu vermeiden wie Stürze, wenn man das Fahrradfahren lernt.

C. W. Nicol schreibt: »Bescheidenheit ist die unentbehrlichste Eigenschaft des wahren Kämpfers. Ohne sie hat er keinen Platz in der Gesellschaft. Ohne Bescheidenheit ist er ein gefährliches, hässliches Scheusal. Durch die Niederlage lernt er, dass er trotzdem weitermachen kann, und das gibt ihm Energie und lehrt ihn, Respekt vor anderen zu haben.«[27]

VORSCHLÄGE AUS DEM PUBLIKUM

Johnstones Gesetz:
Je witziger der Vorschlag, desto weniger ist er zu gebrauchen.

Zachary Quinns Gesetz:
Der dümmste Vorschlag ist immer der, der am lautesten gerufen wird.

»Überrascht uns!«
(Gelangweilte Stimme aus dem Publikum)

Die amerikanische Art

Bei der amerikanischen Art der öffentlichen Improvisation basiert jede Szene auf Vorschlägen aus dem Publikum, und je alberner die Vorschläge sind, desto wahrscheinlicher ist es, dass sie angenommen werden – da Lachen das Maß aller Dinge ist. So kommt es, dass überall auf der Welt Improvisierer zu Szenen gezwungen sind, die sie nicht spielen wollen und die keiner sehen will und die es nicht wert sind, dass man sich fünf Minuten später noch daran erinnert.

Ich habe improvisierte Musicals gesehen, die auf Forderungen wie »Nägelschneiden mit einer Kettensäge« beruhten, und das Ergebnis war schmählich. Kann irgend jemand – selbst der Narr, der diese Dummheit gerufen hatte – tatsächlich wollen, dass so etwas gespielt wird? Ein Musical, das mir im Gedächtnis geblieben ist, basierte auf dem Vorschlag »weite, offene Räume«. Dies regte eine bezaubernde und poetische Geschichte über das Leben in der Prärie an, aber der Vorschlag kam von einer Frau, die die altehrwürdige Tradition nicht kannte, dass man unbedingt, und sei es durch Dummheit, einen Lacher kriegen muss.

Als ich der »Theatre Machine« »vorstand«, akzeptierte ich etwa alle vierzig Minuten einen Vorschlag (als Zeichen des guten Willens). Dies gab den Witzbolden im Publikum keine Chance, uns mit Vorschlägen zu überfüttern.

Ich weiß, dass solche Ansichten für viele Improvisierer und Lehrer eine Häresie bedeuten, deshalb will ich meine Argumente ausführlicher darstellen.

Wer macht die Vorschläge?

»Das Publikum natürlich!«

»Seid ihr sicher?«

»Natürlich sind wir sicher.«

»Schaut hin! Die Vorschläge kommen zum großen Teil von einer kleiner Gruppe von Außenseitern, die an der Stelle des Improvisierers auf der Bühne stehen wollen. Werden sie angestachelt, verwandeln sich früher oder später alle Zuschauer in Leute, die wetteifern, wer am blödesten ist. Jeder, der auch nur die geringste Sensibilität besitzt, ist inzwischen auf und davon (einschließlich der besten Spieler).«

»Aber Vorschläge bringen Abwechslung«

Oft bringen die Zuschauer das zum Ausdruck, was sie gerade im Kopf haben; bittet man sie nach einer »Frankenstein«-Szene um drei Gegenstände, kriegt man wahrscheinlich »ein Skalpell«, »einen abgeschnittenen Kopf« und »eine Herz-Lungen-Maschine«. Dadurch verringert sich die Abwechslung ebenso wie durch die Tatsache, dass viele Vorschläge vorhersehbar sind. Man frage nach einem Raum im Haus, und einer wird schreien: »Die Toilette!«, niemals »das Billardzimmer« oder »die Spülküche« oder »der Keller«, selten »das Schlafzimmer«.

Aufgetürmte Vorschläge

»Was soll ich darstellen?«

»Den Osterhasen!«

Der Osterhase steht bei vielen Leuten auf der geistigen Liste der »komischen Dinge« (zusammen mit Erdferkeln und Wackelpudding), aber die Szene ist noch nicht ruiniert – der Osterhase könnte gegen die Kommerzialisierung des Osterfestes protestieren, oder ein Vater geht mit seinem Sohn auf die Jagd, und der Osterhase könnte erschossen werden.

»Du hast ihn verletzt, Papa!«

»Halt's Maul und fang an, die Eier einzusammeln!«

Aber dieser Spieler fühlt sich nicht inspiriert und bittet um mehr »Hilfe«:

»Und was ist so Besonderes an diesem Osterhasen?«

»Er trägt einen Taucheranzug!«

Das hat einen großen Lacher zum Erfolg, weil es so blödsinnig ist und weil damit der Schauspieler aus dem Konzept gebracht werden soll, aber er pfuscht weiter:

»Aber was hat der Osterhase für ein Problem?«

»Er hat keine Beine!«

Noch mehr Gelächter. Niemand möchte eine Szene mit einem querschnittgelähmten Osterhasen sehen, der tauchen geht, und doch zeigen es die Spieler, davon überzeugt, dem Publikum das zu geben, was es haben will. Bleibt zu hoffen, dass ein Richter dem bald ein Ende setzt.

Lernt das andere Team aus diesem Beispiel? Nein, sie haben sich von dem Gelächter täuschen lassen.

Ein Spieler wendet sich ans Publikum:

»Könnt ihr uns einen Beruf nennen?«

»Fotograf!«

Eine vernünftiger Vorschlag, der wahrscheinlich von einem Fotografen stammt, doch niemand lacht, weshalb der Spieler weiterfragt:

»Nennt uns jetzt ein Tier!«

»Giraffe!«

Vielleicht könnte unser Fotograf wunderbar auf Giraffenart umherstolzieren, doch jetzt bitten sie das Publikum um eine »Tätigkeit«.

»Eine Kuh melken!«

Eine Tätigkeit, die Städter in Verlegenheit bringt, deshalb wird noch mehr gelacht.

»Großartig!«, sagt der Spieler stolz: »Meine Teamkameraden werden jetzt eine Szene präsentieren, in der ein Fotograf, eine Giraffe und das Melken einer Kuh vorkommen.«

Er geht zum Graben zurück, während seine widerstrebenden Mannschaftskameraden mühsam wie Schwerverletzte herausklettern, geistig niedergeknüppelt von diesen entsetzlichen Vorgaben.

Ein Fotograf jagt in der Wüste Giraffen (ohne je eine zu finden), kommt vor Durst beinahe um und rettet sein Leben, indem er einen Mitspieler melkt, der eine gerade vorüberkommende Kuh darstellt. Das Publikum lacht (aus Höflichkeit), aber warum tolerieren die Richter einen solchen Unsinn?

Das »Moosette«[28]-Spiel *In …, mit …, während …* (das in vielen Spielanleitungen beschrieben wird) lädt zu solchen »aufgetürmten Vorschlägen« ein, und es hat zu vielen dummen Szenen geführt, zum Beispiel: »In einem Raumanzug, mit einem Elch, während du ein Omelett zubereitest!« oder: »In einem Goldfischglas, mit einer Harpune, während du Dixie pfeifst.«

Solche Vorschläge sind viel unterhaltsamer als die Szenen, zu denen sie anregen.

Howie Mandel machte sich in einem TV-Special über solche Improvisierer lustig:

»Wer bin ich?«, fragte er.

»Ein Arzt!«, rief eine Stimme.

»Und wo soll ich mich aufhalten?«

»In einem Krankenhaus!«

(Sie mochten ihn und versuchten, ihn nicht aus dem Konzept zu bringen.)

»Und wo liegt mein Problem?«

»Ihr Patient liegt im Sterben!«

(Negativ, aber nicht unvernünftig.)

»Und jetzt sagt mir, was ich Komisches tun soll!«, sagte er sarkastisch und wandte sich etwas Interessanterem zu.

»Aber Vorschläge beweisen, dass wir improvisieren!«

Nicht, wenn die Spieler das hören können, was sie hören wollen und wenn sie »altes Material« aufgreifen können.[29] Und soll das Publikum seinen Standard senken, nur weil es kein Manuskript gibt? Schmeckt eine schlechte Mahlzeit vielleicht besser, wenn der Kellner sagt: »Der Koch kennt keine Rezepte, er improvisiert!«?

Ein Conférencier bei der Boston Improvisation Group erklärte gerade, dass er für jede Szene um Vorschläge bat, »sonst würde das Publikum einfach nicht glauben, dass wir improvisieren«, als uns ein Arbeitsuchender unterbrach.

»Wie viel bezahlt ihr den Leuten, die die Vorschläge rufen?«, fragte er. »Und wie viel könnte ich wohl verdienen?«[30]

Wie viele Vorschläge auch immer akzeptiert werden und wie miserabel das Ergebnis sein mag, die Zuschauer glauben immer noch, die Szenen wären einstudiert. In einer schlechten Nacht kann es passieren, dass sie einen nur als untalentierte Arbeitstiere sehen ohne jeden gesunden Menschenverstand, und man kann sich winden, wie man will, man kommt von diesem Haken nicht los.[31] Die Wahrheit ist, dass die Leute sich amüsieren wollen, und es interessiert nur die Improvisierer, ob die Show improvisiert ist oder nicht. Als Dario Fo vor siebzigtausend Leuten in einem Fußballstadion auftrat, zuckten Blitze über den Himmel. Er begann sofort aus dem Stegreif eine Debatte mit Gott, aber improvisierte er wirklich? Könnte er sich nicht auf altes Material gestützt haben? Wen interessiert das? Es muss in jedem Falle herrlich gewesen sein.

Wenn die »Theatre Machine« anfing, »altes Material« wieder aufzunehmen, versuchte ich sie in eine andere Richtung zu dirigieren, nicht weil sie »betrogen«, sondern weil unverbrauchtes Material viel unterhaltsamer ist.

Beleidigende Vorschläge

Eine Schauspielerin wurde außer Hörweite geschickt, während das Publikum gebeten wurde, drei Tätigkeiten vorzuschlagen, die der Rest der Gruppe ihr vermitteln sollte (blödes Spiel). Männliche Stimmen riefen:

»In der Nase bohren!«

»Ein Huhn ausnehmen!«

»Die Achselhöhlen rasieren!«

Diese Vorschläge wurden von Leuten gemacht, die sehen wollten, wie eine Frau gedemütigt wird – und dennoch wurden sie mit Freuden akzeptiert. Der durchschnittliche Spieler wird nicht erkennen, dass die »Witzbolde« im Publikum bösartig sind:

»Nennt mir eine Tätigkeit!«

»Schorf abkratzen!«

»Eine weitere Tätigkeit!«

»Weggehen!«

Fragen Sie nach einer Tätigkeit, wenn eine Vorstellung schlecht läuft, und was Sie kriegen, ist höchstwahrscheinlich »Mist schaufeln!«. Die Improvisierer spielen die Szene, anscheinend ohne sich bewusst zu sein, dass dies ein Ausdruck von Verachtung ist.

Aus dem Stand starten

Für viele Spieler sind Vorschläge ein Vorwand, ihr Versagen zu entschuldigen. (»Was kann jemand schon erwarten, wenn er vorschlägt, ich soll mimen, einem Elefanten Strumpfhosen anzuziehen, während ich auf dem Mars lande?«) Vorschläge sind aber auch eine Möglichkeit, dahinter sein wahres Selbst zu verstecken. Wenn man eine Szene spielt, die auf dem Vorschlag »In einem Aquarium eine Nonne kitzeln und dabei Essensmarken anlecken« beruht, besteht keinerlei Gefahr, dass dabei Schmerzen, Sehnsüchte, das verborgene Selbst bloßgestellt wird.

Joan Rivers erinnert sich, als sie jünger war: »… ich hatte kein gleichbleibendes Bild von mir selbst auf der Bühne – und dachte auch nie darüber nach. Ich hatte keinen Kern, nichts, was immer das gleiche Mädchen ausmachte. Ich versuchte nur, ein witziges Mädchen zu sein … Sobald es kein Lachen mehr gab, gab es mich nicht mehr – und das Publikum wusste das sofort.«

Milt Kamen sagte ihr, dass »Komödie tief aus deinem Innern kommen muss, aus dem, was du wirklich bist …«; doch sie fand, dies sei »ein zu großes Konzept, zu allumfassend, zu beängstigend, als dass ich es hätte ergreifen und zu meinem eigenen hätte machen können«.[32]

Starte aus dem Stand, und woher werden die Ideen kommen? Aus dir, und dann kann es sein, dass deine inneren Dämonen freigesetzt werden, doch das ist ein Risiko, das jeder Künstler eingehen muss. Ohne dieses Risiko kannst du bestenfalls eine Art Handwerker sein.

»Aber wie können wir improvisieren, ohne Vorschläge zu kriegen, verdammt noch mal?«

Nehmen wir einmal an, ihr werdet zu einem »Ein Wort auf einmal«-Spiel herausgefordert (bei dem die Improvisierer Geschichten erfinden, indem jeder ein Wort sagt – S. 215). Braucht man wirklich einen »Titel« oder einen »Ort zum Beenden«? Der Sinn von »Ein Wort auf einmal«-Geschichten liegt darin, dass die Spieler darauf verzichten, die Zukunft unter Kontrolle zu haben, sondern aus den Vorschlägen eine Zukunft bauen. Also, warum nicht einfach anfangen mit »Wir …« und abwarten, wohin die Story führt?

»Wir STEHEN vor DER Himmelstür. WIR klingeln …«

Vielleicht sagt dir Petrus, dass der Himmel voll ist. Vielleicht versuchst du, dich durch eine Seitentür einzuschleichen, und eine Rutsche befördert dich in die Hölle. Das ist viel unterhaltsamer, als wenn man mit dem Titel »Eintritt in den Himmel« begonnen hätte (nicht, dass man je solch interessante Titel bekäme).

Oder sagen wir, du fängst eine Szene an mit: »Irgendeine Form von Leben auf diesem Planeten, Spock?«, und dein Partner wird »Spock« (aus *Raumschiff Enterprise*) und sagt: »Unlogisch, Käpt'n …« und zieht eine Augenbraue hoch. Das Publikum wird entzückt sein. Hätte jemand um eine Szene aus *Raumschiff Enterprise* gebeten, hätte es diesen Zauber nicht gegeben.

Fallen

Wer bin ich?

Stellen Sie niemals diese Frage. Sie stellen sich selbst eine Falle, denn irgendein Esel im Publikum wird rufen: »Thomas von Aquin!«, und selbst wenn *er* alle sechzig Bände der *Summa* gelesen hat, ist er mit Sicherheit der Einzige.

»Welche bekannte historische Figur soll ich darstellen?« (Wird vor allem von Improvisierern von abgrundtiefer Unwissenheit gefragt.)

»Kopernikus!«

Da einer von fünf Nordamerikanern glaubt, dass die Sonne sich um die Erde dreht, ist so etwas nicht sonderlich hilfreich. Aber warum will jemand überhaupt eine *historische Figur* darstellen? Wahrscheinlich weil irgendein Schlaumeier einmal eine Szene gesehen hat, die auf historischen Figuren beruhte, und sie in ein Spielebuch schrieb. Doch war diese Szene aus einem Publikumsvorschlag entstanden? Das glaube ich nicht.

»Julius Cäsar!«

Die Spieler wissen vielleicht, dass er erstochen wurde, aber dass er in England eingefallen ist? Dass er Epilepsie hatte? Wahrscheinlich nicht.

»Luther!«

Ob sie etwas über die fünfundneunzig Thesen wissen, die er in Wittenberg an die Tür nagelte? Ganz zu schweigen von Luthers Ansichten über Schauspieler? Und selbst wenn sie es wissen, welcher Prozentsatz des Publikums weiß es oder schert sich darum? Selbst wenn jemand genannt wird, den jeder kennt, Präsident Clinton oder Donald Duck – lohnt es sich, eine Imitation der Öffentlichkeit zu zeigen?

Statt zu fragen: »Wer sind wir?«, solltet ihr nach Berufen oder Beziehungen fragen. Und alles, was euch nicht inspiriert, zurückweisen.

Wo bin ich?

Szenen über Szenen wurden von dieser Frage bereits am Anfang ruiniert.

»Bangladesch!«

Bangladesch ist »komisch«, weil es mit Hungersnöten assoziiert wird und unser wohlgenährtes Publikum deswegen diffuse Schuldgefühle hat. Die Improvisierer fühlten sich nicht in der Lage, spontan mit »Hunger« umzugehen, und der Vorschlag lähmte sie.

»Wo sind wir?«

»Liechtenstein!«

Das Team weiß nicht, wo Liechtenstein liegt oder was es ist, also fragen sie noch einmal, und ein Schlauberger ruft »Titicacasee«. Über Bolivien wissen sie aber auch nichts, und ohnehin will niemand eine Szene sehen, die in Bolivien spielt (Titicacasee wurde von einem geistlosen Narren vorgeschlagen, weil es wie »Titten« und »Kacke« klingt).

Auch wenn jemand ein Land vorschlägt, mit dem ihr vertraut seid (Holland zum Beispiel, das mit Kanälen und Rembrandt assoziiert wird und mit mehr Freiheit, als die meisten von uns jemals erleben werden) – wollt ihr wirklich die Szene darstellen, wo der Junge seinen Finger in das Loch im Deich steckt? Nun – einmal vielleicht. Und wer will eine lustige oder eine ernste Szene über Anne Frank improvisieren?

Einige Spieler sind gebildet – Ärzte, Rechtsanwälte und Mathematiker spielen Theatersport –, aber viele Spieler denken an die Schule, und allein die Vorstellung von Lernen ekelt sie an, und das gilt auch für unser Publikum.

Richter: Wir möchten gerne eine narrative Szene.

Stimme: Was bedeutet narrativ?

Eine Stelle zum Aufhören?

Hat man »eine Stelle zum Aufhören«, ist man geneigt, weiterzuschwafeln im Vertrauen darauf, dass man weiß, wie die Szene enden soll. Dies nimmt die Spannung weg, und das Publikum ist normalerweise viel weiter als die Spieler (»Überbrücken«, S. 166).

Was ist unser Problem?

Stellt diese Frage, bevor das Publikum weiß, worum es in einer Szene geht, sonst bekommt ihr Vorschläge wie »Du kannst nicht schwimmen!« für eine Szene über einen Kanalschwimmer oder »Du hast keine Beine« für eine Szene über den Froschkönig – die Leute, die solche idiotischen Sachen rufen, wollen den Spielern Knüppel zwischen die Beine werfen.

Welche Spiele sind am anfälligsten?

Ein Spieler setzt eine »Körper«-Szene (S. 297) an und bittet um »einen nichtgeografischen Ort«.

»Auf einer fahrenden Rolltreppe!« wird akzeptiert, obwohl die Spieler wissen, dass die Szene null Chancen auf Erfolg hat. »Den Verkehr regeln« war die vorgeschlagene Aktivität für eine »Arm bewegen«-Szene (S. 301). Ich glaube nicht, dass das böse gemeint war – »Auto fahren« oder »eine Karotte schaben« wäre genauso verheerend gewesen –, aber »Armeszenen« brauchen keine Aktivität, also warum danach fragen? Warum unwissenden Leuten die Möglichkeit geben, unsere Szenen für uns festzulegen?

Versprechen halten

»Wo sind wir?«

»Hawaii!«

»Was tun wir?«

»Tanzen!«

Das Publikum lacht und freut sich darauf zu sehen, wie die Spieler Hula tanzen, doch dann tritt ein Improvisierer auf, der am Strand von einem Krebs gezwickt wird und vor Schmerzen herumspringt – nichts von Hawaii, kein Hula.

Ein »Maschineschreiber« macht sich daran, eine Geschichte zu »tippen«, die seine Teamkameraden spielen werden. Er bittet um einen Anfangssatz und bekommt: »Es war eine finstere, stürmische Nacht.« Dieser Vorschlag war ein Versuch, witzig zu sein, aber er erweckt die Erwartung, dass die Geschichte nachts stattfindet und dass ein Sturm eine wichtige Rolle spielt. Und doch – man glaubt es kaum –, die Geschichte findet am Tag statt, und es gibt keinen Sturm.

Ein Team fragt nach einem Gegenstand für eine Liebesszene, und eine Stimme ruft »Baum«. Die Szene findet unter einem Baum statt, aber der Baum ist unwichtig – die Handlung hätte überall stattfinden können. Die Götter hätten einen der Liebenden in einen Baum verwandeln können, oder ein liebeskranker Verehrer hätte den Namen seiner Liebsten in die Rinde schnitzen können, nur um dann zu entdecken, dass der gleiche Name schon von zwanzig anderen Leuten eingeschnitzt wurde.

Ein männlicher Improvisierer bat um eine Tätigkeit.

»Windeln wechseln!«, ruft eine Frau.

Die Zuschauer lachen und sind gespannt darauf, wie er das Baby fallen lässt oder ihm die Windel um den Kopf wickelt oder etwas von der Art, doch er wird sofort durch die Vorzeigefrau des Teams ersetzt.

Hier eine noch dümmere Art und Weise zu schummeln:

»Nennen Sie uns einen Gegenstand, der in der Szene verwendet werden soll?«

»Ein Kartoffelschäler!«

Die Szene spielt in einer Küche, doch es gibt keinen Kartoffelschäler: Die Spieler haben ihn vergessen! Schlimmer noch: Weder ihre Teamkameraden auf der Bank noch die Richter erinnern sie daran!

Ausreichend persönliches Material einholen

Die Zuschauer wurden gefragt, ob sich kürzlich jemand »getrennt« habe. Eine Frau sagte: »Ja!«

»Wer war schuld?«

»Er!«

»Weswegen haben Sie sich getrennt?«

»Wegen einer anderen Frau.«

Diese Information war so banal, dass man eigentlich gar nicht hätte zu fragen brauchen. Weitere Fragen wären nötig gewesen: »Wie hatte sie es herausgefunden?« und: »Was unternahm sie, um die Trennung zu verhindern?« Aber ist es sinnvoll, mehr persönliche Informationen zu erhalten, wenn ihr die Person nicht auf die Bühne holen könnt, um Rat zu erteilen und um euch zu sagen, ob ihr auf der richtigen Spur seid?[33]

Wiederholen der Vorschläge

Jeder Vorschlag muss laut und klar wiederholt werden, auch wenn jeder ihn gehört hat. Das symbolisiert »Kontrolle« (die Zuschauer mögen es, wenn die Spieler Autorität ausüben, dadurch fühlen sie sich sicherer).

Zurückweisen von Vorschlägen

Fragt man die Zuschauer mit einer Spur Missbilligung oder Langeweile im Ausdruck: »Wollen Sie das wirklich sehen?«, werden sie wahrscheinlich »Neeeiiin!« rufen. Oder man kann sagen: »Das hatten wir erst letzte Woche!« oder: »Das haben wir in letzter Zeit so oft gespielt.« Wenn man als Beruf »Proktologe« erhält, sagen Sie einfach gutmütig: »Nicht *Ihren* Beruf, mein Herr!«, und das darauffolgende Lachen gibt Ihnen die Chance, einen anderen Vorschlag zu akzeptieren. Wenn man um ein Thema für ein Gedicht bittet, und man bekommt »Existenzialismus«, kann man seinen Status herabsetzen und fröhlich fragen: »Könnte jemand etwas vorschlagen, das ich verstehen kann?« Wenn man einen Vorschlag akzeptiert, der einen nicht inspirieren kann, sollte man die Szene wenigstens kurz halten.

In Kürze

Ich will nicht sagen, dass man Vorschläge abschaffen solle; was ich sagen will, ist, dass sie auf absurde Weise überstrapaziert werden und dass wir uns nicht auf sie verlassen sollten.

Akzeptiert nie einen Vorschlag, der euch langweilt oder erniedrigt!

Geht nicht davon aus, dass jemand eine Szene sehen will, nur weil der Vorschlag einen Lacher bekam!

Baut nicht auf Sand!

DIE EINSTELLUNG DER SCHÜLER ÄNDERN

Benjamin Constant[34] war vier, als sein Lehrer vorschlug, sie sollten zusammen eine Sprache erfinden. Sie gingen auf dem Hof umher, gaben allen Dingen einen Namen und erarbeiteten eine Grammatik; und sie erfanden sogar eigene Buchstaben, um die Laute aufzuschreiben. Benjamin war sechs, als er herausfand, dass er Griechisch gelernt hatte.

Unser Lehrer schrieb das Wort »Algebra« an die Tafel, und da stand es klein und gemein auf der großen schwarzen Tafelfläche. Uns wurde gesagt, dass »wir es bis jetzt leicht gehabt« hätten, doch dass Algebra ein wirklich schweres Fach sein würde. Einstein dagegen wurde gesagt, dass Algebra eine Jagd auf ein Wesen, genannt »X«, sein würde. Und wenn man es einfing, müsse es seinen tatsächlichen Namen verraten.

Männer/Frauen

»Instinktiv erkannte ich sehr schnell, dass diese Männer damit zufrieden sein würden, mich als zweitrangigen Lückenbüßer zu behandeln, wenn im Hintergrund eine Frau gebraucht wurde ... Ich konnte sehen, dass sie ›Second City‹ als männliche Kunstform ansahen, dass sie kein Mädchen wollten, das sich hineindrängte und sagte: ›Ich kann diese Szene schaffen.‹ Ein Mädchen, das mir im ›Second City‹ vorausging, Mina Kolb, sagte einmal: ›Es ist fast immer ein Mann, der eine Szene verwirklicht, also muss man so tun, als kämen die eigenen Ideen von jemand anders. Es ist, als spielte man mit einem Kind.‹«
Joan Rivers[35]

»Nur ein Gesetz für den Löwen und für den Ochsen ist Unterdrückung.«
William Blake

Auch wenn die Hormone heutzutage durch die allgegenwärtige Chemie verrückt spielen, verhalten sich Männer und Frauen immer noch unterschiedlich. Frauen reagieren sensibel auf die Bedürfnisse anderer, sie kommen gut mit der Idee von Gleichheit zurecht, und sie knuddeln gern kleine, pelzige Tiere. Die Männer dagegen sind programmiert, für das Grillfest ein totes Mammut fünfzehn Meilen nach Hause zu schleifen.

Männlich dominierter Theatersport kennt kein Pathos, kein Mitleid und keine Zartheit. Frauen können diese Eigenschaften einbringen, erhalten sie die Chance dazu, und wenn sie weggehen – was die meisten von ihnen tun –, schlagen die Männer mit ihren Keulen gegen die Felsen und schreien: »Aber wir haben sie gleichberechtigt behandelt!«, doch genau das ist das Problem. Männliches Unterdrückungsverhalten schreckt die meisten Frauen ab, und diejenigen, die die Demütigungen und die Aggressionen überleben, sind zum Schluss mit großer Wahrscheinlichkeit genauso hart wie die Männer. In diesem Falle könnten wir genauso gut Männer in Röcken einsetzen (wie die meisten Komikergruppen).

Männer drängeln sich nach vorn und ergreifen alles, dessen sie habhaft werden können (sie haben die Frauen sogar aus der Gynäkologie vertrieben); aber das Konkurrenzverhalten von Frauen ist einfach anders, und in den meisten Improgruppen sind sie wie nistende Vögel, die von einer Horde durchgedrehter wilder Bestien niedergetrampelt werden.

Man kann Männer dazu drängen, das Problem zu erkennen und Frauen mit Respekt zu behandeln, und stets darauf achten, dass sie eine faire Chance bekommen. Daneben kann ich den Frauen nur den Vorschlag machen, zusammen zu trainieren (weg von den Männern) und dass sie auch Freizeit miteinander verbringen, einander bei Meetings unterstützen und sich gegenseitig beibringen sollten, nicht ständig zu lächeln.

Einmal gab es eine Theatersportgruppe, die ausschließlich von Frauen ins Leben gerufen worden war, und dennoch hatten nach ein paar Jahren die Männer diese Gruppe übernommen. Dieses Problem wird nicht von selbst verschwinden, und wenn es nicht gelöst wird, gibt es keinen Platz für die meisten Frauen in einer männerdominierten Komikergruppe, außer als Maskottchen oder als Männer mit Busen.

Wolpes progressive Desensibilisierung[36]

Wolpes Katzen hatten so große Angst vor seinem Labor, dass sie zu fressen aufhörten, wenn sie nicht in einiger Entfernung von dem Gebäude gefüttert wurden. Jeden Tag stellte er nun ihren Fressnapf etwas näher an die Quelle ihres Schreckens, und ihre Phobie verschwand.

Dies regte ihn an, Phobiepatienten dahingehend zu erziehen, dass sie gelassen blieben, wenn er ihnen den harmlosesten Gegenstand aus einer »Hierarchie der Furcht« vorlegte. Wenn sie große Angst vor Vögeln hatten, bat er sie, sich eine sehr kleine Feder in einem

Tausende Meilen entfernten Land vorzustellen. Wenn sie zu zittern begannen, musste er etwas noch weniger Erschreckendes finden. Aber mit ein bisschen Glück blieben sie ruhig, und er konnte fortschreiten zu einem Bild, das noch etwas angsterregender war. Nachdem sie über mehrere Wochen in der Hierarchie immer weiter hinaufgestiegen waren, konnten sie vielleicht schon mit einem ausgestopften Vogel konfrontiert werden, und schon bald waren sie in der Lage, in einem Käfig mit lebenden Vögeln zu sitzen. Gerieten sie in Panik (das heißt, ging der Vorgang zu schnell), musste er viele Schritte zurückgehen, bevor er wieder vorwärts gehen konnte. Genau das hatte ich bei meinem eigenen Unterricht beobachtet, und ich stellte fest, dass meine Fähigkeit darin lag, meine Schüler auf »gefährliches Terrain« zu locken, ohne dass sie zurückschreckten.

Paradoxer Unterricht

Als der Psychologe Dan Wiener[37] meinem Unterricht zusah, erklärte er, ich würde paradoxe Psychologie einsetzen. Dazu gehöre, den Patienten ein Symptom einstudieren zu lassen, zum Beispiel einen lästigen Tick zu üben, in der Hoffnung, ihn unter bewusste Kontrolle zu bringen. Dies kann für Psychologen eine schreckliche Erfahrung sein, denn sie müssen befürchten, ihre Patienten endgültig in den Wahnsinn zu treiben, doch bei der Improvisation gibt es solche Risiken nicht – Schüler werden einfach objektiver und fähiger, ihr Verhalten zu modifizieren. Wenn man zum Beispiel erreichen will, dass die Schüler die Kunst beherrschen lernen, Ideen nicht zu blockieren, muss man sie dazu auffordern, Ideen zu blockieren, weil sie dann erkennen, wann sie unabsichtlich blockieren.

Tauziehen

Um die Schüler mit meinen Vorstellungen vertraut zu machen, schlage ich vor, dass jeder von ihnen sich einen Partner sucht:

»Mimt, ein Seil aufzunehmen«, sage ich. »Spielt ein gemimtes Tauziehen.«

Ich schaue aus dem Fenster, damit sie mich nicht nach Zeichen von Beifall (oder Missfallen) absuchen. Hinter mir höre ich Geräusche von Anstrengung und Keuchen, nicht gerade die Geräusche, die Leute machen, die Spaß haben. Nach etwa dreißig Sekunden drehe ich mich um und beobachte sie. Noch hat niemand »verloren«, doch einige der »Seile« scheinen länger geworden zu sein.

»Das reicht«, sage ich und packe einen stämmigen Schüler bei der Hand, um ein richtiges Tauziehen zu vollführen. Danach frage ich sie: »Wie lange hat das gedauert?«

»Ungefähr zwei Sekunden.«

»Aber euer gemimtes Tauziehen hat fast eine Minute gedauert, bevor ich euch unterbrach!«

Ich erkläre ihnen, dass ihr Denken der wirklichen Welt angemessen ist, in der es greifbare Seile und echte Sieger und Verlierer gibt, doch dass wir auf der Bühne gemeinsam schwimmen und gemeinsam untergehen. Wenn man Glück hat, lachen sie über die Verrücktheit, ein gemimtes Tauziehen gewinnen zu wollen.

»Ihr seid wie jedermann«, sage ich. »Jedermann außer Zenmönchen verhält sich so. Normale Leute wollen gewinnen, egal wie widrig die Umstände sind.«

Ich erzähle ihnen, was passierte, als ich dieses Prinzip einem Kurs in Stuttgart erklärte. Zwei »tauziehende« Schüler schnellten gleichzeitig nach vorn und knallten mit ihren kahlen Köpfe zusammen, so wild entschlossen waren beide, »der Sieger beim Verlieren« zu sein! Wahrscheinlich lachen sie darüber noch mehr.

»Spielt das Spiel jetzt noch einmal! Doch diesmal schaut ihr eure Partner an und macht das, was sie wollen; wenn sie ›verlieren‹ wollen, zieht ihr sie herüber, wenn sie ›gewinnen‹ wollen, lasst ihr euch hinüberziehen.«

Diesmal höre ich Lachen und Geräusche von Leuten, die an der Sache Spaß haben.

»Gebt nach!«, rufe ich, weil einige Studenten immer noch in der Luft herumzerren. »Verliert! Seid das, was euer Partner will, dass ihr es seid. Wenn ihr nicht bereit seid, euch von eurem Partner verändern zu lassen, könnt ihr genauso gut allein arbeiten. Seht das glückliche Lächeln auf den Gesichtern der ›Sieger‹. Ihr tut ihnen etwas Gutes!«

Ich lasse einen schmächtigen Schüler gegen alle übrigen am Tau ziehen.

»Wen würde das Publikum siegen sehen wollen?«, frage ich, und die Antwort ist eindeutig.

Der schmächtige Student reißt das »Seil« mit einem Ruck auf seine Seite, und die übrigen fallen über einen Haufen und lachen sich kaputt. Sie verstehen allmählich, dass »Verlieren« mindestens genauso viel Spaß machen kann wie »Siegen« und dass gutwilliges Scheitern uns alle in eine ausgezeichnete Laune versetzt.

Geschenke

Ich bitte eine Anfängergruppe, Paare zu bilden und zu mimen, sie würden einander Geschenke machen. Ich gestehe ein, dass dieses Spiel für Dreijährige geeignet ist, aber »bitte, tut mir den Gefallen«. Dann sage ich: »Zeigt euch hoch erfreut über das Geschenk, das ihr bekommt. Sagt Dinge wie: ›Oh, das ist genau das, was ich wollte!‹ Fahrt fort, Geschenke auszutauschen.«

Sogar bei dieser simplen Handlung versuchen die Schüler, ihre Identität auszudrücken, das heißt, jemand, der für hart gehalten werden will, schenkt einen Totenkopf oder eine Pistole oder eine angeschliffene Fahrradkette, während jemand, der als sensibel gelten will, einen Band Sonette oder eine Blume schenkt.

Ich bitte sie, das Spiel noch einmal zu machen (vielleicht mit neuen Partnern), und sage jetzt: »Definiert nicht das Geschenk, das ihr gebt, definiert das Geschenk, das ihr bekommt, und macht deutlich, dass es etwas ist, was ihr wirklich wollt.«

Diese Art und Weise, das Spiel auszuführen, macht viel mehr Spaß. Zum Beispiel:

»Ich hab' was für dich.«

»Oh! Der Mantel, den ich im Schaufenster gesehen habe. Du bist so lieb! Ich habe eine Überraschung für dich!«

»Ein aufziehbarer Vogel! Kann er singen?«

»Du brauchst nur auf den Knopf zu drücken.«

»Oh, wie schön. Aber warte, bist du siehst, was ich für dich habe.«

»Puuh! Ist das schwer! Was ist es denn?«

»Mach auf und guck nach!«

»Ein Modell des Parthenon! Ich hab' schon so lange auf eins gespart!« Und so weiter.

Die Schüler fühlen sich sicherer, weil sie glauben, auf diese Weise weniger über sich zu verraten.

Ich greife oft auf dieses Spiel zurück, wenn ich über Aktion und Interaktion unterrichte (s. Seite 118), und vor allem auch dann, wenn die Klasse mit Texten arbeitet. Das Geschenk, das man erhält, zu definieren, hat viel mit der Fähigkeit zu tun, ein guter Zuhörer zu sein – eine Fähigkeit, die Schauspieler dringend pflegen sollten.[38]

Die Arbeit auswerten

Nach einer Paarszene (zum Beispiel »Geschenke«) frage ich: »War eure Arbeit gut?«

Das verwirrt sie, und ich fahre fort: »Eure Arbeit war gut, wenn euer Partner gern mit euch zusammengearbeitet hat!«

Diese Vorstellung ist ihnen neu, und viele Anfänger haben keine Ahnung, wie ihre Partner sich fühlen.

»Achtet also darauf, dass euer Partner sich gut unterhält. Ihr müsst das so sehen: Wenn jemand ein guter Improvisationsspieler ist, doch niemand mit ihm spielen will, bezweifle ich, dass er jemals besser werden wird; wenn hingegen jemand sehr schlecht arbeitet, doch jedermann sein Partner sein will, wird er bald zu den allerbesten gehören.«

Manchmal sage ich: »Die Szene war sehr clever, aber ihr habt den Eindruck vermittelt, dass der Sieg für euch wichtiger ist, als das Spiel zu genießen, deshalb habt ihr uns gar nicht gefallen!« oder:

»Ja, die Szene war ein totaler Reinfall, aber weil du dafür gesorgt hast, dass sich dein Partner köstlich amüsiert, haben wir sie trotzdem genossen.«

Die Auswertung kann auch andere Dinge betreffen – wurde das Ziel der Übung erreicht und so weiter –, doch nichts ist wichtiger als die Beziehung zwischen den Spielern. Wenn Improvisierer ihre Partner ignorieren, sage ich: »Wir werden dich so lange nicht loben, bis dein Partner in dem Spiel gut ist.«

Fangen

Wenn es in der Nähe eine passende Wiese gibt, lasse ich die Schüler Fangen spielen. Einige laufen so weit wie möglich weg, als wollten sie nicht eingefangen werden, doch sie sagen: »Wir laufen einfach gern.« Es ist so, als glaubten sie, sie könnten gewinnen, wenn sie sich dem Fänger fernhalten, doch in Wirklichkeit weigern sie sich einfach mitzuspielen. Ich erkläre, dass so weit wie möglich wegzulaufen eine Strategie der Risikominimierung darstellt und dass diejenigen Spieler, die Risiko maximieren, den meisten Spaß herausholen (als Kinder wussten wir das, aber viele Erwachsene haben es vergessen).

Vielleicht haben einige von ihnen Angst, nie jemanden einzuholen, wenn sie den Fänger spielen müssen, doch gutwillige Schüler würden es nie zulassen, dass ein Fänger vor Erschöpfung umfällt.

Wenn sich die anderen spielverderberisch verhalten und sich nicht fangen lassen, sollte ein langsamer Fänger sagen: »Das macht keinen Spaß«, und sich weigern weiterzuspielen. Doch eigentlich sollte bereits vorher der Lehrer eingreifen.

Fangen mit Freistätten

Jeder Spieler sucht sich eine Freistätte aus – jede bietet Platz für eine Person. Wenn ein anderer deine Freistätte erreicht, musst du dir eine neue suchen – bis du sie gefunden hast, bist du dem Fänger ausgeliefert. Die Spieler rennen nur aus Spaß von einer Freistätte zur anderen.

Wenn die Freistätten klein sind, entsteht dabei jede Menge nicht bedrohlicher Körperkontakt, und ich möchte, dass die Schüler sich daran gewöhnen, miteinander in Berührung zu kommen. Das Spielfeld sollte frei von scharfen Kanten, rutschigen Flächen und Ähnlichem sein.

Fangen in Paaren

Wenn eine Gruppe »normales« Fangen gespielt hat, bitte ich sie, Paare zu bilden, die Arme umeinanderzuschlingen und in Paaren Fangen zu spielen. Jedes Paar muss zusammenarbeiten, sonst versuchen sie, in entgegengesetzte Richtungen wegzulaufen. Es wird mehr gelacht, und niemanden kümmert es, wer verliert oder gewinnt, weil niemandes Ego auf dem Spiel steht. Ich verdeutliche ihnen, wie viel mehr Spaß sie haben, und wir diskutieren die Gründe. Die Paare sollten gut zusammenpassen – wir wollen nicht, dass ein Starker einen schwächeren Partner herumschleppt.

Fangen in Zeitlupe

Die Schüler spielen Fangen in extremer Zeitlupe, das heißt, es wird zur reinen Darstellung eines Spiels (wie das gemimte Tauziehen). Zwanghafte »Sieger« werden trotzdem versuchen, zu entkommen oder jemanden einzufangen. Auch anhand derartiger Manöver können wir falsches Denken diskutieren.

Der Wunsch, die Regeln klar zu verstehen

Nervöse Improvisierer wollen, dass man die Regeln eines neuen Spiels ein paarmal wiederholt. Ich sage ihnen, dass sie vielleicht ein viel besseres Spiel erfinden werden, wenn sie mich missverstanden haben. Das bringt sie zum Lachen, und sie verstehen, dass ich sie nicht tadeln werde, wenn sie Patzer machen. Statt Spiele erschöpfend zu erklären, ist es besser zu warten, bis ein Fehler auftaucht, und ihn dann zu korrigieren.

»Fortgeschrittene Spiele«

Ich führe bestimmte Spiele als »fortgeschritten« ein und prophezeie den Schülern, dass sie scheitern werden, und es würde ihnen dennoch Spaß machen. Das gibt ihnen die Möglichkeit, »in Würde zu scheitern«, und für einige ist es danach leichter, sich freiwillig zu melden (nicht etwa, wie man annehmen könnte, schwieriger).

Meine Schuld

Als ich mit Lehrern arbeitete, wartete ich darauf, dass jemand Mist baute, und sagte dann etwa: »Es ist meine Schuld. Ich habe euch das falsche Spiel gegeben« oder: »Tut mir leid! Ich hätte dich retten müssen! Ich bin ein Idiot!«

Das Stimmengewirr in der Halle schwoll an, als sie diskutierten, ob ich verrückt sei oder einfach unfähig (das war in den frühen Sechzigern). Dann erklärte ich ihnen, dass ich der Experte sei: »Wenn ihr Probleme habt, sagt euch: ›Keith hat mich auf die Bühne gebracht, und ich hatte nicht die geringste Vorstellung, was ich tun sollte, und er ließ mich einfach im Regen stehen – was für ein Idiot!‹ Wenn ihr nicht mir die Schuld geben wollt, sagt, die Situation sei schuld, es seien zu viele Schüler im Kurs oder schuld habe der Lärm des Ventilators oder sonst irgend etwas; doch gebt euch nicht selbst die Schuld, und versprecht nie, euch beim nächsten Mal mehr anzustrengen.«

Es dauerte immer eine ganze Weile, bis mein Verhalten sie überzeugte, dass ich es ernst meinte.

»Mein Fehler!«, sagte ich vielleicht. »Ich hätte dir sagen sollen, dass du dich verändern musst, als er dich beleidigte!« oder: »Wo habe ich nur meine Gedanken! Ich hätte euch erst das Spiel ›Blindes Angebot‹ beibringen sollen!«

Ein Lehrer, der die Verantwortung für das Scheitern seiner Schüler akzeptiert, erweckt den Eindruck großen Selbstvertrauens. Es dauert nicht lange, und es fällt selbst den Schüchternen unter meinen Schülern leicht, sich freiwillig zu melden, weil sie wissen, dass ich mir die Schuld geben werde, wenn sie Fehler machen, und der Kurs ist wie eine tolle Party und nicht wie irgendetwas Akademisches.

Fahr zur Hölle, Keith

Manche Darsteller suchen mitten in der Szene für den Bruchteil einer Sekunde den Augenkontakt mit mir, um zu prüfen, ob sie meinen Beifall haben. Ich habe versucht, mich hinter Möbeln zu verstecken oder eine Tüte über dem Kopf zu tragen, doch nichts funktionierte, bis ich auf die Idee kam, ihnen zuzurufen: »Sag: ›Fahr zur Hölle, Keith!‹« Wenn sie sich so vor meiner Meinung fürchten, dass sie mich nicht vergessen können, würden sie mich bestimmt nicht beleidigen wollen, und die Augenkontakte hören auf. (Sie sollten zu Ihren Schülern ein gutes Verhältnis haben, bevor Sie diesen Trick ausprobieren.)

Eine andere Möglichkeit, ihre Aufmerksamkeit von mir abzulenken, ist, die Klasse eine Übung in Paaren durchführen zu lassen und dann die Übung mit neuen Partnern zu wiederholen. Jede Konfrontation gibt ihnen neue Energie, und ihre Gedanken beschäftigen sich mit etwas Interessanterem.

Scheitern

»Zwei Freiwillige!« Ich sage: »Du und du!«

Die Klasse lacht, und meine »Freiwilligen« sehen ein bisschen kränklich aus.

»Was ist los?«

»Was soll los sein?«

»Bevor ich euch ausgewählt habe, habt ihr ausgesehen wie das blühende Leben!«

Ich erkläre ihnen, dass das »kränklich aussehen« ein Versuch ist, für den Fall des Scheiterns Sympathien zu erringen und im Falle des Erfolgs noch mehr Anerkennung. Mit ein bisschen Glück lacht die Klasse, weil jeder Schüler angenommen hatte, dass »bemitleidenswert aussehen« seine/ihre höchsteigene Strategie sei. Das nächste Mal, wenn ich Freiwillige brauche, will ich wirklich Freiwillige.

»Zwei Freiwillige!«

Keine Reaktion. Ich sage ihnen, ich verstünde ihre Scheu: »Ihr wollt, dass ein anderer sich freiwillig meldet, damit ihr von seinem Beispiel profitieren könnt!«

Sie lachen zustimmend. Einer sagt:

»Aber wir wissen nicht, was es sein wird, das wir tun sollen!«

»Gerade dann solltet ihr euch freiwillig melden, denn so wissen wir, dass ihr uns nicht nur beweisen wollt, wie clever ihr seid. Kommt nach vorn, ohne irgendeine Vorstellung im Kopf zu haben, und seht, was passiert.«

Immer noch keine Reaktion. Ich erkläre ihnen, dass wirkliches Lernen Fehler machen bedeute.

Sie sind überrascht, und ich erkläre weiter: »Ihr könnt eine Gebrauchsanweisung, wie man auf Stelzen geht, auswendig lernen, doch ihr müsst es immer noch lernen, indem ihr runterfallt!«

Ich beschreibe vielleicht einen Trainingsfilm, in dem Tim Gallway Tennis unterrichtet. Eine Schülerin sagt ihm, dass sie keine Treffsicherheit besitzt. Er bittet sie, den Ball in einen Eimer am anderen Ende des Spielfelds zu schlagen. Das misslingt ihr gründlich.

»Wo ist er gelandet?«, fragt er.

Sie hat keine Ahnung (sie hasst ihre Fehler so sehr, dass sie nicht bereit ist, daraus zu lernen). Er bittet sie, weitere Bälle zu schlagen und ihm zu sagen, wo sie landen.

»Ein Meter achtzig zu weit links«, sagt sie und dann: »Ein Meter zwanzig zu weit rechts!«

Jeder Ball kommt näher, bis der vierte oder fünfte schließlich im Eimer landet.[39]

Oder ich erzähle ihnen von Kimon Nicolaides, der Zeichnen unterrichtete und der sagte: »Je eher ihr eure ersten fünftausend Fehler gemacht habt, desto schneller könnt ihr sie korrigieren.«[40] Und füge dann hinzu: »Es geht nicht darum«, sage ich, »Scheitern zu vermeiden, sondern es weniger schmerzhaft zu machen. Lernt das Radfahren auf der Wiese, damit ihr weniger Hautabschürfungen riskiert; übt Jonglieren vor einem Bett stehend, dann braucht ihr nicht dauernd den Bällen nachzujagen; und improvisiert unter Leuten, die verstehen, dass es in Ordnung ist, Mist zu bauen. Und denkt daran, wenn ihr glänzenden Erfolg habt, werden alle anderen deprimiert, und wir werden nie wieder einen Freiwilligen bekommen.«

Wenn mein Ton freundlich ist, lachen sie darüber. Doch es wird immer welche geben, die auch jetzt noch ängstlich aussehen. Ich sage ihnen: »Schüchterne Leute sollten die Ersten sein, die sich freiwillig melden, denn je länger sie damit warten, desto größer wird die Gefahr, dass wir längst bei etwas anderem sind oder dass ein anderer genau das macht, was sie eigentlich machen wollten.«

Über das »Freiwillig melden« zu sprechen kann die Einstellung der Schüler ändern. Sie lernen, dass ihre eigene private Hölle von allen anderen geteilt wird, und das gibt ihnen Mut.

Wenn Freiwillige scheitern

»Bei diesem Spiel bist du nicht besonders gut«, sage ich. »Du wirst doppelt so lange brauchen, es zu lernen!«

Das wirkt ermutigend, denn ich zeige damit, dass sie selbst ihr niederschmetterndstes Versagen überleben werden. Würde ich sagen: »Du musst das jetzt doch endlich beherrschen!«, würde ich ihre Verzweiflung verstärken.

Schaffen sie es auch beim zweiten Mal nicht, sage ich: »Hervorragend! Wir haben etwas entdeckt, was dir wirklich Schwierigkeiten macht! Das ist eine großartige Gelegenheit, deine Technik zu verbessern!« Oder ich sage:

»Wie oft hast du dieses Spiel schon gemacht?«

»Noch nie!«

»Und erwarten wir von dir, dass du es gut machst?«

»Na ja ... eigentlich nicht ...«

»Also wer wird dich tadeln, wenn du was falsch machst?«

Dies bringt den Schüler zum Lächeln, und die Spannung wird sichtbar abgebaut.

Manchmal sage ich die exakte Zeit voraus, die ein Schüler benötigen wird, bis er eine Technik meistert.

»Wie lange hast du mit diesem Spiel zugebracht?«

»Wir haben erst angefangen.«

»Du wirst zwanzig Minuten brauchen, bis du es beherrschst.«

Ich sage das, während wir bereits mit einem anderen Spiel angefangen haben (so dass niemand wissen kann, ob es stimmt). Die Voraussage verleiht mir Autorität und vermittelt der Gruppe das Gefühl, dass ich von ihrem Erfolg überzeugt bin.

Scheitern erzwingen

Besucher am Loose Moose wundern sich oft, wie schnell und keck unsere »Techniker« arbeiten (das sind die Improvisierer, die für Beleuchtung, Szenografie und Ton verantwortlich sind). Am Beginn ihrer Ausbildung sahen sich diese »Teckies« als Assistenten der Spieler, und sie hatten die größte Angst, eine Szene zu ruinieren. Sie hätten auf diese verzagte Weise weitergemacht, hätte ich sie nicht ständig genervt.

»Was ist los?«, fragte ich sie. »Alle sind zufrieden mit euch! Niemand schimpft! Theatersport ist Wegwerftheater! Was macht es schon, wenn ihr ein paar Szenen ruiniert?«

Gefangen zwischen der Skylla der Spieler und der Charybdis des Leiters bleibt ihnen nichts anderes übrig, als sich zu behaupten. Jetzt kann es vorkommen, dass ein Improvisierer, der mimt, eine Tür zu öffnen, von einem Schwall Orgelmusik empfangen wird; er kniet nieder und bekreuzigt sich, ein Buntglasfenster erscheint. Zwei Improvisierer sehen sich an, und eine Liebesmelodie steigt auf, das

Licht wird »romantisch«, ein Mond erscheint, die »Sterne« leuchten auf, und unser Requisitenboot wird auf die Bühne geschoben: Sie verwandeln sich in ein Liebespaar, das um Mitternacht über einen See ausreißt. Die Verbindung von Ton und Licht und Handlung und Bühnenbild wirkt wie pure Magie, doch mit Leuten, die zu zaghaft sind, ist dies nicht zu bewerkstelligen.

Auch die Richter attackiere ich in Hörweite der Spieler:

»Habt ihr vergessen, dass ihr Fehler machen sollt? Warum regt sich niemand über euch auf? Geht mehr Risiken ein! Hebt die Punktekarten schneller hoch!«

Dadurch verringert sich die Ängstlichkeit der Richter, und den Spielern fällt es schwerer, »falsche Entscheidungen« zu monieren.

Heute brauche ich meine »Warum-macht-ihr-keine-Fehler-Show« kaum noch abzuziehen, weil wir wissen, was wir tun, aber auf diese Weise wurde die Tradition begründet.

Selbstbestrafung

In der Schule saß ich in einem schimmernden Nebel, in dem bedeutungslose Zeichen umherdrifteten. Hätte ich buddhistische Gelassenheit gewahrt, hätte mein Lehrer mir eine Kopfnuss verpasst. Also lernte ich, krampfhaft an meinem Stift zu kauen, als sei ich am Verzweifeln. Dann sah der Lehrer, dass ich mich bemühte, und gab die Antwort vor, oder er suchte sich ein neues Opfer. Das war eine brauchbare Verteidigung, aber gelernt habe ich dadurch nichts. Und es bestand das Risiko, dass »Nachdenken« eine »erzwungene Aktivität« wurde, die nie mehr als mühelos erlebt werden würde.[41]

Wenn ein Schüler die Stirn runzelt und sich völlig verspannt, frage ich ihn, warum er das macht (der ganze Kurs ist von dieser Frage verwirrt – niemand hat sie jemals auf dieses Verhalten aufmerksam gemacht).

»Wenn du doppelt so elend aussehen und dich doppelt so verkrampfen würdest – würdest du dann auch doppelt so schnell lernen? Verkrampfte Muskeln sind dem Lernen abträglich, also entspannt euch! Hört auf, euch zu versprechen, euch ›mehr Mühe zu geben‹!«

»Aber ich möchte mich verbessern!«

»Wie kann ›Mühe geben‹ dich spontan machen? Das ist, als versuchte man, eine Drehtür zuzuknallen!«

Über die Durchschnittlichkeit

Ein Schüler sieht immer noch verkrampft aus, also frage ich ihn:

»Gibst du dein Bestes?«

»Natürlich!«

»Und – ist das eine gute Strategie?«

»Wenn wir es nicht versuchen, schaffen wir es nie.«

»Wenn wir Bergsteiger sehen, die ›ihr Bestes geben‹, wissen wir, dass sie sich übernommen haben und um ihr Leben kämpfen. Ein bewundertes Turnerteam bei der Olympiade sah die Goldmedaille entschwinden, und sie ›versuchten‹ es mit aller Kraft und fielen vom Barren. Sie haben nicht mal Bronze bekommen.«

»Aber wie kann ich etwas erreichen, was der Mühe wert ist, wenn ich nicht dafür kämpfe?«

»Sei einfach durchschnittlich!«

Bestürzung.

»Sieh dir das Zimmer an!«, sage ich. »Sieh dir die Aussicht an! Sieh dir den Stuhl an! Und jetzt ›versuche‹, das Zimmer anzusehen, ›versuche‹, die Aussicht anzusehen, ›versuche‹, den Stuhl anzusehen. Hilft es? Ich glaube nicht. Berühre für einen Moment deine Nase! Jetzt noch einmal, aber diesmal ›versuchst‹ du, sie zu berühren – hat das die Handlung verbessert? Hypnotiseure verlangen, dass du ›versuchst‹, deine geschlossenen Augen zu öffnen oder deine verschränkten Finger, denn je mehr du es ›versuchst‹, desto weniger bist du dazu in der Lage.«

»Aber ich will nicht mittelmäßig sein!«

»Das ›Versuchen‹ macht dich mittelmäßig!«

Unverständnis.

»Wir ›versuchen‹ es nur, wenn wir den Kräften in uns nicht trauen. Unser Gehirn schafft ein Universum aus elektromagnetischen Feldern, und wenn es das kann, kann es alles. Wenn wir nicht zeichnen können oder eine Melodie komponieren oder eine Geschichte schreiben oder improvisieren, dann unterliegen wir irgendeinem Verbot oder gehen auf eine völlig falsche Art und Weise vor.«

Kein Funken Verständnis.

»Manchmal ist durchschnittlich sein die bestmögliche Strategie.«

Empörung.

»Jeder kann über ein Brett laufen, das auf dem Boden liegt, doch überbrückt das Brett einen Abgrund, zwingt uns die Angst, ›unser Bestes zu geben‹, und wir schwanken soweit nach einer Seite, dass wir fast abstürzen, oder die Angst lässt uns erstarren. Die beste Strategie wäre, den Abgrund als etwas ›Gewöhnliches‹ anzusehen (wenn das möglich wäre) und auf gewöhnliche Weise über das Brett zu laufen.«

»Du meinst, wenn wir uns damit zufrieden geben, durchschnittlich zu sein, werden wir genauso gut sein, als wenn wir uns Mühe geben?«

»Vielleicht sogar besser, denn durch das ›Durchschnittlichsein‹ werden automatische Prozesse in Gang gesetzt, und es gibt Teile im Gehirn, die manche Dinge besser erledigen können als das Bewusstsein. Gibt es hier Sportler?«

Einige heben die Hand.

»Was war deine schnellste Zeit?«

Sie sagen es mir.

»Hast du dich da am meisten angestrengt?«

Ich erhalte Antworten wie: »Seltsam, dass du das fragst, denn ich fühlte mich nicht wohl an dem Tag, aber ich dachte, ich ziehe es trotzdem durch« oder: »Ich war erstaunt, dass ich den Rekord gebrochen hatte, denn ich hatte keine Ahnung, wie schnell ich lief, bis ich den Beifall hörte.«

Solche Antworten hört man oft (ein Sieger im Eisschnellauf in Calgary gebrauchte kürzlich fast die gleichen Worte).

Dann sage ich: »Wenn dir klar gewesen wäre, wie gut du warst, hättest du dir noch mehr Mühe gegeben und noch besser sein können?«

»Natürlich.«

»Und doch war es deine Bestzeit. Sieht es nicht so aus, dass dir ›mehr Mühe geben‹ den Druck erhöht und dich eher gebremst hätte?«[42]

Dann erzähle ich ihnen vielleicht von dem Gewichtheber, der den Weltrekord brach, nachdem aus Versehen zusätzliche Gewichte aufgelegt worden waren. Oder ich erwähne den älteren Herzpatienten, der in der TV-Show *Das ist unglaublich* interviewt wurde: Er hatte das eine Ende eines eintausendsechshundert Pfund schweren Stahlrohrs, unter dem ein Kind eingeklemmt war, weggezerrt. Er sagte: »Nun, ich sah, was passiert war, und hob es an, ohne darüber nachzudenken …«

Das Bewusstsein, das wir als unser Selbst erleben, ist zum großen Teil ein Abwehrsystem, das uns vor dem Eindringen anderer Leute schützen soll (warum sonst würde sich unser innerer Dialog so oft mit Statushandlungen befassen?), aber wenn es um Leben und Tod geht, tritt etwas anderes in Kraft, schiebt uns auf die Seite, schaltet die Zeit auf Zeitlupe und tut sein Äußerstes, uns zu retten. Wenn Improvisierer damit zufrieden sind, durchschnittlich zu sein, und sich »von der Strömung tragen lassen«, kann ihr Schutzengel seine Arbeit tun, auch wenn es sich nicht um einen Notfall handelt; das ist es, was wir »inspiriert sein« nennen.[43]

Wenn »sich mehr Muhe geben« bedeuten würde, entspannt zu bleiben und glücklich, während man ein Problem zu lösen versucht, dann könnte man es empfehlen. Aber gewöhnlich bedeutet es, den Verstand zu behandeln, als wäre er verstopft und man Ideen aus ihm herauszwingen müsste.

Improvisierer, »die ihr Bestes geben«, schenken einander keine Beachtung mehr.

Sport und Showbusiness

Das Showbusiness benutzt Glitter und Tamtam, um Fehler zu vertuschen, der Sport dagegen wertet Fehler aus. So wäre zum Beispiel eine einstudierte Show ruiniert, wenn die Szenografie versagen würde; bei einer improvisierten Show könnte dies der Höhepunkt sein. Anders gesagt: Es wäre Wahnsinn, die Kamera wegzudrehen, wenn ein Rennwagen in Flammen aufgeht, mit der Begründung, dass es ein Fehler war.[44]

Fragen, die man Leuten stellen sollte, die glauben, dass jede Szene erfolgreich sein muss:

1. Welches ist der berühmteste Turm?
2. Welches ist die berühmteste Raumfähre?
3. Welches ist der berühmteste Ozeandampfer?

Nichts fesselt unsere Aufmerksamkeit mehr, als wenn die Chancen für Erfolg oder Scheitern fifty-fifty stehen. Weil wir nicht wissen, wie es ausgeht, sehen wir uns gebannt allen möglichen Schund im Fernsehen an, und wenn wir gezwungen wären, Gott Golf spielen zu sehen (Achtung! Mit einem Schlag eingelocht. Achtung! Mit einem Schlag eingelocht. Achtung!), dann wüssten wir, dass wir in der Hölle sind.

Wir könnten ein Drehbuch für Fußball schreiben und es einstudieren und die Höhepunkte so festlegen, dass Längen vermieden werden. Aber nur Snobs oder Akademiker würden sich noch dafür interessieren, wenn erst der Reiz des Neuen verflogen ist, und etwas Ähnliches passiert, wenn der Theatersport »an die lokalen Bedingungen angepasst« wird. Es werden Versuche unternommen, alles so »sicher« wie möglich zu gestalten: Es gibt vor den Spielen Treffen, auf denen sich die Teams gegenseitig die Herausforderungen mitteilen, es gibt keine »Warnung wegen Langeweile« mehr und keinen Strafkorb, die Richter vergeben nur noch Punkte (wenn es überhaupt noch Richter gibt), ihre anderen Funktionen werden von einem »Entertainer«/Conférencier übernommen, der die Bühne mit Beschlag belegt, die Spieler herumkommandiert und über die Herausforderungen entscheidet. Es ist so, als versuchte man, das Fußballspiel durch größere Tore und zwergenhafte Torwarte zu verbessern. Es ist, als hätte ich die Hochseilkunst erfunden, um dann festzustellen, dass meine Schüler das Seil bis auf den Boden heruntergelassen haben.

Die falschen Risiken

Ich unterrichtete fünf erfahrene Improvisierer in »freier Impro« und machte ihnen ihre Aufgabe so leicht wie möglich. Als sie dann allein spielten, zeigten sie jedoch die gleichen Spiele in ihrer schwierigsten Form.

Begonnen hatte ich mit einem Wettbewerb, bei dem der erste Spieler, der ein Wort mit dem Buchstaben »S« verwendete, verloren hatte. Sie aber einigten sich darauf, das »E« zu verbieten. Das lähmte sie völlig (da »E« im Englischen der häufigste Buchstabe ist). Es gab lange Pausen, während sie jedes einzelne Wort überprüften, und dadurch entstand kein Vertrauen, kein Wohlwollen, keine Spannung und kein Vergnügen – nur Peinlichkeit.

Als Nächstes kam »Sprechen in Drei-Wörter-Sätzen« (auch ein Spiel, bei dem die Spieler darauf achten müssen, was sie sagen, anstatt einfach weiterzubabbeln). Sie aber entschieden sich, die Ein-Wort-Version zu spielen, die ich nur dann verwende, wenn ich die Spieler zu physischen Lösungen zwingen will. Sie hatten keine Übung darin, sie kannten seinen Zweck nicht und scheiterten kläglich.

Vor langer Zeit erfand ich ein Spiel, in dem ein Spieler für einen anderen spricht (stellen Sie sich eine Bauchrednerszene vor, wo die Puppe herumlauft). Aber die beliebteste Version ist die mit fünf oder sechs Spielern, wobei jeder für einen anderen spricht. Das ist so unübersichtlich, dass niemand verfolgen kann, was passiert (nicht, dass irgendetwas passieren würde). Wenn man fragt, ob dieses Spiel je »funktioniert« hat, antworten die Teams: »O ja, einmal schon«, aber sie können sich nie erinnern, wann.

Vielleicht komplizieren Improvisierer die Spiele, weil sie uns mit ihrer Schlauheit beeindrucken wollen, aber das ist, als würde man annehmen, man könnte den besten Sex stehend in einer Hängematte haben. Oder Spieler, die nicht in der Lage sind, in Würde zu scheitern, erfinden kompliziertere Versionen der Spiele, so dass ihr Versagen verzeihlich erscheint. (Ich bin nicht wirklich impotent, Liebling, aber die Hängematte schaukelt so.)

Kürzlich sah ich ein Match, in dem ein Spieler die Zuschauer fragte: »Wer bin ich?«

Jemand rief: »Margaret Atwood!«, und er akzeptierte es, obwohl er nie von Margaret Atwood gehört hatte.

Danach fragte ich ihn: »Warum akzeptierst du Margaret Atwood, wenn du nicht einmal weißt, wer sie ist?«

»Ich bin ein Risiko eingegangen! Das predigst du uns doch dauernd, oder?«

»Was ist das für ein Risiko, wenn die Chance zu scheitern einhundert Prozent beträgt! Gerade so gut könntest du in ein leeres Schwimmbecken springen und schreien: ›Wie wär's mit diesem Riiiiiiisikkko!‹ Klatsch!«

Großartige Improvisierer arbeiten stets am Rande der Katastrophe; mittelmäßige Spieler sind entweder wie Bergsteiger, die auf winzigen Hügelchen herumklettern, oder sie sind wie Schwimmer, die in flüssige Lava springen.

Vorsätzliche Stumpfsinnigkeit

Niemand möchte W. C. Fields als Zahnarzt oder Harpo Marx als Partner bei einem Treffen mit einem Unbekannten; genauso wenig will man, dass nachts um drei ein Zirkusclown aus dem Schrank springt. Aber die Regeln der Bühne sind anders als die im richtigen Leben, und die Zuschauer akzeptieren ein Benehmen, das sie sonst streng missbilligen würden (zum Beispiel, wenn Antony Sher in *Richard III.* Lady Annes Kleid mit seiner Krücke hochhebt).

Stumpfsinnigkeit ist ein wichtiges Lebenstalent (wie oft müssen wir schon ins Exil gehen oder aus einem fahrenden Zug springen). Die Bühne jedoch ist ein Ort, wo diejenigen, die mittels Stumpfsinnigkeit ihr Leben meistern, dafür bezahlen, all jene Horrorvorstellungen zu sehen, die ihre Stumpfsinnigkeit zu vermeiden sucht (das heißt, man wirft nicht eine Reihe Motorräder der Hell's Angels um, wenn man nicht gerade der Held eines Films ist).

Wenn Stumpfsinnigkeit die Fähigkeit ist, dass man nichts Unerwünschtes geschehen lässt, folgt daraus, dass der stumpfsinnigste Schüler schließlich zum kreativsten wird, wenn wir seine/ihre

Herangehensweise umkehren können. Sogar eine so einfache Sache, wie Leuten beizubringen, Ja zu sagen, wo sie vorher Nein gesagt hätten, kann bemerkenswerte Erfolge erzielen.

Sagen wir, ich bitte einen »stumpfsinnigen« Schüler zu improvisieren und fange an mit: »Hast du das Päckchen mitgebracht?«

Ja zu sagen würde einen Kontrollverlust bedeuten (alles Mögliche könnte passieren!), also ist die typische Antwort, das Päckchen zurückzuweisen. Zum Beispiel: »Tut mir leid, ich habe es vergessen« oder: »Sie sagten, dass sie es morgen schicken« oder (schlauer): »Ja, ich habe es deiner Mutter gegeben.«

Wenn man solches Benehmen umkehrt, kann man die Intelligenz, die eingesetzt wird, um die Interaktion kaputtzumachen, dafür einsetzen, sie zu entwickeln.

»Ist das Päckchen angekommen?«

»Ja, soll ich es aufmachen?«

Oder: »Ja! Da scheint was Lebendiges drin zu sein!«

Oder: »Die Zeitmaschine? Sie ist draußen im Flur. Sie wollen sie bis letzten Donnerstag zurückhaben.«

Jetzt werden diese Schüler als talentiert angesehen; dabei bedarf es nicht mehr Talent, das Päckchen zu akzeptieren, als nötig ist, es zurückzuweisen.

Manche von uns trinken Alkohol in dem Versuch, der Stumpfsinnigkeit zu entkommen, aber Improvisation ist weniger schädlich für die Leber.

Originell sein

»Originell sein« und »stupide sein« ist oft das Gleiche. Zum Beispiel nahm einmal ein ängstlicher Improvisierer, der vorgab, in einem Restaurant zu essen, die Blumen aus der Vase und mimte, das Blumenwasser auf seinen Teller zu gießen. Das war nicht einmal amüsant, aber da kein vernünftiger Mensch es tun würde, muss es also originell sein und deswegen wert, getan zu werden.

Eine Szene fing so an:

»Ist das dein Vogel?«

»Das ist kein Vogel, das ist ein Legov. Wir nennen ihn Legov, weil er ganz ähnlich wie ein Vogel ist, nur dass er rückwärts fliegt.«

»Ehrlich? Meine Eztak frisst Legovs.«

Die Spieler, die diese Idiotie erfunden haben, waren intelligente Leute, die »originell sein« mit »stupide sein« verwechselt hatten.

Auf die Frage: »Ist das Ihr Hund?«, antwortete eine Spielerin:

»Eigentlich ist es ein Leopard. Ich habe die Flecken abgewaschen!«

Sie wollte damit ihre Intelligenz beweisen, doch die Zuschauer stöhnten über diesen Schwachsinn.

Ein anderer Spieler wurde gefragt: »Welche Hunderasse ist das?«

»Ich weiß nicht«, sagte sie, »aber er fängt Mäuse und macht miau!«

»Die Zuschauer erwarten einen Hund, also kriegen sie eine Katze!« ist der Gedankengang dahinter; hätte sie normal geantwortet, hätte es kein Problem gegeben.

»Ihr Hund ist sehr freundlich. Welche Rasse ist das?«

»Ein Schäferhund.«

»Sie haben wohl Angst, angegriffen zu werden?«

»Nun, ich habe schreckliche Geschichten in der Zeitung gelesen.«

»Dann haben Sie wohl über mich gelesen.«

Wenn Originalität als Flucht vor dem Offensichtlichen betrachtet wird, verpufft die Kreativität. Zum Beispiel bekam ein Spieler, der um eine Tätigkeit gebeten hatte: »Ein Omelett zubereiten!«

Er gab vor, in einer Küche zu sein, und dann – um das Offensichtliche zu vermeiden – fragte er: »Braucht man Eier, um ein Omelett zuzubereiten?«

»Nein! Man reibt einfach Tabak und Käse und gibt es zusammen!«, sagte sein Partner in dem Bestreben, ihn zu übertrumpfen.

Ihm rutschte das Herz in die Hose, aber sein Glaube daran, dass man selbst die idiotischsten Ideen akzeptieren müsse, verdammte ihn dazu, diesen Blödsinn zu spielen. Eine »Warnung wegen Langeweile« wäre ein Entgegenkommen gewesen, aber die Richter ließen sie weiterackern, obwohl kein Mensch auf dieser Erde auch nur das geringste Interesse daran haben konnte.

Nehmen wir an, ich »liege am Strand«. Wenn ich davon völlig in Anspruch genommen bin, können viele Sekunden vergehen, ohne dass die Zuschauer unruhig werden, doch früher oder später muss ich einen Bezug zu einem zweiten »Ding« (außer mir) herstellen, also werde ich eine Krabbe sehen. Wenn man zwei »Dinge« auf der Bühne hat, will das Publikum sehen, dass sie interagieren. Also sagen wir, die Krabbe macht ein Foto von mir.

»Aber das ist doch auch ›originell‹!«, sagt ein Schüler.

»Die Krabbe? An einem Strand?«

»Aber eine Krabbe mit Kamera!«

»Vielleicht ist sie ein Tourist.«

»Aber du kannst doch nicht behaupten, dass eine Krabbe mit Kamera etwas Offensichtliches ist!«

»Natürlich ist eine Krabbe ›offensichtlich‹, wenn ich mich am Strand befinde; und die Zuschauer erwarten, dass ich eine Verbindung herstelle zwischen ihr und mir. Die Krabbe mich beißen zu lassen wäre ein fürchterliches Klischee; wenn sie mich fotografiert, wächst die Spannung, denn es ist ein Geheimnis, das die Zuschauer entschlüsselt sehen wollen.«[45]

»Aber eine Krabbe, die fotografiert, hat sich bestimmt niemand vorgestellt.«

»Einverstanden. Wenn die Krabbe eine Szene gestört hätte, wäre sie ›originell‹ gewesen; aber wenn schon ein Strand, warum dann keine Krabbe? Es könnte die Krabbe sein, mit der ich mich letztes Jahr angefreundet hatte, oder sie könnte in mich verliebt sein (und ich müsste sehr taktvoll und zartfühlend sein, um ihre Gefühle nicht zu verletzen), oder sie könnte eine Hakenkreuzarmbinde tragen …«

»Eine Krabbe mit Hakenkreuzarmbinde! Und das nennst du nicht originell!«

»Nun, es ist klar, dass ich der Krabbe gegenüber irgendeine Einstellung haben muss. Vielleicht bin ich jüdisch …«

»Ich würde nie auf solche Ideen kommen.«

»Natürlich nicht! Es handelt sich ja auch um meine ›Offensichtlichkeit‹, nicht um deine. Aber wie kannst du jemals herausfinden, was für dich offensichtlich ist, wenn du darauf beharrst, ›originell‹

sein zu wollen? Finde deine eigene Offensichtlichkeit, und du wirst deine eigene Person sein, nicht jemand anderes, und die Zuschauer werden dich als ›brillant‹ und tapfer sehen. Wenn du merkst, wie du versuchst, ›eine Idee zu haben‹, kannst du sicher sein, dass du ›originell sein‹ dazu benutzt, die Bremsen zu blockieren und seitlich auszubrechen.«

Manche Spieler versuchen den Einsatz von »Originalität« damit zu rechtfertigen, dass es sich um »erste Ideen« handele. Zwei Improvisierer mimten »den Sarg eines Vampirs öffnen«:

»Wir haben den Pfahl vergessen!«, sagte einer (aus Angst, die Szene voranzubringen).

»Nimm das!«, sagte der Partner und mimte, etwas Großes zu halten.

»Was ist es?«

»Eine Riesentomate!«

Die »Tomate« wurde später mit der Begründung, sie sei die »erste Idee«, verteidigt.

»Ich will, dass ihr offensichtlich seid«, sage ich. »Doch diese ›erste Idee‹ wird dazu benutzt, die Geschichte zu zerstören!«

Die »Riesentomate« ist nicht so zufällig, wie man annehmen könnte. Ein Pfahl ist hart, spitz und fest wie ein Speer; kann man sich auf Anhieb einen besseren Gegensatz dazu ausdenken?

Das Gehirn denkt in Kategorien. Wenn ich etwas Rotes nennen will, kann ich »Blut« sagen oder »Sonnenuntergang« oder »Onkel Kurts Nase« oder »Kirschen« oder »ein Mohnfeld«; wenn ich etwas Schweres nennen will, kann ich sagen: »ein Elefant«, ein »Bleigewicht« oder »der Planet Jupiter«. Wir haben für das gesamte Universum »Listen« verinnerlicht, und wenn ich eine »erste Idee« aus einer der »Wie man originell ist«-Liste ziehe, kann ich damit jede Interaktion im Nu ruinieren.

Was bist du eigentlich?

Vielleicht erinnern Sie sich an die »Berühmtheiten«, deren Vorbild Sie nacheiferten? Und wie Sie sich im Schaufenster betrachteten, um sich zu vergewissern, dass die Lüge standhielt? Unsere Fantasie droht immer, die gesellschaftliche Maske herunterzureißen, indem sie sich weigert, uns als »sensibel« oder »hart« oder »charmant« oder was immer unser Ziel ist zu präsentieren. Stumpfsinnigkeit verbirgt die Kluft zwischen Fantasie und dem gesellschaftlichen Ich, indem sie Spontaneität vernichtet. Schüler werden kreativer, wenn sie die Fantasie als etwas ihnen Fremdes begreifen, das heißt als eine Macht, für die sie nicht verantwortlich sind. Letztendlich müssen sie natürlich begreifen, dass ihre Fantasie das »wahre Ich« ist – doch das ist nicht einfach.

Wir alle haben einen bestimmten Bereich, den wir dafür reservieren, »Risiken einzugehen«, sei es Ladendiebstahl, Geschwindigkeitsüberschreitung, Glücksspiel oder Drachenfliegen, Trinken, zu schnelles Fahren oder Fremdgehen. Meine Aufgabe ist es, die Improvisationsbühne als einen solchen Bereich zu definieren.

Wunderkinder

László Polgár hatte beschlossen, seine drei Töchter zu Genies zu machen, und Schach schien ihm die passende Disziplin zu sein (obwohl er selbst kein guter Spieler war). Diese Informationen entnahm ich einem vielleicht ziemlich gefühllosen Artikel im *Guardian Weekly* (26. November '89). Peter Lennon schrieb: »Polgár ist gegen den konventionellen Unterricht, weil ›er Lernen nicht zu einer geliebten Aktivität machte‹ … Polgárs Herangehensweise an das Lernen ist, wie er sagt, dass ›die Freude am Erreichten vielfach so hoch sein muss wie die Erfahrung von Fehlschlägen‹. Er behauptet, blinde Disziplin abzulehnen. ›Ich habe Disziplin erreicht‹, sagt er, ›indem ich Interesse geweckt habe für den Stoff und Begeisterung.

Ich glaube, dass die frühe Kindheit überhaupt nicht zu früh ist in Hinsicht auf das Lernen, sogar auf Spezialisierung.‹«

Wenn man glaubt, dass Wunderkinder geboren werden, nicht gemacht, wie kann man dann seinen Erfolg erklären?

Alle drei Kinder waren schon Großmeister, als sie noch Teenager waren, und die Jüngste, Judit, wurde mit dreizehn die weltbeste Spielerin.

Zurückgebliebene Kinder reagieren fantastisch auf neue Lehrmethoden (wir müssen unsere Meinung über die Fähigkeiten von Kindern mit Downsyndrom fast jeden Monat revidieren); Computer bringen Tauben das Sprechen bei; Wale balancieren ihre Trainer auf der Nase und schleudern sie hoch in die Luft. Es scheint nur vernünftig zu sein, daraus zu folgern, dass »untalentierte« Schüler auf ein ungeahntes Niveau der »Brillanz« gehievt werden können, wenn man nur den richtigen Knopf drückt.

GESCHICHTENERZÄHLEN

Geschichten bewegen sich von der Beständigkeit zum Chaos; ihre Struktur entsteht, indem Rätsel eingebaut und gerechtfertigt werden. Der Improvisierer, der die Fähigkeit, eine Geschichte zu erzählen, nicht entwickelt, kommt aus der Tretmühle, immer einen noch »besseren Witz« finden zu müssen, nicht heraus.

Reise ohne Karten

Mein zehn Jahre alter Sohn brütet über einem Stück Papier.

»Was ist das?«, frage ich ihn.

»Eine semantische Karte!«

»Eine was?«

»Ich muss eine Geschichte schreiben, und ich soll von allem, was passieren wird, eine Karte anfertigen, damit sie meine Lehrerin abhaken kann. Sie sagt, das hält mich davon ab, die falschen Sachen zu schreiben.«

»Warum zeichnest du die Karte nicht danach?«

»Aber wie soll ich dann wissen, was ich schreiben soll?«

»Bist du jemals am Strand gewesen und hast eine Höhle entdeckt?«

»Ja.«

»Bist du hineingekrochen?«

»Natürlich.«

»Schreiben kann so ähnlich sein.«

»Aber muss ich nicht planen, was in der Geschichte passiert?«

»Schreiben sollte so sein, als ob man in ein verbotenes Haus schleicht oder einen riesigen Haken in einen verwunschenen See auswirft und alle möglichen Dinge entdeckt.«

Diese Idee gefällt ihm.

»Aber wie fange ich an?«

»Beginne mit etwas Gewöhnlichem, und lass dann etwas Unerwartetes passieren.«

Er geht voller Enthusiasmus ans Werk, bis …

»Ich hänge fest!«

»Hast du einen Helden?«

»Ja.«

»Hat er Schwierigkeiten?«

»Nein.«

»Nun, Geschichten handeln von Leuten, die in Schwierigkeiten geraten.«

Er saust für eine ganze Stunde davon und kommt erfreut zurück.

»Er steckt jetzt in einem richtigen Schlamassel. Was nun?«

»Entweder du rettest ihn, oder du lässt ihn noch mehr leiden.«

Gute Geschichten sind so gut aufgebaut, dass Lehrer natürlich denken, sie seien vorher geplant, aber jede Geschichte hätte auch in eine Million andere Richtungen gehen können. Gregor Samsa hätte sich mit einer anderen Küchenschabe paaren können, Humpty Dumpty hätte wieder zusammengesetzt werden können, indem man ihn an ein Huhn verfüttert.

»Wie kann ich meine Geschichte beenden?«

»Greife einfach etwas wieder auf, was schon früher passiert ist. Wo hat deine Geschichte angefangen?«

»In der Schule.«

»Dann beziehe die Schule in das Ende deiner Geschichte ein. Alles, was du früher erwähnt hast, sollte wieder eingebaut werden.«

»Wieder eingebaut?«

»Wieder eingefüttert. Oroborus.«

»Was ist Oroborus?«

»Eine Schlange, die ihren Schwanz frisst.«

Wie man kein Held ist

»Wenn Sie sich nicht sicher sind, martern Sie die Heldin«, sagt Sardou.

Improvisierer vermeiden Fantasiegefahren, als seien sie wirklich, aber das entzweit sie mit den Zuschauern. Er will für sein gutes Aussehen bewundert werden, doch wir wollen ihn in seinem Auto eingeschlossen am Grund des Sees sehen; sie will als »süß« angesehen werden, doch wir wollen sehen, wie sie von einem psychotischen Vergewaltiger verfolgt wird.

Anfänger rufen: »Vorsicht, da ist ein Hai!« Nur um gesagt zu kriegen: »Ist schon in Ordnung. Das ist bloß ein Stück Treibholz.«

Eine »Ehefrau« fragt: »Was ist das für ein seltsames Geräusch im Keller?« Und bekommt die Antwort: »Liebes, wie oft muss ich dir noch sagen, dass wir keinen Keller haben!«

Das bringt zwar einen Lacher, aber jetzt werden sie nie diese furchteinflößenden Stufen hinuntersteigen müssen. Solche Manöver bringen einen Improvisierer wieder an den Ausgangspunkt zurück, und er fühlt sich fantasielos und untalentiert.

Ich beobachte einen Theatersportwettkampf, in welchem die Spieler nicht die geringste Absicht haben, Helden zu sein, und die Richter sie nur widerwillig aushupen. Ein Team hat gerade »Mist geschaufelt« (nachdem sie das Publikum um eine Aktivität gebeten hatten), und ihre Rivalen bitten jetzt um einen Ort.

»Ein fremder Planet!«

Die Spieler geben vor, aus einem Raumschiff auszusteigen, und wir erwarten kannibalistische Amazonen, Aliens, die Gedanken lesen können (was auch immer), aber nicht, dass jemand vor Schreck nach Luft schnappt und sagt:

»O nein! Es ist meine Mutter!«

Der Planet könnte bei ihm Halluzinationen hervorrufen oder Mama könnte für Immigranten zuständig sein, aber es wird kein Versuch unternommen, diesen Wahnwitz zu rechtfertigen. Es gab einen Lacher, doch die Szene stirbt einen öden Tod.

Jetzt bitten die Gegenspieler um ein Land, in dem sie sich befinden sollen.

»Brasilien!«

Vier von fünf Amerikanern könnten Brasilien nicht auf der Karte zeigen, zumindest aber erwarten wir eine Szene über mörderische Goldschürfer oder über die gewaltige Kluft zwischen Arm und Reich. Aber nichts passiert, außer dass fünf Spieler darüber diskutieren, Brasilien herauszureißen und es nach Mittelamerika zu transportieren. Diesen Stuss können die Zuschauer unmöglich im Sinn gehabt haben, aber genau deswegen machten sie's; und natürlich verhindern sie so, dass ihre Helden in Schwierigkeiten geraten.

Noch einmal:

»Wo sind wir?«

»Auf dem Gipfel des Mount Everest!«

Dies legt Bergsteiger nahe, abgestürzte Flugzeuge, Zenmeister oder Zwischenfälle mit Bären, doch die Improvisierer diskutieren darüber, auf dem Gipfel einen internationalen Flughafen zu bauen. Diese Idee wurde von der vorangegangenen Szene beeinflusst und aufgegriffen, weil sie zu dumm ist, als dass eine vernünftige Person darauf kommen könnte.

Noch einmal:

»Wo sind wir?«

»In einer Wüste!«

Dies kann vielleicht als Kommentar zu der Armseligkeit des vorangegangenen Materials gesehen werden, doch obwohl man bei Wüste an arabische Gastfreundschaft denken oder sich Valentino als verliebten Scheich vorstellen könnte, werden wir mit einer Diskussion über Büroklammern abgespeist.

Noch einmal:

»Wer bin ich?«

»Du bist ein Schäfer!«

»Was habe ich für ein Problem?«

»Du hast deine Schafe verloren!«

Dies legt einen Helden nahe, der ein Ziel verfolgt, aber aus der Szene wird ein Science-Fiction-Quatsch, der nichts mit Schafen zu tun hat. Es geht hauptsächlich um Scheiße und Urin (vielleicht durch eine vage Erinnerung an das vereinbarte Thema). Dieser

Schäfer kann seine Schafe nicht finden oder zumindest nach ihnen suchen, weil die Spieler unbedingt »originell« sein wollen. Sie verstehen unter Originalität[46], Einfälle hervorzukramen, die außerhalb des Rahmens liegen, den der Vorschlag vorgibt. Aber warum sollte die Suche nach verlorenen Schafen nicht zu einer Science-Fiction-Szene werden, solange sie »bei den Schafen bleibt«? Der Schäfer hätte hören können, wie die Schafe über Quantenphysik diskutieren oder über Teilchenstrahlung, und sie hätten von der fliegenden Untertasse berichten können, die sie superintelligent machte. Und er hätte erstaunt sein oder Angst haben können, und wir hätten das Gefühl gehabt, dass »etwas geschehen ist«.

Ich schwöre, dass alle diese Beispiele aus einer Aufführung stammen, und doch saßen die Richter da wie ausgestopfte Eulen[47] (keine Warnung wegen Langeweile), die Darsteller jubelten sich gegenseitig zu und sprangen mit vorgetäuschtem Enthusiasmus herum – einer von ihnen konnte in unerträglicher Lautstärke pfeifen. Ihrem Verhalten nach zu schließen, hätte man annehmen können, es sei die beste Show gewesen, die je zu sehen war. Aber es herrschte keine Ruhe, da war kein »Raum«, keine Entspannung, und nach dieser von Panik bestimmten ersten Halbzeit wurde es sogar noch schlimmer, denn die Spieler waren zu erschöpft und zu deprimiert, um ihr falsches Lächeln aufrechtzuerhalten. So etwas ist ärgerlich, und dabei wäre es ganz einfach zu ändern: Wenn die Spieler nicht immer daran denken würden, »originell« zu sein, und den Zuschauern das bieten würden, was diese erwarten, würde es sich lohnen, ihnen zuzusehen.

Das Leiden des Helden ist nur vorgetäuscht, aber Spieler, die Angst haben, einen Schritt in die unbekannte Zukunft zu machen, erleiden die sehr reale Qual, vor einem gelangweilten Publikum in der Falle zu sitzen.

Aktion und Interaktion

In der Autorengruppe am Royal Court konnten wir uns nie einig werden, was genau »schauspielerische Aktion« bedeutet; jetzt definiere ich sie als das Ergebnis von »Interaktion«, und »Interaktion« definiere ich als das, was geschieht, wenn ein Mensch durch einen anderen verändert wird.

»Ich hab' heute nachmittag mit deiner Frau geschlafen.«

(Pause) »War's gut?«

(Pause) »Nicht besonders.«

Dies könnte ein Beispiel für dramatische Aktion sein, wenn klar ist, dass sich die Beziehung zwischen den Figuren verändert.

Vielleicht versteht man »Aktion« am besten, wenn man Theaterstücke in einer Sprache sieht, die man nicht beherrscht. Manchmal versteht man nur Bahnhof, doch manchmal hinterlassen sie den gleichen Eindruck, als hätten die Schauspieler in deiner Muttersprache gesprochen. Große Inszenierungen funktionieren in jeder beliebigen Sprache, weil wir die Wirkung sehen, die die Interaktionen haben. Gutes Theater ist wie Tennis, insofern die Zuschauer immer sehen wollen, wie ein Aufschlag angenommen wird, während in schlechtem Theater ein Aufschlag niemals angenommen wird (weil es nur auf den Aufschlag ankommt).

Anfänger haben nicht die Absicht, sich verändern zu lassen. Sie »wissen« immer, wer an der Türe klingelt (denn Verblüffung zeigen, wenn sie die Türe öffnen, würde den Übergang in einen anderen Zustand bedeuten). Wenn man die Klasse bittet, paarweise zu improvisieren (und jeden Vorschlag zu akzeptieren), werden sie joggen oder »Karten spielen«, Walzer tanzen oder mimen, Frisbee zu spielen; das heißt, sie wählen eine Aktivität, die ihnen erlaubt, »intakt« zu bleiben; wenn jedoch niemand verändert wird, passiert dramatisch gesehen gar nichts.

Manche Spieler nehmen jede Dummheit in Kauf, nur um zu vermeiden, dass sie verändert werden. Zum Beispiel:

»Meine Schwester betrügt dich!«

»Ja, das gefällt mir an ihr ...«

Die Zuschauer lachen, aber es wäre besser, mit einem überraschten Blick zu reagieren und zu sagen: »Wie meinst du das!«

Die glatte Weigerung, sich zu verändern, kann Szene nach Szene in Erscheinung treten.

»O nein! Ich habe dich getroffen!«

»Glücklicherweise hast du mit Platzpatronen geschossen.«

Oder: »Die Küche brennt!«

(Gelangweilte Stimme) »Ja. Ich habe das Feuer gelegt ...«

Wenn wir allein ein Restaurant betreten, vermeiden wir alles, was die Gäste dazu bringen könnte innezuhalten, die Gabeln auf halbem Weg zum Mund. Wir erreichen das, indem wir uns so benehmen, dass wir keinen zweiten Blick wert sind (weil der zweite Blick die gleiche Information liefern würde wie der erste). Da dies so ist, ist es nur natürlich, dass Improvisierer, die angestarrt werden, Veränderungen vermeiden oder sie so schnell wie möglich hinter sich bringen wollen. Selbst diejenigen, die entschlossen sind, zu »glänzen«, verhalten sich so; fangen sie laut an, bleiben sie laut; fangen sie mit einem falschen Grinsen an, hören sie auch mit einem falschen Grinsen auf.[48]

Erwartungsrahmen

Nehmen wir an, unser durchschnittlicher Improvisierer unterhält sich auf einem betonierten Weg mit einem Wurm (die Stimme des Wurms kommt aus den Kulissen). Dies schafft einen Rahmen berechtigter Erwartung; vielleicht will der Wurm sich ergeben, oder er möchte, dass man ihm ins Gras zurückhilft, doch Improvisierer suchen Ideen außerhalb dieses Rahmens. Sie definieren den Wurm vielleicht als Bücherwurm, denn wer erwartet schon einen Bücherwurm auf einem Betonweg? Die Zuschauer akzeptieren es, aber der Bücherwurm schafft einen neuen Erwartungsrahmen – er könnte aus einem Buch gefallen sein oder er möchte zu einer Bücherei –, aber der Improvisierer sucht wieder nach Ideen außerhalb des »Rahmens«: der Wurm will zum Euro-Schlagerwettbewerb, oder er möchte zum Zoo gebracht werden, um mit einem Elefanten Liebe zu machen. Auf diese Weise entspricht der Improvisierer immer weniger den Erwartungen der Zuschauer.

Die Fantasie des Zuschauers bewegt sich innerhalb des Erwartungsrahmens. Aber der durchschnittliche Improvisierer arbeitet außerhalb dieses Rahmens.

Pointe

Kein Mensch möchte sinnlose Geschichten, aber nur wenige von uns können erklären, was »Sinn« eigentlich bedeutet. Hier ist eine sinnlose Geschichte:

»Rotkäppchen trägt einen Korb mit Plätzchen zu Großmutter. Sie pflückt ein paar Blumen für die Großmutter. Die Großmutter bewundert sie und stellt sie in eine Vase.«

Jedes Dreijährige würde sich beschweren, dass das »keine richtige Geschichte« ist, also lasst uns einen Konflikt hinzufügen.

»Rotkäppchen trägt einen Korb Plätzchen zu Großmutter. Sie begegnet einem Wolf, der sie auffrisst. Großmutter ist sehr traurig.«

Kleine Kinder werden so etwas als doof abtun, denn sie werden mit dem Wissen geboren, dass »Sinn« erzielt wird, indem auf früher eingeführtes Material zurückgegriffen wird (obwohl sie es, sobald sie ihren Doktor machen, wieder vergessen haben).

Die Zuschauer schaffen eine »Schattengeschichte«, die neben der Geschichte der Improvisierer besteht; von allem, worauf man ihre Aufmerksamkeit lenkt, erwarten sie, dass es später von Bedeutung sein wird. Geschichtenerzählen funktioniert sehr gut, wenn es zwischen der Geschichte der Spieler und der Schattengeschichte eine enge Verbindung gibt.

Frage: Warum frisst der Wolf Rotkäppchen nicht gleich im Wald, statt es fürs Dessert aufzuheben? Antwort: Der Wolf muss die Großmutter zuerst fressen, denn wir sind gespannt darauf, wie Rotkäppchen wieder in die Geschichte eingebaut wird (wird Rotkäppchen zuerst gefressen, ist die Spannung gleich null).

Autoren können Material, das nicht wert ist, wiedereingeführt zu werden, später streichen, Improvisierer haben jedoch diesen Luxus nicht, weswegen sie immer darauf erpicht sein sollten, Material wieder einzuführen. Zuschauer sind für jedes gehaltene Versprechen dankbar – man muss kein Experte sein.

Eine sinnlose Geschichte ist eine Geschichte, in der frühere Ereignisse nicht rekapituliert werden, oder eine, in der die Rekapitulation verpfuscht wird. Eine perfekte Geschichte ist eine Geschichte, in der das gesamte Material wiederverwendet wird (eine perfekte Geschichte kann dennoch sehr langweilig sein, wenn der Held nicht auf zufriedenstellende Weise misshandelt wird).[49]

Geheimnisse

Geheimnisse sind Zeitbomben, von denen erwartet wird, dass sie später in der Geschichte explodieren: Das Versprechen der Prinzessin fliegt in die Luft, wenn der Frosch zu ihr ins Bett springt; die Fußspuren im Sand ticken als Zeitbombe vor sich hin, bis Crusoe die Menschenfresser sieht.

Fängst du mit irgendeiner Aktivität an, zum Beispiel einen Polstersessel ausklopfen, schenken dir die Zuschauer ihre ganze Aufmerksamkeit: ein Kredit, von dem sie erwarten, dass er mit Zinsen zurückbezahlt wird. Wenn du jetzt mit Ausklopfen aufhörst und das Licht schwächer wird, werden die Leute sich betrogen fühlen, auch wenn du zu Musik Staub geklopft und ein paar Lacher erhalten hast. Die Zuschauer hatten gedacht, dass das Rätsel des Ausklopfens gelöst würde. Aber es fand sich kein Liebesbrief oder ein Buch mit Zauberformeln in den Polstern, und der Stuhl sagte nicht: »Ah, das tut gut. Mach das noch einmal!«

Sobald die Zuschauer nicht mehr daran glauben, dass ein Geheimnis aufgedeckt wird, werden die Fäden, die ihre Aufmerksamkeit fesseln, zerreißen. Das passiert auch, wenn eine sinnlose Szene auf die andere folgt, und dadurch wird erklärt, warum es so schwierig ist, das Publikum zurückzugewinnen, wenn es erst einmal das Interesse verloren hat.[50]

Moralische Entscheidungen

Der Kampf des Helden, ein Ziel zu erreichen, sollte mit Leiden und quälenden moralischen Entscheidungen verbunden sein.

Alle Geschichten sind trivial, solange es nicht um ein moralisches Dilemma geht (und es kann sehr spannend sein, zu sehen, wie einer die moralisch »falsche« Entscheidung trifft).

Eine Szene, die eine Moral erläutern soll, ist wirkungslos, aber eine Szene, in der eine der Figuren eine moralische Entscheidung trifft, funktioniert in der Regel. Hier einige Beispiele:

– Du überfährst einen Fußgänger und fährst weiter, ohne anzuhalten. (Bitte jemanden, zu behaupten, dass er/sie das Auto gefahren hätte.)
– Zwei Jäger erschießen einen Bären und entdecken, dass es ein Mensch ist. Werden sie ihn/sie heimlich begraben? Werden sie fliehen? Werden sie es melden?
– Jemand anders wird eines Verbrechens beschuldigt, das du begangen hast. Wirst du gestehen?
– Jemand ist betrunken; nutzt du seinen Zustand aus?
– Würdest du deinen betrunkenen Gast in die Nacht hinausfahren lassen?
– Würdest du einen Meineid schwören, um einem Freund zu helfen?
– Jemand hat dir ein Geheimnis anvertraut; kannst du es für dich behalten?

Die Routine unterbrechen

Anfänger fühlen sich unkreativ, wenn eine Aktivität sich ihrem Ende nähert, und manche versuchen, dies auszugleichen, indem sie etwas wirklich »Cleveres« wählen, wie zum Beispiel in einem von Haien wimmelnden Pudding tauchen gehen, aber das hilft ihnen auch nicht. Das Publikum denkt: »Sie tauchen in einem haiverseuchten Pudding – na und?«

Um dieses Problem zu lösen, bezeichnete ich alles, was die Improvisierer taten, als »Routine«, zum Beispiel im Feuer stochern, in einem Buch lesen, die Spur eines Elchs verfolgen (was immer). Ich behauptete, dass die Zuschauer Geld bezahlten, um zu sehen, wie eine Routinehandlung unterbrochen wird, und dass deshalb Improvisierer sich unkreativ fühlen, wenn eine Handlung sich dem Ende nähert.

Fangt mit irgendeiner Routine an, auch wenn sie noch so langweilig ist, und die Zuschauer werden geduldig warten in der Hoffnung, dass ihr die Routine unterbrechen werdet. Die Routine »eine Blume gießen« wird unterbrochen, wenn die Blume »Danke schön« sagt. Die Routine »morgens aufwachen« wird unterbrochen, wenn ihr feststellt, dass ihr euch im falschen Haus befindet. Das Publikum sieht eine Routine, die nicht unterbrochen wird, als Einleitung zu einer Routine, die unterbrochen wird.

Die Routine »Oedipus jagt den Verbrecher« zum Beispiel wird unterbrochen, wenn er entdeckt, dass er selbst der Verbrecher ist.

Weitere Beispiele:

- Der Spiegel sagt der Königin, dass sie die schönste Frau im Königreich ist. Dies ist eine Einleitung, da das In-den-Spiegel-Sehen abgeschlossen ist.
- Eines Tages sagt ihr der Spiegel, dass Schneewittchen die schönste Frau im Königreich ist. Dies unterbricht die Routine des In-den-Spiegel-Sehens.
- Die Königin befiehlt dem Jäger, Schneewittchen in den Wald zu führen, ihr Herz herauszuschneiden und es ihr zu bringen. Dies ist eine Einleitung, weil der Akt der Anweisung an den Jäger abgeschlossen ist. Die Routine wird unterbrochen, wenn der Jäger Schneewittchen laufen lässt und stattdessen das Herz eines Tieres herausschneidet.

Ich schrieb Listen von Routinetätigkeiten, damit die Schüler üben konnten, sie zu unterbrechen:

Ein Buch lesen.
Ins Feuer starren.
Geschirr spülen.
Den Hund rufen.
Gras mähen.
Steine in den Teich werfen.
Telefonieren.

Man braucht nicht mehr »Talent«, solche Routinetätigkeiten zu unterbrechen, als man braucht, um sie aufzuschreiben. Zum Beispiel:
– Du *liest ein Buch*, in dem jemand beschrieben wird, der sich genau in der gleichen Situation befindet wie du. Du liest, dass ein Mörder durch ein Fenster in das Haus einbricht, und dann hörst du hinter dir Scherben klirren.
– Du *starrst ins Feuer* und siehst einen Liebesbrief in den Flammen verbrennen.
– Du *spülst das Geschirr* und hörst plötzlich Stimmen aus dem Abfluss.
– Du *rufst deinen Hund*, und plötzlich kommt dieses riesige Ding aus dem Wald auf dich zu.
– Du *mähst das Gras* und schneidest eine Schlange entzwei, die dir mit dem letzten Atemzug zuflüstert, sie habe eine Botschaft für dich.
– Du *wirfst Steine in den Teich*, und einer bleibt in der Luft schweben. Er steigt nach oben und du auch.

Eine Routine kann auf unzählige Weisen unterbrochen werden, zum Beispiel:
– Du *liest ein Buch* und findest das verlorene Testament zwischen den Seiten.
– Du *liest ein Buch* und entdeckst, dass deine Frau alle Stellen unterstrichen hat, die von Männerhass handeln.

- Du *liest ein Buch*, das dich auf die Idee bringt, deinen Mann umzubringen.
- Du *liest ein Buch* und stellst fest, dass es deine Lebensgeschichte ist, und weißt nicht, ob du den Mut hast, zu gucken, wie es ausgeht.
- Du *liest ein Buch*, und was du liest, lässt dich deinen Glauben an Gott verlieren.

Ein »Schneider« hat die Routine »einem Kunden einen Anzug verkaufen« abgeschlossen. Die Spieler nahmen sich Zeit, und es machte Spaß, ihnen zuzusehen, aber plötzlich ist ihre Inspiration weg.

»Ihr wisst nicht, was ihr tun sollt?«

»Nein.«

»Ihr seht euch selbst in der Situation: ›Wir brauchen eine gute Idee‹, aber ich sehe, wie ihr die Routine ›einen Anzug für meine Hochzeit kaufen‹ beendet, ohne sie zu unterbrechen – warum nicht den Schneider einladen?«

Sie gehorchen mir, aber sobald die Einladung angenommen ist, hängen sie wieder fest.

»Unterbrecht die Routine, indem ihr sagt: ›Wir haben ein Problem ...‹«

»Wer von uns soll es sagen?«

»Egal wer. Das hat keine Bedeutung.«

»Aber wir wissen nicht, was das Problem ist.«

»Das weiß ich auch nicht, aber wenn ihr sagt: ›Wir haben ein Problem‹, gewinnt ihr damit weitere fünfzehn bis zwanzig Sekunden Zuschaueraufmerksamkeit.«

Der Bräutigam verkündet, dass es eine kleine Schwierigkeit gebe, und der Schneider sagt: »Wirklich, Sir?«

Ich weise darauf hin, wie aufmerksam die Zuschauer sind.

»Und warum? Wir haben ein Geheimnis eingeführt, das aufgedeckt werden muss!«

»Aber was jetzt?«

»Sagt irgend etwas, was innerhalb des Rahmens liegt, den die Geschichte vorgibt. Und was befindet sich in diesem Rahmen? Der

Schneider, der Anzug und die Hochzeitseinladung, also wie wäre es mit: ›Sie sind ein kräftiger junger Mann. Ich frage mich, ob sie mich in der Hochzeitsnacht unterstützen könnten ...‹«

»Was, wenn ich derjenige war, der gesagt hat: ›Wir haben ein Problem‹«, fragt der Schneider.

»Sag es und vertraue darauf, dass dein Gehirn oder Gott oder DER GROSSE ELCH dir etwas eingeben.«

Sie gehen an die Szene zurück.

»Wir haben ein Problem, Sir.«

»Ach, tatsächlich?«

»Ja, der Anzug ist nicht zu verkaufen.«

»Ach!«, sage ich. »Das ergibt überhaupt keinen Sinn. Du hast ihm den Anzug gerade verkauft!«

»Das ist das, was mir mein Gehirn eingegeben hat.«

»Natürlich hat es das, weil es die Handlung rückgängig machen will, so dass nichts geschehen ist.«

»Also was soll ich sagen?«

»Alles, was die Handlung vorantreibt.«

»Aber mir fällt nichts ein.«

»Das liegt daran, dass du eine ganze Garnrolle finden willst, obwohl du nur ein Stück Faden brauchst, dem du folgen kannst. Dein Gehirn weigert sich, ein Geheimnis anzuerkennen, wenn es nicht die Lösung kennt.«

»Aber was sage ich?«

»Irgendein Geheimnis, das innerhalb des Rahmens der Wahrscheinlichkeit liegt. Du hast ihm gesagt, dass der Laden dir gehört, also warum nicht vorschlagen: ›Ob Sie wohl so nett wären und einen Moment mit mir nach oben kommen könnten ...‹ Dies wird so viele Ideen auslösen, dass du mindestens dreißig Sekunden Aufmerksamkeit gewinnst.«

»Aber warum sollte ich ihn nach oben bitten?«

»Wie soll ich das wissen – es ist ein Geheimnis.«

»Aber angenommen, ich kann es nicht entschlüsseln?«

»Riskier's! Seid ihr nicht zu zweit? Vielleicht kann es dein Partner entschlüsseln oder einer deiner Teamkameraden. Lebt gefährlich!«

Vielleicht kann ich den Grundgedanken von »die Routine unterbrechen« mit einer Szene aus *Fröhliche Weihnachten, Mr. Bean* veranschaulichen.

»Mr. Bean stopft einen Weihnachtstruthahn, der so groß ist wie ein Strauß, und er kauert wie ein verrückter Gynäkologe zwischen seinen Beinen. Aber anstatt die ›Na-und‹-Reaktion hervorzurufen, verliert er seine Armbanduhr in dem Tier. Dann unterbricht er die Routine, indem er seinen Kopf in den Truthahn steckt und steckenbleibt. Wenn er die Uhr gefunden hätte oder wenn es ihm gelungen wäre, seinen Kopf aus dem Truthahn zu befreien, wären wir enttäuscht (keine Unterbrechung der Routine). Also stolpert er herum, bis er eine Handsäge findet, mit der er sich freischneiden will, und diese Routine wird von seiner Freundin unterbrochen, die ein truthahnköpfiges, sägeschwingendes Monster erblickt und reagiert, als befinde sie sich in einem Horrorfilm.«

Ein aufmerksamer Schüler könnte einwerfen: »Du sagst, wir sollen das Offensichtliche machen und nicht versuchen, originell zu sein. Aber heißt ›die Routine unterbrechen‹ nicht, originell sein zu wollen?«

Ich erkläre, dass »originell sein« ein Angriff auf die innere Folgerichtigkeit einer Szene ist und die Handlung zum Entgleisen bringt.

»Nehmen wir an, deine Routine ist ›mit dem Fahrstuhl hinunterfahren‹, und dein Partner beginnt, Zaubertricks zu zeigen: das hat nichts damit zu tun, in einem Fahrstuhl zu sein (er/sie möchte nur die Zuschauer beeindrucken). Würdest du aber in dem Fahrstuhl feststecken, wäre das Zeigen von Zaubertricks offensichtlich, weil es plausibel ist, dass die festsitzenden Leute sich gegenseitig unterhalten wollen. Oder sagen wir, dass du ›mit einem Fahrstuhl hinunterfährst‹, und du stellst fest, dass sich zwischen ›Erdgeschoss‹ und ›Keller‹ ein Knopf mit der Aufschrift ›H‹ befindet. Du könntest ihn drücken und direkt zur Hölle fahren.«

»Und das ist nicht originell?«

»Es würde die Handlung des Hinunterfahrens fortsetzen, insofern würde ich es ›offensichtlich‹ nennen. Originalität hängt von den Umständen ab: Ist deine Handlung ›in ein Haus einbrechen‹, wäre es ›originell‹, Dudelsack zu spielen (also tu's nicht). Wenn du aber ein kindlicher Clown bist, wie Harpo Marx, dann ist Dudelsackspielen offensichtlich. ›Originell sein‹ heißt, man bringt externes Material in die Szene, wohingegen ›offensichtlich sein‹ heißt, das zu enthüllen, was latent bereits in der Szene steckt.«

»Das ist sehr verwirrend.«

»Nur, weil dir irgendjemand beigebracht hat, alles zu vermeiden, was für dich am natürlichsten ist.«

»Aber meine eigenen Ideen sind überhaupt nichts wert!« (Welche Erniedrigungen muss dieser Schüler erlitten haben!)

Eine Schülerin unterbricht.

»Ist ›offensichtlich sein‹ nicht das Gleiche wie ›langweilig sein‹?« (Sie hat überhaupt nichts verstanden.)

»Du musst doch bemerkt haben, dass das Publikum aus schierem Vergnügen lacht, wenn du total offensichtlich bist.«

»Aber wenn jeder offensichtlich sein kann, was ist dann daran so Besonderes? Ist nicht das Offensichtliche zu wählen das, was jeder tun könnte?«

»Das Offensichtliche zu wählen ist das, was du getan hättest, hätte man dir nicht beigebracht, ›clever‹ zu sein oder ›künstlerisch‹ oder was immer. Offensichtlich sein scheint so leicht zu sein, dass du denkst, es kann keine Bedeutung haben. Und doch würde deine ›Offensichtlichkeit‹ dein wahres Ich ausdrücken, wohingegen ›originell sein‹ dein wahres Ich verschleiert, weil nur etwas imitiert wird, was vorher als ›originell‹ definiert wurde.«

»Aber was ist, wenn ich wirklich ›originell‹ bin?«

»Dann drückst du das am besten aus, indem du offensichtlich bist. Je offensichtlicher eine Idee zu sein scheint, desto deutlicher drückt sie deine Einzigartigkeit aus. Wenn du aber versuchst, kreativ zu sein, wirst du nie etwas anderes tun als ewig die gleichen Dummheiten, die zu wiederholen gerade ›in‹ sind.«

»Das glaubst du doch nicht wirklich!«

»Sagen wir, du ›sitzt im Garten‹, und ein ›Wurm‹ sagt dir, dass er Hunger hat (die Stimme kommt aus den Kulissen). Ein Improvisierer, der nach Originalität strebt, wird etwas Blödes sagen wie:

›Dann iss doch mich!‹, weil das vom Publikum garantiert nicht erwartet wird.«

»Und was würde ein offensichtlicher Improvisierer sagen?«

»Der würde sagen: ›Warum frisst du nicht Dreck wie die anderen Würmer?‹, und die Zuschauer wären entzückt, weil genau diese Idee bereits auf der Schwelle ihres Bewusstseins gelauert hatte.«

»Nehmen wir an, die Routine ist ›eine Kartoffel schälen‹. Intuitiv (oder weil du es von mir gehort hast) weißt du, dass das Publikum sich betrogen fühlen wird, wenn du die Tätigkeit einfach zu Ende führst (warum ins Theater gehen, um jemanden ›eine Kartoffel schälen‹ zu sehen?). Also lässt du die Kartoffel liegen und suchst nach einer ›originelleren‹ Idee: ans Telefon gehen oder das Geschirr abwaschen – dadurch wird die Kartoffel zu einem bloßen Vorspiel.«

»Wie kann ›ans Telefon gehen‹ originell sein?«

»Es ist originell, weil es die Handlung in eine andere Richtung lenkt. Das Publikum interessiert sich nicht für das Telefon oder für den Abwasch; es interessiert sich für die Kartoffel, es möchte die Routine durch einen willkürlichen Schritt, der mit dem Akt des Kartoffelschälens zu tun hat, unterbrochen sehen. Du könntest dich in den Finger schneiden und nach einem Pflaster laufen oder den abgehackten Finger suchen, und das Publikum würde denken: ›Ah! Jetzt sehen wir die Pointe des Kartoffelschälens!‹ Oder die Kartoffel könnte anfangen zu quieken unter dem Messer – das Geräusch könnte ein Teamkamerad beisteuern (oder du könntest bauchreden). Dies brächte ein Rätsel und Schmerz in die Szene und würde ›Aktion‹ schaffen, indem es das Verhältnis zwischen dir und der Kartoffel verändert!«

»Es ist also falsch, nach ›guten Ideen‹ zu suchen?«

»Es gibt keine guten Ideen!«

»Natürlich gibt es die!«

»Nicht, wenn sie isoliert stehen! Das ist das gleiche, wenn man von Hebeln spricht, ohne zu wissen, wofür sie eingesetzt werden sollen – ein abgebranntes Streichholz ist sicherlich besser geeignet, um einen auf dem Rücken liegenden Käfer aufzurichten, als eine Brechstange.«

Die meisten Leute wären völlig gelähmt, fragte man sie nach komischen Ideen über die Holzindustrie, doch ist das Problem so formuliert: »Unterbrich die Routine, einen Baum zu fällen«, bieten sich jede Menge Ideen von selbst an.

- Du fängst an zu schlagen und merkst nicht, dass jemand in den Zweigen sitzt.
- Du siehst das Herz und die Initialen, die du vor zwanzig Jahren in die Rinde geritzt hast.
- Ein Vogel bittet dich, seine Jungen zu verschonen.
- Der Baum blutet, und der Blutschwall spült dich weg.
- Der Baum verspricht dir die Erfüllung von drei Wünschen.
- Der Baum bewegt sich weg, gerade als du ihn fällen willst.
- Die Axt wird bei jedem Schlag schwerer.
- Der Baum schreit, und es stellt sich heraus, dass es ein getarnter Naturfotograf ist.
- Du versuchst »Achtung!« zu rufen, wenn der Stamm fällt, und stellst fest, dass du deine Stimme verloren hast, und du kannst deine Kollegen nicht retten.

Alle diese Ideen sind »offensichtlich«, denn sie bleiben am Baum, während eine »originelle« Idee uns von dem Baum wegführen würde.

Man kann es in Gedanken üben. Stell dir vor, du »putzt dir die Zähne«, und sie zerkrümeln unter der Zahnbürste. Oder du stellst fest, dass es nicht dein Gesicht ist im Spiegel. Oder stell dir vor, du klopfst an eine Tür, und deine Faust verschwindet in der Tür, und du merkst, dass du ein Geist bist.[51]

Die Zuschauer glauben, dass der Improvisierer ihnen ein Geschehen vorstellt (eine Routine), weil er oder sie plant, sie zu unterbrechen. Eine Routinehandlung, die vollständig ausgeführt wird, gilt als Einführung in eine Routinehandlung, die nicht vollständig ausgeführt wird.

Vorwärtsgehen

Vorwärtsgehen zwingt den Schüler dazu, eine Handlung interessanter zu gestalten und sie dann in eine willkürliche Richtung vorwärts zu bringen.

Vorwärtsgehen sollte nicht mit »Überbrücken« verwechselt werden. Spieler, die überbrücken, versuchen ihre Ankunft an einem festgelegten Ziel hinauszuschieben, während ein Vorwärtsgehen immer ein Schritt ins Unbekannte ist.

Das Rätsel

Chaplin betonte die Notwendigkeit, eine innere Einstellung zu haben, und Laurel und Hardy sprachen davon, wie wichtig Schmerz ist. Doch wie hat Buster Keaton sich ausgedacht, ausweglos in einem Schaufelrad laufen zu müssen wie ein Hamster im Tretrad? Und wie kam Chaplin auf die Hütte, die in *Goldrausch* über dem Abgrund hängt? (Ich las ein Interview mit jemandem, der behauptet, dass die Idee von ihm stammt, es ist aber nicht die über den Klippen hängende Hütte, was daran besonders ist – das Erstaunliche ist die Eisscholle zwischen den beiden Türen, die die Figuren in einem Albtraum gefangen hält.)

Diese stummen Komiker schenkten unbedeutenden Details die größte Aufmerksamkeit. Chaplin als Kellner schnauzt sich in die Serviette, bevor er sie glatt streicht und einem Gast umlegt. Wenn er »Geschirr spült«, lässt er einen Hund die Teller sauber lecken und steckt sie dann in eine Wäschemangel, um sie zu »trocknen«. Als Barbier schlägt er den Rasierschaum im Takt von Musik und kostet ihn, oder er steckt den Pinsel dem Kunden in den Mund, während er das Messer schleift, oder er findet eine Fliege im Rasierschaum und rettet sie – und versucht dann vielleicht sogar, die Fliege zu rasieren.

Zu dieser Beschäftigung mit dem Detail kommt eine unheimliche Ausdauer hinzu. Keaton will sich mit Patiencelegen wachhalten, und er mischt die Karten und legt sie aus, auch als sie von der Nässe schon völlig aufgeweicht sind. Stan und Ollie versuchen einen Flügel mit einem abgebrochenen Bein zu halten. Das Pferd (das zufällig auf dem Flügel steht) schlägt Stans Hut herunter, und Stan bückt sich, um ihn aufzuheben, so dass Ollie das Gewicht des Flügels (plus des Pferdes) allein tragen muss. Passiert das einmal? Nein, es passiert immer und immer wieder und treibt Ollie allmählich zur Verzweiflung.

Viele Filme von Stan und Ollie basieren in ihrer gesamten Länge auf Dingen wie »ein Klavier die Treppe hochtragen« oder »eine Antenne auf dem Dach anbringen«. In einem Film halten sie an einer Kreuzung und werden von einem Verkehrspolizisten weitergewunken. Sie missverstehen die Geste, steigen aus und gehen zu dem Polizisten hin:

»Zurück ins Auto!«, ruft der Polizist, und sie gehorchen. Er bedeutet ihnen weiterzufahren.

Verblüfft steigen sie wieder aus und laufen wieder zu ihm hin (während der Verkehr sich staut). Diese Handlung (»den Verkehrspolizisten falsch verstehen«) macht den größten Teil des Films aus.

Und doch ... Wenn das Geheimnis allein in der Wiederholung liegen würde, würden wir uns über jemanden, der tagein, tagaus Tüten klebt oder Fische ausnimmt, scheckig lachen.

Lernen, nicht vorwärtszugehen

In einer der allerersten Unterrichtsstunden im Studio bat ich einen Freiwilligen, »mit einer Handlung zu beginnen«. Er mimte, einen Hund zu füttern.

»Mach die Handlung interessanter«, sagte ich.

Er mimte, dass der Hund weglief.

»Was tust du jetzt?«, fragte ich.

»Ich rufe meinen Hund.«

Es war, als hätte ich gesagt: »Beginne mit einer interessanteren Handlung!«, aber niemandem fiel auf, dass eine Handlung durch eine andere ersetzt worden war.

Ich bat einen Schauspieler, eine Handlung zunächst in Worten zu beschreiben (»Damit wir wissen, wenn du sie veränderst«).

»Ich lese die Zeitung.«

»Mach die Handlung ›eine Zeitung lesen‹ interessanter«, sagte ich, und er mimte, eine Telefonnummer zu wählen.

»Was machst du jetzt?«

»Ich sage das Picknick ab, weil die Wettervorhersage Regen meldet.«

»Das ist aber doch eine andere Handlung. Bleib beim Zeitunglesen.«

»Du meinst, ich darf die Handlung nicht abschließen?«

»Genau.«

»Aber was soll ich tun?«

»Eine Nachricht in der Zeitung erweckt dein Interesse.«

Er starrt in die Zeitung und versucht, überrascht auszusehen.

»Wie war ich?«

»Gut. Jetzt versuche, die Handlung noch interessanter zu machen.«

»Noch interessanter?«

»Du stellst fest, dass du einen kleingedruckten Artikel nicht lesen kannst, und nimmst eine Lupe aus der Schublade.«

»Und das ist keine neue Handlung?«

»Finde ich nicht; schließlich liest du ja immer noch die Zeitung.«

Er gehorchte.

»Und jetzt?«

»Du schnappst vor Entsetzen nach Luft!«

Er tat es.

»Warum hast du nach Luft geschnappt?«

»Weil du es gesagt hast.«

»Ja, aber wie rechtfertigst du es?«

»Ich könnte sagen, dass mein Freund ermordet wurde!«

»Gut. Mach die Handlung des Zeitunglesens noch interessanter.«

»Aber wie?«

»Mach angewiderte oder interessierte Geräusche. Lies die Nachrichten laut vor. Zeig sie den Zuschauern.«

Ohne solche Anleitungen hätte er wieder mit einer neuen Handlung begonnen: »Den Mord rächen« oder: »Sich einen Drink einschenken« oder: »Mutter anrufen«.

»Du hast lauter Einfälle, die du nicht brauchen kannst?«

»Ja.«

»Es ist gut, viele Einfälle zu haben. Das zeigt, wie kreativ du bist. Doch du darfst sie einfach nicht beachten. Konzentriere dich auf das, was du gerade tust, und hör auf, die Zukunft zu planen.«

Sagen wir, du wirst gebeten, »ein Ei köpfen« interessanter zu machen. Vielleicht hast du vor, ein lebendiges Küken darin zu finden, aber das wäre eine neue Handlung, also musst du etwas anderes versuchen. Du könntest:

– Mimen, mit dem Löffel auf das Ei zu klopfen. Es klopft zurück.
– Mimen, es mit einem Brotmesser anzugreifen.
– Mimen, das Ei hochzunehmen und damit auf den Tisch zu schlagen.
– Mimen, es mit dem Brotmesser aufzuschneiden. Es gelingt. Mime, das aufgeschnittene Ende sehr langsam und argwöhnisch anzuheben. Luge hinein; du kriegst einen Spritzer ins Auge, als sich das Ei wieder verschließt.
– Mit dem »Deckel« des Eis gegen etwas kämpfen, das ihn von innen festhält.
– Es mit einem Revolver bedrohen.

Solche Einfälle stehen in der Tradition des Stummfilms (und des Trickfilms), und sie tauchen automatisch auf, wenn man gezwungen ist, bei einer Handlung zu bleiben.

Nehmen wir an, du mimst »Zähneputzen«. Du kannst die Geschwindigkeit oder die Art und Weise, »sich die Zähne zu putzen«, verändern oder einen Widerstand einfügen. Aber was ist, wenn du einen Zahn herausziehst? Hat das die Handlung verändert? Nicht, wenn du anfängst, diesen Zahn zu bürsten!

Die Handlung muss genau beschrieben werden. »Sich das Haar bürsten« beschränkt den Darsteller darauf, sich das eigene Haar zu bürsten, während »Haare bürsten« ihm erlaubt, »die Haare anderer Leute zu bürsten« oder »Haare aus dem Teppich bürsten« oder »die Haare eines Riesen bürsten«. Eine Handlung, die als »sich den Rücken kratzen« definiert ist, umfasst die Möglichkeiten, sich mit einem Stuhlbein am Rücken zu kratzen oder sich gegen einen Baum zu reiben, nicht jedoch, einem anderen den Rücken zu kratzen. Ist die Handlung »Schwimmen«, ist Brustschwimmen oder Rückenschwimmen erlaubt, in einen Wasserfall zu stürzen, zu ertrinken und im Paradies in einem Champagnersee wieder aufzutauchen – doch es muss immer geschwommen werden.

»An einer Bushaltestelle auf einen Freund warten« – darf man mimen, ihn/sie von der Telefonzelle aus anzurufen? Ich würde sagen ja, denn es ist immer noch ein Teil der Handlung »Warten«; gewinnt die Handlung »Telefonieren« an Wichtigkeit und wird so zur Haupthandlung, ist der Darsteller versehentlich »vorwärtsgegangen«. Darf er aufgeben und ein Taxi rufen? Nein, wenn die Handlung als »auf einen Freund warten« definiert war; ja, wenn die Handlung einfach als »Warten« definiert war (weil er jetzt auf das Taxi wartet).

Eine elegante Lösung ist es, das voranzubringen, was ohnehin gerade geschieht.

»Was machst du jetzt?«

»Ich weiß nicht, was ich tun soll.«

»Mach ›Ich weiß nicht, was ich tun soll‹ interessanter.«

An dieser Stelle könnte der Darsteller das Publikum um Rat fragen, zu Gott beten oder im Lexikon nachschlagen und, so laut er kann, schreien: »Was soll ich tun?« Oder Papierfetzen durchsehen, beliebige Handlungen ausprobieren, um zu sehen, ob sie die richtigen sind, vor Verzweiflung weinen, sich die Pulsadern aufschlitzen und dann sagt Gott: »So ist es richtig, Sidney!« Und der Darsteller brüllt: »Aber ich bin nicht Sidney! Ich bin Philip! Welche Anweisungen hat Philip?« Er könnte wie eine Figur von Beckett oder Kafka sein.

Handlungen können sein: Der Darsteller fasst sich an die Nase, er atmet, er wird älter, er will sich gerade hinsetzen. (Der spanische Clown Charlie Rivel dehnte die Handlung »sich auf einen Stuhl setzen« über Minuten aus, ohne dass es ihm gelang, seinen Hintern auf die Sitzfläche zu bekommen.)

Bleibe bei einer Handlung und du wirst wie Chaplin oder Keaton denken – nicht mit ihrem Genie, aber wir werden anfangen, dich als »natürlichen Komiker« zu sehen.[52]

Eine Handlung voranbringen

In »Phase eins« dieser Ausbildung lernen die Schüler, die Handlung nicht voranzubringen (nicht vorwärtszugehen). In der zweiten Phase (die viel leichter ist) lernen sie, auf unvorhergesehene Weise vorwärtszugehen.

Der Lehrer fragt: »Weißt du, wie du diese Handlung voranbringen wirst?«

»Ja«, sagt der Schüler (der die Handlung »den Tisch polieren« interessanter macht): »Ich werde ein Loch in die Tischplatte reiben.«

»Vergiss es.«

Der Lehrer stellt diese Frage mehrmals, und jedesmal befiehlt er dem Schüler, jeglichen Plan für die Zukunft aufzugeben.

»Geh vorwärts!«, ruft der Lehrer plötzlich, und der Schüler hört mit dem Polieren auf.

»Wo gehst du hin?«

»Ich trete einen Schritt zurück, um meine Arbeit zu bewundern.«

»Aber das ist eine neue Handlung. Was hast du gemacht, als ich ›Geh vorwärts‹ rief?«

»Ich habe den Tisch poliert.«

»Nein. Als ich ›Geh vorwärts‹ sagte, hast du gerade die Tischplatte angehaucht, um sie zu befeuchten. Also mach ›Anhauchen‹ zu deiner neuen Handlung.«

Der Trick dabei ist, genau das voranzubringen, was man in der Zehntelsekunde tut, in der der Befehl gegeben wird (ohne Rücksicht darauf, in welche Richtung man die Handlung gerne gebracht hätte). Wenn du versuchst, ein fallendes »Ei« aufzufangen, könnte die neue Handlung sein, »das Ei zu fangen«. Dies kann zu Ideen à la Mack Sennett führen; du fängst das Ei, doch es schlüpft dir wieder aus der Hand; du stürzt dich darauf, und kurz bevor es auf dem Boden aufschlägt, stößt du es versehentlich aus dem Fenster; ein Vogel fliegt mit dem Ei davon, und du verfolgst den Vogel auf einem Motorrad; du stößt mit einem Lastwagen zusammen, und noch während du durch die Luft fliegst, grabschst du nach dem Ei, und so weiter. Nichts davon hattest du dir vorgestellt, als der Befehl gegeben wurde. Der Impuls, zur nächsten Handlung überzugehen, wird im Keim erstickt, und selbst die »einfallslosesten« Leute wirken inspiriert.

Nehmen wir die Handlung »ein Frühstücksei köpfen«. Val plant, dass sie in dem Ei ein Küken finden und sich mit ihm befreunden wird und dass das Küken wegfliegen wird, damit sie Traurigkeit darstellen kann, um uns zu zeigen, was für ein guter Mensch sie ist – doch die Erlaubnis vorwärtszugehen wird ihr nicht gegeben, und sie kann nichts davon verwirklichen. Sie muss bei der Handlung »das Ei köpfen« bleiben: Das Ei widersteht allen Köpfungsversuchen, einschließlich einer Kettensäge und einem Presslufthammer (in Zeichentrickfilmen sieht man solche Dinge ständig). Val seufzt, und der Lehrer ruft:

»Was machst du gerade?«

»Ich versuche, das Ei zu köpfen.«

»Du hast eben geseufzt.«

»Wirklich?«

»Mach das Seufzen interessanter.«

Sie ist jetzt von der Handlung »Ei köpfen« zu der Handlung »seufzen« vorwärtsgegangen. Dies könnte zu selbstmörderischer Verzweiflung führen, begleitet von der tränenreichen Klage, wie ihr ganzes Leben eine einzige Reihe von Desastern gewesen sei und sie jetzt nicht einmal mehr ein Ei köpfen könne. Vielleicht plant sie jetzt einen wirklich »interessanten« Selbstmord (irgendeine Dummheit, wie sich selbst mit dem Ei zu erschlagen), doch der Lehrer sagt »Geh vorwärts!«, während sie das Ei anschaut.

»Was machst du gerade?«

»Ich schaue das Ei an«, sagt sie widerstrebend.

»Mach ›das Ei anschauen‹ interessanter.«

Sie könnte sich hinter dem Schrank verstecken und mimen, das Ei durch ein Fernglas zu beobachten, oder sie studiert das Ei mit einer Lupe und entdeckt eine kleine Tür in der Schale mit der Aufschrift NASA. Der »Selbstmord« wurde genau wie »ein Küken finden« aufs Abstellgleis geschoben. An die Stelle ihrer eigenen Ideen traten Ideen, die sie nicht selbst aussuchte und die nichts mit ihrem gesellschaftlichen Image zu tun haben.

Eine Möglichkeit, diese Technik einzuführen, ist, eine laufende Szene zu unterbrechen und die Spieler zu bitten, bei der Handlung zu »bleiben«, mit der sie gerade beschäftigt waren. Ich erinnere mich an zwei Schüler in Tampura, die gerade anfangen wollten, zu »angeln«. Sie hatten kaum darauf geachtet, was sie gerade taten (weil sie überlegen mussten, was sie tun würden, nachdem sie zu Angeln angefangen hatten).

»Wartet!«, sagte ich. »Was habt ihr in genau diesem Augenblick gemacht?«

»Wir wollten gerade einen Wurm an den Haken stecken!«

»Das wolltet ihr gerade machen, aber was genau macht ihr gerade?«

»Den Wurm aus der Büchse nehmen.«

»Macht ›den Wurm aus der Büchse nehmen‹ zu eurer Handlung, und findet heraus, wie lange ihr unser Interesse wachhalten könnt.«

Sie versuchten, die Büchse zu schütteln.

»Steckt einen Finger hinein und werdet gebissen!«, sagte ich.

Sie begannen eine Szene darüber, wie die Blutung nicht gestillt werden konnte.

»Warum eine neue Handlung beginnen«, sagte ich. »Macht ein Pflaster drauf und bleibt bei dem Wurm.«

Ich machte Vorschläge, wie die Handlung interessanter werden könnte: dem Wurm befehlen, herauszukommen oder einen »Judas«-Wurm hineinschicken. Oder den Wurm mit einem lüsternen Finger verführen oder versuchen, ihn zu hypnotisieren (und stattdessen selbst hypnotisiert zu werden). Die Zuschauer liebten diese »komischen Ideen« und sahen mich als sehr fantasievoll an, bis ich ihnen erklärte, dass ich nur alternative Denkweisen anwendete. Die Spieler waren begierig, dieses »Verfahren« zu lernen, also war es genau der richtige Zeitpunkt, »Vorwärtsgehen« und »Nicht-Vorwärtsgehen« zu lehren.

»Nimm die Handlung ›an der Wand lehnen‹«, sagte ich (weil der Schüler genau das bereits tat). »Jetzt mach es interessanter!«

Er versuchte verschiedene Arten, an der Wand zu lehnen, und begann, sich lasziv daran zu reiben.

»Ein gigantischer Nippel kommt aus der Wand«, sagte ich, und die Szene ging weiter.

Danach sagte er: »War der Nippel nicht ein Beispiel für ›originell sein‹?«

»Du hast die Wand als Quelle für sexuelles Vergnügen behandelt, also war der Nippel offensichtlich. ›Offensichtlich‹ sein ist nicht das gleiche wie ›langweilig‹ sein.«

Die Schüler arbeiten paarweise zusammen. Einer definiert eine Handlung und arbeitet sie aus, der andere unterstützt und berät ihn. Braucht der Darsteller eine Idee, schlägt der »Berater« etwas vor, und wenn beiden nichts einfällt, ist zumindest die Last geteilt.

Nehmen wir an, du definierst die Handlung als »Atmen«. Du atmest tiefer ein, was eine Zeit lang interessant ist, doch dann ruft der »Berater«: »Mach das Atmen interessanter!«, und du machst beim Ausatmen zufrieden »Ahhhh«.

»Mach es noch interessanter.«

Du mimst, ein Fenster zu öffnen, und genießt die frische Luft. Doch dann fällt dir nichts mehr ein.

»Bau einen Widerstand ein. Mach das Atmen schwerer.«

Du keuchst ein wenig und schnappst nach Luft.

»Mach es interessanter!«

Du fängst an zu ersticken. Du drückst deinen Brustkorb mit den Händen zusammen. Du fängst an zu sterben. Du kriechst zum »Tisch« und ziehst eine »Schublade« auf. Du ergreifst ein »Messer« und führst einen Luftröhrenschnitt an dir selbst durch – die Zuschauer werden fasziniert sein, dabei befolgst du lediglich die Anweisung, »die Handlung interessanter« zu machen.

Improvisierer machen sich nach einiger Zeit frei vom Einfluss des Lehrers und lernen, von sich aus vorwärtszugehen, und finden es ziemlich leicht, »Soloszenen« zu spielen.

Man kann sich in der U-Bahn oder morgens im Bett Sequenzen ausdenken, wie eine Handlung vorangebracht wird. Je kleiner der Handlungsausschnitt ist, desto besser. »Golf spielen« ist zu allgemein, doch »den Ball auf das T legen« ist ausgezeichnet: aufgebrachte Murmeltiere können vorkommen oder diebische Elstern, ein Erdbeben und vieles mehr.

»Vorwärtsgehen« mag zuerst unangenehm erscheinen, aber es befreit den Improvisierer aus der Tretmühle, ständig einen »besseren Scherz« zu brauchen.

Variante: Mehrere Schüler können sich als »Berater« zusammentun.

Variante: Zwei Spieler wechseln sich ab, die Szene voranzubringen, zum Beispiel:

Pat macht »die letzte Schneeeule betrachten« interessanter.

Zeke macht die »Entdeckung, dass es ein hölzerner Lockvogel ist«, interessanter.

Pat macht »die Erkenntnis, dass Holzfäller versuchen, die letzte Schneeeule zu ködern, um sie zu erschießen und die Bäume abzuholzen«, interessanter. Und so weiter.

Rechtfertigung

Neurologen und Forscher, die sich mit künstlicher Intelligenz befassen, vermuten, dass die Persönlichkeit nur ein »Modul« des Gehirns ist, das die Illusion aufrechterhält, die Kontrolle zu besitzen, indem die Verantwortung für Gedanken und Verhaltensweisen übernommen wird, die in anderen Modulen entstehen; wenn wir zum Beispiel unter Hypnose eine Suggestion befolgen, liefert unser Gehirn Gründe für unser Verhalten. Patienten mit gespaltenem Gehirn zeigen eine ähnliche Fähigkeit – die verbale Gehirnhälfte rechtfertigt Entscheidungen der nonverbalen Gehirnhälfte.[53] Dieser »schöpferische Akt« ist universell und findet fortwährend statt, ohne jegliche Anstrengung. Die besten Improvisierer nutzen diese eingebaute Kreativität; sie machen einen willkürlichen Schritt und lassen es zu, dass ihr Hirn ihn rechtfertigt. Schlechte Improvisierer hingegen versuchen, alles was sie tun, von vornherein zu rechtfertigen (aus Angst, einen Fehler zu machen).

Ich schaffe einige »Geheimnisse« und hoffe, sie aufdecken zu können. Stellen wir uns vor, unsere Szene beinhaltet einen Angler an einem Flussufer.

– Er nimmt einen Wurm heraus, und dieser schreit: »Nein! Hör auf! Steck mich nicht an diesen Haken!«

Das unterbricht die Routine und fügt das Geheimnis »Warum spricht der Wurm?« hinzu.

– Oder der Angler will gerade einem Fisch auf den Kopf hauen, als er feststellt, dass der genau wie sein vermisster Sohn aussieht.

– Oder er fischt eine Leiche heraus.

Solche »Unterbrechungen« lösen in uns einen Prozess aus, weil unser Gehirn nicht anders kann, als die »Punkte zu verbinden«, das heißt, aus chaotischem Material etwas Sinnvolles zu machen.

Ich entwickle die erste Idee weiter (den sprechenden Wurm):

»Du kannst sprechen?«, japst der Angler.

»Wir sollten eigentlich nicht sprechen, unter keinen Umständen. Aber dieser Haken, er ist so grausam!«

»Du meinst, alle Würmer können sprechen?«

»Alles kann sprechen!«

Wenn ich versuche, den nächsten logischen Schritt auszuarbeiten, werde ich blockiert, also nehme ich etwas Willkürliches herein.

– Ein Schatten fällt über den Angler.

Ich habe keine Ahnung, was dieser Schatten sein könnte, aber das Publikum würde es wissen wollen, also gebe ich eine Antwort.

– Der Angler blickt auf und sieht den Tod über sich stehen …

Es gibt eine Verbindung zwischen dem Tod und dem Wurm, aber dieses Bindeglied muss deutlicher gemacht werden.

– Der Angler fällt vor Schreck um.

»Beruhige dich«, sagt der Tod. »Ich bin nicht deinetwegen gekommen. Ich bin wegen des Wurmes gekommen. Jetzt angle!«

Der Angler spießt den Wurm auf den Haken und wirft ihn in das sich verdunkelnde Wasser. Das Publikum würde wissen wollen, was der Angler fangen soll. Alles könnte »herausgeangelt« werden, aber wenn ich eine »gute« Idee will, werde ich wahrscheinlich »kneifen«, das heißt mich weigern, mir eine gute Definition »auszudenken«. Also wähle ich etwas völlig Offensichtliches – der Angler fängt einen Fisch.

»Gib ihn mir!«, sagt der Tod.

»Nein!«, sagt der Angler und umklammert den Fisch, als sei dieser ganz wertvoll. (Sowohl »Ja«- als auch »Nein«-Antworten würden diese Geschichte vorantreiben.) Der Tod wird doppelt so fürchterlich:

»Du willst also nicht!«

Dies wirft wieder neue Fragen auf: »Was wird der Tod tun?« Und: »Warum den Fisch behalten wollen?« usw.

Willkürliche Sprünge werden zu einer zusammenhängenden Struktur gefügt, nicht, indem man sich nach vorn orientiert (ein Irrtum, durch den schon viele Leute blockiert wurden), sondern nach rückwärts. Also, was wurde »aufgehoben«? – dass der Wurm sagte, alles im Universum könne sprechen!

»Dann nimm ihn!«, ruft der Angler voller Angst, aber das ganze Universum brüllt: »Gib ihm den Fisch nicht!«

Zu diesem Zeitpunkt möchte sogar ich wissen, was passiert.

Spass beim Kippen

Ein Improvisierer oder jeder andere Geschichtenerzähler braucht keine »Idee«, um eine Geschichte zu beginnen: Er braucht nur eine »Plattform« zu errichten und dann die Geschichte durch willkürliche Schritte zu entwickeln, die später durch den Wiedereinbau von »aufgespartem« Material gerechtfertigt werden.

Als ich mit meiner Komödienklasse anfangs an die Öffentlichkeit ging, war das eine tolle Erfahrung, doch jede dritte Aufführung endete in einer Katastrophe. Deshalb kämpfte ich verzweifelt darum, den Szenen Sinn zu verleihen. Unsere Aufführungen wurden zu einem Kampf zwischen dem Wunsch der Improvisierer, »komisch zu sein«, und meiner Entschlossenheit, dass sie Geschichten erfinden sollten (so dass immer noch etwas vorhanden war, nachdem das Gelächter verklungen war).

Wenn zwei »Fremde im Park Vögel fütterten«, konnte es helfen, wenn ich rief: »Stellt fest, dass ihr euch in der Schule schon gekannt habt!« oder: »Alle Vögel gehen zu einer Person!« – aber das waren Zufallstreffer. Dies waren »Unterbrechungen der Routine« (obwohl ich diese Terminologie damals noch nicht kannte), aber es verwirrte mich, wenn die Spieler alle zusammen traurig oder glücklich wurden oder Angst bekamen. Sie fanden einen Schatz (ich wünschte, sie hätten nicht) und kreischten vor Freude, und doch herrschte der Eindruck, es sei nichts passiert. Ich wusste, dass Änderungen wichtig waren, aber ich hatte bisher nicht verstanden, dass Schauspielkunst geschaffen wird, indem das Gleichgewicht zwischen den Figuren kippt, und wenn die Spieler aus der Fassung gebracht sind, werden sie versuchen, das Gleichgewicht wieder herzustellen.

Zum Beispiel: Wenn ein »Gangster« sagt: »Es tut mir leid, Louie, aber ich habe den Auftrag, dich zu ermorden!«, sagt Louie sehr wahrscheinlich: »Und ich habe den Auftrag, dich zu ermorden!« Das Publikum lacht – und bestärkt damit die Spieler –, aber solche Szenen waren fast immer enttäuschend.

Improvisierer können Witze reißen oder Trampolin springen oder am Trapez schwingen, wir haben dennoch das Gefühl, dass »nichts passiert«, solange sich nicht das Gleichgewicht zwischen den Figuren verändert.

Comicstrips sind geeignet, uns vor Augen zu führen, welchen Wert das »Kippen des Gleichgewichts« hat.

Zum Beispiel: Ein Mann wirft einen Groschen in einen Wunschbrunnen, und ein Geist zaubert eine wunderschöne Frau für ihn herbei. Der Mann ist entzückt, bis die Frau mit dem Geist davonläuft. Wir haben das Gefühl, dass es sich gelohnt hat, den Comicstrip anzugucken; hätte der Mann dagegen gesagt: »Schönen Dank!«, und wäre mit der Frau nach Hause gegangen – das heißt, wäre die Beziehung zwischen Mann und Geist unverändert geblieben –, hätten wir die Story als sinnlos empfunden. Wenn natürlich die wunderschöne Frau als Domina dem Mann mit einer Peitsche hinterherjagt, während der Geist sich vor Lachen auf dem Boden kugelt, oder hätte sich die Frau vom Geist gewünscht, den Mann durch einen »Adonis« zu ersetzen, hätten wir auch das Gefühl gehabt, es sei der Mühe wert gewesen, den Comic anzuschauen.

Dem Chaos muss Stabilität vorangehen. Wenn zwei Liebende eine Wohnung betreten, sollten sie Kaffee machen und sich zusammenkuscheln – und erst dann sollte jemand eine Axt schwingend aus dem Schrank springen. Daraus folgt, dass Improvisierer die Bühne betreten sollten, nicht um »komisch zu sein« oder einen Streit anzufangen, sondern um eine stabile Plattform zu schaffen, die später gekippt werden kann. Man könnte die Plattform als »Routine« bezeichnen und das Kippen als »Unterbrechen der Routine«, das die Beziehung zwischen den Figuren verändert.

James-Bond- und Indiana-Jones-Filme scheinen dies zu widerlegen, da sie mit Stunts beginnen und Schlächtereien, aber das kommt vom Fernsehen. Hier schalten die Zuschauer sofort um, wenn sie nicht Sex, Elend und Grauen serviert kriegen. Die Zuschauer warten, bis Jones einen langweiligen Vortrag hält oder dass Bond durch »M« gerügt wird, weil sie wissen, dass hier die eigentliche Story beginnt.

Plattformen müssen nicht langweilig sein, aber Anfänger mögen sie so – ihr »Liebespaar« sitzt lieber auf der Couch und sieht fern, als sich heimlich in einem Schlachthaus zu treffen. Wenn sie ein »Picknick« abhalten, breiten sie ihre Decke auf irgendeinem namenlosen Feld aus, nie neben der Irrenanstalt oder auf einem Hügel, wo eine Sekte gerade den Weltuntergang erwartet. Das Leben hat ihnen beigebracht, dass langweilig gleich sicher ist, also gründen sie die Szene »im Gefängnis sitzen« darauf, auf einer Bank zu sitzen und deprimiert auszusehen, obwohl es spannender wäre, die Graffiti zu lesen oder ihre zahme Maus zu füttern oder den Knopf für den »Zimmerservice« zu drücken, so dass ein Wächter erscheint und sie verprügelt.

Erfahrene Improvisierer sind mutiger; sie sagen: »Sind das die Porträts Ihrer Vorfahren?« oder: »Sie haben all diese Tiger selbst geschossen, nicht wahr?« oder »Warum gibt es hier so viele Ketten und Peitschen?«, weil sie wissen, dass langweilige Aussagen ein gelangweiltes Publikum bedeuten.

Hier sind einige Kurzbeschreibungen von Filmen im Fernsehprogramm:

Familie:

Ein rebellierender Teenager gerät mit seinem neuen Stiefvater aneinander.

Ein junges Mädchen trifft ihren Vater, den sie nie gekannt hatte.

Ein Teenager verarbeitet die Tatsache, dass er von den Eltern missbraucht wurde.

Ein vermeintlich totes Familienmitglied kehrt zurück.

Eine Tochter beschuldigt ihre Eltern des sexuellen Missbrauchs.

Verbrechen:

Eine Frau wird von einem religiösen Fanatiker als Geisel genommen.

Ein Polizist verfolgt einen irren Mörder, der wegen eines Verfahrensfehlers freigelassen wurde.

Eine junge Frau stellt fest, dass ihre Mitbewohnerin es in tödlicher Weise auf ihren Freund abgesehen hat.

Ein buddhistischer Mönch sprengt einen Opiumring.

Verschiedenes:

Ein ausgebrochener Psychiatriepatient gibt sich als Arzt aus.

Ein junges Mädchen ist verzweifelt über die Scheidung ihrer Eltern und schließt einen Pakt mit dem Teufel.

Eine Frau verfolgt und tötet die Männer, die sie vergewaltigt haben.

Ein verbitterter Mann rächt sich an seinem Anwalt, dem er die Schuld für seine Gefängnisstrafe gibt.

Ein ehemaliger Ringer, der Kinder hasst, wird Leibwächter bei dem altklugen Sprössling eines Tycoons.

Diese kurzen Inhaltsangaben bieten uns Figuren, die verwandelt werden (wir wissen aus Erfahrung, dass der Anwalt von dem Exhäftling gequält werden wird und dass der ehemalige Ringer zu einem kinderliebenden Teddybären wird), doch die Chance, dass solche Verwandlungen bei einer öffentlichen Improvisation auftreten, tendiert gegen null.

Manche Spieler sind der Meinung, sie stünden über solch reißerischem Material, aber eigentlich wollen sie nur nicht verändert werden. Und was ist verkehrt daran, »reißerisches« Material einzusetzen? Lieber einen entflohenen Geistesgestörten, der sich als Arzt ausgibt, als acht Leute in einer Wüste, die sich über Büroklammern unterhalten.

»Warum müssen Sie mich festschnallen, Herr Doktor?«

»Weil Gott möchte, dass ich deine Augen oben auf den Kopf versetze, so dass du ihn stets anschauen kannst!«

Die »Belohnung« für die Zuschauer wäre der Terror des Opfers, doch der durchschnittliche Spieler erwidert:

»So wie Ihre Augen, Herr Doktor?« oder: »Ah, gut! Dann kann ich immer sehen, wenn es regnet!«

Anfänger weigern sich, uns einen schuldbeladenen König zu zeigen, den der Geist seines Opfers quält *(Macbeth)*, oder einen Bürokraten, der einer Nonne damit droht, ihren Bruder hinzurichten, wenn sie nicht mit ihm schläft *(Maß für Maß)*, oder einen Mörder, der breitbeinig über dem blutenden Leichnam steht, während er die Witwe verführt *(Richard III.)*.

Sie bevorzugen eine Bagatelle, die es ihnen erlaubt, »intakt« zu bleiben.

Ich erziehe schwerfällige Schüler, indem ich unterbreche, um die Balance zu kippen. Zum Beispiel:

»Deine Hausaufgabe war sehr interessant, Brian ...«

»Danke, Herr Prokrustes!«, sagt Brian, und verändert sich sichtbar.[54]

»Ich wusste nicht, dass du dich für Science-Fiction interessierst, Brian.«

Dadurch wird die Hausaufgabe als eine Art Aufsatz definiert.

»Also, ich hatte diese Träume ...«

»Wohlmeinende Außerirdische infiltrieren die Schulen, um die Schüler auf einen höheren Evolutionsstand zu bringen – ist dir diese Idee wirklich im Schlaf gekommen?«

»Ja, wirklich. Sie hatten Schuppen und sehr große Augen!«

Die Zuschauer sind gespannt darauf, wie das Science-Fiction-Thema das Gleichgewicht kippen wird, aber genau an der Stelle drängt sich ein dritter Spieler in die Szene, entschlossen zu helfen. Wenn ich schnell genug schalte, gelingt es mir, den dritten zu verscheuchen, so dass die Interaktion zwischen Lehrer und Schüler weitergehen kann. Ein Lehrer, der sich vor der »Zukunft« fürchtet, das heißt Angst hat, die Balance zu kippen, berichtet dem Schüler, er habe genau das Gleiche geträumt, und damit ist die Szene beendet. Dann würde ich unterbrechen und den Lehrer bitten, etwa Folgendes zu sagen:

»Weißt du, was du bist, Brian?«

»Was denn?«

»Brian, du bist ein geborenes Medium!«

»Oh! Sie meinen, die Träume sind irgendwie real?«

»Jeder Augenblick, Brian!«

Der Lehrer könnte mimen, wie er sich sein Gesicht abzieht und aus seiner »Haut« steigt (vielleicht laufen die »Snoggers«[55] auf die Bühne und verpassen ihm hervorquellende Augen und einen Schwanz) – das Publikum grölt vor Vergnügen.

Jeder kann sich durch eine Lehrer-Schüler-Szene tratschen und dann die Szene beenden, doch dass ein Außerirdischer aus dem Körper des Lehrers hervorkommt, ist eine Idee, die die Spieler auf unbekanntes Terrain lockt – wir bezahlen dafür, dass Improvisierer solche Risiken eingehen. Der Schüler kann die Balance dadurch wiederherstellen, dass er ebenfalls seine Haut abzieht und als identischer Außerirdischer auftritt, aber ein wachsamer Trainer kann dies verhindern.

Ein »Patient« versuchte, das Verhältnis zu einem »Arzt« zu kippen, und gab vor, gerade von einer Pauschalreise nach Transsilvanien zurückgekehrt zu sein.

»Ich habe dauernd das Bedürfnis, jemanden zu beißen, Herr Doktor!«

Dies versprach, dass der Arzt gebissen wird, jedenfalls in Gefahr gerät, doch stattdessen diagnostiziert der Arzt eine Krankheit, die den Kopf explodieren lässt.

»Sie sind schon der fünfte heute. Sieht aus, als würde er jeden Moment explodieren!«

Der Patient wankte herum und hielt sich den Kopf (der Arzt machte keine Anstalten, in Deckung zu gehen), das Publikum lachte, aber die Szene wurde dumm und langweilig. Bevor Sie die Idee des »explodierenden Kopfes« als Schwachsinn abtun, beachten Sie, wie gut der Arzt sein Ziel erreicht hatte, sich »nicht verändern zu müssen«. Er ging sogar so weit auf Nummer sicher, dass er dem Vampir keinen Kopf ließ, mit dem er ihn hätte beißen können!

Bei einer anderen Vampirszene – zwischen einem Vampir und einer Psychologin – fing der Vampir an mit: »Ich brauche Blut!«. Die Psychologin bot ihm ihren Hals an und sagte: »O bitte, beiß mich!« Die Zuschauer lachten, doch die Szene ging den Bach hinunter. Wir gingen zurück bis zu dem »Ich brauche Blut!«. Diesmal sagte sie: »Du kannst von meiner Katze Blut saugen!«

In einem Vampirfilm stehen die Chancen, dass jemand einem Vampir das Blut seines Haustiers anbietet, eins zu einer Million (wenn der Besitzer nicht selbst ein Vampir ist), also ließ ich sie noch einmal mit »Ich brauche Blut« beginnen und sagte dem Vampir, er müsse die Psychologin beißen. Jetzt rannte sie auf die andere Seite des Tisches, so dass er sie nicht erwischen konnte.

»Du sollst nicht weglaufen!«, rief ich. »Sei gelähmt vor Angst! Werde gebissen! Schrei!«

Sie tat es, und die Szene schoss vorwärts wie ein Pfeil. Es war nicht so, dass die Spielerin untalentiert war oder ihr Ziel nicht erreichte:

1. Sie bot sich selbst zum Gebissenwerden an, um sich nicht verändern zu müssen.
2. Sie bot ihre Katze an, um sich nicht verändern zu müssen.
3. Sie rannte um den Tisch herum, um sich nicht verändern zu müssen.

Hinterher meinte sie, als sie »O bitte, beiß mich!«, sagte, habe sie den Zuschauern gegeben, was sie wollten. Ich erklärte ihr, dass die Zuschauer sehen wollten, wie sie verwandelt wird, wohingegen ihr »O bitte, beiß mich!«, sie in haargenau dem gleichen Zustand ließ, in dem sie sich zuvor befand.

»Also hätte ich zulassen sollen, dass er mich beißt?«

»Die Bedrohung hätte dich verändern sollen, doch dein ›Beiß mich‹ vermittelte den Eindruck, dass es für dich etwas ganz Gewöhnliches ist. Du wirktest wie eine Amme für Vampire!«

Ich bitte Studenten, »aus Spaß« das Kippen wiederaufzuheben oder zu minimalisieren. Nehmen wir an, das Kippen ist: »Meine Tochter sagt mir, du bist letzte Nacht in ihr Zimmer eingedrungen, Perkins!« Man kann die Wirkung minimalisieren, indem man hinzufügt: »Schon wieder!«, und damit impliziert, dass es sich um ein gewöhnliches Ereignis handelt. Das Gelächter, das der Gag einbringt, verschleiert die Tatsache, dass das Kippen minimalisiert wurde.

Hier sind einige weitere Methoden:

Weigerung, sich verändern zu lassen

Wenn dein Partner ein Päckchen mit einem menschlichen Kopf bekommt, versuchst du das Gleichgewicht zu erhalten, indem du sagst: »Wer ist es denn diesmal?« oder: »Das muss für die Familie in Nummer zehn sein!«. Das bringt einen Lacher, doch man hat das Gefühl, dass nichts passiert ist.

Wenn du sagst: »Heirate mich, oder ich springe aus dem Fenster!«, erwarten die Zuschauer, dass du in den Tod springst oder dein Partner sich erpressen lässt, aber wahrscheinlich werden sie mit Bemerkungen dieser Art abgespeist: »Einen Moment bitte, ich hole meine Kamera!« oder: »Bitte sehr, wir sind im Erdgeschoss!«

Eine andere Strategie, »intakt« zu bleiben, ist, über die beunruhigenden Neuigkeiten bereits Bescheid zu wissen; zum Beispiel: »Um Gottes willen, jemand hat Ihnen ein Kontrollgerät in den Kopf eingepflanzt!«

»Ja, Herr Doktor. Könnten Sie wohl die Batterie wechseln?«

Als ein Improvisierer einer Freiwilligen aus dem Publikum sagte: »Ich bin dein Baby!«, parierte sie, sie habe eine Hysterektomie gehabt (Freiwillige sind immer defensiv). Er konterte, indem er ihr eine Gebärmutter präsentierte, die er für alle Fälle mitgebracht hatte, doch eigentlich war ihre »Hysterektomie« ein Kippen, das ihn in einen verzweifelten Zustand hätte versetzen müssen. Danach behauptete er, er habe nur versucht »originell« zu sein, aber durch die »Kippen-Theorie« wurde offensichtlich, dass er sich nur weigerte, verändert zu werden.

Den anderen nachahmen

In einer Szene lud ein Spieler seine Partnerin ein, sich seine Bilder anzusehen.

»Wunderbar!«, sagte sie, »ich bin auch Malerin, und ich male im gleichen Stil wie du. Wir könnten zusammen ein Bild malen ...«

Die Plattform überspringen

Anfänger glauben, es sei effektvoll, eine Szene so zu beginnen: »Ich komme aus der Zukunft. Bringt mich zu Julius Cäsar!« Dadurch wird ein gutes Kippen verschwendet, indem es als Plattform benutzt wird. Krankenwärter einer psychiatrischen Klinik könnten den Verrückten einfangen, und dann könnte ein weiteres Kippen eingebaut werden, wenn sich herausstellte, dass die Krankenwärter wirklich aus der Zukunft sind. Besser aber ist es, mit einer stabileren Plattform zu beginnen.

Die Plattform nimmt das Kippen vorweg

Ein gutes Kippen sollte so sein, als würfe man einen riesigen Stein in einen kleinen Teich. Anfänger wählen ein Kippen wie »Ich habe dich verkauft!« und nähern sich dem Kippen, indem sie sich über Sklaverei unterhalten; oder sie reden über Reinkarnation, bevor sie ihre verstorbene Mutter als Radiowecker wiedertreffen, und dadurch wird der riesige Stein zu einem kleinen Steinchen.

Zum Beispiel: Ein Arzt führt das Kippen (»Kontrollinstrument im Gehirn des Patienten«) ein, indem er sagt:

»Haben Sie immer noch diese Kopfschmerzen?«

Und dann:

»Und die Träume, dass Sie von fliegenden Untertassen entführt werden?«

Und dann, ein wenig später:

»Vielleicht sind das gar keine Träume. Vielleicht haben die Außerirdischen etwas in ihrem Kopf installiert!«

Dann:

»Lassen Sie mich mal nachsehen!«

Das ist, wie den Stier für den Matador vorzubereiten, indem man ihn wiederholt in die Halsmuskeln sticht, wenn wir eigentlich sehen wollen, wie der Stier um drei Uhr morgens durchs Fenster katapultiert wird.

Eine Plattform kann auf das Kippen zugeschnitten sein, solange sie das Kippen nicht impliziert. Wenn jemand von einem wahnsinnigen Tätowierer angegriffen werden soll, dürfen die Spieler nicht über das Gerücht, dass ein »wahnsinniger Tätowierer« unterwegs ist, diskutieren; doch es ist erlaubt, dass ein Fremder deine Haut bewundert und dich zwingt, dich auszuziehen, denn das Publikum hat nicht die geringste Ahnung, wohin das führen wird.

Peter Oldring spielte eine Szene mit einem Freiwilligen aus dem Publikum, in der er eine erstaunliche Fähigkeit besaß, sich mit Tieren anzufreunden. Er mimte, wie er »Tauben« streichelte, er »jonglierte« mit »Spatzen«, er ließ »Eichhörnchen« über seine Arme und Schultern laufen und schmuste mit einem »Rehkitz«. Dann wandte er ein »Besucher aus der Zukunft«-Kippen an und erklärte, er komme aus einer zukünftigen Welt, in der die Menschen mit der Natur in Eintracht lebten. Seine Fähigkeit, sich mit wilden Tieren anzufreunden, machte dieses Kippen glaubhaft, doch niemand hätte es voraussehen können. Hätte er dagegen an das Kippen herangeführt, indem er über Zeitreisen geredet hätte, wäre der riesige Stein, der in dem kleinen Teich landen soll, kleiner und kleiner geworden.

Das eigene Kippen »als Erster« einbringen

Es war vereinbart, dass ein Spieler die Szene kippen sollte, indem er seiner Freundin sagte, dass er homosexuell sei. Sie aber kam ihm zuvor, indem sie bemerkte: »Ich habe natürlich schon immer gewusst, dass du schwul bist!«, und die Szene schleppte sich weiter, und »nichts passierte«, bis die Richter sie aushupten.

Der Gedanke des Kippens taucht in meiner Arbeit überall auf, doch erst als ich Listen von Beispielen an die Pinnwand in der Garderobe hängte, wurde das Prinzip verständlich. Heute ist es ganz normal, dass die Spieler einen Blick auf diese Listen werfen, bevor sie auf die Bühne gehen.

Meine ersten Kippen-Listen sollten unsere Parkbankszenen beleben. Anfänger kommen als Fremde herein, lernen sich kennen, füttern vielleicht die Vögel, und dann geben sie Zeichen, das Licht herunterzudrehen und gehen zusammen ab. Solche seichten Interaktionen können interessant sein, aber wenn eine solche Szene zwanzig- oder dreißigmal gezeigt wurde, entsteht Theater für die Faden: kein Risiko außer dem, dass das Publikum die Szene bereits so oft gesehen hat, dass es die Nase voll hat.

Hier einige Beispiele aus meiner derzeitigen Parkbank-Liste (einige in Form von Anweisungen, andere als Dialogzeilen), aber sie sind alle Angebote, etwas geschehen zu lassen.

Fremde auf einer Parkbank

»Gott (oder Satan) hat mich ausgeschickt, um dich zu finden.«

Einer ist ein Hellseher, der immer weiß, was der andere sagen oder tun wird.

Einer erklärt, dass er ein Besucher aus der Zukunft ist.

»Jeder, mit dem ich rede, wird vom Unglück verfolgt.« (Im Nu stoßen dem anderen schlimme Dinge zu.)

»Das war mein Lieblingsplatz vor meinem Tod.«

Jedes dieser Beispiele für Kippen kann durch die Erwiderung »Ich auch!« ruiniert werden (was immer einen Lacher bringt), aber wenn die Spieler zulassen, dass sich das Gleichgewicht zwischen ihnen verändert, besteht die Chance, dass die Szenen interessanter werden – interessanter, als wenn zwei Fremde die Vögel füttern. Wenn du zum Beispiel das »Mein Lieblingsplatz vor meinem Tod«-Kippen anwendest, gibt ein fähiger Improvisierer vor, die Hand durch dich hindurchzustecken, und weicht voller Entsetzen zurück. Dies vermittelt den Zuschauern das Gefühl, dass »etwas geschieht«, und da die Szene von der Sterblichkeit handelt, ist sie es vielleicht sogar wert, dass man sich daran erinnert.

Hier noch einige Beispiele aus einer anderen Liste:

Jemand steigt durchs Fenster, während du schläfst

Es ist ein Hypnotiseur, der vergessen hat, dich von einer wichtigen Suggestion wieder frei zu machen.

Es ist die verführerische Vierzehnjährige aus dem Haus gegenüber.

»Ich bin der wahnsinnige Tätowierer.«

Es ist die Seele, die dich bei deiner Geburt einfach nicht finden konnte.

Ich improvisiere eine Szene, die auf dem »Ich bin deine Seele« basiert. Philipp wird von »Mr. Seele« aufgeweckt, der gerade durchs Fenster hereinsteigt. Die Seele behauptet, sie habe sich in der Wohnung geirrt, oder sie gibt vor, sie habe sich einen Knöchel gebrochen, so dass Philipp den Fuß verbinden muss – irgend etwas, Hauptsache, das Kippen wird hinausgezögert (zuerst Plattformen, dann Kippen). Dann könnte die Seele sagen: »Ich sage dir lieber die Wahrheit.«

»Aber schnell!«

»Ich bin deine Seele.«

»Was?«

»Deine Seele! Jeder Mensch hat eine – außer dir!«

»Wovon reden Sie?«

»Du warst eine Totgeburt, deshalb habe ich dich aufgegeben. Sie haben dich wiederbelebt, aber da war ich schon wieder in einer anderen Dimension.«

»Sie sind wahnsinnig!«

»Hast du nicht immer gefühlt, wie kalt und leer und traurig dein Leben war? Dass da etwas fehlte? Hat dein Gewissen nicht immer versagt? Du hättest doch immer das Nichts willkommen geheißen, wäre nicht die Angst vor dem Schmerz gewesen?«

»Quatsch!«

»Sammelst du nicht deine sämtlichen Tabletten, damit du dich umbringen kannst?«

»Woher wissen Sie das?«

»Dich selbst umbringen zu wollen – das erregt ihre Aufmerksamkeit.«

»Wessen Aufmerksamkeit?«

»Du weißt schon – die Wesen in der anderen Welt. ›Schau‹, sagten sie, ›da ist er! Da ist dein Körper, und er will mit allem Schluss machen. Geh rauf und nimm ihn in Besitz.‹«

»Rauf?«

Die Seele könnte ihm dann erklären, wie die Seelen bei der Geburt in die Babys springen und mit ihnen verschmelzen. Vielleicht versucht sie, in Philipp hineinzuspringen, und stößt ihn dabei zu Boden.

»Ich kann nicht in dich rein! Weil du ein Erwachsener bist. Vielleicht würde es helfen, wenn wir Sex hätten!«

»Auf gar keinen Fall!«

Philipp könnte seine Pistole abschießen und feststellen, dass Seelen natürlich unsterblich sind. Oder der Gedanke an sein sinnloses Leben überwältigt ihn; oder es gelingt der Seele, in ihn reinzuspringen, und sie macht als Stimme über den Lautsprecher weiter.[56]

Ich versuche es mit einem anderen Kippen von der gleichen Liste.

»He, was machen Sie in meinem Schlafzimmer?«

»Hallo!«

»Kenne ich Sie?«

»Wohl kaum.«

»Sie sind ein Dieb!«

»O nein. Das Fenster stand halt offen, und da dachte ich: ›Warum nicht mal nachsehen, wer da wohnt? Vielleicht gewinne ich einen Freund fürs Leben.‹ Lies mal das Motto auf meinem T-Shirt: ›SAG JA ZUM ABENTEUER‹.«

»Aber es ist mitten in der Nacht.«

»Ich werde dich bezahlen!«

»Mich bezahlen? Wofür?«

»Für deine Zeit. Schau, meine Taschen sind voller Geld!«

»Ich kann doch von einem völlig Fremden kein Geld annehmen.«

»Aber ich bin kein Fremder. Jetzt nicht mehr. Ich heiße Maurice. Und du?«

»Drehen Sie sich um.«

»Warum denn?«

»Ich will aus dem Bett steigen und mich anziehen.«

»Du brauchst dich nicht zu schämen – du hast wunderschöne Haut!«

»Sind Sie so ein Perverser?«

»Ja, ich werde sexuell erregt, wenn ich durch Fenster steige. War nur ein Scherz! Wo ist die Steckdose?«

»Was?«

»Ah, da ist eine!«

»Sie wecken mich mitten in der Nacht auf, um sich zu rasieren?«

»Rasieren? Warum sollte ich mich rasieren? Das ist kein Rasierapparat! (KIPPEN) Ich bin der irre Tätowierer!«

»O nein!«

»Es tut überhaupt nicht weh. Na ja, nur ein bisschen!«

»Hilfe! Hilfe!«

»Feigling!«

Der Tätowierer ringt Philipp zu Boden.

»Ich habe dich gestern bei dem Schwimmwettbewerb gesehen. ›Was für eine Haut‹, dachte ich. ›Was für eine ideale Leinwand für meine Kunst!‹ Ich folgte dir nach Hause, immer im Schatten der Bäume. Ich brauchte Stunden, um den Mut zu finden, durch dein Fenster zu steigen!«

Der Eindringling zeigt einige ausgezeichnete Beispiele seiner Arbeit (vielleicht sogar auf seinem eigenen Körper).

»Warum solltest du dich von einem Lehrling tätowieren lassen, wenn du meine Kunst umsonst haben kannst?«

Philipp willigt ein, sich einen Adler auf die Schulter tätowieren zu lassen, und dann lasse ich die Szene noch mal kippen: Der Tätowierer fesselt ihn plötzlich mit dem Gesicht nach unten aufs Bett (homosexuelle Ängste).

»Was machen Sie?«

(KIPPEN) »Ich bin Beryls Mann!«

»O nein!«

»Es geht leichter, wenn du stillhältst! Wie buchstabiert man Ehebrecher?«

Die Szene ist sadistisch genug, um ein Publikum zu fesseln, aber wenn die Spieler nicht sehr gut sind, würde wahrscheinlich ein Polizist durchs Fenster steigen, bevor das Tätowieren losgeht, oder Philipp würde versuchen, seinen Körper als Werbefläche zu verkaufen.

Listen für ein Kippen ermöglichen den Spielern, Tabus zu verletzen, ohne dass sie das Gefühl haben, etwas von sich selbst zu verraten, das heißt, sie können sagen: »Das war nicht unsere Idee! Es stand auf der Liste!«

Bei Spielen wie Gorilla oder Micetro kann ein »Regisseur« eine Kippen-Szene beginnen, ohne den Spielern mitzuteilen, was es werden wird. Das ermutigt sie, eine stärkere Plattform zu bauen (denn es befreit sie von der Notwendigkeit, vorauszudenken). Man sollte annehmen, dass zwischen der Plattform und einem willkürlich gewählten Kippen keinerlei Beziehung besteht. Den meisten Spielern fällt es aber erstaunlich leicht, den Eindruck zu vermitteln, das Kippen habe sich aus der Plattform entwickelt. Der Regisseur bat zum Beispiel um eine Eltern-Kind-Szene, und wir sahen einen schlechten Dichter und seine Tochter, die die Gedichte korrigierte. Der Regisseur fügte das Kippen hinzu: »Es ist Zeit, dass du von dem Familienfluch erzählst!«, und der Poet weinte und erklärte, dass seit Hunderten von Jahren die Männer in der Familie dazu verdammt waren, schlechte Poeten zu sein. Dann kippte er die Szene noch einmal: nur die älteste Tochter könne die Familie erlösen. Das »Familienfluch«-Kippen wurde ohne Beziehung zur Plattform gewählt; dennoch war der Spieler fähig, es mühelos in die Szene zu integrieren.

Das letzte Stück des Puzzles fügte sich an seinen Platz, als ich erkannte, dass es »starkes« und »schwaches« Kippen gibt und dass starkes Kippen dem Publikum das Gefühl gab, eine Szene habe »Sinn gehabt«.

Starkes Kippen bringt ein Geheimnis ins Spiel. Wenn sich zum Beispiel zwei Improvisierer auf einer Parkbank treffen und sich ineinander verlieben, ist das ein schwaches Kippen (weil es kein Geheimnis gibt, das gelöst werden muss); ein sehr wirkungsvolles und unvergessliches Kippen wäre dagegen, versetzte der Mann die Frau in Angst und Schrecken, indem er sie auffordert, Stöckchen zum Apportieren für ihn zu werfen.

Oder nehmen wir an, eine Spielerin »entbindet in einem Taxi«. Dies würde das Verhältnis zum Taxifahrer verändern – jedenfalls im wirklichen Leben –, aber die Zuschauer denken immer noch: »Sie bekam also ihr Baby in einem Taxi – na und?« Wäre es dagegen der Papst, der das Baby kriegt, wäre es ein starkes Kippen, weil es eine Erklärung erfordert.

Hier einige Beispiele für schwaches Kippen:

- Der Kellner hat Schwierigkeiten, eine Flasche zu öffnen, dann gelingt es ihm.
- Jemand kommt, um die Wohnung zu besichtigen, und mietet sie.
- Ein Schriftsteller schafft es, zu schreiben.
- Eine Dinnerparty wird von einem Erdbeben unterbrochen.

Ich werde diese Beispiele in starkes Kippen verwandeln, indem ich ein Geheimnis hinzufüge:

- Zu dem Kellner, der die Flasche nicht öffnen kann, kommt ein Dämon, der ihm anbietet, sie für ihn zu öffnen.
- Der neue Mieter bindet den Vermieter auf einem Stuhl fest.
- Der Schriftsteller stellt fest, dass auf seiner Schulter ein unsichtbares Wesen sitzt.
- Ein Dinnergast entschuldigt sich für das Erdbeben und sagt: »Tut mir leid, ich kriege gelegentlich diese Wutausbrüche!«

Diese Beispiele werfen Fragen auf, die beantwortet werden müssen: Ist der Dämon hinter der Seele des Kellners her? Ist die Person, die in die Wohnung kommt, ein Verrückter, der Menschen das Gehirn herausoperiert? Ist das Wesen auf der Schulter des Schriftstellers ein ehemaliger Lehrer aus seiner Schulzeit? Ist der Gast, der sich für das Erdbeben entschuldigt, Gott? Und ist er wütend, weil die Erde eigentlich für die Krokodile bestimmt war?

Schüler scheinen intuitiv zu wissen, wann ein Kippen notwendig ist. In einem Moment ist die Plattform noch spannend, im nächsten denken alle gleichzeitig: »Jetzt kippen!«, als verfügten sie über ein angeborenes Wissen, wann eine Szene sich in die unbekannte Zukunft bewegen sollte.

Es besteht die Gefahr, dass Spieler immer wieder auf beliebte Beispiele für Kippen wie »Ich bin deine Seele« oder: »Ich habe dich verkauft« zurückgreifen. Wir versuchen das zu vermeiden, indem wir jeden Spieler verpflichten, neben der Liste an der Pinnwand das Datum zu schreiben, an dem er ein Beispiel aus dieser Liste eingesetzt hat. Und wir bitten die Richter, eine Szene, die ein abgenutztes Kippen verwendet, zurückzuweisen.

Manchmal lachen die Leute lauthals über ein Kippen, und das Licht wird heruntergedreht. Mein Rat ist, es nur dann wieder hochzudrehen, wenn die Plattform fest genug war. Ein gutes Kippen kann eine schwache Plattform nicht retten.

Doch genau wie Szenen mit einem Kippen einen Ausgleich gegen zu viel Herumblödeln herstellen, kann Herumblödeln zu viele Szenen mit einem Kippen ausgleichen.

Herausforderungen zum »besten Kippen« sind nicht ratsam, da das Publikum die Terminologie nicht versteht.[57]

Geschichten handeln vom Bösen (vom Chaos), doch in optimistischen Geschichten wird das Böse besiegt und die Ausgangssituation wiederhergestellt. In pessimistischen Geschichten wird der Held (seine Welt) zerstört, und die Ausgangsbasis ist für immer verloren.

GESCHICHTEN KAPUTTMACHEN

Im Folgenden der neueste Stand meiner Liste der Methoden, die am häufigsten eingesetzt werden, um eine Geschichte zu ruinieren (ich bin mit dieser Liste durchaus nicht hundertprozentig zufrieden):

Blockieren
Negativ sein
Kneifen
Auslöschen
Tratschen
Abgemachte Tätigkeiten
Nachahmen
Überbrücken
Ausweichen
Ablenken (Verwirren)
Originell sein
Warteschleifen
Gags
Komische Übertreibungen
Konflikte
Sofort-Probleme
Den Einsatz senken

Wenn Schüler diese Begriffe erst einmal beherrschen, werden die Aktionen, die eine Geschichte verderben, für sie sichtbar, aber der Ausbilder braucht Geduld. Halte Anfänger davon ab, Ideen zu blockieren, und sie werden negativ; ermutige sie, positiv zu sein, und sie werden kneifen; halte sie davon ab zu kneifen, und sie werden auslöschen; hindere sie am Auslöschen, und sie werden tratschen; bringe sie vom Tratschen weg, und sie werden Witze reißen usw.

Blockieren

Man »blockiert«, wenn man sich nicht von einer Idee in die Zukunft tragen lässt.

»Kommst du mit schwimmen?«

»Nein!«

Ein »Nein« als Antwort ist nicht unbedingt ein Blockieren. Zum Beispiel:

»Ich nehme an, du bist zu müde, um zum Kaffeetrinken zu kommen?«

»O nein! Ich bin ganz wach und munter.«

Es gibt Improvisierer, die wie Ringkämpfer wild entschlossen sind, dem Gegner nicht die geringste Chance zu geben, sie zu packen.

»Kaffee?«

»Tee, bitte.«

»Möchtest du einen Schokoladenkeks?«

»Gibt's keine ohne Schokolade?«

Manche blockieren ihre eigenen Ideen (löschen sie aus):

»Wollen wir schwimmen gehen?«

»Ja, gerne!«

»Ach, ich hab' vergessen, dass der Pool leer ist.«

Die Zuschauer lachen vielleicht (weil sie es gerne sehen, wenn jemandem ein Strich durch die Rechnung gemacht wird), doch später beschweren sie sich, dass nichts passiert.

Es gibt Fälle, in denen ein Blockieren fast nicht zu erkennen ist. Zum Beispiel: Ein Improvisierer mimt, eine Taube zu füttern, und sein Partner sagt:

»Tut mir leid, aber ich habe gerade gesehen, wie du Vogelfutter gegessen hast.«

Er antwortet.

»Ja. Es sind Cornflakes.«

Das kriegt einen Lacher (warum?), aber es blockiert die Assoziation, dass mit ihm etwas nicht stimmt, dass er denkt, ein Vogel zu sein, dass er kurz davor steht, nach Süden zu ziehen, dass er Flugunterricht nimmt und so fort. Man braucht viel Talent, um spontan so »stumpfsinnig« zu sein.

Blockieren kann durch die »Figur«, Mimik, Gestik und so weiter zum Ausdruck kommen. Zum Beispiel: Ein Mann und eine Frau sitzen in einem »Auto«, als ihr Ehemann dazukommt und beginnt, sie zur Rede zu stellen. Der Mann ist sechzig Jahre alt und gibt sich als Anhalter aus. Hinterher behauptet er, er sei »originell gewesen«, aber ich sehe, dass er nur Schwierigkeiten vermeiden wollte, indem er die Rolle des »Liebhabers« ablehnte.

Konstruktive Verwendung: Kann den »Widerstand« erhöhen.

Negativ sein[58]

Eine Idee zu akzeptieren ist etwas anderes, als »positiv zu sein« (ich habe Jahre gebraucht, um das zu verstehen).

»Wie war die Konferenz?«

»Grässlich.«

Es wäre besser, glücklich zu sein, weil dann der Sturz tiefer wäre.

Wenn sie die Wahl haben, sollten Spieler positiv sein. Wenn Eddy Murphy in Handschellen ins Polizeiauto geworfen wird, strahlt er: »Das ist der hübscheste und sauberste Polizeiwagen, in dem ich je war!« Die Zuschauer lieben so etwas.

Man muss intervenieren, um aus negativen Reaktionen positive zu machen:

»Gefällt dir das Buch?«

»Nicht besonders.«

Ich greife ein und bitte sie zu sagen: »Es ist das spannendste Buch, das ich jemals gelesen habe!«

Weil sie dadurch verletzlich wird. Ihr Partner könne daraufhin sagen: »Was ist an einem Kochbuch spannend?« oder: »Du interessierst dich also für Höhlenforschung?«, und sie könnte die Kontrolle über die Szene verlieren, das heißt, sie würde sehr viel mutiger improvisieren müssen.

Positive Interaktionen können uns aus reinem Wohlgefallen zum Lachen bringen; wenn Improvisierer einen positiven Eindruck machen, heißt das aber noch lange nicht, dass sie wirklich positiv sind. (Das Wort »positiv« ist irreführend, aber mir fällt kein besseres ein – man muss es so sehen: Es drückt eine Bereitschaft aus, ein höheres Risiko einzugehen und in die unbekannte Zukunft zu treten. Wenn Laurel und Hardy ein Klavier über eine Hängebrücke tragen, wäre es positiv, wenn von der anderen Seite ein Gorilla entgegenkommt.)

Kneifen

Wir kneifen, wenn wir eine Idee zwar akzeptieren, doch uns weigern, dieser Idee etwas hinzuzufügen. Zum Beispiel:

»Autsch! Was ist das!«

»Autsch! Ich weiß es nicht!«

Dies ist eine Weigerung, Verantwortung zu übernehmen. Kneifen taucht oft in Ein-Wort-auf-einmal-Spielen auf, wenn die Mitspieler das Hauptwort so lange wie möglich hinauszögern, zum Beispiel: »Wir TRAFEN einen RIESIGEN, haarigen, GRÜNEN, wütenden, DREIBEINIGEN ...« und so fort.

Manche Spieler mimen, wie sie etwas aus einem Päckchen nehmen, damit hantieren, es an den nächsten weitergeben und darüber diskutieren, ohne jemals klarzustellen, was es ist. Oder sie »sehen fern«, ohne zu entscheiden, welches Programm. Wenn es aber ein Horrorfilm wäre, könnten sie Angst haben, zu Bett zu gehen; wenn es die Lokalnachrichten wären, könnten sie erfahren, dass sie beide bei einem Autounfall ums Leben kamen.

Kneifen tritt öfter auf, als den meisten Leuten bewusst ist. Ich erinnere mich an fünfzehn aufeinanderfolgende Büroszenen, bei denen ich hoffte, dass wenigstens ein Schüler das Büro benennen würde. Denn ein »allgemeines« Büro ist bei Weitem nicht so interessant wie das Büro eines Bestattungsunternehmens oder ein

Rekrutierungsbüro oder eine Künstleragentur oder das Büro der »Mord GmbH«.

Kneifen taucht immer dann auf, wenn jede beliebige Antwort richtig gewesen wäre (so, wie junge Autoren ihre Figuren mit »ein Junge« oder »eine Frau« bezeichnen, wo jeder Name taugen würde). Manche verteidigen Kneifen mit der Begründung, es wecke die Neugier des Publikums. Aber wenn die Spieler etwas aus einer Schachtel nehmen und sich damit die Stirn wischen und es füttern und seine Scharniere bewundern und einen Pass damit stempeln, werden wir nie erfahren, was es ist.

Eine unerkannte Form des Kneifens kommt am Beginn einer Szene vor, wenn der Improvisierer sagt: »Hallo!« oder »Hi!« oder »Du hast hübsche Schuhe an«. Es vergehen Minuten, bevor wir wissen, wer sie sind oder in welcher Situation sie sich befinden. Bringen Sie die Spieler dazu, mit etwas Spezifischem zu beginnen: »Ist der Tierarzt gekommen?« oder: »Wir werden auf Periskopniveau auftauchen, Mr. Christian!«

Auslöschen

Auslöschen demontiert alles, was vorher eingebracht wurde: Du zündest ein Feuer an, und ein Regen löscht es aus, du fütterst einen streunenden Hund, und er wird von einem Lastwagen überfahren. Die Zuschauer sehen es gerne, wenn dem Helden ein Strich durch die Rechnung gemacht wird, doch nicht auf eine Weise, die verhindert, dass sich irgendetwas entwickelt.

Konstruktive Verwendung: Auslöschen ist eine Möglichkeit, eine Szene zu beenden. In einem Disney-Cartoon zum Beispiel legt Pluto einen kleinen Knochen beiseite, um an einen riesengroßen zu kommen, den er in einem Löwenkäfig entdeckt hat. Nach vielen schrecklichen Abenteuern endet er da, wo er begonnen hat: mit seinem kleinen Knochen. Das löscht die Handlung aus und wir wissen, die Geschichte kommt zum Ende.

Tratschen

Tratschen vermeidet Interaktion, indem von Dingen gesprochen wird, die an anderem Ort und zu anderer Zeit stattfinden. Man kann jeden Tag mit jemandem schwätzen, ohne dass die Beziehung sich jemals verändert.

Szenen fangen oft so an:

»Hallo.«

(Sofort beginnt der Tratsch) »Tolle Party letzte Nacht.«

Wir hören von der Party, doch wir bekommen nichts davon zu sehen.

Tratsch kann sehr unterhaltend sein, doch oft ist es nichts als eine Menge dummes Geschwafel, das sich hinzieht, bis die Improvisierer mit einem »Gelächter aufhören können«.

Konstruktive Verwendung: Sehr gut geeignet als ein Vorspiel für eine Interaktion – warum nach »guten Ideen« suchen, wenn man aus dem Tratsch eine Ausgangssituation bauen kann? Tratsch hat auch Wert an sich, vor allem wenn sich damit Statuswechsel verbinden. Peter Cook und Dudley Moore waren Meister darin.

Abgemachte Tätigkeiten

Wenn man Schüler auffordert, in Paaren zu spielen und alle Ideen zu akzeptieren, werden viele anfangen, zu joggen oder zu tanzen oder Tischtennis zu spielen. Dieses physische Tratschen ermöglicht es ihnen, zusammenzuarbeiten, ohne sich verändern zu müssen.

Konstruktive Verwendung: als Ausgangssituation; das heißt, die Kartenspieler könnten ihr Spiel unterbrechen, um einem Geräusch im Keller nachzugehen, oder die Jogger könnten einen verwundeten Engel im Gebüsch finden.

Nachahmen

Nachahmen – die gleiche Reaktion zeigen wie der Partner – ist eine Möglichkeit, das Gleichgewicht beizubehalten; zum Beispiel:

»Ich habe einen Gehirntumor!«

»Wie seltsam! Ich auch!«

Ein Spieler »überraschte einen Einbrecher« und sagte: »Ausgezeichnet! Ich habe diese Juwelen selbst gestohlen und ich brauche einen Hehler dafür.«

Diese Art Ignoranz scheint völlig unverständlich zu sein, bis man erkennt, dass sie den Spieler davon entbindet, wütend zu werden oder Angst zu zeigen, mit dem Dieb zu kämpfen oder ihn zu verfolgen, von ihm erschossen zu werden oder die 110 anzurufen. Es ist schwierig, nicht verändert zu werden, wenn man einen Dieb im Haus entdeckt, aber die »Intelligenz« dieses Spielers ermöglichte ihm, unverändert weiterzumachen (auch wenn es die Szene ruinierte).

Die meisten Trainer betrachten Nachahmen als Beweis dafür, dass die Spieler gut zusammenarbeiten, aber fast immer ist es das Gegenteil.

Überbrücken

Überbrücken heißt, Brücken über Flüsse zu bauen, die so schmal sind, dass sie mit einem Schritt überquert werden könnten. Der Improvisierer bestimmt etwas, was später in der Szene passieren wird – für gewöhnlich am Ende der Szene –, und schiebt es hinaus.

Bittet man den durchschnittlichen Improvisierer darum, einen Chef darzustellen, der jemanden feuern muss, bekommt man ungefähr folgende Szene:

»Wie lange fahren Sie schon Bus für uns, Maier?«

»Schon 'ne ganze Weile.«

»Wir haben uns Ihre Akte angesehen – sie ist alles andere als zufriedenstellend …«

Jetzt kann der Chef Minute für Minute die Akte diskutieren, während der Moment des Rausschmisses vor sich hin blinkt wie die Lichter auf der Landebahn in der Ferne. Man könnte einwerfen, dass er ja eine Ausgangsbasis schafft, von der aus die Szene starten kann, doch an einer solchen Basis wird sich bis zum letzten Wort nichts ändern. Eine bessere (und aufregendere) Strategie wäre es, so anzufangen:

»Maier! Sie sind entlassen!«

Dadurch ist das As sofort aus dem Ärmel, und die Szene ist viel riskanter geworden (und paradoxerweise auch viel sicherer, weil kaum die Chance besteht, das Publikum zu langweilen).

»Entlassen! Weswegen?«

»Wegen der Diebstähle, Maier!«

»Ach, deswegen!«

»Anscheinend besitzen Sie jetzt mehr Busse als wir ...« usw.

Ein Gastimprovisierer am Loose Moose bat das Publikum um einen Vorschlag für »ein Zusammentreffen mit einem Tier«, und eine Frau erzählte, wie sie einmal einen Stein nach einem Vogel warf und entsetzt war, als sie sah, dass sie ihn getötet hatte. Er begriff sofort, dass er das Töten bis zum Ende aufheben konnte, und wurde sichtlich entspannter, doch die Szene war wertlos. Sie taten so, als hielten sie ein Picknick ab, und dann warf einer von ihnen einen Stein nach einem Vogel, und der Vogel starb: »Ende«. Doch tatsächlich war es die Reaktion der Frau auf den Tod des Vogels, die der Geschichte Sinn verlieh. Man müsste zeigen, wie sie nach ihrem Tod in den Himmel kommt und feststellt, dass er von einer Vogelbürokratie beherrscht wird – denn im Grunde geht es ja um Schuld –, oder man könnte improvisieren, wie die Vogeljungen hungrig und ängstlich auf die Rückkehr ihrer Mama warten. Beide Ideen haben ein offenes Ende.

Konstruktive Verwendung: Kann hilfreich sein, zu einem Höhepunkt hinzuführen und/oder Spannung zu erzeugen, zum Beispiel: »Großmutter, warum hast du so große Augen?«

Ausweichen

Ausweichen ist wie Überbrücken, nur dass dabei eine »gute Idee« nicht hinausgeschoben wird, sondern dass ein Spieler schwafelt in der Hoffnung, ihm würde eine einfallen.

Ablenken (Verwirren)

»Steig in den Sarg!«

»Wofür ist der andere Sarg?«

Der zweite Sarg ist dafür gedacht, alles zu verwirren, damit der Improvisierer nicht in den ersten Sarg steigen muss, das heißt, es ist eine Weigerung, sich kontrollieren zu lassen (solche Ablenkmanöver erscheinen oft in Verbindung mit dem Überbrücken).

Sagen wir, die Improvisierer verfolgen einen Elch, und sie nähern sich ihrer Beute. Sie gehen auf ein Bier in das Restaurant »Zum Grizzly«. Auf dieses Restaurant wäre kein Mensch im Publikum gekommen (sie erwarteten ein Zusammentreffen mit dem Elch). Es ist ein völlig unnötiger »willkürlicher Sprung«. Der Elch könnte als Serviererin im Restaurant arbeiten, doch da das Restaurant eingeführt wurde, um die Konfrontation mit dem Elch zu vermeiden, wird dies nicht geschehen.

Ablenken funktioniert, indem man einfach neue Ideen einführt. Noch einfacher ist es, in eine Szene hineinzugehen, wenn man nicht gebraucht wird. Wenn man einmal darauf achtet, wird man feststellen, dass in dem Moment, wo das Publikum wirklich interessiert ist (das heißt, wenn sich etwas ereignet), mit den besten Absichten eine unnötige Figur sich einmischt und alles kaputtmacht.

Zum Beispiel: Als »Moses« gerade die Zehn Gebote lesen wollte, tauchte ein »Engel« auf. Das passiert in der Bibelgeschichte nicht, und es gab keinen Grund dafür. Es erreichte aber seinen unbewussten Zweck (das Lesen zu verhindern). Ich sah ein ähnliches Beispiel, in dem »Archäologen« die Zehn Gebote ausgruben, und genau in dem Moment, wo sie sie laut vorlesen wollten, trat jemand auf und sagte:

»Ein Telegramm für Sie, Sir!«

Neben den Dummköpfen, die Interaktion kaputtmachen wollen, werden viele Szenen von Angebern ruiniert, die in sie hineintrampeln, um vom Ruhm was abzubekommen. (Vanessa Valdes brachte den Witz auf: »Wie viele Improvisierer braucht man, um eine Glühbirne einzuschrauben?« Antwort: »Hängt davon ab, wie gut die Szene läuft!«) Ablenken passiert manchmal aus reiner Gewohnheit (und, wie ich vermute, aus dem Bedürfnis heraus, »originell« zu sein). Ein Team von »Zahnärzten« betrat den Mund eines Riesen, um einen Abszess zu operieren, aber anstatt den Eiter zu entfernen oder den Zahn zu ziehen, plombierten sie ihn.

Konstruktive Verwendung: Eine Möglichkeit, Material aufzusparen, das später wieder eingearbeitet werden kann. Wenn zum Beispiel der Restaurantbesitzer den Jägern erklärt, dass jeder von einem Fluch getroffen wird, der den Großen Elch erschießt, wissen wir, dass der Elch aufgespart (gut) und nicht aus der Geschichte geworfen wurde (schlecht).

Originell sein

Originell sein ist eine Art des Ablenkens, bei der Irrelevantes, das für »originell« gehalten wird, ins Spiel gebracht wird (gilt zum Beispiel »Wackelpudding« als »originell«, nennen unfähige Improvisierer den »Wackelpudding« Szene nach Szene und erwarten auch noch, dafür gelobt zu werden).

Warteschleifen

Eine Frau mimt, dass ein Vogel in ihr Zimmer geflogen ist. Er hätte eine Nachricht bringen oder sich in einen Prinzen verwandeln können, doch statt mit ihm zu interagieren, mimt sie noch einen Vogel und noch einen und noch einen, und die Szene verläuft im Sande.

Statt die Handlung voranzubringen, wiederholen einige Improvisierer das, was sie gerade tun. Sie kratzen sich am Knie, und dann kratzen sie sich am anderen Knie, dann kratzen sie sich an den Rippen, dann kratzen sie sich am Kopf. Einige Zuschauer lachen vielleicht, doch während der Spieler sich so in der Warteschleife dreht, kommt die Szene nicht von der Stelle. Besser wäre es, sich einmal zu kratzen, und dann zu sagen: »Jeremy? Bist du das?« und eine Szene mit dem Lieblingsfloh zu spielen.

Gags

Gags untergraben alles, was vorher eingeführt wurde. Komiker haben immer Gags benutzt, aber nicht zwei oder drei Stunden hintereinander.

Ich definiere »Gag« als etwas, was einen Lacher bringt, aber die Geschichte ruiniert: Durchbohrt man den schlafenden Vampir mit einer Banane, werden die Zuschauer lachen; isst der Vampir die Banane auf, lachen sie vielleicht noch mehr, doch sie verlieren jegliches Interesse an der Geschichte. Vielleicht geht das in Ordnung – wenn Sie an dieser Stelle gerade keine Geschichte brauchen –, doch das Lachen bestärkt die Spieler darin, Witze zu reißen, bis jede Szene aus Gags besteht, und dann haben wir wieder das Suppe-nach-der-Suppe-Problem.

Eine Spielerin schiebt ihren Partner im Rollstuhl auf die Bühne. Sie ist sehr liebevoll zu ihm, und wir sind begierig darauf zu erfahren, was passieren wird. Aber das gespannte Schweigen des Publikums zermürbt sie: »Ich stecke dir deine Decke fest«, sagt sie und wickelt eine grüne Decke um seine Beine, und als sie die Bühne verlassen will, fügt sie hinzu: »Und sabbere nicht!« Dafür kriegt sie einen Lacher (einen wertlosen Lacher), und jetzt interessiert es uns nicht mehr im Geringsten, was passieren wird.

Ein weiteres Beispiel: Ein Hitchhiker zwingt ein junges Paar, in eine verlassene Gegend zu fahren und zwei Gräber zu schaufeln. Das Publikum ist fasziniert, weil es so unheimlich und grausig ist, doch statt zu fragen »Warum?« oder um ihr Leben zu flehen, produzieren die Spieler Gags am laufenden Band: »Komisch, um diese Zeit im Garten zu arbeiten!« und: »Hier herrscht ja eine Grabesstille« und: »Wer schaufelt so spät noch bei Nacht und Wind.« Sie machen das, um die Erfahrung zu vermeiden, in einer gottverlassenen Gegend ermordet und namenlos verscharrt zu werden, obwohl sie natürlich keineswegs tatsächlich verscharrt werden, sondern nach der Vorstellung heimgehen, um in ihrem warmen Bett zu schlafen.

Konstruktive Verwendung: Eine Möglichkeit, eine Geschichte zu beenden.

Komische Übertreibung

Ein Spieler liegt auf der Bühne mit einem Fuß in unserer Pappmaché-Bärenfalle. Jemand sagt:

»Herr im Himmel! Wie lange liegen Sie hier schon!«

»Seit drei Jahren!«

»Wovon haben Sie sich bloß ernährt!«

»Ach, ich war früher sehr dick!«

Seine Übertreibung bewirkt, dass wir jegliches Interesse an einer Veränderung verlieren – und jetzt müssen die Witze wirklich gut werden, um das Publikum wach zu halten.

(Er hätte ein furchterregender Dämon sein können, der den armen Erdling ärgert. Seine bewusste Absicht war es, witzig zu sein, aber seine unbewusste Absicht war, eine emotionale Veränderung zu vermeiden – zum Beispiel von Verzweiflung zu Dankbarkeit.)

Konflikt

Den Leuten wird beigebracht, »Drama sei Konflikt«, und Improvisierer, besonders Teenager, springen auf die Bühne und fangen an, sich zu beschimpfen oder miteinander zu kämpfen. Aber Konflikt bringt Szenen zu einem Halt, bis der Konflikt bereinigt ist, und das wird er nicht – nicht, wenn jeder Improvisierer darauf aus ist, »Sieger« zu sein.

Die eigentliche Tötung des Drachens ist keine Erzählung (nur eine Episode), doch ihn zu jagen und was danach passiert kann eine Erzählung sein.

Konstruktive Verwendung: den Widerstand zu vergrößern, als Höhepunkt.

Sofort-Problem

Anfänger fangen gern jede Szene mit einem Kampf oder Streit an.

Dies erlaubt ihnen, sich ihre Angst und ihre Negativität nutzbar zu machen, doch oft entstehen daraus langweilige Szenen. Man muss ihnen klarmachen, dass es besser ist, eine positive Ausgangsbasis zu schaffen und das Chaos auf später zu verschieben.

Konstruktive Verwendung: im Straßentheater, um eine Menschenmenge anzulocken.

Den Einsatz senken

Eine Möglichkeit, das Risiko zu minimalisieren, ist, den »Einsatz zu senken«, zum Beispiel eine Herausforderung nach einem »dummen Zaubertrick« zu stellen statt nach einem »erstaunlichen Zaubertrick«. Wenn ein »Arzt« fragt: »Wo liegt das Problem?«, wird ein Anfänger wahrscheinlich einen Finger oder eine Zehe hinhalten. Man braucht Mut, um zu sagen: »Es ist mein Unterleib, Herr Doktor.«

Ein untalentierter Spieler wird bei einem »Vorstellungsgespräch« eine Reihe anderer Angebote haben, während ein talentierter Spieler seit drei Tagen nichts gegessen hat. Talentierte Henker stellen fest, dass der Verurteilte ihr bester Freund ist. Darum gebeten, jemanden zu feuern, drückte Graeme Davies einen imaginären Summer und sagte: »Schickt meine Tochter herein!«

Rotkäppchen

Ich gehe die Begriffe anhand von *Rotkäppchen* noch einmal durch:

1. Blockieren

»Würdest du bitte schnell durch den Wald laufen und Großmutter die Plätzchen bringen.«

»Ach, Mutti, hast du vergessen, dass sie im Urlaub ist!«

2. Negativ sein

»Bringst du den Korb Plätzchen zu Oma, ja, Schatz?«

»Och, muss das sein. Ich hasse Oma. Sie ist so rechthaberisch, und sie riecht schrecklich!«

»Also, du weißt doch, dass Oma dafür nichts kann.«

»Und es nieselt!«

Rotkäppchen greift Ideen an bzw. verzögert sie, nicht indem sie sie blockiert, sondern indem sie jammert. Dadurch minimalisiert sie die Veränderungen, die sie durchmachen muss, wenn ihr etwas Böses passiert. Würde sie positiv beginnen, würde sie diese Veränderungen maximalisieren.

3. Kneifen

Rotkäppchen trifft den Wolf, erzählt ihm aber nichts von der Großmutter, das heißt, sie akzeptiert die Idee, trägt aber nichts bei.

4. Auslöschen

Rotkäppchen sieht den Wolf und läuft zurück nach Hause – Interaktion wird vermieden.

5. Tratschen

»Kannst du dich erinnern, wie uns der Wolf aufgefressen hat, Oma?«

»O ja. Gott sei Dank kam der Förster und hat ihm die Steine in den Bauch gestopft!«

Nichts passiert auf der Bühne; sie reden nur darüber.

6. Abgemachte Tätigkeiten

Rotkäppchen und der Wolf spielen Verstecken oder Fangen, danach studieren sie einen Tanz ein. Die Figuren arbeiten scheinbar gut zusammen, doch niemand ist in Schwierigkeiten, und niemand verändert sich.

7. Nachahmen

»Großmutter, warum hast du so große Zähne?«
»Damit ich dich besser fressen kann!«
»Nun, meine Zähne sind genauso groß wie deine. Also pass auf!«

8. Überbrücken

Rotkäppchen schiebt das Treffen mit dem Wolf immer weiter auf, um etwas zu haben, auf das sie zurückgreifen kann.

9. Ausweichen

»Was wirst du Großmutter sagen, Liebes?«
»Das überlege ich mir, wenn ich durch den Wald gehe, Mutti.«

10. Ablenken (Verwirren)

»Rotkäppchen traf einen Fährmann, der es über den Fluss ruderte, wo sie ein paar Zwerge traf, die eine Eisenbahn betrieben und ihr beibrachten, Socken zu stricken.«
Durch solche Belanglosigkeiten kann man endlos vermeiden, dass sie den Wolf trifft.

11. Warteschleifen

Rotkäppchen pflückte ein paar Primeln, dann pflückte sie ein paar Veilchen, dann pflückte sie ein paar Glockenblumen, dann pflückte sie Beeren, und dann fand sie Pilze …
Wenn das so weitergeht, wird sie den Wolf nie treffen.

12. Originell sein

»Der Wolf will Rotkäppchen gerade verschlingen, als er von einer Tonne Wackelpudding getroffen wird.«

13. Gags

Rotkäppchen nimmt ein Wasserglas in die Hand (in dem sich Omas dritte Zähne befinden) und sagt: »Großmutter, warum hast du so große Zähne?«

14. Komische Übertreibungen

»Bring Oma die Plätzchen und die Äpfel hier und das Stück Rindfleisch, ach, und nimm doch auch den Kühlschrank mit und die Enzyklopädie …«
Die Zuschauer lachen über diese Dummheit, doch sie verlieren jegliches Interesse daran, was danach kommt.

15. Konflikt

»Wo gehst du hin, kleines Mädchen?«
»Geh weg, ich rede nicht mit Wölfen.«
»Komm her!«
»Au! Du tust mir weh! Nimm das! Und das!«
»Verdammtes Gör! Ich werde dir den Kopf abbeißen! Au! Au! Hör auf, mir gegen das Schienbein zu treten!«
Währenddessen wird die Geschichte hingehalten. Und die Spannung verringert sich, wenn Rotkäppchen den Wolf von vornherein als gefährlich sieht.

16. Sofort-Problem

Mutti macht Rotkäppchen gerade für den Weg fertig, als der Wolf durch den Kamin gerutscht kommt und Rotkäppchen verschlingt.

17. Den Einsatz senken

Rotkäppchen macht keine Anstalten davonzulaufen. »Na dann friss mich mal«, sagt sie und überprüft ihren Lippenstift im Handspiegel. »Ich bin schon oft gefressen worden, und der Förster hat mich jedesmal rausgeholt.«

Konsequenzen

Wenn der Theatersport nicht auf Geschichtenerzählen basiert, werden sich die besten Spieler langweilen und wegbleiben, und der durchschnittliche Zuschauer wird sagen: »Wirklich amüsant, mein Lieber; wo gehen wir nächste Woche hin?«, als wäre Theatersport nur eine weitere Form hirnloser Unterhaltung. Was wir brauchen, sind Helden, die bei der Erreichung ihrer hehren Ziele leiden. Scheherazade hätte nicht mal das Wochenende überlebt, wenn sie sich auf »Einzeiler« verlassen hätte.

KORREKTURSPIELE

Angebote

Als ich den Begriff »Angebot« einführte, hielten viele ihn für zu umfassend und deshalb für nutzlos, da alles ein Angebot ist, was man sagt oder tut. Wir brauchen ihn jedoch, um zu klären, was ein interessantes Angebot ist oder ein langweiliges Angebot, ein Kontrollangebot, ein blindes Angebot und so weiter.

Blinde Angebote

Wenn man ein gemimtes Objekt übergibt und sagt: »Du hast gestern deinen Hut vergessen«, ist dies ein Kontrollangebot. Wenn man dagegen sagt: »Du hast das hier gestern vergessen«, ist es ein blindes Angebot. Blinde Angebote scheinen Improvisierern oft zu telepathischen Fähigkeiten zu verhelfen. Die Zeitung *The Stage* beschuldigte sogar die »Theatre Machine«, einstudierte Szenen als improvisierte auszugeben.[59] Die folgende Interaktion brachte sie zu dieser Verleumdung:

»Guten Morgen, Perkins!«

»Wir sind jetzt für Sie bereit, Sir.«

»Und der Frosch?«

»Er hat seine Spritze bekommen, Sir.«

Sir schnippt mit den Fingern, und Perkins mimt, ihm schwere Schutzkleidung anzulegen. Er japst, und Perkins mimt, die Gesichtsmaske zu öffnen.

»Ich kriege keine Luft hier drin, Perkins.«

»Es tut mir leid. Ich werde hinter die Schutzwand gehen und zu pumpen anfangen.«

»In Ordnung!«

Sir stapft auf den imaginären Frosch zu …

Der Kritiker der Zeitung *The Stage* sah diese Szene als einstudiert an, denn wie konnte Sir wissen, dass Perkins Laborassistent war? Und wie konnte Perkins wissen, dass ein Frosch eine Injektion brauchte? Die Wahrheit ist, dass Perkins der Eingebung des Augenblicks folgte, als er beschloss, Assistent zu werden, und »Sir« akzeptierte ihn als Assistenten.

»Aber der Frosch?«

»Es gab keinen Frosch, bis Sir sagte ›der Frosch?‹; er hätte auch jedes andere Substantiv verwenden können.«

»Aber das Fingerschnippen? Und die Schutzkleidung?«

»Das Fingerschnippen war ein blindes Angebot. Perkins hätte mimen können, den Frosch in die Flasche zu sperren, und Sir hätte sagen können: ›Jetzt haben wir dich, Hillary, und wir werfen dich in den See. Gott helfe der armen Seele, die dich rettet!‹ Oder Perkins hätte mimen können, eine CD in die Stereoanlage einzulegen, und der Tonimprovisierer hätte Dudelsackmusik spielen können, woraufhin Sir den Frosch genau anschaut und sagt: ›Sind Sie sicher, dass dieser Frosch schottisch ist, Perkins?‹« (Jeder, der nicht versteht, wie der Tonimprovisierer die Dudelsackmusik parat haben konnte, sollte die letzten Abschnitte noch einmal lesen.)

»Wir sind jetzt für Sie bereit, Sir« hätte überall hinführen können, wenn die Spieler kooperativ sind. Sir hätte sagen können:

»Danke, Perkins. Sind die Kerzen angezündet?«

»Ja, Sir, und die Gemeinde hat die erste Hymne gesungen.«

»Bin ich präsentabel?«

»Hinreißend, Sir.«

»Wissen Sie, das ist das erste Mal, dass ich jemanden gesalbt habe!«

Oder er hätte sagen können:

»Sind sie sicher, dass man die Luft auf diesem Planeten atmen kann, Perkins?« oder:

»Es besteht wohl keine Chance auf eine Begnadigung in letzter Minute?«

Nie den nächsten Schritt zu wissen ist eine amüsante Art zu improvisieren, aber Anfänger machen fast immer Kontrollangebote (von der Art, wie sie der Kritiker von *The Stage* verstanden hätte). Eine Anfängerin sagte: »Ich habe ein Geschenk für dich! Zu deinem Geburtstag! Es ist eine Flasche Whisky! Deine Lieblingsmarke!«

Dies verärgerte ihren Partner so sehr, dass er aufs Heftigste blockierte: »Heute ist nicht mein Geburtstag! Und ich trinke keinen Alkohol! Wer bist du überhaupt? Wie kannst du es wagen, hier hereinzuplatzen!«

Hätte sie mit einem blinden Angebot begonnen, hätte sie etwa gesagt: »Guck, das ist für dich!«, und etwas Unspezifisches mit den Händen gemimt (siehe »Geschenke«, Seite 91), hätte er antworten können: »Whisky? Für meinen Geburtstag? Oh, das ist meine Lieblingsmarke!« oder irgendetwas anderes aus einer Million Möglichkeiten.

Wann immer man sich dabei ertappt, wie man versucht, sich eine Idee »auszudenken«, sollte man ein blindes Angebot machen und die Idee dem Gehirn des Partners entlocken.

Der Lehrer kann Spiele einführen, bei denen derjenige, der das erste Kontrollangebot macht, verliert.

Die Geste rechtfertigen

Ich entschuldige mich bei meinen Schülern für die Dummheit dieses Spiels und bitte sie, mir dennoch den Gefallen zu tun.

»Ann, heb deinen Arm! Brian, betrachte sie einen Moment lang und bringe sie dann in die Ausgangsstellung zurück. Ann, überschütte ihn mit Dank!«

Nun bitte ich Brian, eine Geste zu machen – vielleicht legt er die Hand auf seinen Kopf. Ann sieht ihn einen Moment lang an und bringt ihn dann in die Ausgangsstellung zurück. Er dankt ihr überschwänglich.

Ich lasse alle Schüler die Übung wiederholen (einmal machen sie die abstrakte Geste, das andere Mal bringen sie ihre Partner in die Ausgangsposition zurück). Sie wissen, dass ich niemals ein Spiel vorschlagen würde, das kein bestimmtes Ziel verfolgt, aber diesmal können sie keinen Sinn darin erkennen.

»Zweite Stufe!«, sage ich und erkläre ihnen, sie könnten weiterspielen wie gehabt oder sie könnten die Geste rechtfertigen: »Wenn jemand den Finger ausstreckt, tut so, als würdet ihr ihn maniküren; wenn jemand sich die Ohren zuhält, mimt, die Stereoanlage leiser zu stellen. Doch ihr dürft Ideen nicht herbeizwingen! Seid nur ein klein wenig interessiert, ob sich eine Idee einstellt oder nicht.«

Für Anfänger ist dieser Rat schwer zu verstehen, denn den Partner in die Ausgangsstellung zurückzubringen empfinden sie als Niederlage.

»Ihr sollt die gleiche Einstellung wie die Zuschauer haben«, sage ich. »Die Zuschauer stehen nicht unter dem Druck, es richtig zu machen oder für ihre guten Ideen bewundert zu werden – ihre Fantasie funktioniert ganz automatisch. Streck deine Hand aus, und sie sehen dich als Bettler oder als jemanden, der darauf wartet, dass ihm aus der Hand gelesen wird, oder der einen Ball fangen will oder prüfen will, ob es regnet. Sie strengen sich nicht an, sich das auszudenken, es fällt ihnen einfach ein, und euer Geist sollte genauso ohne jede Anstrengung funktionieren.«

»Aber wir stehen unter größerem Stress.«

»Erinnert euch immer daran, dass es ein dummes Spiel ist und dass es egal ist, ob ihr gewinnt oder verliert – euch wird auf alle Fälle gedankt!«

»Aber wenn uns nichts einfällt?«

»Dann bringt euren Partner in die Ausgangsstellung zurück.«

»Aber das ist doch langweilig.«

»Ich habe nicht gesagt, dass ihr unterhaltsam sein sollt. Was wir hier machen, ist nur eine Übung, damit ihr lernt zuzulassen, dass euer Geist ›automatisch‹ arbeitet.«

Sie versuchen es noch einmal.

Ann streckt ihre Hand aus.

Brian küsst die Hand.

Ann sagt: »Vielen Dank!«

Brian hebt seinen Arm hoch, und Ann hebt ihren Arm hoch und gibt vor, neben ihm im Zug zu stehen und an den Halteschlaufen zu hängen. Brian dankt ihr.

Ann breitet beide Arme aus, und Brian »kurbelt« an ihrer Nase. Sie »fliegt eine Runde« und dankt ihm.

»Dankt einander mehr!«, sage ich. »Seid enthusiastischer!«

Brian legt sich auf den Boden, und sie legt seine Arme über Kreuz und mimt, neben seiner »Leiche« Kerzen anzuzünden.

Ich unterbreche: »Ihr braucht nicht jedesmal eine Idee zu haben. Es ist besser, euren Partner in die Ausgangsstellung zurückzubringen, als sich für einen Einfall abzuplagen (wir loben euch dann für eure Ehrlichkeit). Was sind denn schon Ideen? Und warum nennt man sie seine eigenen? Tut so, als hätten sie nichts mit euch zu tun, und ihr werdet ohne Anstrengung so kreativ sein, als würdet ihr euch eine Geschichte anhören.«

Ich erkläre, dass ich, wenn in einem Buch ein Kind an einem Strand erwähnt wird, bereits »weiß«, ob es ein Junge oder ein Mädchen ist, ich »sehe« die Farbe des Sandes, die Höhe der Wellen und die Größe der Wolken – nicht zu vergessen Mutti und Tante Elsbeth, die auf der Decke sitzen und sandige Gurkensandwiches essen: Ich stelle mir all das und eine Unmenge anderer Details vor, und wenn der nächste Satz lautet: »Es war ein wolkiger Tag und niemand sonst war an dem einsamen Strand…«, wird die erste Szenerie durch eine andere ersetzt, und immer so weiter, Seite um Seite, automatisch und unerschöpflich.

Schüler, die diese Erfahrung gemacht haben, erkennen vielleicht plötzlich, dass Kreativität eher mit »Aufmerksamkeit« zu tun hat als mit »Denken« und dass es genauso kreativ sein kann, ein Buch zu lesen wie eines zu schreiben (wenn auch weniger mühsam). Nach einer Weile wiederholen sich die Rechtfertigungen für eine Geste.

»Warum zögerst du?«

»Mir fällt nichts ein.«

»Ich denke, du hattest die Idee, einen kleinen Vogel von ihrem Finger zu nehmen, aber dann fiel dir ein, dass vorhin schon jemand diesen Einfall hatte, und du wolltest originell sein!«

»Stimmt!«

»Du musst die Idee akzeptieren, die sich einstellt. Schließlich haben wir nur zwei Arme und zwei Beine, und wenn wir mit diesem Spiel weitermachen, wird es sowieso immer weniger ›neue‹ Ideen geben, weil wir für alle denkbaren Gesten schon eine Rechtfertigung gefunden haben. Im Übrigen wäre es sowieso nicht der gleiche Vogel gewesen.«

Blockieren korrigieren

Es gibt zwischen Blockieren und Nichtblockieren eine Grauzone, über die man endlos diskutieren könnte, weswegen es wichtig ist, ein dreiköpfiges Richtergremium zu ernennen, dessen Entscheidungen die Schüler als endgültig anerkennen müssen. (Alle Blockierspiele sollten in Hochstimmung gespielt werden.)

Beide blockieren

Schüler verstehen Blockieren besser, wenn ich sie darum bitte, Ideen absichtlich kaputtzumachen. Am Beginn versuchen sie mich mit Dialogen wie dem folgenden abzuspeisen:

»Lass uns angeln gehen!«

»Ist das eine Küchenschabe?«

»Hättest du gern ein Eis?«

»Ich denke dauernd, dass heute Donnerstag ist.«

»Ihr macht keine Ideen kaputt, ihr ignoriert sie«, sage ich: »Jede Idee muss mit Vehemenz vernichtet werden.«

»Lass uns angeln gehen.«

»Ich hab' keine Lust.«

Das ist zwar eine negative Antwort, aber nicht völlig negativ. Ich beharre darauf, dass Ideen vehement zurückgewiesen werden.

»Wollen wir angeln gehen?«

»Ich gehe nie angeln! Ich hasse angeln! Ist … ist das eine Küchenschabe?«

»Küchenschabe? Hier? Doch nicht in meiner Küche!«

»Nicht in deiner Küche! Der Dreck an den Wänden ist fünf Zentimeter dick!«

»Unsinn! Erst gestern hab' ich die Küche von oben bis unten geschrubbt!«

»Du bist doch gestern gar nicht aus dem Bett gekommen!«

Wenn die Schauspieler vor Energie und Gutmütigkeit strotzen, kann es Spaß machen, dabei zuzuschauen, wie sie die Ideen ruinieren, denn ihre Begeisterung widerspricht unserer unbewussten Annahme, dass alles Blockieren feindselig ist.

Durch dieses Spiel lernen die Schüler, in Hochstimmung zu spielen, auch wenn ein Missgeschick passiert, und Blockieren zu erkennen, wenn es in anderen Spielen auftaucht.

Beide blockieren (zwei Wirklichkeiten)

Die Spieler sind sich nicht darüber einig, wo sie sich befinden, und jeder/jede kämpft um seine/ihre Wirklichkeit.

Ursprung: Unbekannt. Wir spielten dieses Blockierspiel in den fünfziger Jahren in der Royal Court Writer's Group. Seither habe ich ein orientalisches Märchen gelesen, in dem der Held im Wald auf einen Mann stößt, der ein anderes Universum zu bewohnen scheint. Als er wieder aus dem Wald herauskommt, muss er feststellen, dass die vertraute Welt für immer verschwunden ist.

So wird es gespielt: Es ist ein typisches Zweipersonenspiel. Jeder entscheidet für sich, an welchem Ort er sich aufhalten möchte. Zum Beispiel trifft Ian auf Jean, der in seinem Wohnzimmer steht, während Jean Ian an der Bushaltestelle warten sieht. Ich improvisiere den Beginn:

»Äh … Warten Sie auf Percy?«

»Wer ist Percy?«

»Was machen Sie dann hier?«

»Ich warte auf den Bus.«

»Den Bus!«

»Wo soll ich denn sonst warten?«

»In meinem Wohnzimmer!«

»Passen Sie auf! Gehen Sie von der Straße weg!«

»Fassen Sie mich nicht an!«

»Der Lastwagen hätte Sie fast überfahren!«

»Was machen Sie da! Sie versauen meinen ganzen Teppich mit Matsch!«

»Sie sind verrückt!«

»Und Sie sind ein Eindringling.«

»Eindringling!«

»Und ich rufe die Polizei an!«

»Oh, Sie sind einer von diesen verflixten Pantomimen!«

»Ein Pantomime!«

»Na, Sie verwenden doch ein gemimtes Telefon.«

Und so weiter, bis sie beide wütend oder ungläubig abtreten oder bis einer in die Wirklichkeit des anderen gesogen wird.

»Was ist mit dem Sofa passiert. Es treibt Blätter wie ein Strauch!«

»Es ist ein Strauch!«

»Aber ... aber ... Was passiert mit den Wänden! Was ... was mache ich im Schlafanzug an einer Bushaltestelle!«

Vielleicht könnten beide jeweils in der Realität des anderen landen.

»Moment mal! Das ... das ist ein Teppich! Ich bin in jemandes Wohnzimmer! Das ist ein Sofa!«

»Da kommt ein Bus! Aber ich habe kein Geld für die Heimfahrt!«

Der erste, der blockiert, verliert

Alex: Kann ich ein bisschen Sonnencreme haben?

Barb: Hier, bitte. Soll ich dich einreiben?

Alex: Ich mache es selbst!

Barb gewinnt, weil Alex die Idee, dass sie ihn einreibt, kaputtgemacht hat.

Ein weiteres Beispiel:

Sir: Hast du deine Hausaufgaben gemacht, Tommy?

Tom: Hier sind sie, Sir.

Sir: Wie ich sehe, hast du die letzte Aufgabe nicht lösen können.

Tom: Sie ist auf der Rückseite.

Der »Lehrer« gewinnt.

Oder stellen Sie sich zwei Priester vor:

A: Ich dachte, Sie beten, Pater, so wie Sie auf dem Boden knien.
B gibt fast zu, dass er betet, aber er fängt sich.
B: Still, Pater McMurphy. Ich beobachte eine getüpfelte Spechtmeise.
A: Tatsächlich ein seltener Vogel. Darf ich mal durch das Fernglas sehen?
B: Moment mal … Da ist ein ganzer Schwarm!

B verliert, weil er so von seinen eigenen Ideen eingenommen ist, dass er das Fernglas nicht weitergibt.

Improvisierer, die dieses Spiel beherrschen, können mit völlig leerem Kopf die Bühne betreten und dennoch eine Geschichte erfinden, indem sie alles akzeptieren, was gesagt wird oder geschieht.

»Dich hab' ich schon lange nicht mehr gesehen.«

»Ich war verreist.«

»Afrika?«

»Krokodile jagen.«

»Hast du das Gewehr noch bei dir?«

»Ja. Eins verfolgt mich nämlich. Ich hab' seinen Kumpel erschossen, und seither ist dieses verdammte Vieh hinter mir her.«

»Was – hier im Riley-Park?«

»Ja, sogar hier. Pssst! Nicht bewegen! Ich glaube, ich habe etwas gehört.«

»Hinter dem Busch?«

»Schau! Es versteckt sich hinter dem Kiosk.«

Der Spieler, der sagte »Hinter dem Busch?«, gewinnt, weil sein »Busch« von dem »Kiosk« blockiert wird.

Teilen Sie die Klasse in zwei Teams. Jedes Team soll seinem Champion akklamieren. Der Gewinner kriegt fünf Punkte. (Wenn keine Ideen kaputtgemacht werden, verkünden Sie ein Unentschieden, oder Sie sagen: »Werdet schneller!«) Die Spieler lernen bald, ihre Gegner zum Blockieren zu verleiten, indem sie beherztere Angebote machen. Kommen Sie immer wieder auf dieses Spiel zurück, und zeigen Sie Ihren Schülern auf, welche Fortschritte sie darin gemacht haben.

Lassen Sie die Schüler nicht ins Tratschen verfallen.

Die Blockierung entfernen

Der Lehrer greift ein, nimmt jede Blockierung weg, die auftaucht, und das Spiel geht weiter.

»Gefällt dir die Party?«

»Nicht besonders.«

»Sei positiv!«, rufe ich.

»O ja, tolle Party!«, korrigiert sie sich.

»Du bist wohl ein richtiger Partylöwe?«

»Ja«, sagt sie. »Grrr, grrr! Bist du eine Freundin von Simon?«

»Nein«, sagt sie.

»Sag nicht nein!«, rufe ich.

»Ja, wir sind zusammen zur Schule gegangen.«

Dieses Spiel erfordert einen sehr fähigen Lehrer. Und wie wird man ein fähiger Lehrer? Indem man Spiele wie dieses trainiert und dabei Fehler macht.[60]

»Du bist raus«-Version

»Steig ins Auto, Bill!«

»Tut mir leid, Ann, ich habe die Sandwiches vergessen.«

»Das ist eine Blockierung«, sage ich und ersetze Bill durch Wole.

»Steig ins Auto!«

»Soll ich fahren?«

»Nein, ich fahre selbst.«

Eine weitere Blockierung. Ich ersetze Ann durch Doris.

»Soll ich fahren, Doris?«

»Ja natürlich. Du fährst viel besser als ich, Wole.«

»Wollen mal sehen, wie schnell das Baby hier fährt, wenn ich aufdrehe.«

»Ah! Halt an! Halt an!«

Es folgt eine kurze Diskussion. Wir kommen überein, dass Doris die Idee (dass das Auto schnell fuhr) akzeptierte. Die Szene geht weiter.

»Pass auf! Um Himmels willen, Wole!«

»Hab' ich ihn getroffen?«

»Natürlich hast du ihn getroffen!«

»Wer war's denn?«

»Ich weiß nicht …«

Doris muss ausscheiden. Sie behauptet, »Ich weiß nicht« sei nicht unbedingt ein Blockieren gewesen, doch wir ersetzen sie dennoch wegen grundlosen Kneifens (das heißt, sie akzeptierte, trug aber nichts bei).

Beide akzeptieren (im Kauderwelsch)

Dieses Spiel zwingt die Teilnehmer auf physische Einsätze zu reagieren (nicht auf gesprochene). Bevor Sie dieses Spiel einführen, müssen die Schüler sehr gut in Kauderwelsch (siehe Seite 387) sein.

Beispiel:

Er reicht ihr die Hand und sagt:

»Dnob Drawde!«

Er deutet auf die Couch.

»Nimaj neb?«

»Darla go nar«, sagt sie höflich und setzt sich.

»Panguno«, sagt er. Er schraubt einen gemimten Gegenstand auf und gießt etwas in zwei Gläser.

»Garto!«, sagt er, ihr zuprostend.

»Garto!«, sagt auch sie.

Er wendet sich ab und tut so, als spucke er seinen Drink in die Topfpflanze. (Wenn sie das Gleiche tun würde, würde sie ihn nachahmen und seine Idee blockieren.)

»Batoor!«, keucht sie und fällt in Ohnmacht. Er drückt auf den Knopf einer Sprechanlage (»Bsss«) und sagt: »Dargo nart fandandar!«

Die Tür wird aufgestoßen, und eine Frau kommt herein. Sie schaut zufrieden auf die Leiche auf dem Sofa und bezahlt den Mann.

»Crando dob«, sagt er mit einer tiefen Verbeugung.

»Protzi!«, sagt sie und schnippt mit den Fingern.

Er mimt, ein Fenster zu öffnen, und Verkehrslärm dringt herein.

Sie können sicher sein, dass die Zuschauer wissen wollen, wie es weitergeht.

Beide akzeptieren (mimisch)

Spielen Sie zuerst »Blinde Angebote«. Beispiel:

Ein Geräusch weckt ihn auf.

Er weckt sie auf.

Sie hört es auch.

Er reißt einen »Schrank« auf, doch niemand ist drin.

Sie entdeckt eine Schiebetür in der Rückwand des Schranks.

Er drückt Erstaunen aus.

Sie macht eine Geste, als wolle sie etwas haben.

Er mimt, etwas aus der Schublade zu nehmen.

Sie nimmt den gemimten Gegenstand und verwendet ihn als Taschenlampe.

Beide kriechen in die Öffnung hinter dem Schrank. Sie stehen auf.

Sie deutet auf etwas an der Wand.

Er mimt, auf einen Knopf zu drücken.

Sie mimen, dass sie sich in einem Fahrstuhl befinden, der sich in Bewegung setzt.

Sie starren auf eine Stelle, als beobachteten sie die Nummern der Stockwerke. Und so weiter. Wie in der Kauderwelschversion lernen die Spieler, genauestens aufeinander zu achten und die Geschichte durch nonverbale Mittel weiterzuentwickeln.

Gruppen-Ja

Ursprung: Der durchschnittliche Mensch ist so negativ, dass ich mich fragte, wie wohl eine total positive Gruppe sein würde.

So wird es gespielt: Ich bitte die ganze Gruppe, zu jedem Vorschlag, den irgendjemand macht, Ja zu sagen:

»Jeder, der nicht total begeistert Ja sagen kann, fliegt aus der Gruppe und muss sich still in die Ecke setzen. Nicht so tun, als ob! Haben alle verstanden?«

»JAAAA!«

»Wollen wir dieses Spiel ausprobieren?«

»JAAAA!«

»Versprecht ihr mir, nur JA zu sagen, wenn ihr es wirklich meint?«

»JAAAA!«

Das klingt vielleicht wie Zwang, aber wenn jemand vorschlägt: »Lasst uns uns gegenseitig kitzeln« – »JAAA!« –, und jemand hat die Nase voll vom Kitzeln, kann er immer rufen: »Lasst uns aufhören!« Und wenn jemand einen beleidigenden Vorschlag macht, löst sich die Gruppe auf.

Ich erläutere, dass es keine Anführer geben darf – dass die Vorschläge von allen Gruppenmitgliedern kommen müssen. Bei den ersten Versuchen wird dieses Spiel wahrscheinlich in kürzester Zeit zu Ende sein (wegen blöder Vorschläge), doch die Gruppe lernt bald, Zurückhaltung zu üben. Man erhält Sequenzen wie die folgende:

»Lasst uns hinsetzen!«

»Lasst uns aufstehen!«

»Lasst uns auf und ab springen!«

»Lasst uns hinlegen und ausruhen!«

»Lasst uns schlafen!«

»Lasst uns träumen!«

»Lasst uns aufwachen!«

»Lasst uns mit den Zehen wackeln!«

»Lasst uns mit dem ganzen Körper wackeln!«

»Lasst uns fliegen!«

»Lasst uns einander umarmen!«

»Lasst uns am Strand sein!«

»Lasst uns schwimmen!«

»Lasst uns tiefer tauchen!«

Da alle negativen Ideen wegfallen, steigert sich die Energie der Gruppe, und sie beginnen, mit halsbrecherischer Geschwindigkeit »Sensibilitätsspiele« zu erfinden und wiederzuerfinden.

Nach einer Viertelstunde oder so »entdecken« die meisten Gruppen das Trommeln (gegen die Wand, auf den Boden und so weiter). Der Lärm, der dabei entsteht, kann gewaltig sein. Sie sollten also Ort und Zeit sorgfältig wählen und sicherstellen, dass die Gruppe innerhalb des ausgemachten Raumes bleibt. Wenn es zu wild wird, können Sie immer »Lasst uns schlafen!« oder »Lasst uns aufhören!« rufen. Richtig außer Kontrolle geraten kann die Gruppe nicht, weil sie sonst vor lauter Lärm die Vorschläge nicht mehr hören würden.

Dieses Spiel basiert auf der Entscheidungsfindung bei bestimmten Naturvölkern, wo Entscheidungen durch Einstimmigkeit und nicht durch Wahl getroffen werden, und nach einiger Zeit ähnelt es wirklich »primitiven Ritualen von Eingeborenen«. Einzelne werden auserwählt und herumgetragen oder geopfert und wiederauferweckt (wenn die Gruppe damit anfängt, unbeliebte Schüler zu isolieren, stimmt etwas nicht). Ich habe dieses Spiel mit sehr großen Gruppen gespielt (an den »Fishponds« in Bristol zum Beispiel). »Stämme« tobten über das Gelände, versetzten den Platzwart in Alarm, erlebten unterschiedliche Abenteuer, vereinigten sich und trennten sich wieder.

Setzen Sie das Spiel ein, um Geschichten hervorzubringen. Wenn es schneller gehen soll (bei öffentlichen Aufführungen), lassen Sie die Gruppe sagen: »JA! UND …«

– Lasst uns den Wald erforschen!
– JA! UND?
– Lasst uns in den tiefsten Teil des Walds gehen!
– JA! UND?
– Lasst uns ein altes Schloss mit einer Dornenhecke entdecken!
– JA! UND?
– Lasst uns einen Weg durch die Hecke schlagen!
– JA! UND?
– Lasst uns das Schloss erforschen!
– JA! UND?

– Lasst uns eine schlafende Prinzessin finden!
– JA! UND?

Schüler, die das Spiel mitgemacht haben, werden freundlicher und sensibler für die Bedürfnisse anderer. Eine Klasse an der RADA (Royal Academy of Dramatic Art) spielte Gruppen-Ja sechs Unterrichtsstunden à 90 Minuten hintereinander. Sie begannen, als sie kamen, und spielten ohne Unterbrechung. Das Spiel vermittelte ihnen etwas, was sie dringend brauchten, aber ich fühlte mich schuldig, dass ich dafür bezahlt wurde, es ihnen beizubringen.

Der Lehrer sollte auf mögliche Gefahren achten.

»Lasst uns die Augen schließen! – JA!«

»Lasst uns nach hinten fallen ...«

»Lasst uns aufhören!«, rufe ich schnell in der Befürchtung, die Schüler könnten mit den Köpfen gegen die Wand knallen.

Manche Schüler rufen gehorsam »JA! UND?«, obwohl es ihnen offensichtlich an Begeisterung fehlt. Hier sollte man in das Spiel eingreifen und sie entfernen. Es sollte keiner weitermachen, der nicht wirklich begeistert ist.

Beim Schreiben fällt mir ein, dass es eine gute Idee wäre, zwei oder mehr Ja-Spiel-Gruppen nebeneinander zu haben, so dass ein Schüler, dem ein Vorschlag nicht gefällt, statt auszuscheiden zur anderen Gruppe wechseln kann. Die Gruppe, die am Ende die meisten Mitglieder hat, gewinnt das Spiel.

Anhand der Heiterkeit, die beim Gruppen-Ja-Spiel entsteht, können Sie Ihren Schülern erläutern, wie negativ ihre gewohnheitsmäßigen Interaktionen sind. Ich empfehle dieses Spiel wärmstens.

Klingt gut

Einer der Spieler muss sich auf folgende vier positive Sätze beschränken:

»Ja.«

»Klingt gut.«

»Danke.«

»Da stimme ich zu.«

Für Schüler, die »nicht improvisieren« können, und für Schüchterne ist dies ein ausgezeichnetes Spiel. Ihre Partner müssen aber fähig sein, die Szene voranzubringen.

»Meine Tochter sagte mir, dass du mit mir sprechen willst, Colin.«

»Ja.«

»Anscheinend willst du sie heiraten!«

»Klingt gut.«

»Sie ist doch nicht etwa schwanger?«

»Da stimme ich zu!«

»Du sagst mir so einfach, dass du meine Tochter geschwängert hast!«

An dieser Stelle würde er vielleicht gerne sagen: »Es ist nicht meins!«, um sich herauszuhalten, doch das Spiel zwingt ihn zuzustimmen:

»Ja!«

»Ich glaube nicht, dass deine Einstellung mir gefällt!«

(Keiner der vier positiven Sätze passt, weshalb er keine Antwort gibt.)

»Also – bildest du dir etwa ein, ein Bauer wie du hätte ein Recht, meine Tochter zu heiraten, nur weil du sie geschwängert hast!«

»Danke!«

»Würdest du gern das Schloss besichtigen?«

»Da stimme ich zu.«

»Wir fangen mit den Verliesen an.«

»Klingt gut!«

Variante: Die positive Rolle geht ständig von A zu B und wieder zurück; zum Beispiel:

A: Sie sind der Babysitter?

B: Ja.

A: Die Kinder schlafen.

B: Gut. Ein schönes Haus haben Sie.

Bs KOMMENTAR VERLAGERT DIE POSITIVEN ANTWORTEN ZU A.

A: Da stimme ich zu.

B: Ich wünschte, ich wäre in einem solchen Haus aufgewachsen. Sind das die Notruf-Telefonnummern da am Kühlschrank?

A: Ja.

B: Sind diese Sandwiches für mich?

A: Ich hoffe, Sie mögen Nutella.

B: (ZURÜCKVERLAGERT) Klingt gut.

Variante: Versuchen Sie eine paradoxe Version, das heißt, der Spieler muss sich auf vier negative Antworten beschränken:

»Nein!«

»Vergiss es!«

»Du machst wohl Witze.«

»Fahr zur Hölle!«

Das ermöglicht dem Improvisierer, den riesigen Unterschied zwischen Positivsein und Negativsein zu spüren.

»Du willst also meine Tochter heiraten?«

»Vergiss es!«

»Ich würde euch natürlich ein passendes Haus kaufen …«

»Du machst wohl Witze!« …

Einer blockiert, einer akzeptiert

»Sie kommen zu spät!«

»Ich habe die Adresse verloren.«

»Unsinn. Sie sind krank. Sie konnten kaum die Treppe raufkriechen!«

»Ich glaube, ich sterbe!«

»Nur eine ganz gewöhnliche Erkältung!«

»Ich bin froh, das zu hören!«

»Nein, sind Sie nicht. Sie sind ein Drückeberger!«

(Bricht in Tränen aus.) »Stimmt! Ich gehe!«

»Nein, Sie werden nicht gehen! Sie versuchen sich vor dem Militärdienst zu drücken.«

»Woher wussten Sie das?«

»Ich wusste es nicht. Sie haben es eben zugegeben, Sie Feigling!«

»Ja, ich bin ein Feigling!«

»Unsinn, Sie sind kein Feigling. Sie sind ein Held. Steigen Sie in diese Maschine.«

»Wollen Sie mich röntgen?«

»Ganz bestimmt nicht. Wir haben mit dem Feind ein Abkommen geschlossen, fünfzig Prozent unserer besten jungen Männer auszurotten – dadurch sparen wir die Kosten für den Transport zum Schlachtfeld.«

»Sie meinen, sie wird mich in Stücke zerreißen?«

»Ganz und gar nicht. Sie werden darin so lange Wiederholungen von alten Komödien sehen, bis Sie Selbstmord begehen.«

»Das ist ja furchtbar!«

»Ist es nicht! Sie bekommen einen Orden und ein Staatsbegräbnis.«

»Mit allen Ehren?«

»Sie machen wohl Witze! Nein, wir gefriertrocknen Sie und stellen Sie in ein Wachhäuschen!«

»Vor dem Buckingham-Palast?«

»Glauben Sie, wir nehmen Leichen, um die Königliche Familie zu schützen? Nein, Sie werden ein Rekrutierungsbüro in Chelsea bewachen.«

»Chelsea?«

»Nein, nicht in Chelsea, in Hammersmith. Hat man Sie mit einem Gewehr ausgestattet!«

»Ja.«

»Ach was. Das ist eine Plastikimitation. Treten Sie jetzt in die Maschine. Nein, tun Sie's nicht. Ich wollte nur Ihren Gehorsam testen!«

Die Zuschauer mögen diese Stop-and-go-Interaktion, solange irgendeine Art von Geschichte entwickelt wird. Wenn der »Akzeptierer« alles wiederholt, wird es bald unmöglich, die Geschichte voranzubringen.

Akzeptieren plus negatives Angebot

Der Spieler, der die Ideen akzeptiert, macht negative Angebote, die zu positiven werden, wenn sie zurückgewiesen werden (im letzten Beispiel kamen ein paar solcher Angebote vor). Dieses Spiel ist schwierig, doch der Mühe wert. Ich fange damit an, indem ich die negativen Angebote souffliere. Zum Beispiel:

»Sag: ›Ich bin froh, dass du mein Papa bist!‹«

»Ich bin froh, dass du mein Papa bist!«

»Ich bin nicht dein Papa. Du wurdest adoptiert.«

»Adoptiert?«

»Nun, nicht direkt. Wir haben dich auf der Türschwelle gefunden.«

»Sag: ›Also wisst ihr nicht, wer meine richtigen Eltern sind.‹«

»Also wisst ihr nicht, wer meine richtigen Eltern sind?«

»Doch, das wissen wir! Da lag ein Zettel dabei!«

»Sag: ›Ihr hättet ihn aufheben sollen.‹«

»Ihr hättet ihn aufheben sollen.«

»Natürlich haben wir ihn aufgehoben. Ich habe ihn immer in meiner Brieftasche.«

»Sag: ›Ich nehme an, sie sind schon lange tot.‹«

»Ich nehme an, sie sind schon lange tot.«

»Tot? Ganz bestimmt nicht. Sie leben hier um die Ecke!«

Und so weiter. Hier ein weiteres Beispiel (nicht von mir souffliert):

»Wollen wir frühstücken?«

»Natürlich nicht. Wir gehen jagen.«

»Also nehmen wir nicht das Boot?«

»Natürlich nehmen wir das Boot! Schieben Sie es ins Wasser!«

»So?«

»Nicht da! Paddeln Sie rüber zum Kai, damit ich einsteigen kann.«

»Tut mir leid, ich bin so ein Idiot.«

»Sie sind kein Idiot. Ich würde Sie nicht beschäftigen, wenn Sie ein Idiot wären. Warum helfen Sie mir nicht?«

»Sie haben so einen sicheren Tritt, Sir!«

»Aua! Platsch! Stehen Sie nicht nur herum, ziehen Sie mich heraus!«

Der spezielle Reiz dieses Spiels liegt darin, zu sehen, wie der »Aggressor« schamlos manipuliert wird.

»Nun, wenigstens haben Sie die Jagd auf das Seemonster aufgegeben, Sir.«

»Aufgegeben! Unsinn. Ich werde keinen Tag ruhen, bis ich es ausgestopft auf der Aussichtsterrasse stehen habe. Reichen Sie mir die Harpune!«

»Soll ich rudern, oder nehmen wir das Boot mit dem Außenbordmotor, Sir?

Lange Pause, während Sir nach einem Widerspruch fahndet.

»Hissen Sie die Segel!«

Derjenige, der akzeptiert, muss nicht auf alles reagieren, sonst werden sie unerträglich lange in der Warteschleife kreisen. Zum Beispiel:

»Reichen Sie mir die Harpune!«

»Diese hier, Sir?«

»Nein, die an der Wand!«

»Diese Wand, Sir?«

»Nein, die Harpune aus dem Schrank!«

»Aus dem, den Ihnen Ihr Großvater hinterlassen hat?«

Das wird bald langweilig.

»Es ist Dienstag« (beide überakzeptieren)

Jeder Teilnehmer steigert sich auf eine harmlose Bemerkung hin in eine Tirade.

Viele Improvisierer akzeptieren Ideen eher vorsichtig. Als eine Improvisiererin im Studio eine Szene begann mit: »Es ist Dienstag!«, sagte ich ihrem Partner: »Überakzeptiere dieses Angebot!« und soufflierte ihm den Dialog:

»Wiederhole: ›Es ist Dienstag‹, aber sei dabei völlig entsetzt, schrei: ›Um Gottes Himmels willen! Weißt du nicht, welcher Tag heute ist!‹ Pack sie an den Schultern und rufe: ›Heute ist mein Krönungstag! Mein ganzes Leben habe ich auf diesen Tag gewartet! Alle Tätowierungen sind vollständig, und die Beschneidung ist fast verheilt! Hol mir meine Roben!‹«

Dann soufflierte ich seiner Partnerin: »Überakzeptiere das ›Hol mir meine Roben!‹ Brich in Tränen aus; wirf dich auf den Teppich und spiele tragischen Kummer. Sag: ›Die Roben sind in der Reinigung! Ich dachte, du bräuchtest sie nicht mehr! Sie hatten da diese Gutscheine mit zwanzig Prozent Nachlass, und ich wollte doch Geld für dich sparen!‹«

Am Ende dieser Tirade sagte ich: »Überakzeptiere das ›Geld für dich sparen!‹«

»Geld für mich sparen!«, sagte er immer noch wütend.

»Nicht Zorn!«, rief ich. »Du warst vorhin schon zornig. Versuch es mit Verzweiflung!«

»Geld für mich sparen!«, heulte er und raufte sich die Haare. »Ich wollte nach der Krönung die Klöster auflösen und ihr Gold beschlagnahmen. Aber jetzt wird mein böser Bruder, Hangoth der Schreckliche, die Krone erhalten!«

»Sei extrem glücklich!«, sagte ich zu seiner Partnerin. »Überakzeptiere ›Hangoth der Schreckliche‹!«

Sie ließ ihren Kummer beiseite: »Hangoth der Schreckliche«, rief sie voller Hoffnung. »Aber die Gutscheine kamen doch von der ›Hangoth der Schreckliche‹-Reinigung. Verstehst du nicht? Wir können behaupten, dass er gegen dich intrigiert hat! Du kannst doch noch König werden …«

Und so weiter. Ein ganzes Spiel kann aus nur wenigen solcher Überakzeptierungen bestehen.

Wenn man sie sich selbst überlässt, neigen die Spieler dazu, zwischen »Wut« und »Angst« zu pendeln, also rufe ich: »Stolz!« oder: »Misstrauen!« oder: »Freude!«, bis sie die ganze Breite von Emotionen ausnutzen.

Oder ich verteile Papierstreifen auf den Möbeln, auf denen jeweils eine Emotion geschrieben steht. Wann immer ein Spieler reagieren muss, hebt er den nächstliegenden Streifen auf und folgt der Anweisung.

Die Angebote im »Es ist Dienstag«-Spiel brauchen nicht interessant zu sein – tatsächlich ist es besser, wenn sie nichtssagend sind. Ein nichtssagendes Angebot wie »Hallo!« kann die erstaunlichsten

Reaktionen heraufbeschwören: »John! Du hast gesprochen! Du hast deine Stimme wiedergefunden! Du bist aus dem Koma erwacht! Du kannst mich sehen! Der Himmel sei gepriesen! Ich wusste, dass die Ärzte nicht Recht hatten! Ich wusste, dass du zu uns zurückkehren wirst …«

Ich lasse den Spieler in Fahrt geraten und sage dann: »Panik!«

»Zurück bei euch? Koma? Wer sind Sie? Wer sind diese Leute? Wo bin ich? Wie bin ich hierhergekommen? Mein Gesicht! Ich habe einen Bart! Meine Hände – ich bin so viel älter geworden! Was ist passiert mit mir?«

Hätte ich »Freude!« gerufen, hätte der Dialog so weitergehen können: »Zurück bei euch? Koma? Ich lebe! Hallelujah! Ich war in der Hölle! Ich habe gebrannt! Sie haben mich mit Mistgabeln gestochen, aber ich hatte ein Asbest-Los, und meine Nummer wurde gezogen – das machen sie, um die anderen zu ärgern –, und ich bin zurückgekommen. Licht! Ich kann atmen! Blumen! Menschen! Gerettet! Ich bin gerettet!«

Danach hätte ich rufen können: »Sadismus!«

»Gerettet? Ja, meinst du?«, sagt seine Frau höhnisch. »Meinst du, du kannst der Hölle so einfach entkommen? Glaubst du, ich bin wirklich deine Frau? Glaubst du, das ist echte Haut?«

Sie mimt, dass sie sich ein falsches Gesicht abzieht, und ihre Züge werden dämonisch.

»Es ist Dienstag« ist bei vielen Spielern sehr beliebt, doch ich würde es nur gelegentlich für öffentliche Aufführungen empfehlen.

Augen

Ein Akzeptanzspiel, bei dem die Ideen nicht gespielt, sondern gezeichnet werden.

Ursprung: In den Sechzigern experimentierte ich viel mit Zeichenspielen, als ich versuchte, »Kunst als Sport« zu entwickeln, und dies war eines der erfolgreichsten.

So wird es gespielt: Zeichnen Sie zwei Punkte als »Augen« auf ein Blatt Papier. Der Reihe nach fügen die Schüler Linien hinzu.

Allmählich entsteht eine Zeichnung, die enthüllt, zu welchem Geschöpf die Augen gehören. Die Spieler sprechen nicht (außer um einander Mut zuzusprechen), und wenn die Zeichnung fertig scheint, buchstabieren sie einen Titel, indem jeder einen Buchstaben hinzufügt.

Ich hatte vorher oft die Schüler dazu bewegen wollen, eine Zeichnung anzufertigen, indem jeder einen Strich hinzufügt, aber erst als ich ihnen sagte, sie sollten mit einem Paar Augen beginnen, fingen sie an, mehr als nur irgendetwas sinnloses Abstraktes zu zeichnen. Augen müssen zu irgendetwas gehören, und wenn die Spieler steckenbleiben, sage ich: »Malt noch ein Paar Augen, und macht von da weiter!«

Wenn man den Leuten bei diesem Spiel zusieht – oder sich selbst –, kann man erkennen, wie der Stift zu einer Bewegung ansetzt und dann, bevor er das Papier berührt, woandershin ausweicht. Das Ersetzen einer Idee durch eine andere kommt bei schlechten Improvisationen die ganze Zeit vor, doch beim Augenspiel wird es deutlich sichtbar. Man kann auch beobachten, wie manche Improvisierer (Passagiere) Angst haben Kontrolle zu übernehmen – man zeichnet ein Ohr, und sie zeichnen das zweite Ohr –, wohingegen andere (Regisseure und Bulldozer) das Gesicht komplett fertigstellen oder mit ganz dicken Linien vom ganzen Blatt Besitz ergreifen.

Kleine Kinder sind bei diesem Spiel den Erwachsenen mindestens ebenbürtig. Es eignet sich vorzüglich, um sich auf längeren Reisen die Zeit zu vertreiben.

Eine »Nichtblockieren«-Szene

Zwei Improvisierer krochen über die Bühne (von rechts nach links), als ob sie senkrecht einen Berg hochsteigen würden. Vanessa Valdes, unsere »Tonimprovisiererin«, spielte Wind und »arktische« Musik, und einer der beiden »fiel« ins Publikum und musste »herausgezogen« werden.

Wäre dies nur eine Darstellung von mimischem Können gewesen, hätte ich mich nicht daran erinnert. Aber sie stießen einen Eispickel in die Bühne, und ein Spieler außerhalb ergriff das Mikrofon und stöhnte. Sie stießen wieder zu, und der »Berg« zitterte und brüllte, und sie krallten sich entsetzt fest. Sie erreichten einen »Felsvorsprung« und standen aufrecht, und der Berg sprach zu ihnen und freundete sich mit ihnen an und führte sie in eine Höhle. Der Klang der Stimmen veränderte sich, als sie eintraten, und die Beleuchtung ging bis auf einen rötlichen Kreis aus. Sie ertasteten sich vorsichtig ihren Weg am Rande dieses Kreises, eine Wand mimend, und das Publikum war atemlos – es war etwas sehr Unheilvolles an diesem Berg mit der samtigen Stimme.

»Streck deinen Arm entlang der Wand aus«, sagte die Stimme. »Kannst du irgendetwas fühlen?«

Der führende Improvisierer tastete herum.

»Ja!«

»Was ist es?«, fragte der Berg.

»Es ist … es ist eine Art Spalt.«

»Kannst du deinen Arm reinstecken?«

Das Publikum atmete angesichts der Unheimlichkeit dieses Vorschlags hörbar ein, und der Schauspieler steckte tapfer seinen Arm bis zur Schulter in den Spalt.

»Kannst du etwas fühlen?«

»Ja … Jaaaaaa … Es ist eine Art … Beule.«

Der Berg seufzte.

»Könntest du sie kratzen?«

Das Publikum jubelte und applaudierte und beendete damit die Szene (denn nach einem solchen Gag hätte niemand mehr die Geschiche »ernst« genommen).

Die Szene bekam zwei Vieren und eine Fünf.

Kneifen korrigieren

Das Spiel mit dem Stimmchen

Ein Improvisierer betritt die Bühne und interagiert mit einem kleinen gemimten Wesen, dessen Stimme von jemandem außerhalb der

Bühne stammt. Das Spiel hilft den Begriff »Kneifen« zu verstehen, weil Anfänger kaum je das kleine Wesen definieren werden.

Ursprung: Dieses Spiel tauchte spontan mitten in einer Szene auf.

So wird gespielt: Ich bitte Alan, »durch einen Wald zu laufen« und mit einem kleinen Geschöpf zu interagieren, dessen piepsige Stimme von Brenda hinter der Bühne beigesteuert wird. Er betritt die Bühne und wird langsamer in Erwartung ihrer Stimme, also sage ich:

»Du siehst nicht aus, als würdest du irgendwohin gehen.«

»Aber ich soll eine Szene mit einem gemimten Geschöpf spielen!«

»Ja, aber die Figur doch nicht, die du darstellst.«

»Aber sie hat nichts gesagt. Wenn ich nicht langsamer gegangen wäre, wäre ich bereits wieder von der Bühne runter!«

»Geh nicht langsamer, nur um ihr zu helfen. So wird sie es nie lernen! Wenn sie zu langsam ist, lauf weiter, bis du von der Bühne runter bist. Das Stimmchen konnte dich ansprechen, wenn du die Bühne auf dem Nachhauseweg überquerst.«

Wir fangen die Szene noch einmal von vorne an, und kaum hat er die Bühne betreten, sagt Brenda:

»Verzeihung! Hallo!«

Alan wendet sich ihr zu.

»Wende dich dem Publikum zu!«, sage ich. »Und suche den Boden nach dem Besitzer des Stimmchens ab.«

Die Szene geht weiter:

»He, du! Ja, ich bin's!«

»Was?«

»Hier unten!«

»Wo bist du?«

»Kannst du mich nicht sehen? Ich bin hier in der Pfütze!«

Alan schaut immer noch in sämtliche Richtungen. Es ist typisch, dass Spieler so lange brauchen, um die »Stimme« zu sehen (das heißt sie »überbrücken«), also rufe ich: »Entdecke sie!«

»Gütiger Himmel!«

»Hab' ich dich überrascht, wie?«

»Na ja, eigentlich schon. Äh ... Was willst du?«

»Was ich will? Ich will aus dieser Pfütze raus! Menschenskind! Oh!«

»Tut mir leid!«

»Quetsch mich nicht so, ich bin zart gebaut. Pass auf, wo du mit deinem Finger hinlangst!«

Alan nimmt »es« aus der Pfütze, trocknet es und setzt die Unterhaltung mit ihm fort, doch es ist typisch, dass keiner der Spieler festlegen will, was »es« eigentlich ist. Und je länger die Verzögerung, desto schwieriger oder gar unmöglich wird es, eine Entscheidung zu treffen. Ich bitte sie, noch einmal anzufangen, aber nicht zu kneifen.

»Sagt Sachen wie: ›Ich wette, du hast noch nie einen sprechenden Käfer gesehen!‹ oder: ›Du liebe Güte, Henry! Das Experiment ist gelungen!‹«

Wenn die Spieler die Stimme als Käfer definiert haben, können sie vereinbaren, seinen bösen Bruder totzutreten. Eine erschöpfte Schlange können sie retten, indem sie vor sie hin spucken. Wenn es sich um einen winzigen nackten Mann handelt, kann es ein Wissenschaftler sein, der mit einem Wachstumshormon experimentierte, oder ein Fahrlehrer, der eine Hexe durchfallen hat lassen. Ich habe einmal eine wunderbare Szene gesehen, die von einem zuckerkranken Kind und einer Praline handelte, die es nicht essen darf (»Hallo, Vibeka – ich bin hier. Ein bisschen Knabbern schadet dir doch nicht!«). Solange die Spieler nicht entscheiden, was das »Stimmchen« ist, wird sich alles in nichts auflösen.

Das Stimmchen-Spiel kann sehr anrührend sein. Ich erinnere mich, als Dennis Cahill die Stimme für einen Käfer auf einem Friedhof stellte. Dan »besuchte das Grab seines Vaters«, und der Käfer besuchte das Grab seines Vaters, und wir erfuhren, dass der Vater des Käfers bei der Beerdigung von einem Erdklumpen getroffen wurde. Sie trauerten gemeinsam, und Dan nahm ihn mit nach Hause in seinen organischen Garten. (Es hätte eine Szene folgen können, in der der Garten von Tausenden Käfern zerstört wird; Geschichten sind fröhlich oder traurig, je nachdem, wie sie enden.)

Wenn Sie dieses Spiel einführen, sollte es in einer natürlichen Umgebung angesiedelt sein, und die Stimme sollte etwas Lebendigem gehören. Unbelebte Kleinigkeiten »kosten« den Spieler nichts, also werden Anfänger die Stimme als die einer Garnspule oder eines

Kaugummipapiers oder eines Flaschenverschlusses definieren (ich habe bestimmt schon fünfzig langweilige Interaktionen mit Flaschenverschlüssen gesehen). Solche leblosen Gegenstände haben die Zuschauer nicht im Sinn; sie sollen lediglich beweisen, dass die Schüler »originell« sind. Die Stimme sollte zu einer bewundernden Ratte gehören oder zu einer Schnecke, die jemanden braucht, der auf Mr. Kröte tritt. Oder einer Ninja-Maus, die deine Katze sucht, aber auch bereit ist, es mit dir aufzunehmen (ich habe eine solche »Maus« gesehen, wie sie einen Spieler über die Bühne schleuderte). Später kann die Stimme ein Baum sein, eine Blume oder ein lebloses Objekt – vielleicht ein Sofa, das in dich verliebt ist – oder ein Teil deines Körpers, aber anfangen sollte man mit Fröschen und Schmetterlingen, Schlangen und so weiter.

Die »Berg mit einem Jucken«-Szene von Seite 199 ist eine »Kräftige Stimme«-Version, aber das »Stimmchen« sollte zuerst gelehrt werden. »Stimmchen« sind niedlicher und nicht so furchteinflößend, und das Mimen ist einfacher, zum Beispiel ist es leichter zu mimen, wie man einen Käfer in die Hemdentasche steckt, als darzustellen, wie man selbst hochgehoben und in die Tasche eines Riesen gesteckt wird.

Die Regeln für dieses Spiel lauten:

1. Einen Widerstand hinzufügen: Vermute zunächst, dass jemand dir einen Streich spielt oder dass du halluzinierst oder dass jemand Drogen in deinen Kaffee getan hat. Es ist dir peinlich, dass jemand dich mit einer Kröte sprechen hören könnte oder mit einem verlorenen Küken. Und wenn du mimst, das Wesen hochzuheben, schnapp es dir nicht einfach – überlege dir, wie du einen Käfer hochnehmen würdest oder einen Wurm oder einen zehn Zentimeter großen Theaterkritiker, was es auch sein mag.
2. Das Stimmchen muss definiert werden, *bevor* sein Problem festgestellt wird. Jeder der beiden Spieler kann bestimmen, was es sein soll. »Mein Gott! Eine Maus mit einem Maschinengewehr!« oder: »Ich nehme nicht an, dass Sie schon einmal eine Maus mit einem Maschinengewehr gesehen haben.«

3. Versuche, sein Problem zu lösen.
4. Wenn das Problem nirgends hinführt, sollte das »Wesen« zugeben, dass es lügt, und ein neues Problem vorstellen (zum Beispiel, »eigentlich bin ich gar kein Käfer, sondern du bist auf mein Raumschiff getreten«).
5. (Option) Man kann diese Szene beenden, indem man ein weiteres Stimmchen einführt (»Peter! Hör sofort auf, mit dieser großen Person zu reden und komm zurück ins Loch!«).

Wenn eine Stimmchen-Szene nur eine »Einführung« ist, das heißt, wenn es kein Kippen gibt und keine Unterbrechung der Routine, sollte man sie schnell beenden und eine andere Szene spielen. Z. B., wenn du dich geweigert hast, einen Skorpion mit nach Hause zu nehmen, kannst du in Szene zwei zeigen, wie du mitten in der Nacht aufwachst, und er hockt auf deiner Brust (unsere »Snoggers« können in weniger als zehn Sekunden ein Bett aufstellen).

Zuerst muss das »Stimmchen« definiert werden, erst dann erfährt man, was es will.

Tratschen korrigieren

Vom Tratschen zur Interaktion

Bitten Sie zwei Spieler zu tratschen. Ernennen Sie einen Zeitnehmer, der nach 30 Sekunden »Interaktion« sagt (S. 118).

Ursprung: Ich, aber es muss immer und immer wieder neu erfunden worden sein.

So wird es gespielt: »Redet über die Party letzte Nacht«, sage ich und zwei Spieler fangen zu plaudern an.

»Was wollten all die Leute im Bad gestern?«

»Ich habe gegen die Tür gehämmert.«

»Ich habe dich gehört.«

»Die Leute mussten raus in den Garten gehen ...«

»Dabei war es so nass draußen.«

»Es war bestimmt keiner, den ich eingeladen hatte ...«

»Interaktion«, sagt der Zeitnehmer, und sie fangen an, die Überreste der Party aufzuräumen.

Ich unterbreche und erklären ihnen, dass keiner von beiden sich verändert und dass »Aufräumen« eine »ausgemachte Tätigkeit« ist, das heißt eine weitere Ausrede, um Interaktion zu vermeiden.

»Aber was können wir machen?«

»Findet einen toten Gast!«

»Einen toten Gast finden« schockiert sie beide gleichermaßen, und ich erzwinge ein Kippen, indem ich den toten Gast zum Freund des einen und zum Feind des anderen mache.

Ein Beispiel für eine erfolgreiche Verwandlung von Tratschen in Interaktion: Pandora redet dreißig Sekunden lang vom Wetter. »Interaktion«, sage ich, und sie führt eine Wettermaschine vor, die sie erfunden hat – ihr Partner ist entzückt, bis ein Wirbelsturm sie fortbläst, so dass sie nicht mehr an die Maschine herankommen, um sie auszuschalten.

Es ist leicht, vom Tratschen zur Interaktion zu gelangen; Spieler, die sich über einen treulosen Liebhaber unterhalten, können einen Racheplan schmieden, Kartenspieler können einander Betrug vorwerfen. (Ich schlage vor, »Vom Tratschen zur Interaktion« zur gleichen Zeit wie »Routine unterbrechen« zu unterrichten.)

Nur im Präsens

(Nicht mein Spiel.) Improvisieren im Präsens. Man darf nicht sagen:

»Tolle Party gestern Abend!«

Aber man kann sagen:

»Tolle Party, findest du nicht?«

Dadurch befindet man sich auf der Party und plaudert nicht nur darüber.

Überbrücken und Ausweichen korrigieren

Tot in einer Minute

Ursprung: Meine Schüler im Royal Court Theatre Studio brachten einander nie um, obwohl doch viele Theaterstücke und Filme von Mördern handeln. Mit »Tot in einer Minute« wollte ich dies korrigieren, doch es stellte sich heraus, dass das Spiel darüber hinaus eine ausgezeichnete Möglichkeit bot, den Schülern beizubringen, nicht zu überbrücken.

So wird es gespielt: Ich erkläre zwei Spielern, dass sie eine Minute auf der Bühne haben, und in dieser Zeit muss der eine vom anderen umgebracht worden sein. »Nach fünfundfünfzig Sekunden fangen wir mit einer Fünf-Sekunden-Ausblendung an.«

Anfänger (und vor allem professionelle Schauspieler) verstehen dies so: »In der neunundfünfzigsten Sekunde sollt ihr euren Partner ermorden.« Keiner der beiden Spieler wird derjenige sein wollen, der stirbt (obwohl das ein bisschen so ist, wie ein gemimtes Tauziehen gewinnen zu wollen). Sie werden versuchen, die Veränderung zu minimalisieren, indem sie als zwei Revolverhelden anfangen oder mitten in einem heftigen Streit.

»Streiten oder ›Mörder sein‹ ist ein ausgezeichneter Beginn für eine Liebesszene«, sage ich. »Denn dann hättet ihr ein Ziel. Warum nicht als zwei nette alte Damen beim Tee anfangen?«

»Aber wenn wir zwei nette alte Damen sind, wie können wir den Mord erklären?«

»Erst handeln, später rechtfertigen!«

Eine »nette alte Dame« schenkt der anderen »netten alten Dame« Tee ein, und die Minute ist herum, ohne dass irgendetwas passiert ist. Sie fangen noch einmal an, und ich gebe ihnen Ratschläge. Die eine nippt an ihrem Tee:

»Er ist vergiftet«, rufe ich. »Fass dir an die Kehle! Stirb!«

»Aber wir haben doch erst angefangen!«

»Stirb einfach!«

»Aber sollte ich nicht sie umbringen?«

»Stirb einfach!«, rufen im Chor alle anderen, die allmählich kapieren.

Wir stellen die Uhr neu, und eine »alte Dame« fasst sich an den Hals und krümmt sich, fest entschlossen, ihre letzte Zuckung mit der letzten Sekunde der Szene in Übereinstimmung zu bringen (Anfänger zum »Sterben« zu bringen ist fast so schwer, wie sie zum »Totbleiben« zu bewegen).

»Stirb jetzt!«, sage ich. »Fall zu Boden und rühr dich nicht mehr!«

(Wir sind fünfzehn Sekunden in der Szene.)

»Aber was ist mit mir?«, protestiert die Partnerin.

»Auszeit!«, sage ich. »Jetzt hast du fünfundvierzig Sekunden, um den Mord zu rechtfertigen.«

»Aber ich habe sie nicht ermordet!«

»Hör auf, dich zu verteidigen. Nimm die Schuld auf dich! Erzähle dem Publikum, warum du die Milch vergiftet hast!«

Wir starten die Uhr, und die Überlebende wendet sich uns zu.

»Ich konnte ihre Katze nicht ertragen«, sagt sie. »Sie zerfetzt meine Pflanzen. Sie starrt mich die ganze Zeit an! Sie zerkratzt meine Tür! Ich bin allergisch gegen Katzen! Ich hasse sie! Ich hasse sie!«

»Mime, Milch in eine Untertasse zu gießen«, sage ich, und bringe damit das Gift wieder ins Spiel. Sie tut's, und das Licht wird abgeblendet, während sie sagt:

»Miez … Miez … liebes Kätzchen …«

Die Zuschauer haben großes Verständnis für die missliche Lage, in der ein Improvisierer sich befindet, der allein auf der Bühne steht, weshalb es für ihn nicht schwierig sein sollte, die Zeit auszufüllen, selbst wenn der Partner in der ersten Sekunde der Szene stirbt: Er kann in einem Anfall von Reue Selbstmord begehen oder Gott um Verzeihung bitten oder einen Freund anrufen und in seinem Erfolg schwelgen, er kann die Leiche ausrauben und so weiter. Wenn dein Partner einen Pfarrer spielte, der tot umfiel, während er deine Beichte hörte, kannst du erläutern, dass deine Sünden so schockierend waren, dass der Pfarrer einen Herzanfall erlitten hat. Oder dass es dir gelungen ist, ihn mit einem vergifteten Pfeil durch das Gitter zu töten:

»Wir waren zusammen Missionare am Amazonas, und er hat die Eingeborenen aufgehetzt, in seine Kirche zu gehen und meine niederzubrennen ...«[61]

Das Expertenspiel

Ursprung: Die weisen Männer in Wachtangows Inszenierung von *Prinzessin Turandot* versuchten Probleme von der Art: »Wie bringe ich einen Floh auf die Größe eines Elefanten« zu lösen. Ich erkannte darin eine Methode, das Ausweichen zu eliminieren (das Schwafeln, das immer dann auftaucht, wenn Darsteller »guten Ideen« hinterherjagen).

So wird es gespielt: Die Szene spielt in einem Fernsehstudio. Ein Spieler ist der »Interviewer«, der »unmögliche Fragen« stellt; der andere ist ein »Experte«, der sie zu beantworten versucht, ohne auszuweichen (das ist nicht leicht).

Zum Beispiel: »Willkommen bei ›Scheinwerfer‹! Jim Nast wird uns jetzt erzählen, wie er es geschafft hat, sich in einem vernagelten Sarg fit zu halten.«

»Durch die Anstrengung, die es mich kostete, mich herauszukämpfen!«

Dies scheint eine vernünftige Antwort, die Frage war also nicht so »unmöglich«, wie es zuerst schien.

»Aber wie konnten Sie Ihre Zehen berühren?«

»Ich bin ein Schlangenmensch!«

Er weicht nicht aus, und der Interviewer stellt eine weitere »unmögliche Frage«:

»Und wieso hat Sie das inspiriert, mit Kanarienvögeln zum Mond zu fliegen?«

»Ich hatte im Sarg jede Menge Zeit nachzudenken.«

Er weicht aus, während er versucht, das Kanarienvogelproblem zu lösen.

»Aber Sie fliegen doch einmal im Monat mit Kanarienvögeln zum Mond. Wie ist das möglich?«

(Er weicht immer noch aus.) »Ich hab' da oben ein kleines Cottage …«

»Herr Professor! Wir würden wirklich gern wissen, wie Sie die Reise bewerkstelligen!«

Unser Experte hat nicht die geringste Ahnung, doch für die Zuschauer ist es sehr spannend, wie er die Antworten aus sich herausreißt.

»Nun, die ersten paar Kilometer sind einfach, wenn man ausreichend Kanarienvögel und genügend kleines Zaumzeug hat.«

»Man braucht bestimmt eine Menge Kanarienvögel!«

»Sechsundzwanzigtausend – in Schichten.«

Der Interviewer hat ihm eine Gelegenheit zum Ausweichen verschafft – die Anzahl der Kanarienvögel ist irrelevant. Er lenkt den Experten wieder auf die Frage:

»Aber wie können sie mit ihren kleinen Flügeln flattern, wenn es keine Luft gibt?«

»Kanarienvögel sind äußerst spirituelle Vögel. Wir haben entdeckt, dass sie in Wirklichkeit levitieren und ihre Flügel nur zum Lenken und für das Gleichgewicht brauchen.«

»Und was ist mit Sauerstoff?«

»Den nehmen wir mit.«

»Und warum haben Sie Ihr Mondcottage aus Zitteraalen gebaut?«

»Gegen Einbrecher!«

»Aber wie halten Sie die Aale aufrecht?«

»Wir haben sie nach Pluspol/Minuspol angeordnet, also Kopf an Schwanz.«

Und so weiter. Wir beurteilen dieses Spiel danach, wie authentisch der Interviewer und wie überzeugend der Experte ist.

(Die Fähigkeit, Leute vom Ausweichen abzuhalten, ist für professionelle Interviewer unentbehrlich.)

Gags korrigieren

Gagpolizei

Die Gagpolizei wird nur gelegentlich und immer nur mit der Zustimmung der Spieler eingesetzt. Wenn ein Darsteller einen Witz reißt, wird er oder sie für den Rest der Szene durch ein Mitglied der Gagpolizei ersetzt. Man kann auch eine Blockierpolizei oder eine Originalitätspolizei, Dummheitspolizei und so weiter bestimmen. Wenn zum Beispiel ein Spieler nonstop lächelt, kann er jedesmal, wenn er zu grinsen anfängt, von der Lächelpolizei festgenommen werden.[62]

Seriöse Leute

Wenn zwei Komiker zusammenarbeiten, stehen sie oft in einem Eltern-Kind-Verhältnis, das heißt, einer ist das freche Kind und quält den genervten und väterlichen »Seriösen«. In den meisten Theatersportgruppen will jeder das Kind darstellen.

Unsere Szenografen haften jedem, der zwanghaft komisch ist, ein Filz-»S« (für »seriös«) an. Wir erläutern dem Publikum, dass dieser Spieler keine Witze machen darf und dass seine Aufgabe darin besteht, die Geschichte voranzubringen. Es sollte ein starker Kontrast zwischen dem Seriösen und dem Komiker bestehen. Jerry Lewis und Dean Martin waren dafür ein gutes Beispiel; ebenso Margaret Dupont und Groucho Marx. Hier beschreibt der britische Komiker Bernie Winters, wie er und Mike Winters bekannt wurden:

»Mike bat einen Schneider in einer kleinen Seitenstraße in der Nähe des Theaters dringend, die Nacht durchzuarbeiten und einen speziellen Anzug für mich zu fertigen. Es war ein verrückter Teddy-Boy-Anzug mit Röhrenhosen, stark gepolsterten Schultern und einem Samtkragen. Mike hatte ihn so entworfen, dass ich aussah wie ein Sack Kartoffeln, der sich über die Bühne bewegt …

Ich stolperte in meinem Anzug und einem großen Hut auf die Bühne. Ich rannte ein paarmal auf und ab und sah um mich. Das Publikum brüllte vor Lachen, dabei hatte keiner von uns auch nur den Mund aufgemacht. Das warf uns wirklich um. Solche Reaktionen waren wir nicht gewohnt. Ich war sehr nervös, und deshalb gab ich mein ›Iiiii‹-Kichern zum Besten. Sie grölten. Danach konnte nichts mehr schiefgehen …

Mike hatte unser Problem sehr gut auf den Punkt gebracht. Wir versuchten, komischer Mann und seriöser Mann zu sein, aber zwischen uns herrschte nicht genügend Gegensatz, um dies rüberzubringen. Diese übergroßen Klamotten bildeten einen perfekten Gegensatz zu seinem makellosen Anzug.«[63]

Seriös sein zu können ist eine Fähigkeit, die man beherrschen sollte. Sie sollte gleichzeitig mit »Passagier sein« unterrichtet werden.

Das Gerbil

Erfinde eine absurde Geschichte und bitte einen Improvisierer, sie darzustellen. Beim ersten echten »Lachen« wirfst du ihn/sie von der Bühne. Die Richter entscheiden, was tatsächlich ein »Lachen« ist. Die Spieler wetteifern darin, das Lachen am längsten hinauszuschieben.

Ursprung: ein »Nebenprodukt« des ernsten Theatersports. Der Name stammt aus der folgenden Geschichte (ein Gerbil ist ein kleines Nagetier).

So wird es gespielt: Man erzählt dem Publikum eine traurige Geschichte, zum Beispiel:

»Viktor erledigte gerade die Hausarbeit, als er feststellte, dass der Käfig von Wilmas Gerbil gesäubert werden musste. Er setzte es in einen leeren Kochtopf, aber es sprang heraus und rannte auf die Straße und blieb im frischen Teer kleben. Viktor kratzte es mit einem Spachtel von der Straße und fand unter der Spüle ein Lösungsmittel, das zwar den Teer löste, doch das Gerbil verfiel in Krämpfe und starb. Viktor legte den Körper in eine Schuhschachtel und wartete auf Wilma.«

(Wenn Ihnen meine Geschichte nicht gefällt, können Sie eine bessere erfinden, aber denken Sie daran, dass die Komödie schmerzliche Dinge herzlos behandelt.)

Die Spieler stellen Wilmas Heimkehr von der Arbeit dar, und wir stoppen die Zeit von dem Moment an, wo Viktor anfängt, ihr von der Katastrophe zu erzählen. Wenn er einen Lacher kriegt (und das sollte er), fangen wir die Szene mit zwei anderen Spielern von vorne an. Vorausgesetzt, sie sind in der richtigen Stimmung, kann schon die harmloseste Bemerkung die Zuschauer in hysterisches Gelächter versetzen, zum Beispiel, wenn Wilma sagt: »Was ist in der Schachtel?« oder: »Was hast du heute gemacht?«

Schlechte Improvisierer werden versuchen, das Lachen zu vermeiden, indem sie düster vor sich hin murmeln, aber ich sage ihnen, dass die Szene interessant sein muss, oder sie werden wegen Langeweile ausgehupt:

»Wie war die Arbeit?«, fragt Viktor, als Wilma hereinkommt.

»Schrecklich«, sagt sie. »Was für ein furchtbarer Tag!«

Sie weiß, dass sie gleich schlechte Nachrichten erfahren wird, und ihre Unzufriedenheit ist ihre Strategie, die erwartete Veränderung zu minimieren. Ich halte die Szene an und erkläre, dass es nichts bringt, von »unglücklich« zu »unglücklich« zu gehen. Die Szene beginnt neu:

»Hallo, wie war die Arbeit?«

»Wunderbar! Ich habe meine Gehaltserhöhung bekommen!«

»Großartig! Eine Tasse Tee?«

»Sehr gern.«

Viktor macht Tee.

»Dein Gerbil ...«

Wir schalten die Uhr ein.

»Flocki?«

Die Vorstellung von »Flocki« ist zu viel fürs Publikum.

»Zwei Sekunden!«, ruft der Zeitnehmer.

Wir spielen noch eine Runde mit zwei neuen Spielern (oder vielleicht ersetzen wir nur Wilma). Diesmal macht sich Wilma selbst Tee, und Viktor ist schon mitten in der Geschichte, bevor er, als er von dem »Verstorbenen« spricht, einen Lacher bekommt.

Der Zeitnehmer sagt: »Vierzig Sekunden.«

Dieses Spiel versetzt die Zuschauer in eine merkwürdige Situation: Wenn sie lachen, ist die Szene sofort zu Ende, also versuchen sie, es zu unterdrücken. Aber führten gleich die ersten Spieler die Szene zu Ende, würden sie sich betrogen fühlen.

Im Idealfall sollten die ersten Spieler innerhalb von fünfzehn oder zwanzig Sekunden zum Ende kommen, damit Improvisierer auf die Bühne springen und rufen können: »Das kann ich überbieten!« Wenn Spieler freudig auf die Bühne springen und dann katastrophal versagen, kommen alle in eine kichernde und wohlwollende Stimmung.

Das Gerbil ist kein Sport, da die Spieler absichtlich versagen, aber die Fähigkeit, Lachen zu unterdrücken und an gewünschter Stelle herauszuplatzen, ist sehr wertvoll.

Die Möglichkeiten des Spiels sind begrenzt; am besten nur dann verwenden, wenn die Zuschauer in Kicherlaune sind.

Impro ohne Lachen

Ein Nebenprodukt des Gerbil-Spiels. Man fängt mit vier oder fünf Leuten an und wirft jeden Improvisierer raus, über den gelacht wird. Ein Zeitnehmer verkündet, für wie viel Sekunden es jedem gelingt zu überleben. Wer als Letzter auf der Bühne steht, hat gewonnen. (Die Szene darf nicht langweilig sein).

Spieler, die dieses Spiel beherrschen, lernen interessant zu sein ohne Lachen hervorzurufen.

ERZÄHLSPIELE

Betty Plum

Eine kleine Gruppe (vielleicht vier Personen) einigen sich auf den Namen und Charakteristika einer Person. Wenn niemandem mehr etwas einfällt, fängt das Spiel von vorne an.

Ursprung: Es macht Spaß, auf diese Weise eine imaginäre Person zu erschaffen (wenn es keinen Spaß macht, sollte man es bleiben lassen), und die Spieler werden gegenseitig empfänglicher für die Ideen der anderen.

Zum Beispiel:

»Oskar.«

»Mittleres Alter.«

»Perlentaucher ...«

»Nicht wirklich ...«

Hier hört das Spiel auf, weil jemand bei dieser Idee nicht mitmachen kann (oder will).

Ein weiterer Versuch:

»Betty ...«

»Plum!«

»Näherin!«

»Nein.«

Das Spiel könnte hier zu Ende sein, aber plötzlich sagt jemand:

»Bardame!«

Alle jubeln.

»In ihrer Freizeit geht sie Bungeespringen.«

»Fährt einen kleinen roten Sportwagen.«

»Schreibt Romanzen!«

»Nein.«

»Liest Romanzen.«

»Richtig!«

»Sieht ihr ganzes Leben als Romanze und wird ständig enttäuscht.«

»Es gibt zwei Männer in ihrem Leben!«

»Einer ist sanft und langweilig.«

»Und der andere ein attraktiver Prolet.« Und so weiter.

Die Schüler lernen, dass es unproduktiv ist, auf ihren eigenen Ideen zu beharren, und dass es mehr Spaß macht, auf die anderen einzugehen.

Sollte man Szenen zwischen den geschaffenen Figuren spielen?

Ein Wort auf einmal

Die Spieler kreieren eine Geschichte, indem jeder ein Wort hinzufügt. Die Sätze müssen grammatisch korrekt und sinnvoll sein.

Ursprung: Ich wollte die Improvisierer davon abbringen, in die Zukunft zu blicken.[64]

Einführung in das Spiel

Ich bitte zwei Freiwillige, sich neben mich zu setzen. Ich sage:

»Lasst uns eine Geschichte erfinden, indem jeder ein Wort hinzufügt. Ich fange an.«

»SALLY ...«

»*ist* ...«

»verrückt ...«

»GEWORDEN ...«

»*denn* ...«

»ihr ...«

»VATER ...«

»*wollte* ...«

»sein ...«

»PFERD ...«

»*in* ...«

»ihren ...«

»STALL ...«

»*stellen* ...«

Manchmal geht uns nach einem Satz der Atem aus, doch es entstehen auch vollständige Geschichten (obwohl dies zu Beginn selten ist). Ich habe Spieler vor Lachen mit den Fäusten auf den Boden hämmern sehen. Manchmal ist es, als wäre man Teil eines Orakels.

Nehmen wir an, wir spielen dieses Spiel in Vierergruppen. Einer fängt mit »Henry ...« an, und du stellst dir vor, wie es weitergehen wird, vielleicht: »Henry *kam* zu spät zur Schule«; doch der nächste Spieler denkt vielleicht: »Henry *nahm* ein Bad«, und der nächste denkt: »Henry nahm *Betty* in die Arme«, und das führt zu: »Henry nahm Betty *mit* auf den Sportplatz« – das heißt, wenn du wieder an der Reihe bist, hat der Satz nichts mehr mit dem gemeinsam, den du dir ausgedacht hattest, und du lernst, nicht zu planen. Es ist leicht, mit dieser Methode ganze Absätze oder Geschichten zu improvisieren – Geschichten, die von der Gruppe geschaffen werden, nicht von einem Einzelnen.

Ein Wort auf einmal (im Kreis)

Ein Kreis von sechs bis acht Schülern erfindet Geschichten, indem jeder ein Wort hinzufügt. Jeder, der zögert, die Grammatik oder den Sinn verletzt, wird hinausgeworfen. (Die Hinausgeworfenen werden zu Richtern, die »Schneller!« rufen und entscheiden, wer als Nächster draußen ist.)

Variante: Die Gruppe klopft rhythmisch auf den Tisch; die Wörter werden synchron zu den Schlägen gesprochen.

Variante: Jeder Spieler sagt ein Wort und deutet dann auf einen Spieler, der das nächste Wort hinzufügen muss. Wenn man nicht weiß, wann man drankommt, muss man umso mehr auf dem Sprung sein.

Ein Wort auf einmal (Briefe)

Die Schüler bilden Vierergruppen. Sie sitzen – besser noch sie liegen – im Kreis und entwerfen einen Ein-Wort-auf-einmal-Brief an eine imaginäre Person. Diskussionen sind nicht zugelassen; man fängt einfach mit dem ersten Wort einer Adresse an und beendet den Brief mit einer Unterschrift und einem Postskriptum.

Jede Vierergruppe ernennt einen Schriftführer, der mitschreibt (und jedes vierte Wort hinzufügt).

Kinder lieben dieses Spiel, aber wenn die Spieler großes Ansehen haben, die Organisatoren einer Bildungskonferenz etwa, kommt nur grammatikalisch falscher Unsinn heraus. Denn die einzige Art, dieses Spiel zu zensieren, ist, es kaputtzumachen.

Die ersten Briefe sind wahrscheinlich »dumm« und/oder ungrammatisch, doch mit etwas Glück werden es die Spieler bald müde sein, »langweilig« oder »komisch« zu sein, und lassen zu, dass die Briefe »sich selbst« schreiben. Der Brief geht dann in die Richtung, in die er »gehen will«, und sie versuchen nicht mehr, seinen Lauf zu bestimmen. Wahrscheinlich kommt eine Menge verbotenes Material zur Sprache (Obszönitäten, psychotische Ideen usw.).

Es ist ein tolles Gefühl, zu einer Gruppe zu gehören, die einen solchen Brief schreibt, Stück für Stück, besonders, wenn das Ergebnis laut vorgelesen wird. Es gibt eine Perversion des menschlichen Geistes, die einen als freundlich und liebevoll geplanten Ein-Wort-auf-einmal-Brief, ehe man sich's versieht, in einen Brief verwandelt, der von einem mordgierigen Psychopathen geschrieben zu sein scheint. Wenn das Spiel ein paarmal gemacht wurde, werden die Briefe weniger gewalttätig und empfindsamer, und mehr Verletzlichkeit kommt zum Ausdruck (unter der Schlange liegt der Schatz).

Dieses Spiel macht den Spielern bewusst, dass sie oft ein Wort durch ein anderes ersetzen, auch wenn das erste Wort den Zweck genauso erfüllt hätte.

Wenn die Spieler mehr Übung haben, bitten Sie sie, anstelle von Briefen Geschichten zu schreiben.

Ein Wort auf einmal (Darstellung)

Zwei Spieler stellen die Geschichte dar, während sie sie erfinden (sie legen einander die Arme um die Schultern oder bleiben nah beieinander). Anfängern sollte souffliert werden, oder das Abenteuer endet als Tratschen.

»WIR gehen AM Strand SPAZIEREN ...«

»Lauft los!«, sage ich.

»... und WIR sehen EINE Höhle ...«

»Geht rein!«, sage ich.

»WIR betreten DIE Höhle UND erforschen SIE ...«

»Habt Taschenlampen!«, sage ich.

»Nachdem WIR unsere TASCHENLAMPEN eingeschaltet HABEN, kommen WIR zu EINEM dunklen GANG ...«

»Hört etwas!«

»Wir HÖREN Gesang ...«

Und so fort. Dieses Spiel ist eine ausgezeichnete Herausforderung, denn es unterscheidet sich von fast allen anderen Darstellungsspielen. (Wenn es einem schwerfällt, das Spiel zu soufflieren, sollen die Spieler an passender Stelle »plötzlich« sagen.)

Man kann den Versuch machen, dass ein Spieler von jedem Paar während des Spiels die Augen schließt. Versucht es, und ihr werdet erstaunt sein, wie euer Geist die »Bilder« liefert, während ihr die Geschichte erfindet.

Oder beide Spieler schließen die Augen, während der Rest der Klasse sie davor schützt, sich wehzutun. Wenn sie einen Sturm erwähnen, bespritzt sie mit Wasser und macht Windgeräusche und schwingt eure Jacken, um die Luft zu bewegen. Wenn sie auf einer Wiese sind, zwitschert wie Vögel. Wenn sie winzige Leute treffen, legt euch hin und zupft an ihren Hosenbeinen.

Dem Wolf ausweichen

Ein Held muss einem »Wolf« begegnen, doch Anfänger versuchen alles, um den Wölfen auszuweichen. Ein-Wort-auf-einmal-Spiele sind geeignet, die Tricks aufzuzeigen, mit denen sie dabei arbeiten.

»WIR gehen ZUM Laden, WO wir BROT kaufen, UND jetzt GEHEN wir NACH Hause!«

Ein Laib Brot war das »Unwölfischste«, was sie sich vorstellen konnten, und dann löschten sie selbst diese Handlung, statt das Brot aufzuessen oder an die Enten zu verfüttern.

Weniger Ängstliche lassen es zu, dass sie den »Wolf« treffen, doch dann fliehen sie – zum Beispiel: »WIR gehen IN ein ALTES Haus UND sehen EINE Kellertreppe. O nein! PLÖTZLICH kommt EINE riesige RITTERRÜSTUNG auf UNS zu. WIR laufen HINAUS und GEHEN heim!«

Eine fantasierte Ritterrüstung kann niemandem ein Leid zufügen, also warum nicht mit ihr kämpfen oder herausfinden, wer sie trägt? Tapferere (oder geübtere) Schüler haben aufregendere Abenteuer: »... Das MONSTER lähmte UNS mit SEINEM Stich UND wickelte UNS in EINEN Kokon AUS Fäden UND zog UNS in SEIN Versteck ...« Und so weiter.

So etwas ist viel spannender als ein Gang zur Backerei, um Brot zu kaufen. Auf einmal wirken die Improvisierer talentiert – der Unterschied liegt allein in ihrer Bereitschaft, die Rolle des Helden zu akzeptieren. Wenn einem in einer Fantasiegeschichte etwas Schreckliches begegnet, sollte man es zähmen oder auf ihm reiten oder Liebe mit ihm machen, oder man lässt sich von ihm in Stücke reißen – Hauptsache: Interaktion![65]

Keine Adjektive, kein Aber

Alle Improvisierer haben bis zu einem bestimmten Grad Zukunftsangst, und wenn eine Geschichte in die Zukunft zu gehen droht, setzen sie Adjektive ein, um das Substantiv hinauszuzögern. Zum Beispiel:

»Henry nahm Betty mit in sein großes, langes, graues, riesiges, vibrierendes, pittoreskes ...«

Werden Adjektive so verwendet, sind sie eine Art von Kneifen (und von Überbrücken), und wenn das Substantiv endlich eintrifft, kann ein »Aber« immer noch in eine völlig andere Richtung lenken.

»Henry nahm Betty mit in sein großes, langes, graues, riesiges, vibrierendes, pittoreskes Zimmer, ABER ...«

Wenn Ihre Schüler das Spiel »fließend« beherrschen, sollten Sie sie in die Zukunft zwingen, indem Adjektive und das Wort »aber« verboten werden.

Was kommt als Nächstes

Improvisierer sollten zu diesem Spiel zurückkehren, wie ein Bodybuilder zu seinen Gewichten zurückkehrt. In seiner klassischen Form gibt es nur einen Spieler auf der Bühne.

»Trefft selbst keine Entscheidungen, sondern fragt die Gruppe: ›Was kommt als Nächstes?‹ und tut genau, was sie euch sagen. Wenn die Szene langweilig ist, gebt uns die Schuld – es ist nicht eure Verantwortung.«

Wahrscheinlich kommen von der Gruppe erst einmal Vorschläge wie diese:

»Das Telefon klingelt.«

»Du stehst auf dem Kopf!«

»Du spielst Posaune.«

Nach kurzer Zeit haben sie es satt, den Improvisierer zum Narren zu machen.

»Hört auf abzulenken!«, sage ich. »Lasst es zu, dass eine Handlung zur nächsten führt.«

Es beginnt ein Ringen, bei dem die Handlung vorangebracht und wieder zurückgeworfen wird. Wenn die Vorschläge von einem zahlenden Publikum kommen, wird dies mit Sicherheit der Fall sein.

»Was kommt als Nächstes?«

»Das Telefon klingelt.«

»Was kommt als Nächstes?«

»Du gehst ans Telefon.«

»Was kommt als Nächstes?«

»Es war die falsche Nummer!«

»Was kommt als Nächstes?«

»Das Telefon klingelt wieder!«

»Was kommt als Nächstes?«

»Du gehst ran.«

»Was kommt als Nächstes?«

»Es war die falsche Nummer!«

Schließlich wird jemand diesen toten Punkt überwinden, doch noch immer bleibt das Telefon unbeantwortet (weil es nicht »originell« ist).

»Was kommt als Nächstes?«

»Es klopft an der Tür.«

»Was kommt als Nächstes?«

»Du öffnest die Tür.«

»Was kommt als Nächstes?«

»Es ist niemand an der Tür!«

»Was kommt als Nächstes?«

»Das Telefon klingelt!«

Sogar wenn das Telefon beantwortet wird, ist es eine falsche Nummer. Alle Angebote werden gestrichen oder umgangen – als Teil eines generellen Kneifens. Denn jeder Einzelne, der die Anweisungen gibt, hat die Rolle des Darstellers übernommen und zögert, seinen Helden in eine unbekannte Zukunft zu werfen.

Ich unterbreche:

»Wie hat die Szene begonnen?«

»Das Telefon klingelte.«

»Nun, das Klopfen an der Tür ist ein Ablehnen des Telefons.«

»Was sollen wir also tun?«

»Geht ans Telefon!«

Sie machen weiter:

»Was kommt als Nächstes?«

»Der Hörer klebt fest!«

Diese letzte Antwort lässt uns erahnen, wie viel Genie nötig ist, um stumpfsinnig zu sein: Sie ist »originell«, das heißt von niemandem im Publikum erwartet; sie ist ein Blockieren (weil sie die Idee ruiniert); sie ist ein Kneifen (weil sie nichts hinzufügt); sie ist ein Überbrücken (weil sie das Beantworten des Telefons verzögert); sie ist ein Sofort-Problem, sie löscht die Handlung aus, und sie ist äußerst negativ. An sich selbst oder untereinander festzukleben war unter den

Schülern des Royal Court Theatre Studio sehr beliebt, und wir lachten darüber, ohne zu erkennen, dass man so Erzählungen ruinierte.

»Die Handlung ist: ans Telefon gehen!«, sage ich. »Also, geht ans Telefon!«

»Was kommt als Nächstes?«

»Du führst ein Gespräch.«

Das ist schon ein wieder ein Kneifen, denn es wird keine Verantwortung übernommen für das, was gesagt werden soll. Ich erinnere sie daran, dass wir es sind, die kreativ sein müssen, nicht der Darsteller.

»Na schön! Ein Mann mit einer Pistole bricht durch die Tür!«

»Wage es nicht!«

»Aber es bringt die Handlung voran!«

»Überhaupt nicht«, sage ich. »Der Mann mit der Pistole ist ein Ablenken und der Versuch, ›originell‹ zu sein – in keiner Weise das, was die Zuschauer sich vorstellen und zu sehen erwarten. Gebt ihnen, was sie wollen. Und was wollen Sie?«

»Sie wollen, dass jemand kommt?«

»Nein, das wollen sie nicht!«

»Sie wollen, dass er hinausgeht.«

»Wollen sie nicht!«

»Was denn dann?«

»Sie wollen wissen, wer anruft. Fragt: ›Was kommt als Nächstes‹?«

»Was kommt als Nächstes?«

»Deine Schwiegermutter ist am Telefon.«

Das soll negativ sein, und sie beabsichtigen eine negative Nachricht, zum Beispiel: »Ihr Hund ist gestorben!« oder: »Sie hat Krebs!«, weshalb ich ihnen sage, dass die folgenden Vorschläge positiv sein müssen.

»Was kommt als Nächstes?«

»Sie wird dich gleich besuchen kommen.«

Der Schauspieler sieht zufrieden aus:

»Was kommt als Nächstes?«

»Du machst dich für den Besuch zurecht.«

Der Schauspieler ordnet seine Kleider und kämmt sich.

»Was kommt als Nächstes?«

»Du gehst an den Schrank.«

»Was kommt als Nächstes?«

»Du nimmst ein Gewehr heraus.«

Das sieht vielleicht negativ aus, doch es ist kein Versuch, die Geschichte kaputtzumachen.

»Was kommt als Nächstes?«

»Du lädst das Gewehr.«

Ein Publikum erwartet, dass er sich auf die Lauer legt, um seine Schwiegermutter, sobald sie auftaucht, zu erschießen. Weil aber Offensichtlichkeit als unoriginell verschrieen ist, weichen die Schüler aus und überbrücken schamlos.

»Was kommt als Nächstes?«

»Du schießt dir selbst versehentlich in den Fuß!«

»Nein, tut er nicht!«, sage ich.

»Die Kugeln haben das falsche Kaliber!«

»Nein, haben sie nicht!«

Ich erkläre ihnen, dass das Laden des Gewehrs ein Versprechen an das Publikum ist, das eingehalten werden muss. (Diese Schüler sind intelligent, doch ihr Bammel vor der Zukunft lässt sie die Geschichte kaputtmachen.)

»Neunundneunzig Prozent der Zuschauer wollen, dass er auf seine Schwiegermutter schießt. Also tut es! Wagt es ja nicht, ›originell‹ zu sein!« (Ihr Problem ist, dass sie nicht die geringste Ahnung haben, was passieren wird, nachdem sie sie erschossen haben.)

Unserem Helden wird befohlen, sich unter das Fenster zu kauern.

»Was kommt als Nächstes?«

»Du siehst deine Schwiegermutter auf der Straße.«

»Was kommt als Nächstes?«

»Es ist ein Vertreter an der Tür.«

»Nein! Da ist kein Vertreter an der Tür!«

»Der Wecker klingelt.«

»Nein! Tut er nicht!«

Sie geraten in Panik, weil sie nicht mehr wissen, wie sie verhindern können, dass aus der Geschichte etwas wird. (Ich habe das nicht erfunden!)

»Schieß einfach!«, sage ich.

»Peng! Was kommt als Nächstes?«

»Sie schießt zurück!«

Alle lachen über die Offensichtlichkeit (echte Originalität) dieses Vorschlags, der die Handlung voranbringt, ohne die Schwiegermutter auszulöschen.

»Was kommt als Nächstes?« enthüllt den unterschwelligen Kampf zwischen positiven und negativen Kräften, bei dem die negativen gewinnen (mit Sicherheit, wenn die Schüler Anfänger sind). Ich habe dieses Spiel vor Kurzem in Lingen gemacht, und es war auf fast unvorstellbare Weise negativ; zum Beispiel:

»Was kommt als Nächstes?«

»Du stehst auf.«

»Was kommt als Nächstes?«

»Du brichst dir ein Bein.«

»Was kommt als Nächstes?«

»Du versuchst aufzustehen, und brichst dir das andere Bein.«

»Was kommt als Nächstes?«

»Du brichst dir den Arm …«

Ich unterbrach das Spiel, als der Schauspieler aufgefordert wurde, »mit den Zähnen den Medizinkasten aufzukriegen« (mit dem nächsten Vorschlag wären sie ausgeflippt).

Ich fragte sie: »Hat euch die Geschichte gefallen?«

»Nein!«

»Aber ihr habt gelacht.«

»Ja, aber es hat zu nichts geführt!«

»Fühlt ihr euch untalentiert?«

»Natürlich!«

»Es hat nichts mit Talent zu tun. Die Geschichte ist unbefriedigend, weil sie in der Warteschleife hängt und weil es keine Ausgangsbasis gibt und weil sie so negativ ist.«

Wir führten dieses Spiel einmal öffentlich am Loose Moose auf. Wir hatten einen männlichen Darsteller auf der Bühne und erklärten dem Publikum (dem zahlenden Publikum), dass die ersten acht Vorschläge positiv sein müssten. Es ging so:

1. Du wachst auf.
2. Es ist ein schöner Tag.
3. Du ziehst dich an.
4. Du fühlst dich gut.
5. Du gehst auf die Straße und siehst eine wunderschöne Frau.
6. Sie nimmt dich mit zu sich nach Hause.
7. Sie lebt in einem sensationellen Penthouseapartment.
8. Sie steht auf, »um sich was Bequemeres anzuziehen«.
   (Ich erinnere die Zuschauer daran, dass sie bereits acht positive Vorschläge gemacht haben.)
9. Sie ist ein Mann!
   (Sie lachen wie verrückt und finden sich talentiert und geistreich.)

Geschichten, die ganz aus positiven Vorschlägen entstehen, bewegen sich mühelos in die »Zukunft«, und sie helfen uns zu erkennen, wie aggressiv und destruktiv wir gewöhnlich sind. Versucht man eine Folge von vierzig oder fünfzig positiven Vorschlägen, fühlt man, wie sich eine riesige Welle von Negativität in uns auftürmt, die nichts anderes will, als den Helden zu vernichten.

»Du gewinnst im Lotto.«

»Du kaufst ein wundervolles Haus.«

»Du heiratest deine Lieblingsschauspielerin.«

»Durch Investitionen wirst du reicher und reicher.«

»Eine Gehirnoperation macht dich superintelligent.«

»Du erfindest eine Zeitmaschine.«

»Du reist in die Zukunft, wo du bereits berühmt bist.«

»Riesige Menschenmengen wählen dich zum Diktator.«

»Dir gefällt es, Diktator zu sein.«

»Jedermanns Gehirn ist verdrahtet, so dass sie dir gehorchen müssen.«

»Es wurde ein wirksames Aphrodisiakum erfunden.«

»Du …«

Ich könnte mir vorstellen, dass Sie schon nach dieser kurzen Sequenz nach Möglichkeiten suchen, den Helden in Schmerz und Verzweiflung zu stürzen.

Versuchen Sie, positive und negative Vorschläge abzuwechseln:

Negativ: Tom fällt aus dem Fenster.

Positiv: Eine wunderschöne Krankenschwester nimmt ihn mit zu sich nach Hause, um ihn zu verarzten.

Negativ: Ihr Freund greift ihn an.

Positiv: Tom kann besser kämpfen. usw.

Zweipersonenspiel

Bitten Sie einen Mann und eine Frau auf die Bühne (Freiwillige aus dem Publikum). Fordern Sie die Männer im Publikum auf, den Mann zu kontrollieren, und die Frauen, die Frau zu kontrollieren. Bitten Sie die Zuschauer, immer daran zu denken, welches Geschlecht sie haben, denn es gibt immer jemanden, der einen Vorschlag für das falsche Geschlecht macht, und nachdem Sie sie gewarnt haben, wird jeder Irrtum sehr unterhaltsam sein.

Man kann auch Geschwister- oder Eltern-Kind-Szenen ausprobieren oder »Zwei Fremde treffen sich« und so weiter.

Nie weiterackern

Ich lasse die Klassen in kleinen Gruppen »Was kommt als Nächstes« spielen, doch beim Nachsehen entdecke ich, dass sie kein Vergnügen daran haben, es gibt kein Gelächter und keinen Enthusiasmus. Dass sie Schwierigkeiten haben, ist verständlich, aber warum bestehen sie darauf, eine Geschichte weiterzuführen, die für sie uninteressant ist?

»Ihr seid wie verwundete Radfahrer, die noch immer in die Pedale treten, obwohl sie gestürzt sind!«

»Wie meinst du das?«

»Keiner hat Spaß daran! In dem Moment, wo die Geschichte nicht weiterkommt, lasst sie bleiben und fangt eine neue an!«

»Aber wie sollen wir es je lernen, wenn wir nicht dabeibleiben?«

»Warum dabeibleiben, wenn es keine Freude macht! Ihr seid wie schlechte Theatersportspieler, die Szenen dahinschleppen, obwohl sie nicht das geringste Interesse daran haben.«

»Also was machen wir?«

»Wenn jemand das Gefühl hat, dass die Geschichte verdorben ist, hört auf damit und fangt eine neue an! Dies ist keine Künstlerklasse, wo durch einen falschen Versuch Papier verschwendet oder der Marmorblock ruiniert wird!«

Sie könnten »Betty Plum« spielen (S. 214), damit sie sich daran gewöhnen, Ideen aufzugeben.

Jahre organisierter Langeweile haben uns gelehrt weiterzuackern, auch wenn eine Aktivität für uns uninteressant ist oder keinerlei Nutzen hat. Man muss die Gruppen, die selbstständig arbeiten, im Auge behalten, und alle, die sich nicht großartig amüsieren, dazu bringen, von vorn anzufangen.[66]

Einsatz eines Komitees

Dies ist eine wundervolle neue Variante, die den Konflikt zwischen Publikum und Darstellern sehr deutlich macht (viele von Ihnen haben ihn vielleicht bisher noch nicht mal bemerkt).

Ein Komitee, bestehend aus drei oder vier Freiwilligen, sitzt vor der Klasse der Bühne gegenüber. Die Darsteller fragen das Komitee: »Was kommt als Nächstes?« Der Rest der Klasse beklatscht jeden Vorschlag, der ihnen gefällt, macht »hmmmm« bei Vorschlägen, die akzeptabel sind, »na ja« bei zweifelhaften Vorschlägen und pfeift und buht bei allen, die enttäuschend sind.

Mit ein bisschen Glück hören wir auf zu denken und verwandeln uns in ein richtiges Publikum, das heißt eine Gruppe von Leuten, die unterhalten werden wollen. Das »Komitee« hingegen (das gezwungen ist, »kreativ« zu sein) steht unter erhöhtem Druck, und es kann sein, dass es jeden Wunsch des Publikums durchkreuzt.

»Was kommt als Nächstes?«

»Es klopft an der Tür.«

Das »Publikum« macht »hmmmm ... «

»Was kommt als Nächstes?«

»Es ist niemand da.«

Das »Publikum« buht laut.

»Was kommt als Nächstes?«

»Auf der Türmatte liegt ein Päckchen.«

Applaus!

»Es ist noch eine Türmatte.«

Wir buhen und pfeifen.

Ich wechsle das Komitee ständig aus. Die Schüler staunen darüber, was für einen Unterschied es macht, »Darsteller« (das heißt Komiteemitglied) oder Teil des »Publikums« zu sein. Es ist eine Sache, geistig zu akzeptieren, dass die »Darsteller« Geschichten ruiniert sehen wollen. Aber die Umkehrung des Denkens, wenn man zwischen Komitee und Publikum hin- und herwechselt, ist bizarr – noch extremer als der Wechsel von Fußgänger zu Autofahrer.

Nach kurzer Zeit werden »Komitees« verschlagener. Ein Komitee ließ eine Frau das Reptilienhaus betreten und die Krokodile betrachten.

»Was kommt als Nächstes?«

»Du siehst eine Münze auf der Spitze seiner Schnauze!«

Das Komitee wollte eine direkte Interaktion zwischen der Frau und dem Krokodil vermeiden und wich auf eine potenzielle Gefahr aus.

»Was kommt als Nächstes?«

»Du streckst die Hand nach der Münze aus.«

»Was kommt als Nächstes?«

»Die Tür geht auf, und ein Wärter kommt herein.«

Das Komitee tat alles, um eine Interaktion mit dem Krokodil zu verhindern, obwohl der Rest der Klasse lautstark protestierte.

Ich improvisiere eine interaktive Frau-und-Krokodil-Sequenz:

– Das Krokodil beobachtet dich.
– Es erinnert dich an deinen alten Vater.
– Du wirfst ihm ein Sandwich hin.
– Es bedankt sich, und du bist überrascht.
– Du siehst dich nach einem Lautsprecher oder einem Bauchredner um.
– Das Krokodil sagt: »Ja, ich bin es, Jennifer!«
– Du sagst: »Du kannst sprechen?«

– Es sagt: »Nur du kannst mich hören!«
– Sei von seinen Augen fasziniert.
– Du kletterst über das Gitter.
– Es bittet dich, dich neben es zu legen.
– Du fühlst dich vertrauensvoll und geborgen.
– Sag: »Was möchtest du, Papa?«
– Sag: »Es geht um das Testament, Jennifer.«

Vielleicht sagt es ihr, wo das Testament versteckt ist. Vielleicht frisst es sie auf, damit die Schwester das Geld erbt. Wer weiß?

Ich souffliere den Komitees, wenn sie steckenbleiben, und erinnere sie ständig daran, dass »Geschichtenerzählen schwierig« ist. Wenn ich eine Atmosphäre schaffen kann, wo Scheitern nicht bestraft wird, werden sie bald lachen über den bizarren Unterschied zwischen »Zuschauen« und »Darstellen«.

Letztendlich möchten wir, dass das Komitee mit dem Publikum harmoniert, damit es auf seine Wünsche eingehen kann. Dieser Prozess lässt sich beschleunigen, wenn man nach ein paar Vorschlägen unterbricht und sie an die gemachten »Versprechen« erinnert. Eine Szene beginnt zum Beispiel so:

»Du wachst in einem Zelt auf.«

»Was kommt als Nächstes?«

»Du hörst Trommeln.«

»Was kommt als Nächstes?«

»Du bist auf einer Safari.«

Hier schalte ich mich ein, um die Zuschauer zu fragen, welche Erwartungen geweckt wurden. Sie sagen »ein Angriff durch einen Löwen« oder »Naturfotografie« oder »Zusammenstoß mit Elfenbeinwilderern« oder ein »verlorener Stamm«, der von »Der-man-gehorchen-muss« regiert wird und so weiter. Dies vergrößert die Chancen, dass das Komitee innerhalb des Rahmens bleibt, den sie vorgegeben haben (das heißt innerhalb des Erwartungsrahmens), anstatt ergebnislos außerhalb davon herumzustochern.

Fordern Sie fähige Schüler auf, als Einmannkomitee zu agieren.

Paradoxe Version

Wenn man »Was kommt als Nächstes?« so schlecht wie möglich spielt, kann man Einblick gewinnen, wie Geschichten ruiniert werden.
– (SOFORT-PROBLEM) »Das Haus explodiert.«
– (AUSLÖSCHEN) »Das Haus baut sich wieder auf.«
– (AUSLÖSCHEN) »Wach auf – es war nur ein Traum!«
– (ORIGINELL SEIN) »Dein Kopf verschwindet.«
– (AUSLÖSCHEN) »Dir wächst ein neuer Kopf!«
– (ABLENKEN) »Eine Frau stürmt herein!«
– (AUSLÖSCHEN) »Sie fällt aus dem Fenster.«
– (NEGATIV SEIN) »Sie bricht sich ein Bein.«
– (GAGS) »Sie blamiert sich bis auf die Knochen!«

Variante: Der »Darsteller« fügt seine/ihre eigenen Ideen hinzu.

Variante: Ebenso wie »Was kommt als Nächstes« fragt der Spieler: »Was fühle ich?« oder: »Was liegt vor mir?« oder: »Was ist das dort drüben?«

Variante: Ein »Moderator« stellt den Zuschauern Fragen über die Darsteller, zum Beispiel »Welche Gefühle hat er?«, »Warum möchte sie sich rächen?«, oder stellt den Figuren selbst kurze Fragen, zum Beispiel: »Was hältst du von dem, was er gerade gesagt hat?« oder: »Glaubst du, sie lügt?« – »Liebst du ihn noch?« oder: »Welches Geheimnis hast du vor ihr?«

In den meisten Szenen überschneiden sich die Ideen, und man vergisst, welche Idee wann auftauchte. Bei »Was kommt als Nächstes« kann man genau analysieren, was passierte. Ohne Analyse kann das Spiel nur relativ wenig vermitteln.

Unzusammenhängende Listen

Wenn man so schnell wie möglich eine Liste von Substantiven herunterrasselt, wird ein Substantiv das darauffolgende beeinflussen, zum Beispiel:

»Katze, Hund, Hütte, Haus, Tisch, Stuhl, Sofa ...«

Eine solche Sequenz scheint natürlich, während es beunruhigend ist, einzelne Dinge aufzuzählen, die nichts miteinander zu tun haben.

Ich versuche es jetzt so schnell wie möglich – los!

»Haus, Wasserfall, Alraune, frische Feigen, Gummistiefel, Waldbrand, eine Großvateruhr, Treibsand, Margarine, Shirley Temple ...«

Dies macht mir Angst, denn ich fühle, dass ich unbeabsichtigt etwas von mir preisgeben könnte, das nichts mit meinem »gesellschaftlichen Ich« zu tun hat. Ich kann mechanische Verbindungen erkennen wie bei »Brand« und »Sand« oder die Alliteration bei »frische Feigen« – aber was hat »Margarine« mit »Shirley Temple« zu tun?

Darstellungsversion

»Wir fordern euch heraus, in der kürzestmöglichen Zeit zwölf unzusammenhängende Substantive zu nennen!«

»Wir nehmen an!«

Die Zuschauer und die Teams zählen die Substantive einstimmig.

»Kohl!«

EINS!

»Die Eigernordwand!«

ZWEI!

»Ein Zwanzigdollarschein!«

DREI!

»Eine schlafende Prinzessin!«

VIER!

»Ein ... ein ... ein ... Schloss!«

Alle buhen – wegen des erkennbaren Zusammenhangs zwischen Prinzessin und Schloss. Der Zeitnehmer (meistens der Kommentator) sagt: »Zwölf Sekunden« – oder was immer –, und ein weiterer Spieler kommt auf die Mitte der Bühne. Die meisten geben nach etwa sechs Gegenständen verwirrt und angespannt auf. Daraus könnte man Schlüsse auf die Organisation im Gehirn ziehen.

Unsere Unfähigkeit, unzusammenhängende Listen zu zensieren, macht dieses Spiel unterhaltsam und verlockend riskant. Versichern

Sie sich, dass die Schüler dieses Spiel wirklich machen wollen und dass sie viel dabei lachen, um Ängste zu verscheuchen.

Gegenstände verbinden

Ein Spieler präsentiert zwei Ereignisse, die nichts miteinander zu tun haben; der zweite Spieler muss sie verbinden.

Zum Beispiel:

A: Eines Morgens wachte John auf und sah, dass der Himmel von schwarzen Wolken bedeckt war. Er bemerkte, dass die Bibel aus seinem Bücherregal verschwunden war.

B: Er erinnerte sich der Prophezeiung, dass eine schwarze Wolke alle Übeltäter vernichten würde. Verzweifelt suchte er ein Neues Testament, doch sämtliche Bibeln in der Stadt waren zu Asche verbrannt, und aus dem Rauch hatten sich die Wolken gebildet.

Ein anderes Beispiel:

A: Der Weihnachtsmann war wütend, weil die Zwerge streikten. Ein Wal mit zwei Köpfen wurde gesehen.

B: »Kein Spielzeug mehr für Erdenkinder, solange nichts gegen die Umweltverschmutzung getan wird!«, rief der Oberzwerg.

Man kann das Spiel mit drei unzusammenhängenden Dingen versuchen:

A: Susan kam mit ihren Hausaufgaben nicht zurecht. Charlie schlug mit der Faust auf einen Automaten ein. Eine Dudelsackkapelle marschierte die Allee hinunter.

B: Susan wurde mit ihren Hausaufgaben nicht fertig, weil Charlie seine Ohrenstöpsel zu Hause vergessen hatte und sie sich Sorgen um ihn machte. Charlie schlug mit der Faust auf den Ohrenstöpselautomaten, der sein Geld geschluckt hatte, ohne etwas dafür auszuspucken. Die Dudelsackspieler kamen näher, und der grässliche Lärm hatte die gleiche Wirkung wie immer. Charlie versuchte zu fliehen, doch schon fing er an, auf Schottisch zu fluchen, und der Wolfspelz quoll unter seinen Kleidern hervor.

Verbale Jagd

Ein Spieler stellt unzusammenhängende Fragen, während ein anderer sie miteinander verbindet und versucht, ihnen irgendeinen Sinn zu verleihen.

Zum Beispiel:

»Warum hast du den Regenschirm im Wohnzimmer geöffnet?«

»Um ein Unglück herbeizuführen!«

»Und der Schneebesen?«

»Selbstmordwaffe!«

Alle lachen sich schief.

Noch ein Versuch:

»Wo waren Sie zehn Minuten nach Mitternacht?«

»Im Bett.«

»Mit welchem Gemüse?«

»Rhabarber.«

»Und das Raumschiff?«

»Habe ich in der zweiten Reihe geparkt!«

Ein Fehler, der oft gemacht wird, ist, dass der Fragesteller die ganze Arbeit leistet:

»Sie haben es vor dem Bürgermeisteramt geparkt?«

»Ja!«

»Mit dem Schwein auf dem Rücksitz.«

»Stimmt!«

»Und es hat die neuen Steuerformulare gefressen!«

»Genau so war's!«

Dieses Spiel führte zu dem bereits beschriebenen »Experten« (Seite 208) und zu »Boris«.

Das Boris-Spiel

Ein Verhörspezialist stellt unzusammenhängende Fragen, und ein Opfer verbindet sie. Wenn das Opfer keine annehmbare Antwort parat hat, wird »Boris« es bestrafen. Der Verhörspezialist entscheidet über die Antworten des Opfers.

Ursprung: Dieses Spiel ist theoretisch in dem Sinn, dass es willkürliche Sprünge macht, die sofort gerechtfertigt werden müssen. Boris-Spiele waren in den Sechzigern bei unseren Zuschauern so beliebt, dass sie »Borrris! Borrris!« brüllten, bis wir eins auf die Bühne brachten.

So wird es gespielt: Führen Sie Boris als »fortgeschritten« ein. Das spornt die Schüler an, und sie haben das Gefühl, dass sie Fehler machen dürfen. Boris-Spiele machen auch dann Spaß, wenn sie mangelhaft gespielt werden, doch wenn es mehr sein soll als Gags und Akrobatik, sind erzählerische Fähigkeiten erforderlich.

Man beginnt nur mit dem Verhörspezialisten und einem Opfer (das heißt kein Boris). Der Verhörspezialist stellt unzusammenhängende Fragen (wie in »Verbale Jagd«) und straft unbefriedigende Antworten, indem er das Opfer mit einem »Luftschiff«-Ballon schlägt (beide Spieler schreien laut, wenn ein Schlag fällt).[67]

»Mr. Ferguson, nicht wahr?«

»Sehen Sie, ich bin hier nur hereingekommen, um die Toilette zu benutzen.«

»Dies ist eine dienstliche Angelegenheit, Sir. Darf ich fragen, warum Sie das Geld gewaschen haben?«

»Ich ... ich ... äh ... ich habe die Scheine gezählt, und ein paar sind in das Waschbecken gefallen.«

Diese Antwort wurde in der Absicht gegeben, Schwierigkeiten zu vermeiden, also lehnt sie der Verhörspezialist ab und schlägt den Gefangenen mit dem Ballon.

»Unsinn!«

»Aua! Also gut! Ich werde es Ihnen erzählen – ich versuchte, die blaue Farbe abzuwaschen!«

»Und die Skorpione?«

»Äh … äh … sie … äh … äh … Aua!«

Der Verhörspezialist schlägt den Gefangenen wegen »Ausweichens«. (Wenn man laut schreit und sich unter den Schlägen krümmt, wird es leichter, Ideen aus dem Unterbewusstsein hervorzuzerren.)

»Ich habe sie in das Häuschen des Kartenverkäufers geworfen, damit ich sein Geld stehlen konnte!«

Das Erzwingen von belastenden Antworten bedeutet, dass bizarre Ideen hervorkommen, die der Verhörspezialist in eine Erzählung umformen kann, indem er alle Antworten ablehnt, die ausweichen oder auslöschen oder aber zu gagig sind.

Jetzt ist es an der Zeit, Boris einzuführen, und von nun an hat der Verhörspezialist keinen Ballon mehr und berührt das Opfer überhaupt nicht mehr. Katrin fängt mit dem Spiel an und sagt:

»Der Nächste bitte, Boris!«

Angst- und Schmerzensschreie sind zu hören, und Boris zerrt Herman auf die Bühne und lässt ihn auf einen Stuhl fallen. Katrin beginnt ganz höflich. Die erste Frage könnte sein:

»Wo waren Sie am Donnerstag, dem 16., Sir?«

Ist die Antwort nicht zufriedenstellend, sagt Katrin:

»Hilf ihm, Boris!«

Boris dreht Hermans Nase herum oder verdreht ihm den Arm, schleudert ihn gegen die Decke oder was immer ihm angemessen erscheint. An der Universität Waterloo (Ontario) brach ein grimmiger Boris dem Opfer das Schlüsselbein – sie mussten die Show abbrechen und einen Krankenwagen rufen, aber im Allgemeinen sind die Schmerzensschreie wirksamer als gymnastische Übungen, und es gab schon ausgezeichnete Boris-Szenen, aus welchen das Opfer ohne eine Schramme hervorging.

»Nun?«

»Ich war … ich war zu Hause!«

»Mit einem toten Pferd?«

»Das sollte eine Überraschung für die Frau sein!«

Wenn Katrin mit der Antwort einverstanden ist, hält sie Boris zurück und fährt mit der Befragung fort.

»Und das Brecheisen?«

»Das war … für … für …«

»Hilf ihm, Boris!«

Und so weiter, und das Opfer kämpft verzweifelt, die Ideen miteinander zu verbinden und einen Zusammenhang in das Chaos zu bringen.

Dies ist eines der wenigen Spiele, bei denen die Opfer Helden sein wollen und die Leiden eisern durchstehen (denn außer einem Geständnis wird nichts von Interesse sein), also muss Boris so furchterregend wirken, dass das Opfer bereit ist, alles und jedes zu gestehen.

Was den besonderen Reiz des Spiels ausmacht (und dem Publikum erlaubt, hemmungslos zu lachen), ist, dass Boris ein riesiger, bösartiger Schläger ist (ungefähr eins fünfundneunzig groß), aber zur gleichen Zeit gänzlich unsichtbar, das heißt, das Opfer tut sich die »Grausamkeiten« selbst an. Sowohl der Verhörspezialist als auch das Opfer müssen immer wissen, wo Boris gerade steckt – sie sollten nicht in verschiedene Richtungen starren –, doch wenn es passiert, sollte der Verhörspezialist »Igor« einführen, den bösartigen Zwillingsbruder von Boris (es gibt keine Zufälle bei der Improvisation). Ich hoffe, Sie können mir folgen.

Viele Verhörspezialisten versuchen die Szene zu kontrollieren und sagen: »Zieh ihn an der Nase, Boris!« – »Reiß ihm das Bein aus!« Man sollte sie überzeugen, blinde Angebote zu machen wie: »Hilf ihm, Boris!«, damit die Opfer die Möglichkeit haben, ihre eigene Wahl zu treffen.

Der »klassische« Boris

Als ich das Spiel erfand, stellte ich folgende Regeln auf:

1. Der Verhörspezialist sagt: »Bring ihn herein, Boris!« (oder: »Bring sie herein«.)
2. Er beginnt höflich, doch wenn die Antworten nicht belastend sind, sagt er: »Hilf ihm, Boris!« oder: »Hilf ihrem Gedächtnis auf die Sprünge, Boris!« Das Opfer gibt vor, Schmerzen zu erleiden beziehungsweise herumgestoßen zu werden (es ist

aber besser, die Gymnastik erst gegen Ende der Szene einzusetzen).

3. In nicht vorhersehbaren Abständen (vielleicht nur einmal) sollte der Verhörspezialist sagen: »Wir wollen noch einmal rekapitulieren« und fasst das bisher Gesagte zusammen, wobei er zusätzliche Informationen hinzufügt und das Ganze zusammenhängender macht.
4. An einem Punkt der Verhörs konfrontiert er das Opfer mit einem Gegenstand, einem Taschentuch, einem Schuh, oder einer Person aus dem Publikum und sagt etwas von der Art: »Das wird ihrem Gedächtnis wohl auf die Sprünge helfen!« Das Opfer muss den Gegenstand entsetzt, schuldbewusst wiedererkennen, und er muss in die Geschichte eingewoben werden.
5. Erzwingen Sie irgendeine Art von Abschluss für die Geschichte und fangen Sie mit einem neuen Opfer an.

Die Betonung sollte auf der Geschichte liegen und weniger auf der Akrobatik, sonst wird das Spiel zu einem reinen Pausenfüller und fesselt die Aufmerksamkeit nur kurze Zeit. Ich improvisiere ein Boris-Spiel. Los geht's:

»Bring ihn rein, Boris!«

»Aaauuu!! Nein … Au! Ahhh!«

»Setz ihn dort auf den Stuhl! Vorsichtig, Boris! Es tut mir leid, Sir, aber die Batterien in seinem Strafkragen sind leer.«

Beide schauen auf einen Punkt ungefähr drei Meter über der Bühne.

»Halten Sie ihn fern!«

»Boris! Zurück! Zurück! Nun, Sir – vielleicht sind sie so gut und sagen mir, wie lange Sie schon Mitglied dieses Clubs sind?«

»Club? Ich kam nur hierher, um das Telefon zu benutzen!«

»Hilf ihm, Boris!«

»Aaauuu! In Ordnung! Ich habe gelogen!«

»Boris!«

»Aaauuuaaaaa! Ich bin … ich bin ein neues Mitglied!«

»Wurden Sie nicht ausgeschlossen?«

»Nein! Ja, doch! Ich wurde ausgeschlossen!«

»Sie wissen nicht, was es für Sie heißt, ausgeschlossen zu werden?«

»Weiß ich das nicht? Nein, nein, ich weiß es nicht! Sie haben recht!«

»Nun, dann lassen Sie mich Ihnen erklären, dass jedes einzelne Mitglied dieses Clubs gegen sie gestimmt hat, als man Sie vorschlug! Und das heißt, keiner von ihnen will, dass Sie jemals wieder einen Fuß hier hereinsetzen!«

»Stimmt!«

»Wie sind Sie zu der Einladung gekommen?«

»Ich habe sie gefälscht!«

(Eine gute Antwort, weil sie ihn belastet.)

»Und wo haben Sie Fälschen gelernt?«

»Ich, äh ... äh ...«

»Hilf ihm, Boris!«

»Aaaauuuu ... nein ... Auu ...«

»Langsam, Boris, nicht so fest am Hals. Lass ihn los! Loslassen! Bitte fahren Sie fort, Sir.«

»Was ... was war noch mal die Frage?«

»Sie kennen die Frage!«

»Ja! Ja! Ich kenne sie! Ich ... ich ... ich bekam als Kind ein Fischer-Druckset geschenkt.«

»Und was hat das mit Sammy, dem Goldfisch, zu tun?«

»O, nein!«

»Hilf ihm, Boris!«

»Aaaauuu! Ich wollte ihn stehlen!«

»Unsinn!«

»Nicht stehlen, sondern ihn als mein Eigentum zurückfordern! Ich habe ihn erzogen! Ich lehnte Bücher gegen das Glas, damit er lesen konnte, doch davon bekam er Migräne, also hab' ich ihn zum Tierarzt gebracht, wo sie ihn ohne mein Wissen die Toilette runterspülten und durch einen anderen Goldfisch ersetzten. Sie sagten, es sei eine wundersame Heilung!«

Wenn die Verhörspezialistin von dieser Spinnerei amüsiert ist, dürfen sie weitermachen.

»Und?«

»Und? Au! Nun, ich dachte, dass er wegen der Anästhesie sein Gedächtnis verloren hat. Er konnte nicht mehr lesen. Er konnte seine kleinen Stricknadeln nicht mehr halten …«

»Sie lügen! Hilf ihm, Boris!«

»Au! Au! Nein! Ich schwöre! Der echte Sammy versuchte durch die Abwasserkanäle nach Hause zu finden. Hier im Club ist er aufgetaucht, in der Besuchertoilette, und weil sie erkannten, was für ein erstaunlich begabter Goldfisch er ist, haben sie ihm den Ehrenplatz im Aquarium im Billardsalon gegeben!«

»Und wie wussten sie im Club, dass es sich um einen besonderen Goldfisch handelt?«

»Weil ich ihm das Jodeln beigebracht hatte!«

»Na schön. Wollen wir rekapitulieren. Sie behaupten, Sammy, der Goldfisch, gehöre rechtmäßig Ihnen und dass Sie versuchten, in diesen Club aufgenommen zu werden, um ihn zurückzubekommen. Dann, als Sie wegen moralischer Verkommenheit abgelehnt wurden, fälschten Sie mithilfe Ihres Fischer-Drucksets eine Einladung zum Geheimen Ritual!«

»Ich gebe es zu!«

»Und erkennen Sie das hier?«

»Au! Wo haben Sie das her? Legen Sie es weg, bitte. Oh, Sie wissen alles. Ich bin erledigt. Ich bin erledigt!«

»Und was ist es?«

(weinend) »Ein Handzettel, der für die morgige Vorstellung von Marvo, dem Zauberer, in der Gemeindehalle wirbt.«

»Lesen Sie weiter! Was steht hier?«

»Marvo, der Zauberer …«

»Und weiter? Boris!«

»Aaauuu! Und sein jodelnder Goldfisch! Aaauuu!«

»Boris, hör auf, ihn über die Bühne zu zerren, du wirst ihn noch kaputtmachen! Setz ihn zurück auf den Stuhl! Also – wer ist dieser Marvo?«

»Ich! Ich bin Marvo! Es hat keinen Zweck zu leugnen!«

»Nun gut, hören Sie auf zu weinen! Also, damit ich Sie recht verstanden habe, Sie behaupten …«

Und so weiter bis zu irgendeinem Ende.

Diese Boris-Szene spielte in einem Herrenclub. Wenn die Form erst einmal sitzt, kann man Boris-Szenen im Waschsalon, im königlichen Schlafzimmer, im Kerker eines Schweizer Mädchenpensionats oder wo auch immer ansiedeln. Ich beginne eine in häuslicher Umgebung:

»'n Abend, Schatz. Ich hab' dir Blumen mitgebracht.«

»Wo warst du? Dein Essen ist völlig verschmort!«

»Ich war noch aus …«

»Hilf ihm, Boris!«

»Au! Also, ich war mit Brenda aus!«

»Boris!«

»Aaauu! Ich war mit Brenda im Bett!«

»Boris!«

»Ahhh! Und mit ihrer Schwester!«

Und so weiter.

Oder »Boris« spielt in einer religiösen Umgebung.

»Ach, Wilkins!«

»Pater Gregor?«

»Mir ist aufgefallen, dass Sie schon länger nicht mehr beim Beichten waren.«

»Äh … nein, Pater!«

»Sie haben sich doch nicht etwa in Versuchung führen lassen?«

»Ich doch nicht, Pater!«

»Nicht? Boris!«

»Au! Autsch! Au! Ich bin zu einer anderen Kirche gegangen.«

»Zu welcher?«

»Zu den Mormonen!«

»Boris!«

»Zur Kirche Satans!«

»Genau!« (Der Verhörspezialist zeigt dem Opfer seine entblößte Brust.)

»Kannst du diese Tätowierung lesen?«

»Fiendus Galumborus.«

»Und was bedeutet das?«

»Sie sind auch Satanisten!«

»Genau! Gib Bruder Boris die Hand!«

»Auuuuuuu!«

»Zerquetsch ihm nicht die Hand, Boris. Er muss vielleicht noch etwas unterschreiben. Bruder Boris ist ein Teufel, der Immobilien verkauft. Hättest du Interesse an einer Hütte am Schwefelsee?«

»Äh … eigentlich nicht … Auuu! Ja, ja, ich kaufe sie unbesehen!«

Boris-Szenen sind oft »Müll« (hoffentlich unterhaltsamer Müll), doch die Zuschauer genießen es, wenn die Schauspieler bis zum letzten Quentchen ihrer Kräfte arbeiten, und manchmal kommt auch etwas Erstaunliches zustande (deshalb riefen die Fans oft danach). Vor allem junge männliche »Opfer« lieben es, von »Boris« herumgestoßen zu werden, doch ein guter Schrei ist oft mehr wert als noch so viel Gymnastik.

Fluchtwege

Wir hoffen, dass Borisgeschichten immer irgendeinen logischen Abschluss finden, doch wenn es sein muss, kann das Opfer den Fragesteller hineinziehen.

»Das Geld habe ich … habe ich Ihnen gegeben!«

»Mir!«

»Glauben Sie, ich habe Sie nicht erkannt mit Ihrem falschen Schnurrbart!«

Oder das Opfer zieht Boris in die Geschichte:

»Und wie sind Sie zum Fenster im zweiten Stock gelangt?«

»Boris hat mich hochgeworfen!«

»Boris hat Sie hochgeworfen!«

»Tut mir leid, Boris, ich musste es ihm sagen …«

Oder das Opfer greift Boris an und wirft ihn über die Bühne (vielleicht kann ein anderer Spieler zum »Mikrofon« laufen und Boris' Schreie liefern).

Oder der »Androklus«-Fluchtweg, bei dem das Opfer sich erinnert, dass es vor langer Zeit Boris einen Dorn aus dem Fuß entfernt hat.

Schreibmaschinenspiele

Ein Darsteller spannt in eine gemimte Schreibmaschine ein Blatt Papier ein, schreibt eine Geschichte und spricht sie laut. Andere Spieler stellen die Geschichte dar, während der Schreiber sie erfindet, und fügen manchmal eigene Ideen hinzu.

So wird es gespielt: Der Spieler sitzt seitlich auf der Bühne (zum Publikum hin, doch mit gutem Blick auf die Handlung). Er spricht die Geschichte, während er sie erfindet, und macht zwischen den Sätzen Tippgeräusche. Am Ende jeder Zeile schiebt er den Schreibmaschinenwagen zurück.

Es ist üblich, das Publikum um einen Titel zu bitten, aber er kann jeden Titel tippen, der ihm gerade einfällt. Und wenn ihm nicht gefällt, was er geschrieben hat, reißt er das Blatt aus der Maschine und spannt ein neues ein. Wenn der Darsteller um einen Titel bittet, sollte er darauf bestehen, dass er auch davon inspiriert wird. »Originelle Ideen« wie *Das Hinterbein des betrunkenen Stachelschweins* sind fast schon Sabotage.

Anfangs gilt seine ganze Aufmerksamkeit der Schreibmaschine, doch sobald er als Schreiber etabliert ist, braucht er nur gelegentlich noch Andeutungen auf der Maschine zu machen (unsere Tonimprovisierer leiten das Spiel meistens mit ein paar Sekunden Tippen ein).

Ich lehre Anfängern Folgendes:

1. Schaffe für den Helden eine stabile Umgebung.
2. Führe ein Ziel ein plus ein tragisches Moment.
3. Lass ihn so agieren, dass Leiden und Chaos bei der Interaktion inbegriffen sind.
4. Gelange zu einem Ende, indem du aufgespartes Material wieder einführst und entweder den Helden völlig zerstörst oder eine neue Stabilität schaffst.

Nehmen wir an, du hast geschrieben »Haralds Abenteuer« und möchtest für ihn eine stabile Umgebung schaffen; dann tippe: »Eines Morgens wachte Harald auf und fühlte sich ganz besonders wohl. Die Sonne schien hell in sein Zimmer …«

Ein Improvisierer hat sich auf der Bühne ausgestreckt und wird »Harald beim Aufwachen«, er »schaltet einen Wecker ab« (der Ton kommt vom Tonimprovisierer). Er könnte ein Fenster öffnen und die Vögel zwitschern hören und sagen: »Was für ein großartiger Tag! Ich glaube, ich lasse die Arbeit sausen!« Oder du gibst ihm diese Ideen ein.

Welche Versprechungen wurden gemacht? Nur, dass Harald beschlossen hat, sich den Tag freizunehmen (plus das unausgesprochene Versprechen, dass Harald ein Abenteuer erleben wird, warum sonst sollten wir ihm zuschauen?). Also soll er sich »krank melden«.

Tippe: »Harald wählte seine Arbeitsnummer. ›Mr Porlock‹, sagte er, ›ich bin nicht ganz auf der Höhe ... ‹«

Der Schauspieler, der Harald spielt, wiederholt dies und fügt hinzu: »Ja, es tut mir sehr leid. Ja, morgen bin ich wieder da.«

Harald könnte mit seinem Boss streiten, aber besteht schon Gefahr, dass sich das Publikum langweilt? Noch nicht, also kann man sich alles, was Chaos in die stabile Umgebung bringt, für später aufsparen.

Am Anfang sollten die Spieler, die die Geschichte darstellen, den von dir vorgegebenen Dialog wiederholen oder Mundbewegungen machen; wenn sie die »Bedeutung« des Spiels begriffen haben, kön nen sie ihre eigenen Dialoge hinzufügen. Sie sollten aber das Spiel nicht ganz übernehmen.

Füge für Harald ein »tragisches Moment« hinzu (das erhöht die Spannung, denn das Publikum erwartet, dass es später von Bedeutung sein wird); also tippe: »Haralds alles überwältigende Angst war, die Kontrolle zu verlieren. Er überprüfte sein Aussehen im Spiegel. Alles war, wie es sein sollte: Die Kleider waren ordentlich, die Knöpfe fest angenäht, und sein Haar hatte die korrekte Länge. Er seufzte zufrieden. Heute würde ein guter Tag werden ...«

Die Zuschauer erwarten, dass Harald etwas im Freien unternimmt, zum Beispiel den Hund spazieren führen, den Zaun streichen, in den Zoo gehen und so weiter. Du tippst: »Harald beschloss, in den Zoo zu gehen.«

Die Zuschauer möchten, dass der Zoo Harald verändert (warum sonst sollte er dorthin gehen?), aber ein Schreiber, der Angst vor der Zukunft hat, wird den Zoo auslöschen, indem er ihn nach Hause zurückschickt, um nachzusehen, ob das Gas abgedreht ist. Oder er überbrückt, indem er ihn den Bus verpassen lässt, oder er lenkt ab, indem er ihn sich erinnern lässt, dass er woanders eine Verabredung hat; also lass ihn in den Zoo gehen und tippe: »Harald befand sich ganz allein im ...«

Wähle irgendeinen Ort: »... im Affenhaus ...«

Er muss mit irgendetwas interagieren, also soll er begeistert von Guy, dem Gorilla, sein.

»Harald starrte den Gorilla an, und Guy starrte zurück ...«

Ein Improvisierer springt auf die Bühne und wird zum Gorilla. Wenn Harald zum nächsten Käfig weitergeht, werden die Zuschauer enttäuscht sein (weil von einer »versprochenen« Interaktion mit dem Gorilla abgelenkt oder die Interaktion ausgelöscht wird). Geht er von Käfig zu Käfig, haben sie bald die Nase voll von den Warteschleifen, also unterbrechen wir die Routine des »den Gorilla anstarren«.

Tippe weiter: »Harald bemerkte das Glänzen von Metall im Pelz des Gorillas.«

Harald erkennt, dass er einen Reißverschluss gesehen hat und dass der Gorilla ein Akrobat in einem Gorillaanzug ist. Der Gorilla könnte ein alter Freund sein. Oder Harald wird auch zum Gorilladarsteller, aber wir werden nicht viele Punkte kriegen, wenn wir nicht ein bisschen Chaos in seine Welt hineinbringen.

Sagen wir, die Reißverschlussidee ist dir zu dumm. »Streiche« den letzten Absatz und führe die Geschichte in eine andere Richtung. Schreibe, dass der Gorilla einen Finger ausstreckt. Harald berührt ihn und entdeckt, dass er plötzlich im Käfig ist, einen Pelz hat und dass er außerhalb der Gitterstäbe sich selbst sehen kann, wie er sich auf die Brust trommelt, offensichtlich vom Geist des Gorillas bewohnt. So hält man das Versprechen, dass seine geordnete Welt außer Kontrolle gerät.

Aber wenn du das Bedürfnis nach mehr Struktur hast? Führe etwas »Aufgespartes« wieder ein – vielleicht die Tatsache, dass Harald log, als er behauptete, krank zu sein. Daran erinnern sich die Zuschauer, und wenn der Boss in den Zoo kommt, sehen sie den »Sinn« der Geschichte. Der Gorilla/Harald könnte den Boss herumstoßen, während Harald, gefangen im Körper des Gorillas, entsetzt zusieht.

Jetzt, da Harald sein Abenteuer erlebt und die Kontrolle verloren hat, kannst du schreiben, dass der Gorilla einen Job als Holzfäller bekam und dass Harald berühmt wurde als der Gorilla, der Papierflugzeuge faltet; oder wir könnten zur Ausgangsbasis zurückkehren und Harald in seiner Wohnung aufwachen lassen, und er erkennt, dass alles nur ein Traum war. Und dann könnte der Gorilla mit einem Frühstückstablett hereinkommen und zu ihm ins Bett steigen.

Wenn dir keine dieser Ideen zusagt, könnte eine Gefühlsänderung helfen, also streichen wir sie, und tippen: »Plötzlich bemerkte Harald, dass der Gorilla weinte ...«

Dies wird das Publikum interessieren, weil es ein Geheimnis birgt. Harald kann fragen, warum der Gorilla traurig ist, und der Wärter kann sagen: »Oh, es ist der Jahrestag!«, und die Geschichte von der Gefangennahme des Gorillas erzählen (wenn dies als Rückblende dargestellt wird, haben wir eine Szene in der Szene).

Dadurch könnte Harald wild entschlossen werden, den Gorilla zu retten und ihn nach Afrika zurückzubringen. Ein starkes Ziel macht ihn zu einem interessanteren Charakter – wir hätten ihm vielleicht von Anfang an eines geben sollen. (Regel zwei: »Führe ein Ziel ein plus ein tragisches Moment«.) Wir hätten schreiben können: »Harald, der Tierschützer, erwachte aus einem Albtraum, überzeugt, dass in seine Wohnung Wissenschaftler eingebrochen waren, die Versuche an lebenden Tieren vornahmen ...« (andere Spieler springen auf die Bühne, um sich zu verstecken) »... aber da war niemand im Schrank, niemand im Flur – so weit er das durch den Spion sehen konnte –, und auch auf der Straße draußen sah alles normal aus ...« (die Spieler auf der Bühne gehen ab) »... Er machte sich Kaffee und zog die Zoowärteruniform an, die er gestohlen hatte. Dann packte er die viel größere Ausführung, die er am Abend zuvor geschneidert hatte, zu einem Päckchen. Heute war der Tag, an dem er Guy, den Gorilla, in die Wildnis zurückbringen würde!«

Dies gibt Harald ein Ziel, plus Feinde, und bei den Zuschauern entsteht die unterschwellige Idee, dass er und der Gorilla vielleicht dazu bestimmt sind, durch einen modernen Dr. Moreau auf einen Vivisektionstisch geschnallt zu enden.

Aber was passiert, wenn du vor Hunderten von Leuten auf der Bühne stehst, und dein Kopf ist vollkommen leer? Dadurch betrachten viele Anfänger das Schreibmaschinenspiel als eine Tortur (ich hörte einmal, wie ein Gastspieler sagte: »Ich werde ungefähr in einem Jahr so weit sein, meine erste Schreibmaschinengeschichte zu improvisieren!«). Aber ich habe in das Spiel eine Reihe von »Fluchtwegen« eingebaut und es tut mir leid, wenn diese vergessen werden.

Fluchtwege

1. Tippe: »Etwas Unerwartetes passiert!«, und lass Harald das Problem lösen.
2. Frage das Publikum, was als Nächstes kommt.
3. Gestehe eine Niederlage ein! Gib ein »Ersatz«-Zeichen, indem du deine Hände zu einem T formst. Jemand wird dich ersetzen, und du bist erlöst!
4. Tu so, als ob du die letzten Sätze ausradiertest. Oder du nimmst das »Papier« aus der »Schreibmaschine« und zerknüllst es zu einer Kugel. Die Zuschauer lieben es zu sehen, wie die Spieler sich selbst ausradieren oder sich selbst zu einer Kugel zerknüllen und von der Bühne rollen.
5. Lass deinen Helden einen Brief entdecken oder ein Tagebuch oder ein Buch oder eine Zeitung und lese laut vor. Tippe zum Beispiel: »Der Gorilla gab Harald ein schmuddeliges Stück Papier. Er las es laut: ›Ich klammerte mich an das Fell meiner Mutter, die von Jägern erschossen worden war … ‹«

   Lass den Spieler weiterlesen, während du dich von der Bühne schleichst, das heißt, der Inhalt des Briefes wird zu einer neuen Geschichte, wenn jemand auf die Bühne kommt, um das Gorillababy darzustellen. Auf diese Weise kann sich eine Geschichte nach der anderen entspinnen, ähnlich den russischen Puppen, bei denen eine Puppe die andere enthält.

6. Du betrittst die Szene als Figur! Tippe so etwas wie: »... Haralds Boss warf ihn auf den Boden, wo er sich nicht mehr verteidigen konnte ...«
   Du eilst auf die Bühne, um den Boss darzustellen, während Harald sich unter dir hervorwindet, zur »Schreibmaschine« springt und schreibt: »... Als Harald fast tot war, bemerkte der Boss das Amulett um seinen Hals ...«
   Wechselt ständig die Rollen, und wenn du keine Lösung für die Geschichte findest, wird dein Partner eine finden.
7. Bei der Einführung des Spiels empfehle ich als Fluchtweg, dass sich Harald und sein Schreibmaschinenschreiber im gleichen »Rahmen« befinden.
   »Harald kämpfte mit dem Stahlgitter, als die Menge um den Gorilla/Harald zurückwich, während sein Boss durch die Luft flog wie von einem Trampolin hochgeschleudert. Plötzlich hörte er Tippgeräusche. Er entdeckte eine kleine Türe unten an der Wand. Er presste sein Auge ans Schlüsselloch und sah einen weiteren Gorilla, der mit enormer Geschwindigkeit auf die Tasten einhämmerte ...«
   Harald/Gorilla sieht dich jetzt direkt an. Bring ihn in deinen »Raum«, indem du tippst: »Harald trat durch die Türe und ...«
   Jetzt könnt ihr eine Szene zusammen spielen: Harald/Gorilla kann sich über die doofe Geschichte beschweren, die du schreibst, oder er nimmt das gemimte Blatt Papier aus der Maschine und »liest« es laut: »Harald wachte eines Morgens auf und sah, dass die Sonne in sein Zimmer schien ...«
   Ein weiterer Spieler springt auf die Bühne, um am Morgen aufzuwachen und der zweite Harald zu werden, während das Licht ausgeblendet wird, und das Publikum hat die Illusion, dass etwas erreicht wurde. Geschichten sind in sich geschlossen, und wenn man mit dem Schreibmaschinenschreiber anfängt und aufhört, wird diese Geschlossenheit erreicht.

Manche Anfänger wissen nicht, wo sie den Schreibmaschinenschreiber entdecken sollen, aber wenn dein Held sich in einem Wald befindet, kann er in einem hohlen Baum sitzen oder hinter einem Felsen oder in einer Hütte. Oder dein Held schaut in seine/ihre Hemdentasche und entdeckt einen Käfer, der auf einer Miniaturschreibmaschine tippt und zerquetscht ihn. (Dann kannst du mimen, zerquetscht zu werden, während dein Held entgeistert danebensteht und sagt: ›Ich scheine keinerlei Existenzberechtigung mehr zu haben …‹«)

Zögere nicht, dich selbst zu charakterisieren. Tippe zum Beispiel: »… Ein abartiger Widerling sabberte über die Tasten einer Schreibmaschine gebeugt …«

Oder: »… Eine erstaunlich gutaussehende Person schrieb eine Geschichte …«

Oder: »… Er spähte in die Hundehütte und sah Fido auf die Tasten einhämmern …«

8. Der beste Fluchtweg ist wahrscheinlich, sich an etwas zu erinnern, was aufgespart wurde, und es wieder einzubauen.

Fluchtwege ermutigen die Anfänger, sich kühn in etwas hineinzustürzen, ohne zu wissen, wo die Geschichte hinführen wird. Wir hoffen, dass sich die Geschichten von selbst vervollständigen, aber selbst Experten sind oft froh über Fluchtwege, wenn diese nötig sein sollten.

Variante: Die Geschichte wird von Captain Ahab getippt oder von dem Wolf, der Rotkäppchen frisst, oder von einem rachsüchtigen Frosch.

Variante: Bitte um ein Genre: »Film noir«, »Science-Fiction«, »Western« und so fort (Genres schaden einer Schreibmaschinengeschichte nicht, aber akzeptiere kein Genre, das dich nicht anregt).

Variante: »Liebes Tagebuch.« Der Erzähler schreibt in sein/ihr Tagebuch, oder Captain Pickard bringt das Bordbuch seines Raumschiffs auf den neuesten Stand, oder ein Ehemann schreibt einen Brief, in dem er erklärt, warum er drei Tage lang verschwunden war und mit kahlrasiertem Schädel und voller Bisswunden nach Hause kam.

DA SEIN

Als ich meine ersten Schüler mitten in der Szene unterbrach, um sie zu fragen, was sie gerade machten, sagten sie gewöhnlich:

»Ich will mich auf das Sofa setzen ...« oder: »Ich kam gerade zur Tür herein.«

Niemand sagte jemals: »Ich überlege gerade, wo ich mich hinsetzen soll!«

Warum immer nur in der Zukunft oder in der Vergangenheit? Ich erinnerte mich, wie Buddha (oder jemand anders) einmal über die Menschen sagte, sie seien wie trockenes Schilfrohr am Ufer eines Sees: »Sie sehen sehr wirklich aus, aber wenn du sie anfasst, zerfallen sie zu Staub, weil sie gar nicht wirklich da sind!«, und begann Spiele zu ersinnen, die die Aufmerksamkeit der Schüler auf das lenken würde, was tatsächlich passierte, nicht auf das, was passiert war oder passieren würde.

Klau den Hut
(empfohlen)

> »... *Sie nennen ihn* El Sombrero, *weil er den Leuten den Hut vom Kopf klaut und wegrennt.*«
> (William S. Burroughs, *Junkie*)

Es geht bei dem Spiel darum, eine Szene zu spielen mit der Absicht, dem Partner den Hut zu klauen. Wenn man Erfolg hat, gewinnt man, wenn der Versuch fehlschlägt, verliert man. Herausgefordert wird normalerweise zu dem »besten von drei Hutspielen«.

Ursprung: William Gaskill produzierte *A Chaste Maid of Cheapside* an der Central School of Speech and Drama, als er auf die Idee kam, die recht ernsten Schüler zu bitten, einander die Hüte zu stehlen – mitten in der Szene. Dadurch verwandelte sich Arbeit in Spiel, und ihre Interaktionen wurden mühelos und amüsant.

Die Hüte

Die Hüte sollten leicht abzunehmen sein und einigermaßen gerade sitzen, doch den Blick freihalten. Weiche Filzhüte sind gut geeignet (sie sollten oben eine Falte haben, sonst könnte es sein, dass jemand ein Büschel Haare verliert). Nehmen Sie keine Hüte, die groß und schlapp sind, und vermeiden Sie Schirmmützen – die Schüler versuchen, nach dem Schirm zu greifen, und geraten in gefährliche Nähe der Augen.

Einführung ins Hutspiel

Ich bitte einen Schüler, jemandem in Zeitlupe einen Hut zu stehlen, der nichts unternimmt, um es zu verhindern.

»Nimm den Hut von der Seite oder von oben, nicht von vorn; du willst ja nicht mit deinem kleinen Finger in seiner Nase enden.«

Nachdem sie das Hutstehlen in Zeitlupe eingeübt haben, sage ich, sie sollten schneller werden. Manche verstehen darunter, den Hut mit so viel Kraft wie möglich zu nehmen, und schlagen heftig in die Richtung, wo sie den Kopf ihres Partners vermuten.

»Euer Arm muss entspannt sein«, sage ich. Denkt: ›Schnell und leicht!‹ statt: ›Hart und stark!‹ Dann wird sich eure Hand viel schneller bewegen!«

Wenn sie gelernt haben, einen Hut geschickt zu nehmen, stelle ich zwei Schüler dicht zusammen und lasse einen Partner versuchen, den Hut zu stehlen, während der andere versucht, dies zu verhindern, indem er zuerst zugreift oder sich wegduckt. Spieler, die auf Teufel komm raus gewinnen wollen, schlagen immer noch heftig in Richtung Hut, bis ich ihnen Einhalt gebiete.

»Nehmt Rücksicht auf euren Partner!«, rufe ich. »Seid sanft! Tut niemandem weh! Es ist nur ein Spiel!«

Ich konzentriere mich auf diejenigen Schüler, die es durchaus nicht zu begreifen scheinen.

»Den Hut herunterzuschlagen gilt nicht!«, sage ich. »Die Hüte müssen *gegriffen*, sie dürfen nicht in die Luft geschlagen werden! Wenn euer Versuch nicht mit dem Hut in eurer Hand endet, habt ihr verloren!«

Ich gebe zwei Schülern je einen Hut. Sie sollen ihrem Partner den Hut wegnehmen, sobald sie eine Gelegenheit sehen (während sie ihren eigenen schützen). Ich rate ihnen, einen Dialog hinzuzufügen und sich zu bewegen, das heißt, eine Szene zu spielen. Alle lachen, wenn ein Hut geschnappt wird oder wenn ein Versuch scheitert (wenn die Zuschauer nicht lachen, stimmt etwas nicht).

»Hüte« sind oft das Einzige, worüber manche Spieler reden können.

»Dein Hut gefällt mir.«

»Ja. Es ist ein hübscher Hut. Dein Hut ist auch sehr hübsch!«

»Woher hast du ihn?«

»Da, wo du deinen Hut auch gekauft hast.«

Ich bestehe darauf, dass der Hut nicht erwähnt werden darf (kein Treffen im Hutladen, keine Diskussion über »So einen Hut hatte ich auch mal« und so fort).

»Seid zwei Nonnen«, sage ich, »oder zwei Gehirnchirurgen oder zwei Dosen Bohnen auf dem Supermarktregal, zwei Mäuse oder zwei Politiker.« Und ich ermutige sie, Ideen zu akzeptieren und vor Gesundheit und guter Laune zu strotzen.

Manchmal lasse ich einen Sieger so lange weitermachen, bis er oder sie schließlich von einem neuen Champion abgelöst wird. Manchmal kommentiert ein Sprecher:

»Das ist bereits Karens dritter Hut! Die Löwen führen nun mit fünfzehn Punkten. Ah, und hier ist ein weiterer Versuch … ohne Erfolg, fürchte ich … ja, Karen hat vier Hüte hintereinander gewonnen …« usw.

Für manche Schüler ist es eine Frage der Selbstachtung, dieses Spiel zu gewinnen (dabei Spiel in Arbeit verwandelnd). Ich sage ihnen:

»Was macht es, wenn ihr verliert! Der Hut gehört euch nicht einmal! Erwarten wir etwa, dass ihr Meister in diesem Spiel seid? Natürlich nicht! Geht Risiken ein! Gewinnt oder verliert, das macht keinen Unterschied. Wir amüsieren uns auf jeden Fall!«

Wenn ein Schüler seinen Hut verliert und Gleichgültigkeit zur Schau stellt, bitte ich ihn/sie, erstaunt dreinzublicken oder verwirrt. Das Publikum möchte, dass der Status des Verlierers herabgesetzt wird.

Sich behaupten

Man sollte annehmen, die Fähigkeit, den Hut zu klauen, hat etwas mit athletischem Können zu tun, doch ich habe langsame Leute erlebt, die fast immer einen Hut bekamen, und durchtrainierte und agile Leute, die völlig versagten. Nur ein Schüler von zehn schien für dieses Spiel Talent zu haben; sie waren alle Männer, und sie gehörten zu den talentierteren Improvisierern.

Was hatte »Klau den Hut« mit dem Geschlecht zu tun? Es stimmte schon, dass die meisten Frauen eine kürzere Reichweite hatten als die Männer, und doch kannte ich einen Zwerg, der an den Leuten hochkletterte und den Hut mit den Zähnen packte.

Mir fiel auf, dass »untalentierte« Spieler immer zurückwichen, wenn auch nur für ein paar Zentimeter, während »talentierte« Spieler ihre Stellung behaupteten oder sich vorwärtsbewegten, um den Gegner zu einem unklugen Griff nach dem Hut zu verleiten.

Ich stellte die Zurückweicher gegen die Wand, doch sie zuckten immer noch zurück und schlugen mit dem Kopf gegen die Wand, bis ich ihnen Stühle unter die Kniekehlen schob.

»Besser den Hut verlieren, als zurückzuweichen«, sagte ich. »Wenn du dich bewegen musst, geh nach vorn. Geh direkt auf deinen Gegner zu – sei aggressiv!«[68]

Der Unterschied zwischen den Geschlechtern verschwand oder war kaum noch wahrnehmbar, aber es bestand immer noch ein verwirrender Zusammenhang zwischen der Eignung zu improvisieren und der Fähigkeit, einen Hut zu erlangen.

Lass deine Hand entscheiden

Ein japanischer Text über den Schwertkampf behauptet, dass Vorausplanen nur dann funktioniert, wenn auch dein Gegner vorausplant; kämpfe gegen jemanden, der keinen Plan hat, und du denkst noch: »Ah, ja, dann werd' ich das machen und dann jenes«, während dein Kopf bereits die Tempelstufen runterkullert.

Planer beim Hutspiel haben das gleiche Problem. Sie sagen: »Du hast da was am Schuh!«, und hoffen, dass du nach unten guckst und deinen Hut vergisst, doch sie erreichen damit nur, dass du besser aufpasst. Oder sie sagen: »Ich habe schreckliche Migräne«, und umklammern ihren Kopf – aber nur, damit sie ihre Hände in der Nähe deines Kopfes halten können, weshalb du erst recht wachsam bleibst.

Hutspiele erfordern eine Spaltung des Bewusstseins; Spieler, die diese Spaltung nicht fertigbringen, verlieren ihren Hut.

»Wie alt bist du, Großmutter?«

»Hundertdreiundsechzig«, erwidert sie, »komische Übertreibung« einsetzend (ich wünschte, sie würde es nicht tun).

»Himmel! In welchem Jahr wurdest du geboren?«

Sie zieht sich in sich zurück, um einhundertdreiundsechzig von der laufenden Jahreszahl abzuziehen, und der Hut kann ihr in aller Ruhe gestohlen werden.

Die schlechtesten Improvisierer planen so weit in die Zukunft oder ziehen sich so weit in sich selbst zurück, dass sie nicht einmal merken, wenn ihnen der Hut geklaut wurde, bis das Gelächter der Zuschauer sie in die »Wirklichkeit« zurückholt.

Ein Zenmönch erzählte mir:

»Als ich ›Klau den Hut‹ lernte, wurde mir gesagt, es gehe darum, so komisch wie möglich zu sein. Es erstaunt mich sehr, von Ihnen zu hören, dass es um geistige Aufmerksamkeit geht.«[69]

Den Hut riskieren

Wenn die Spieler sich außerhalb der Reichweite des Gegners bewegen, rufe ich: »Riskier den Hut!« Wenn dein Gegner mimt, wie er dir einen Umhang umlegt, um dir die Haare zu schneiden, sage ich ebenfalls: »Riskier den Hut!«, denn wo ist das Risiko, wenn es hundertprozentig sicher ist, dass dir der Hut geklaut wird. »Nimm deinen Hut ab!«, sage ich dann. »Fächle dir damit Luft zu, oder kratz dich am Kopf!« Oder ich sage dem »Friseur«, dass er sich nie in eine Position manövrieren darf, in der er den Hut nach Belieben klauen könnte.

Wenn Spieler ihren eigenen Hut unnötigerweise abnehmen, sollten die Richter nach kurzer Zeit sagen: »Lass den Hut im Spiel!«

Bei der ersten Gelegenheit zugreifen

Daves Hand liegt auf Emils Schulter, doch sie genießen die Szene so sehr, dass er keinen Versuch macht, Emils Hut zu klauen. Das ist eine Form des Überbrückens, und der spezifische Wert des Hutspiels geht verloren. Ich erinnere mich an ein zwanzigminütiges Hutspiel in Dubrovnik (wo das hingerissene Publikum kein Wort Englisch verstand), bei dem der Hut in jedem Moment in Gefahr war.

Sicherheit

Hutspiele sind natürlich weit weniger riskant als Skilaufen oder Joggen oder Fußball oder Gymnastik, und in Tausenden von Spielen habe ich ein einziges Mal einen Unfall erlebt (Roger Booth wurde ins Auge gepiekt, das daraufhin ein bisschen tränte). Und doch muss ein Lehrer damit rechnen, dass angespannte Improvisierer den Blick abwenden oder ihre Augen schließen, wenn sie nach dem Hut ihres Gegners greifen. Er sollte ein solches Verhalten sofort unterbinden.

Hutspiele wurden sicherer, als ich sagte, dass der Angreifer verliert, wenn er den Hut nur vom Kopf stößt und nicht wirklich mit der Hand greift. Durch diese Regel wurde es möglich, dass jemand gewann, der den Partner zu einem vergeblichen Versuch verleiten konnte. Die Runde endet, wenn der Hut geklaut oder ein Versuch dazu unternommen wurde (die Richter entscheiden).

Blindes Hutspiel

Spieler mit verbundenen Augen spielen eine Szene, während sie sich gegenseitig die Hüte zu klauen versuchen (die anderen Improvisierer bewahren sie davor, gegen die Wand zu knallen oder von der Bühne zu fallen). Zuschauer lieben dieses Spiel, aber man sollte beim Spielen zumindest eine Schutzbrille tragen, und es sollte nie von Anfängern gespielt werden. Warum blaue Flecken oder gebrochene Nasen riskieren?

Die »Three Canadians« zeigten mir eine Straßentheaterversion, die barfuß inmitten von Dutzenden von Mausefallen gespielt wurde.[70] (Versuchen Sie es nicht zu Hause.)

Bewertung des Hutspiels

Üblicherweise fordern wir zu dem »besten aus drei Auge-in-Auge-Hutspielen« heraus; der Sieger bekommt sechs Punkte. Bei »einmaligen Auge-in-Auge-Hutspielen« bekommt der Sieger fünf Punkte.

Verbesserungen, die keine sind

1. Bestimmen, wann der Hut genommen werden darf. Die meisten Anfänger grapschen sofort nach dem Hut, auch wenn keinerlei Hoffnung auf Erfolg besteht. Um das zu vermeiden, haben ein paar Lehrer beschlossen, dass Anfänger erst nach einem Pfeifsignal mit ihren Versuchen beginnen dürfen. Jedoch in dem Moment, wo das Signal gegeben wird, grapschen viele sofort wieder, es bringt also überhaupt nichts. Wenn Spieler derart unfähig sind, ist es am besten, sie ihren Versuch machen zu lassen und es hinter sich zu bringen. Wenn sie geübter sind und die Kunst des Aufmerkens beherrschen, erledigt sich das Problem von selbst.

Niemals sollten Sie Regeln ändern, um den schwächeren Spielern entgegenzukommen.

2. Verbieten, dass Spieler nach ihrem eigenen Hut greifen. Hutspiele können herrlich komisch sein. Dass die Spieler sich körperlich so nahe sind, trägt viel zum Spaß bei: Sie ducken sich, weichen seitlich aus und grapschen zuerst nach ihrem eigenen Hut – und verlassen sich auf ihre Geistesgegenwart und nicht auf die Distanz, um ihren Hut zu schützen. Und dennoch gibt es Spielanweisungen, in denen steht: »Die Spieler dürfen ihren Hut nur durch ihre Klugheit schützen.«

Dieses Missverständnis war entstanden, nachdem ich in einem Kurs in Vancouver das Spiel nur kurz eingeführt hatte, und es reiste nach San Francisco hinunter und übers Meer bis nach Australien und Neuseeland. Die Spieler hielten sich außerhalb der Reichweite des Gegners und näherten sich ihm nur, um den entscheidenden Griff zu machen; es dauerte nicht lange, und niemand wollte mehr Hutspiele sehen.

3. *Der Griff nach dem Hut muss gerechtfertigt werden.* Ich kenne mindestens eine Theatersportgruppe, die darauf besteht, dass der Griff nach dem Hut zur Szene gehören muss; das heißt, der Griff sollte von vornherein gerechtfertigt sein. Dadurch fingen die Spieler an zu planen, anstatt darauf zu achten, wann der Hut erreichbar ist und wann nicht. Das Ganze war so witzlos, dass sie sagten: »Hutspiele sind langweilig!«, und sie aus dem Programm strichen.

Varianten

1. *Schenk-den-Hut:* Die Spieler sind barhäuptig, doch hält jeder einen Hut in den Händen. Sie lauern auf eine Gelegenheit, dem Partner den Hut auf den Kopf zu setzen. Schenk-den-Hut trägt zur Abwechslung bei. Klau-den-Hut ist aber lustiger, weil der Status des Opfers sichtlich gesenkt wird.

2. *Klaps auf den Hintern:* Der Spieler, dem es gelingt, dem anderen zuerst einen Klaps auf den Hintern zu geben, gewinnt das Spiel. Wenn sich ein Spieler hinsetzt oder mit dem Rücken zur Wand stellt, müssen die Richter sagen: »Lasst den Hintern im Spiel!« Ich setze dieses Spiel manchmal zum Aufwärmen mit der gesamten Gruppe ein.

3. *Hackordnungshutspiele* sind in meinem Buch *Improvisation und Theater* im Kapitel »Status« beschrieben.[71]

Gaskills Samuraispiel
(empfohlen)

Gaskill erfand dieses Spiel, um die »Hut-klau«-Fähigkeiten zu verbessern.

Joan und Ken stehen sich gegenüber, keiner von beiden bewegt einen Muskel. Joan streckt die Hand aus und berührt Ken – und gewinnt. Wäre Ken zurückgewichen, um der Berührung zu entgehen, hätte Joan verloren.

Entscheidend ist, dass die Spieler regungslos dastehen, bis einer eine Bewegung macht – dann fängt das Spiel von Neuem an. (Ich glaube, Gaskill wurde von dem Duell der virtuosen Schwertkämpfer am Anfang des Kurosawa-Films *Die sieben Samurai* inspiriert.)

Damit ein Arm eine schnelle Bewegung macht, muss der Rumpf sich anspannen, oder die Schulter bewegt sich mit (wobei Aktion und Reaktion gleich und gegensätzlich sind). Wenn diese Anspannung der Bewegung des Arms vorausgeht, wird dein Gegner gewarnt, der entweder zurückweicht oder dich mitten in deiner Vorbereitung erwischt (ein Boxer erzählte mir, dass er gelernt habe, die Entscheidung seines Gegners für einen Schlag zu erkennen und ihm dann zuvorzukommen).

Beim Samuraispiel fühlst du, wie sich dein Körper, Sekunden bevor du die Bewegung ausführst, anspannt (und so jeden vor deiner Absicht warnt); lässt du hingegen deinen Körper allein die Entscheidung treffen, gibt es keine derart sichtbare Vorbereitung. Dieses »Körperdenken« taucht im Sport die ganze Zeit auf; gute Tischtennisspieler überlegen nicht verbal: »Der Ball wird genau dort aufschlagen, also muss ich den Schläger in einem Winkel von 35 Grad halten ...« Dadurch würden sie viel zu langsam werden.

Zwei Spieler stehen sich mit Hüten auf dem Kopf nicht mehr als einen halben Meter getrennt gegenüber. Jeder möchte den Hut des anderen. Sich zu ducken ist aber nicht erlaubt, ebenso wenig

Täuschungsmanöver. Es ist nicht leicht, »uninteressiert« zu tun, wenn du deinem Partner auf eine Entfernung von fünfzig Zentimeter in die Augen starrst. Wahrscheinlich findet folgender innerer Dialog statt: »Soll ich ihn jetzt nehmen? Oder doch nicht? Oder jetzt? Ja, ich werde ihn nehmen!«

Ich unterbreche und rufe: »Tritt zurück! Entspann dich! Beruhige dich!«, oder sage ihnen, dass sie sich selbst vorsagen sollen: »Ich will nichts!«[72]

Unerfahrene Spieler scheinen von dem Hut hypnotisiert zu sein. Ihre Augen senden ein einziges Signal aus: »HUT! HUT! HUT! HUT!«

Ich sage ihnen, sie sollen »Pax« sagen, einen Schritt zurücktreten und von vorn anfangen, sobald sie fühlen, wie sie sich anspannten.

Manche treffen ihre Entscheidung deutlich sichtbar, ein paar Sekunden bevor sie die Bewegung machen.

»Warum hebst du nicht einfach die Hand und nimmst ihn?«

»Das funktioniert nicht!«

»Warum nicht? Der Hut steht doch immer zur Verfügung!«

»Nein, tut er nicht!«

»Wie lange dauert es, deine Hand an den Hut deines Partners zu bringen? Eine halbe Sekunde? Vielleicht weniger? Dein Partner muss die Bewegung registrieren, die Nachricht muss von den Augen ins Gehirn wandern, das Gehirn muss die Information verarbeiten und die Befehle an die Muskeln senden. Wenn du spontan handeln würdest, könntest du den Hut stehlen, bevor sein Träger merken würde, dass er verschwunden ist.«

Mithilfe von Hutspielen lernen die Spieler »da zu sein« und dabei den Moment zu erkennen, in denen der Partner abwesend ist.

Grimassen schneiden (nebst Abwandlungen)

(empfohlen)

Diener schneiden ihren Herren Grimassen und versuchen dabei, nicht erwischt zu werden.

Ursprung: Meine ersten Schüler waren so sehr damit beschäftigt, sich »gute Ideen« auszudenken, dass sie einander kaum wahrnahmen. Ich wälzte dieses Problem, bis mir meine »Alles was mir meine Lehrer ausgetrieben haben«-Liste einfiel. An oberster Stelle der Liste stand »Grimassen schneiden«, und sofort sah ich, dass dies ein ausgezeichnetes »Seid aufmerksam!«-Spiel abgeben würde.

Ich teilte die Klasse in Herr-und-Diener-Paare ein. Die Diener sollten ihren Herren Grimassen schneiden und sich nicht dabei ertappen lassen. Zu meinem Erstaunen starrten die Herren die Diener die ganze Zeit an. Die »Herren« glaubten tatsächlich, sie könnten gewinnen, indem sie verhinderten, dass die »Diener« ihnen überhaupt Grimassen schnitten, und nicht, indem sie die Diener erwischten (siehe »Fangen«, Seite 93).

Partyspiel

Ich bat die Gruppe, sich zu verteilen und »Party« zu spielen. »Erkennt alte Freunde wieder«, sagte ich. »Plaudert miteinander, geht umher, sucht das Büfett ...«

Dann sagte ich: »Versucht einander Grimassen zu schneiden, ohne dabei ertappt zu werden. Wenn ihr jemanden erwischt, der euch eine Grimasse macht, sagt: ›Päng!‹, und erschießt ihn!« Alle Schüler, die »erschossen« wurden, mussten still zur Seite gehen. (Ich wollte dieses Spiel immer mal auf einer Wiese mit Wasserpistolen spielen.) Das ist ein gutes Spiel zum Aufwärmen, aber die letzten paar Spieler starrten sich gewöhnlich weiterhin an, so dass keine Grimassen geschnitten werden konnten.

Grimassen schneiden zu dritt

(Manche Gruppen spielen ausschließlich diese Version, doch erfunden hatte ich es als Übungsspiel.)

Ich stelle drei Stühle so gegenüber dem Publikum auf, dass die Kanten sich berühren (wenn der »Raum« der Spieler sich überschneidet, verstärkt dies das komödiantische Element). Drei Spieler sitzen auf den Stühlen, der in der Mitte ist der Herr, aber ich sage nichts über Grimassen schneiden.

»Wovon willst du Boss sein?«, frage ich.

Die Spielerin versteht die Frage so: »Sage etwas, was dir Bewunderung einbringt«, das heißt, sie versucht, sich zwanzig Dinge auszudenken, um daraus »das Beste« zu wählen. Selbst wenn dies eine gute Strategie wäre (ist es nicht), wie kann sie eine begründete Wahl treffen, bevor sie überhaupt weiß, worum es in dem Spiel geht?

»Irgendetwas«, sage ich. »Ein Krankenhaus, ein Atomkraftwerk, eine Bäckerei, eine Polizeischule, ein faschistischer Staat – irgendwas!«

»Na schön – ich bin die Leiterin eines Zoos!«

»Gut. Jetzt interagiere mit deinen beiden Dienern, aber schicke sie nicht fort!«

Wieder zieht sie sich in irgendein Inneres zurück, um gute Ideen auszugraben, die sie geistreich oder dumm oder sexy aussehen lassen oder was immer ihr Bedürfnis gerade ist. Darüber gerät sie ziemlich in Verzweiflung.

»Versuche nie, dir etwas auszudenken!«, sage ich. »Warum solltest du kreativ sein, wenn du Diener hast, die das für dich tun können? Fang einfach einen Satz an mit ›Was macht …‹, und nenne den Namen irgendeines Tiers. ›Was machen die Wölfe? Was machen die Otter?‹ Oder frag sie, was du als Nächstes sagen wolltest, und schlag sie, wenn sie es nicht wissen!«

»Sie schlagen?«

Ich gebe ihr einen langen Luftballon, mit denen sie die Diener schlagen kann. Das ist eine vorzügliche Sache, denn wenn ihnen nichts einfällt, freut sich das Publikum dennoch, weil sie »geschlagen« werden.[73]

»Was wollte ich gerade sagen, Oliver?«

»Sie wollten sich nach den Schlangen erkundigen, Madam!«

»Sind sie gedehnt worden?«

»Jawohl, Madam.«

»Und die Elefanten?«

»Wir haben sie entleert, Madam!«

»Und die beiden Jungen, die über den Zaun geklettert sind?«
»Aufgefressen, Madam.«
Ich unterbreche, um zu sagen, dass sie auch den anderen Wärter einbeziehen soll (bis dahin spielte sich die Szene nur zwischen ihr und Oliver ab).
»Bist du für die Kamele zuständig, Pamela?«
»Nein, Madam!«, sagt Pamela. Sie blockiert, um sich zu schützen. Ich unterbreche: Sie soll ja sagen.
»Ich bin für sie verantwortlich, ja, Madam.«
»Und wo liegt das Problem?«
»Sie haben ihren Enthusiasmus verloren, Madam.«
»Die Vampir-Fledermäuse?«
»Sind voll, Madam.«
Tiere zu nennen (oder andere passende Substantive) befreit die Herren von der Jagd nach »guten Ideen« (solange sie das nicht verstanden haben, will kein Schüler auf dem mittleren Stuhl sitzen).
»Bist du zufrieden damit, wie deine Diener aussehen?«, frage ich. »Sind sie gute Diener?«
»Olivers Haltung ist ein bisschen krumm.«
»Sag ihm, er soll gerade sitzen! Er soll dir Ehre machen! Zerr ihn hoch! Schlag ihn mit dem Ballon!«
Den Dienern sage ich, dass sie manierlich und respektvoll aussehen müssen.
»Überzeugt den Herrn, dass ihr gewissenhafte Diener seid. Stimmt ihm zu, seid gehorsam!«
Die Zuschauer lieben es zu sehen, wie die Herren die Diener ihre Macht spüren lassen, doch die meisten Herren müssen dazu angestachelt werden, Macht auszuüben.
»Pamela lächelt!«, rufe ich. »Bitte tu was dagegen!«
»Ist das wahr, Pamela?«
»Nur aus Freude, Ihnen nahe sein zu dürfen, Madam!«
»Achte auch auf Oliver«, sage ich.
»Oliver! Hör auf, mit deinen Händen zu spielen! Was wollte ich gerade sagen?«
»Sie wollten über unsere Lohnerhöhung sprechen, Madam!«

»Ja, das ist richtig!«, sie wendet sich Pamela zu und schlägt sie.

»Au! Was habe ich gemacht, Madam?«

»Du hast dich auf den Stuhl gelümmelt! Setz dich ordentlich hin und passe besser auf! Also, was machen die Pinguine?«

»Urlaub, Madam!«

Ich spiele »Die Diener in Trab halten« mit allen Schülern durch. Dann teile ich sie in Gruppen auf und lasse sie es alle gemeinsam versuchen.

Sobald die Herren gelernt haben, den Dienern Material zu entwinden und sie zu disziplinieren, sage ich: »Fahrt fort mit der Szene, aber versucht, sie dabei zu erwischen, wie sie Gesichter schneiden!«

Die Diener werden – nach all den Misshandlungen – erpicht darauf sein, Grimassen zu schneiden. Manche Herren aber wollen partout die gerümpfte Nase oder die herausgestreckte Zunge des Dieners nicht sehen, selbst wenn es direkt vor ihren Augen geschieht, und manche Diener ziehen eine Grimasse und merken gar nicht, dass der Herr ihnen dabei zusieht. Diese »Blindheit« ist sehr komisch, und das Spiel ermutigt die Spieler zu sehen statt zu planen. Ich höre nicht auf, den Herren Ratschläge zuzurufen: »Schau den zweiten Diener auch an! Du musst die Szene mit beiden teilen!« oder: »Hörst du nicht dieses saugende Geräusch hinter dir? Finde heraus, was los ist!«

»Findest du nicht, dass Oliver merkwürdig aussieht?«

»Merkwürdig?«

»Seine Haltung. Und warum sieht sein Mund wie erstarrt aus?«

Oliver ist beim Grimassenschneiden erwischt worden, und er hat sein Gesicht noch nicht wieder normalisiert.

»Oliver! Was ist mit deinem Gesicht?«

»Ich versuche, intelligent auszusehen, Madam.«

»Nun, das ist dir nicht gelungen! Versuche etwas anderes!«

Oder ich sage: »Hast du gesehen, dass Pamela dir eine Grimasse gezogen hat?«

»Nein!«

»Aber du hast gesehen, wie sie lächelte – sie lächelt immer noch. Auch wenn du die Diener nicht beim Grimassenschneiden erwischst, musst du sie zu respektvollem Verhalten zwingen. Disziplin, Herrschaften! Sag ihr, sie soll sich wie Oliver verhalten!«

(Oliver schaut völlig gelangweilt drein, sobald die Herrin wegsieht.)

Anfangs drehen sich Herren nicht mitten im Satz um (weil sie sich einen vollständigen Satz ausgedacht haben, bevor sie den Mund öffnen). Sobald den Dienern das klar geworden ist, sind sie vor dem Ertapptwerden »sicher«.

»Wendet euch dem Diener zu, wenn er es nicht erwartet! Dreht euch mitten im Satz um.«

Manche Herren starren gern geradeaus, um die Diener aus dem Augenwinkel heraus zu überraschen, oder in dem Glauben, dass sie damit die Diener vom Grimassenschneiden abhalten.

»Wendet euch ab!«, rufe ich. »Lasst es zu, dass sie Gesichter ziehen. Ihr müsst ihnen Gelegenheit geben, ungehorsam zu sein, oder wie wollt ihr sie sonst dabei erwischen?«

Anfänger, die die Rolle des Herrn spielen, »wissen«, dass ihre Diener Grimassen schneiden: Sobald das Spiel begonnen hat, wenden sie den Kopf hin und her, um sie zu überführen. »Die Wahrheit muss euch langsam dämmern«, sage ich, »ihr könnt es kaum fassen, dass ein Diener sich so respektlos verhält!« Manchmal führe ich das Spiel ein, indem ich den Dienern heimlich Zettel zustecke, auf denen steht, sie sollten Grimassen schneiden. Die Herren sind ahnungslos – bis das Gelächter der Zuschauer sie darauf bringt.

Einige Diener ziehen schnell eine Grimasse und kehren sofort in den Normalzustand zurück. Dadurch sind sie sicher und sie können zu ihrem »Planen« zurückkehren.

»Geht Risiken ein!«, sage ich. »Der Herr muss wissen, dass ihr, auch wenn ihr noch so unschuldig ausseht, eine Zehntelsekunde vorher noch ein Gesicht geschnitten habt!«

»Aber dann werden wir erwischt!«

»Was macht es schon, wenn ihr erwischt werdet? Wenn ihr Hamlet spielt, weigert ihr euch doch auch nicht zu sterben! Ihr seid nicht wirklich Diener. Und wir wollen, dass ihr endlich erwischt werdet, denn dann dürfen wir über euch lachen.«

Ein Diener lässt sich absichtlich erwischen.

»Versuche, dich nicht erwischen zu lassen!«

»Ich dachte, das ist es, was die Zuschauer wollen!«

»Sie wollen nicht sehen, wie du eine Grimasse schneidest, wenn der Herr dir direkt ins Gesicht sieht! Du sollst das Risiko erhöhen, aber immer noch versuchen zu überleben. Dann lieben dich alle, weil du Mut und Kampfgeist beweist.«

Wenn Diener erwischt werden, sollen sie ihre Unschuld beteuern (doch wenn der Herr sie dennoch feuert, müssen sie gehen).

»Hast du gerade eine Grimasse geschnitten, Tina?«

»Da war was in meinem hohlen Zahn, Herr.«

»Aber ich habe gesehen, wie du die Zunge herausgestreckt hast!«

»Nur für den Fall, dass Sie eine Briefmarke befeuchten wollten, Herr.«

»Ursula! Hast du ... hast du gerade eine unverschämte Geste gemacht?«

»Nein, Euer Heiligkeit, ich schwöre!«

»Ich habe deinen Schatten auf der Tapete gesehen!«

»Keine Geste, Euer Heiligkeit, ich habe gefächelt.«

»Gefächelt!«

»Es ist so heiß heute nacht mit all den Kerzen. Ich glaubte, Ihr wünschtet eine leichte Brise, Euer Heiligkeit.«

Beziehung zum Publikum

Wenn die grundlegende Fähigkeit, Grimassen zu schneiden, eingeübt ist, sage ich den Dienern, dass sie Freunde im Publikum haben, denen sie ab und zu heimlich zuwinken und ihre Verachtung für den Herrn zeigen sollen. Der Herr weiß nicht, dass jemand zusieht, doch die Diener werden zu boshaften Freunden für das Publikum. Dadurch öffnet sich die Szene, und die Wahrscheinlichkeit, dass die Diener erwischt werden, erhöht sich.

»Das Spiel ist nicht zu Ende, wenn ein Diener gefeuert wird«, sage ich. »Schließlich haben wir noch Dutzende von arbeitslosen Dienern hier!«

Ein Diener wird erwischt, und ein halbes Dutzend Freiwillige bietet sich als Ersatz an. Vorausgesetzt, sie dürfen, haben die meisten Schüler die größte Lust, Grimassen zu schneiden, und auch Schüchterne machen mit (wenn nicht, haben Sie den falschen Zeitpunkt für das Spiel gewählt).

Wechseln Sie die Herren.

Hören Sie mit dem Spiel auf, bevor das Gelächter sich erschöpft.

Der soziale Raum schrumpft

Wenn man jemandem eine Grimasse schneidet, wird man von einer geheimnisvollen Kraft zu seinem Hals hingezogen. Das kann so weit gehen, dass man sich getrieben fühlt, ihn am Hals zu knabbern oder gar zu beißen. Diener, die diesem Drang nachgeben, werden sofort erwischt, oft in den unmöglichsten Stellungen. In der psychologischen Literatur wird nirgends darauf Bezug genommen. Aber versuchen Sie mal, die Zunge herauszustrecken und den Kopf zurückzuziehen – es fühlt sich völlig unnatürlich an, genauso merkwürdig, wie mit angehaltenem Atem zu lächeln.

Ich rufe immer wieder: »Achtet den Raum des Herrn! Bringt euch nicht in eine Körperhaltung, die ihr nicht augenblicklich wieder rückgängig machen könnt!«

Auch wenn Schüler aufrecht sitzen bleiben, versuchen sie ihre Hände in die Nähe des Kopfs ihres Herrn zu bringen. Das sollte ebenfalls unterbunden werden.

Grimassen schneiden zu fünft

Statt drei stehen fünf Stühle in der Reihe. Der Herr (H) sitzt in der Mitte, die Diener (D) links und rechts von ihm und die Unterdiener (U) jeweils am Ende der Reihe: U-D-H-D-U

Die Diener schneiden dem Herrn Gesichter wie beim Dreierspiel; jetzt haben sie allerdings Unterdiener, die wiederum ihnen Gesichter schneiden. Der Herr feuert die Diener (wie zuvor), doch die Diener dürfen auch die Unterdiener feuern. Der Herr feuert die Unterdiener selten, doch er oder sie darf die Oberdiener auf etwaiges Fehlverhalten aufmerksam machen.

Wenn ein Diener gefeuert wird, rückt der Unterdiener an seinen Platz. »Neue« Diener fangen immer als Unterdiener an.

Hackordnung

Nimmt man einen Unterdiener und einen Diener an einem Ende weg, bleibt eine Eins-zwei-drei-Hackordnung übrig (U-D-H). Lassen Sie die drei eine Bank ausrauben oder am Strand ein Picknick veranstalten, während sie weiterhin Grimassen schneiden.[74]

Grimassen schneiden zu zweit

Wenn wir Szenen mit nur einem Herrn und einem Diener spielen, geben die Herren den Dienern nur ungern die Gelegenheit, eine Grimasse zu schneiden. Ich rufe Anweisungen, um dem entgegenzuarbeiten.

»Schau auf die Uhr! Geh zum Schrank! Such etwas in der Schublade! Lass etwas fallen und bück dich, um es aufzuheben. Wirf einen Pfeil aufs Dartboard und geh an deinem Diener vorbei, um ihn rauszuziehen. Wende dich ab, und sag etwas zu einem Zuschauer. Wende dich ab, um ans Telefon zu gehen.«

Der Herr braucht keinen spitzfindigen Grund zu suchen, um dem Diener den Rücken zuzuwenden, es kann ganz offen geschehen. Die meisten Herren würden am liebsten nur alle anderthalb Minuten einmal wegsehen (sie lehnen noch immer die Rolle des Seriösen ab), aber ich zwinge sie dazu, alle zehn Sekunden wegzusehen, bis sie den Dreh raushaben.

Das Spiel sollte bis zur völligen Durchgedrehtheit gespielt werden. Wird ein Diener von einem zornentbrannten Herrn getötet, muss die Leiche immer noch Grimassen schneiden, und trifft der Herr den Diener in der Hölle, geht das Grimassenschneiden dort weiter.

Großmutters Schritte (rote Ampel/grüne Ampel)

Ein Spiel aus meiner Kindheit, das ich manchmal als Vorbereitungsspiel für »Grimassen schneiden« verwende.

Andrew steht mit dem Gesicht zur Wand, und der Rest der Gruppe schleicht sich von der gegenüberliegenden Wand aus auf ihn zu. Er dreht sich unerwartet um, und jeder, den er bei einer Bewegung ertappt, muss zurück zum Ausgangspunkt. Wenn es jemandem gelingt, so nahe heranzukommen, dass er ihn (oder die Wand) berührt, ist das Spiel zu Ende.

Der Vampir

Werde zu einem Vampir. Du verzerrst dein Gesicht und fletschst die Zähne und machst zischende Geräusche, doch sobald dein Partner zu dir hersieht, musst du wieder normal aussehen.

Die Kraft, die dich zum Hals deines Herrn zieht, wird noch mal so groß, wenn du mit dem ganzen Körper »Grimassen schneidest«. Der Drang ist beinahe unwiderstehlich, doch wenn du ihm nachgibst, wird das Spiel nur ein paar Sekunden dauern. Man muss Widerstände einbauen: Stell dir vor, du seist Vegetarier und die Vorstellung, jemanden zu beißen, sei dir äußerst zuwider, oder sei ein Lehrer, der verzweifelt bemüht ist, seinen Job zu behalten, während die Direktorin bereits Verdacht geschöpft hat.

Nehmen wir an, du bist ein Vampir und ein Vermieter zeigt dir eine Wohnung:

»Kommen Sie doch herein.«

»Danke sehr!«

Der Vermieter wendet sich ab, und du verwandelst dich in den Vampir. Der Vermieter dreht sich um:

»Haben Sie gezischt?«

»Ich?«

»Ich dachte, ich hätte etwas gehört.«

»Mein … mein Asthma.«

Der Vermieter wendet sich ab:

»Sehen Sie, geräumige Wandschränke …«

Du taumelst weg von ihm und kämpfst verzweifelt gegen die Versuchung, ihn zu beißen. Der Vermieter dreht sich um und sieht, wie du dich an den Türrahmen klammerst.

»Ganz schön solide gebaut, das Haus ...«, sagst du, als ob du die Qualität prüfen würdest.

Du beginnst mit dem festen Entschluss, niemanden zu beißen, und lässt nach und nach zu, dass deine »guten Vorsätze« abbröckeln. Du könntest den Vermieter anspringen und dann rot vor Beschämung zurücktaumeln:

»O Gott, es tut mir so leid!«

(Verzweifeltes Weinen.)

»Äh ... also, ich muss schon sagen ... äh ...«

»In Ordnung! Ich lege mich hin, und Sie können einen Pfahl durch mein Herz schlagen! Sonst hilft nichts! Na los, es macht mir nichts aus!«

»Es scheint Ihnen wirklich schlecht zu gehen ...«

»Schlecht! Legen Sie sich einen Schal um den Hals oder irgendwas. Halten Sie sich fern von mir, Sie schamlose Person!«

Oder du »beißt« dein Opfer und entschuldigst dich tausendmal.

»Jetzt schauen Sie sich das an! Ich blute! Sie haben mich gebissen! Sie ... Sie sind verrückt!«

»Jawohl, und jetzt sind wir schon zu zweit!«

Das Vampirspiel sollte in Aufführungen nicht allzu oft eingesetzt werden (einmal im Jahr vielleicht), doch es ist nützlich, damit die Schüler begreifen, wie wichtig es ist, Widerstände einzubauen.

Stehlen

Dieses Spiel (genau wie das Vampirspiel) war wichtig, wenn wir vor einem Publikum spielten, das kein Englisch verstand. Statt wegzusehen, damit der Diener Grimassen schneiden kann, schaut man weg, damit der Diener stehlen kann. Der Diener trägt einen riesigen Mantel mit zusätzlichen Taschen oder einen übergroßen Overall. Ich schreibe den Beginn einer solchen Szene:

Auf einem Tisch liegt ein Haufen Plunder (nichts Zerbrechliches).

Arzt: Der Nächste, bitte.

»Patient« kommt herein; sehr fröhlich und »positiv«; sie/er trägt einen weiten Mantel oder einen weiten Overall. Sie/er könnte eine Maske oder eine wilde Perücke und eine falsche Nase tragen.

Arzt: Bitte, nehmen Sie diesen Stuhl hier. *Patient hebt den Stuhl hoch.* Was machen Sie da!?

Patient: Sie sagten doch, ich sollte ihn nehmen.

Doktor: Nein, nein, nehmen Sie Platz! Nein! Setzen Sie sich! *Wendet sich ab.* Ich hole nur schnell Ihre Unterlagen.

Mit großer Geschicklichkeit nimmt der Patient eine Puppe, eine Wärmflasche und einen roten Schlauch und stopft alles in ihren/seinen Overall. Der Doktor kommt zurück.

Patient *(wird mit einem Kessel in der Hand überrascht):* Brauchen Sie den zum Sterilisieren?

Stellt den Kessel zurück auf den Tisch und verdeckt den Schlauch, der aus dem Overall hervorschaut.

Arzt: Ja. Keime, wissen Sie. Verteufelte kleine …

Arzt dreht sich um und verpasst um ein Haar den Diebstahl eines langen Luftballons und eines medizinischen Nachschlagewerks.

Arzt: Wo ist mein Stethoskop? *Drückt einen Knopf.* Schwester!

Jemand auf der Reservebank gibt Antwort:

Schwester: Ja, Herr Doktor?

Arzt: Haben Sie mein Stethoskop gesehen?

Vor seiner Nase stiehlt der Patient einen Stift und eine Trillerpfeife.

Schwester: Es sollte auf Ihrem Schreibtisch liegen, Herr Doktor.

Immer mehr Dinge werden gestohlen. Der Overall sieht jetzt aus wie aufgeblasen.

Arzt: Wo hab' ich das Ding hingetan?

Sucht unter seinem Schreibtisch nach seinem »Stethoskop«. Der Patient schnappt sich weitere Gegenstände, einer davon fällt dem Arzt auf den Knopf.

Würden Sie bitte die Hände von meinem Tisch lassen!

Eine Explosion. Der Ballon ist zerplatzt.

Was war das?

Patient: Explosionen, Herr Doktor. Deswegen bin ich hier! Sie wecken mich nachts auf! Sie erschrecken die Leute im Aufzug!

Arzt geht zum Schrank, um dieses seltsame Phänomen in einem Buch nachzuschlagen. Der Patient stopft Requisiten in den Overall, doch einige Dinge schauen hervor – ein Regenschirm lugt aus dem Hosenbein, und aus ihrem/seinen Halsausschnitt ragt eine Flagge.

Arzt: Explosionen! Genau wie ich dachte – es ist der Verdauungstrakt!

Arzt dreht sich um und sieht, wie der Patient etwas stiehlt.

Arzt: Legen Sie das zurück!

Patient *(unschuldig)*: Herr Doktor?

Arzt: Ich sehe jetzt weg, und wenn ich mich wieder umdrehe, möchte ich es auf meinem Tisch sehen, wo es hingehört!

Der Arzt dreht sich um. Der Gegenstand wird zurückgelegt, doch gleichzeitig werden fünf andere gestohlen.

Arzt *(dreht sich um)*: Vielen Dank.

Und so weiter. Wenn ein Gegenstand den Overall deutlich ausbeult oder aus dem Anzug hervorschaut, muss der Arzt sich beschweren und den Gegenstand zurückverlangen. Viele Improvisierer werden sehr geschickt im Stehlen, und eine der vergnüglichsten Sequenzen bei dem Spiel ist es, den wütenden Arzt zu sehen, der einen gestohlenen Gegenstand vom Patienten zurückverlangt, und dieser ergeht sich in Entschuldigungen, während er immer weiter stiehlt, sogar aus den Taschen des Doktors. Sehr viel Spaß macht es auch zu sehen, wie der Arzt den Patienten wild schüttelt (vielleicht hält er ihn/sie sogar an den Füßen hoch), und alle möglichen Dinge fallen auf die Bühne.

Abgang aus dem gleichen Grund

Ein Spiel für Anfänger – drei Spieler werden gebeten, aus dem gleichen Grund abzugehen, ohne miteinander zu sprechen (es ist kein Spiel für eine Aufführung).

Ursprung: Meine ersten Schüler wollten die Bühne nie verlassen, bevor die Szene nicht zu Ende war. Deswegen ließ ich sie üben, »aus dem gleichen Grund abzugehen«. Es stellte sich heraus, dass dies ein ausgezeichnetes Mittel war, sie zu zwingen, »originelle« Ideen zu vermeiden und lieber darauf zu achten, was gerade passierte.

So wird es gespielt: Drei Spieler sitzen in einer Reihe nebeneinander. Ich sage: »Geht aus dem gleichen Grunde ab …«

Einer sagt: »Es ist heiß hier!«, und sie gehen, weil es heiß ist.

Wir versuchen es noch einmal. Einer sagt: »Es gibt zu viele Ameisen hier!«, und sie gehen, um von den Ameisen wegzukommen.

Ich sage: »Noch einmal – aber ohne zu sprechen.«

Das verwirrt sie, doch ich bitte sie, es trotzdem zu versuchen. Ich wende meinen »Habt ihr das Spiel schon einmal gemacht«-Trick an.

»Habt ihr das Spiel schon einmal gemacht?«

»Nein.«

»Also warum sollte jemand von euch verlangen, dass ihr es bereits gut könnt? Versucht es einfach, und seht, was passiert.«

Anfänger starren geradeaus und versuchen, sich mit aller Gewalt »etwas Gutes« auszudenken. Jeder Spieler will die Zügel in der Hand halten, und jeder erwartet, dass die anderen ihm folgen werden, aber das isoliert sie voneinander. Einer streckt die Hand aus und geht, weil es regnet; eine kratzt sich und geht wegen der Flöhe, und der Dritte applaudiert und geht, weil die Vorstellung vorüber ist. Sie scheinen sehr zufrieden mit sich zu sein:

»Seid ihr alle aus dem gleichen Grund gegangen?«, frage ich. Sie haben keine Ahnung.

»Es bringt nichts, vor sich hin zu starren; ihr müsst sehen, was die anderen machen!«

»Aber wenn uns nichts einfällt?«

»Macht einfach, was die anderen machen.«

Ich hatte sie in einer Reihe nebeneinander gesetzt, um das Problem zu vergrößern, doch das wissen sie nicht.

»Fangt noch einmal an«, sage ich und nach einer Weile:

»Macht, was eure Partner machen.«

»Aber niemand macht irgendwas!«

»Maria hat gerade die Nase gerümpft, also rümpft alle die Nase. Vielleicht riecht ihr etwas Köstliches und geht ab, um herauszufinden, was es ist. Wenn Larry gähnt, gähnt alle und geht ab und ins Bett. Larry zwinkert – also solltet ihr alle zwinkern und abgehen, weil das Licht zu hell ist oder weil der Staub eure Augen reizt. Wenn Nathan seufzt, sollt ihr alle seufzen und Erde in ein ›Grab‹ werfen und dann abgehen, weil die Beerdigung zu Ende ist.«

Alle Schüler versuchen sich in dem Spiel, doch es ist immer das gleiche. Einer kratzt sich, und die anderen achten nicht darauf. Einer schnieft, und die anderen ignorieren es. Einer schlägt die Beine übereinander, doch die anderen messen dem keine Bedeutung bei. Ich führe diese Begriffsstutzigkeit darauf zurück, dass sie uns unbedingt mit ihren eigenen Ideen imponieren wollen.

»Nehmt die erstbeste Idee!«, sage ich. »Ideen sind nichts Besonderes. Behandelt sie wie ein Meer, in dem ihr herumplanscht. Seid nicht wählerisch! Macht, was die anderen machen!«

Der Rat, sie sollten einander nachahmen, scheint sehr einfach zu befolgen zu sein, doch immer noch ignorieren sie Angebote. Ich rufe Instruktionen, bis sie das Nachahmen akzeptieren.

»Er verdreht den Hals, also verdreht eure Hälse. Maria reibt sich den Nacken und stöhnt vor Schmerzen. Also stöhnt ihr alle miteinander. Dann geht ihr ab, weil ihr schreckliche Schmerzen habt und einen Arzt braucht!«

Sie fangen noch einmal mit dem Spiel an. Diesmal gelingt es ihnen, gemeinsam abzugehen, weil sie beim Angeln von einem riesigen Fisch fortgezogen werden.

»Noch einmal«, sage ich. Es fällt ihnen nichts ein.

»Warum lasst ihr euch nicht von einem riesigen Fisch fortziehen?«

»Das haben wir doch gerade erst gemacht!«

»Niemand sagt, dass ihr ›originell‹ sein sollt! Wenn ihr jedesmal aus dem gleichen Grund abgeht, werden wir euch bewundern dafür, dass ihr nicht darauf besteht, kreativ zu sein!«

Sie fangen an; eine Spielerin richtet sich das Haar, doch die anderen ignorieren das.

»Seht ihr nicht, dass sie sich das Haar richtet? Also richtet euch alle das Haar.«

»Und jetzt?«

»Mimt, dass euch die Haare ausfallen! Und aus diesem Grund geht ihr gemeinsam ab.«

Ich wiederhole das Spiel so lange, bis es »nichts Besonderes« mehr ist. Larry bewegt einen Fuß, und seine Partner bewegen ihre Füße und steigern die Bewegung, bis sie gemeinsam von der Bühne tanzen. Maria hustet, und sie setzen sich alle Gasmasken auf und gehen, weil die Luft vergiftet ist. Nathan füttert einen Vogel, und sie streuen gemeinsam Brotkrümel aus, bis riesige Vögelschwärme sie von der Bühne vertreiben. Man kann die Spieler auch einen Kauderwelschdialog sprechen lassen (Seite 387) und dann einen Dialog, der nichts mit dem Grund des Abgangs zu tun hat:

»Großartiges Spiel gestern, nicht?«, sagt Nathan und streckt die Hand aus, wie um zu sehen, ob es regnet.

»Ja, nicht wahr?«, sagt Maria und zieht einen Regenmantel an.

»Dieses letzte Tor war super«, sagt Larry und öffnet einen Regenschirm.

Je geschickter die Schüler werden, desto weniger Angebote werden sie übersehen. Mit etwas Glück kann dieses Spiel die Einstellung zur Improvisation an sich grundlegend verändern: Sie lernen verstehen, dass ein Spieler, der verzweifelt nach »guten« Ideen sucht, nicht auf das eingehen kann, was eigentlich geschieht.

Eine Stimme

Der Dialog wird unisono gesprochen. Ein Spiel, das ausgezeichnet für Anfänger geeignet ist und Spielern und Zuschauern gleichermaßen Spaß macht.

Ursprung: Entstand aus den Ein-Wort-auf-einmal-Spielen, bei denen die Spieler eine Geschichte erzählen, indem jeder ein Wort hinzufügt. Manche Schüler wurden darin so gut, dass ich sagte: »Warum sagt ihr nicht beide das Wort zur gleichen Zeit?«

Sie lachten, und ich erklärte ihnen, dass sie, wenn sie mit »Äh« anfangen oder mit dem allerersten Ton eines Worts, in der Lage sein sollten, gemeinsam einen Dialog zu improvisieren. Zu unserer Überraschung fanden wir heraus, dass diese Fähigkeit uns angeboren zu sein scheint und wir kaum üben mussten (warum um alles in der Welt sollten Menschen eine solche Fähigkeit entwickelt haben?).

So wird es gespielt: Je größer die Anzahl der Spieler, desto leichter wird das Spiel (weil Spieler, die originell sein wollen, von denjenigen, die es offensichtlich sind, übertönt werden). Auf einer Konferenz in Svendborg teilte ich die Teilnehmer in zwei Gruppen und bat sie, »Zweipersonenszenen« zu spielen; jede »Person« bestand aus zweihundertfünfzig Leuten, und das Spiel funktionierte reibungslos.

Einführung in das Spiel

Ich knie vor der Gruppe (um ihnen die Befangenheit zu nehmen).

»Könnt ihr sagen, was ich sage, zur gleichen Zeit, wie ich es sage?«, frage ich, und sage: »Guuuten Mooorgen«, sehr langsam und mit übertriebenen Lippenbewegungen.

»GUUUTEN MOOORGEN«, wiederholen sie nach mir.

»Ihr sollt es nicht *nach* mir sagen, sondern *während* ich es sage. GUUUTEN MOOORGEN!«

Diesmal geht ihr »GUUUTEN MOOORGEN« mit meinem synchron.

»HEUTE IST …«, fahre ich fort.

»HEUTE IST … EIEIN … SCHÖÖÖNER … TAAAG …«

Jetzt spreche ich nach ihnen, aber ich glaube nicht, dass sie das merken. Indem ich meine Lippenbewegungen übertreibe und naheliegende Dinge sage, und weil ich bereit bin, ihre Führung hinzunehmen, fällt es ihnen leicht, »zu sprechen, während ich spreche«.

Dann übernehmen andere meine Rolle, und ich ermutige sie, schneller zu reden. Bald ist es möglich, die Anführer wegzunehmen, und doch gelingt es der Gruppe, einen Dialog unisono zu improvisieren – in fast normalem Konversationstempo.

Ich stelle die Männer an der einen Wand und die Frauen an der gegenüberliegenden auf.

»Bleibt dicht bei den anderen in eurer Gruppe«, sage ich. »Und seht sie an! Isoliert euch nicht! Überprüft immer wieder, ob ihr alle noch auf derselben Wellenlänge seid!«

Ich frage die Frauen: »Könnt ihr alle zusammen ein weiblicher Teenager sein?«

»JAAA, WIIIR KÖÖÖNNEN.«

Dann bitte ich die Männer, alle zusammen ein männlicher Teenager zu sein. Auch ihnen stelle ich eine einfache Frage, zum Beispiel, welcher Tag heute ist.

»HEUUTE IIIST FREEIIITAG!«

»Wo sind wir?«, frage ich die Frauen.

»AAAM LOOOSE-MOOOSE-THEEEAAATER!«

Jetzt bitte ich sie, eine Szene zu spielen, in der sie sich kennenlernen und beschließen, zusammen Kaffee trinken zu gehen. Wenn eine Antwort unverständlich ist, soll die andere Gruppe fragen: »Wiiee biiitte?«

Es ist leicht, auf diese Weise einen Dialog zu erfinden.

»HAAALLLOOO!«

»HIII!«

»WIIEE GEEEHT EEES DIIIR?«

»GUUUT!«

Ich souffliere ihnen Naheliegendes und necke sie, indem ich sie die Frage stellen lassen: »Wie heißt du?« Die Antwort auf diese Frage ist nicht vorhersehbar, und erregt viel Gelächter:

»ICH HEISSE SUUSKARIIIAANNE!«

»WIIEE BIIITTE?«

Sie versuchen es noch einmal, und es gelingt ihnen, sich auf einen Namen zu einigen:

»SUUUSIII!«

»HIII, SUUUSIII!«

»WIE HEEISST DUUU?«

»ICH HEIEISSE TOOOMMIII.«

»WIIEE?«

»THOOOMAAAS!«

»HIII, THOOOMAAAS!«

Hinterher weise ich sie darauf hin, dass wir bei fast jeder Zeile lachten, obwohl nichts Kluges oder Geistreiches gesagt wurde. Warum lachten wir dennoch? Sie haben keine Erklärung dafür, und ich erläutere ihnen meine Theorie: »Keiner fühlte sich individuell verantwortlich für Fehler, also musste auch keiner schlecht von sich denken. Ihr wart so gut drauf, wie wenn man sich im wirklichen Leben köstlich amüsiert, ohne beobachtet zu werden. Ist euch nicht aufgefallen, wie verklärt die Spieler ausgesehen haben, wie klar umrissen und leuchtend? Das ist die ›Gestalt‹-Trennung des Körpers vom Boden, die immer dann auftritt, wenn wir wirklich vertieft in etwas sind.« (Ein ähnlicher Effekt tritt wohl ein, wenn man im »Oval Room« dem Präsidenten vorgestellt wird oder die Queen an die Tür klopft und bittet, die Toilette benutzen zu dürfen).

Ich weise sie darauf hin, dass die Zuschauer nichts als Vergnügen äußern, wenn die Spieler scheitern, das heißt, wenn ein Satz so chaotisch ist, dass er unmöglich vervollständigt werden kann.

»Das Publikum möchte nicht, dass ihr Experten seid, die nie Fehler machen. Es wartet darauf, dass ein Satz völlig unverständlich wird, weil es über euch lachen will. Wenn ihr nie einen Fehler macht, könnten wir gleich eine einstudierte Szene sehen.«

Ein Spieler, der laut und fest spricht, kann eine ganze Gruppe dominieren. Manche Leute sind der Meinung, dass dadurch der Erfolg eher garantiert ist, doch der Sinn des Spiels ist Zusammenarbeit und nicht Gehorsam.

»Führt nicht!«, sage ich. »Wartet ab, wie die ganze Gruppe den

Satz weiterführen will, auch wenn ihr nur eine halbe Silbe beitragt. Wenn keiner beginnen will, fangt einfach mit einem Laut wie ›Äh‹ oder ›Uh‹ an und wartet, wie die anderen es aufnehmen.«

Ich bitte zehn Spieler, ein Vater zu sein, zehn andere die Mutter und zehn weitere der Sohn. Der Sohn hat sich den Mercedes geborgt und sollte um Mitternacht zu Hause sein; um vier Uhr morgens ist er noch nicht zurück. Ich springe mit einzelnen Dialogzeilen ein, wenn sie nicht weiterwissen, zum Beispiel: »Sagt: Es ist deine Schuld – du verwöhnst den Jungen!« und: »Von mir hat er das nicht!«

Der Sohn kommt nach Hause, und ein Streit bricht aus, bei dem eine Menge Leute auf der Bühne herumlaufen und sich gegenseitig Beleidigungen an den Kopf werfen. Wenn es sein muss, halte ich die Szene am Laufen, indem ich ihnen zurufe: »Stellt fest, dass er betrunken ist!« oder: »Sag deinen Eltern, dass du beschlossen hast, Schauspieler zu werden!« oder: »Geh zu ihm hin und schlage ihn!«

»Eine Stimme«-Partys in Paaren

Jeweils zwei Schüler haken sich unter und sprechen mit einer Stimme. »Ihr seid Gäste auf einer Party«, sage ich. »Ihr trefft alte Freunde, sucht die Bar ...« und so weiter.

Die Schüler spielen Arzt/Patient-Szenen oder Eltern/Kind-Szenen, »Zwei Fremde treffen sich«, wobei jede Figur aus zwei oder mehr Leuten besteht.

Der Professor

Eine Gruppe wird zu einer einzigen Figur, die Fragen aus dem Publikum beantwortet.

Ursprung: Es ist mir peinlich, dieses Spiel erfunden zu haben. Oft ist es so, dass schwache Richter zulassen, dass es sich zu lange hinzieht. Zum anderen werden die Zuschauer fast immer gefragt, auf welchem Gebiet der Professor Experte sein soll, was hirnrissig ist, da Menschen, die als Masse sprechen, die geistige Reife eines Dreijährigen besitzen. Ich habe erlebt, dass die Spieler »Ichthyologie« akzeptierten oder »Quantenphysik«. Über die Vorschläge wurde gelacht, doch sie wurden in der Absicht gemacht, das Spiel zu ruinieren, und das taten sie auch.

So wird es gespielt: Eine Gruppe von Spielern, die eng beieinander auf der Bühne stehen, wird dem Publikum als »Professor« vorgestellt, dem es ein Vergnügen sein wird, Fragen aus allen Wissensgebieten zu beantworten. Ein Zuschauer fragt: »Warum ist der Himmel blau?«

»WEEEIIIL EEES DIE FAAARBE VON GOTTES PYYY-JJJAAAMA IST!«, antworten sie alle zusammen, und wenn das Spiel neu ist, lachen die Zuschauer, als sei das die allerwitzigste Antwort.

Weitere Fragen werden beantwortet.

»Vergesst nicht, einander anzuschauen!«, sage ich. »Führt nicht! Versucht nicht, clevere Dinge zu sagen. Seid offensichtlich und nicht ›originell‹. Schaut einander an. Steht in ständigem Augenkontakt. Isoliert euch nicht. Denkt daran, dass ihr alle im gleichen Boot sitzt!«

Das »schaut einander an« ist eigentlich für Anfänger gedacht, aber ich habe so viele Anfängerkurse unterrichtet, dass angenommen wird, es gehört zum Spiel. Deshalb starren beim Eine-Stimme-Spiel Spieler auf der ganzen Welt einander an, selbst wenn sie schon Experten sind. Werft euch mal einen Blick zu, aber starrt euch nicht ständig an, außer ihr habt Probleme.

»Der Professor« ist ein Füllerspiel, um die Leute in gute Laune zu versetzen, doch es sollte kurz gehalten und beendet werden, wenn die Zuschauer immer noch mehr wollen; es ist schließlich nur eine Möglichkeit, zur Abwechslung beizutragen: Bedeutungsvolles wird daraus aller Wahrscheinlichkeit nach nicht entstehen.

Der »Vorsitzende«, der den Professor vorstellt, sollte höchstens zwei Fragen stellen, bevor er die Szene an das Publikum übergibt.

Das Publikum spricht

Als ich das Spiel am Göteborger Folkteatern lehrte, sprach ich meine Überzeugung aus, dass ein Theaterpublikum in der Lage sei, »Eine Stimme« zu spielen. Unmöglich, wurde mir gesagt, nicht mit den zugeknöpften Schweden. Ich hatte aber schwedische Zuschauer bei Eishockeyspielen beobachtet und versuchte es dennoch. Es funktionierte wunderbar, und wir waren begeistert (eine völlig neue Form von Theater!). Man sollte es aber nur versuchen, wenn das Publikum groß genug ist, die Intellektuellen zu übertönen (Intellektuelle sagen komische Dinge, wohingegen normale Leute alle die gleichen Dinge sagen).[75]

Zunächst führen die Improvisierer auf der Bühne ein kurzes Eine-Stimme-Spiel auf. Dann frage ich sie: »Glaubt ihr, das Publikum könnte das genauso gut?«

»JJJAAA«, rufen die Spieler.

Ich frage das Publikum: »Könnt ihr mit einer Stimme sprechen?«, und wenn der Zuschauerraum voll ist und ich den richtigen Zeitpunkt gewählt habe, antworten sie mit Sicherheit: »JJJAAA, WIIIR KÖÖÖNNNEEEN!«

Doch selbst wenn sie antworten würden: »NEEEIIIN, KÖÖÖNNNEEEN WIIIR NIIICHT!«, wäre das ein Beweis dafür, dass sie es können.

In beiden Fällen aber lachen sie erst einmal mindestens eine Minute lang, sehr angetan von ihrem eigenen Scharfsinn.

Ich bitte die Schauspieler, mit dem Publikum ein »Rendezvous mit einem Unbekannten« zu spielen. Sie stehen in dichtem Haufen, »machen sich zurecht« und klopfen an die »vierte Wand« zum Publikum hin: »IIISSST JEEEMAAAND ZUUU HAUUUSE?«

»WEEERRR IIIST DAAA?«, grölt das Publikum.

»DEEEIIIN UUUNBEEEKANNNTES REEENDEEEZVOUUUS!«

Mit großer Wahrscheinlichkeit wird das Publikum als Masse blockieren und sagen: »HAAAUUU AAAAB!«; sie lachen sich schief.

»IIICH HAAABEEE WHIIISSSKYYY MIIITGEEEBRAAACHT!«, sagen die Improvisierer.

»KOOOMMM REEEIIIN!«, brüllen die Zuschauer. Sie schütten sich aus vor Lachen und applaudieren sich selbst wie wild.

Man könnte sich auch eine Szene zwischen Eltern und unartigem Kind vorstellen:

»Mama, Papa, ich bin unartig gewesen!«

»WAAAS HAAAST DUUU DIIIESMAAAL AAANGEEE-STEEELLT?«

Oder das Publikum ist der liebe Gott und lässt die Spieler in den Himmel kommen oder auch nicht, oder die Spieler versuchen als Polizist dem Publikum einen Strafzettel zu geben.

Eine-Stimme-Spiele veranschaulichen den Wert des »Offensichtlichseins«, denn das Publikum lacht sehr viel, ohne dass Witze gemacht werden.

Lippensynchronisation

Das Zweistimmenspiel (Bauchrednerspiel)

Ein Spieler stellt beide Stimmen in einer Zweipersonenszene.

Ursprung: Wurde wahrscheinlich schon von Ig und Og in der Höhle gespielt; ich kam darauf, als ich Schülern beibrachte, Bauchredner zu sein (und sich gegenseitig als Puppen zu benutzen). Plötzlich fragte ich mich, warum die Puppe nicht einfach aufstehen und herumlaufen sollte.

So wird es gespielt (erste Stufe): Wir spielen eine Herr-und-Diener-Szene, und ich bitte die Herrin, eine Stimme für sich auszusuchen (vielleicht ihre eigene) und eine völlig davon verschiedene für ihren Diener. Ich gebe mein Okay, wenn die Stimmen gegensätzlich sind.

Sie fragen mich, wer führen soll.

»Keiner führt. Wenn Angus den Mund aufmacht, und es kommt keine Stimme, muss er gähnen oder eine Fliege verschlucken. Vergisst Angus, seine Lippen zu bewegen, sagt die Herrin: ›Habe ich dir nicht verboten zu sprechen, ohne die Lippen zu bewegen!‹«

Ich bitte die Herrin, den Diener hereinzurufen.

»Angus!«, ruft sie. »Komm hierher!«

»Was 'n nu scho wieder?«, sagt sie in einem schottischen Akzent, während Angus gestikuliert, aber vergisst, seine Lippen zu bewegen. Sie schaltet auf ihre eigene Stimme um:

»Warum bewegst du deine Lippen nicht?«

Sie »wird zu« Angus' Stimme:

»Ich wollt' nicht, dass Sie meine Zähne seh'n, Ma'm!«

Sie kehrt zu ihrer eigenen Stimme zurück:

»Trägst du schon wieder mein Gebiss? Gib es mir sofort zurück!«
Und so weiter.

Oft unterrichte ich Anfänger, indem ich alle Dialoge souffliere – so weiß der Diener genau, welche Worte der Herr ihm vorgeben wird. Meine Worte sind hier kursiv gedruckt:

Ruf deinen Diener herein.

Herr: Pullham!

Sag in seinem Akzent: »Sie haben gerufen, Herr?«

Diener: Sie haben gerufen, Herr?

Herr: Das habe ich.

Sag: »Sie sehen heute morgen größer aus.«

Diener: Sie sehen heute morgen größer aus.

Sag: »Ich bin mein Bruder, Herr.«

Einfach zu wiederholen, was ich einsage, macht ihnen bald keinen Spaß mehr, und sie fügen dem Dialog eigene Sätze hinzu. Dann ziehe ich mich ganz zurück, und sie machen allein weiter.

Wenn die Diener Schwierigkeiten haben, Lippenbewegungen zu machen, sage ich den Herren, dass sie vor den Dienersätzen ein »Äh« einfügen sollen, damit der Diener weiß, dass jetzt etwas kommt. Wurde das Spiel erfolgreich demonstriert, arbeitet die Gruppe paarweise zusammen, und alle spielen. Dann wechseln sie die Partner und versuchen es noch einmal. Dadurch lernen alle in der Gruppe das Spiel beherrschen, zudem bleiben sie wachsam, wenn sie jedesmal mit einem anderen Partner konfrontiert werden.

Mit diesem Spiel ist es einfacher, eine Szene zu entwickeln, als wenn beide Spieler zum Dialog beitragen. Das erscheint seltsam, wenn man nicht bedenkt, dass in den meisten Improvisationen die Spieler in dem Bedürfnis, die Kontrolle zu behalten, die Arbeit des Partners kaputtmachen. (Ein japanischer Text über Schauspieler beschreibt, dass einige Spieler wie Insekten sind, die sich gegenseitig auffressen, und das trifft sicherlich auch auf einige Improvisierer zu.)

So wird es gespielt (zweite Stufe): Im letzten Beispiel wurde der Diener vom Herrn kontrolliert, doch wenn der Diener physische blinde Angebote macht, teilen sie sich die Kontrolle. Der Diener springt dem Herrn an die Kehle, und der Herr muss dafür eine Erklärung liefern, zum Beispiel: »Zahlen Sie mir mein Geld!« oder: »Diesmal werde ich nicht für Sie ins Gefängnis gehen!« Und wenn der Diener hereinstürzt und sich dem Herrn vor die Füße wirft, muss der Herr dieses Verhalten erklären, etwa mit dem Satz: »Vergeben Sie mir, Herr! Ich kann den Hund nicht aus dem Rasenmäher bekommen!«

Training: Die meisten Diener bewegen ihre Lippen minimal, um eventuelle Fehler zu verbergen. Man muss sie dazu bringen, die Lippenbewegungen zu übertreiben, so dass sie auf übertriebene Weise zu sprechen scheinen (man darf nie vergessen, dass die Zuschauer es genießen, wenn Fehler ohne Rückhalt gemacht werden).

Wenn die Stimme immer die Lippen führt (oder umgekehrt), muss dies korrigiert werde. Die Kontrolle muss geteilt werden.

Gegenseitige Synchronisation

Jeder Spieler synchronisiert die Stimme eines anderen (nicht empfohlen).

Dieses Spiel existiert nur, um die Zuschauer mit der Schlauheit der Spieler zu beeindrucken (etwas, was nur andere Improvisierer interessiert). Ich habe es als Gag erfunden, um eine Lippensynchronisationsszene zu beenden, doch ich musste erleben, wie es in Gruppen von fünf oder sechs Leuten gespielt wurde, und sie machten Minute um Minute weiter, obwohl nichts Lohnendes dabei herauskommen konnte. Wenn ihr zu diesem Spiel herausgefordert werdet, seid barmherzig: Haltet es kurz, und bittet darum, dass es eine Auge-in-Auge-Herausforderung wird.

Synchronisation hinter den Kulissen

(Beschrieben bei Spolin[76]) Die Figuren auf der Bühne werden von Leuten hinter der Bühne synchronisiert. Man fängt damit an, dass die »Stimmen« weinen, lachen oder seufzen oder kreischen, während die Spieler auf der Bühne die Lippen bewegen. Dann fügt man Dialog hinzu. Die »Schauspieler« machen blinde Angebote (in Maßen), die die »Stimmen« rechtfertigen. Auf diese Weise ist es viel leichter, Geschichten zu konstruieren (weil die Spieler weniger das Bedürfnis haben, sich zu verteidigen).[77]

Die Stimmen können »Schatten« sein, das heißt, die Stimmen kommen auf die Bühne, und jede bleibt so nahe wie möglich bei ihrem »Körper«. Die Nähe kann in einer öffentlichen Aufführung lästig sein, aber es entstehen dadurch mutigere Szenen.

Synchronisation mit Freiwilligen aus dem Publikum

Die Spieler stellen die Stimmen für Freiwillige aus dem Publikum.

Sagen Sie den Freiwilligen: »Übertreiben Sie die Lippenbewegungen!« oder: »Merken Sie sich, welche Stimme Ihnen gehört!«

Die »Stimme« sollte Handlung herbeizwingen, indem sie zum Beispiel sagt: »Ich hole dir einen Saft aus dem Kühlschrank« oder: »Soll ich mich aufs Bett legen für die Untersuchung, Herr Doktor?«

Wenn die Freiwilligen in der Szene unhöflich behandelt werden (indem sie peinliche Sachen sagen müssen), sollte ein Richter die »Stimmen« aus dem Graben jagen und sie zwingen, sich zu entschuldigen.

Variante: Zwei Spieler auf der Bühne arbeiten mit einem Freiwilligen aus dem Publikum. Einer der Spieler übernimmt alle drei Stimmen.

Die Hand auf dem Knie

André, Bill und Corinne sitzen nebeneinander auf Stühlen, deren Kanten sich berühren. Sie geben vor, sich in einem Zug zu befinden. Bill sitzt in der Mitte und sagt etwas zu André, während er seine Hand auf

Corinnes Knie legt. Dann sagt er etwas zu Corinne mit seiner Hand auf Andrés Knie und so weiter. Bill tut so, als hätte er keine Ahnung, was er da macht.

Ursprung: Roddy Maude-Roxby (von der »Theatre Machine«) erzählte uns, er sei am Abend vorher auf einer Party gewesen. Er habe seine Hand auf das Knie der neben ihm sitzenden Frau gelegt, während er mit jemandem auf der anderen Seite sprach. Die Frau habe es zugelassen, dass seine Hand liegen blieb, als hätte sich die Hand von ihrem Besitzer losgelöst. »Wir machen ein Spiel daraus!«, rief ich.

Einführung in das Spiel

Bill sitzt zwischen André und Corinne.

»Sieh nach links, wenn du das Knie zu deiner Rechten festhältst«, sage ich. »Und sieh nach rechts, wenn du das Knie links von dir festhältst. Noch einmal. Und jetzt schneller!«

Ich lasse ihn das fünfzehn- bis zwanzigmal machen. Das hört sich albern an, aber ohne diesen Drill käme er rasch durcheinander und würde die Hand auf das Knie der Person legen, mit der er gerade spricht, oder überhaupt vergessen, sie irgendwohin zu legen. Dann sage ich:

»Wir werden eine Szene spielen, in der Bill die anderen mit seinem ›Hand auf dem Knie‹-Trick aus der Fassung bringt. Fangt zurückhaltend an, und steigert euch allmählich alle drei in besinnungslose Wut und/oder völlige Verlegenheit. Bill ist sich nicht bewusst, was er tut, und sieht sich von den anderen beiden belästigt.«

Corinne und André hatten Zeit, ihre Reaktionen vorauszuplanen; sie ruft: »Was fällt Ihnen ein!«, und er tut so, als gefiele es ihm.

Ich erkläre ihnen, dass normale Leute nur ungern eine Szene machen und dass die Opfer von »Versteckte Kamera« oder ähnlichen Sendungen im Fernsehen in den meisten Fällen so ausdruckslos wie möglich reagieren. Nur wenn sie sich unbeobachtet glauben, reagieren Leute ohne Scheu.

»Das ist richtig«, unterbrach eine Schülerin, als ich das Spiel gerade erfand. »Deshalb bin ich heute morgen zu spät gekommen.«

Sie erzählte uns, dass ihr Platz im Zug sich etwas ungemütlich angefühlt hatte, und sie habe eine ganze Weile gebraucht, bevor ihr klar wurde, dass sie auf der Hand des Mannes neben ihr saß.

»Was hast du gemacht?«

»Ich habe so getan, als ob nichts wäre, und an der nächsten Station bin ich ausgestiegen.«

Ich erzähle diese Geschichte und sage ihnen, sie sollten sich vorstellen, dass sie so etwas Unerhörtes wie die Hand auf dem Knie noch nie erlebt haben.

»Seid verwirrt«, sage ich. »Fragt euch, was ihr tun sollt. Ist Bill wahnsinnig? Ein bisschen exzentrisch? Will er sich über euch lustig machen? Und haben die anderen Fahrgäste etwas bemerkt? Benehmt euch wie normale Leute.«

Sie fangen noch einmal an, und Bill legt sofort seine Hand auf Corinnes Knie.

»Noch nicht!«, rufe ich. »Lasst euch Zeit. Macht erst klar, dass ihr euch im Zug befindet. Schaut euch die Reklame an. Schaut aus dem Fenster. Lest die Zeitung. Seid ein bisschen scheu voreinander. Es macht uns nichts aus, euch fünfundzwanzig oder dreißig Sekunden und länger zuzusehen, bevor ihr anfangt. Die Zuschauer sollen sich fragen, warum wir ihnen dies zeigen.«

Jetzt sehen sie wie gewöhnliche, etwas gelangweilte Fahrgäste aus. Für eine Weile passiert nichts, dann sagt Bill zu Corinne, während er seine Hand auf Andrés Knie legt:

»Sind wir schon an Neustadt vorbei?«

»Äh ... ähm ... Ich weiß nicht genau ...«

Bill fährt mit der Unterhaltung fort und hofft, dass André etwas unternehmen wird. Ich unterbreche.

»Bleib nicht an diesem einen Gespräch hängen«, sage ich. »Verwirr sie, indem du nur ein paar Worte sagst und dann wieder geradeaus schaust. Dadurch ist deine Hand weg vom Knie, bevor das Opfer entscheiden kann, was es tun soll. Starre geradeaus, während sie darüber grübeln, was wirklich passiert ist!«

Sie fangen wieder an:

»Sind das einheimische Kühe?«, fragt Bill Corinne und legt seine Hand auf Andrés Knie.

»Ich weiß nicht ... «

André hat sich nicht bewegt, nur mit den Augen nach unten auf Bills Hand geschielt. Bill nimmt seine Hand weg und sieht geradeaus. André ist verärgert, doch alles, was er tut, ist, aus dem Fenster zu starren (was er wahrscheinlich auch im wirklichen Leben tun würde). Bill wendet sich ihm zu und legt seine andere Hand auf Corinnes Knie:

»Wissen Sie, ob wir schon durch Neustadt gekommen sind?«

»Nein, noch nicht!«, sagt André kurz angebunden, während Corinne erfolglos so tut, als sei nichts geschehen.

»Knall deine Hand richtig fest auf das Knie«, sage ich.

Bill knallt seine Hand auf Andrés Knie und spricht mit Corinne.

»Wir sind doch noch nicht in Neustadt gewesen. Gott sei Dank.«

Es sieht so aus, als würde André gleich etwas tun, deshalb sage ich Bill, er solle wieder geradeaus sehen.

»Lass sie eine Zeit lang in Ruhe«, sage ich. »Die Verzögerung vergrößert die Spannung.«

André schlägt die Beine übereinander, um sie aus Bills Reichweite zu nehmen.

»Mach das nicht«, sage ich. »Warum solltest du es schwer für Bill machen, seine Hand auf dein Knie zu legen? Tu so, als könntest du die Beine nicht überkreuzen, weil die Wand des Zuges im Weg ist.«

Corinne sieht unbeteiligt und »normal« aus, doch sie schluckt einmal und zieht ihren Rocksaum zwei Zentimeter tiefer. Eine Zeit lang schaukeln die drei vor sich hin.

»Ich nehme doch an, dass dieser Zug über Neustadt fährt?«, fragt Bill Corinne, während er Andrés Knie umklammert.

»Entschuldigen Sie!«, sagt André, und Bill wendet sich ihm zu und legt die Hand auf Corinnes Knie.

»Ja?«

»Ach ... nichts«, sagt André.

»Wie herrlich die Bäume im Herbst aussehen«, sagt Bill, immer noch an André gewendet. Corinne beschließt, Bills Hand zu ignorieren.

»Drück ihr Knie!«, sage ich. »Lass sie aufspringen!«

Bill tut es, und Corinne stößt einen Schrei aus. Bill wirbelt herum.

»Ja?«, fragt er Corinne und grapscht Andrés Knie.

»Jetzt hören Sie mal! Lassen Sie das doch!«, sagt André.

»Was soll ich lassen?«

Bill grapscht Corinne, die protestierend sagt: »So benehmen Sie sich doch!«

»In der Tat!«, fügt André hinzu.

Ich rufe Bill zu, wieder geradeaus zu starren. Jetzt haben wir drei mit der Fassung ringende Leute zum Beobachten. Diese Pause kann ruhig ausgedehnter sein.

»Was soll das heißen: ›Benehmen Sie sich‹?«, fragt Bill und umfasst Corinnes Knie, mit André sprechend. Corinne hebt Bills Hand hoch und legt sie auf sein eigenes Knie, doch er reagiert darauf nicht (er ist zu sehr damit beschäftigt zu planen, was er zu André sagen wird). Ich unterbreche.

»Geht zurück zu dem Moment, in dem sie deine Hand berührt. Deine Hände sind doch nicht taub. Wenn ein Fremder im Zug deine Hand berührt, würdest du das doch mit Sicherheit merken!«

Ich lasse sie die Szene von dem Moment an wiederholen, wo Corinne Bills Hand entfernt. Bill dreht sich erstaunt zu ihr hin und umklammert Andrés Knie.

»Ja?«

»Behalten Sie Ihre Hände bei sich!«, sagt Corinne.

»Warum haben Sie mich berührt!«, sagt Bill.

»Ach, lassen Sie mich doch in Ruhe!«, sagt Corinne.

André funkelt wütend Bills Hinterkopf an.

»Drück Andrés Knie fester!«, sage ich. »Zwing ihn dazu, irgendetwas zu unternehmen!«

»Behalten Sie Ihre Hände bei sich«, sagt André. Er packt die anstößige Hand und lässt sie auf Bills eigenes Knie fallen.

»Lassen Sie das!«, sagt Bill und umklammert Corinnes Knie. Corinne bricht in Tränen aus.

»Jetzt reicht's aber«, sagt André. »Hören Sie auf, diese junge Dame zu belästigen!«

»Wovon sprechen Sie?«, fragt Bill und guckt für einen Moment geradeaus. Er »glaubt«, er sitze zwischen zwei Verrückten. Dann wendet er sich an André.

»Schauen Sie, ich weiß ja nicht...«

Corinne kreischt und Roddy Maude-Roxby sucht seine Finger von ihrem Knie zu lösen.

»Lassen Sie das!«, schreit Bill, außer sich vor Zorn, dass sie ihn wieder berührt hat, dabei hält er Andrés Knie mit aller Kraft fest, während André aufsteht.

»Mein Herr!«

»Ja?« sagt Bill, sich André zuwendend, und grapscht nach Corinnes Knie.

Sie schreit auf und schlägt mit ihrer Tasche nach ihm.

»He!«, protestiert Bill und grapscht nach André.

»Lassen Sie sie in Ruhe!«

»Was?«

Corinne fängt an, hysterisch zu kreischen.

»Hören Sie doch auf! Hören Sie auf!«, schreit sie.

»Aber womit denn?«

André nimmt Bills beide Hände und legt sie auf Bills Knie.

»Sitzen Sie ruhig und bewegen Sie sich nicht, oder ich werfe Sie aus dem Zug!«

Die drei sitzen voll unterdrücktem Zorn nebeneinander, wobei Bill geradeaus schaut. Bill schielt zu André hin, doch er sagt nichts. Dann sieht er wieder nach vorn.

Ein Schaffner könnte hinzukommen, oder Bill könnte mit Schrecken begreifen, dass er tatsächlich irgendetwas Unrechtes getan hat. Oder André könnte darauf bestehen, den Platz mit Bill zu tauschen, um Corinne zu beschützen. Dann wendet André sich Bill zu: »Sie müssen wirklich lernen, sich zu beherrschen!«, sagt er und legt seine Hand auf Corinnes Knie, während das Licht allmählich ausgeht.

Es bringt viel Gelächter, doch wir empfinden keine Sympathie für die Figuren, weshalb es ein reines Füllerspiel ist. Wenn die Schauspieler jedoch das Spiel ernst nehmen und sich um Wahrhaftigkeit bemühen, »leiden« und bestrebt sind, dem Geschehen Sinn zu verleihen, kann es beeindruckend sein.

Es ist jedoch kein Spiel, das man zweimal hintereinander sehen möchte. Seine Möglichkeiten sind zu begrenzt, als dass es sehr oft gezeigt werden könnte (wenn man nicht, wie wir in den Sechzigern, von Stadt zu Stadt tourt).

Sagte er/Sagte sie

Der Spieler sagt seinem Partner, was dieser tun soll, und fügt dann den Dialog hinzu.

Ursprung: Dieses Spiel wurde von Schauspielern bei »Tournus« (Dänemark) erfunden, als ich sie in Theatersport unterrichtete. Sie nannten es »Sagte er und zog sich die Hosen aus«, was im Dänischen schön rhythmisch klingt.

So wird es gespielt: Das Spiel könnte nicht einfacher sein. Mein dreijähriger Sohn begriff dieses Spiel im Nu und spielte es fehlerfrei, doch Erwachsene fühlen sich überfordert und sind verwirrt. Erwachsene kämpfen andauernd um Kontrolle, es sei denn, sie werden von einem Ereignis mitgerissen, doch Kleinkinder sind daran gewöhnt, herumgezerrt zu werden und dass jemand ihnen das Gesicht und den Po abwischt. Nicht nur sind sie daran gewöhnt, »gehandhabt« zu werden, sie sind auch auf Rache erpicht, wohingegen die meisten Erwachsenen sich gegen jegliches Einmischen zur Wehr setzen, was das Spiel anfangs schwierig macht. Nur einmal erlebte ich einen Erwachsenen, der auf »Sagte er/Sagte sie« nicht mit Verwirrung reagierte, und der lebte noch bei seiner Mama.

Es lohnt sich aber, dieses Spiel zu lernen, zum einen, weil man wahrscheinlich immer dazu herausgefordert wird, und zum anderen, weil es das Publikum liebt zu sehen, wie ein Spieler vom anderen kontrolliert wird.

Zum Beispiel:

»Hallo, Mutti!«

»Sagte er und warf die Schultasche auf den Tisch: ›Wie war's in der Schule?‹«

»Sagte sie und nahm die Schultasche und sah hinein: ›Mutti, das ist meine Tasche!‹«

»Sagte er und versuchte vergeblich, sie mir zu entreißen: ›Ich will nur sehen, was ihr als Hausaufgaben aufhabt.‹«

»Sagte sie und leerte die Tasche auf den Tisch: ›Ich habe alle Hausaufgaben schon in der Schule gemacht, Mutti.‹«

»Sagte er mit einem falschen Lächeln und schlich zur Tür: ›Ich habe heute mit deinem Lehrer geredet.‹«

»Sagte sie und packte mich am Nacken: ›Warum das denn?‹«

»Sagte er erblassend und versuchte sich loszureißen: ›Du bist seit einem Monat nicht in der Schule gewesen. Du hast dem Lehrer erzählt, wir seien fortgezogen!‹« Und so weiter.

Manche Schüler sehen in diesem Spiel zu viel Zwang, aber dein Partner kann dich nicht wirklich kontrollieren. Zum Beispiel:

»Das war der letzte Patient, Herr Doktor!«

»Sagte sie und knöpfte ihre Bluse auf. ›Schwester Kimble, hören Sie sofort damit auf!‹«

»Sagte er und knöpfte sie für mich zu …«

Einführung in das Spiel

Führen Sie das Spiel ein, wenn die Schüler guter Laune sind. Erklären Sie, dass das Spiel für kleine Kinder einfach sei, doch schwierig für Erwachsene – das erweckt ihre Neugier, und sie haben weniger das Bedürfnis, sich selbst zu bestrafen, wenn sie scheitern.

Ich erkläre die Regeln und führe zwei Freiwillige Schritt für Schritt durch das Spiel. Ich sage ihnen, sie sollten einfach meinen Anweisungen folgen:

»Sag: ›Hallo, Max!‹«

»Hallo, Max!«, sagt Linda.

Ich wende mich an Max; er soll sagen: »Sagte sie …«

Max ist verwirrt.

»Sag einfach: ›Sagte sie …‹!«

»Sagte sie …«

»Und umarmte mich.«

»Was?«, sagt er.

»Sag: ›Sagte sie und umarmte mich.‹«

»Das verstehe ich nicht.«

»Schön«, sage ich. »Sie sagte ›Hallo‹, also musst du jetzt sagen: ›Sagte sie und umarmte mich.‹ Sprich einfach die Worte.«

Er tut es.

»Jetzt umarmt sie dich.«

Linda umarmt ihn und sagt: »Schön, dich zu sehen.«

»Noch nicht«, sage ich. *»Erst spricht er, dann sagst du ihm, was er tun soll, dann sprichst du wieder.«*

»Hab' ich das richtig verstanden?«, sagt sie. »Ich darf nicht sagen: ›Schön, dich zu sehen‹?«

Wenn man Glück hat, lachen die Zuschauenden über die Begriffsstutzigkeit der Darsteller.

»Es sieht leicht aus«, sage ich. »Doch wenn ihr hier auf der Bühne steht, fühlt ihr euch wie vernagelt.«

Ich übe das Spiel mit anderen Schülern, und wieder geraten sie in völlige Verwirrung. Noch einmal buchstabiere ich die Regeln: »Du sagst deinem Partner, was er tun soll, und fügst dann eine Dialogzeile hinzu. Ist das klar?«

»Ja!«

»Klingt das schwierig?«

»Nein!«

»Also liegt die Verwirrung an uns, nicht an den Regeln! Man braucht ungefähr vierzig Minuten, um das Spiel zu lernen – lasst euch nicht entmutigen!«

Mit etwas Glück werden die Spieler fasziniert feststellen, wie ihr »Unterbewusstsein« sie »schützt«.

Abwehrmechanismen

Die Schüler erinnern sich um so leichter an die Spielregeln, je mehr sie komplizierte Abwehrmechanismen entwickeln; zum Beispiel fühlen sie sich sicherer, wenn sie aus der Ferne kontrolliert werden (weshalb ein Hauptfeldwebel seinen Leuten aus zwei Zentimeter Entfernung ins Gesicht brüllt). Die Spieler geben also Anweisungen wie: »Sagte er und ging zur Tür« oder: »Sagte sie, stieg auf einen Stuhl und wedelte mit den Armen.«

Ich erkläre ihnen, dass sie Interaktion vermeiden wollen, wenn sie ihre Partner aus der Szene schicken oder sie etwas Abstraktes tun lassen, und dass es besser ist, eng zusammenzuarbeiten. Zum Beispiel:

»Du Schwein!«

»Sagte sie, warf mich auf den Boden und kniete sich auf meine Brust: ›Au! Du tust mir weh!‹«

»Sagte er und genoss es. ›Warum hast du nicht abgewaschen?‹«

»Sagte sie und zerrte mich zum Waschbecken ...«

Improvisierer hassen es, für ihren Partner verantwortlich zu sein und selbst kontrolliert zu werden, also beschreiben sie wahrscheinlich, was dein Partner bereits macht: »Sagte er und atmete schwer.«

Andere Spieler geben sich selbst Bühnenanweisungen: »Sagte er und duckte sich, als ich die Tür zuschlug und meine Wunderwaffe hervorzog ...« oder: »Sagte er überrascht, als ich in Tränen ausbrach und zur Tür lief ...«

Ich verbiete solche Selbstanweisungen, doch jetzt beginnt der Dialog sich zu ganzen Absätzen auszuweiten (denn wenn man immer weiterredet, kann einen der Partner nicht kontrollieren). Zum Beispiel:

»Sagte er und setzte sich auf den Stuhl. ›Das könnte ernst sein, Herr Torben. Ihre Tests sind zurück, und es hat sich herausgestellt, dass Sie ein großes Loch haben, wo Ihr Gehirn sein sollte. Die Fälle von gestohlenen Gehirnen haben sich in letzter Zeit gehäuft. Nobelpreisträger, Berühmtheiten und so weiter. So betrachtet können Sie's als Kompliment verstehen ...‹«

Dem kann das »Dreiwörtersätze«-Spiel erfolgreich entgegenwirken. Zum Beispiel:

»Sagte er und durchleuchtete meinen Kopf durch beide Ohren. ›Gestohlen! Mein Gehirn?‹«

»Sagte er und wurde blass. ›Ich muss operieren!‹«

»Sagte er und nahm Bohrer und Skalpell aus einer Schublade. ›Nicht jetzt, Doktor!‹«

»Sagte er und wollte zur Tür, doch er konnte sie nicht finden, weil er kein Gehirn hatte. ›Beruhigen Sie sich!‹«

»Sagte er und entnahm einem Nagetier das Gehirn und sägte mit seiner Kettensäge meine Schädeldecke auf. Er plazierte das Meerschweinchengehirn in meinen Schädel und klebte ihn wieder zu. ›Oik! Oik! Oik!‹«

»Quietschte er und zupfte an seinen imaginären Schnurrhaaren …« usw. (Das Komische ist mit dem Schrecklichen oft identisch.)

Manche Spieler akzeptieren nur minimale Kontrolle:

»Sagte er und kicherte …« oder:

»Sagte sie und nippte an ihrem Tee« oder:

»Sagte er und sah gelangweilt aus«.

Ich korrigiere dies, indem ich zusätzliche Anweisungen soufflieren: »Sagte er und setzte sich …«

»… mit einem zufriedenen Grinsen auf dem Gesicht!«, souffliere ich.

»Sagte er geringschätzig …«

»… und zog ein Heft mit geheimen Telefonnummern aus der Tasche.«

Varianten

Ein Spieler kontrolliert. Nur ein Spieler gibt Bühnenanweisungen. Das bedeutet in einer Zweipersonenszene, dass einer kontrolliert, der andere kontrolliert wird. Ein Hilfsmittel, um den Widerstand gegen das Spiel zu verringern und den Lernprozess zu beschleunigen.

Kauderwelschversion. Wenn Ihre Schüler Kauderwelschspiele gut beherrschen, lassen Sie sie den Dialog in Kauderwelsch sprechen, während die Bühnenanweisungen in richtiger Sprache gegeben werden. Sehr wahrscheinlich finden sie dies weniger verwirrend.

John: »Eniam regor?«

Kate: Sagte er, setzte sich aufs Sofa und nahm meine Hand: »Garreg Larganok?«

John: Sagte sie errötend und blickte zu Boden: »Bot jarda?«
Kate: Sagte er und steckte mir einen wunderschönen Ring an den Finger …

Schatten (ein Übungsspiel). Zwei Spieler liefern den Dialog, während zwei andere ihre »Schatten« sind (das heißt immer dicht hinter ihnen bleiben) und die Bühnenanweisungen geben.

Sagte er/Sagte sie (mit Adjektiven). Die Bühnenanweisungen werden durch einfache Adjektive ersetzt:
»Entschuldige, dass ich zu spät komme – MISSTRAUISCH.«
»In letzter Zeit kommst du andauernd zu spät, was geht hier vor? – STOLZ.«
»Sie hatten eine kleine Feier für mich auf der Arbeit – ANKLAGEND.«
»Ich weiß, wo du warst. Ich bin dir gefolgt – VERÄCHTLICH.«
»Ja, ich besuche die Abendschule. Ich versuche, mich weiterzubilden, was man von dir weiß Gott nicht sagen kann – BESCHÄMT.«

Mit Freiwilligen aus dem Publikum. Die Spieler geben sich gegenseitig Bühnenanweisungen und an Freiwillige aus dem Publikum.

Gag-Version. Vor einem undisziplinierten Publikum (in der Kneipe zum Beispiel) wird diese Form (ein Abwehrmechanismus, bei dem der Partner mit Bühnenanweisungen überfordert wird) gerne eingesetzt.
»Sagte er und sang eine leidenschaftliches Arie« oder:
»Sagte er und begann mit einer langen Totenklage in Shakespeare'schen Versen« oder:
»Sagte er und sprang vor Freude in die Luft … überschlug sich dreimal rückwärts … rief seine Mutter in Gibraltar an … kreischte vor Vergnügen … und las ›Niedergang und Fall des Römischen Reiches‹.«

So etwas kann ganz unterhaltsam sein, doch das Spiel wird zu einem reinen Füller (das narrative Element ist minimal). Man kann es nehmen, um Abwechslung zu gewinnen oder wenn einem gar nichts anderes mehr einfällt.

Stehende Welle

Dies ist insofern das genaue Gegenteil der so beliebten »Keine Bewegung!«-Spiele, als die Schauspieler ständig wechseln, die Szene allerdings die gleiche bleibt.

Ursprung: Ich bat Anfänger, sich selbst auszuwechseln, wann immer sie das Gefühl hätten, sie planten voraus, das heißt, ein Signal zu geben, dass jemand anders sie ersetzen sollte. Das funktionierte nicht, denn ihr Stolz ließ es nicht zu. Also bat ich die Zuschauenden, sich einzuwechseln. Das erreichte ich auch nur, indem ich die Zuschauer gewaltsam auf die Bühne schob. Dadurch entstand eine ganz neue Art der Improvisation und gab den Anfängern sehr viel Selbstvertrauen – warum vorausplanen oder sich Mühe geben, »gut zu sein«, wenn man in zehn Sekunden wieder von der Bühne ist?

Empfohlen.

Einführung in das Spiel

Ich lasse die Klasse übereinkommen, dass die Spieler ständig ausgewechselt werden, und wir beginnen mit einer Herr-und-Diener-Szene. Es ist nicht wahrscheinlich, dass viele Auswechslungen spontan geschehen, doch da es die Übereinkunft gibt, rufe ich: »Einwechseln!« und zwinge die Schüler in die Szene, ohne dass es zu Verstimmungen kommt (es ist ein bisschen, wie einen kalten Motor zu starten). Wenn man Glück hat, reißen sich die Schüler darum, auf die Bühne zu dürfen, sobald die Auswechslungen eine bestimmte Frequenz erreicht haben (die Bühne wird viel sicherer, wenn man weiß, man kann sie gleich wieder verlassen). Manchmal werden die Schauspieler alle paar Sekunden ersetzt und die Szene wird visuell überfrachtet, wenn die Schauspieler »ineinander übergehen«. Wenn zwei Figuren sich gerade küssen wollen, werden sie so oft ersetzt, dass die Handlung in extremer Zeitlupe abläuft. Jemand, der gerade erschossen wurde, wird neu besetzt, während er fällt, und sogar noch sein lebloser Körper löst sich in einen Schauspieler nach dem anderen auf, während der Mörder seine Tat zu vertuschen sucht.

(Das »Einwechseln«-Zeichen wird gemacht, indem man eine Hand senkrecht hält, die andere waagrecht darüber und so ein »T« bildet.)

Die Technik perfektionieren

Die Haltung und die Stimme des zu ersetzenden Spielers muss genau nachgeahmt werden. Jemand kniet, und du nimmst genau die gleiche kniende Position ein, wenn du ihn ersetzt (klopf ihm auf die Schulter, damit er weiß, dass er gehen soll). Wenn du jemanden ersetzt, der mit ausgebreiteten Armen dasteht, müssen deine Arme auch ausgebreitet sein. Wenn eine Figur mit ausländischem Akzent, eine andere Hochsprache redet, müssen diese Sprechweisen die ganze Szene hindurch eingehalten werden. Und wenn du mitten im Satz ausgewechselt wirst, musst du zulassen, dass deine Ablösung den Satz zu Ende spricht.

»Stehende Welle« ist ein ausgezeichnetes Vorstellungsspiel, doch es funktioniert nur gut, wenn die Spieler quicklebendig und in bester Stimmung sind. Es kann spontan eingesetzt werden, um eine Szene zu beenden.

Krieg der Geschlechter

Eine Version des Spiels, bei der ein Mann und eine Frau laufend ausgewechselt werden, während sie streiten (Männer ersetzen den Mann, Frauen die Frau). Die Frauen im Publikum feuern die Frau an, die Männer den Mann. Dadurch kann eine solche Begeisterung entstehen, dass die Zuschauer auf die Bühne laufen und die Schauspieler ablösen (wenn sie leicht Zugang haben). Ich erinnere mich, wie hingerissen ich war, als es das erste Mal passierte. Ein »Ehemann« hatte in schneidendem Ton gesagt: »Ach, du bist's!«, als eine Frau aus dem Publikum auf die Bühne stürmte, der »Ehefrau« auf die Schulter klopfte, um sie fortzuschicken, und sagte: »Du dachtest wohl, es sei deine Geliebte?«

Danach sprang ein Mann aus dem Zuschauerraum und entgegnete: »Wer mit dir verheiratet ist, kann sich weiß Gott keine Geliebte leisten!« Und so weiter.

Es sollten nicht Männer Frauen spielen (und umgekehrt), höchstens, wenn das Spiel schon ziemlich weit fortgeschritten ist. Das ist nur ein Gag, und wenn man ihn einmal verwendet hat, nimmt keiner das Spiel mehr ernst.

»Krieg der Geschlechter« ruft grenzenlosen Jubel hervor und Buhrufe und tosendes Gelächter; eine Menge Feindseligkeit wird so auf harmlose Weise entladen. Es gibt ruhigere Versionen von »Krieg der Geschlechter«. Man kann zum Beispiel damit beginnen, dass eine Frau, die allein auf einer Parkbank sitzt, von einem Mann angesprochen wird (oder umgekehrt). Sie gehen zusammen weg, und die Szene geht im Café weiter oder in einer Wohnung.

Wer hat nicht schon im Theater gesessen und gedacht: »Ich wünschte, sie würden dies oder jenes tun!« oder: »Warum machen sie nicht weiter damit!« Die »stehende Welle« ermöglicht es, dass solche Wünsche unverzüglich erfüllt werden.

Empfohlen.

Körper bewegen
(empfohlen)

Die »Figuren« erfinden ihren eigenen Dialog, doch ihre Körper werden wie Marionetten von anderen Spielern bewegt.

Ursprung: Roddy Maude-Roxby sah dieses Spiel in den Sechzigern an Jerome Robbins' Studiotheater. Damals soufflierten die Puppenspieler ihren Puppen, doch da ich geteilte Kontrolle immer vorziehe, sagte ich: »Lasst die Puppen ihren eigenen Dialog erfinden!«

So wird es gespielt: Alles muss gerechtfertigt werden. Wenn zum Beispiel dein Puppenspieler deinen Finger ausstreckt, musst du etwas Entsprechendes sagen: »Sieh mal dort!« oder: »Da ist ein ganz zahmer Spatz!«

Umgekehrt musst du darauf zählen können, dass dein Puppenspieler deinen Zeigefinger ausstreckt, wenn du sagst: »Schau mal das an!«

Meine glücklichste Neuerung war, Freiwillige als Puppenspieler zu verwenden. Das Spiel entwickelte sich zu einem der besten Freiwilligenspiele.

Einführung in das Spiel

Zwei Puppen sitzen – mit dem Gesicht zum Publikum – auf eng zusammengerückten Stühlen, was dem Puppenspieler leichten Zugriff erlaubt. Sie sind zu Beginn zwei Fremde an einem öffentlichen Ort (in einem Park oder auf einem Kreuzfahrtschiff). Es ist wichtig, dass die Puppen sanft gehandhabt werden. Die Puppenspieler sollten nicht an ihnen herumzerren oder sie in unbequeme Stellungen zwingen.

Puppen sind katatonisch. Wenn der Puppenspieler will, dass seine Puppe mit dem Fuß wackelt, muss er/sie ihn die ganze Zeit über auf- und abbewegen, das heißt, die Puppe übernimmt die Bewegung nicht.

Wenn man den Arm einer Puppe bewegt, sieht man, wie sich auch der Kopf bewegt. Und wird das Kinn der Puppe hochgehoben, schiebt sich auch der Hals nach vorn. Ich rufe: »Nur den Arm!« oder: »Nicht den Hals!« oder: »Beweg nur den Teil, der bewegt wird!« Puppen müssen lernen, Teile ihres Körpers voneinander zu trennen, die normalerweise als Einheit arbeiten.

Puppenspieler neigen dazu, bestimmte Teile der Puppe zu vernachlässigen. Sie vergessen, dass ein Arm noch hochgehoben ist, oder sie bewegen ihre Puppe Schritt für Schritt zur Tür hin, während der Kopf noch zur Seite gewendet ist. Ich lasse so etwas in Aufführungen zu (außer wenn ich glaube, die Puppe erleide Schmerzen); doch ich möchte nicht, dass die Puppenspieler absichtlich solche Fehler machen (die unfreiwilligen sind komisch genug).

Unfreiwillige Fehler sollten gerechtfertigt werden. Wenn du mit dem Gesicht nach unten gekehrt stehen gelassen wurdest, kannst du sagen: »Sieh mal! Fußabdrücke!« oder: »Ich kann dir nicht in die Augen sehen!« Wenn du zur Seite kippst, kannst du dieses Verhalten so erklären: »Schnell! Meine Herztabletten!« oder: »Ich glaube, ich werde eine Weile zur Decke schauen.«

Als Puppe kann man Hinweise geben. Ist dein Kopf in eine verrückte Richtung gedreht und dein Partner sagt: »Wundervolle Aussicht«, erwiderst du: »Ja, ich wünschte, ich könnte sie sehen!«

»Körper bewegen« ist nicht für eine leere Bühne geeignet. Wenn die Spieler dies vergessen, sollten die Richter rufen: »Möbel, bitte!« (Sofas sind noch besser geeignet als Stühle, weil sie mehr Möglichkeiten bieten.)

Man kann beginnen, indem eine Puppe bereits auf dem Sofa sitzt und eine zweite dazukommt.

Als Publikumsspiel ist »Körper bewegen« so erfolgreich, dass manche Spieler es am Ende jeder Aufführung verwenden wollen. Raten Sie davon ab, sonst wird die Show zu vorhersehbar, und die Lacher kommen zu leicht.

»Körper bewegen« mit Freiwilligen aus dem Publikum

Man gewinnt die bedingungslose Zuneigung der Zuschauer, wenn man die Spieler im wahrsten Sinn des Wortes in ihre Hände gibt. Erklären Sie den freiwilligen Puppenspielern aus dem Publikum, dass eine Art von Geschichte sich entwickeln soll. Bitten Sie sie, sorgsam mit den Puppen umzugehen; machen Sie sie darauf aufmerksam, dass Arme sich am Ellbogen nach vorn biegen lassen, jedoch nicht nach hinten, und dass Finger von Körperöffnungen fernzuhalten sind. Sagen Sie auch, dass es manchmal besser ist, einen Schritt zurückzutreten und die Puppen zu beobachten – sie müssen nicht die ganze Zeit bewegt werden. Mein sechsjähriger Sohn als Freiwilliger bewegte nur den kleinen Finger der Puppe auf und ab, so dass der Eindruck entstand, sein Besitzer würde immer ungeduldiger. Die andere Freiwillige war eine Lehrerin, die ihm ständig zuzischte, dass er es »falsch machte«, während sie ihre Puppe roh umherstieß.

Wenn eine Puppe zum »sprechenden Kopf« degradiert wird, sollte sie sagen: »Also ich stehe jetzt mal auf, und geh' zur Stereoanlage.« Dann muss der Puppenspieler sie in die Senkrechte bringen und sie hinbewegen, ein Bein vor das andere setzend. Unerfahrene Puppenspieler vergessen leicht, dass unsere Beine unten sein müssen, wenn wir aufstehen. Es macht großen Spaß zu sehen, wenn ein kleiner Puppenspieler eine großgewachsene Puppe, die jeden Augenblick umzukippen droht, zu bewegen versucht.

Es gibt eine kleine Minderheit von Leuten, die so brutal sind, dass sie nicht fähig sind, den Körper eines anderen Menschen mit Gefühl zu handhaben. Im Unterricht können wir ein solches Verhalten korrigieren; wenn es sich bei dem Puppenspieler aber um einen Freiwilligen aus dem Publikum handelt, müssen Sie einen Weg finden, die Szene sofort zu beenden.

Eine Version, die vermieden werden sollte

Es gibt feige Improvisierer, die Angst davor haben, sich in die Hände des Publikums zu begeben, und stattdessen die Rolle der Puppen mit Freiwilligen besetzen. Das ist eine feige Art und Weise, das Spiel auszuführen; zudem fehlt den meisten Freiwilligen die Fähigkeit, den Teil des Körpers zu isolieren, der gerade bewegt wird.

Die Möglichkeiten ausschöpfen

Ich habe eine »Flugstunde« gesehen, bei der mindestens sechs Leute aus dem Zuschauerraum gerannt kamen und den »Flugschüler« über die ganze Bühne »fliegen« ließen.

Warum nicht eine Szene, in der die Puppen sich über die Frage des freien Willens den Kopf zerbrechen?

Oder eine Puppe könnte nach einem Nervenzusammenbruch den Puppenspieler halluzinieren.

Die Arme

Celia steht hinter Don. Sie steckt ihre Arme unter seinen hindurch, und er versteckt seine Hände hinter ihrem Rücken; das heißt, von vorn sieht es aus, als gehörten Celias Arme zu Dons Körper.

Dies ist ein wertvolles Spiel, doch führen Sie es nur ein, wenn alle in einer ausgezeichneten Laune sind und sich sicher fühlen. (Wir wollen Gelächter, keine Angst.)

Ursprung: Zum ersten Mal sah ich »Arme« in einem »Dick und Doof«-Film und begriff sofort, dass es ein ideales Improvisationsspiel war, denn die Partner müssen vom ersten Moment an zusammenarbeiten.

»Die Arme« – alle zusammen

»Sucht euch einen Partner«, sage ich, »und nennt euch A oder B. Die Bs stehen hinter den As und stecken ihre Arme unter deren Armen hindurch. Die As wiederum verschränken ihre Hände auf dem Rücken der Bs. Jedes Paar ist eine Person, bei der A die Stimme liefert und B die Arme bewegt.«

Dann bitte ich sie, einige Tabus zu verletzen:

»Können die Bs jetzt das Haar der As berühren? Und können die As bitte ihre Köpfe so bewegen, als wären sie es selbst, die sich berührten?«

Und dann: »Würden die Bs bitte die As im Gesicht berühren.«

Dann: »Würden sie bitte die Kleider der As richten.«

Das Ordnen der Kleider ruft am meisten Gelächter hervor. Hemden werden in den Hosenbund gesteckt, Krawatten zurechtgerückt und so weiter.

»Seid auf einer Party«, sage ich. »Trefft alte Freunde wieder. Macht euch auf die Suche nach der Bar. Stellt euch Fremden vor. Vermischt euch!«

Ich schaue aus dem Fenster oder klimpere auf dem Klavier, so dass sie sich nicht beobachtet fühlen. Nach zwanzig oder dreißig Sekunden lasse ich sie die Partner wechseln. Die Partner zu wechseln ist wichtig (für viele Spiele); es ist nicht gut, mit jemandem hängenzubleiben, mit dem man sich nicht wohlfühlt. Jeder Partnerwechsel muntert die Schüler auf, und die Klasse wird wachsamer.

»Arme« ist ein Sensibilitätsspiel, das den Leuten die Gelegenheit gibt, in den »Raum« des anderen einzudringen, ohne dass sich jemand bedroht fühlt (mit etwas Glück müssen sie zu sehr lachen, als dass diese merkwürdige Art der Umarmung sie nervös machen würde). Achten Sie auf Spieler, die ihre Partner ignorieren und anfangen vorauszuplanen; betonen Sie immer wieder, wie wichtig es ist, genau aufeinander zu achten und darauf, was gerade passiert.

»Die Arme« – solo

Nachdem die Schüler »Die Arme« in der Gruppe gespielt haben – jedes Paar ist eine Person auf einer Party –, wähle ich ein Paar aus, das sich uns gegenüber aufstellt.

»Ihr seid ein Lehrer«, sage ich. »Es gibt einen Fluchtweg: Die Unterrichtsstunde ist fast zu Ende, und immer wenn ihr das Bedürfnis verspürt, clever oder ›originell‹ zu sein, sagt ihr einfach: ›Die Stunde ist vorüber‹ oder: ›Als Hausaufgabe bis morgen macht ihr ...‹ und so weiter – dann drehen wir das Licht runter.«

B (die Arme) muss nun auf ein Mitglied des Publikums deuten, während A (der Körper) sagt: »Betty! Du mogelst!« oder: »Morton! Leg die Hände auf den Tisch, wo ich sie sehen kann!« oder: »Wer den Papierflieger geworfen hat, der gestehe!«

Wenn die Gruppe damit keine Probleme mehr hat, bitte ich ein »Paar«, sich vorzustellen, dass vor ihm ein Pult steht: B soll nun mimen, einen Gegenstand vom Pult zu nehmen, den A beschreiben kann. Wenn B mimt, irgendetwas Kleines aufzuheben, könnte A etwa sagen: »... das Geschlechtsleben der Schnecken ist für viele ein Buch mit sieben Siegeln, doch ich habe hier eine männliche Schnecke namens Frederick ...«

Die linke Hand zeigt den Zuschauern Frederick.

»... und eine weibliche Schnecke namens Jennifer.«

Die rechte Hand hält Jennifer hoch.

»Beruhige dich, Frederick! Pfui, Jennifer! Einen Moment ... wo sind denn nun die kleinen Augenbinden ...«

Wer führt?

Der gesunde Menschenverstand nimmt an, das »Arme«-Spiel wäre leichter, wenn entweder A oder B die Führung übernähme; doch die Kontrollausübung sollte geteilt sein oder laufend wechseln. Wenn A sagt: »Ich habe hier eine Stange Dynamit!«, müssen die Arme mimen, eine Stange Dynamit aufzuheben. Wenn Bs Hand As Mund bedeckt, muss A gähnen. Niemand sollte je ganz sicher sein, wer führt.

»Die Arme« – der Experte

Ich begann, »Die Arme« für Komikermonologe zu verwenden (bei denen »der Komiker« imaginäre Verwandte beleidigte oder bizarre Vorträge hielt). Dies sank zu einem Expertenspiel für »Arme« herab, bei dem die »Arme« Fragen aus dem Publikum beantworten. Dies ist zu einschränkend, aber dennoch fordern Teams dazu heraus, als wäre es die einzige Version, die sie kennen. Wer aber will ein »Arme«-Experten-Spiel zweimal hintereinander sehen? Ich schlage für einen solchen Fall vor, »sich zu weigern« und die Herausforderung in einer allgemeineren Form neu zu formulieren (das heißt, nenne es nicht »Experte«).

Für einen »Körper« ist es schwierig, verständlich zu sein, wenn er den Vorschlägen der »Arme« folgen muss. Solange die Themen nicht aus dem Publikum vorgeschlagen werden, ist dies kein Problem. Doch es ist wenig produktiv, wenn »Die Arme« diskutieren sollen, ob Vögel in Käfigen gehalten werden sollten, oder erklären sollen, wie man sich die Unterwäsche ausziehen kann, ohne vorher die Hosen zu entfernen. Es wirkt wie Magie, zu sehen, wie zwei Leute zu einer Person verschmelzen, doch wenn man einen Vortrag über ein vorher bestimmtes Thema halten soll, schaltet der »Körper« auf eine rein verstandesmäßige Kontrolle und ignoriert die »Arme«.

Zwei Paar »Arme«

Man schafft zwei Paar »Arme«, indem vier Leute vorgeben, zwei Figuren zu sein.

Sie stehen dem Publikum gegenüber; wenn sie sich näher kommen wollen, müssen sie sich seitwärts bewegen (denn die Illusion der »Arme« entsteht nur von vorn gesehen).

Zwei Fremde an einer Bushaltestelle, nachts. Sie interagieren eine Zeit lang, bevor sie merken, dass der letzte Bus weg ist. Sie stellen fest, dass der eine den anderen in der Schule terrorisiert hat. Vielleicht beschließen sie, sich ein Taxi zu teilen (der eine zwingt den anderen dazu).

Dieses Szenario enthält:

1. Eine Interaktion zwischen Fremden.
2. Ein Problem: kein Bus.
3. Ein mögliches Kippen.
4. Eine Lösung: sich das Taxi zu teilen.

Als wir alle noch tabaksüchtig waren, ließen wir die Arme eine Zigarette anzünden, die der Körper dann rauchte (dies eignete sich sehr gut, wenn das Publikum kein Englisch sprach).

Die Taschen vollpacken

In dieser korrupten Version trägt der »Körper« einen Mantel, dessen Taschen mit Gegenständen vollgestopft sind. Die »Arme« holen einen nach dem anderen heraus, und das Publikum lacht. Aber das Spiel ist ein reiner »Füller« (das heißt keine Erzählung). Besonders schrecklich wird es, wenn die Spieler vor der Szene die Taschen mit Sachen vollstopfen. Es kann sehr lustig sein, wenn durch Zufall etwas in der Tasche entdeckt wird, aber »Taschen ausleeren« wurde in das Spiel eingebaut, um das Risiko möglichst gering zu halten. Ein Gegenstand würde genügen, aber in dem Moment, wo ein Spieler sich »in die Zukunft bewegt« – ein Gummimesser inspiriert ihn dazu, Selbstmord zu begehen oder eine Erdnuss, die Probleme im Zusammenleben mit einem Elefanten darzulegen –, weichen die »Arme« aus und präsentieren einen neuen Gegenstand.

Doppelgestalten

»Die Arme« ist ein Doppelgestaltspiel, das heißt, zwei Leute vereinigen sich zu einer einzigen Figur. »Der Riese« und »Der Zwerg« sind zwei ähnliche Spiele. »Der Zwerg« ist eine Version von »Die Arme«, in dem B seine/ihre Arme unter As Arme schiebt, aber A steckt seine Hände in Stiefel. Man verdeckt den Körper mit einem speziellen Kostüm und stellt sie beide hinter einen Tisch oder ein Sofa, und sie sehen wirklich wie ein Zwerg aus. Der Zwerg »läuft« auf dem Tisch oder der Sofalehne herum, macht einen Spagat oder tanzt und rettet sich selbst, wenn er über die Kante fällt.

»Beim Riesen« liegt B auf dem Rücken, und seine/ihre Beine hängen über eine Bank, wobei die Füße den Boden berühren. Sie werden die »Beine« für A, der breitbeinig über B steht. As Beine sind in Stofftaschen versteckt, die die gleiche Farbe wie das Kostüm haben. Das hat den Effekt, als würde da eine zwei Meter achtzig große Person sitzen. Manchmal sollte sich A in eine Richtung lehnen, während die Füße in die andere zeigen, so dass die Gestalt sehr instabil wirkt und große Angst davor zeigt, auseinanderzufallen.

Sowohl Zwerge als auch Riesen sollten sehr extrovertiert sein.

Unsichtbarkeit
(empfohlen)

Einer der Partner wird mit Unsichtbarkeit ausgestattet; der andere stellt dar, welche Auswirkungen das hat.

Ursprung: ein Nebenprodukt von »Ausstattungen«.

So wird es gespielt: Dieses Spiel ist unterhaltsam, sogar wenn es schlecht gespielt wird. Das Problem ist, dass unser Verstand zu langsam ist, um wahrheitsgemäß zu reagieren. Wenn dein unsichtbarer Partner Zeitung liest, sollte sie so wahrgenommen werden, als würde sie »frei in der Luft schweben«, du erkennst das aber vielleicht nicht, bis es zu spät ist. Und manchmal reagiert man aus gar keinem Grund. Wenn zum Beispiel eine unsichtbare Person ein Zimmer betritt, ist der Effekt der gleiche, als hätte jemand von außen die Türe auf- und zugemacht, ohne hereinzukommen. Vom Sofa zu springen und zu rufen: »He! Was geht hier vor!«, ist hier keine angemessene Reaktion.

Ich erinnere die Spieler daran, wie nervös man wird, wenn etwas Geheimnisvolles passiert und man allein ist.

»Erinnert ihr euch, wenn sich nachts etwas im Schrank bewegte oder nebenan etwas aufs Linoleum krachte? Stellt euch vor, wie furchterregend es wäre, wenn man allein ist und die Kaffeetasse plötzlich durch die Luft schwebt. Oder die Tür öffnet und schließt sich ganz von selbst. Unsere Raubtiere haben wir fast alle ausgerottet, doch die Angst ist noch immer ein Teil von uns wie unsere Rippen (die sich entwickelten, um Klauen abzuwehren). Lasst solche Ängste wiederaufleben, wenn ihr das Unsichtbarkeitsspiel spielt, und eure Reaktionen werden nicht mehr ›intellektuell‹, sondern ›automatisch‹ sein.«

Ich bitte zwei Spieler, sich gegenseitig mit Unsichtbarkeit auszustatten und sich dann zu begegnen. Sie geben vor, entsetzt zu sein, aber die Bühne verlassen sie nicht (die »klebrige« Bühne), und sie vermeiden physischen Kontakt. Sie argumentieren, dass es unterhaltsamer ist, immer gerade aneinander vorbeizukommen, obwohl das Publikum nichts anderes sehen will als einen Zusammenstoß. Wenn einer auf dem Sofa liegt, steht er/sie sofort auf, wenn sich der andere nähert (er möchte nicht, dass jemand sich auf ihn/sie setzt), obwohl wir genau das liebend gerne sehen würden.

Die beste Methode, das Spiel zu unterrichten, ist die, auf die Irrtümer aufmerksam zu machen, sowie sie auftauchen.

Ich gebe eine Szene vor, in der Linda normal spielt und Michael sie mit Unsichtbarkeit ausstattet – er kann sie berühren, sie hören, er sieht die Vertiefung auf dem Sofa, wo sie sitzt, aber er kann sie nicht sehen.

Sie sitzt auf dem Sofa und liest. Michael kommt herein und gibt vor, sie nicht zu sehen, ignoriert aber das Buch, das »frei in der Luft schwebt«. Wir beginnen die Szene von Neuem, und jetzt starrt er das Buch erschrocken an.

»Michael, geht's dir gut?«, sagt sie.

Er starrt in alle Richtungen.

Ich unterbreche und sage ihm, dass er hören kann, aus welcher Richtung ihre Stimme kommt.

»Bist du das Linda?«, fragt er. »O nein, du bist schon wieder unsichtbar.«

Das sagt er, um sich nur minimal zu ändern, also erinnere ich ihn daran, dass es auf dieser Welt keine unsichtbaren Leute gibt – dass er verrückt sein muss oder auf Drogen, oder es ist ein Spuk oder ein Trick.

»Wenn eine unsichtbare Hand deinen Arm packt, denkst du nicht: ›Oh, ein unsichtbarer Arm hält mich fest.‹ Du würdest denken, dass dein Arm steif geworden ist. Und wenn du die weißen Abdrücke auf deinem Arm siehst, denkst du nicht: ›Ach, natürlich, unsichtbare Finger‹, weil es keine unsichtbaren Finger gibt. Und wenn ein unsichtbarer Mann auf der Straße mit dir zusammenstößt und dich umwirft, würdest du denken, dass du ausgerutscht bist oder einen Herzanfall hattest, weil ein Zusammenstoß mit einer unsichtbaren Person keine befriedigende Erklärung ist. Und wenn du dich auf eine unsichtbare Person setzt, die auf dem Sofa schläft, fühlst du eine unerklärliche Weichheit und Wärme, während du in der Luft schwebst. Die schlafende Person würde aufwachen und denken, dass sie gelähmt ist oder dass sich die Erdanziehungskraft über Nacht verdreifacht hat.«

Wir beginnen die Szene noch einmal, und er starrt wild um sich, als Linda fragt:

»Wie war die Arbeit, Liebling?«

»Du kannst hören, woher die Stimme kommt!«, rufe ich, und er starrt auf die Stelle, wo ihr Kopf war, als sie zu sprechen aufhörte.

»Kümmere dich um ihn!«, rufe ich. *»Er benimmt sich merkwürdig.«*

»Geht's dir gut, Michael? Du siehst aus, als hättest du ein Gespenst gesehen!«

Sie legt das Buch beiseite und geht auf ihn zu.

»Schau nicht auf Linda, schau auf das Buch!«

Er mimt den Entsetzten, aber er läuft immer noch nicht davon.

»Bleib doch nicht, wenn du solche Angst hast!«, rufe ich. *»Renn zur Türe raus!«*

»Aber dann ist die Szene zu Ende.«

»Es ist dein Zuhause! Du wohnst hier! Irgendwann wirst du ja wieder hereinkommen.«

Linda berührt ihn, und er bewegt sich rückwärts zur Tür.

»Michael! Ich bin's doch!«

»Schau auf den Punkt, wo du zuletzt ihre Stimme gehört hast.«

Ich erinnere ihn ständig daran, dass er Linda riechen und hören kann, vielleicht ihre Fußabdrücke in dem weichen Teppich sehen kann: Er hat sie nur mit *Unsichtbarkeit* ausgestattet.

Die Partner statten sich gegenseitig aus

Zwei Improvisierer statten sich gegenseitig mit Unsichtbarkeit aus, und ich bedeute ihnen, ineinanderzustolpern – wobei sie natürlich darauf achten müssen, sich nicht wehzutun. Ich dränge sie, nach Luft zu schnappen und zu schreien, damit sie einander noch mehr erschrecken.

Michael hebt einen Stuhl hoch, um sich gegen den unsichtbaren Terror zu verteidigen, und Linda schlägt auf den Stuhl, um zu sehen, was ihn hochhält. Er schnappt nach Luft, Linda schreit auf, aber er reagiert nicht.

»Schrei noch mal! Das Geräusch war direkt neben dir, Michael! Sei entsetzt!«

Während die Schüler sich Beispiel um Beispiel ansehen, beginnen sie zu verstehen, dass sie intuitiv reagieren müssen, nicht verbale Gedanken hegen wie: »Das Buch schwebt frei in der Luft – also sollte ich besser überrascht dreinschauen!«

Man sollte in diesem Spiel keine Requisiten mimen und keinen Hut tragen – wir wissen ja nicht, ob er auch unsichtbar ist oder in der Luft schwebt.

Das Gespensterspiel

Vier (oder drei) Figuren betreten einen verlassenen Ort: ein Spukhaus oder einen Aztekentempel oder ein Polizeirevier – was auch immer. Dieses Spiel kann sehr leicht danebengehen, aber wenn es gut gespielt wird, kann es wundervoll sein.

So wird es gespielt: Jeder benimmt sich normal, aber jeder, der abgeht, spielt das Unsichtbarkeitsspiel, sobald er wieder eintritt. Am Ende können alle Spieler gegangen und wiedergekommen sein, und keiner kann mehr den anderen sehen.

Sagen wir, ich bitte drei Spieler, sich zu entscheiden, warum sie nachts durch eine einsame Gegend fahren. Sie einigen sich darauf, dass Olly Pennys Freund ist und Ron Ollys Bruder. Sie fahren für das Wochenende zu einem Sommerhaus.

Vielleicht stelle ich sie im Kreis auf und sage: »Die Person links von dir wird dich dominieren, und der Spieler rechts von dir wird sich dir unterwerfen«, obwohl das nicht Teil des Spiels ist.

Olly

Ron Penny

Im Uhrzeigersinn ist dominant,
im Gegenuhrzeigersinn ist unterwürfig:

Sie üben das einen Moment.

Ron *(zu Olly)*: Ich habe heute einen ziemlich guten Auftrag erhalten.

Penny *(starrt Ron an)*: Wir werden doch wohl nicht die ganze Nacht »Männergespräche« haben?

Olly: Fang nicht damit an, Penny.

Ron *(zu Penny)*: Es tut mir leid. Es ist nur – es macht mich nervös, nachts hier draußen allein zu sein.

Penny: Wenn du den Wagen hättest nachsehen lassen, wäre das nicht passiert.

Jetzt lege ich folgende Situation für sie fest:

»Ihr hattet mit dem Auto in irgendeiner verlassenen Gegend eine Panne«, sage ich. »Aber dann seht ihr zwischen den Bäumen ein Haus und geht hinüber, um zu fragen, ob ihr mal telefonieren dürft. Es scheint verlassen zu sein, aber wenn ihr eintretet, gibt es zwar Strom, aber kein Telefon. Ihr beschließt, die Nacht dort zu verbringen. Wenn jemand die Bühne verlässt, spielt er das Unsichtbarkeitsspiel, sobald er sie wieder betritt.«

Die Anweisungen scheinen einfach genug zu sein, aber manchmal muss ich sie noch mal erklären:

»Nicht beim ersten Mal?«

»Nein, erst beim zweiten Mal.«

»Du meinst, wenn ich das erste Mal hereinkomme, kann ich alle sehen.«

»Richtig.«

»Aber nicht mehr, wenn ich das zweite Mal komme?«

»Genau.«

Sie beginnen mit dem Spiel und machen es immer noch falsch.

»Also – wir können die Leute, die noch im Zimmer sind, nicht sehen?«

»Korrekt.«

»Aber was ist, wenn wir gemeinsam abtreten und wiederkommen?«

»Jeder, der die Bühne verlässt, spielt das Unsichtbarkeitsspiel, wenn er sie wieder betritt.«

»Aber wir können uns doch sehen.«

»Nein, denn ihr spielt das Unsichtbarkeitsspiel.«

Sogar jetzt noch geht einer ab und kommt zurück und gibt vor, unsichtbar zu sein.

»Ach, du meinst, ich kann die anderen nicht sehen.«

»Wenn du die Bühne verlassen hast und sie wieder betrittst, stattest du von diesem Moment an alle anderen mit Unsichtbarkeit aus.«

»Jetzt, glaube ich, hab' ich's begriffen.«

Schließlich sind die Regeln klar.

»Hallo!«

»Ist da jemand?«

Sie treten ein, suchen nach einem Telefon und sehen nach, ob das Haus bewohnt ist. Sie beschließen, hier zu übernachten.

Ron: Hol die Koffer, Olly.

Penny: Warum sollte Olly die Koffer holen?

Ron: Vielleicht sollten wir alle gehen.

Olly: Ich will mich hier erst mal umsehen.

Penny: Ich hole sie!

Penny holt die Koffer aus dem Auto, und als sie wieder hereinkommt, stattet sie die anderen mit Unsichtbarkeit aus. Sie versuchen sie zu beruhigen, aber sie lässt die Koffer fallen und läuft schreiend in den Wald.

Ron: Ich hole sie.

Er kommt fast augenblicklich zurück.

Penny *(ist hinter das Haus gelaufen)*: Olly?

Olly: Ich kriege den Koffer nicht auf. Da sind ihre Medikamente drin.

Ron *(starrt den Koffer an, aber er sieht Olly nicht)*: Autsch!

Olly: Es tut mir leid, ich dachte ... wollte nur helfen.

Ron: Olly! Hör auf mit diesem Quatsch!

Olly: Wie meinst du das? *(Berührt ihn.)* Ron?

Ron: Autsch!

Man hört Penny, die von draußen nach ihnen ruft.

Das Spiel endet vielleicht damit, dass alle Figuren vor Entsetzen kreischen und sich unter den Sofakissen verstecken oder auf imaginäre Geister einschlagen. Oder sie gehen zum Auto zurück, das ein Wrack ist, und sie lugen hinein und sehen ihre eigenen Leichen. Es gibt unendlich viele Konstellationen. In einer besuchen ein unerfahrener junger Reporter, ein Wissenschaftler, der Vorsitzende der »Gesellschaft für Paranormale Forschung« und ein »Medium« ein Spukhaus.

Tiere

Ursprung: ein uraltes Spiel.

Anthony Hopkins mischte seiner Darstellung des Kannibalen Dr. Hannibal Lecter in *The Silence of the Lambs (Das Schweigen der Lämmer)* eine Dosis »Schlange« bei (ließ sogar seine Zunge schnellen); Olivier fügte seinem Richard III. ein Stück des Disney'schen Großen Bösen Wolfs bei, und Eartha Kitt eignete sich die Persönlichkeit einer Katze an.

Tiere im ersten Stadium

Bitten Sie die gesamte Klasse, Mäuse zu sein. Ich bezweifle, dass sie sehr überzeugende Mäuse sein werden, aber das gleiche Tier zu sein wie die anderen erlaubt uns Dinge zu tun, für die wir als Kinder bestraft worden wären. Wenn wir alle Schlangen sind, können wir auf dem Bauch herumrutschen, inspiriert von der Schlangenhaftigkeit unserer Kameraden. Wenn wir alle Affen sind, können wir auf den Möbeln herumturnen. Wenn wir alle Schweine sind, können wir alle ohne Hemmungen grunzen und uns im Schlamm suhlen und um die Leckerbissen im Trog streiten.

Partys einer Gruppe gleicher »Tiere« finden statt: Mäuse haben quiekende Stimmen, zwirbeln unsichtbare Schnurrhaare und knabbern am Käse, doch sie bewegen sich als Zweibeiner; Schlangen zischeln und verwenden viele Wörter mit s, doch sie winden sich nicht auf dem Bauch, sondern gehen aufrecht (wenn auch »schlängelnd«).

Schüler fragen: »Wie soll die Mischung zwischen Mensch und Tier sein?«

»Seid so tierisch wie möglich«, sage ich. »Wölfe dürfen ihr Fressen verschlingen, Kätzchen dürfen sich balgen. Seid so sehr Tier, dass wir euch für ganz schön verrückt hielten, wenn ihr euch im Alltag so benehmen würdet.«

Tabus, die den Körperkontakt betreffen, werden vermindert: Schlangen gleiten übereinander hinweg, Katzen reiben sich aneinander, und Kaninchen kuscheln sich zusammen.

»Wählt ein Tier, das ihr liebt oder verabscheut«, sage ich. »Werdet zu etwas, das eine starke Reaktion in euch hervorruft.«

Tiere im zweiten Stadium

Wenn wir so weit sind, bitte ich die Schüler, Menschen zu spielen, jedoch mit dem Geist eines Tiers, wobei sie vermeiden sollen, als verrückt angesehen zu werden.

Nachdem die Schüler eine Menge gelacht haben und sich sicherer fühlen, bitte ich sie, dass jetzt Schlangen mit Mäusen, Bären mit Schweinen und so weiter interagieren. Wir haben gemischte Partys mit Mäusen und Katzen, mit Füchsen und Hühnern, und dabei müssen alle höflich zueinander sein. Nach der Party lassen wir die Klasse »die beste Schlange« oder »den besten Bären« wählen, und wir spielen Szenen, in denen der Bär als Lehrer eine sehr schlangenhafte Mutter ins Gebet nimmt oder in denen eine Giraffe auf eine Heiratsanzeige antwortet, und am ausgemachten Treffpunkt erwartet sie Herr Löwe.

Diese Tierimitationen führen auf natürliche Weise dazu, dass man Menschen nachahmen will. Ich bitte die Schüler, mich nachzuahmen, Verwandte oder Leute, die sie auf der Straße oder im Fernsehen gesehen haben (»Menschenmaschinen«, Seite 327). Ein Videorekorder kann hilfreich sein, weil man die gleichen Bewegungen und Geräusche immer wieder studieren kann.

Alle Spiele, die auf einer Verwandlung des Körpers beruhen (Körper bewegen, Die Arme, Fast-Food-Laban und so weiter), zwingen die Schüler, auf ihren gesamten Körper zu achten, und da Körper nur im gegenwärtigen Moment existieren, hören sie auf vorauszuplanen und entwickeln einen besseren Rapport mit ihren Partnern.

Die Tierpolizei

Ich brachte gerade Mäusen im ersten Stadium bei, zu verborgenen Mäusen (zweites Stadium) zu werden, als ich die Idee hatte, eine »Mäusepolizei« zu bestimmen, um den Prozess zu beschleunigen.

Die Mäusepolizei sollte jede Maus, die die Grenzen des Menschseins überschritt, verhaften und von der Bühne schleppen. Eines der größten Vergnügen ist es, zuzuschauen, wie eine Maus ganz und gar zur Maus wird, sobald die Tarnung aufgeflogen ist.

Die Mäusepolizisten (die natürlich keine Mäuse sind) stellen Fragen, gehen Hinweisen nach, halten nach verdächtigem Verhalten Ausschau und so weiter. Da es ein Unterhaltungsspiel ist, *muss* jemand erwischt werden (sonst gibt es keine Belohnung für die Zuschauer).

Die Schlangenpolizei befragte eine Familie von Schlangen im zweiten Stadium (während eines Kurses in Boston):

»Wir erhielten die Meldung, dass hier Schlangen gesichtet wurden!«

»Ssss-schlangen, Wachtmeissssster?«

»Haben Sie etwas dagegen, wenn wir uns ein bisschen umsehen?«

»Sssselbssstverssständlich nicht. Ssssehen Ssssie sssich ruhig um.«

»Sie blinzeln aber nicht sehr oft!«

»Ich sssehe ausssgezzzzeichnet, Wachtmeissssster!«

»Wozu sind all diese Mauspasteten im Kühlschrank?«

»Ein wisssenschaftlichessss Exxxperiment meinesss Ssssohnesss.«

»Wo sind die Treppen zum Speicher?«

»Sssspeicher? ... Alssso ... da issst nur ein Loch.«

»Ein Loch!«

»Wir sssind erssst kürzzzlich eingezzzzogen. Sssylvia – hassst du die Leiter gesssehen?«

Und so fort, bis eine der Schlangen es nicht mehr aushält und sich windet und zischt und versucht, sich unters Sofa zu schlängeln.

»Ich verhafte Sie im Namen des Gesetzes! Halt ihn fest, Joe! Er versucht, seinen Schwanz um das Klavierbein zu schlingen! Halt ihn mit dem Stock fest!«

Und dann zum Ende:

»Mein Gott, wie entsssetzzzzlich. Sssstanley war nur unssser Untermieter. Er hätte unsss alle im Sssschlaf ermorden können!«[78]

FÜLLERSPIELE

Als ich das Royal Court Theatre Studio leitete, teilte ich Spiele in »narrative« und »antinarrative« Spiele ein. »Antinarrativ« klang ziemlich anspruchsvoll, weshalb wir solche Spiele bald nur noch »Füllerspiele« nannten (weil wir sie bei Vorstellungen dazu verwendeten, die Lücken zwischen den Geschichten zu füllen).

»Wie war das Turnier?«

»Nichts als Füllerspiele!«

Jeder, der etwas von Improvisation versteht, wird froh sein, ein solches Ereignis verpasst zu haben, nicht weil Füllerspiele schlecht sind, sondern weil komplette Sequenzen, die nur aus Füllern bestehen, sehr bald langweilig werden. Wenn man sich langweilt, obwohl die Spieler einen talentierten und gescheiten Eindruck machen, kann man sicher sein, dass sie zu viele Füller verwenden, das heißt, sie singen Pseudo-Opern, geben vor, Ballerinas zu sein, spielen »Keine Bewegung!« und so weiter. Einige Füllerspiele sind so blöd, dass nur Leute, die Theatersport mit »dumm« gleichsetzen, zu ihnen herausfordern; die guten darunter jedoch tragen zur Abwechslung bei und inspirieren die Spieler. Wenn man das Publikum gerade mit einer traurigen Geschichte zum Weinen gebracht hat, ist es wunderbar, zu einem Füllerspiel wie dem »Kein-S«-Spiel zu wechseln oder sogar zu einem »Keine-Bewegung«-Spiel. Aber eine ganze Reihe von Füllern wie das »Alphabet«-Spiel, gefolgt von »Der Tramper«, gefolgt von »Fremde Bettgenossen«, gefolgt von »Serienmörderausstattung« können unerträglich sein.

Alle Spiele liegen irgendwo in dem Spektrum zwischen reinem Füller und reinem Erzählspiel, und die meisten können in die eine oder die andere Richtung gelenkt werden. Boris-Spiele werden zu reinen Füllerspielen, wenn die Akrobatik zu sehr betont wird. »Grimassen schneiden« ist ein reines Füllerspiel, wenn das Schlagen der Diener im Vordergrund steht; Hutspiele sind nichts als Füller, wenn es ausschließlich um das Klauen des Huts geht.

Es ist schwierig, Anfänger davon zu überzeugen, dass ein komplexes narratives Spiel wertvoller ist als ein Füllerspiel, bei dem immer gelacht wird. Ein Musiker aber ist nicht zufrieden mit den immer gleichen Fünffingerübungen, und Felskletterer suchen sich die schwersten Klippen aus. Warum also sollten ernsthafte Improvisierer nicht »Vorwärtsgehen« studieren oder »Kippen« oder lernen »die Routine zu unterbrechen« und sich darin üben, meisterhafte Geschichtenerzähler zu sein anstatt nur simple Komiker? Wenn ich dieses Buch im Vorabdruck lese, finde ich, dass schon die Beschreibungen von Füllern schnell langweilig werden, darum setze ich die weniger interessanten in den Anhang (S. 547).

Adjektive

Eine Szene, am besten eine Familienszene, beruht auf einem Adjektiv; zum Beispiel die Familie Langsam, die Familie Fit, die Familie Böse, die Familie Misstrauisch, die Familie Religiös, die Familie Doof, die Familie Rechtslastig und so fort. Das funktioniert sehr gut, wenn man es einem anderen Spiel hinzufügt; zum Beispiel eine »böse« Hackordnung oder ein »langsames« Herr-und-Diener-Spiel.

Alphabetische Sätze

Ursprung: unbekannt

Der erste Satz der Szene beginnt mit »A«, der nächste mit »B« und so weiter. Zum Beispiel:

»Andreas!«
»Bernd!«
»Chaotische Straßen!«
»Danke, dass du gekommen bist.«
»Ebenfalls danke für die Einladung.«
»Fährst du immer mit dem Auto?«

»Gewöhnlich, ja.«
»Hast du den Weg gleich gefunden?«
»Ich hatte gute Instruktionen.«
»Ja, ich hab' mir auch Mühe gegeben.«

Und so weiter, wobei die Improvisierer auf sechsundzwanzig Sätze festgelegt sind. Das Spiel ermöglicht es den Leuten, mit ihren Fähigkeiten anzugeben: »Seht mal, wie schwer dieses Spiel ist«, aber das Risiko ist minimal. Man kann es als Neuheit einsetzen oder privat spielen.

Das »Stirb!«-Spiel

Ursprung: Ein Improvisierer aus San Francisco zeigte uns dieses Spiel.

So wird es gespielt: Fünf oder sechs Spieler stehen dem Publikum gegenüber, und ein Titel wird bestimmt.

Ein Spielleiter (oft ein Richter) erklärt, dass jeder Spieler, auf den er oder sie willkürlich deutet, die Geschichte zu erzählen beginnt beziehungsweise sie fortsetzt. Wenn ein Spieler zögert oder ungrammatisch spricht oder irgendeinen anderen Fehler begeht, soll das Publikum laut rufen: »Stirb!«, woraufhin der Missetäter »Selbstmord begeht«. Der letzte überlebende Spieler ist Sieger.

Der Spielleiter übt mit den Zuschauern, laut »Stirb!« zu rufen, und zeigt dann auf einen Spieler, mit der Geschichte zu beginnen. Er versucht stets, die Spieler zu ertappen, indem er auf sie zeigt, wenn sie es nicht erwarten (und vor allem diejenigen schikaniert, die kurz vor dem Nervenzusammenbruch stehen).

Spieler, die »raus« sind, fragen oft nach einem Objekt, mit dem sie sich »umbringen« können. Zum Beispiel:

»Können Sie ein Küchengerät nennen?«

Jemand ruft: »Käsereibe!«

Der Spieler »reibt« sich selbst zu Tode (und das Publikum lacht über diese Dummheit). Am besten, man findet seine eigene Art zu sterben. Vielleicht helfen auch die Teamkameraden, oder der Tonimprovisierer spielt einen schnell herannahenden Zug ein.

Dieses Spiel ist zu Beginn eines Matchs ausgesprochen gut geeignet, das Publikum in Stimmung zu bringen.

Genre-Variante

Jedem Spieler wird ein anderes Genre zugeordnet: Science-Fiction, Religion, Romanze, Western und so weiter. Ich improvisiere ein Beispiel:

Science-Fiction!

»Als sich das Raumschiff dem Planeten Beta vier näherte, gab es kein Lebenszeichen der Kolonisten. Captain Mayne wäre gern seine Ladung …«

Religion!

»… Mönche losgeworden, die auf dem Planeten einen Zweig ihres Ordens gründen wollten. Sein …«

Romanze!

»… gut geschnittenes Gesicht nahm eine gebieterische Strenge an, als es Kommunikationsoffizierin Sara Jellicoe nicht gelang, irgendwelche Signale aufzufangen von …«

Western!

»… der Kreuz-Tentakel-Ranch, wo Tex gerade einen einheimischen Xang niedergerungen hatte. Das Brandeisen drang durch den Panzer des Xang, der phlegmatisch zum Himmel starrte. Tex folgte seinem Blick und sah einen hellen Stern über die Hügel gleiten und …«

Religion!

»… und überall in der Prärie knieten raue, somakauende Xang ehrfurchtsvoll nieder. Sie glaubten, das atomare Feuer am Himmel sei das Zeichen, auf das …«

Romanze!

»... Äh ... äh ...«

Der Spieler gerät ins Stottern, und die Zuschauer brüllen mit Wonne: »Stirb!« Jedes Spiel, bei dem die Zuschauer laut schreien dürfen, ist gut zu gebrauchen, aber ich möchte es keinesfalls in jeder Show sehen.

Variante: Es werden keine Genres vereinbart. Der Spielleiter ruft eines, sowie er auf einen Spieler zeigt.

Emotionale Hürden

(empfohlen als Übungsspiel, vor allem bei Übungen am Text)

Ursprung: Der Name, und vielleicht auch das Spiel selbst, stammt aus David Shepherds Theaterolympiade.

So wird es gespielt: Die Spieler müssen zu den Emotionen wechseln, die ihnen von außen zugerufen werden: »Wut!«, »Lust!«, »Verzweiflung!« und so weiter. Auf diese Weise bombardiert, ist es fast unmöglich, an einer Geschichte festzuhalten.

Dieses Spiel bringt immer Lacher (weil die Zuschauer die schnellen Übergänge lieben), doch eine Geschichte entwickelt sich nicht. Ich empfehle es, um Texte einzustudieren, denn jeder Schauspieler sollte die Fähigkeit besitzen, in jeden Satz einen neuen Gedanken einzubringen. Man kann zum Beispiel seine vorgefasste Meinung ändern, indem Emotionen wie Wut, Lust und Verzweiflung willkürlich eingesetzt werden. Zum Beispiel: (WUT) Wenn meine Liebste mir sagt, sie besteht nur aus Wahrheit, (GLÜCK) glaube ich ihr, (ANGST) obwohl ich weiß, dass sie lügt.

Emotionale Reise

Die Spieler beginnen mit einer Emotion und wechseln zu einer anderen: von »traurig« zu »glücklich«, von »wütend« zu »liebevoll«, von »stolz« zu »beschämt«. Das Spiel fördert extrovertiertes Verhalten.

Ursprung: in Spolins Buch beschrieben.

Erste Stufe:

Sagen wir, die Schüler wechseln von »Traurigkeit« zu »Hysterie«. Sie sehen zum Beispiel, wie eine Herde Schafe von der Flut abgeschnitten wird, und werden »hysterisch«, wenn sie feststellen, dass sie selbst in der Falle sitzen.

Zweite Stufe:

Die Spieler wählen ihre Emotionen jeder für sich; das heißt, einer geht von »Entsetzen« zu »Lust« über, während ein anderer von »Panik« zu »Ruhe« übergeht (am besten mit zwei Spielern – bei mehreren wird es schwierig, dem Geschehen zu folgen).

Einführung in das Spiel

Die meisten Spieler lassen sich Zeit, eine Emotion zu entwickeln; wenn sie von »wütend« zu »liebevoll« wechseln sollen, fangen sie »verärgert« an und brauchen etwa fünfzehn Sekunden, um sich in Wut zu steigern; dabei sollten sie sich hin zu »liebevoll« verändern, nicht weg davon. Sie müssen mit der – ihnen möglichen – höchsten Steigerung der Emotion beginnen und sich dann sofort davon wegbewegen.

Ich lehre meine Schüler, den Übergang mit kleinsten Schritten zu vollziehen. Wenn ich sie alle fünfzehn Sekunden fotografieren würde, sage ich, müsste ich danach in der Lage sein, die Bilder zu mischen und sie dann in der richtigen Reihenfolge auszulegen. Die Übergänge sollten sein wie das Hinabsteigen einer Treppe und nicht wie ein Sprung aus dem Fenster. Die Schüler begreifen dieses Konzept der »Allmählichkeit« schneller, wenn sie vorher schon das »Tempospiel« (S. 340) gespielt haben. Sich rapide zu verändern wie im »Es-ist-Dienstag«-Spiel ist sehr dramatisch, man kann die

Zuschauer jedoch auch durch langsames und beständiges Ändern fesseln.

Emotionale Wiederholung

(für gelegentlichen Einsatz empfohlen)

Die gleiche Szene wird mit einer anderen Emotion wiederholt.

Ursprung: Ich erfand dieses Spiel (oder entdeckte es wieder) für die »Theatre Machine«, obwohl wir ihm damals keinen Namen gaben. Unsere Version ist besser als die, die derzeit aufgeführt wird.

So wird es gespielt: Die »Theatre Machine« präsentierte das Bruchstück einer Szene; eine Tochter verkündet, dass sie das Kloster verlassen wolle, die Emotion dabei ist »Wut«. Dann wiederholen wir die Szene mit einer anderen Emotion – Angst vielleicht – und weiten die Szene vielleicht dahingehend aus, dass die Eltern herausfinden, dass sie Schauspielerin werden will. Dann könnten wir die Szene mit Glück wiederholen oder mit Lust, und die Handlung entfaltet sich ständig weiter (die Tochter könnte erzählen, dass sie eine unbefleckte Empfängnis hatte, während die Nonnen sagen, sie brauche einen Psychiater).

Heutzutage wiederholen die meisten Gruppen genau die gleiche Sequenz, und sie wird bei jedem Mal kürzer (ein weiteres Beispiel für die Abkehr vom Narrativen).

Gesichtermasken

Ich hielt den Spielern einen Spiegel vor und ließ sie den Ausdruck von Kummer oder Freude und so weiter festhalten. Dieses Element der Gesichtermasken ging später verloren, wahrscheinlich weil die Leute, die das Spiel nur in einer Aufführung sahen, keine Ahnung hatten, wie man Gesichtermasken zustande bringt.

Ich bitte die Schüler, ein lautes Geräusch zu machen, das charakteristisch für eine vereinbarte Emotion ist, und halte ihnen dann plötzlich den Spiegel vor. Dann sollen sie den Ausdruck festhalten, den sie im Spiegel sehen ebenso wie das Geräusch – leiser natürlich –, während sie eine Szene spielen. Dies schaltet das soziale Ich aus und setzt eine erstaunliche und oft dämonische Lebendigkeit frei (vergewissern Sie sich, dass der Gesichtsausdruck das Kiefergelenk nicht belastet). Erinnern Sie die Schüler daran, dass sie immer irgendeine Version des ersten Aufschreis des Hasses, der Wut oder Lust beibehalten müssen, auch wenn sie einen Dialog führen. Wann immer sie die Intensität ihres Gesichtsausdrucks zu verlieren drohen, muss man ihnen den Spiegel wieder vorhalten (wenn nötig auch viele Male). Der Spiegel sollte groß genug sein, um das Gesicht zu zeigen, nicht aber den Körper, und das Vorhalten des Spiegels sollte mit Bestimmtheit geschehen.

Es ist normal, dass Gesichtermasken (zusammen mit einem emotionalen Geräusch) intensive Gefühle freisetzen; dies sollte jedoch als befreiend geschätzt werden, als ein Zeichen, dass Stärke und Selbstbewusstsein des Schülers zunehmen. In vielen Fällen wird die Stimme klangvoller und/oder durchdringender; mehr »Raum« wird genutzt; und die Spieler »wissen«, was sie sagen sollen, statt »sich auszudenken, was sie sagen sollen« (ich schwöre!).[79]

Man braucht nicht unbedingt Spiegel zu verwenden. Bitten Sie die Schüler einfach, sich gegenüberzustellen. Sie schreien, wie es die vereinbarte Emotion erfordert, und dann imitieren sie sich gegenseitig.

»Achtet auf die Augen!«, sage ich ihnen. »Und die Lippen. Jeder muss das gleiche Gesicht haben.«

Nach einiger Übung können sie Szenen spielen, in denen jeder Spieler einen unterschiedlichen Gesichtsausdruck beibehält.

Sollten die Gesichtermasken Sie erschrecken, denken Sie daran, dass kein normaler Mensch je gänzlich die Kontrolle verliert. Verbergen Sie Ihr Erschrecken, sonst geben Sie den Schülern das Gefühl, ein Tabu verletzt zu haben.

Wenn Sie mehr über Masken und wie sie »bewohnt« werden wissen wollen, lesen Sie das Kapitel »Masken« in meinem Buch *Improvisation und Theater*.

Ausstatten

Ursprung: Zu Beginn der Arbeit mit der »Theatre Machine«, als wir alle möglichen Dinge ausprobierten, fanden wir dieses Spiel nützlich.

So wird es gespielt: Wir schickten einen Improvisierer nach draußen, während wir die Zuschauer baten, einen »Beruf« und zwei körperliche Eigenschaften zu nennen. Sie schlugen vor: »Lehrer« und »blind« und »mit einer großen Nase«. Wir riefen den Improvisierer wieder herein und spielten eine Szene, in der seine/ihre Partner in Kauderwelsch ihn oder sie mit diesen Dingen auszustatten versuchten.

Zu anderen Zeiten spielten wir die Szene in richtiger Sprache, wobei wir aber vermieden, die Informationen direkt zu liefern. Zum Beispiel:

»Herein. Vorsicht! Halte deinen Kopf gerade! Ich befürchte, die Tür ist ein bisschen eng!«

»Es macht mir immer Spaß, euch Zwerge zu besuchen!«

Anstelle von »mit großer Nase« haben sie »riesengroß« vermittelt, und die Zuschauer lachen über das Missverständnis.

»Ich lasse eine Erdnuss fallen. Möchtest du sie aufheben? Du brauchst dich nicht zu bücken!«

»Ich bin ein Elefant!«

Die Zuschauer lachen und buhen.

»Ich habe eine große Nase!«

Applaus.

»Ich habe leider meine Hausaufgaben vergessen.«

»Möchtest du sie von mir abschreiben?«

Gelächter (über den Irrtum).

»Ich bin ein Lehrer mit einer großen Nase!«

Applaus.

»Vorsicht! Rechts steht ein Pult …«

»Ich bin blind!«

Ich ziehe die Kauderwelschversion vor. Ausstattungen garantieren immer Gelächter, aber es ist wie Fische im Aquarium angeln.

Manchmal frage ich die Zuschauer, ob sie ein bestimmtes Spiel sehen möchten. In all den Jahren hat noch keiner sich ein »Ausstatten«-Spiel gewünscht.

Eine Lösung, die vermieden werden sollte

Spieler werden »verkrüppelt«, um zu vermitteln, dass der Partner »hinken« soll, oder sie geben vor, Schluckauf zu haben, wenn er »Verdauungsstörungen« haben soll. Wenn so etwas zugelassen wird, ist es sinnlos, »Ausstatten« zu spielen. Ich verlange durchaus keine Subtilität; es geht in Ordnung, wenn jemand sich bückt und sagt: »Du hast deinen weißen Stock« verloren, doch es ist blödsinnig, dem Partner zu signalisieren, dass er »blind« ist, indem man selbst »blind« wird.

Kettenausstattungen
(nicht empfohlen)

Mehrere Spieler werden nach draußen geschickt, während die Eigenschaften beschlossen werden. »A« stattet »B« mit Eigenschaften aus, der dann versucht, das, was er versteht (oder missversteht), an »C« weiterzuvermitteln. Und so weiter. Die Informationen werden immer verworrener, und das Publikum lacht.

»Keine Bewegung!«
(nicht empfohlen)

Die Spieler fangen mit einer Tätigkeit an, zum Beispiel »den Verkehr regeln«. Dann ruft jemand: »Keine Bewegung!« und betritt die Szene, um aus »den Verkehr regeln« eine andere Szene zu machen, die nicht damit zusammenhängt, aber optisch ähnlich ist.

Ursprung: Mir nicht bekannt. Als ich das erste Mal von diesem Spiel hörte, war ich so entsetzt, dass ich mir nicht vorstellen kann, wir hätten es jemals im Studio verwendet (ganz bestimmt nicht mit der »Theatre Machine«).

So wird es gespielt: Ein Spieler »wärmt sich die Hände an einem Feuer«. Jemand ruft »Keine Bewegung!« und betritt die Szene, um eine neue Aktivität zu starten, die sich aus der ersten ableiten lässt – vielleicht zwei Leute, die einen Felsblock bewegen. Ein weiterer Spieler kommt dazu und ändert die Szene in vier Seeleute, die von einem Sturm durchgeschüttelt werden. Das nächste »Keine Bewegung!« könnte sie in vier Skiläufer verwandeln, die den Berg hinunterrasen. Die Leute lachen, weil sie Übergänge mögen, aber warum sollte man für einen Gag alles opfern, was vorher festgelegt wurde. Wenn du »Akkordeon spielen« in »Expander dehnen« verwandelst und dann in »einen Pfeil abschießen«, wird man dich bestaunen, doch das ist so, wie sich zu wärmen, indem man den Fußboden anzündet.

»Keine Bewegung!«-Spiele stärken angeblich die Fantasie der Schüler, und ich habe bei einem Workshop am »Second City« in Chicago glänzende Beispiele gesehen; doch sie bringen den Improvisierern bei, *abzulenken* und *auszulöschen.*

Varianten: Es gibt viele Varianten und man kann sie ohne Mühe anderswo beschrieben finden (bei Spolin zum Beispiel).

Errate die Redensart (oder das Sprichwort, den Titel eines Lieds)

(empfohlen)

Ursprung: Ich sah dieses Spiel am »Second City« in Chicago und ließ Bernie Sahlins wissen, dass wir es von ihm stehlen würden. (Es ist wahrscheinlich eine Weiterentwicklung von »Errate die Szene« Seite 392.)

So wird es gespielt: Ich schicke Michel außer Hörweite und bitte die Zuschauer um eine gewöhnliche Redensart oder den Titel eines Liedes. Wir einigen uns auf einen geeigneten Satz, und Michel kommt herein, um an einer Reihe von kurzen Szenen teilzunehmen, die ihm die Redensart vermitteln sollen (seine Mitspieler dürfen weder die Wörter der Redensart verwenden noch Informationen direkt vermitteln).

Nehmen wir an, die zu vermittelnde Redensart ist: »Eine Krähe hackt der anderen kein Auge aus.« Einige der Spieler schlagen mit imaginären Flügeln und reden über ihren Zug nach Süden und beginnen, zu gurren und zu schnäbeln. Michel wird zum Vogel, und sie picken alle mit den »Schnäbeln«.

»Ein blindes Huhn findet auch mal ein Korn«, rät er, und alle stöhnen und lachen.

Sie beginnen sofort mit einer neuen Szene. Ein Ornithologieprofessor hält einen Vortrag.

»Bei der Vogelmigration ist es wichtig, dass der ganze Schwarm in engem Zusammenhalt fliegt. Die Solidarität eines Vogelschwarms ist erstaunlich, bei Buchfinken etwa oder Raben ...«

Michel rät: »Eine Schwalbe macht noch keinen Sommer«, und sie beginnen mit einer neuen Szene.

Sobald Eugene die richtige Redensart erraten hat, jubeln alle, und das Spiel ist zu Ende.

Typische Redensarten können sein:

Schlafende Hunde weckt man nicht.
Liebe deinen Nächsten wie dich selbst.
Die Augen waren größer als der Magen.
Gebranntes Kind scheut das Feuer.
Hilf dir selbst, so hilft dir Gott.

Typische Titel von Liedern könnten sein:

Que sera sera
Griechischer Wein

Weniger bekannte Sprichwörter oder Titel von Liedern sind nutzlos, doch ein Titel wie »Wenn der weiße Flieder wieder blüht« kann erstaunliche Szenen hervorbringen.

Die Redensart erraten verbessert die Kommunikationsfähigkeit.

Maschinen

(nicht empfohlen für den Gebrauch in der Öffentlichkeit)

Ursprung: Unbekannt, aber diese Spiele gab es bereits in den Sechzigern.

So wird es gespielt: Ein Spieler wiederholt eine bestimmte Geste und ein bestimmtes Geräusch auf mechanische Art und Weise. Ein zweiter Spieler kommt herein, stellt sich neben den ersten und wiederholt eine andere Geste und ein anderes Geräusch. Mehr Spieler kommen hinzu, bis eine »Maschine« zusammengefügt ist; das heißt, auf der Bühne befindet sich eine Gruppe von Leuten, die synchron vor sich hin pfeifen und zischen und tuckern.

Das kann für schüchterne Schüler eine sehr hilfreiche Therapie sein, doch für eine Vorstellung gibt es nicht genug her. Ich habe gesehen, wie dazu herausgefordert wurde – beide Teams erschufen fast identische Maschinen, was es doppelt so langweilig machte.

Die »Theatre Machine« baute manchmal eine Maschine, die »der Lehrling« dann bedienen musste (vielleicht wurde er – chaplinesk – in die Maschine hineingezogen), oder wir bauten Zeitmaschinen oder eine »Orakel-Maschine«, die »ein Wort auf einmal« Antworten gab. »Eine Maschine bauen« als »Effekt« an sich ist anspruchslos (denn wie kann man scheitern?).

Menschenmaschinen

Meine Adaption des Spiels.

Die es spielen, lernen, besser zu beobachten, und werden freundlicher, aber ich würde es nicht für öffentliche Aufführungen empfehlen.

Wenn die Schüler einander gut kennen, bringe ich ihnen das »Maschinenspiel« bei und schlage ihnen vor, sie sollten eine »Keith«-Maschine konstruieren (jeder »Maschinenteil« macht eine für mich charakteristische Geste und ein charakteristisches Geräusch). Diese Idee gefällt ihnen so gut, dass ein halbes Dutzend Schüler sofort auf die Bühne gerannt kommt.

»Immer einer auf einmal!«, sage ich.

Eine Schülerin kniet auf dem Boden und bewegt ihre Hände an der Seite mit den Handflächen nach unten, während sie das Wort »Also« wiederholt. Ein anderer Schüler sagt andauernd »Großartig!« und wedelt mit den Armen; der nächste niest immerzu und nimmt ständig ein neues Papiertaschentuch und imitiert dabei einen meiner Sprachfehler voller Schadenfreude.

Danach schlage ich vor, sie sollten Maschinen bauen, die andere Leute nachahmen (andere Lehrer vielleicht oder Berühmtheiten). Erst nachdem sie dies erfolgreich bewerkstelligt haben, dürfen sie sich selbst zum Nachahmen vorschlagen (niemals aber einander). Mit etwas Glück wird nach einer Weile sich jeder als Maschine sehen wollen – über die Bühne ausgebreitet wie ein kubistisches Gemälde. Wenn ein anderer Mensch einen nachahmt, fühlt man sich persönlich angegriffen, nicht aber wenn eine Maschine es tut.

Zuschauer lieben Mimikry, aber die wenigsten Schüler haben die Geduld, andere Leute nachzuahmen. Mel Gibson erzählte einmal in einer Talkshow, dass er drei Monate an seiner Sean-Connery-»Stimme« gearbeitet hatte, aber nur einer von hundert Schülern würde das durchhalten.

Das »Kein-S«-Spiel
(empfohlen)

Die Spieler müssen alle Wörter vermeiden, in denen ein bestimmter Buchstabe vorkommt. Man sollte keine Konsonanten wählen, die nur selten vorkommen (und Anfänger keine Vokale).

Ursprung: Dieses Spiel habe ich erfunden, um Schüler dazu zu bringen, darauf zu achten, was sie sagen. Es kann aber auch Schüler davon überzeugen, dass Scheitern seinen Wert hat (weil das Publikum von jedem Ausrutscher begeistert ist).

Manche Spieler sind so daran gewöhnt, ihren Mund »auf Automatik« zu schalten, dass sie – nachdem der Buchstabe »s« verboten wurde – die Szene beginnen mit: »Setz dich, Susi ...« oder: »Sieh mal, Stefan…« und zum Entzücken der Zuschauer das Spiel sofort verlieren.

Destruktive Version

Jeder Spieler bekommt einen anderen Buchstaben, den er vermeiden muss. Dies wird gemacht, um die Abwechslung zu erhöhen; doch es ist schwierig genug für die Zuschauer, nach einem einzigen verbotenen Buchstaben zu lauschen und bei zwei oder gar drei oder vier Buchstaben können sie nicht mehr folgen. Dies ist ein Beispiel dafür, wie Spiele ruiniert werden, wenn Spieler Schwierigkeiten hinzufügen.

Papierschnippen

(für den gelegentlichen Gebrauch empfohlen)

Ein Personalchef interviewt einen Bewerber und verspricht ihm das Blaue vom Himmel, während er ihn/sie unbewusst misshandelt.

Ursprung: Ableitung von »Hand auf dem Knie« und »Zuckungen«.

So wird es gespielt: Stephen, ein um die Existenz kämpfender Schauspieler, wird von einem enthusiastischen Agenten befragt. Dieser macht sich Notizen zu den Fragen und verspricht ihm Wohlstand und Ruhm. Endlich scheint Stephen Armut und Elend und den ewigen Absagen zu entkommen – nur dass der Agent die Notizen von seinem Blatt Papier abreißt, sie zu festen kleinen Kugeln knüllt und sie Stephen ins Gesicht schleudert. Stephen wird also nicht nur misshandelt, sondern es werden auch die Informationen über ihn zerstört. Er springt wütend auf, aber ich beruhige ihn: »Du brauchst diesen Job!«, sage ich. »Du kannst deine Miete nicht bezahlen. Du hast eine Familie zu ernähren. Vielleicht ist dies eine Art Test, oder er ist sich gar nicht bewusst, was er tut. Aber selbst wenn er verrückt ist, hat er die Macht, dir einen Job zu geben. Also sei langmütig. Halt ihm keine Rede, sondern löse das Problem!«

Die Szene beginnt von Neuem, und die ersten Treffer werden ignoriert. Dann aber kommen Reaktionen wie:

»Au!«

»Wie bitte?«

»Sie haben mich ins Auge getroffen!«

»Ich habe was?«

»Sie haben ein Stück Papier geworfen und mich ins Auge getroffen!«

»Mein lieber Herr …«

Er sieht auf seine Notizen, um seinen Namen zu finden.

»Southwold ist mein Name. Dort werden Sie ihn nicht finden.«

»Aber ich habe ihn gerade notiert.«

»Und dann haben sie ihn zusammengeknüllt und auf mich geworfen.«

»Wie merkwürdig!«

Der Agent schreibt den Namen noch einmal.

»South … wold … Haben Sie in der letzten Zeit viel Stress gehabt?«

»Nein. Nein, überhaupt nicht …«

»Denn bis jetzt machte es ganz den Anschein, als wären sie genau die Person, die wir suchen.«

Er wirft eine weitere Papierkugel.

»Autsch! Sehen Sie!«

»Ist irgendetwas?«

»Äh … äh … nein. Vielleicht sollte ich Ihnen meine Telefonnummer noch mal geben.«

»Schießen Sie los.«

Vielleicht sitzt Stephen unterwürfig da, während er mit Papierkugeln bombardiert wird. Vielleicht glättet er auch die mit seiner Telefonnummer und schiebt sie sachte über den Schreibtisch.

»Was soll ich damit?«

»Meine Telefonnummer.«

»Aber die habe ich mir gerade aufgeschrieben.«

(Weinend) »Bitte nehmen Sie sie!«

»Sie brauchen nicht gleich hysterisch zu werden.«

»Sie sagten, ich wäre genau der Richtige für diesen Job.«

»Das waren Sie auch.«

»Ja und jetzt, um Himmels willen?«

»Es schien so!«

Ermutigen Sie den Agenten, die Papierkugeln richtig fest zusammenzudrücken und sie so zu werfen, dass es dem Opfer ein klein wenig wehtut (vielleicht mit einem Wutschrei geworfen?) Er/sie muss von totaler Anerkennung zu irrsinniger Gewalt und wieder zurück zu totaler Anerkennung springen. Das Publikum erwartet, dass eine Menge Papierkugeln geworfen werden und auch treffen. Man sollte also eine Anzahl von Kugeln vorbereiten und unter den Papieren auf dem Schreibtisch bereithalten.

Das Opfer könnte es auch als Witz auffassen.

»Ha! ha!«

»Wie bitte?«

»Sehr komisch!«

»Ich kann Ihnen nicht folgen.«

Das Opfer schleudert eine der Papierkugeln zurück zu seinem Peiniger.

»Hören Sie auf damit! Ihnen ist wohl klar, dass wir niemanden einstellen können, der launisch ist!«

»Papierschnippen« kann man nicht oft bieten – außer wenn man auf Tournee ist. Für uns war es auf dem Festland nützlich, denn es wird auch sehr leicht von den Zuschauern verstanden, die kein Englisch sprechen. Das Wichtigste bei dem Spiel ist, dass der Agent wirklich glaubt, er handele gütig und großzügig, und dass das Opfer so glaubwürdig wie möglich reagiert.

Varianten

Während ich dies schreibe, fallen mir weitere Versionen ein:

Eine Frau zeigt sich einem Freier gegenüber geneigt und schlägt ihn gleichzeitig in unregelmäßigen Abständen mit einem Stock; Eltern loben ihr Kind und schreien es dazwischen wieder an.

Im Fernsehen bewarf Peter Cook als reicher Geschäftsmann während eines Geschäftsessens »unbewusst« einen verzweifelten, verblüfften, jobsuchenden Dudley Moore mit Essen.

Eine Szene ohne …?

(empfohlen zur gelegentlichen Verwendung)

Ein Moosette-Spiel. Die Zuschauer werden gebeten zu vervollständigen: eine Szene ohne Skrupel, eine Szene ohne Allüren oder ohne Schuld, ohne einen Freund, ohne Seele, ohne Hirn, ohne Hoffnung, ohne Talent und so weiter. Es eignet sich gut für Publikumsvorschläge, weil es nicht einmal den böswilligsten Zuschauern gelingt, hierbei einen destruktiven Vorschlag zu machen.

Szenen auf der Seite

Die Rückwand der Bühne wird als Fußboden betrachtet und die »vierte Wand« zwischen Schauspielern und Publikum als Decke, das heißt wir präsentieren die Szenen, als ob die Zuschauer auf die Schauspieler hinuntersehen würden – als zöge die Schwerkraft sie vom Publikum weg statt nach unten zum Mittelpunkt der Erde.

Ursprung: Dieses Spiel entstand in einer Unterrichtsstunde am »Studio«. Ich wollte sehen, auf wie viele Weisen wir eine Szene spielen konnten. (Auch Rückwärtsszenen entstanden in diesem Kurs).

So wird es gespielt: Ein Tisch und zwei Stühle werden auf die Seite gelegt, mit den »Füßen« gegen die hintere Wand oder den hinteren Vorhang (so als würde das Publikum durch die Decke in ein Büro sehen). »Sir« liegt auf dem Boden, mit dem Kopf zum Publikum und die Füße gegen die Rückwand. Er zieht sich den Mantel aus und hängt ihn an einen imaginären Haken, das heißt, er legt ihn sorgfältig auf den Boden. Dann scharrt er mit den Füßen, während er sich – mithilfe der Unterarme – in Richtung Schreibtisch bewegt. Es soll die Illusion entstehen, er liefe auf der Rückwand zum Schreibtisch. Er »setzt« sich an den Schreibtisch, das heißt, er zieht den Stuhl heran, um ihn mit seinem Gesäß in Kontakt zu bringen. Er nimmt Papiere aus der auf der Seite liegenden Schublade und »stellt« seine Füße auf die Rückwand oder legt sie auf den seitwärts liegenden Schreibtisch (wenn er stark genug ist, sie gegen die Schwerkraft hochzuhalten).

Da die Rückwand »der Fußboden« ist, wird die Tür – falls vorhanden – zur Falltür. Sie öffnet sich, und Cyril taucht auf. Er schlängelt sich auf die Bühne, als kletterte er eine Leiter hoch. Er hält Sirs Kaffeetasse seitwärts und »läuft« auf der Rückwand, um die Tasse auf der vertikalen Platte des Tisches abzustellen. Vielleicht haben wir sie mit Klebstoff präpariert, so dass sie »stehen bleibt«, oder aber sie kracht an die Wand (das heißt auf den Bühnenboden), und Sir fängt zu toben an:

»Wie kannst du es wagen, meine Lieblingstasse gegen die Wand zu werfen, nur weil ich dir keinen Urlaub geben kann, Cyril!«

Viele schöne Effekte sind möglich. Wenn Cyril erschossen wird, fällt er tot um, indem er in einer gekrümmten Haltung gegen die Rückwand gelehnt ist. Die Polizei könnte kommen und seine Umrisse markieren und dann die Leiche entfernen. Oder der Vorhang öffnet sich ein klein wenig, so dass ein »Loch« entsteht, wo die Leiche versteckt wird, oder es könnte ein »seitliches Grab« gegraben werden.

Ich erinnere mich an eine Szene, in der Dennis Cahill in einem Fliegenkostüm »herumsummte«, er »landete« auf der »Decke« (das heißt an der »vierten Wand«).

»Da ist schon wieder diese vermaledeite Fliege!«

»Ich hole das Spray aus dem Schrank, Sir.«

Sie sprühten ihn ein, und er »fiel« von der Decke – weg vom Publikum –, und er fiel im Todeskampf auf seinen Angreifer. (Ich hoffe, Sie können mir folgen).

Seitwärtsszenen sind nur für gelegentlichen Gebrauch geeignet; man kann eine Levitationsszene einbauen, in der der Guru sich zum Publikum hinschiebt, als würde er zur Decke schweben; oder man interviewt einen Akrobaten, oder man stellt ein Bett senkrecht an die Rückwand, und zwei Spieler stehen davor und halten ein Laken vor sich hoch.

Einmal sah ich eine Liebesszene auf der Seite gespielt, mit einem Sofa, das mit den Beinen zur Rückwand stand. Das Liebespaar musste hochgehievt werden und in Stellung gehalten werden, wozu wir etwa vierzehn Helfer benötigten. Darunter waren viele

Freiwillige aus dem Publikum, und die Sache war all ihre Anstrengungen ganz und gar wert.

Szenen auf der Seite können wahnsinnig komisch sein, doch ich habe nie gesehen, wie andere Gruppen sie spielen. Vielleicht weil die Bühnenböden schmutzig sind oder die Sicht zu schlecht ist. Bei uns ist die Sicht ausgezeichnet, und wir schrubben unsere Bühne vor jeder Aufführung; ich kann mich aber an ein Theater in New York erinnern, wo alles, was mit dem Boden in Berührung kam, sich mit öligem Ruß überzog.

Szenen auf der Seite sind fast immer »Füller« – das heißt, das Spiel ist wichtiger als die Geschichte –, aber sie können zur Abwechslung beitragen, besonders, wenn man etwas Körperliches braucht.

Ja, aber
(empfohlen als Übungsspiel)

Ursprung: Jemand, der eine Theatre-Machine-Vorführung besuchte, erzählte uns davon.[80]

So wird es gespielt: Christian stellt Fragen, die mit »Ja« beantwortet werden können, und Monika antwortet mit Sätzen, die mit »Ja, aber …« beginnen. Zum Beispiel:

»Haben Sie geschlossen?«

»Ja, aber kommen Sie herein.«

»Sind Sie der Tierarzt?«

»Ja, aber Schlangen behandle ich nicht!«

»Es ist ein Notfall! Die Beule da ist der Professor.«

»Ja, aber er ist inzwischen schon erstickt!«

»Sie können ihn rufen hören, wenn Sie genau hinhören!«

»Ja, aber …«

Und so weiter. Eine verbreitete Art und Weise, das Spiel zu beenden, besteht darin, dass beide Spieler »Ja, aber …« sagen.

»Sie müssen auch hinein!«

»Ja, aber dann verlieren Sie uns beide!«

»Ja, aber ich binde Ihnen ein Seil um.«

»Ja, aber ich verstehe nichts von Knoten.«

»Ja, aber ich war bei den Pfadfindern!«

An dieser Stelle kann man anfangen, das Licht herunterzudrehen. Solche Szenen sollten kurz gehalten werden.

Wie ich es spiele

Ich benutze *»Ja, aber«*, um den Unterschied zwischen intellektuellem und intuitivem Denken zu veranschaulichen.

Ich beginne damit, indem ich »Ja-Fragen« beantworte, die meine Schüler mir stellen.

»Wie alt bist du?«

»Tut mir leid, aber es müssen Fragen sein, die mit ›Ja‹ beantwortet werden können.«

»Äh ... Bist du hundert Jahre alt?«

»Ja, aber ich bin fit für mein Alter.«

»Liest du viel?«

»Ja, aber vor allem die neuesten Nachrichten.«

»Interessierst du dich für Politik?«

»Ja, aber ich weiß nie, wen ich wählen soll.«

Danach erkläre ich ihnen, dass ich auf eine feige Art geantwortet habe, da ich mir die Antworten ausdachte, bevor ich den Mund aufmachte. Würden sie gern sehen, wie ich das Spiel auf eine mutige Art spiele, nämlich indem ich laut und lebhaft »Ja, aber ...« sage, ohne im Geringsten zu wissen, was kommen wird? Sie wollen, und wir spielen noch einmal.

»Bist du hundert Jahre alt?«

»Ja, aber ich fühle mich wie achtundneunzig!«

»Lebt deine Familie noch?«

»Ja, aber ich werde sie morgen umbringen!«

»Du hasst sie also?«

»Ja, aber meinen Bruder hasse ich am allermeisten!«

»Behandelt er dich schlecht?«

»Ja, aber ich werde einen Pfahl durch sein Herz treiben!«

»Ist er ein Vampir?«

»Ja, aber ich auch!«

Wenn man beschließt, was man sagen wird, bevor man spricht, kommen »geplante« Antworten. »Ja! Aber …« mit leerem Kopf zu rufen und dann weiterzureden, fördert die »ungewollten« Antworten zutage.

TECHNIKEN

Wenn ich erreichen will, dass ein Schüler, der mit verschränkten Armen dasteht, sich entspannt, erwähne ich die Arme nicht, sondern sage: »Stell dir abwechselnd vor, dass du deine Partner schlagen und dass du sie streicheln willst!« Oder, wenn einer aggressiver sein soll: »Schieb den Unterkiefer vor, wenn du sprichst!« Wenn ein Schüler aussehen soll, als wäre er »zu Hause«, sage ich ihm: »Sitz verkehrt auf dem Sofa, aber mach dir's gemütlich.« Wenn jemand negativ war, sage ich: »Reiß die Augen weit auf.«

Diese Anweisungen sind *Verfahrensweisen*, das heißt Techniken, die man immer anwenden kann, ganz gleich, welches Spiel man spielt. Spiele haben einen Gewinner und einen Verlierer; ein Verfahren ist wie eine Taste, die gedrückt werden muss, um ein bestimmtes Resultat zu erzielen.

Viele Schauspieler sind »gut«, wie schlecht der Film oder das Stück, in dem sie auftreten, auch sein mag, aber manche wissen nicht, wo ihre Tasten liegen, und sind nur dann »gut«, wenn sie richtig angeleitet werden.

Schüler wehren sich oft dagegen, dass ihre Tasten gedrückt werden. Wenn man sie zum Beispiel bittet, ihre »Dominanz« zu erhöhen, indem sie beim Sprechen den Kopf regungslos halten, werden einige von ihnen weiterhin kleine Bewegungen mit dem Kopf machen (sie wollen das unangenehme Gefühl einer solchen Regungslosigkeit vermeiden). Sie müssen davon überzeugt werden, dass es zu ihrem Vorteil ist, mit verschiedenen »Seinsweisen« zu experimentieren.

Mit grossen Augen

Wir improvisieren eine Szene mit weit aufgerissenen Augen. Die Lider bleiben hochgezogen, selbst wenn man zu Boden blickt.

In unserer Kindheit hatten wir alle große Augen. Wenn wir etwas wollten, rissen wir sie so weit auf, dass es schwierig war, uns etwas zu verweigern. Seither aber hat Leid und Schmerz viele von uns gelehrt, die Lider abwehrend zusammenzukneifen und uns damit zurückzuziehen. Daraus folgt, dass wir offener und verletzlicher und ungehemmter werden, wenn wir nur überzeugt werden können, unsere Augen zu entspannen. Versuchen Sie einmal, sich hinzulegen und »gehen zu lassen« und dabei das genaue Gewicht der Augäpfel zu spüren (das kann sehr emotional sein).

Die Schüler sollen auf die Augen von Harpo Marx, Goldie Hawn, Benny Hill oder Nina Hagen achten. Erklären Sie ihnen, dass zusammengekniffene Augen für die Bösen taugen, doch nicht dafür, ein positives und kontaktfreudiges Gefühl zu erzeugen.

Mit großen Augen – en masse

Die Schüler feiern eine »Party« von dreißig Sekunden, auf der alle mit zusammengekniffenen Augen herumlaufen, und diskutieren danach ihre Empfindungen. Sie wiederholen die Party, nur dass diesmal alle Gäste große, »unschuldige« Augen haben.

Man wird feststellen, dass in beiden Fällen die Angst der Schüler vor dem Publikum geringer geworden ist.

Eine Party findet statt, auf der die eine Hälfte mit kleinen, die andere mit großen Augen spielt.

Freunde treffen

Bevor ich irgendetwas über Augen erzähle, lasse ich eine Dreißigsekundenszene spielen, in der sich zwei Freunde nach einer Trennung wiedersehen. Danach wiederholen die beiden Schauspieler die gleiche Szene mit »großen Augen«. Der Unterschied ist erstaunlich – mehr Enthusiasmus, großzügigere Gesten, weniger Angst vor dem Raum. Ich fordere meine Schüler auf, ab und zu einen Blick ins Publikum zu werfen: Die meisten Zuschauenden haben ihre Augen ebenfalls weit aufgerissen (weil es ansteckend ist).

Man muss lernen, die Augen weit zu öffnen, indem man sie entspannt, nicht, indem man einfach eine andere Gruppe von Muskeln anspannt.

Mit weitem Mund

Ein Manager des »Crazy Horse«-Nachtklubs in Paris, der die Tänzerinnen rekrutierte, sagte einmal, im Zweifelsfall wähle er die mit großen Mündern. Ich dachte darüber nach und stellte fest, dass viele Models und »dynamische« Leute mehr Zähne als andere zu haben scheinen.

Ich bat die Klasse, Szenen zu spielen, während sie die Lippen eng zusammenpressten; sie sollten dennoch versuchen, mit klarer Stimme zu sprechen: das löste jede Menge Gelächter aus, und sie wurden alle äußerst rechthaberisch (probieren Sie es).

Dann wollte ich den umgekehrten Effekt ausprobieren und bat sie, ihren Mund etwas weiter als gewöhnlich zu öffnen. Dadurch wurde sehr positives Verhalten freigesetzt (eine Art Treuherzigkeit, etwa wie Mel Gibson in *Lethal Weapon*).

Vergrößert man seinen Mund nur um ein kleines bisschen (vielleicht indem man die Lippen leicht öffnet) und betrachtet dann die Gegenstände und Menschen um einen herum, fühlt man sich freier, weniger zurückgenommen (manche fühlen sich so großartig, dass sie »die Welt auffressen« könnten). Angst vor dem Publikum wird – wie durch »große Augen« – vermindert.

Ich spreche nicht von Grinsen oder Lächeln, sondern davon, den Mund um vielleicht einen Zentimeter größer zu machen. Es ist die Absicht, den Mund zu vergrößern, die die Wirkung hervorruft (manche Leute atmen freier, woraus man folgern könnte, dass Spannungen ihre Mundwinkel nach innen gezogen haben).

Tempo

Genau wie Rückwärtsszenen und Szenen auf der Seite, entstand dieses Spiel während eines Kurses, in dem wir herauszufinden versuchten, auf wie viele Art und Weisen wir eine Szene spielen könnten. Wir spielten »langsame« und »schnelle« Szenen, aber ich erkannte bald, dass das wahrgenommene Tempo davon abhing, wie schnell Ideen wechselten. Das heißt, ein Marathonläufer kann – dramaturgisch gesehen – »langsam« sein, ein Posten dagegen, der vor dem Palast Wache steht und sich nicht rühren darf, während ein Hund sein Bein an ihm hebt, kann »schnell« sein. Ein Beispiel aus der Musik: Der Beginn der *Mondscheinsonate* hat mehrere Noten pro Sekunde, aber sie wird als langsam empfunden, weil die Ideen (Akkorde) sich nur einmal pro Takt verändern.

Anfänger fühlen sich sicher, wenn sie einander nachahmen; ist einer schnell, neigen alle dazu, schnell zu sein (man hat solche Aufführungen gesehen). Ich bat sie, zu versuchen, mit verschiedenem Tempi zu spielen, aber die Ergebnisse waren unbefriedigend; das änderte sich erst, als ich einen »langsamen« Schüler bat, alle dreißig Sekunden einen neuen Gedanken einzuführen, und einen »schnellen« Schüler, alle fünf Sekunden seine Ideen zu wechseln. Ein Beispiel:

»Ich fliege so gerne …«

»Wo ist mein Ticket? Ich habe es in meiner … Nein! Ich habe es im Bad liegen lassen. Habe ich meinen Rasierer eingepackt?«

»Ich hoffe, wir bekommen Fensterplätze …«

»Vielleicht ist er im Koffer? Aber in welchem Koffer?«

»Ich meine, wenn man schon so eingepfercht sitzt, will man wenigstens eine schöne Aussicht …«

»Habe ich den Wecker eingepackt?«

»Natürlich, wenn es zu bewölkt ist …«

»Shampoo! Ich brauche noch Shampoo!«

»… einmal bin ich direkt über der Tragfläche gesessen …«

»Keine Zeit mehr zum Rasieren! Sehe ich okay aus?«

»Ja. Ich musste mir den Hals verrenken …«

»Pass!«

»… um auf die Erde hinunterzusehen.«

»Mein Pass! Wo ist mein Pass?«

Zunächst wechselt die gesamte Gruppe Ideen langsam, danach spielen alle schnell. Dann versuchen wir Dreiergruppen, in denen »A« ein neutrales Tempo beibehält, »B« von schnell zu langsam übergeht und »C« von langsam zu schnell – und kurz bevor er explodiert, von der Bühne geht. Sie sollten ihr Tempo so bestimmen, dass sie sich in der Mitte der Szene »überholen«. Der Tempowechsel muss fließend sein.

Kleine Veränderungen im Tempo sind leichter zu bewerkstelligen als Übergänge von einer Emotion zur anderen, weshalb es sinnvoll ist, »Tempo« einzuführen, bevor man »Emotionale Übergänge« (Seite 320) behandelt.

Dreiwörtersätze

Wenn jeder Satz aus drei Wörtern bestehen soll, müssen die Spieler darauf achten, was sie sagen, das heißt anstatt: »Komm rein!«, müssen sie sagen: »Komm rein, bitte« oder: »Herein, mein Liebling.«

Diese Beschränkung hält Anfänger davon ab, ihren Mund auf »Automatik« zu lassen, während ihre Gedanken in die Zukunft davongaloppieren. Beziehungen verbessern sich merklich (und es wird fast unmöglich, »Gags« zu produzieren).

Das Spiel erlegt den Schauspielern Langsamkeit auf, was vom Publikum als emotionales Engagement gesehen wird. Stellen wir uns zum Beispiel eine Liebesszene zwischen einem Henker und seinem Opfer vor.

»Guten Morgen, Gladys.«

Gladys sucht verzweifelt nach einer Drei-Wort-Antwort.

»Ist es so weit?«

Es gibt eine längere Pause, und der Henker wischt sich eine Träne ab und sagt: »Ich bedauere es …«

Gladys möchte jetzt sagen: »Ich bin froh, dass du es bist«, aber sie schafft es nicht, diesen Gedanken auf drei Wörter zu reduzieren, also sagt sie gar nichts, und der ungesprochene Satz wirkt für sich selbst. Sie legt ihren Kopf an seine Brust. Er umarmt sie und möchte sagen: »Ich habe dir ein Geschenk gekauft«, aber das sind zu viele Wörter, also sagt er: »Ein letzter Wunsch?«

Einwortsätze

Einwortsätze machen nichtverbale Lösungen erforderlich. Das muss man lange üben, bis die Spieler die Idee begriffen haben, also sage ich:

»Öffne einen Schrank!«

John öffnet einen Schrank und mimt, ein Tablett herauszunehmen. Er stellt es auf den Tisch und fragt:

»Brandy?«

»Bitte!«

John schenkt zwei Brandys ein.

»Prost!«

Sie trinken, aber jetzt hängen sie fest. Sie schauen sich verlegen an, bis ich Eric bitte zu mimen, dass er etwas aus der Tasche nimmt und es John zeigt. John »nimmt« es behutsam. Er guckt durchs Zielfernrohr, somit ist es offensichtlich, dass es ein Gewehr ist.

»Abgefeuert?«, fragt er und schnüffelt daran.

»Kürzlich«, sagt Eric.

John legt das gemimte Gewehr auf den Tisch.

»Frau?«

Eric möchte jetzt sagen: »Ich hab sie genau zwischen die Augen getroffen« oder: »Ich habe das ganze Magazin in sie gepumpt«, aber er ist auf ein Wort beschränkt.

»Tot«, sagt Eric und nimmt das gemimte Gewehr hoch.

Sie hängen wieder fest. »Tut ewas Emotionales«, rate ich ihnen. Eric lacht bösartig, John dreht sich weg und versucht seine Tränen zu verbergen.

»Ehebrecher!«, sagt Eric.

»Niemals!«

John zieht sich zum Fenster zurück, Eric zielt mit dem Gewehr auf ihn.

»Spring!«

»Mörder!«

Ich bringe die Szene immer wieder voran, indem ich sie zu Aktivitäten auffordere, bis sie erkennen, dass Dinge zu tun ebenso wichtig ist, wie Dinge zu sagen.

Eingesagte Satzlänge

Eine zurückgebildete Form von »Vorgegebene Satzlängen« und ein Nebenprodukt von »Emotionale Hürden«. Der Trainer ruft eine Zahl, und der nächste Satz muss aus dieser Anzahl Wörtern bestehen. Zum Beispiel:

ZWEI!

»Guten Morgen.«

VIER!

»Womit kann ich dienen?«

DREIZEHN!

»Nun, ich hoffe wirklich, dass Sie mir bei meinem kleinen Problem helfen können.«

ZWEI!

»Schieß los!«

Das Publikum wird lachen und applaudieren, aber das Spiel ist fast ein reiner »Füller«, das heißt die Chancen, dass eine Erzählung zustande kommt, sind sehr gering.

Menschen als Gegenstände

Improvisierer werden zu Stühlen, Tischen, Telefonen etc. – was immer die Spieler in der Szene gerade brauchen.

Ursprung: Ein traditionelles Mimikspiel.

Die meisten Anfänger lieben es, Gegenstände zu sein. Sie können ein Bett sein, in dem jemand liegen kann, oder ein Bärenfell oder eine Dusche, und niemanden kümmert es, ob ihre mimische Darstellung gut ist oder nicht. Sich selbst als einen Gegenstand anzubieten hat etwas Großzügiges und versetzt alle in gute Laune. Als wir Ron Carmichael auf sein erstes Turnier schickten, verbrachte er eine ganze Szene lang als Sessel, was großes Aufsehen erregte. Die Ausrichter des Turniers waren von seiner Darbietung begeistert, denn sie waren es gewöhnt, dass selbst ihre »Leichen« sich nach zehn Sekunden langweilten und wieder lebendig wurden.

Leute können zu Wachsfiguren werden oder zu Statuen oder zu Spiegeln. Sie können Stühle sein, Sofas, Fußschemel oder »Projektionen« in einer Diashow, oder auch Pferde, die ihren Herrn auf dem Rücken tragen. Zu »Menschen als Gegenstände« wird selten herausgefordert. Es ist jedoch immer geeignet, andere Spiele damit zu würzen. Manchmal taucht es unter der Herausforderung »zum besten Gebrauch des gegnerischen Teams« auf.

Geräuschkulisse

Ein Spieler hinter der Bühne macht die Geräusche für die Improvisierer auf der Bühne.

Ursprung: Für die Improvisation wahrscheinlich ich (obwohl es kaum eine neue Idee sein dürfte).[81]

So wird es gespielt: Verwenden Sie ein Mikrofon.

Typische Geräusche sind:

Türknarren.
Türenzuschlagen.
Laufende Wasserhähne (Dusche).
Fußschritte.
Reifenquietschen.
Bettknarzen.
Tiere, die bellen, heulen, kreischen und so weiter.

Das Geräusch, das Kreide auf einer Schiefertafel macht.
Quietschen auf Glas beim Fensterputzen.
Das Knacken von Gelenken, wenn ein Spieler sich streckt.
Vibrieren von Metall (doooiiinggg).
Das Aufblasen von Dingen; Luftrauslassen.
Krachende Fäuste.
Emotionale Geräusche wie Keuchen, Schlucken, Seufzen, Weinen, Lachen und so weiter, jeweils mit dem Spieler synchronisiert.

Zum Beispiel: Eine Improvisiererin mimt, eine Tür zu öffnen *(Türknarren)*. Sie schlägt sie zu *(Tür zuknallen)*. Sie öffnet eine große Büchse *(Geräusche des Büchsenöffnens und das Heulen eines riesigen, hungrigen Tiers)*. Sie schüttet den Inhalt auf den Boden *(schlappernde, schmatzende Geräusche)*. Sie sagt: »Hier, mein Junge!« *(ein schmatzendes Tier)*. Sie tätschelt ihn *(Tätschelgeräusche)*. Sie sagt: »Was hast du heute gemacht, Liebling?«, und eine gewaltige Stimme sagt: »Hab' den Postboten erwischt …«

Das »Sei interessiert«-Spiel

So wird es gespielt:

1. Man muss sich wach und fit fühlen.
2. Interessiere dich für alles, was die anderen sagen oder tun.
3. Nichts Interessantes darf gesagt werden, und man darf auch nicht so uninteressant sein, dass man wieder interessant wird (indem man die ganze Zeit nur über Kohl redet zum Beispiel).

Spielern, die langweilige Dinge sagen, fällt es schwer, nicht gelangweilt auszusehen. Ich erinnere sie daran, dass sie gesund und munter aussehen müssen. Viele ignorieren auch den größten Teil des Dialogs. Ein »Guten Morgen« zum Beispiel hat überhaupt keine Wirkung. Ich unterbreche: »Sie hat ›Guten Morgen‹ gesagt, also seid interessiert! Seht überrascht aus! Es muss irgendeinen Effekt auf euch haben.«

Die Szene beginnt von Neuem, und sie reagieren mit Interesse auf das »Guten Morgen«, indem sie sagen: »Ach wirklich!«, doch jetzt wird die Erwiderung ignoriert. Ich unterbreche, um zu erklären, dass den Regeln gemäß das »Ach wirklich!« genauso interessiert angenommen werden muss wie das »Guten Morgen«.

»Sag: ›Tut mir leid, dass ich so spät komme!‹, als würdest du das ›Ach, wirklich‹ als Vorwurf empfinden.«

Wenn nun auch das »Tut mir leid, dass ich so spät komme« ignoriert wird, mache ich sie wieder darauf aufmerksam und sage ihnen, darauf zu erwidern: »Ich bin froh, dass du kommen konntest« oder: »Wir haben dir Kuchen aufgehoben.« Wenn aber einer erwidert: »Hattest du einen Unfall?«, verbiete ich ihm diese Erwiderung als »zu interessant«.

Wenn die Schüler gelernt haben, die Regeln zu befolgen, sehen sie wunderbar lebendig und furchtlos aus. Das Interesse am Partner schafft die Illusion, dass wirklich interessante Sachen gesagt werden. Ich bringe die Dinge voran, indem ich ein gelegentliches Kippen einwerfe, zum Beispiel: »Sag, dass du eine Vorahnung hast« oder: »Ich bin in den Polizeidienst eingetreten.«

Ich entwickle einen Dialog aus dem letzten Beispiel:

»In den Polizeidienst! Das muss so aufregend sein!«

(Strahlend) »Na ja, ich nehme an, von außen sieht es so aus, aber eigentlich ist es nur ein Bürokratenjob. Die Verhöre sind so langweilig.«

»Verhöre! Wie im Film!«

»Nein, nein. Nichts Besonderes. Einfach Bürger, die nicht wissen, wo ihr Platz ist.«

»Ah! Leute wie ich, meinst du? Haha!«

»Leute wie du! Wie kommst du denn darauf? Nein, nein, einfach sozial Unangepasste. Ich nenne es ›Erziehungsmaßnahmen‹!«

»Der Lehrer hat immer Recht, was?«

»Was hast du gesagt?«

»Nichts. Äh ... was glaubst du denn, was ich gesagt habe?«

»Was ich glaube, was du gesagt hast? Trink aus!«

»Austrinken? Äh ... wo gehen wir denn hin?«

»Ach, irgendwohin.«

»Irgendwohin ... Du meinst ... in eine andere Kneipe?«

»Was sollte ich denn sonst meinen?«

Das ist viel spannender (und unheilvoller) als eine Interaktion, bei der jeder die »interessantesten« Sachen sagen will. »Langweilige« Sachen zu sagen, während man sich für alles interessiert, was man hört, beseitigt die Angst vor der Zukunft und kann interessanter sein als die üblichen »Wer ist der Witzigste«-Interaktionen.

Es bringt die Spieler dazu, sich zu konzentrieren, ohne nach »Originalität« zu streben.

Emotionale Geräusche

Ein Spieler macht während einer Szene ein emotionales Geräusch, doch so, dass Uneingeweihte nicht erkennen, was er macht. Am besten verbirgt man ein emotionales Geräusch, indem man vollkommen wahrheitsgetreu spielt.

Emotionale Geräusche werden unterdrückt, wenn wir verstandesmäßig vorgehen. Zum Beispiel, wenn ich Ihnen dies von Angesicht zu Angesicht erklärte, würde ich das Material im Voraus organisieren und beim Sprechen keine emotionalen Geräusche machen (abgesehen von Zeichensetzungsgeräuschen wie »äh« oder »hm«). Wenn solche Geräusche anfangen in meine Rede einzudringen, wissen Sie, dass ich an eine Kaffeepause denke oder mich von einer Schülerin angezogen fühle. So klingt der Anfang des letzten Absatzes mit emotionalen Geräuschen: »Emotionale Geräusche werden unterdrückt ... *leichtes Schniefen* ... wenn wir ... *kaum hörbares Einatmen* ... verstandesmäßig vorgehen. ... *leiser Hm-Laut* ... Zum Beispiel ... *winziger, schmatzender Laut mit den Lippen* ... wenn ich Ihnen dies von Angesicht zu Angesicht erklärte ... *leises Glucksen* ... würde ich das Material im Voraus organisieren ... *Zischen, wenn ich hörbar Luft hole* ... und beim Sprechen keine emotionalen Geräusche machen ... *Seufzen.*

Sie können vielleicht die Veränderung in mir nicht beschreiben, doch Sie ahnen, dass ich von der Ebene des Verstandes auf die Ebene der Sinne überwechsle.

Bis hinunter zu den Zehen

Beobachtet man Leute, die flirten, sieht man, wie ihre Füße nicht weniger ausdrucksstark sind als irgendein anderer Teil von ihnen. Nimmt man dieselben Leute, stellt sie auf die Bühne und fordert sie auf zu flirten, ist es sehr wahrscheinlich, dass nicht das Geringste bis zu ihren Beinen durchdringt. Sie schlagen sie sogar übereinander, weg von ihren Mitspielern. Das »dominante« Bein wackelt vielleicht mit dem Fuß, doch das, was vorher durch den ganzen Körper floss, ist jetzt blockiert, als ob ein Ventil im Nacken oder in der Brust oder in den Hüften »den Fluss unterbrochen« hätte.

Ich winke zwei Schüler zur Seite und bitte sie, emotionale Geräusche hinzuzufügen, doch so, »dass die anderen nicht merken, was ihr macht«!

Wenn sie das schaffen, werden ihre gesamten Körper ausdrucksvoll, und der Rest der Klasse ist begierig darauf, was ich ihnen gesagt habe.

»Ratet!«

Die Ideen sprudeln.

»Mehr aufeinander einzugehen? ... Sich zu entspannen? ... Sich zu konzentrieren? ... Wahrhaftig zu sein? ... Fantasievoller zu sein? ... Voll von Gefühl zu sein?«

»Na, hört mal! Könnten sie einen solchen Rat befolgen?«

Wir spielen weitere Szenen dieser Art, aber keiner kommt darauf, was die Spieler von funktionierenden Zombies in sensible, ausdrucksstarke menschliche Wesen verwandelt hat. Das liegt daran, dass unser verbaler Intellekt emotionale Geräusche als irrelevant abtut. Als ich es erkläre, ist die Klasse überaus erstaunt, dass eine scheinbar so unwichtige Technik solch eine sofortige Verbesserung bewirken kann. Man kann Schüler bitten, sich auf ein Sofa zu setzen und sich dann noch mal zu setzen, aber diesmal mit einem befriedigten »Ah«-Geräusch oder ein missvergnügtes »Uff«, so dass sie den Unterschied schätzen lernen.[82]

Wenn es Anfängern zu schwerfällt, sich Geräusche »auszudenken«, können »Schatten« ernannt werden, die dicht hinter ihnen bleiben und ihnen einflüstern: »Seufze« oder »Kichere« oder »Verschlucke ein Schluchzen« usw. (Es ist leichter, sich Geräusche auszudenken, wenn man sie nicht selbst machen muss.) Oder ich schreibe eine Liste von emotionalen Geräuschen, die die Schauspieler wie ein Skript benutzen können:

Langsam die Luft ausstoßen, so dass die Lippen vibrieren
Knurren
Dröhnen
Weinen
Kreischen
Hörbar schniefen
Stöhnen (vor allem im Sitzen oder beim Strecken oder Vorbeugen)
Seufzen (ein Ahhh-Seufzen)
Seufzen (ein Hhhmm-Seufzen)
Zischen
Rufe »Ha!«
Mach »Oooooohh!«
Mach »Ts, ts, ts«

Ich gebe Improvisierern den Rat, emotionale Geräusche einzusetzen, wenn sie zu einer ernsten Szene herausgefordert werden oder zu einer Szene mit emotionaler Wahrheit oder zu einer Szene mit Pathos. Die Zuschauer bemerken die Geräusche nicht bewusst, aber sie erleben die Spieler als Schauspieler und nicht als Komiker.

Emotionale Geräusche binden den Geist an den Körper – das ist der Grund, warum sie in vielen Kampfsportarten eingesetzt werden. Wenn man Körperlichkeit ohne die Geräusche haben will, sollten die Schauspieler in den Proben damit experimentieren, sie aber in der Aufführung dann unterdrücken.

Andere haben schon lange vor mir über diese Dinge nachgedacht (obwohl ich nicht glaube, dass sie darüber schrieben). Ich weiß das, weil ich einmal einen älteren europäischen Schauspieler bat, seinem Text emotionale Geräusche hinzuzufügen, doch so, dass es niemandem auffalle. Er strahlte und begann nach jedem Satz ein lautes »Ähem!« oder »Ahhuhh!« von sich zu geben. Die Geräusche machten nicht den geringsten Unterschied in seinem »Gebrauch seiner selbst«, und sie waren überhaupt nicht in den Dialog integriert. Ich fragte meinen Ersten Schauspieler danach, und er meinte:

»Ach, wir nennen das die ›Grunz und Schnarch‹-Schauspielschule! Vielleicht hat vor hundert Jahren jemand Schauspieler gelehrt, emotionale Geräusche setzten spontanes Verhalten frei, doch der Zweck dieses Systems geriet in Vergessenheit, und der Intellekt übernahm das Geräuschemachen und schuf damit etwas völlig Unechtes. Deswegen ist es so wichtig, eine Einschränkung zu machen: »Fügt emotionale Geräusche hinzu, doch so, dass sie niemandem auffallen.«

Warum funktionieren emotionale Geräusche?

Wenn der Teil des Gehirns, der uns gegen andere Menschen verteidigt, in erster Linie verbal ist und wenn emotionale Geräusche von der nonverbalen Hälfte kontrolliert werden, sollten wir annehmen, dass unsere rechte und linke Gehirnhälfte synchron arbeiten (oder eine Hälfte unterdrückt wird), wenn der Intellekt aus Angst vor Fehlern die Kontrolle übernimmt – und dass es keine emotionalen Geräusche geben wird. Umgekehrt könnte man erwarten, dass das Hinzufügen von emotionalen Geräuschen dazu führt, dass die beiden Körperhälften unabhängig voneinander arbeiten. Dafür gibt es keine wissenschaftliche Bestätigung; es gibt jedoch Hinweise darauf, dass das Gegenteil wahr ist, und ich bewundere den Physiker (Dirac?), der einmal sagte, er habe lieber eine wunderschöne Theorie als eine, die zu den Fakten passt, denn »Fakten verändern sich schließlich ständig«.

Varianten

Variante 1: Emotionale Geräusche werden auf Papierstreifen geschrieben und auf der Bühne verteilt; die Schauspieler heben willkürlich einen Streifen auf.

Variante 2: Man macht Geräusche »aus dem Blauen« heraus und rechtfertigt sie hinterher.

Obsessionen

Durch sie überschreiten die Spieler ihre üblichen Grenzen. Die Grundlage ist, dass die Spieler emotionale Geräusche beibehalten und den Raum hinter sich als wichtiger betrachten als den Raum vor sich.

Ursprung: Ein Nebenprodukt meiner Bemühungen, die Schauspieler dazu zu bewegen, Phobien zu erforschen.

So wird es gespielt: Sagen wir, ich bitte eine Schauspielerin, eine Szene zu spielen, bei der sie überzeugt ist, dass ihr Tod immer innerhalb der nächsten paar Sekunden eintreten wird.

»Du weißt nicht, wie es passieren wird«, sage ich. »Und du weißt nicht, wer versucht dich umzubringen. Alles schien noch ganz normal zu sein, als du zur Arbeit gegangen bist. Aber dann versuchte eine Hand, dich in die Toilette zu ziehen; ein Verkäufer bewarf dich mit Messern; aus der Kastanie fielen Zwerge mit Pfefferstreuern, und jetzt bist du zu Hause, tausend Toden entkommen, und es passieren immer noch merkwürdige Dinge.«

Ein zweiter Schüler übernimmt die Rolle ihres Freundes. »Als sie heute morgen aus dem Haus ging«, sage ich, »schien sie noch ganz normal zu sein.« Er soll versuchen, sie zu beruhigen. Sie spielen die Szene, doch sie ist nicht besonders interessant. Sie konzentriert sich ausschließlich auf ihren Freund.

Ich lasse dies mehrere Schüler probieren, bevor ich ihnen Ratschläge gebe: »Ihr tut so, als ob ihr die nächsten paar *Minuten* sterben würdet, und dadurch könnt ihr vorausplanen. Aber stellt euch mal vor, ihr würdet in der nächsten *Sekunde* sterben, und die Gefahrenquelle ändert sich ständig: Der Türgriff steht unter Strom, eine riesige Rasierklinge bohrt sich zwischen den Fußbodendielen hindurch, der Pfannkuchen, den du auf dem Nachhauseweg gegessen hast, war vergiftet, dein Freund hat ein merkwürdiges Lächeln im Gesicht und so weiter.«

Wir beginnen die Szene von Neuem, und ich rufe ihr Anweisungen zu, damit sie sich ständig auf etwas Neues einstellt.

»Entdecke Giftgas. Du hast den Stuhl berührt, und jetzt fressen sich tödliche Chemikalien in deine Haut. Die Decke ist sehr viel niedriger geworden, seit du hereinkamst. Die grüne Tapete ist voller Arsen. Die Taube auf dem Fensterbrett wurde vom Labor für bakteriologische Kriegsführung geschickt. Dieser Kuli sieht genauso aus wie der im Folterhandbuch der CIA. Wirf dich auf den Boden – jemand zielt vom Dach gegenüber mit einem Gewehr auf dich. War diese Vase schon immer da? Dein Mitbewohner! Ist das wirklich sein Gesicht? Was hat er da in der Hand? Was atmet dir da in den Nacken?«

Die Schüler beginnen zu verstehen, dass sie Bilder einsetzen können, um die Aufmerksamkeit auf dem Sprung zu halten, aber sie spielen immer noch verstandesmäßig, und ihr Geist ist immer noch nicht zu langsam. Es macht uns nicht nervös, ihnen zuzusehen, und ihre Konzentration richtet sich immer noch fast ganz nach vorne. So benehmen sich Leute nicht, die nicht wissen, aus welcher Ecke die nächste Bedrohung kommt. Das nächste Mal, wenn ein amerikanischer Präsident erschossen wird, achten Sie mal darauf, wie die Sicherheitsbeamten in sämtliche Richtungen gucken.

Ich lenke ständig ihre Aufmerksamkeit auf den Raum hinter ihnen, wo vielleicht gerade eine Hand erscheint, um sie am Nacken in ein anderes Universum zu zerren, oder wo sich ein psychotischer Sportlehrer versteckt und seinen Standort ständig zugleich mit dem Spieler wechselt. Ich bitte sie zu glauben, dass die schlimmsten Gefahren außerhalb des Gesichtsfeldes lauern.

Wir beginnen die Szene noch einmal, und der Heimkehrer betritt das Zimmer, ohne zu wissen, dass ich jemanden hinter der Türe postiert habe, der ihn sofort anspringt.

»Uaaaahhhh!«

»Ich hatte dich gewarnt: Sieh hinter dich!«

Er macht weiter, und jetzt grapscht jemand unter dem Tisch nach seinen Beinen.

»Du solltest überall auf Gefahren achten!«, sage ich. »Aber du siehst überhaupt nichts!«

Ich unterbreche die Szene, und ein weiterer Schüler kommt hinter der Garderobe hervor und noch einer hinter dem Sessel. Die Klasse ist sich einig, dass Obsessionen wirklich schwierig sind.

»Das liegt daran, dass ich euch das Geheimnis noch nicht verraten habe. Schnappt vor Schreck nach Luft!«

»Was?«

»Schnappt vor Schreck nach Luft. Keucht! Gebt entsetzte Laute von euch.«

Wir machen gemeinsam die Laute.

»Wenn ihr vor Angst und Schrecken nach Luft schnappt und keucht, werden euch die Ideen zufliegen, weil euer Verstand nach einer Rechtfertigung sucht. Beginnt schon vor der Türe mit den Geräuschen, und behaltet sie die ganze Szene über bei.«

Unser Heimkehrer erscheint wieder, und zum ersten Mal sieht er wirklich besessen aus. Er reagiert von Moment zu Moment auf Dinge und dreht sich ständig um die eigene Achse, überzeugt, dass ihn gleich etwas Schreckliches ergreifen wird.

»A« liegt auf dem Sofa und liest Zeitung, als er »B« im Flur vor Entsetzen nach Luft schnappen hört. »B« tritt ein, schlägt die Türe hinter sich zu und lehnt sich fest dagegen, um sie geschlossen zu halten – nur um einen Moment später einen Satz nach vorn zu machen, denn es könnte sich ja ein Bajonett durchs Holz bohren …

B: Was zum …

A: Sie sind hinter mir her. Mach die Vorhänge zu.

B: Was?

A: Schau mal aus dem Fenster. Steht da gegenüber ein Mann?

B: Der gerade eine Münze in die Parkuhr wirft?

A: Das ist er. Ah! Wer ist da im Schrank?

B: Niemand.

A: Rauch? Riechst du den Rauch?

B: Ich glaube nicht.
A: Wer hat meine Sachen durchstöbert?
Krümmt sich und fasst sich an den Hals.
B: Beruhige dich. Was ist los mit dir?
A: Lass mich los! Aua! Wer bist du?
Sie kämpfen miteinander. A versucht Bs Gesicht herunterzureißen.
Nimm diese Maske ab!
B: Das ist mein Gesicht!
A springt an seinem Rücken vorbei zur Wand.
A: Ich kann niemandem trauen.
Wirbelt herum.

Und so weiter. Alle sind begeistert.

»Warum hast du uns das nicht früher gesagt, dass man Geräusche machen muss?«

»Dann hättet ihr ihren Wert nicht erkannt.«

Wenn erst einmal »Sofortiger Tod« bewältigt wird, sind die anderen Obsessionen leicht.

Man macht angewiderte Geräusche und gründet die Szene auf dem Abscheu vor körperlichem Kontakt. Der Spieler hält seine Arme leicht von sich weg, weil er sich vor seinen Achselhöhlen ekelt, er hasst das Gefühl der Kleidung, andere Leute rufen Übelkeit bei ihm hervor, und er ist überzeugt, dass gleich Wannen voll Schleim von hinten über ihn glitschen werden.

Zum Beispiel: Ein Schüler kommt durch die Tür, die Arme leicht vom Körper abgewinkelt, seine Finger zittern vor Ekel, und er gibt ständig Ekellaute von sich. »Iiihh! Äähh! Bäh! Puuhh!« und so weiter. Die Vorhänge, der Teppich, die Wände – alles ist widerwärtig. Aus Höflichkeit muss er eine ausgestreckte Hand schütteln, aber nur mit steifen, zusammengepressten Fingern. Sein ganzer Körper erschauert bei der Berührung mit diesem Hautding, das voll ist mit Blut und Fleisch und Exkrementen und Bakterien und das ihm die Hand schüttelt und einen Platz auf dem Ledersofa anbietet. Und die ganze Zeit über flitzen seine Augen durchs Zimmer in Erwartung noch schlimmerer Widerwärtigkeiten.

Oder die Szene basiert auf einem erotischen Seufzen und Stöhnen, besessen von dem Wunsch nach körperlichem Kontakt: Haar ist herrlich zum Berühren oder Lutschen, Haut ist entzückend, das Gefühl der Kleidung auf der Haut ist ekstatisch. Man genießt das Gefühl der Schulter an der Wange oder sehnt sich danach, das Gesicht in etwas Weichem, Sinnlichem zu vergraben. Und man könnte natürlich überzeugt sein, dass sich gerade außerhalb des Sichtfeldes etwas befindet, das den dringenden Wunsch nach Berührung auslöst.

Zum Beispiel: Wir hören sinnliches Stöhnen, die Tür geht auf, ein Schüler kommt herein und streichelt die Türklinke. Er/sie lehnt sich dagegen, um sie zu schließen, gleitet langsam auf den Boden hinunter und schnurrt vor Behagen, wenn Hintern und Finger den Teppich berühren.

»Hast du einen schönen Tag gehabt?«

»Mmmmmmärchenhaft!« Und so weiter.

Wenn man eine Szene spielt, in der ein Lehrer absoluten Ekel vor Berührungen hat und ein Schüler sich nach Körperkontakt sehnt, muss man einen Widerstand einbauen, sonst rückt der Schüler dem Lehrer die ganze Zeit nicht von der Pelle. Das kann zwar lustig sein, aber man kann die Szene nicht weiterspielen. Der Schüler könnte große Angst haben, dass er hinausgeworfen wird, weil er Leute berührt.

Jedes Gefühl kann als Obsession dargestellt werden. Man kann von Sauberkeit besessen sein, von spitzen Gegenständen usw.

Wie bei den »Tieren« können Obsessionen in einer »psychotischen Version« und einer normalen Version auftreten. Von einem Spieler, der eine psychotische Obsession der Lust darstellt, werden die Zuschauer entzückt sein (da sie ihre heimlichen Gefühle objektiviert sehen). Aber eine »normale« Obsession der Lust (oder was auch immer) wäre für den Schauspieler nützlicher. Man erreicht sie, indem man alle psychotischen Regungen unterdrückt, die im normalen Leben zur Festnahme oder zu einer Zwangsjacke aus Drogen oder aus Segeltuch führen würde.

Piep, piep!

Ein Sprecher wendet sich an eine Gruppe von sechs bis acht Spielern, die in einer Reihe sitzen; jeder von ihnen hat eine Hand hochgehoben und senkt sie ganz langsam. Sinkt eine Hand eines Spielers bis auf Kniehöhe herab, macht dieser »piep, piep!« oder »mi-mi-mi-mi- ... !«, bis der Sprecher auf eindeutige Weise Blickkontakt aufnimmt (dann geht die Hand in die Ausgangsposition zurück, um sich wieder langsam zu senken). Wenn der Augenkontakt schon vorher aufgenommen wurde, wird die Hand wieder gehoben, um von Neuem zu beginnen. Die Aufgabe des Sprechers ist es, das Piepen ganz zu verhindern beziehungsweise zu minimalisieren. Das hört sich vielleicht infantil an, doch »Piep, piep!« ist das Spiel, das am besten geeignet ist, zwischen Sprechern und Zuschauenden eine Beziehung herzustellen.

Ursprung: Die ersten Stücke, bei denen ich Regie führte, enthielten Reden, in denen das Publikum direkt angesprochen wurde, und dennoch sprachen die Schauspieler zu den Seitenwänden oder konzentrierten ihre Aufmerksamkeit auf die Lücke zwischen dem ersten Rang und den Sperrsitzen. Auch im Studio (wo wir alle auf gleicher Höhe waren) sprachen die Improvisierer zu einem imaginären Publikum einen halben Meter über unseren Köpfen, und wenn wir aufstanden, stieg dieses imaginäre Publikum ebenfalls entsprechend höher.

Ich machte einmal bei der Aufführung eines Avantgardestücks mit, in dem eine Schauspielerin auf meinen Knien saß und ein paar Zeilen sprach. Sie sah mir in die Augen, doch ihre Augen waren so ausdruckslos wie Glasaugen. Wie kann eine Schauspielerin einem auf dem Schoß sitzen und in die Augen schauen und dennoch meilenweit entfernt sein? Und wie kommt es, dass großartige Entertainer uns zu »sehen« scheinen, auch wenn das Licht sie blendet oder sie in die Fernsehkamera starren?

Die Elisabethaner wussten, wie man direkt zu einem Publikum spricht. Unsere zeitgenössische Zurückhaltung wurde oft darauf zurückgeführt, dass die moderne Bühne sich hinter das Proszenium zurückzog, doch Entertainer wie Ken Dodd oder »Dame Edna«

(Barry Humphries) lassen sich von der Bühnenarchitektur nicht einschüchtern, also muss das Problem anderswo liegen.

Man stelle sich vor, auf dem Flur kommt Ihnen ein Fremder entgegen. Wir sind darauf programmiert, Blickkontakt aufzunehmen, aber wenn Sie Interaktion vermeiden wollen, erstarren die Augäpfel in den Höhlen, so dass der Blickkontakt an einem gewissen Punkt des Aneinandervorbeigehens automatisch abbricht.

Nehmen wir an, während dieses »gleitenden« Blickkontakts stellen Sie fest, dass Sie sich kennen. Sofort verändert sich Ihr Verhalten. Sie zeigen Ihr Interesse, indem Sie die Augenbrauen hochziehen, Ihre Augen weiten sich, Sie lächeln (sogar die Pupillen vergrößern sich).

Die Schauspielerin, die auf meinem Schoß saß, versuchte mit einem solchen gleitenden Blickkontakt Interaktion mit mir zu vermeiden (sie war zu dem Zeitpunkt nackt). Gleitender Blickkontakt wirkt feindselig. Meine Schauspieler hatten das verstanden, aber sie wussten nicht, was sie sonst machen sollten; also sprachen sie lieber gegen die Wände oder die Decke. Große Entertainer lösen das Problem, indem sie praktisch ununterbrochen Erkennungssignale aussenden – auch wenn die Lampen sie blenden –, und überzeugen uns damit, dass sie uns gesehen haben.[83]

Das »Piep, piep!«-Spiel zwingt die Spieler, »Erkennungsbenehmen« anzuwenden, denn wenn sie nur gleitenden Blickkontakt aufnehmen, gehen die Hände ständig weiter nach unten. Gruppen, die meine Methode in Trainingskursen für Manager von Erdölgesellschaften und Ähnlichem einsetzen, haben mir erzählt, dass sie dieses Spiel für am besten geeignet halten, Geschäfts-»Zombies« in Menschen von Fleisch und Blut zu verwandeln. Vertrocknete, in sich zurückgezogene, abwehrende Menschen werden von Sekunde zu Sekunde lebendiger, wenn sie feststellen, dass es sehr viel angenehmer ist, Kontakt zu Leuten aufzunehmen, als sich in sich selbst zurückzuziehen.

Einführung in das Spiel

»Man kann dieses Spiel unmöglich gewinnen«, sage ich. »Die ›Zuschauer‹ wollen nämlich so furchtbar gern ›Piep, piep!‹ sagen, dass sie schummeln und die Hände immer schneller bewegen!«

Alle lachen. Auf diese Weise erhalten die Zuschauer die Erlaubnis, schneller zu werden, und die Sprecher kapieren, dass sie nicht als Verlierer gebrandmarkt werden.

Ich wende mich an die Gruppe und sage:

»Wenn ihr sicher seid, dass der Blickkontakt hergestellt wurde, hebt ihr die Hände in die Ausgangsposition zurück und beginnt wieder damit, sie allmählich zu senken.«

Manche Sprecher sind so nervös, dass sie nicht kohärent reden können, wenn sie das Spiel zum ersten Mal machen. In einem solchen Fall sage ich: »Sag gar nichts – konzentriere dich nur auf den Blickkontakt!« oder: »Zähl laut bis hundert.«

Ich probiere mehrere Sprecher aus, von denen jeder zu einer Gruppe von etwa sieben Schülern spricht. Dann frage ich:

»Habt ihr das Gefühl, dass die Leute schummeln?«

»Ja!«

»Warum?«

»Weil einige ihre Hände weiterhin senken, auch wenn ich ihnen in die Augen sehe.«

»Das liegt daran, dass sie keine Erfahrung darin haben, ›gesehen zu werden‹.«

Ich erläutere ihnen das Phänomen des gleitenden Blickkontakts und mache sie darauf aufmerksam, wie tot ihr Gesichtsausdruck gewesen ist.

»Warum glaubt ihr, dass Groucho Marx sich diese dicken Augenbrauen zulegte und lernte, sie so schnell auf und ab zu bewegen? Und warum lernen Talkmaster, jedesmal wenn sie in eine andere Kamera schauen, ihren Ausdruck zu verändern?«

Haben die Sprecher begriffen, wie feindselig gleitender Blickkontakt ist, werden sie ausdrucksvoller: Sie lächeln, legen den Kopf schief oder wackeln mit den Augenbrauen. Sie sehen lebendiger aus und das Spiel wird zu einem viel angenehmeren Erlebnis. Man braucht nur einige Minuten Übung, um dauerhafte Ergebnisse zu erzielen.

Sich einem Publikum zuwenden

Nehmen wir an, Sie sprechen zu einem Publikum in einem Theater wie dem Royal Court am Sloane Square in London. Da gibt es Sperrsitze und einen ersten und zweiten Rang, und auch wenn die Lichter blenden, wissen Sie immer, wo die Zuschauer sind.

Teilen Sie die vorderen Sitzreihen in Sektion eins, zwei, drei und vier, die hinteren in Sektion fünf, sechs und sieben. Sektion acht, neun und zehn bilden den ersten Rang, elf, zwölf und dreizehn den zweiten. Während Sie zum Publikum sprechen, richten Sie Ihre Aufmerksamkeit ad libitum von Sektion zu Sektion, wobei Sie jedesmal ein Erkennungssignal aussenden. Die Reihenfolge könnte etwa so aussehen: eins, drei, acht, dreizehn, neun, vier, zehn, zwei, elf, fünf, zwölf, sechs, sieben. Niemand kann erraten, welcher Sektion des Hauses Sie sich als Nächstes zuwenden, doch jedesmal, wenn Sie die Blickrichtung ändern und ein Erkennungssignal aussenden, machen dreißig Leute die Erfahrung, »gesehen zu werden«.

Statusspiele[84]

Bei diesen Spielen geht es um die bewusste Manipulation unseres Statusverhaltens.

Ursprung: Meine ersten Schüler waren geistreich und erzielten Wirkungen, doch es gab zwischen ihnen keinen kinetischen Tanz, und sie waren nicht fähig, Menschen nachzuahmen, die »nichts Bestimmtes« machten.

Im Alltagsleben stellen Menschen unbewusst immer ein Statusverhältnis her, indem jeder sich in eine bestimmte Position bringt (hoch oder niedrig), bis sie zu einer »Verständigung« kommen – wenn sie das nicht erreichen, werden sie sich nie zusammen wohlfühlen. Meine Schüler dagegen waren so darauf fixiert, die Zuschauenden zu beeindrucken, dass sie vergaßen, untereinander ein Statusverhältnis herzustellen. Das bedeutete, dass sie sich sehr allein fühlten (aus diesem Grund war Lampenfieber ein solches Problem). Angst vor dem Publikum ist ein Zeichen dafür, dass kein Statusverhältnis zum Partner besteht. Wenn zwischen den Spielern ein Status hergestellt wurde (nicht zwischen Spielern und Publikum), findet kinetischer Tanz statt und die Spieler empfinden die Zuschauer als »weiter weg«, als »nicht so bedeutsam« oder als »unwichtig«, und das Lampenfieber verschwindet.

Was ist Status?

Ich übertrug Konrad Lorenz' Beschreibung des Statusverhaltens von Dohlen auf das Training von Menschen, und ich arbeitete mit dem Wort »Status«, weil ich nicht »Dominiere!« und »Unterwirf dich!« rufen wollte, um nicht wie ein Krafft-Ebing'sches Fallbeispiel zu klingen.

»Status« kann verwirrend sein, es sei denn, wir verstehen darunter das, was wir tun, nicht das, was wir sind; das heißt, ein König kann gegenüber einem Sklaven Tiefstatus spielen, und der Sklave kann gegenüber dem König Hochstatus spielen.

»Würdest du so gut sein und mir die Krone richten, Soren?«

»Nein, würde ich nicht! Ich hab' schließlich nur ein Paar Hände!«

»Aber ... schau mal, Soren! Du ... du gehörst mir doch!«

»Sie sind völlig ungeeignet, Leute zu besitzen! Wie Sie mich bei dem Picknick mit Marmelade eingerieben haben!«

»Das tut mir ja leid. Aber wie sollte ich die Insekten von unseren Gästen fernhalten?« Und so weiter.

So funktioniert es

Ohne Status könnten wir im Flur nicht aneinander vorbeigehen, ohne Schläge auszutauschen. Da dies körperliche Verletzungen mit sich bringen könnte, suchen wir einander nach Statussignalen ab, und derjenige, der Tiefstatus akzeptiert, weicht aus. Wenn wir uns über den Status nicht einigen können, entsteht eine unangenehme Situation, wenn wir nur zur gleichen Zeit durch die Tür gehen wollen.

Dass zwei Leute haargenau den gleichen Status haben, kommt so gut wie nie vor, außer, wenn sie gezwungen sind, identische und beschränkte Bewegungen auszuführen (Chöre, beim militärischen Drill und so weiter). Freunde lösen das Problem, indem sie Status zu einem Spiel machen; sie beleidigen einander, ohne es ernst zu meinen, oder verneigen sich im Spaß voreinander. Dadurch erklärt sich, warum wir oft jahrelang mit Bekannten zusammenkommen können und sie doch fremd bleiben, während wir mit spielerischen Menschen fast sofort Freundschaft schließen. Zuschauer werden freundlicher, wenn man sie neckt, wenn zum Beispiel im Gorillatheater ein Spieler auf allen vieren zum Publikum kriecht und sagt: »Vielen Dank: ich werde mich bemühen, diesen hohen Standard beizubehalten.«

Schüler können durch Statusspiele sofort verändert werden, nicht, weil sie eine neue Fähigkeit lernen, sondern weil sie dazu gebracht werden, Fähigkeiten, die bereits in ihnen stecken, anzuwenden.

Status herstellen

Einige der wichtigsten Statussignale werden durch die Augen vermittelt: Wir halten den Blickkontakt, wenn wir dominieren möchten (oder wenn wir verliebt sind); wenn wir den Blickkontakt abbrechen und dann zurückschielen, verhalten wir uns unterwürfig. (Hitler hatte gelernt, den Blickkontakt zu halten und das Zwinkern zu unterdrücken, daher die vielen Berichte über seinen »hypnotisierenden Blick«).

Ein weiteres wichtiges Signal wird durch den Abstand der Hände vom Kopf ausgesendet. Wer seinen Mund berührt, während er jemanden anblickt, fühlt sich vielleicht »unschlüssig« oder »kritisch«, doch wir nehmen ihn als »unterwürfig« wahr.[85] Umgekehrt erhöht sich dein Status, wenn du jemanden im Gesicht oder am Kopf berührst; deshalb tun wir es bei Kindern (und erklärt vielleicht das seltsam arrogante Verhalten von Friseuren).[86]

Bei sonst gleichen Voraussetzungen ist es derjenige Schüler mit dem höchsten »aktiven« Status, der den meisten »Raum« gebraucht und am entspanntesten ist. Man vergleiche jemanden, dessen Arme fest verschränkt sind und dessen Körper steif und symmetrisch ist, mit jemandem, der mit lässig gespreizten Beinen völlig entspannt auf dem Sofa lümmelt und keine Angst vor einem Angriff zeigt: Der mit den verschränkten Armen will unbedingt Hochstatus vermitteln.

Wenn unser Status nie gefährdet wäre, wären wir alle gelassen und ausgeglichen; unsere Hälse wären lang und unsere Bewegungen würden mühelos wirken. Aber wir besänftigen Hochstatusleute, indem wir unsere Haltung ruinieren und unseren »Raum« einschränken.

Die ganze Bandbreite von Status lehren

Die meisten von uns sind Statusspezialisten – wir spielen besser Hochstatus oder besser Tiefstatus. Beides ist defensiv: Tiefstatus vermittelt die Botschaft »Ich bin's nicht wert, getreten zu werden«, Hochstatus vermittelt die Botschaft »Bleib mir vom Leibe, ich beiße!«.

Clint Eastwood hat als Hochstatusexperte ein Vermögen verdient. Versuchen Sie, seinen berühmtesten Satz: »Nur zu, Freundchen!« auszusprechen, während Sie mit dem Kopf wackeln – Sie werden sehen, wie wirkungslos er wird. Woody Allen ist ein Tiefstatusexperte: zum Beispiel (mit einer goldenen Uhr): »Sie zeugt von guter Herkunft, und sie gehört mir. Es ist ein antikes goldenes Erbstück – in der Tat hat mir mein Großvater diese Uhr auf dem Sterbebett verkauft.«

An manchen Schauspielschulen findet ein Unterricht statt, der den von den Schülern bevorzugten Status ausbeutet; das heißt, »aristokratische« Schüler bekommen Hochstatusrollen, »untergeordnete« Rollen werden an Tiefstatusschüler vergeben. Aber Hugh Cruttwell (mein Chef an der RADA) ließ Tiefstatusschüler Prinzen spielen und Hochstatusschüler die Bedürftigen – so lernten sie viel mehr.

Ein Freund, der in B-Filmen spielte, war fasziniert von Statusveränderungen: Er spielte hoch vor Agenten und Regisseuren (und sie hassten ihn); er spielte niedrig, und sie liebten ihn (aber sie gaben ihm keine Arbeit); dann versuchte er, sich ihrem Status anzupassen, und er bekam Hauptrollen in A-Filmen: »Keith«, sagte er, »sie dachten, ich sei einer von ihnen!« Genau das ist er jetzt.

Teenager experimentieren die ganze Zeit mit Status, doch sie haben es mit unfähigen Lehrern zu tun – mit sich selbst. Da liegt es nahe, dass sie von Statusspielen sofort fasziniert sind und mit Begeisterung an die Sache herangehen.

Status-Partys

Ich bitte die Klasse, »Gäste auf einer großen Party« zu sein.

»Vermischt euch!«, sage ich. »Trefft alte Freunde. Fragt nach dem Büfett. Tauscht Klatschgeschichten aus. Sucht die Gastgeberin. Ihr wisst doch, wie man sich auf einer Party verhält!«

Aus Ängstlichkeit fangen sie an, einander im Tempo und im Gebrauch des »Raums« nachzuahmen (bestimmt haben Sie unzählige Theateraufführungen gesehen, die so abliefen). Ich gebiete ihnen Einhalt – nach etwa dreißig Sekunden – und teile sie in Gruppe A und Gruppe B ein.

»Wir versuchen eine andere Party«, sage ich. »Die As zwinkern ziemlich oft mit den Augen und drehen einen Fuß ein wenig nach innen. Die Bs dagegen versuchen, so wenig wie möglich zu zwinkern (sie können allerdings ihre Augen langsam öffnen und schließen), und ein Fuß ist immer ein wenig nach außen gekehrt. Fangt wieder an! Vermischt euch!«

Manche Hochstatusfilmstars zwinkern nie, wenn sie in Nahaufnahme zu sehen sind, und eine japanische Theatergruppe verbietet ihren Darstellern, überhaupt auf der Bühne zu zwinkern (während der ganzen Vorstellung laufen ihnen die Tränen übers Gesicht).[87] Ich nutze dieses Wissen und teile die Gruppe in Hochstatus- und Tiefstatusspieler.

Diese »Zwinkern/nicht zwinkern«-Party wirkt realer; die As (Tiefstatus) ziehen den Nacken ein und werden isoliert (genau wie im richtigen Leben). Die Bs dagegen wirken selbstbewusst, sie sind laut und versuchen stets, andere Spieler zu dominieren.

Es geschehen Dinge, von denen ich *nicht* gesprochen hatte. Die Bs zum Beispiel versuchen, den Blickkontakt zu halten, während die As immer wieder wegsehen, als könnten sie der Macht, die von den Bs ausgeht, nicht standhalten. (Wenn man eine Statustechnik wählt, schalten sich andere automatisch ein; das heißt, wenn man die Zehen nach innen kehrt und sich am Kopf berührt, ist es wahrscheinlich, dass man auch zögerlich und in unvollständigen Sätzen spricht). Nur wenige Studenten genießen beide Erfahrungen gleichermaßen (sie haben einen bevorzugten Status). Ich lasse sie aber beide probieren und ermuntere sie, darüber zu lachen.

Wir gehen durch mehrere solcher »Partys« und diskutieren das Erlebte in kurzen Pausen. Einmal lasse ich die As lange und grammatisch richtige Sätze verwenden, während die Bs immer in bruchstückhaften Sätzen sprechen:

»Ah, Jeremy, ich dachte mir schon, dass ich dich hier treffen würde.«

(Keuch) »Mary ... äh ... Nun, ich ... ja, was für eine Überraschung ...« *(Keuch).*

»Eine recht nette Party, findest du nicht? Wenn bloß nicht dein verflixter Hund ständig alle Leute belästigen würde!«

(Keuch) »Fido? Äh ... Benimmt er ... äh *(Keuch)* sich schlecht? Äh .... *(Keuch)* ... entschuldige mich einen Moment!« *(Keuch)*

Oder genau umgekehrt:

(Keuch) Eine recht ... äh ... *(Keuch)* nette Party, äh ... findest du nicht? *(Keuchendes Lachen)* Wenn bloß nicht *(Keuch)* dein *(Keuch)* verflixter ... äh ... *(Schluck)* Hund ständig alle Leute *(Keuch)* belästigen würde!«

»Fido? Benimmt er sich schlecht? Bitte entschuldige mich einen Moment ...«

Bei der nächsten »Party« halten die As den Kopf beim Sprechen absolut ruhig und berühren andere Leute am Kopf oder im Gesicht (wenn sie sie auf ungekünstelte Weise berühren können). Die Bs dagegen bewegen beim Sprechen den Kopf und berühren sich selbst am Kopf und im Gesicht.

Oder ich bitte die As, sich langsamer und geschmeidiger als gewöhnlich zu bewegen und vor jeder Antwort eine Pause einzulegen (auch eine körperliche Pause, zum Beispiel nicht zurückweichen), während die Bs kleine, unnötige Bewegungen machen und sofort antworten.[88]

Oder die As setzen ein langes, nachdenkliches »Ähhh« vor jeden Satz, den sie sprechen, während die Bs die Sätze mit einem kurzen und prompten »Äh« einleiten.

Statusherausforderungen

Statusherausforderungen sind eher enttäuschend. Anfänger glauben, sie erreichten Tiefstatus, wenn sie auf dem Bauch herumkriechen oder in der Nase bohren (weil sie Tiefstatus mit ekelhaft sein verwechseln). Hochstatus versuchen sie zu erreichen, indem sie sich zu Millionären oder Rockstars machen, obwohl der gesellschaftliche Rang mit dem interaktiven Status nichts zu tun hat.

Idealerweise sollte jede Szene von Status durchdrungen sein, wobei eine Situation dann gut ist, wenn es gelingt, den Status sehr deutlich zu machen (und man erreicht oft ein Kippen, indem man ihn umkehrt). Zu einem Statusspiel herauszufordern, erzeugt, wenn die Spieler nicht Experten sind, minderwertige Arbeit.

Statusspiele für zwei Personen

1. *Beide spielen tief:*

   (Nervöses Lachen) »Vielen Dank für die Einladung.«

   »Ach, ich bitte dich ... ich hätte ja nie gedacht ... ich meine ... äh ... ich bin so ... äh ... stolz, dass du gekommen bist.«

   »Äh ... Mich lädt eigentlich nie irgendjemand ein!«

   Tiefstatusspieler sollten immer zögern, Leuten zu widersprechen. Sie sollten so sein wie der Redakteur in Evelyn Waughs *Scoop*, der immer sagt: »Bis zu einem gewissen Punkt, Lord Copper ...«, wenn er »Nein« meint.

2. Einer spielt hoch, einer spielt tief:

»Hier also lebst du, Cedric! Ganz schön dreckig!«

»Ich mache eine Ecke auf dem Bett frei, Sir! Entschuldigen Sie tausendmal!«

»Bisschen dunkel hier drin! Wenn du die Fenster putzen würdest, könnten wir die Aussicht bewundern.«

»Das ... das, äh ... das ist die Aussicht. Es ist eine Betonmauer.«

»Na, die werden wir als Erstes niederreißen ...«

3. Beide spielen hoch:

»Komm rein, Paul. Schuhe aus! Du schleppst mir ja den ganzen Dreck herein.«

»Hier lebst du also. Na, ich stelle es mir ja eher unerfreulich vor, die Toilette im Treppenhaus mit Kreti und Pleti zu teilen!«

»Es ist auch nur ein Platz zum Schlafen. Ich bin die meiste Zeit im Ausland.«

»Komm doch am Wochenende auf unser Gut. Wir haben einen Tierpark, in dem die Rehe alle darauf dressiert sind, sich seitlich aufzustellen, so dass du sie ohne Probleme treffen kannst.«

»Ich hasse das Land. Dieser Schlamm überall! Und diese Bauerntrampel, die immer grad irgendwas kastrieren!«

»Mein lieber Junge, glaubst du wirklich, auf unserem Gut gäbe es Schlamm?«

4. Einer beginnt hoch, der andere tief; während der Szene wird der Status allmählich umgekehrt:

»Nett, dass du so leise bist. Ich will nicht, dass der Vermieter uns hört.«

»Bist wohl mit der Miete im Rückstand, altes Haus? Vielleicht würde es helfen, wenn ich dir eins deiner Bilder abkaufe!«

»Wirklich? Würdest du das wirklich tun?«

»Interessanten Ausblick hast du da ...«

»Das ist kein Ausblick. Das ist ein Gemälde.«

»Meine Güte! Diese Wolken sehen so wirklich aus, dass man sie anfassen möchte! Oh!«

»Du … du hast es verschmiert!«
»Ich … es tut mir so leid!«
»Du dämlicher Banause! Musst du überall mit deinen Riesenpfoten hintatschen!«
»Ich … ich … ich …«

Passagiere

Man fügt einer Statusszene für zwei Spieler einen Passagier hinzu. Ein »Passagier« spielt neutralen Status. Wenn zum Beispiel eine Hochstatusschwester ihrem Tiefstatusbruder eine Strafpredigt hält, weil er die Wohnung nicht aufgeräumt hat (oder was auch immer), fügt man eine Frau hinzu, die er in einer Bar aufgelesen hat (und die so neutral und unbeteiligt bleibt, wie es noch glaubhaft ist).

Statusübergänge

Wenn die Schüler es beherrschen, den Status bewusst zu verändern, lasse ich sie wieder Statuspartys spielen, aber diesmal bitte ich die beiden Gruppen, jeweils allmählich in das Gebaren der anderen Gruppe zu wechseln. Die, die hoch anfangen, hören tief auf (und umgekehrt).

Eine Schülerin sitzt auf einem Stuhl. Die Füße stehen flach auf dem Boden. Ihre Fersen sind nach außen gedreht, die Zehen berühren sich und die Hand bedeckt ihren Mund. Ihr Partner ragt ihr gegenüber auf, vielleicht mit einem Fuß auf einem danebenstehenden Stuhl. Anfangs tun sich die meisten Schüler sehr schwer, die dominante Haltung einzunehmen, lehnen sich sogar weg von ihrem unterwürfigen Partner. Wenn das der Fall ist, sage ich ihnen, sie sollten mit ausgestrecktem Zeigefinger auf den Partner deuten und schreien: »Warum hast du das gemacht!« oder: »Sei ja nie wieder ungehorsam!« Dadurch bringen sie ihren Körper fast immer in eine aggressivere Haltung und lassen es zu, dass ihr »Raum« sich über ihr unterwürfiges Opfer »ergießt«.

Ich bitte sie, die Haltung ihres Partners zu beobachten und dann eine Szene zu spielen, die damit endet, dass jeder die Ausgangsposition des anderen eingenommen hat (obwohl es nichts ausmacht, auf welchem Stuhl sie sich am Ende befinden). Die meisten Schüler versuchen, ihren Status für mindestens eine Minute unverändert beizubehalten. »Ihr müsst euch ständig verändern!«, rufe ich. »Bleibt nicht hängen! Berühr deine Nase, Bill! Spreiz deine Beine ein wenig, Janet!« Und so weiter.

Wenn die Schüler dieses Spiel in Paaren gespielt haben, lümmelt sich ein Schüler in Hochstatusweise auf dem Sofa, der oder die andere kniet nahe bei ihm, wobei die Stirn den Boden berührt. So beginnen sie eine Szene, in der jeder am Ende die Ausgangsposition des anderen einnimmt.

Der gleiche Status

Zwei Spieler versuchen, den gleichen Status beizubehalten, was unmöglich ist – es sei denn, sie erstarren oder bewegen sich synchron, da jede Geste einen Status verlangt oder hervorbringt. Der Lehrer unterbricht und fragt die Klasse: »Wer hat den höchsten Status?« oder: »Wer hat den tiefsten Status?«

Wenn die Meinung geteilt ist, gratuliere ich den Spielern und bitte sie fortzufahren. Sagt mir die Klasse hingegen, dass Kate höher ist als Larry, frage ich: »Wer macht es falsch?«, wobei ich hoffe, dass sie dies für eine blöde Frage halten (da die beiden das Gleichgewicht ja wiederherstellen können).

Die Spieler lernen rasch, dies Problem zu lösen, indem sie sich genau spiegelbildlich zueinander zu verhalten. Ich versuche dies zu verhindern, indem ich sie in gegensätzlichen Haltungen positioniere. Einer sitzt zum Beispiel auf dem Boden und lehnt sich gegen das Sofa, auf dem der andere sitzt (bei informellen Versammlungen sieht man oft Leute in dieser Position). Während sie diese oder ähnliche ungleiche Positionen beibehalten, müssen sie versuchen, einen gleichen Status zu erlangen – dominant oder unterwürfig.

Durch dieses Spiel sind die Spieler gezwungen, sich gegenseitig jeden Moment zu beobachten und es ist wahrscheinlich das wichtigste Statusspiel.

Kämpfe um deine Nummer

Ich bitte drei Schüler einzeln, aus eins bis drei eine Nummer für sich zu wählen, ohne sie irgendjemandem mitzuteilen. Eins definiere ich als hoch, zwei als etwas tiefer und drei am tiefsten von allen. Einser müssen versuchen, jedermann zu dominieren, doch vorzugsweise dominieren sie einen Zweier; Zweier brauchen Dreier, um sie zu beherrschen, und Einser, um zu ihnen aufzublicken; Dreier blicken zu allen auf, aber sehnen sich nach einem Zweier, um einen Bezug zu haben.

Ich erfand dieses Spiel als ein Modell für Interaktionen zwischen Fremden, aber es stellte sich heraus, dass es ein ausgezeichnetes Modell für Interaktionen in der Familie ist, deshalb besetze ich die Rollen als Vati, Mutti und Muttis Schwester oder zwei Teenager und Oma. Ich lasse sie Szenen spielen, in denen jeder seine geheime Nummer zu verwirklichen trachtet. Das Resultat ist gewöhnlich eine Art »Statuskampf«. Ein »Sohn« könnte unfreiwillig von Mutti und Vati zur Nummer eins gemacht werden, oder drei Schwestern versuchen, jeweils unterwürfiger zu sein als die andere. Manche Dreier sind so unterwürfig, dass sie aussehen, als wären sie aus einer anderen »Hackordnung« gekommen, also sage ich ihnen, sie sollen sich nicht wie »Achter« benehmen.

Will man die Spannung erhöhen, bittet man eine Vierergruppe, eine Zahl zwischen eins und drei zu wählen, oder eine Dreiergruppe, zwischen eins und zwei zu wählen. Dadurch kämpfen mindestens zwei Spieler um dieselbe Nummer.

Du bist stur, ich bin zielstrebig

Wenn sie sich selbst überlassen sind, ziehen Schüler es vor, an ihrem eigenen Status zu arbeiten. Doch man kann auch anders herangehen: Den Status des Partners zu erhöhen hat den gleichen Effekt, wie sich selbst herabzusetzen (und umgekehrt). Zum Beispiel:

»Du willst doch wohl nicht deine Arbeit *handschriftlich* abgeben? Warum benutzt du keinen Computer? Schau meine an – sieht doch aus wie professionell gedruckt! Ich kann mir nicht vorstellen, dass dein schmuddeliger kleiner Aufsatz irgendjemanden beeindrucken wird …«

Oder: »Ich bin stur, du bist zielstrebig«:

»Du hast so ein tolles Gedächtnis! Ich werde demnächst noch meinen eigenen Namen vergessen. Ich langweile dich, nicht wahr? Ich kann mich einfach nicht so gut ausdrücken wie du!«

Wechselt man ab zwischen »sich selbst erhöhen« und »den anderen herabsetzen«, wirkt die Szene kreativer.

Den »falschen« Status spielen

Mit diesem Spiel lässt sich der Unterschied zwischen gesellschaftlichem Rang und interaktivem Status klären. Wir wählen ein Verhältnis, das einen großen Unterschied im sozialen Rang ausdrückt: Lehrer und Kind, Räuber und sein Opfer oder Gehirnchirurg und Patient, und spielen eine Szene mit einem dem sozialen Unterschied entgegengesetzten interaktiven Status. Stellen wir uns einen Tiefstatusräuber und ein Hochstatusopfer vor:

»Entschuldigen Sie, Fräulein. Äh … Fräulein! Äh …«

»Was murmeln Sie da?«

»Ich bin ein Räuber! Ich … äh … raube Leute aus!«

»Von solchen Sachen habe ich gehört …«

»Geben Sie mir Ihr Geld!«

»Du bist es, Ryan, nicht wahr? So zeigst du also deine Dankbarkeit! Undankbarer Bengel! Hier – das hast du verdient!«

»Auuuua! Mein Arm! Er ist gebrochen!«

»Nur ausgerenkt! Komm her, ich bringe das wieder in Ordnung!«

»Auuuu!«

»Du warst schon in der Turnstunde nie besonders gut.«

Und so weiter.

Oder der Tiefstatusluftpirat und der Hochstatuspilot:

»Also? Wohin soll's gehen?«

»Tut mir leid … also … es ist entweder Ohio oder Idaho. Ich kann sie nie auseinanderhalten.«

»Sie wissen wohl nicht, wie man mit so 'ner Pistole umgeht, oder?!«

»Doch, weiß ich! Und wenn's sein muss, werde ich sie auch benutzen?«

»Wenn man abdrückt, kommt vorne eine amerikanische Flagge raus. Man kann sie am Flughafen kaufen.«

»Tatsächlich?«

Peter Cook spielte einen Hochstatusschüler, Dudley Moore einen Tiefstatus-Klavierlehrer aus Wales. Ich habe diesen Sketch seit dreißig Jahren nicht gesehen, aber ich erinnere mich an Teile davon:

»Diese Note ist ein ›A‹, diese ein ›B‹ und so weiter, und nach ›G‹ fangen wir wieder mit ›A‹ an.«

»O nein, so geht das nicht. Wir werden diese Note ganz links als Nummer eins bezeichnen …«

(Schluckt) »Gut, vielleicht sind Sie dann so nett und schlagen die Nummer vierundzwanzig an …«

Status und der kinetische Tanz

Wenn die Schüler Angst davor haben, in den Augen der Zuschauer an Status zu verlieren, wird jedes Wort und jede Geste künstlich, und der kinetische Tanz geht verloren (S. 386). Funktioniert das Statusverhältnis zwischen den Partnern, schaltet sich der kinetische Tanz von selbst ein, und die Spieler werden die Zuschauer nicht länger als »strenge Richter« empfinden.

Ich sage den Schülern, dass in dem Moment, wo sie die geringste Angst verspüren, das Statusverhältnis zwischen ihnen und ihren Partnern zerstört ist. Sie müssen dieses Verhältnis wiederherstellen und die Angst wird verschwinden. Findet überhaupt kein kinetischer Tanz statt, ist das für den aufmerksamen Trainer ein Hinweis darauf, dass etwas schiefläuft.

Trickvorführung im Tiefstatus

Im Allgemeinen ist der Trick weniger wichtig als die Vorführung. Ich erinnere mich an einen Jongleur: Er war nicht besonders begabt, und er blickte alles, was er fallen ließ, angewidert an, als sei der Gegenstand schuld daran. Der Grund, warum man die Szene von W. C. Fields, in der er mit drei Zigarrenschachteln hantiert, so dass immer eine vor ihm in der Luft bleibt, im Gedächtnis behält, liegt darin, dass er es mit einer so gelangweilten Einstellung tut (als wollte er sagen: »Kann ein erwachsener Mann so etwas wirklich tun?«).

Diese Gedanken brachten mich auf die Idee, die Vorführung von Tricks ohne die Tricks selbst zu unterrichten. Ich stellte auf beiden Seiten der Spielfläche eine »Wand« auf. Dann bat ich Alan, hinter einer hervorzukommen, zur Mitte zu gehen, »Trick« zu sagen und abzugehen. Gleichzeitig kam Carol hinter der anderen hervor.

»Das scheint nicht sehr kompliziert zu sein.«

»Versucht es noch einmal, aber diesmal verbeugt ihr euch vor und nach dem Wort ›Trick‹.«

Ich drängte den Rest der Klasse, zu jubeln und zu applaudieren und Bravo zu rufen, wenn Alan und Carol abwechselnd auftraten, um »Trick!« zu rufen, wobei sich ihr Auftritt überschnitt, so dass kein toter Punkt entstand. Die Wirkung war sehr enttäuschend (was mich nicht überraschte).

»Lauft mit kleinen Schritten auf die Bühne, um euren Eifer zu zeigen und eure Überzeugung, dass die Zuschauer am allerwichtigsten sind und man sie nicht warten lassen darf. Seid dabei aber glücklich. Sie sollen erkennen, dass ihr zufrieden damit seid, bescheiden zu sein, dass es euch nicht im Traum einfallen würde, sie herauszufordern.«

Dadurch wurden die Dinge etwas besser, aber wir hatten nicht das Gefühl, dass sie uns wirklich sahen, also spielten wir für eine Weile das »Piep, piep!«-Spiel.

»Aber warum ist es so wichtig, dass wir das Publikum ›sehen‹?«

»Weil verängstigte Leute alles so sehen, als würden sie durch eine Röhre blicken (›Tunnelblick‹), und das arbeitet der Absicht entgegen, mit dem ganzen Publikum in Kontakt zu treten. Und weil es euch ermöglicht, uns Zeichen der Freundschaft zu geben, und ihr jedesmal wieder entzückt seid, zu entdecken, was für wunderbare Leute wir sind.«

Nachdem die Schüler das Auftreten und Abgehen geübt haben, bitte ich den Pianisten, laute Zirkusmusik zu spielen (und für die Trommelwirbel zu sorgen). Dann sage ich:

»Nach der Verbeugung hebt ihr die Hand, um die Musik zu beenden. Der Pianist spielt einen Trommelwirbel (vielleicht ein Tremolo auf den tiefen Klaviertasten), und ihr bereitet euch auf den Trick vor. Vielleicht rollt ihr eure Ärmel auf, oder ihr atmet ein paarmal tief durch. Ihr müsst rüberbringen, dass ihr gleich etwas ganz Besonderes und Schwieriges versuchen werdet. Seht so aus, als wärt ihr tief besorgt, ob es auch gelingen wird.«

»Aber das bedeutet, wir müssen sie warten lassen.«

»Absolut. Aber nicht, weil ihr Hochstatus seid. Ihr lasst sie warten, weil der Trick so wichtig und so schwierig ist, und dann zeigt ihr, dass der Trick vorbei ist.«

»Ist er nicht mit der zweiten Verbeugung vorbei?«

»Ihr müsst irgendeinen Schnörkel anfügen, der die Spannung abbaut und ausdrückt, dass das Meisterstück vollbracht ist. Der Musiker kann dies unterstützen, indem er wieder zu Zirkusmusik übergeht. Ihr vollführt indessen euer Sehen-Verbeugen-Sehen und geht ab und strahlt vor Freude und Erleichterung.«

Wenn das erreicht ist, gebe ich ihnen einen Trick, den sie vorführen können; zum Beispiel:

»Balle die Faust um deinen Daumen. Halte sie still und schlage mit der anderen Faust von unten dagegen, bis der Daumen senkrecht herausschießt, als hätte der Schlag mit der anderen Faust dies bewirkt.«[89]

Viele von ihnen führen den Trick vor ihrem Gesicht aus, wodurch die Idee nicht mehr erkennbar ist. Sie sollten ihn besser vor der Brust machen (oder auf der Seite, wenn das Kostüm zu schrill ist). Ich sage ihnen, dass sie anstelle dieses Tricks alles machen können, was ihnen einfällt, doch sie dürfen die Entscheidung nicht erst im allerletzten

Moment treffen. Sie können ein Bein hochheben oder die Zunge herausstrecken, während sie sich auf den Hinterkopf schlagen; es geht im Prinzip alles, solange sie sorgfältig darauf hinarbeiten und uns wissen lassen, wann der Trick beendet ist. Das erste Mal, als wir dieses Spiel an die Öffentlichkeit brachten – irgendwo in Cambridge –, mimte Richardson Morgan, ein Schwert aus der Scheide zu ziehen und führte dann einen Trick vor: Er haute seine Hand ab (die er im Ärmel verschwinden ließ); er schnitt eine Fliege in acht Teile, verschluckte sie und zog sie unten wieder heraus. Es vergingen Minuten, und das Publikum wurde immer verzückter – deshalb erinnere ich mich nach dreißig Jahren noch daran.

In der Klasse applaudieren wir jedem Auftritt, und wenn der Darsteller die richtige Vorführung vollbringt, ist unser Applaus automatisch, mühelos. Wenn sie es falsch machen, zwingen wir uns zu applaudieren.

Vorführung ohne den Trick wird jetzt an Clownschulen unterrichtet, und die Regeln sind genau die gleichen, wie ich es in den Sechzigern unterrichtete. Das Kind in mir freut sich darüber.

Das Königsspiel

Wenn der Herr nicht zufrieden ist, schnalzt er mit den Fingern, und der Diener begeht Selbstmord und wird sofort durch einen neuen Diener ersetzt – ad infinitum. Das Spiel ist ein Wettstreit, welcher Diener am längsten überlebt, und die Spieler beobachten einander äußerst genau.

Ursprung: Ich experimentierte mit Szenen, in denen es um minimale Statusunterschiede ging (dass heißt jeder Spieler versucht, nur einen Grad höher oder tiefer zu stehen als sein Partner). Da ich immer, wenn ich mit etwas experimentiere, auch das Entgegengesetzte ausprobiere, ist es nicht verwunderlich, dass ich das Königsspiel erfand (das auf maximalen Statusunterschieden beruht).

Einführung in das Spiel

Ich setze einen Herrn auf einen Thron, oder er/sie sitzt auf einem komfortablen Sofa mit vielen Kissen, Weintrauben vor sich und was sonst noch dazugehört. Ich erkläre: »Wenn dein Diener irgendetwas tut, das dir missfällt, schnalzt du mit den Fingern. Er oder sie wird dann Selbstmord begehen, und wir schicken dir Ersatz. Sieger ist der Diener, der am längsten überlebt!«

Die »Lebensspannen« zu messen macht es für die Spieler viel spannender.

»Fünfzehn Sekunden sind gut!«, sage ich. »Und zwanzig Sekunden sind hervorragend! Will jemand die fünfundzwanzig versuchen?«

Ich sage das, um die Herren zu ermutigen, streng zu sein, dennoch schnalzen viele nicht mit den Fingern, sondern seufzen und runzeln die Stirn, während ihre Diener einen Fauxpas nach dem anderen begehen. Ich unterbreche die Szene und zeige ihnen die Momente auf, in denen der Herr gereizt reagierte:

»Du wolltest ihn schon nach drei Sekunden töten, weil sein Verhalten dich ärgerte, aber du dachtest, das sei nicht fair. Dann wolltest du ihn töten, weil er kriecherisch war. Dann wolltest du ihn töten, weil er dich gefragt hat, was du eigentlich willst. Dann wolltest du ihn töten, weil er vor deinen Augen zum Barschrank ging. Dann wolltest du ihn töten, weil er sich so hinter dich stellte, dass du dich unsicher fühltest. Wenn du so tolerant bist, werden sie es nie lernen.«

Oft haben die Herren keine Ahnung, dass sie sich über den Diener ärgern:

»Beißt du dir die Lippen?«, frage ich.

»Ja, stimmt.«

»Nun, das ist ein Zeichen, dass du nicht glücklich bist, also töte den Diener!« oder: »Du rutschst auf deinem Thron herum. Schnalze mit den Fingern, wenn du dich unruhig fühlst, und wir versuchen es mit einem neuen Diener!«

»Aber er hat doch nichts falsch gemacht!«

»Seine Aufgabe ist es, dafür zu sorgen, dass du dich auf der Bühne wohlfühlst! Du fühlst dich ganz offensichtlich nicht wohl! Je eher du dir einen schlechten Diener vom Hals schaffst, desto eher wirst du jemanden finden, mit dem du gern arbeitest!«

Oder: »Sie hat dir den Ellbogen ins Gesicht gestoßen, und du hast das Gesicht verzogen.«

»Ich wollte ihr noch eine Chance geben.«

»Du sollst ihr keine Chance geben! Sie geht dir schon auf die Nerven, seit sie die Bühne betreten hat, stimmt's?«

»Ja.«

»Wenn du sie nicht tötest, wie soll sie da jemals besser werden?«

»Was habe ich denn gemacht?«, fragt die Dienerin erstaunt. Sie hatte geglaubt, sie mache ihre Sache recht gut.

»Also, schon wie du hereinkamst! Mit Riesenschritten, und du hast mit den Armen gefuchtelt. Kein Diener darf so etwas tun. Es sah aus, als sei die richtige Dienerin krank, und sie hätten die Stallmagd geschickt.«

Ich wende mich an den Herrn: »Dann lehnte sie sich über dich, und du fühltest dich so unwohl, dass du deine Beine zurückzogst. Danach sah sie dir in die Augen, bis du wegsehen musstest. Und dann fragte sie dich, ob du irgendwelche Wünsche hast, und du hasst es, wenn du gezwungen wirst, eine Entscheidung zu fällen.«

»Stimmt.«

Ich frage die Diener, ob sie wissen, warum sie getötet wurden.

»Keine Ahnung!«

»Vielleicht kann es der Herr dir sagen. Oft lohnt es sich zu fragen!«

Der Herr antwortet vielleicht: »Du warst respektlos« oder: »Du warst zu kriecherisch!«

Der Herr sollte spontan handeln, auch wenn er keinen bewussten Grund hat. Hinterher gebe ich ihnen Tipps, was sie irritiert haben könnte, und sie gewinnen schnell Einsicht in ihre eigene Reaktionen.

»Die Dienerin fragte dich nach deinen Wünschen – deswegen hast du sie getötet.«

Die Dienerin protestiert: »Aber als Dienerin muss ich doch nach ihren Wünschen fragen!«

»Diener werden bezahlt, um den Herren triviale Entscheidungen abzunehmen.«

»Stimmt!«, unterbricht die Herrin. »Du hättest wissen müssen, was ich möchte!«

Die Dienerin ist immer noch verwirrt.

»Du kamst hier rein und bist ihr gleich auf die Nerven gefallen«, sage ich. »Deine Aufgabe ist nicht nur, sie zu bedienen. Deine Aufgabe ist es, sicherzustellen, dass sie gern auf der Bühne ist mit dir. Ihr einen gemixten Drink anzubieten oder eine Fußmassage ist nicht falsch, aber der Schlüssel zum Erfolg besteht darin, sie in eine interessante Situation zu verwickeln.«

Jeder der Herren hat ein etwas anderes Problem, und bevor die Klasse entmutigt wird, frage ich sie: »Wenn ihr einen Job im königlichen Palast hättet, wie lange würde es dauern, bevor ihr den König auf einem Bankett bedienen dürft?«

»Monate!«, sagt jemand.

»Jahre!«, schätzen andere.

»Nun denn. Dieses Spiel ist im Vergleich dazu einfach – es dauert nur etwa eine Stunde um es zu beherrschen.«

Diener, die herumstehen und auf Befehle warten, werden unverzüglich umgebracht, während diejenigen, die ein Ziel verfolgen (zum Beispiel die Vorhänge aufziehen oder ihrem Herrn von einem Mordanschlag erzählen) viel länger überleben. Manche entdecken die Rolle des Possenreißers und werden zu »Entertainern« oder zu »Vertrauten«, wie der Narr in *King Lear* oder wie John Brown (der Lieblingspage von Königin Victoria, der an den langen schottischen Abenden mit ihr pichelte).

Tipps

Geben Sie den Schülern diese Tipps, nachdem sie sich eine Weile abgemüht haben:

1. Dein Hereinkommen muss einen Zweck haben.
2. Dränge dem Herrn nicht die Entscheidung auf, indem du fragst: »Benötigen Sie irgendetwas?« Diener müssen so etwas einfach wissen.
3. Sei diskret mit deinem Körper und mit deiner Stimme.

4. Mache deutlich, dass der »Raum« dem Herrn gehört und dass du nur dann in ihn eindringst, wenn es unbedingt nötig ist.
5. Benimm dich nicht »servil« – oder so, als kämst du herein, um bestraft zu werden.
6. Versuche nicht, den Blickkontakt länger aufrechtzuerhalten als der Herr (das heißt, deinen Status zu erhöhen).
7. Lass keine unangenehmen Pausen entstehen.
8. Dem Herrn die Zeitung zu reichen oder Kaffee oder das Frühstück zu servieren kann hilfreich sein, doch du wirst nicht lange überleben, wenn du ihn oder sie nicht in eine interessante Situation verwickelst.

Variante

Der Diener stirbt erst beim zweiten Fingerschnalzen (oder beim dritten). Es ist nicht empfehlenswert, mit dieser Version zu beginnen, doch man kann sie nach geraumer Zeit einführen, wenn das Interesse zu erlahmen droht. Bei dieser Variante macht es Spaß zu beobachten, wie der Diener nach dem ersten Fingerschnalzen einen Moment lang erschrocken ist und sich genauso wie vorher verhält (keine gute Strategie).

Hackordnungsversion

Sobald man einen Diener hat, der geübt genug ist, für ewig zu überleben, kann man eine Hackordnung einführen, indem man einen Unterdiener ins Spiel bringt, der sowohl vom Oberdiener als auch vom König getötet werden kann. (Auch die Lebensspanne des Unterdieners wird gemessen.)

Passagierversion

Füge einen Passagier hinzu – den Liebhaber der Königin oder den Masseur oder den Sprachlehrer.

Eine Version, die vermieden werden sollte

Der »König« sagt den Dienern, was sie tun sollen und wie sie es tun sollen. Er tötet sie, wenn sie den geringsten Fehler machen.

Herr und Diener

Eltern/Kind-Material erscheint in getarnter Form, und die Spieler können persönliche Traumata ausleben, ohne es zu merken.

So wird es gespielt: Man baut eine Basis, indem der Diener den Herrn sehr formell bedient – und dann unterbricht man die Formalität (die Routine?). Ein Beispiel: Der Diener hat dem Herrn gerade Tee und Gurkensandwiches serviert.

»Ist das alles, Sir?«

»Äh ... nicht ganz, Perkins. Ich möchte, dass Sie Kleider mit mir tauschen!«

»Das werde ich nicht tun, Sir!«

»Nicht!«

»Ich habe die Todesdrohungen gesehen, die Sie erhalten haben ...«

Oder:

»Danke, Perkins. Das war alles.«

»Kann ich Sie kurz sprechen, Sir?«

»Schießen Sie los!«

»Ich habe Bellos Schüssel bei Geschwindigkeit dreiunddreißigeindrittel auf den Plattenspieler gestellt – für seine Gymnastik –, und als ich zurückkam, stand die Geschwindigkeit auf fünfundvierzig.«

»Ich möchte nur, dass er Muskeln aufbaut.«

»Muskeln aufbauen! Das Wasser hat praktisch gekocht!«

»Sie übertreiben, Perkins!«

»Warten Sie nur, bis ich Ihr Bad einlasse!« Und so weiter.

Die Herr-Diener-Beziehung muss nicht unbedingt eine Hochstatus-Tiefstatus-Beziehung sein. Der Diener kann den Herrn schlagen, obwohl er immer noch wie der Diener aussieht; das Geheimnis liegt darin, dass der Diener immer den »Raum« als dem Herrn gehörig betrachtet.

»Herr und Diener« als blindes Angebot

(ein exzellentes Spiel)

Der Herr schnippt mit den Fingern, und der Diener weiß, was er zu tun hat. Der Herr trifft keine eigene Entscheidung. Der Diener hat immer Recht.[90]

Party mit Eigenschaften

(empfohlen)

Vier Spieler: Jeder von ihnen stattet die anderen mit unterschiedlichen Eigenschaften aus. Dann interagieren sie, während sie vorgeben, sie befänden sich auf einer Party. Dadurch richten sie ihre Aufmerksamkeit auf die anderen Spieler und Übergänge werden geschaffen.

Ursprung: Ich erfand dieses »Party«-Spiel, um die Spieler dazu zu ermutigen, diskret zu sein. Eine Party erfordert ein bis zu einem gewissen Grad formelles Verhalten. Ich rufe ihnen Dinge zu wie: »Sei höflich! Lass ihn nicht merken, dass er ein Kotzbrocken ist – schließlich hast du ihn eingeladen!«

Einführung in das Spiel:

Ich bestimme vier Freiwillige, wenn es geht, zwei Männer und zwei Frauen: »Drei Leute befinden sich mit jedem von euch auf der Bühne«, sage ich (das Offensichtliche aussprechend). »Jeder von euch beschließt bei sich, dass einer von ihnen dumm ist, der andere schlecht riecht und der Dritte attraktiv ist. Für euch selbst wählt ihr keine Eigenschaft.«

Diese Anweisungen sind klar und einfach, doch es gibt immer Schüler (speziell professionelle Schauspieler), die denken: »Ich bin die Attraktive!« oder: »Ich bin der Blöde!« und so weiter.

Ich erkläre die Sache noch einmal, und sie fangen an, die Eigenschaften, mit denen sie sich gegenseitig ausstatten wollen, miteinander zu diskutieren.

»Es soll geheim bleiben!«, sage ich.

»Aber wie können wir etwas richtig machen, wenn wir nicht wissen, was die anderen Spieler machen?«

»Ihr meint also, dass die Person, von der ihr meint, dass sie stinkt, das wissen sollte?«

»Genau!«

»Aber ich möchte ja nicht, dass ihr jemanden eine Eigenschaft offiziell verleiht, sondern dass ihr ihn im Geheimen damit ausstattet. Wenn ich dich als taub behandle, heißt das nicht, dass du Taubheit spielen sollst.«

»Aber dann behandle ich jemanden als attraktiv, während ein anderer ihn als übelriechend behandelt!«

»Kommt im Leben andauernd vor! Wir sind uns noch nicht mal über den Geschmack von Eiscreme einig oder über Hunderassen und ganz bestimmt nicht über Leute.«

Einer der Spieler spielt den Gastgeber, drei andere sind die Gäste und kommen im 25-Sekunden-Abstand herein (für uns ist es einfacher zu beobachten, was passiert, wenn sie einzeln hereinkommen). Dann sage ich: »Die Tür muss in dieser Szene abgesperrt bleiben – warum?«

»Sie leben in einer gefährlichen Umgebung!«

»Nicht unbedingt. Die verschlossene Tür ist ein Trick, um die Improvisierer in Bewegung zu halten. Wenn sie nicht verschlossen wäre, würden sie einfach ›Herein‹ rufen und sich nicht vom Fleck rühren. Und warum ist es eine Party?«

»Damit viele Leute auf der Bühne sind?«

»Es ist eine Party, weil man da verpflichtet ist, höflich zu sein, vor allem wenn man Fremden vorgestellt wird. Ich will nicht, dass ihr sagt: ›Sie stinken nach Fisch!, wenn ihr der Person mit dem Körpergeruch begegnet; ich möchte, dass ihr das Problem auf zivilisierte Weise löst.«

Anfänger (speziell professionelle Schauspieler) zeigen ihre Meinung wahrscheinlich überdeutlich. Der Gastgeber öffnet die Tür und weicht nach Luft schnappend ein paar Schritte zurück. In einem solchen Fall rufe ich:

»Du darfst ihn nichts merken lassen! Sei höflich!«

»Aber wie sollen dann die Zuschauer wissen, was ich tue?«

»Sie brauchen es nicht zu wissen. Wenn du etwas machst, was sie sich nicht erklären können, bist du viel interessanter für sie, als wenn du ein Schild vor dir herträgst, auf dem steht: ›Seht mal! Ich behandle ihn, als würde er schlecht riechen!‹«

Verständnis dämmert: »Du meinst, ich brauche es den Zuschauern gar nicht zu zeigen?«

»Du bist der Gastgeber, und er ist dein Gast. Deine Aufgabe ist es, zuvorkommend zu sein! Bitte ihn herein! Nimm ihm den Mantel ab! Du könntest höchstens ein Fenster öffnen oder beiläufig sagen: ›Sie kommen geradewegs von der Arbeit, nicht wahr?‹ Gehe taktvoll mit dem Problem um. Vielleicht stellst du ihn gleich jemandem vor, damit du flüchten kannst!«

Verhält sich ein Gast geringschätzig, sage ich: »Du hast entschieden, dass dein Gastgeber ein Idiot ist, dennoch hast du die Einladung angenommen. Du kannst doch wohl mit dummen Leuten umgehen, ohne sie zu beleidigen!«

Ein Spieler, der an einem sexy Gast Interesse hat, darf seine Bewunderung nicht zu offenkundig zeigen. »Du hast Angst vor einer Zurückweisung«, sage ich oder: »Benimm dich doch nicht wie eine Schlampe!«

Ich erinnere sie immer wieder daran, wahrhaftig zu sein. Wenn jemand seinen Stuhl zu offensichtlich von der »dummen« Person wegschiebt, sage ich: »Unterdrücke deine Gefühle! Beweg deinen Stuhl nur ein paar Zentimeter!« oder: »Eine riechende Person, die dich mit Attraktivität ausgestattet hat, wirst du schwer loswerden, aber das ist kein Grund, die Party zu verderben. Du findest etwas äußerst Interessantes im Bücherregal, oder du trittst ans Fenster, um die Aussicht zu bewundern. Nur wenn jemand durch und durch ein Ekel ist, darfst du unhöflich sein.«

Nachdem sich die Schüler mit dem Spiel vertraut gemacht haben, ersetze ich »dumm« durch »amüsant«. Dadurch entsteht bessere Laune, doch das Lachen über die »amüsante« Person ist oft recht zurückhaltend. Dann unterbreche ich und bitte die Spieler, mir zu zeigen, wen sie für amüsant halten. »Das nächste Mal, wenn diese

Person spricht«, sage ich, »lacht ihr gefälligst, auch wenn sie nur sagt: ›Schöner Tag heute‹.«

Um die Dinge am Laufen zu halten, gebe ich Ratschläge wie: »Stellt einander vor!« oder: »Bietet Drinks an!« Oder ich zwinge jemanden hinauszugehen, indem ich sage: »Du hast das Geschenk im Auto vergessen!« Wenn die Szene immer noch nicht von der Stelle kommt, schlage ich vor: »Einer hat einen Herzinfarkt!« oder: »Fangt an zu streiten!« oder: »Haltet eine spiritistische Sitzung ab!«

Jeder der Spieler vergisst wahrscheinlich eine der drei Eigenschaften. Ich helfe ihrem Gedächtnis nach und rufe: »Der Dumme wird immer dümmer!« oder: »Versuche, den Attraktiven ganz für dich allein zu haben!« oder: »Vermeide, mit dem Riechenden zusammenzukommen!«

Überließe man sie sich selbst, würden Anfänger einfach dasitzen und reden. Durch mein Eingreifen werden ihre gewählten Einstellungen zueinander zielgerichtet. Dadurch intensiviert sich der »kinetische Tanz« (siehe unten), und die »Bewegungen« auf der Bühne werden sehr ausdrucksstark.

»Biete deinen Gästen eine Erfrischung an! Sag ihnen, dass du den Kessel aufstellen wirst.«

Dann sage ich vielleicht: »Wer ist der Attraktive?« Zwei Spieler zeigen auf den Gastgeber, der hinausgeht, um Kaffee zu machen.

»Greift es auf! Biete deine Hilfe an! Sage: ›Ich mahle den Kaffee‹!«

Nach jedem Spiel bitte ich jeden Spieler, seinen Attraktiven zu nennen, den Übelriechenden und so weiter. Das darauffolgende Gelächter versichert ihnen noch einmal, dass es »nur ein Spiel« gewesen ist.

Man kann mit den verschiedensten Eigenschaften experimentieren:

– bekannt dafür, Leute zu schlagen; vor allem auf Partys!
– ist leicht schockiert
– taktlos
– neugierig
– ziemlich empfindlich, will gepäppelt werden
– körperlich fit, aktiv, muskulös, voll von Energie etc.

– reich und begehrenswert
– reich und nicht begehrenswert
– sehr intelligent
– neigt dazu, böse Bemerkungen zu machen
– unwichtig und eine Nervensäge
– hilfsbereit
– tief religiös
– »hypnotische« Persönlichkeit
– zwanghafter Lügner
– wichtig
– unbedeutend

(Man kann erfinden, so viel man will, und die Eigenschaften beibehalten, die am besten funktionieren.)

Eine fortgeschrittene Version

Die Einstellung gegenüber jeder Person ändert sich während der Szene: Der mit dem Körpergeruch wird allmählich attraktiv für dich, oder der Langweilige verwandelt sich in einen Heiligen und so weiter. Diese Version ist leichter mit drei Leuten zu spielen (mit vieren wird das Spiel zu komplex).

Alles ausstatten

Nehmen wir an, die vier Schauspieler haben eine Szene gespielt, in der sie einander mit Humor, unangenehmem Geruch und Attraktivität ausstatteten. Hat es ihnen Spaß gemacht, schlage ich vor, dass sie die Szene mit den gleichen Eigenschaften wiederholen, doch zusätzlich alle anderen Dinge mit Eigenschaften ausstatten:

»Wenn ihr langweilig sein wollt«, sage ich, »habt ihr zu allem die gleiche Einstellung. Das Sofa ist schmutzig, der Teppich hat Löcher, die Aussicht ist deprimierend, die Tapete grauenhaft, und die Kekse sind steinalt und schmecken nach nichts.

»Wenn ihr lieber interessant sein wollt – und das rate ich euch –, solltet ihr gegensätzliche Eigenschaften wählen:

Das Sofa ist alt, aber bequem, die Tapete ist geschmackvoll, der Couchtisch ist der gleiche wie bei dir zu Hause, die Gegend ist heruntergekommen, doch die Aussicht ist fantastisch. Stattet alles mit einer verschiedenen Eigenschaft aus – das Sofa, das Telefon, die Tischdecke und so weiter –, dann ändert sich eure Einstellung jedesmal, wenn ihr die Aufmerksamkeit etwas anderem zuwendet. Ihr werdet lebendiger wirken, empfänglicher und interessanter.«[91]

Wenn jemand einen Film erwähnt, Eishockey oder Haustiere oder sonst etwas, rufe ich: »Lobt den Film! Ändert euren Gesichtsausdruck, wenn Eishockey erwähnt wird! Habt eine klare Einstellung gegenüber Hunden!«

Sandwiches

(der verliehenen Eigenschaft Status hinzufügen)

Wenn die Spieler bereits Erfahrung mit Statusarbeit haben, lasse ich vier von ihnen eine »Party mit Eigenschaften«-Szene spielen und stelle sie dann im Kreis auf.

»Deute auf die Person links von dir«, sage ich. »Diese Person hat einen höheren Status als du. Jetzt deute auf die Person rechts von dir – diese Person hat einen niedrigeren Status als du. Die dritte Person hat den gleichen Status wie du!«

Jetzt bitte ich sie, eine Szene zu spielen mit den gleichen Eigenschaften wie zuvor, doch mit der zusätzlichen »Status«-Ausstattung. Interessante Kombinationen werden in einer so gespielten Szene nicht ausbleiben: der ungewöhnlich attraktive Partner wird mit einem niedrigen Status ausgestattet, der mit dem üblen Geruch mit einem hohen Status und so weiter.

Zuletzt beschrieb ich ein »Sandwich«, in dem eine Schicht Status über die Partyeigenschaften aufgetragen wurde. Wir können viele solcher Schichten hinzufügen. Die Party ist die Grundlage: Ein Spieler kann jeden mit einer verschiedenen Eigenschaft und verschiedenem Status ausstatten; er hat eine verschiedene Einstellung zu allem, was ihm begegnet, und zusätzlich eine bestimmte Meinung zu jedem Thema, über das gesprochen wird; dazu bewegt er sich von einem emotionalen Zustand zu einem anderen und gewinnt zudem ein neues »Körperimage«, indem er »Schwer, Ausdauernd und Indirekt« (siehe Fast-Food-Laban, Seite 398) ist. Zusätzlich verfolgt er ein »Stanislawski'sches« Ziel.

Sandwiches hören sich schrecklich kompliziert an, dabei verhalten wir uns im wirklichen Leben die ganze Zeit so. Der Grund für eine »Sandwich«-Szene ist nicht, die Schüler in den Wahnsinn zu treiben, sondern zu erreichen, dass ihr automatisches System greift und sie sich auf der Bühne genauso »ohne zu denken« verhalten wie im wirklichen Leben, wo sie einfach »sie selbst sind«.

Der kinetische Tanz

Spielt man einen Film mit menschlicher Interaktion im Schnelllauf ab, sieht man, dass, wann immer eine Person ihre Position verändert, normale Leute das ausgleichen, indem sie ihre eigene Position ändern. Das nennt man den »kinetischen Tanz« (das heißt der Tanz der Bewegung). Das wird unterdrückt, wenn Leute in Trauer sind (unter Schock), oder wenn sie feindselig sind, oder wenn sie schauspielern. Diesen Effekt kann man sehr deutlich sehen, wann immer jemand in eine Gruppe hinein- oder aus ihr heraustritt.

Ich stelle »Party mit Eigenschaften« zum gleichen Zeitpunkt vor wie den »kinetischen Tanz«, weil der Tanz in dem Moment greift, wo sich die Spieler gegenseitig mit Eigenschaften ausstatten. Wenn sie sich dagegen selbst mit Eigenschaften ausstatten (»Ich bin der Attraktive«), ist er kaum erkennbar.

Dieser Tanz muss existieren, denn ohne ihn würde sich das Dominanzniveau versehentlich ändern, und das könnte nicht hingenommen werden. Sagen wir, ich berühre für einen Moment mein Gesicht. Dies wird fast sicher meine »Macht« verringern, und der andere reagiert darauf, indem er seine Nase reibt, den Fuß nach innen dreht, den Daumen näher zu den Fingern bewegt oder schneller zwinkert und so weiter.

Ich habe bereits an anderer Stelle mein Erstaunen ausgedrückt, als ich sah, wie unterschiedlich sich traditionelle Schauspieler bei der Probe und dann in einer Kaffeepause benahmen. Ich beschrieb dies als »Fäden, die die Schauspieler miteinander verbinden« und die zerrissen, sobald sie zu »spielen« begannen. Was ich sah, war die Präsenz des kinetischen Tanzes, als sie »sie selbst« waren, und sein Verschwinden, als sie »spielten«.

Kauderwelsch

Worte werden durch Töne ersetzt, so dass der Eindruck entsteht, die Spieler redeten in einer Fremdsprache (viele Improspiele können in einer Kauderwelschversion gespielt werden).

Ursprung: Ein uraltes Spiel?

Die Bedeutung von Kauderwelsch

Wenn Schüler Kauderwelsch beherrschen, bringt das folgende Vorteile:

1. Sie werden zu »besseren Zuhörern«. (Wenn das, was zu ihnen gesagt wird, sie nicht verändert, sind Kauderwelschdialoge zwecklos.)
2. Sie haben weniger Angst vor dem »Raum«, der sie umgibt. Kauderwelsch baut »Telefonzellen«-Verhalten ab – das heißt ein Verhalten, bei dem die Gesten dicht am Körper bleiben oder wie von einem Gummiband gezogen zurückschnellen.[92]
3. Sie lernen, zu interagieren und Geschichten nonverbal zu entwickeln.
4. Der Gebrauch ihrer Stimme verbessert sich.
5. Sie werden mit größerem Scharfsinn und erhöhter »Körperpräsenz« mit Texten arbeiten. (Jeder Satz kann als Mittel eingesetzt werden, jemanden zu verändern, und kann körperlich ausgedrückt werden.)

Kauderwelschkarten

Zu Beginn fühlten sich die wenigsten meiner Schüler wohl mit Kauderwelsch; sie konnten nicht flüssig sprechen oder verwendeten eine sehr beschränkte Auswahl an Lauten, zum Beispiel:

»Oggi Bog? Soggi Doggi Joggi!« oder:

»Biggig! Zigwig! Diggi piggi siggi!«

Wie eine Sprache klang das keinesfalls.[93]

Einige Schüler hassten Kauderwelsch, und wenn ich sie bat, es zu versuchen, dachten sie sich etwas aus wie: »Nui rui!«, und überprüften im Geist, ob es »richtig« klang – was es natürlich nicht tat.

Die Probleme, die ich lösen musste:

1. Wie kann ich meine Schüler davon abhalten, die Laute, die sie sprachen, vorher zu bewerten?
2. Wodurch wird ihr Kauderwelsch flüssiger, und wie kriege ich sie dazu, die ganze Bandbreite an Vokalen und Konsonanten zu verwenden?

Meine Lösung war, Kauderwelschsätze auf Spielkarten zu schreiben mit der Absicht, die Schüler zu bitten, sie als »Kauderwelschskript« zu verwenden. Es dauerte Monate, bis ich es wagte, ihnen eine solch bizarre Idee vorzustellen (viele Dinge, die heute normal erscheinen, waren vor vierzig Jahren schier irrsinnig). Als die Schüler immer noch nicht besser wurden, nahm ich meinen ganzen Mut zusammen.

»Nehmt diese Karten als Skript«, sage ich ihnen.

Der Erfolg stellte sich sofort ein. Schüler, die vorher vor Verlegenheit im Boden versinken wollten, sprachen mit einem Mal gewandt – und wenn sie einen Rückfall hatten, brauchte ich sie nur an die Karten zu erinnern. Die Gruppe war wie eine Kirche voller Leute, die in Zungen redeten.

Wenn die Spieler zu flüssig sprechen (und dann wie übergeschnappte Versteigerer klingen), das heißt, wenn sie versuchen, uns durch möglichst schnelles Sprechen zu beeindrucken, sollen sie die Kauderwelschsätze, die zu ihnen gesprochen werden, wiederholen oder man bittet sie, nach »dem richtigen Wort zu suchen«.

Lee Strasberg drängte seine Schüler, ihr Kauderwelsch verständlich zu machen. Aber ich bitte sie, den Partner zu beobachten, um zu sehen, was gesagt wurde: War es ein Kompliment? Oder eine Beleidigung? Oder ein Heiratsantrag? Wenn es der Empfänger ist, der die Bedeutung bestimmt, liegt die Betonung auf dem Reagieren und weniger auf dem Agieren (siehe »Geschenke«, Seite 91).

Eine Unterrichtsstunde in Kauderwelsch

Ein Improvisierer sitzt wartend da, und ein weiterer kommt herein. Jeder darf einen Satz in Kauderwelsch sagen (das heißt, jeder hat eine Karte). Sie sollen sich treffen, sprechen und dann zusammen abgehen – Ende der Szene. Sie brauchen nicht erfinderisch zu sein, also entsteht kaum Stress, und sie lernen unbewusst ein Kauderwelschvokabular, mit dem sie für den Rest ihres Lebens arbeiten können.

Verschiedene Schüler versuchen dieses Zweisätzespiel; danach gebe ich jedem Spieler zwei Karten, zum Beispiel:

Eins *(kommt herein):* Artep?
Zwei *(steht auf)*: Ena helik!
(Sie gehen zusammen ab.)
Eins: Ike ispos.
Zwei *(Nickt mit dem Kopf)*: Dnob drafse!

Ich ermutige sie, einen leichten ausländischen Akzent hinzuzufügen.

Einige dieser Interaktionen sind komisch, aber keiner kann sich das erklären. Jemand sagt: »Weil die Laute so albern klingen.«

»Warum lachen wir dann nicht bei allen Begegnungen?«

Das Geheimnis wird noch rätselhafter, weil einige Schüler versuchen lustig zu sein, indem sie komisch gehen und alberne Gesten machen. Sie rufen jedoch kaum eine Wirkung hervor, während wir über Spieler, die ganz normal scheinen, lachen können. Die Klasse ist total verblüfft, bis ich mich erbarme und ihnen erkläre:

»Wenn man zu einem schlechten Improvisierer sagt ›Eidlog Ekim!‹, hat das keinerlei Wirkung; ein sehr guter Improvisierer dagegen sieht überrascht aus oder interessiert oder wütend oder entsetzt oder verlegen. Dadurch haben wir das Gefühl, dass ›etwas geschehen‹ ist, und wir lachen aus reiner Freude, vor allem wenn eine Veränderung mit einem Statusabfall verbunden ist.«

Sie versuchen es wieder, aber die meisten verändern sich selbst, und das hat wenig Wirkung.

»Ihr sollt euch gegenseitig verändern!«, sage ich. »Die Illusion, dass jemand bei euch eine Veränderung erzwingt, bereitet uns Vergnügen!« (Wie könnte es sonst Sadismus geben?)

Die Schüler beklagen sich bald, die Kauderwelschkarten seien lästig, aber ich bringe sie nur nach und nach davon weg und lasse sie eigene Kauderwelschsätze hinzufügen.

Wenn sie sehr gut geworden sind, lasse ich sie italienisches Kauderwelsch versuchen, oder deutsches oder englisches. Oder auch kanadisches oder »aus dem tiefsten Süden«. Sie finden so viel Gefallen daran, dass sie auch letzte Reste an Hemmungen verlieren, die sie aus Angst, den falschen Laut zu machen, vielleicht noch haben.

Zwischen Kauderwelsch und Deutsch abwechseln

Erste Version: Zwei Spieler wechseln von Kauderwelsch zu Deutsch und wieder zurück, wenn der Lehrer »Wechsel!« ruft. (Man kann dies mit dem Partyspiel versuchen.)

Zweite Version: A spricht Kauderwelsch, B spricht deutsch. Jeder der beiden darf mittendrin wechseln und den Partner damit ebenfalls zum Wechseln zwingen. Zum Beispiel:

A: »Nedra?«
B: »Er ist bei einer Patientin.«
A: »Ette nagram?«
B: *(Wechsel)* »Nagram?«
A: »Ja, es sind Zwillinge.«
B: »Dazema miho!«

A: *(Wechsel)* »Miltun!«
B: »Ach herrje! Soll ich die Schwester rufen?«

Einige der Wechsel von Deutsch zu Kauderwelsch (und zurück) sollten mitten im Satz eintreten. Dies hilft, das räumliche und stimmliche Selbstvertrauen, das für eine gute Kauderwelschimprovisation charakteristisch ist, auf Improvisationen in normaler Sprache zu übertragen.

»Schatten« für Anfänger

Zwei Improvisierer spielen eine Szene. Jeder hat dabei einen »Schatten«, der dicht bei ihm bleibt und ihm die Kauderwelschsätze soufiliert; das heißt, die Schüler, die die Szene spielen, sind für die Laute, die sie von sich geben, nicht verantwortlich.

Und umgekehrt: Die Spieler sprechen den Kauderwelschdialog, während die »Schatten« ihnen sagen, was sie tun sollen.

Witze in Kauderwelsch

Peter Gill wachte eines Nachts auf und hörte derart merkwürdige Geräusche, dass er aus dem Fenster sah. Vor seinem Haus stand eine Gruppe Taubstummer, die sich Witze erzählten. Die Anekdote regte mich dazu an, einige Schüler zu einem Wettstreit aufzufordern, wer die lustigste Geschichte in Kauderwelsch erzählen könne.

Anfänger versuchen immer, wirkliche Witze in Kauderwelsch zu übersetzen, doch dadurch wird das Spiel schwieriger. Den »Witz« bis zur Pointe aufzubauen gelingt nur, wenn sie auf die Reaktionen der Zuhörer achten. Ich erkläre ihnen, dass sie keine wirklichen Witze übersetzen, sondern vorgeben sollen, einen Witz zu erzählen. Dabei müssen sie bei den Zuhörern auf Hinweise achten, wann sie sich zurückhalten und wann sie zur Pointe kommen müssen. Fast jeder Witzeerzähler redet anfangs über den Punkt hinaus, an dem die Zuhörer die Pointe (ihre »Belohnung«) erwarten. Dies muss korrigiert werden.

Kauderwelschwitze sollten als »fortgeschritten« eingeführt werden, damit die Schüler nicht entmutigt werden.

Kauderwelsch auf Wahrheit überprüfen

Meine RADA-Schüler gingen in ein Restaurant und taten vor dem Kellner so, als könnten sie kein Englisch. Dadurch waren sie gezwungen, ihr Kauderwelsch authentisch klingen zu lassen (sie wollten ja nicht durchschaut werden). Manchmal schickte ich Schüler in die Gower Street hinaus mit einem schmutzigen Zettel in der Hand, auf der eine nicht existierende Adresse stand. Sie gestikulierten und sprachen Vorübergehende in Kauderwelsch an. Immer wies ihnen ein Passant eine ganz bestimmte Richtung. (Ich muss mich bei Dillon's, dem Buchladen um die Ecke, entschuldigen, der oft von jungen »Ausländern« heimgesucht wurde.)

Errate die Szene

Dieses Spiel zwingt die Schauspieler, im »gegenwärtigen Augenblick« zu bleiben. Es verbessert rapide ihre nonverbalen Fähigkeiten und beseitigt alle eventuell noch vorhandenen Ängste, in Kauderwelsch zu sprechen.

Ursprung: Meine Arbeit am Royal Court Theatre.

So wird es gespielt: Wir schicken Roger außer Hörweite, während wir ausmachen, in welcher Szene er sich befinden wird. Er soll ein Gehirnchirurg sein, wird beschlossen, und Sarah bringt ihren Sohn Tony für eine Untersuchung zu ihm in die Klinik.

Roger kommt herein, und wir sagen ihm, dass Sarah und Tony eine Szene mit ihm spielen würden. Hinterher werden wir ihn fragen, wer er war, wer sie waren und wo die Szene stattfand.

»Wo liegt das Problem?«

»Der Haken dabei ist, dass du deutsch sprichst, während Sarah und Tony Kauderwelsch sprechen.«

»Bin ich ein Ausländer in einem anderen Land?«

»Nein, nein. Du musst so tun, als verstündest du alles.«

Die Szene beginnt. Sarah fällt mit einer flehentlichen Geste vor ihm auf die Knie. Er ist verwirrt. Ich sage ihm, er solle raten.

»Es hat keinen Sinn zu betteln!«, sagt er. »Meine Entscheidung steht fest! Ihr werdet beide morgen früh hingerichtet!«

Tony zeigt auf seinen Kopf.

»Jawohl! Wir werden euch die Köpfe abschlagen!«

Tony und Sarah versuchen es noch einmal.

»Ah!«, sagt Roger. »Nun … ich habe es mir anders überlegt. Ich begnadige euch zu Galeerenstrafen …«

Es ist ganz unmöglich, dass er sie verstehen könnte, und sie gehen die Sache etwas langsamer an. Sarah mimt, ein Loch in Tonys Kopf zu bohren.

»Na schön, du darfst ihn selbst hinrichten, wenn du möchtest!«

Sarah umarmt und kusst Tony.

»Tut mir leid, aber das Gesetz befiehlt, Ehebrecher hinzurichten!«

Es macht Spaß zu sehen, wie Sarah und Tony einen Schnitzer nach dem anderen machen. Alle noch verbliebenen Vorbehalte gegen Kauderwelsch werden von der Notwendigkeit zu kommunizieren beiseitegefegt. Ich unterbreche die Szene und frage Roger:

»Wessen Haus ist es?«

»Meins.«

Applaus. Ich gratuliere Sarah und Tony, dass sie diese Tatsache vermitteln konnten.

»Und wo bist du?«

»In meinem Schloss? In Italien?«

»Warum Italien?«

»Sie wirkten so leicht erregbar.«

»Und was warst du?«

»Irgendein Richter?«

»Das ist nicht ganz falsch. Und wer sind sie?«

»Ehebrecher? Ein inzestuöses Liebespaar?«

Wir erklären ihm die Szene und alle brechen wieder in Gelächter aus (wir haben schon die meiste Zeit über gelacht). Aber Sarah und Tony haben gelernt, wie irreführend sie waren, und werden es das nächste Mal besser machen.

Ein weiteres Beispiel: Olive geht außer Hörweite, und wir beschließen, dass die Szene in Davids Wohnung stattfindet. Pat ist Davids Schwester, und ihr Hund hat Davids weißen Hochflorteppich verdreckt. Olive soll der Hund sein.

Sie begrüßen sie, als ob sie menschlich wäre, und sie versucht ihnen die Hand zu geben. Sie treten zurück und zeigen auf den Fußboden. Sie mimt, die Dinge aufzuheben, auf die sie deuten …

Ich unterbreche die Szene und verbiete allen, das Geheimnis zu verraten. Dann frage ich sie, was sie verstanden hatte – absolut nichts.

»Würdest du die gleiche Szene noch einmal versuchen?«

Sie stimmt zu, und zwei andere Schüler stellen die Situation für sie dar. Sie profitieren natürlich von den Fehlern, die sie vorher gesehen haben. Zum Beispiel pfeifen sie sie herein und drücken sie auf alle viere hinunter. Plötzlich bellt sie, und wir jubeln.

Nachher sagt sie uns, dass sie ein Hund war, der den Teppich beschmutzt hat.

»Und wessen Hund warst du?«

»Pats.«

»Und wem gehört die Wohnung?«

»David.«

»Und welche Farbe hatte der Teppich?«

Sie denkt einen Moment nach. »Weiß!«

Alle applaudieren.

Teilen Sie die Klasse in drei Gruppen ein, und lassen Sie sie »Errate die Szene« en masse spielen. Sie sollten Szenen wählen, die Spaß machen, wenn sie ausgeführt werden. Vielleicht sitzt die Familie zu Hause nach Mutters Beerdigung, und der »Rater« ist Mutter (das heißt, sie ist ein Geist).

Dieses Spiel ist so unterhaltsam, dass es auch Anfängern nichts ausmacht, zu scheitern.[94]

Kauderwelsch auf Text angewandt

Erfahrene Improvisierer ersetzen jede Silbe eines Satzes durch eine Kauderwelschsilbe; »Sein oder Nichtsein. Das ist die Frage!« wird zu »Gorn yada Kalgorn. Jart dor dar Kastdort!« Wenn sie dies beherrschen, bitte ich sie, einen Text auswendig zu lernen und ihn in Kauderwelsch aufzusagen wobei ein Eins-zu-eins-Verhältnis zwischen deutschen und Kauderwelschsilben beizubehalten ist. Der gesamte Körper eines Spielers wird ausdrucksvoll, und wenn er später die Szene in Deutsch spielt, behält er das meiste dieser Körperlichkeit bei.

Das Beleidigungsspiel

Man fügt am Ende eines jeden Satzes eine Beleidigung hinzu. Dieses Spiel wird selten in der Öffentlichkeit gespielt, aber es ist sehr gut geeignet, den Spielern beizubringen, auf das zu reagieren, was zu ihnen gesagt wird.

Ursprung: Ich erfand dieses Spiel als Möglichkeit, Reaktionen herbeizuführen.

So wird es gespielt: Ich bitte die Spieler, eine einfache Szene zu improvisieren, vielleicht den Kauf eines Regenschirms. Sie werden über das Wetter reden wollen oder andere Gegenstände ansehen, aber sie sollen die Szene so kurz wie möglich halten. Wenn nötig, rufe ich ihnen jede Dialogzeile zu:

»Guten Morgen. Ich möchte einen Regenschirm, bitte.«

»Diesen hier, der Herr?«

»Wie viel?«

»Fünfzehn Mark.«

»Ich nehme ihn.«

»Vielen Dank, der Herr. Ihr Wechselgeld.«

»Vielen Dank. Auf Wiedersehen.«

»Einen schönen Tag noch.«

Jetzt teile ich die Klasse in zwei Gruppen und bitte sie, jeweils eine Liste von Beleidigungen zu schreiben, die wir am Ende des Satzes anfügen könnten. Die beiden Listen könnten so anfangen:

Liste eins	*Liste zwei*
Idiot!	Miststück!
Trottel!	Schleimer!
Irrer!	Ekel!
Narr!	Kuh!
Schwachkopf!	Kotzbrocken!
Blöde Sau!	Rindvieh!
Hohlkopf!	Dummes Schwein!

»Spielt die Szene noch einmal«, sage ich. »Aber diesmal setzt ihr die Beleidigungen ein.« Alle sind entzückt von dieser Idee. Die Spieler halten die Listen wie »Skripte« und hängen an das Ende jeden Satzes eine Beleidigung an.

»Verkaufen Sie Regenschirme, Sie Idiot?!«

»Natürlich, Sie Schwein!«

»Dann zeigen Sie mir einen, Trottel!«

»Wie wär's damit, Sie Schleimer?!«

Die Wirkung ist trostlos, obwohl jeder Satz eine Beleidigung ist. Wir versuchen es noch einmal, und ich dringe darauf, dass sie die Beleidigungen mit größerer Gehässigkeit hinausschleudern. Das löst zwar gelegentlich ein leises Lachen aus, aber es ist, als sähe man sich ein Tennisspiel an, das nur aus Aufschlägen besteht.

»Dachtet ihr, es sei lustig, wenn Leute beleidigt werden?«

»Ja.«

»Und ihr habt Recht.«

»Aber es ist nicht lustig!«

»Weil sie nicht beleidigt werden. Denkt an die Cremetorten – der Witz liegt nicht im Werfen, sondern in der Reaktion des Beworfenen!«

Sie fangen noch einmal an:

»Haben Sie Regenschirme, Sie Idiot?!«

Die Ladeninhaberin sieht gerade mal ein bisschen verwirrt aus.

»Moment«, sage ich. »Du bist seit deiner Schulzeit nicht mehr ›Idiot‹ genannt worden! Sei überrascht! Sei verblüfft!«

Wir fangen wieder an:

»Haben Sie Regenschirme, Sie Idiot?«

Die Reaktion ist immer noch enttäuschend.

»Wiederhole das Wort! Sag: ›Idiot? Sie nennen mich Idiot?‹«

Sie gehorcht mir, und die Klasse lacht über die Veränderung in ihr.

»Setze jetzt in der Antwort eine Beleidigung hinzu.«

»Wie können Sie es wagen, Sie widerliches Schwein!«

Beim Kunden zeigt sich keine Wirkung – er ist so damit beschäftigt, an die Zukunft zu denken, dass er es nicht mitgekriegt hat.

»Nenn ihn noch mal Schwein!«, rufe ich. Dem Kunden sage ich, dass er in dem Moment, wo er merkt, dass er Schwein genannt wurde, schreien und das Wort wiederholen muss.

»SCHWEIN!«

»Ahhh, Schwein!«, sagt er.

»Schrei lauter«, rufe ich.

»SCHWEEEIIIIN!«

»Lauter!«

»AAAAAHHHHHH! Wie können Sie es wagen, mich SCHWEIN zu nennen!«

»Großartig! Und jetzt beleidige sie!«

»Nennen Sie mich nicht Schwein, Sie Schlampe!«

»Stolpere zurück, als ob dich jemand geschlagen hätte!«, sage ich, und sie taumelt zur Wand zurück und lehnt sich haltsuchend dagegen.

Durch Ermunterung und Anweisungen bringe ich sie dazu, »beleidigt zu sein«, und die Zuschauer lachen sich kaputt.

Man kann auch Beleidigungen in Kauderwelsch einsetzen.

»Verkaufen Sie Regenschirme, ELLER?!«

»ELLER! Sie nennen mich ELLER! Sie ... Sie IBBET!«

»IBBET!«

Und so weiter.

Versuchen Sie auch den ganzen Dialog in Kauderwelsch.

Beleidigungen in Kauderwelsch sind ebenso unterhaltsam wie richtige Beleidigungen. Dadurch wird klar, dass wir über die Reaktionen lachen und nicht über die Beleidigungen selbst.

Wenn schüchterne Schüler noch Probleme haben, kann man ihnen eine Gruppe von Helfern zur Seite stellen, die sich um sie scharen und kreischen und schreien, um jede Beleidigung hervorzuheben. (Dazu war wahrscheinlich der griechische Chor da – um die Emotionen der großen, maskierten Figuren zu intensivieren). Spornen Sie den Spieler, der beleidigt wird, an, so schockiert zu sein, dass er nach hinten stolpert und von seinen Helfern gestützt werden muss.

Versuchen Sie es mit zwei Straßengangs, die sich von den gegenüberliegenden Seiten der Bühne aus beleidigen. Einzelne Schüler sollten vorrennen und ihre Beleidigung brüllen und dann von ihren Freunden zurückgezerrt werden.

Wenn eine Szene nicht überzeugend wirkt, proben Sie sie mit einer Beleidigung am Ende jeden Satzes. Die Schüler verlieren jede Scheu vor dem Text. Die Sätze werden klar und deutlich gesprochen und die letzten Wörter im Satz werden nicht mehr verschluckt.

»Schließe das Fenster, und dann schalte das Licht aus – SCHLAMPE!«

»Sein oder Nichtsein, das ist die Frage – RINDVIEH!«

Zu wissen, dass noch eine Beleidigung nachkommt, hilft der Stimme, »vorzugreifen« zum Ende des Satzes.

Fast-Food-Laban

Rudolf Laban war (unter anderem) ein Bewegungs- und Tanztheoretiker, und sein bekanntester Schüler in England war Yat Malmgren, der am Royal Court Theatre Unterricht gab.[95]

Heften Sie die folgende Tabelle an die Wand oder schreiben Sie sie auf eine Tafel.

Gewicht	*Raum*	*Zeit*
schwer	direkt	plötzlich
leicht	indirekt	anhaltend

Wenn man aus jeder Spalte eine Eigenschaft auswählt, erhält man acht Möglichkeiten:

1. Schwer/direkt/plötzlich beschreibt einen SCHLAG.
2. Schwer/direkt/anhaltend beschreibt ein SCHIEBEN.
3. Schwer/indirekt/plötzlich beschreibt einen HIEB.
4. Schwer/indirekt/anhaltend beschreibt ein WRINGEN (wie einen Lappen auswringen).
5. Leicht/indirekt/anhaltend beschreibt ein STREICHELN.
6. Leicht/indirekt/plötzlich beschreibt ein HUSCHEN.
7. Leicht/direkt/plötzlich beschreibt ein ANTIPPEN.
8. Leicht/direkt/anhaltend beschreibt ein GLEITEN.

Ich bitte vier oder fünf Schüler, sich auf eine Eigenschaft aus jeder Spalte zu einigen. Nehmen wir an, sie wählen »Schlag« (Schwer/direkt/plötzlich).

»Ihr seid also die Familie ›Schlag‹«, sage ich. »Alles, was ihr tut oder sagt, muss ›schlagmäßig‹ sein, das heißt schwer, direkt und plötzlich. Macht untereinander aus, wer wer ist in eurer Familie, und zeigt uns, wie die Familie Schlag sich zum Frühstück versammelt.«

Vater Schlag kommt plötzlich herein, mit der Zeitung in der Hand. Er schlägt sie so plötzlich auf, dass sie auseinanderreißt. Dann kommt die Tochter türenschlagend ins Haus.

»Wo warst du letzte Nacht, Gertraude?«

»Aus mit Gernot!«

»Und wie kommen die Grasflecken auf deinen Rücken!«

»Wir haben Meteoriten beobachtet!«

»Schluss ihr zwei!«, brüllt Mutter und knallt das Frühstücksgeschirr auf den Tisch:

»Heute ist unser Hochzeitstag!«, sagt sie *(und boxt ihn in die Schulter)*. »Wage es nicht, ihn kaputtzumachen!«

Weil wir uns auf eine einzige Art der Bewegung geeinigt haben, fällt es sogar schüchternen Schülern leicht, sich einzufügen.

Ich lasse die Schüler die Familie »Streicheln«, die Familie »Hieb« und so weiter spielen. Wenn sie genügend Selbstvertrauen (und Fertigkeit) entwickelt haben, lasse ich sie Szenen zu zweit spielen und erhöhe den Schwierigkeitsgrad, indem ich sie entgegengesetzte Eigenschaften wählen lasse. Das heißt, wir spielen Szenen zwischen einem »schlagenden« Vermieter und einem »streichelnden« Mieter oder zwischen einem »wringenden« Arzt und einem »tippenden« Patienten. Noch spannender wird es, wenn die Bewegungseigenschaften ausgetauscht werden, das heißt, eine Szene mit einem »schiebenden« Lehrer und einem »gleitenden« Schüler wird als Szene mit einem »gleitenden« Lehrer und einem »schiebenden« Schüler wiederholt.

Man kann die Spieler ihre Bewegungseigenschaften im Geheimen wählen lassen und dann die Zuschauer bitten, sie zu erraten, wobei es nicht darauf ankommt, dass sie richtig raten, sondern dass die Spieler verwandelt werden. Manchmal lasse ich sie mitten in einer Szene einhalten und warne die Spieler, keinen Ton zu sagen – auch nicht zu nicken oder den Kopf zu schütteln –, wenn ich die Zuschauer bitte, die Eigenschaft zu nennen. Wenn sie falsch raten, geht die Szene weiter und ich frage wieder (bis richtig geraten wurde). Wenn die Leute glauben, dass du »schlägst«, während du versuchst zu »gleiten«, weißt du, was du anders machen musst.

Schüler, die sehr gut LEICHT sind, sollten üben, SCHWER zu sein, und umgekehrt. Unser Ideal sind Improvisierer, die jede Art der Bewegung annehmen können.

Jedes Spiel, das ein vom gewohnten verschiedenes »Körperimage« fordert, zwingt die Aufmerksamkeit auf das, was geschieht, und verhindert, dass der Spieler in die Vergangenheit oder die Zukunft abschweift.[96]

Fast-Food-Stanislawski[97]

Eine Methode, Charaktere zu entwickeln, die die Improvisierer grenzenlos fantasievoll erscheinen lässt. Man kann ihn auch zusammen mit Fast-Food-Laban ausprobieren.

Ein Ziel zu haben ist nicht genug

Ein Schüler spielt eine Figur, deren Ziel es ist »zu Geld zu kommen«.

»Was hast du gemacht, um dieses Ziel zu erreichen?«

»Ich werde um einen Kredit bitten.«

»Aber was hast du gemacht?«

»Ich war gerade dabei, das auszubauen, als du mich unterbrochen hast!«

»Aber du hattest doch schon fünf Minuten!«

Ich lasse ihn noch einmal anfangen, doch diesmal rufe ich ihm Anweisungen zu: »Biete deine Arbeitskraft an! Stiehl was! Stiehl etwas anderes! Versuch's mit Erpressung! Droh mit Gewalt! Bettle! Weine! Schmeichle! Biete deinen Körper an!« usw.

Die Szene ist jetzt voll mit Handlung, und der Schüler erscheint kühner und talentierter. Meine Anweisungen erlauben ihm, sich voll einzusetzen, denn ich bin es, der »Stiehl!« ruft oder »Biete deinen Körper an!«, so dass, falls das jemanden in ein schiefes Licht setzt, ich derjenige bin.

Ich bitte eine Gruppe von Schülern, eine Sterbebettszene zu improvisieren. Der Ehemann liegt im Sterben, seine Frau pflegt ihn, und der Sohn kommt mit einer neuen Frau nach Hause.

Es fängt etwa so an:

Ehemann: Weine nicht, meine Liebe.

Ehefrau: Oh, Liebling, Liebling …

Ehemann: Nun, nun …

Es klingelt an der Tür.

Ehefrau: Das müssen sie sein.

Geht zur Tür.

Sohn: Hallo. *(Umarmt sie und stellt seine Frau vor.)* Das ist Micheline.

Schwiegertochter: Nett, Sie kennenzulernen.

Sohn: Wie geht es ihm?

Ehemann: Lange werde ich nicht mehr auf dieser Welt sein, Charlie.

Die Spieler sprechen mit gedämpfter Stimme; sie sehen ernst und kummervoll drein. Der Effekt ist so falsch, dass die Zusehenden vor Lachen brüllen. Ich entschuldige mich und sage, dass die Übung eine Falle gewesen sei.

»Aber was war daran so lustig?«

»Ihr habt so sehr versucht, uns zu zeigen, wie traurig ihr seid!«

»Aber es ist eine Sterbebettszene!«

»*Ihr* wisst das, aber wie sollen die Figuren das wissen?«

»Aber er ist krank! Der Doktor sagt, dass er sterben wird!«

»Aber wird er in den nächsten fünf Minuten sterben? Oder in einer halben Stunde? Das kann sich noch Monate hinziehen!«

Es dämmert ihnen. Ich bitte sie, für jede Figur ein Ziel vorzuschlagen. Sie sagen: »Ich will es meinem Mann leichter machen« oder: »Ich will meine Liebe zum Ausdruck bringen« usw.

»Zu monoton«, sage ich, »und zu sentimental. Hört auf damit, auf das Publikum einen guten Eindruck machen zu wollen. Wie wäre es, wenn die Ehefrau versucht, Mitgefühl zu erringen, der Sohn macht es allen schwer, die Schwiegertochter möchte alle von ihrer Intelligenz überzeugen und der Vater versucht, alle aufzuheitern?«

»Aber er liegt im Sterben!«

»Er weiß nicht, ob er in den nächsten fünf Minuten sterben will. Und Menschen verändern auch nicht unbedingt ihren Charakter, nur weil sie krank sind. Vielleicht hat Vater zeit seines Lebens versucht, andere aufzuheitern; vielleicht ist es seine ›Natur‹.«

Sie spielen die Szene noch einmal, doch es nicht sonderlich beeindruckend: Der Vater spricht mit fröhlicher Stimme und bietet Drinks an. Die Ehefrau seufzt und runzelt die Stirn. Der Sohn nennt seine Frau dusselig, und die Schwiegertochter versucht »intelligent auszusehen«.

»Nun«, sage ich, »das war nichts Besonderes!«

»Für dich ist es leicht«, sagen sie. »Weil du so viele Ideen hast!«

»Glaubt ihr, das war schon immer so? Früher dachte ich, dass Ideen so schwer zu finden seien wie eine Handvoll Juwelen, die auf einem Kiesstrand verstreut sind!«

Ich biete ihnen an, sie in das Geheimnis einzuweihen, und sie werden wieder munter.

Listen

Ich schneide Papierstreifen und schreibe auf jeden von ihnen ein Ziel:

Auf dem Streifen des Ehemannes steht: »Es den Leuten leichtmachen«.

Auf dem Streifen der Ehefrau steht: »Mitgefühl fordern«:

Auf Sohns Streifen steht: »Es den Leuten schwermachen«.

Auf Schwiegertochters Streifen steht: »Intelligent erscheinen«.

Das begeistert noch niemanden. Ich teile die Klasse in Ehemänner, Ehefrauen, Söhne und Schwiegertöchter ein und bitte sie, jeweils etwa zehn Dinge aufzuschreiben, die die Figur tun könnte, um ihr Ziel zu erreichen.

Sie sind von der Idee begeistert und lachen fröhlich, während sie ihre Ideen niederschreiben, aber einige kommen bald ins Stocken.

»Das Ziel muss nicht erreicht werden«, sage ich.

»Warum nicht?«

»Weil es genauso interessant ist, jemanden scheitern zu sehen, wie jemanden sein Ziel verwirklichen zu sehen!«

Sie bezweifeln dies.

»Ihr habt doch schon mal gesehen, wie ein Dompteur seinen Kopf aus dem Rachen des Löwen zieht und sich den Sabber abwischt? Nun, wäre es nicht interessanter gewesen, wenn er gescheitert wäre? Stellt euch die Schreie vor und den Löwen, wie er sich das Maul leckt. Ihr hättet ewig darüber gesprochen.«

Vier typische Listen:

Ehemann: *Es den Leuten leichtmachen.*
Lächle, sei freundlich.
Mach Geschenke.
Frag um Rat.
Lobe Leute.

Stell Leute einander vor.
Biete zu essen und trinken an.
Reagiere prompt.

Ehefrau: *Mitgefühl fordern.*
Seufze.
Stell ein tapferes Lächeln zur Schau.
Sei ungeschickt.
Hab ein Gebrechen.
Sei ein Märtyrer.
Gequälter Gesichtsausdruck.
Jammere.
Erhalte schlechte Nachrichten.

Sohn: *Es den Leuten schwermachen.*
Kritisiere sie.
Sprich grob.
Sei sarkastisch.
Beleidige Leute.
Korrigiere sie.

Schwiegertochter: *Intelligent erscheinen.*
Benutze lange Wörter.
Erfinde Statistiken.
Erfinde Zitate.
Erwähne berühmte Namen.
Korrigiere Leute.
Rede in einer Fremdsprache.
Pfeif Bachmelodien.

Ich bitte sie, die Listen wie Skripte zu halten und die Sterbebettszene noch einmal zu spielen.

»Diese Listen sind ungeordnet. Nehmt das Erste, das ihr glaubwürdig darstellen könnt. Wenn euch während der Szene eigene Dinge einfallen, dürft ihr sie benutzen. Wenn sie uns gefallen, fügen wir sie nachher der Liste hinzu.«

Die Szene beginnt damit, dass die Frau dem Ehemann die Kissen richtet:

Ehemann *(lächelt)*: Ich danke dir, meine Liebe.
Ehefrau *(jammert)*: Ah, mein Rücken. Du bist zu schwer für mich.
Ehemann *(bittet um Rat)*: Wegen des Testaments. Findest du, dass …
Es klingelt an der Tür.
Ehefrau *(Märtyrerin)*: Oh, nein! Sie sind schon hier, und ich habe noch nicht sauber gemacht. *(Verschüttet die Medizin.)* Oh!
Sohn *(hinter der Bühne, sarkastisch)*: Ob sie wohl die verdammte Tür aufmachen.
Ehefrau geht mit tapferem Lächeln ab.
Vater schreibt eine Karte für ein Geschenk, das er für die Schwiegertochter eingepackt hat. Auftritt Schwiegertochter und Sohn, die Mutter folgt.
Ehemann *(reagiert sofort)*: Hallo, mein Sohn!
Sohn *(kritisiert)*: Ich dachte, dir ginge es viel schlechter, nach dem Telegramm zu urteilen!
Ehefrau *(hinkend)*: Diese Treppen werden mich noch umbringen!
Ehemann *(stellt einander vor)*: Du musst Micheline sein!
Sohn: Natürlich ist das Micheline, alter Esel. *(Zu Micheline, beleidigend)* Drück dich doch nicht so an die Wand wie ein Stück Tapete!
Micheline *(bietet der Ehefrau ihren Stuhl an)*: Bitte, setz dich.
Ehefrau *(leidender Gesichtsausdruck)*: Mir macht es nichts aus zu stehen.
Ehemann *(bietet etwas zu trinken an)*: Ich hoffe, du magst Sherry.
Micheline *(klassisches Zitat)*: De gustibus …
Sohn: Die verdammte Sauferei hat ihn in diesen Zustand gebracht! Seine Leber ist wie ein Stein! …

Man kann diese vier Listen auf unbegrenzt viele verschiedene Szenen anwenden oder aber mit verschiedenen Listen eine Szene wiederholen.

Anfänger werden eine Anweisung sehen, die ihnen Spaß macht, und sie anwenden, obwohl sie nicht sehr wahrhaftig wirkt. Und sie bleiben Minute um Minute bei ihrer Wahl (sie hassen Veränderungen). Um dies zu korrigieren, rufe ich alle fünf bis fünfundzwanzig Sekunden: »Nehmt etwas anderes auf der Liste!« Oder ich bitte einen Schüler, seine »Tätigkeit« alle fünfzehn Sekunden zu ändern, und einen anderen, alle dreißig Sekunden etwas Neues zu machen.

»Charakter«-Listen ermöglichen es den Schülern, mit Rollen zu experimentieren, die ihnen fremd sind. Ein Improvisierer, der stets der Star der Party sein will, sollte mit einer »Sei normal«-Liste spielen. Jemand, der (oder die) niemals von sich aus seine (oder ihre) »weiblichen« Seiten erforschen würde, lernt mit einer »Für schön gehalten werden wollen«-Liste. Und einen Schüchternen reizt vielleicht eine »Es den Leuten schwermachen«-Liste. Der Schüler setzt weder sein »verborgenes Selbst« noch sein gesellschaftliches Image aufs Spiel. Denn diejenigen, die die Liste geschrieben haben, haben alle Handlungen genehmigt.

Durch Listen können die Schüler vom Beispiel der anderen lernen. Wenn jemand Schwierigkeiten mit einer »Ein Held sein«-Liste hatte, kann er zusehen, wie ein anderer damit erfolgreich ist und lernt, welche Anweisungen er befolgt hat.

Die Schüler verinnerlichen die Listen nach einiger Zeit und merken vielleicht nicht mal mehr, dass sie sie verwenden.

Manche Listen scheinen füreinander gemacht zu sein, zum Beispiel:

»Der Star der Party sein«-Liste
Reiße Witze.
Lache. Sei laut.
Sei auffallend.
Stimme zu.
Erinnere dich an Namen.
Stelle Leute vor.
Sei glücklich, athletisch …
Schlage vor, zu tanzen.

Hänsle Leute. Breche Tabus.
Kitzle Leute.
Biete Essen an, Drinks, Sex, Drogen etc.
Sei großzügig.
Bring Leute dazu, sich zu produzieren.
Schlage Aktivitäten vor (Spiele, Pfänderspiele etc.)
Locke andere aus sich heraus.
Übertrumpfe andere.

»Von anderen Leuten für normal gehalten werden«-Liste
Habe eine ruhige und/oder nervöse Stimme.
Sei formell.
Besitze einen Hund.
Überprüfe deine Erscheinung.
Sei leicht geschockt.
Lache zurückhaltend.
Sei Kirchgänger.
Suche Rückversicherung.
Schließe dich nur vorsichtig an.
Sitze harmonisch.
Mach nicht den ersten Schritt.
Hasse Körperkontakt.
Bewege dich vorsichtig.
Hör noch der langweiligsten Person zu.
Stelle geistlose Fragen.
Sprich in Klischees.

Wir improvisieren eine Szene zwischen der »Sei normal«-Liste und der »Star der Party«-Liste.

Lief *(laut)*: Sag mal, sind wir die Ersten?
Norm *(formell)*: Ich wünsche einen guten Abend.
Lief *(lacht)*: Wo ist Celia? *(Laut, scherzend)* Immer nach der Gastgeberin fragen. Fragen, nicht jagen! Na, du kennst ja Celia?
Norm *(schockiert)*: Celia ist meine Schwester!

Lief *(erinnert sich an den Namen)*: Du bist es, Norm, altes Haus! *(Stellt sich vor)* Lief ist mein Name. Schwedisch.

Norm *(fürchtet sich vor Fremden)*: Äh ... Oh ...

Lief *(betastet Norms Bizeps)*: Bist wohl Gewichtheber, was?

Norm *(hasst Körperkontakt)*: Nein, nicht. Bitte nicht! *(Kirchgänger)* Das muss vom Heben der Kirchenbänke am Bibelabend sein.

Lief *(streckt sich athletisch)*: Geht doch nichts über ein gesundes Training. *(Schlägt Aktivität vor.)* Schöner, dicker Teppich. Wollen wir ringen?

Norm *(sucht Bestätigung)*: Du meinst ...?

Lief: Celia wird es nicht stören. *(Kitzelt ihn.)* Kille, kille, kille.

Norm: Oh! *(Versucht nicht zu lachen/hat einen Hund.)* Du bringst den Hund zum Bellen. Sitz, Basil! Sitz, alter Junge! ...

Die »Der Star der Party sein«-Liste kann einen absoluten Kotzbrocken hervorbringen, und der Spieler mit der »Sei normal«-Liste sieht oft keineswegs normal aus, sondern ganz schön neurotisch, aber die Spieler werden mit großer Wahrscheinlichkeit verändert.

Zu sagen: »Werft einen Blick auf die Liste, und nehmt die erste Anweisung, die ihr glaubwürdig umsetzen könnt!«, klingt einfach genug. Spieler jedoch, die den Wert des »Offensichtlich-Seins« nie gelernt haben, verstehen mich falsch und hören: »Finde die Anweisung auf der Liste, die dir die meiste Bewunderung einbringt.« Dann überfliegen sie eine Liste von fünfzig Punkten und sind wild entschlossen, die »beste« Idee herauszupicken. Das verhindere ich, indem ich Listen mit nicht mehr als fünf oder sechs Anweisungen ausgebe.

Bald merken die Schüler, dass sie anfangen, im Alltagsleben Listen zu spielen. Vielleicht gibt es eine, die genau Sie beschreibt.

»Verführ«-Listen

Männer und Frauen schreiben getrennt je eine »Wie verführe ich eine Person des anderen Geschlechts«-Liste. Sie drängen sich in entgegengesetzten Ecken des Zimmers zusammen und brechen immer wieder in lautes Gelächter aus. Hier sind zwei solcher Listen: Die eine wurde von Frauen, die andere von Männern erstellt:

Wie verführe ich einen Mann:
Lächle.
Sei verletzlich.
Sei atemlos.
Bewege dich sinnlich.
Sag oft ja.
Sei geheimnisvoll.
Gehe nahe an ihn heran.
Abendessen bei Kerzenlicht.
Bewundere seinen Geschmack.
Schmeichle seinem Ego.
Sexy Posen.
Sitz nahe bei ihm, die Beine von ihm weggedreht.
Streck die Brust unauffällig vor.
Sei glücklich.
Hingerissenes Lauschen.
Necke ihn.
Fordere ihn zum Tanzen auf.
Lockere deine Kleider.
Befeuchte die Lippen.

Wie verführe ich eine Frau:
Bring sie zum Lachen.
Sei sportlich.
Mach sie betrunken.
Sei reich.
Halte den Blickkontakt.
Liefere persönliche Informationen.
Bettle, flehe, weine, krieche am Boden.
Berühre ihre Brüste (versehentlich).
Sei jungenhaft.
Sei besorgt, schwul zu sein.

Sperr die Tür ab.
Entschuldige dich, dass du erregt bist.
Spiel mit ihrem Haar.
Biete Geld an.
Binde sie ans Bett.
Zieh sie aus.
Blas ihr in den Nacken.

Solche Listen zu schreiben macht Spaß, und selbst »witzige« Anweisungen wie »Sperr die Tür ab« oder »Binde sie ans Bett« können starke Szenen hervorbringen.

Die beiden Gruppen wählen ihren jeweiligen Champion, die zusammen die »Verführ«-Liste in einer Szene umsetzen. Man muss starke Widerstände einbauen, sonst stürzen sie sich aufeinander, und man muss das Licht herunterdrehen. Es hilft, der Frau zu sagen, dass sie Angst hat, als Nutte angesehen zu werden, und dem Mann, dass er befürchtet, sie zu verschrecken. Die Schüler müssen daran erinnert werden, dass wir im wirklichen Leben die Liste der anderen Person nicht kennen, das heißt, man versucht vielleicht, jemanden zu verführen, der darauf aus ist, einem das Leben schwerzumachen.

Jedes Ziel passt für jede Szene

Eine Schülerin hat eine Szene gespielt, in der ihr Ziel war, »den Chef zu ermorden«.

»War das wirklich das beste Ziel?«

Sie ist verdutzt.

»Aber ich sollte ihn doch ermorden!«

»Na und?«

»Also war das auch mein Ziel!«

»Nehmen wir an, du brichst in ein Haus ein; du nimmst an, ›in das Haus einbrechen‹ sei dein Ziel, aber könntest du nicht in Wirklichkeit versuchen, ›deine Freunde zu beeindrucken‹ oder: ›deine Eltern zu ärgern‹?«

Ich bitte sie, blind eine Liste zu wählen.

»Was steht drauf?«

»Sauber und ordentlich sein.«

»Spiel die Mordszene mit diesem Ziel noch einmal.«

»Sauber und ordentlich zu sein hat doch nichts damit zu tun, jemanden umzubringen!«

»Ihn umzubringen ist der ›Plot‹, der ›Text‹, aber der Text ist nicht das Ziel. Kannst du dir vorstellen, dass jemand ein solcher Sauberkeitsfanatiker ist, dass er einen Mord begeht, als würde er Schmutz entfernen?«

Sie versucht es noch einmal mithilfe einer »Saubersein«-Liste, und sie wird eine »Figur« statt einer »Abstraktion«. Ich erinnere mich, wie sie gereizt an einem Blutfleck an ihrem Ärmel herumrieb, während ihr Opfer im Todeskampf lag. Dann schloss sie dem Toten die Augen und putzte seine Brille. Uns lief es kalt über den Rücken, und sie entpuppte sich als jemand mit einer ausgezeichneten dramatischen Vorstellungskraft; während wir, als sie die Szene zum ersten Mal spielte, einen Klischeemörder zu sehen bekamen, wie sie ihn vom Fernsehen oder Kino her kannte.

Ich bitte einen anderen Schüler, blind eine Liste zu greifen.

»Es jemandem leichtmachen.«

»Wie wär's, wenn wir damit eine Mordszene spielen würden?«

Übereinstimmend hält die Klasse das für ausgeschlossen, aber ich bin anderer Meinung:

»Der Mörder steckt mit einem fröhlichen Gruß den Kopf zur Tür herein. Er bringt dem Chef eine Tasse Kaffee. Der Mörder weiß, dass der Chef Scherze liebt. Er fotografiert ihn mit einer Sofortbildkamera und bittet ihn, die Augen zu schließen, damit er ihm etwas Süßes in den Mund stecken kann. Dann ersticht er ihn, und während der Chef auf den Boden rutscht, springt der Mörder nach einem Kissen, um es ihm unter den Kopf zu legen.«

Jetzt wollen sie alle die Szene mit dieser Liste spielen.

»Schön«, sage ich, »und wie wär's mit dem Ziel ›keinen Mord begehen‹?« Sie lachen über diese scheinbare Widersinnigkeit.

»Überlegt mal! Wenn ich in das Büro meines Chefs gestürzt komme mit dem Revolver in der Hand und fest entschlossen, ihn zu erschießen, erlebe ich dabei einen großen inneren Widerstand, denn ich bin nicht von Natur aus ein Mörder. Das heißt, bis zu dem Moment, in dem ich ihn erschieße, versuche ich alles, um nicht abzudrücken, obwohl mich der Text dazu zwingt!«

Wir schreiben eine »Keinen Mord begehen«-Liste: »komm zögerlich herein«, »zeig ihm die Pistole«, »gib ihm eine Gelegenheit zur Flucht« und so weiter.

Wir probieren die Szene aus, und die Wirkung ist erschreckend. Der Schauspieler spricht, als würde ihm jedes Wort einzeln entrissen. An einer Stelle wischt er im Zorn Gegenstände vom Schreibtisch und hebt sie Entschuldigungen stammelnd wieder auf. Er weint und gibt seinem Opfer die Pistole, doch da das Szenario festgelegt ist und erfüllt werden muss, ringt er sie ihm wieder ab und schießt. Er hält sein sterbendes Opfer fest, als wolle er es durch schiere Kraft in dieser Welt festhalten. Er taumelt zurück vor Entsetzen und kann nicht glauben, was er getan hat. Er »übergibt sich« in den Papierkorb. Es ist wie aus einem Dostojewski-Roman.

Ich habe Schauspieler gekannt, die vor Freude einen Luftsprung machten, als sie erkannten, dass ein Schauspieler mehr sein kann als »nur eine Puppe«; dass ihre Darstellung dem Stück etwas hinzufügen kann, das weder der Autor noch der Regisseur sich vorgestellt hatten. Manche sagen, es hat ihr Leben verändert.

Listen und Text

Listen können auf einen geschriebenen Text angewandt werden, doch viele Anweisungen sind unmöglich zu verwenden. Betrachten wir die Liste

»Für schön gehalten werden wollen«:
Lächle viel.
Hab ausdrucksvolle Augen.
Posiere.
Halte dich gerade.
Sitz elegant.

Sieh in den Spiegel.
Überprüfe deine Erscheinung.
Kritisiere das Aussehen anderer.
Sei Model.
Gib mit deiner Bräune an.
Lass die Namen von Berühmtheiten fallen.
Hab einen reichen oder glamourösen Liebhaber.
Sorge dich um deine Erscheinung (Nase, Zähne und so weiter)
Gerate in Panik, wenn du einen Pickel entdeckst.
Fische nach Komplimenten.
Zeig dich von deiner besten Seite.
Gleite herum, tanze.
Zeig Fotos von dir.
Sei lasziv und sinnlich.
Hasse Schlaffheit und Falten.
Trainiere regelmäßig.
Einer deiner Züge ist hässlich.
Werde fotografiert.
Werde interviewt.

Manche Anweisungen würden den Text verändern und könnten wahrscheinlich nicht umgesetzt werden, andere dagegen könnten in fast jedem Text eingesetzt werden – diese zum Beispiel:

Lächle viel.
Hab ausdrucksvolle Augen.
Posiere.
Halte dich gerade.
Sitz elegant.
Schau in den Spiegel.
Überprüfe deine Erscheinung.

Bei anderen Anweisungen ist es offen, ob sie tauglich sind.

Wenn zum Beispiel auf einer »Für schön gehalten werden wollen«-Liste steht: *»Finde andere Leute hässlich«*, ist dies wahrscheinlich ohne Dialog schwerlich zu vermitteln; wenn man jedoch andere behandelt, als ekle man sich vor ihnen, trägt es dazu bei, die Figur zu gestalten.

»Sei Model« – vielleicht könnte ein »Passagier« fotografieren.

»Hab einen reichen oder glamourösen Liebhaber« – wir könnten der Szene den Liebhaber zufügen (wie er dir Weintrauben in den Mund steckt vielleicht).

»Gerate in Panik, wenn du einen Pickel entdeckst« – man könnte sich während der Szene mit einem Mitesser beschäftigen, ohne sich direkt darauf zu beziehen.

»Namen fallenlassen«, *»nach Komplimenten fischen«* und *»werde interviewt«* sind undurchführbar, wenn wir den Text berücksichtigen. Aber *»gleite über den Boden … tanze … zeige Fotos von dir … sei lasziv und sinnlich«* scheinen gut darstellbar zu sein.

»Sorge dich um Schlaffheit und Falten etc.« – hier könnte man vor dem Spiegel stehen, um den eigenen Verfall zu untersuchen, oder am Fett an den Oberarmen herumzupfen.

»Trainiere« – Gewichte stemmen oder eine Rudermaschine betätigen, während man gerade streitet oder Befehle gibt oder was immer die Szene verlangt.

»Du bist mit einem deiner Züge nicht zufrieden« – wird ohne Dialog vielleicht nicht klar; oder man könnte ständig am BH herumzupfen.

Komm rein, Nielsen

Hier ist ein Ausschnitt eines Textes, auf den einige meiner dänischen Schüler Listen anwandten.

Klaus: Kommen Sie rein, Nielsen. Setzen Sie sich. Ich nehme an, Sie wissen, warum ich Sie habe kommen lassen?

Nielsen: Nein, Sir.

Klaus schiebt ihr eine Zeitung hin.

Klaus: Sie wissen, dass wir niemanden beschäftigen können, der vorbestraft ist.

Nielsen: Können Sie es nicht noch einmal überdenken?

Klaus: Auf Wiedersehen, Nielsen.
Nielsen: Ich wollte ihren blöden Job sowieso nicht.

Hier ist der gleiche Text, wie er mit einer »Es jemandem leichtmachen«-Liste und mit einer »Verführ«-Liste gespielt wurde.

Ein leises Klopfen an der Tür. Klaus (»es jemandem leichtmachen«) eilt, um sie zu öffnen. Er lächelt, dann zögert er und sieht zu Boden – er hasst die Aufgabe, die er zu erfüllen hat.

Klaus: Äh ... hm ... Kommen Sie rein, Nielsen.

(Nielsen lächelt ihn an. Klaus ist erstaunt und verwirrt. Er macht eine ungelenke Geste Richtung Stuhl.)

Äh ... setzen Sie sich.

Er lacht nervös, als sie seinen Körper betrachtet. Er seufzt und schnalzt mit der Zunge und drückt so sein Bedauern aus, dass dieses Gespräch stattfinden muss. Sie steht etwas vom Stuhl entfernt. Sie sieht aus, als überlege sie, sich in seinen Stuhl zu setzen (und damit in seinen Raum einzudringen). Klaus macht wieder eine Bewegung und sie setzt sich, indem sie ihren Körper in den Stuhl »gießt«. Sie richtet ihr Kleid, nicht, indem sie den Saum hinunterzieht, sondern indem sie es über den Schenkeln glatt streicht. Sie lehnt sich zurück und legt die Arme hinter den Kopf, um ihre Brüste zu betonen. Klaus hebt seine Augenbrauen und zuckt hilflos mit den Schultern.

Klaus: Ich nehme an, Sie wissen, warum ich sie habe kommen lassen?

Sie lächelt, als ob er auf eine Verführung anspielen würde. Sie senkt den Kopf, ihre Wimpern flattern. Dann sieht sie ihm tief in die Augen. Klaus schluckt schwer.

Nielsen *(zweideutig)*: Nööööö ...

Er zeigt mit den Augen auf die Zeitung. Er will nichts damit zu tun haben. Er berührt die Zeitung mit den Fingerspitzen, als ob er sie ihr zuschieben wollte. Aber dann hebt er sie auf, geht um den Schreibtisch. Er steht halb über sie gebeugt neben ihr, um ihr den Artikel zu zeigen. Seine Stimme wird leiser, als ob ihn niemand hören sollte.

Klaus: Sie wissen, dass wir niemanden beschäftigen können, der vor … *(schluckt)* vorbest … straft ist.

Nielsen drückt seine Hände an ihren Körper.

Nielsen: Können Sie es nicht noch einmal überdenken?

Er macht eine Bewegung, als ob er zu seinem Stuhl zurückgehen wollte. Doch dann wirft er die Zeitung wütend in den Papierkorb, wendet sich ab und starrt aus dem Fenster. Er spricht sehr gefühlsbetont, als ob er sich jedes Wort gegen seinen Willen abringen müsste.

Klaus: Auf Wiedersehen, Nielsen.

Nielsen geht zu ihm und küsst ihn auf den Mund.

Nielsen: Ich wollte ihren blöden Job sowieso nicht.

Sie waren völlig vertieft in die Szene und schienen ganz anders zu sein als ihr normales Selbst.

»Nehmt willkürlich eine neue Liste und spielt die Szene noch einmal«, sage ich.

Klaus erwischt die »Es jemandem schwermachen«-Liste, Nielsen die »Zeigen, dass man über alles glücklich ist«-Liste.

Ein rhythmisches Klopfen an der Tür. Klaus arbeitet an seinem Schreibtisch und reagiert nicht. Nielsen steckt ihr lächelndes Gesicht durch den Türspalt. Sie stößt einen Pfiff aus. Klaus sieht hoch, überrascht darüber, dass eine Angestellte so respektlos ist. Sie spaziert sich wiegend herein, als hätte sie Popmusik im Ohr, und setzt sich.

Klaus *(sarkastisch)*: Kommen Sie herein, Nielsen.

Er beginnt wieder zu schreiben. Nielsen steht auf, probiert ein paar Tanzschritte und beginnt zu singen.

Klaus *(wütend)*: Setzen Sie sich!

Sie setzt sich, sieht sich um und bewundert alles. Sie rutscht mit dem Hintern auf dem Stuhl herum und genießt das Gefühl.

Nielsen *(genießerisch)*: Mmmhh …

Klaus *(ohne hochzusehen)*: Ich nehme an, Sie wissen, warum ich Sie habe kommen lassen?

Nielsen *(lacht freundlich)*: Nein.

Er schiebt ihr mit dem Handrücken die Zeitung über den Schreibtisch zu. Sie nimmt sie nachlässig hoch.

(Interessiert) Aaaahhhhhh.

Sie beginnt, den falschen Artikel zu lesen. Klaus reißt ihr die Zeitung aus der Hand, knickt und faltet sie. Er wirft ihr den Artikel hin, als wollte er sie mit der Nase darauf stoßen. Er lacht abfällig, aber sie liest mit Billigung, als gefiele ihr die Art, wie ihre Eskapade wiedergegeben wird. Sie berührt ihr Haar, als ob sie durch das Foto auf ihre neue Frisur aufmerksam gemacht worden wäre.

Klaus *(mit Befriedigung)*: Sie wissen, dass wir niemanden beschäftigen können, der vorbestraft ist.

Er reibt die Hände gegeneinander, als ob er Schmutz von ihnen abwaschen würde. Nielsen »singt« heiter ihre nächste Zeile, der Popmelodie folgend.

Nielsen: Können Sie es noch einmal überdenken?

Klaus schneidet den Zeitungsartikel mit der Schere aus und legt ihn mit Bedacht in einer Akte ab. Dort wird er für immer liegenbleiben als dunkler Schatten in ihrer Biografie.

Mittlerweile bietet sie ihm eine Zigarette an, was er ignoriert. Sie bietet sie immer wieder an, als ob seine Ablehnung ein Spiel wäre. Sie macht mit dem Kopf schmeichelnde Bewegungen, wie zu einem Kind. Sie zündet sich eine Zigarette an und inhaliert tief.

Klaus *(gelangweilt von ihren Possen)*: Auf Wiedersehen, Nielsen.

Er legt die Akte in eine Schublade und beginnt wieder zu schreiben. Sie bläst eine Rauchwolke in seine Richtung.

Nielsen: Ich wollte Ihren blöden Job sowieso nicht.

Sie beginnt nach ihrem inneren Rhythmus mit den Fingern zu schnippen.

Diese Improvisationen (an der Danish State School) fanden unvorbereitet statt, außer dem Lernen des Textes.

Kombinierte Listen einsetzen

Sobald die Schüler die Arbeit mit Listen beherrschen, richte ich Dreipersonenszenen ein, in denen jeder mit zwei Listen spielt. Ein Spieler versucht zum Beispiel einen seiner Partner zu verführen, während er dem anderen das Leben schwermacht (genau wie im richtigen Leben).

Ich improvisiere eine Szene für drei Personen. Liz macht ihrem Freund Brian das Leben zur Hölle und spielt eine »Verführ«-Liste gegenüber Charlie. Brian spielt »es Liz leichtmachen« und »intelligent erscheinen« gegenüber seinem Freund Charlie; Charlie versucht Liz davon zu überzeugen, dass er normal ist, während er von Brian Mitgefühl fordert.

Liz *(das Leben zur Hölle machen)*: Idiot!

Brian: Äh … tut mir leid.

Liz: Über den ganzen Fußboden!

Brian: Ich mache sauber. Der Boden musste mal geschrubbt werden.

Liz: Lass mich das machen! *(Zu Charlie)* Nichts kann er richtig machen.

Sie bückt sich, um das Verschüttete aufzuputzen (damit Charlie in ihren Ausschnitt gucken kann).

Brian *(zu Charlie)*: Ich dachte gerade an meine Kurzgeschichte.

Liz: Du und schreiben! Er kann nicht mal buchstabieren.

Brian *(stimmt mit Liz überein und ist intelligent)*: Stimmt. Weil ich nämlich Linkshänder bin. Die nonverbale Gehirnhälfte, wisst ihr.

Liz: Brian! Warum gehst du nicht in die Küche und fängst schon mal mit dem Abwasch an?

Charlie *(ist normal)*: Oh, soll ich helfen?

Liz: Nein, du bist doch der Gast. Außerdem liebt Brian alle monotonen Tätigkeiten.

Brian *(zu Charlie)*: Das mit dem Abspülen ist überhaupt kein Problem. Man braucht Zeit, damit die verschiedenen Fette sich lösen …

Liz: Du redest nichts als Scheiße, Brian.

Charlie: Soll ich wirklich nicht helfen. *(Will Mitgefühl.)* Aua!

Er hat sein Schienbein angeschlagen.

Liz: Ach, du Ärmster!

Brian: Eis. *(Wühlt im Eisschrank.)* Eis verhindert eine Hämorrhagie.

Liz *(zu Charlie)*: Komm, leg dich aufs Bett. Du hast doch wohl das Bett gemacht, Brian?

Brian: Ich habe die Laken gewechselt, Liebes.

Liz: Heute morgen waren sie starr vor Dreck.

Ein fortgeschrittener Schüler kann mit zwei Listen beginnen (in einer Dreipersonenszene) und allmählich zu zwei neuen Listen übergehen. Das hört sich vielleicht kompliziert an, doch im Leben tun wir genau dies andauernd und mühelos, wenn wir Fremde treffen und unsere Meinung über sie ändern.

Mir ist es lieber, wenn die Klasse ihre eigenen Listen schreibt (weil dann die gesamte Gruppe »ihr Einverständnis gegeben« hat), doch ich verschärfe sie ein bisschen mit meinen eigenen Einfällen. Die Schüler neigen dazu, »sichere« Dinge zu nennen. Beherztere Vorschläge wie »kitzeln« oder »schlagen«, »versehentlich ihre Brüste berühren« oder »einen Pickel finden und in Panik geraten« stammen oft von mir.

Listen können einen Menschen als Genie erscheinen lassen, der einen unerschöpflichen Vorrat an Ideen bereithält. Der Schauspieler, der seine Karriere voranbrachte, indem er seinen Status dem Agenten und dem Regisseur anpasste, besaß etwa dreißig Fast-Food-Listen. Er nahm sie zu Hilfe, wenn er ein neues Skript las, und dann konnte er zum Regisseur sagen: »Hätten Sie es gern so? Oder so?« oder: »Wie wäre es so?« Sie hatten das Gefühl, noch nie jemanden getroffen zu haben, der so flexibel und fantasievoll war.

Diese Listen lehren uns:

1. dass es nichts nutzt, das Ziel einer Figur zu kennen – was zählt, ist, was die Figur unternimmt, um dieses Ziel zu erreichen,
2. dass das beste Ziel nicht etwas ist, was durch Textanalyse erschlossen werden kann.

»Listen« als Aufführungsspiel

Erstes Spiel.

Jede Anweisung wird dem Publikum laut vorgelesen, bevor sie befolgt wird. Die Zuschauer sehen es gern, wenn ein Darsteller von einer äußeren Kraft kontrolliert wird. Liest man etwas wie »bring jemanden um« oder »streife versehentlich ihre Brüste« laut vor, wird die Spannung auf angenehme Weise erhöht.

Zweites Spiel.

Freiwillige aus dem Publikum lesen die Anweisungen auf den Listen laut vor. Erklären sie ihnen, dass sie solche Anweisungen aussuchen sollen, die im Kontext der Szene glaubwürdig umgesetzt werden können.

(Siehe Anhang eins: Auswahl von Fast-Food- und Stanislawski-Listen)

Ernste Szenen

Öffentliche Improvisation ist ein komisches Genre. Das liegt zum einen daran, dass Komödie oft besser ist, wenn sie improvisiert ist. Und müsste man sich eine tragische Szene nach der anderen ansehen, wäre das, wie an einer ganzen Reihe von Unfällen vorbeizufahren. Würden wir mit der gleichen Hingabe schluchzen und wehklagen, wie wir lachen, würden wir uns vielleicht »gereinigt« fühlen. Aber wir tun es nicht, und so entsteht das Gefühl, als wüchse ein Bleiklumpen in uns. Deshalb gibt es auch Filme wie *The Crazy World of Laurel and Hardy* aber keine Zusammenschnitte wie etwa *Das Beste von Henrik Ibsen.*

Ein weiterer Grund liegt darin, dass die meisten Improvisierer »emotional sein« als »Kontrolle verlieren« ansehen. Man kann aber lernen, absolut aufgewühlt zu sein, und dennoch bleibt ein Teil des Verstandes beobachtend und berechnend. Fanny (war es Burney?) erzählte, dass sie auf der Bühne herzzerreißend weinte und trotzdem sehr genau darauf achtete, dass die Tränen nicht auf ihr

Seidenkleid fielen. Und wie rasend man sich auch gebärdet, etwas macht einem immer den Rand der Bühne bewusst und verhindert, dass man ins Orchester stürzt.

Trotzdem brauchen wir zur Abwechslung ernste Szenen. Weil die nächste Szene umso lustiger erscheinen wird, wenn wir das Publikum vorher zu Tränen gerührt haben. Und weil der Theatersport eines Tages mehr sein soll als nur eine Eintagsfliege.

Widerstände gegen das Sprechen

Wenn man am Telefon gestritten hat, und der andere knallt den Hörer auf, wird man eine Woge unterschiedlicher Empfindungen verspüren. Alles, wodurch Sprechen vereitelt wird, kann Emotionen vervielfachen und bewirken, dass man in einen weniger verstandesorientierten Zustand gerät.

Versuchen Sie, den Mund aufzumachen, um etwas zu sagen, und in der allerletzten Sekunde ersetzen Sie es durch etwas anderes (oder sagen gar nichts). Zum Beispiel beschließt man zu sagen: »Der Sturm ist vorüber ...«, und dann, sobald man den Mund aufmacht, sagt man: »Es klart sich auf!«

Wer diesen Trick beherrscht, wird als sehr ernste und/oder sehr gequälte Person betrachtet. Bei einer anderen Variante öffnet man den Mund, um entweder zu sagen »Ich liebe dich« oder »Ich hasse dich«, bevor man einen Ersatz sucht (ausgezeichnet, um die Mängel eines zweitklassigen Dialogs zu überspielen).

Eine andere Methode ist, nur zu sprechen, wenn der Partner Körperkontakt herstellt.[98] Man sollte sich strikt daran halten und aufhören zu sprechen, wenn der Körperkontakt abgebrochen wird. Der Partner erfährt vorher nicht, dass man dieses Spiel spielen wird. Zum Beispiel:

»Du bist sehr still heute.«

Man nickt und seufzt, also versucht es der Partner noch einmal.

»Stimmt irgendetwas nicht?«

Man könnte schluchzen in der Hoffnung, den Partner zu einer

Berührung oder einer Umarmung zu verlocken. Ist der Körperkontakt erst hergestellt, könnte man sagen: »Ich habe mich in dich verliebt, und es macht mich wahnsinnig!« Wenn das nicht klappt (Improvisierer scheuen Intimität), könnte man zu ihm/ihr gehen, ihn/sie an den Armen packen und seine Liebe hinausschreien, aber gewöhnlich ist es besser, Geduld zu haben. Muss man in einer Szene unbedingt reden? Warum nicht finster dreinschauen? Dinge zerbrechen? Hysterisch lachen? Die Türe abschließen und das Telefon aus der Wand reißen? Sich die Pulsadern aufschlitzen? Einen Herzinfarkt haben? Pillen schlucken? Sogar wenn einen der Partner berührt, braucht man noch nicht zu sprechen, es sei denn, durch reden wird mehr erreicht als durch schweigen. Diese Stummheit kann den Partner aus seinem Kokon des ach so schlauen Geredes reißen und einen wahrhaftigen und ausdrucksstarken Schauspieler zum Vorschein bringen (denn dieses Benehmen stellt sowohl ein Geheimnis als auch einen Widerstand dar).

Wenn der Partner den Arm um dich legt oder deine Hand hält (was das Problem löst), sollte man den Kontakt bald wieder unterbrechen. Sonst entsteht die gleiche Situation, wenn man beim »Klau den Hut«-Spiel außer Reichweite bleibt.

Spielen Sie dieses Spiel mit Freunden, die keine Ahnung haben, dass Sie mit ihnen improvisieren – dann kann niemand behaupten, ihre Reaktionen seien nicht »echt«.

Liebes- (und Hass)szenen

Wenn man Anfänger bittet, eine Liebesszene zu spielen, halten sie Händchen, während der Szenograf einen »Mond« aufhängt und der Geräuschimprovisierer Schmusemusik spielt.

»Toller Beginn für eine Mordszene«, sage ich.

Sie sind verblüfft.

»Oder für eine Streitszene oder eine Sich-trennen-Szene.«

»Aber wir sollten doch eine Liebesszene spielen!«

»Wenn ihr so anfangt und ausseht und klingt wie ein Liebespaar, könnt ihr ›nirgendwo hingehen‹ außer ins Bett zusammen!«

Liebesszenen sollten eine Ausgangsbasis haben, die mit Liebe nichts zu tun hat, zum Beispiel ein Arzt, der eine Patientin untersucht, ein Neurologe, der Tauchen lernt, ein Mädchen, das das Wasser im Schulaquarium wechselt:

»Ich kenne dich schon, seitdem du eine Kaulquappe warst, Fridolin!«

»Quak!«

»Bist du nicht froh, dass ich immer darauf achte, dass das frische Wasser Zimmertemperatur hat?«

»Quak!«

»Du bist ein guter Zuhörer, Fridolin. Du bist mein bester Freund auf der ganzen Welt.«

»Quak!«

»Aber manchmal wünschte ich doch, dass du sprechen könntest.«

»Ich liebe dich, Helena!«

»Wer ... wer hat da gesprochen?«

»Quak!«

»Warst du das, Fridolin?«

Sie könnten sich küssen, und das Mädchen wird zum Frosch – wer weiß –, doch selbst mit einem Frosch kann eine Liebesszene sehr anrührend sein, und in der nachfolgenden Szene wird dann umso herzlicher gelacht.

Liebesszenen müssen nicht sexuell sein: Zwei Brüder, die sich um die gleiche Frau streiten, gestehen einander ihre Liebe; Hiob liebt Gott; ein Hund liebt seinen Herrn; ein Kind liebt seinen Teddybären.

Liebesszenen bieten eine angenehme Unterbrechung zu reiner Komödie, und es ist traurig, wenn nervöse Improvisierer sie nur als eine weitere Gelegenheit betrachten, Lacher zu bekommen.

Mantras

Diese herrlich ausdrucksstarken Mäuse in *Never Cry Wolf (Wenn die Wölfe heulen)* mussten stillsitzen und den Helden verwirrt anstarren, während er Maussandwiches aß. Sie festzubinden war sinnlos, ebenso, sie festzukleben, denn sie wehrten sich verzweifelt und quiekten jämmerlich. Ein Techniker löste das Problem, indem er sie in einer Zentrifuge umherwirbelte. Danach blieben sie minutenlang auf der markierten Stelle sitzen und sahen niedlich und verwirrt aus. Mantras haben einen ähnlichen Effekt.

Der Einsatz von Kinderliedern bei der Improvisation

Ich fragte mich, wie viel mein Verstand auf einmal aushalten könnte, bevor er aufgeben würde. Also löste ich im Kopf Rechenaufgaben, während ich laut las, spielte Klavier, während ich das Alphabet rückwärts aufsagte, und versuchte, die erste Zeile eines Kinderliedes zu singen, während ich mit anderen Leuten interagierte. »Hänschen klein … Hänschen klein … Hänschen klein …« Es stellte sich heraus, dass das ganz gut funktionierte. Ich wurde vielleicht einsilbiger, aber soziale Kontakte wurden einfacher (ich vermute, ich habe früher zu viel geredet), und nie beschwerte sich jemand, ich sei unaufmerksam gewesen.[99]

Als Heranwachsender versuchte ich immer, so intellektuell wie möglich zu sein – ohne dass ich eine allzu große Begabung dafür hatte –, und war erstaunt herauszufinden, dass das zu nichts führte und dass alles, was meinen verbalen Ausdruck verdarb, dazu geeignet war, die Welt bildhafter zu machen. Wie konnte Wittgenstein sich in den Glauben hineinargumentieren, die Grenzen seiner Sprache stellten die Grenzen seiner Welt da? Wie konnte Professor Ayer ernsthaft behaupten: »Wenn man es nicht verbalisieren kann, existiert es nicht – und man kann es auch nicht pfeifen!« Was ihm einen Lacher einbrachte.[100] Haben diese Philosophen nie einen Orgasmus gehabt oder Ketchup geschmeckt?

Meine Schüler sahen nie niedlich oder verwirrt aus wie die Mäuse in *Never Cry Wolf.* Auf der Bühne zu sein bedeutete für sie »höchste Alarmbereitschaft«, als gingen sie noch zur Schule und müssten eine Prüfung ablegen. Ich brauchte eine Möglichkeit, ihr analytisches Denken zu zerstören, und bat sie (mangels einer Zentrifuge), beim Improvisieren still für sich Kinderlieder zu wiederholen. »Wiederholt für euch die erste Zeile eines Kinderliedes«, sagte ich, als ich das Spiel vorstellte: »Ihr könnt aber noch alles sehen und alles hören. Gleichzeitig zu sprechen könnte schwierig werden, aber tut euer Möglichstes, die Wiederholung beizubehalten, auch wenn ihr meine Fragen beantwortet.«

Ich wandte mich an eine Schülerin.

»Sag mir deinen Namen.«

»Rachel.«

»Hast du die Wiederholung unterbrochen, um zu sprechen?«

»Nein.«

Ihre Stimme hatte ganz anders geklungen, also glaubte ich ihr. Ich wandte mich an einen anderen:

»Wo sind wir?«

»Im Royal Court Theatre Studio.«

»Du hast das Kinderlied zum Sprechen unterbrochen.«

»Ich musste.«

»Beschreibe die Möbel und Gegenstände in deinem Schlafzimmer.«

Ich beobachte, wie sich seine Augen bewegen, während er vor seinem geistigen Auge ein Bild überfliegt, um die Möbel zu beschreiben. Das zeigt mir, dass er ein visueller Mensch ist (wie die meisten Schauspieler).

»Stell dir vor, dass die Wörter aus riesigen Buchstaben bestehen, die sich durch deinen Kopf wälzen. Versichere dich, dass du immer weißt, wo der Satz sich gerade befindet, auch wenn du sprichst. Jetzt noch einmal – wo sind wir?«

»H... hier ...«, gelang es ihm zu sagen, aber dann gab er auf: »Es ist zu schwierig.«

»Aber du hast es geschafft! Du konntest ›hier‹ sagen, und bald wirst du ganze Sätze sagen können. Wenn es nicht schwierig wäre, wüssten wir, dass der verbale Teil deines Gehirns die Kontrolle übernommen und dich dazu gebracht hat, ›aufzugeben‹.«

Wenn die Schüler den Rhythmus ihrer Zeile dadurch ausdrückten, dass ihr Körper »den Takt angab«, sagte ich: »Schaukelt nicht im Takt der Zeile! Keiner braucht zu wissen, dass ihr sie im Stillen vor euch hin sagt!«

Es erwies sich, dass es möglich ist zu interagieren und einfache Dialoge zu improvisieren, obwohl die ganze »Persönlichkeit« beschäftigt war mit: »Alle meine Entchen ... alle meine Entchen ... alle meine Entchen ...« (Das kannte ich bereits aus meinen eigenen »gesellschaftlichen« Experimenten.)

Ich ermutigte die Spieler, und sie waren begeistert, als sie feststellten, dass ihre Improvisationen sehr überzeugend wurden. Vorsichtige Darsteller, die früher »aus dem Kopf« agierten, handelten plötzlich »aus dem Bauch«; und emotionale Situationen, bei denen ein durchschnittlicher Schüler sonst gezwungen war, aus schierer Verlegenheit Witze zu reißen, wurden mit absoluter Ernsthaftigkeit gespielt. Jedes Wort, das diesen Widerstand gegen das Sprechen überwand, schien von großen Gefühlen unterstützt zu werden und eine »Geschichte« zu haben. Es war, als beobachteten wir Szenen, die tatsächlich passierten. Manchmal weinten wir.

Als sich die Studenten beklagten, dass ihre Konzentration nachließ, sagte ich: »Wenn ihr euren Satz vergessen habt, fragt euch selbst: ›Was mache ich hier? Ach ja, Keith sagte mir, ständig den Satz zu wiederholen.‹«

Wenn die Schüler anfingen, in langen Absätzen zu sprechen (weil sie nicht zulassen wollten, dass ihr »Intellekt« durch etwas so Dummes wie eine »Wiederholung« überwältigt wird), bat ich sie, von vorne anzufangen und gab ihnen einen minimalen Dialog: »Hallo ... Schön, dich zu sehen ... Ich habe ein ... Problem ...«

Nachdem mir klar wurde, dass ich das Mantra neu erfunden hatte, schien meine Idee der Wiederholung fast banal. Religiöse Lehrer bitten ihre Schüler, ein Mantra zu wiederholen (einen heiligen Satz oder ein heiliges Wort), um sie dahin zu bringen, »in der Welt zu sein«, anstatt »zu sich selbst über die Welt zu sprechen«. Die Welt bestand schon lange, bevor Wörter entstanden, und Wörter schaffen Hierarchien und sagen uns »wenn dies, dann nicht das«. Denken und Erfahren sind nicht das gleiche, und »Mantras« können uns mit einer Blume konfrontieren oder mit einem Stück Hundescheiße oder mit einem Baby oder mit einem Bernt Nodke, ohne dass man katalogisieren und unterscheiden oder eine »Wertehierarchie« errichten muss. Sie können uns ganz davon abhalten, zu täuschen, zum Beispiel:

»Was für ein süßes Baby!«

»Du müsstest erst mal ein Foto von ihm sehen!«

Man könnte vielleicht denken, dass die Schüler durch Mantras unaufmerksam würden, doch sie wurden aufmerksamer – weil sie »in der Gegenwart« waren, nicht »in der Zukunft« oder »in der Vergangenheit«. Im Leben oder auf der Bühne zeigen uns Mantras das, was ist, und nicht unsere Gedanken über das, was ist. Und sie lenken uns von der Notwendigkeit ab, uns gegen die Augen der Zuschauer verteidigen zu müssen. Eigentlich sind wir immer in der Gegenwart (was immer »wir« ist); es ist unsere gesellschaftliche Persönlichkeit, die sich, auf der Jagd nach Schmeicheleien, davonmacht.[101]

Ich liebe dich – Ich hasse dich

Sätze wie »Ich liebe dich ...« oder »Ich hasse dich ...« zu wiederholen fällt leichter; dennoch fange ich mit Kinderreimen an (wenn ich Schauspieler unterrichte), denn sonst würden die Schauspieler das Mantra als Ziel betrachten, das es zu erreichen gilt. Also warte ich, bis sie mit zum Beispiel »Kommt ein Vogel geflogen« beeindruckende Resultate erzielt haben und sage ihnen dann: »Ständig ›Kommt ein Vogel geflogen‹ zu wiederholen hat nichts damit zu tun, dass man sich nach einem Vogel sehnt, oder?«

»Natürlich nicht.«

»Ein Kinderlied hat also keine Absicht? Es ist kein Stanislawski'sches Ziel?«

Zwei Schauspieler sitzen vor der Klasse, und ich sage ihnen, »Ich liebe dich« zu wiederholen, ohne irgendetwas zu tun, um uns das Mantra zu vermitteln. Dann sage ich: »Bleibt genau so, wie ihr seid, aber ersetzt das Mantra durch ›Ich hasse dich‹.«

Es ist, als ginge eine dunkle Wolke über sie hinweg. Sie scheinen härter zu sein, kälter, und haben doch keinen Muskel bewegt. Ich bitte sie, zu »Ich liebe dich« zurückzukehren, und es ist, als beschiene sie die Sonne wieder.

»Aber wie ist das möglich?«

»Ich weiß es nicht. Aber ein Mantra ist kein Ziel. Ein ›Ich liebe dich‹-Mantra zu wiederholen, während man ein Bier bestellt, heißt nicht, dass man mit dem Barmann ins Bett gehen will. Stellt euch Mantras als eine Möglichkeit vor, eure ›Wesen‹ zu ändern.«

Ich bitte die ganze Klasse, zu sich selbst zu sagen: »Ich liebe dich, ich liebe dich, ich liebe dich ...«

»Achtet aufeinander!«, sage ich. »Behaltet das Mantra bei, und versucht zu jemandem ›Hallo!‹ oder ›Hi!‹ zu sagen.«

Während sie das tun, wirken sie zarter und sanfter und liebevoller. Sie sehen nicht verführerisch aus, sondern sie scheinen einfach nettere Leute zu sein. Ich bitte sie, auf »Ich hasse dich« umzuschalten, und sie werden verachtungsvoll und feindselig.

Beispiele

Angela spielt eine Szene ohne Mantra. Sie kommt mit der Absicht herein, ihre beste Freundin Beate zu beschuldigen, ihren Freund verführt zu haben. Sie scheint sich des »Raumes« nicht bewusst zu sein, da sie beschlossen hat, zum Sofa zu gehen und sich hinzusetzen, bevor sie die Szene überhaupt anfing. Ich bitte sie, noch einmal anzufangen und ein Mantra zu benutzen. Diesmal zieht sie beim Hereinkommen einen Fuß nach und zeigt so, wie widerwillig die dargestellte Figur diese schmerzhafte Prozedur unternimmt. Sie sieht wie gerädert aus. Sie sieht aus, als ob sie die ganze Nacht geweint hätte. Sie sieht aus, als hätte sie keine Ahnung, wo im Raum sie hingehen sollte – das heißt, sie sieht überhaupt nicht wie eine Schauspielerin aus.

Ein weiteres Beispiel: Ein Mann spielte eine Szene, in der er jemand verführen sollte. Er war nicht sehr ausdrucksstark, doch als er die Szene mit Mantra wiederholte, öffneten und schlossen sich seine Knie ein paar Zentimeter, je nachdem, wie erfolgreich er war.

Ein ähnliches Beispiel: Eine Frau erzählte ihrem Mann, dass sie schwanger sei. Als sie die Szene mit Mantra wiederholte, strich sie sich dabei unbewusst über die Oberschenkel.

Dem Mantra »widersprechen«

Wiederholt man für sich selbst »Ich hasse dich! Ich hasse dich! Ich hasse dich!«, während man jemanden verführt, wirkt man wie einer von Hollywoods »großartigen Liebhabern« (Joan Crawford, Rudolph Valentino, Charles Boyer etc.).[102] Verwendet man dagegen ein »Ich liebe dich«-Mantra, während man seinen Partner zurückweisen will, wirkt das wie in *Brief Encounter (Begegnung)* oder wie einer jener russischen Filme, in denen zwei Liebende verzweifelt Abschied nehmen.

Alfred Lunt

In einem Buch über die Lunts *(Design for Living: Alfred Lunt and Lynn Fontanne)* fand ich einen Hinweis auf Mantras. Das Folgende spielte sich im traditionellen Theater ab, wo es von schlechten Manieren zeugt, sich gegenseitig zu helfen. Dennoch ging Alfred einmal auf einen jungen Schauspieler zu, der bei einer Probe herumstolperte, und sagte: »Du scheinst Probleme zu haben.«

»Ja. Ich bin mir sicher, sie feuern mich.«

»Dürfte ich dir einen kleinen Rat geben?«

»Ach bitte, Alfred, gerne!«

»Wiederhole einfach vor der Szene ›Du Hurensohn! Du Hurensohn!‹, und wiederhole es so lange, bis du wieder von der Bühne bist.«

»Ist das dein Ernst?«

»Versuche es. Es wird deine Probleme lösen.«

Er versuchte es, und alles schien mühelos zu gehen. Der Regisseur rief: »Gott sei Dank! Jetzt hast du's endlich begriffen!«

Lunt wurde für seine Fähigkeit bewundert, in praktisch jeder Situation wahrhaftig zu wirken, deshalb ist es interessant, dass er gerade diesen Rat gab.[103]

Die Arbeit mit »Mantras« ist meines Erachtens das Beste, was wir im Unterricht am Royal Court Theatre Studio entwickelten, obwohl sie vielleicht am wenigsten bekannt ist.

Gegenstände verwandeln

Man »verwandelt einen Gegenstand«, wenn man einen gemimten Gegenstand in einen anderen umwandelt.

Ursprung: Mime-Übung aus Frankreich.

So wird es gespielt: Bei der Version, die ich kennenlernte, ging es darum, in einem Kreis von Schülern gemimte »Gegenstände« weiterzureichen. Man bekam eine »Eistüte«, leckte daran, verwandelte sie dann in etwas anderes – einen Briefumschlag etwa. Jeder, dem »nichts einfiel«, wurde als fantasielos entlarvt, und das Spiel wurde zu einer Übung in »Nichtspontansein«. Ich verwende es aber, um die Spontaneität zu fördern.

Wir spielen das Spiel, und ich frage die Schüler, wie sie sich fühlen, wenn der »Gegenstand« sich ihnen nähert. Sie beschreiben, wie ihre Furcht einen Höhepunkt erreicht und dann fast auf null zurückgeht, wenn sie ihn weitergereicht haben. Sie lachen, wenn sie so über ihre Ängste reden – es war ihnen nicht bewusst gewesen, dass alle unter dem gleichen Druck standen.

»Hat jemand von euch Mime studiert?«

Zwei Schüler melden sich (nicht freudig).

»Das Spiel wird für euch speziell zermürbend sein, weil ihr euch selbst mehr abverlangt. Und die Wahrscheinlichkeit ist größer, dass ihr auf ›altes Material‹ zurückgreift.«

Die Anfänger sind erstaunt. Sie waren sicher gewesen, dass die geübten Schüler am wenigsten Stress empfinden würden.

»Gibt es einen Weg, der den Erfolg garantiert?«, frage ich, und sie erzählen mir von ihrer Strategie, »im Voraus zu planen«, um zu vermeiden, dass ihnen »nichts einfällt«.

»Aber wenn ihr plant, den Gegenstand in einen Vogel zu verwandeln, und dann merkt, dass er bereits als Vogel bei euch ankommt?«

Wieder lachen sie – Schüler lachen immer, wenn man über ihre Ängste redet (ein Thema, das an normalen Theatern tabu ist).

»Bei Improvisation geht es um Spontaneität«, sage ich. »Versucht, einen leeren Kopf zu haben. Beobachtet die anderen, wie sie den Gegenstand verwandeln, und lasst die Einfälle, die ihr dabei habt, durch euer Gehirn hindurchgleiten.«

»Aber was ist, wenn wir dran sind, und der Kopf ist leer?«

»Nehmt den Gegenstand, ohne nachzudenken. Wenn er sich nicht verwandeln will, reicht ihr ihn einfach als das weiter, was er ist. Dann fühlen sich die anderen nicht so miserabel, wenn ihnen ›nichts einfällt‹.«

Darüber lachen sie wieder.

»Lasst den gemimten Gegenstand ›sich von selbst‹ verwandeln. Schüttelt ihn, drückt ihn, fühlt sein Gewicht, dreht ihn herum, streichelt ihn und seht einfach zu, wie er das wird, was er werden will.«

Ich weise sie auch darauf hin, dass durch ihr unvollkommenes Mimen sich jeder Gegenstand zu ändern scheint: der Wecker wird kleiner, ihr Jo-jo wird zu einem springenden Ball.

Die einzigen Schüler, die das Spiel richtig spielen, sage ich, seien die, denen es nicht gelingt, den Gegenstand zu verwandeln – weil alle anderen vorausplanten. Sie lachen über meine Definition von Scheitern als Erfolg, und ein großer Teil ihrer verbliebenen Ängste löst sich auf.

»Aber was ist, wenn wir schlecht in mimischer Darstellung sind?«

»Sagt, was der Gegenstand sein soll – keiner verlangt, dass ihr hervorragende Mimen seid.«

»Aber was ist, wenn er sich nicht verändert?«

»Seid nach beiden Seiten offen. Aber bleibt ruhig.«

Es gibt noch eine Angst, der wir ins Auge blicken müssen: die Angst, »nicht originell zu sein«.

Wenn sie ihr Ego von Erfolg oder Misserfolg lösen können, werden sie kühner, und die Ideen kommen in Hülle und Fülle: ein Fischer, der eine Angel auswirft, wird zu einem Cowboy, der mit dem Lasso ein wildes Pferd einfängt. Ein Gewichtheber verwandelt sich in einen Akrobaten am Trapez. Jeder Einzelne wirkt viel kreativer.

Wirkliche Gegenstände verwandeln

Ein Spazierstock wird durch die Gruppe weitergereicht, und sie verwenden ihn auf verschiedene Weisen – als Regenschirm, als Fallschirm, als Teleskop und so weiter.

Wir arbeiten immer mit einem Haufen Requisiten neben der Bühne, und durch ihre Umwandlung können zauberhafte Dinge entstehen. Man kann große Gegenstände einsetzen: eine Bank wird zum Kanu, ein Sofa kann zum Swimmingpool werden, und ein »Boot« kann, hochkant gestellt, als Schrein verwendet werden.

Verse

Verse sind eine weitere Möglichkeit, Improvisierer dazu zu bringen, in der Gegenwart zu arbeiten, statt vorauszuplanen.

Ursprung: Ein weiterer Versuch, meine Studenten zu zwingen, auf die Kontrolle über die Zukunft zu verzichten.

So wird es gespielt: Man sagt irgendeinen Satz (was immer einem gerade einfällt) und verlässt sich darauf, dass einem entweder selbst oder dem Partner eine passende zweite Zeile einfällt (oder einer der Zuschauenden sie zuruft). Alles, was herauskommt, muss akzeptiert werden, und das führt zu Abenteuern, die außerhalb der Kontrolle durch das Bewusstsein liegen.

Jemand sagt: »Heute hab ich endlich frei ...«

Dazu muss ein Reim gefunden werden; jede passende Zeile kann angefügt werden, zum Beispiel: »Ich geh' hinunter an den Kai!«

Ein Kai war das Letzte, woran du gedacht hast, doch du greifst die Idee auf.

»Ich habe dort ein Segelboot ...«

Die nächste Zeile fällt dir nicht gleich ein, und du gehst im Geiste passende Wörter durch: »Tod«, »Hungersnot« oder »Brot«. Es ruft aber jemand »rot«, und du sagst: »Wir segeln gleich ins Abendrot!«

Die Zuschauer können erkennen, dass man nicht die Verse kontrolliert, sondern dass man von den Versen kontrolliert wird. Sie bewundern den Mut, sich in ein Meer von Reimpaaren zu stürzen, ohne jede Gewissheit, dass man sie weiterführen kann.

»O nein, es zieht ein Sturm herauf.
Mir wird schlecht! Ich gebe auf!
Mein Gott, schon ist das Boot versunken!
Ich kann nicht schwimmen! ...«

Dir fällt absolut kein Reim ein, aber jemand eilt dir zu Hilfe und ruft: »... Und ich hab' getrunken!«

»Eine Meerjungfrau hat Erbarmen,
und hält mich fest in ihren Armen ...«

Es scheint, dass ganz unabsichtlich eine Version von *Die kleine Meerjungfrau* wiedergegeben wurde, aber wer weiß, wo der nächste Reim hinführen wird?

Beliebte Versherausforderungen (und Pfänderspiele im Gorilla-Theater) sind »die beste Szene in Versform« oder »ein Limerick, der auf dem Namen eines Zuschauers basiert« oder »das beste Heldengedicht, das so lange dauert, bis das Publikum um Gnade bittet«.

Die Zuschauer lachen, wenn ein Reim schlecht ist, und applaudieren, wenn einer gut passt, aber Spieler, die zu Versen herausfordern, haben vielleicht überhaupt kein Talent dafür. Wir leben in einer verslosen Kultur (verglichen mit dem elisabethanischen England oder dem Japan Sei Shonahans); jeder aber, der auf einer Bühne spricht, sollte eine gewisse Sensibilität für Wörter haben. Deshalb lasse ich meine Schüler umgeschriebene Verse lesen, bevor ich ihnen das Original vorlege. Zum Beispiel:

»Ich bitte dich um Vergebung, entstellter Leichnam,
dass ich höflich bin zu deinen Mördern.«

Und dann sollen sie Antonius' Zeile aus *Julius Cäsar* sprechen:
»O du, verzeih mir, blutend Stückchen Erde!
Dass ich mit diesen Schlächtern freundlich tat.«
Oder ich lasse sie sagen:
»Himmlische Mächte, beschützt uns.«
Und dann die tatsächliche Zeile aus *Hamlet*:
»Engel und Boten Gottes, steht uns bei!«
Manche werden richtig süchtig danach.

Tapetenschauspiel

Tapetenschauspiel heißt, dass man sich (zusammen mit seinem Partner) von positiv zu negativ entwickelt (immer über neutral). Ich empfehle es nicht als Theatersport, obwohl ich es schon gesehen habe.

Ursprung: Ein Nebenprodukt aus der Arbeit mit »Verwandlungen«.

So wird es gespielt: Die Spieler stellen eine Szene dar, und sie gehen von positiv zu neutral, von neutral zu negativ, von negativ zu neutral und zurück zu positiv. Auf diese Weise verändert man sich ständig und sollte versuchen, allen drei Zuständen den gleichen Wert beizumessen.

Zum Beispiel:

Bewegen sich Richtung positiv:
»Hallo! Ich freue mich, dich zu sehen.«
»Ist heute nicht dein Geburtstag?«
»Du hast daran gedacht!«
»Ich habe dir das hier gekauft.«
»Ach, das wäre doch nicht nötig gewesen!«

Bewegen sich Richtung neutral:
»Es ist ein Schneebesen.«
»Nun gut, kann man immer gebrauchen. Die Geste zählt.«
»Ja, ich habe an dich gedacht.«

Bewegen sich Richtung negativ:
»Es ist mein einundzwanzigster Geburtstag, und was schleppst du an? Einen verdammten Schneebesen!«
»Wenn du ihn nicht willst, nehme ich ihn zurück.«
»Ich will ihn aber!«
»Dann könntest du auch ein bisschen Dankbarkeit zeigen!«

Bewegen sich Richtung neutral:
»Es tut mir leid.«
»Die Sache ist die, ich hatte kein Geld. Ich habe ihn aus der Küchenschublade genommen.«
»Von deiner Mutter gestohlen?«
»Ich wollte dir etwas schenken.«

Bewegen sich Richtung positiv:
»Nun, ich brauche tatsächlich einen Schneebesen.«
»Großartig! Ich dachte, wir könnten heute etwas Besonderes unternehmen. Papa hat mir sein Auto geliehen!«
»Wirklich?«
»Schau aus dem Fenster.«
»Fantastisch! Wir könnten mit Kati und Jacqueline einen Ausflug machen.«
»Genau.«

Bewegen sich Richtung neutral:
»Ich weiß nicht, ob sie da sind.«
»Ich habe eine Notiz hinterlassen.«
»Vielleicht rufen wir besser an.«

Ich habe es »Tapetenschauspiel« genannt, denn wenn es gut gemacht ist, kann man ewig weiterplappern und trotzdem das Interesse aufrechterhalten. Es ist eine Möglichkeit, auf der Bühne Zeit zu schinden, doch muss man ein gelegentliches Kippen einbauen, zum Beispiel:

»Erzähl ihm, dass du schwanger bist.«

Und dann: »Sag ihm, dass es nicht von ihm ist.«

Oder: »Erklär ihm, dass du von Außerirdischen entführt wurdest.«

Wenn man sie sich selbst überlässt, gehen Anfänger von negativ zu neutral, oder sie überspringen neutral ganz und gar. Das sollte nicht passieren.

Der Tölpel

Gib vor, dir wehzutun, dich allmählich wieder zu erholen und dich dann wieder zu verletzen (ad libitum weiterzuführen).

Radaukomiker sagen: »Ich hatte einen Riesenlacher« und vergleichen ihre blauen Flecken, aber Schmerz allein genügt nicht – was komisch ist, sind die Nachwirkungen. W. C. Fields meinte: »Ich habe nie etwas Witziges erlebt, das nicht schrecklich war. Wenn es wehtut, ist es komisch. Wenn nicht, ist es nicht komisch. Es ist mir peinlich und ich versuche, den Schmerz zu verbergen, und je mehr ich das tue, desto besser gefällt es ihnen ...«

Man muss zwischen schnellem Schmerz und langsamem Schmerz unterscheiden: Nadelstiche sind schnell, der Schmerz in einem gequetschten Fuß langsam.

Körperlichkeit ist nicht so wichtig wie Geräusche. Wenn du aufschreist und sagst: »Ich kann mich nicht bewegen!«, denkt jeder sofort, du littest an »Krämpfen« oder an einem »Hexenschuss«, auch wenn du physisch gar nichts gemacht hast.

Die Leute sehen es gern, wenn Figuren Schmerzen haben. Wenn sie aber glauben, man habe sich ernsthaft verletzt, hören sie sofort zu lachen auf – es sei denn, sie hassen einen –, weshalb der Schmerz übertrieben werden muss, um zu demonstrieren, dass er nicht echt ist.

Auf Tournee spielte die »Theatre Machine« das »Tölpel«-Spiel mit einem Freiwilligen aus dem Publikum. Für gewöhnlich endete der Improvisierer krumm und lahm, doch er interagierte immer noch eifrig.

Vorschläge

- Sich in die Zunge beißen.
- Von einem Insekt gestochen werden (keine Vorbereitung nötig – ein Aufschrei genügt).
- Härter aufs Bein schlagen als beabsichtigt.
- Einen elektrischen Schock kriegen.
- Sich selbst ins Auge hauen.
- Der Ellbogen rutscht vom Tisch, so dass der Kopf, der von der Hand gehalten wurde, auf den Tisch fällt. Den Knall macht man mit der Hand.
- Ein Fuß verfängt sich beim Laufen im anderen und man versucht, *nicht* zu stolpern.
  Die Hand bleibt in einem Krug, einer Vase etc. stecken.
- Beim Hineinbeißen in etwas verletzt man sich einen Zahn.
- Einen Krampf kriegen.

Desorientierung

Drei Clowns machten auf einem Trampolin Saltos; sie stießen gegeneinander, verfingen sich in den Sprungfedern, aber nur zwei von ihnen waren witzig. Der dritte imitierte alles, was die beiden anderen taten, aber er wirkte wie ein Turner. Zwanzig Jahre verstrichen, bis ich diesem Geheimnis auf die Spur kam.

Sagen wir, ein Diener nimmt die Hand des Herrn und macht dann eine Rolle vorwärts. Es soll so aussehen, als hätte der Herr ihn geworfen, aber es wird wie eine Turnübung wirken, wenn nicht der Diener hinterher die Orientierung verloren hat. Wenn man mit einem Ballon geschlagen wird und umfällt wie von einer Eisenstange getroffen, muss man beim Aufrappeln in die falsche Richtung sehen. Nicht der Schlag oder das Hinfallen lösen Gelächter aus, sondern die Verwirrung und das langsame Begreifen. Der dritte Trampolinspringer sah nie desorientiert aus – deshalb wirkte er wie ein Turner.[104]

VERSCHIEDENE SPIELE

Fingerszenen

Ursprung: Jim Curry erfand dieses Spiel, als er eine Frisbeescheibe auf der Bühne landen ließ; er machte dazu die Geräusche einer »fliegenden Untertasse« und ließ seinen Zeige- und Mittelfinger über die Bühne laufen als Astronauten, die einen fremden Planeten erforschten.

»Pass auf, Joe, auf diesem Planeten hat es Fälle von unerklärlichem Verschwinden gegeben.«

»Mein Sensor sagt mir, dass es in dieser Richtung eine Form von außerirdischem Leben gibt, Bill.«

»Sei vorsichtig, wenn du weitergehst, Joe.«

Eine Hand in einem schwarzen Handschuh krabbelte auf sie zu. Sie kreischten vor Schreck.

»Phaser klar zum Feuern!«

Die behandschuhte Hand griff Bill an, aber Joe »feuerte«, und sie fiel hintenüber auf den »Rücken« und lag bewegungslos da.

»Was für ein bemerkenswertes Wesen.«

»Ja. Eine Art Säugetierspinne. Das Fell könnte wertvoll sein.«

Während sie die Hand »enthäuteten«, hörten sie einen leisen Schrei. Sie drehten sich um und sahen eine Barbiepuppe (die von einem dritten Improvisierer bewegt wurde).

»Ihr habt meinen armen Glurp umgebracht! Mein Vater wird euch bestrafen!«

Improvisierer beider Teams krochen auf die Bühne, und jeder handhabt ein Paar Fingerwesen.

»Ergreift die Erdlinge und bringt sie zu meinem Vater …«

Plötzlich griff eine riesige Hand – ein Meter zwanzig im Durchmesser – durch den Vorhang, und die »Angreifer« knieten nieder wie vor Gott … Und so weiter.

Eine Improvisiererin »nahm einen Trank zu sich«, der sie in eine Riesin verwandelte. Ihre Partnerin schrie mit piepsiger Stimme und ließ zwei Finger in Panik über die Bühne rennen, mit der Riesin hinter ihr her. Aus irgendeinem Grund glückte die Illusion, und die Zuschauer waren entzückt.

Die Fingerspieler nicht verstecken

Die Fingerspieler haben das Gefühl, dass nur ihre Finger auftreten. Da niemand sich je wegen der schauspielerischen Fähigkeiten seines Zeige- und Mittelfingers gehemmt fühlt (das heißt sich gegen die Augen der Zuschauer zu schützen versucht), ist es sehr interessant, sie zu beobachten.

»Fingerfiguren« sind glücklich und frech und sprechen mit leisen Piepsstimmen. Es ist kein wichtiges Spiel, aber es bringt Abwechslung (und es ähnelt nichts, was das Publikum schon gesehen hat).[105]

Dennis' Puppenshow

Dennis Cahill (künstlerischer Leiter des Loose Moose) erfindet eine Geschichte für Handschuhpuppen, die von Freiwilligen aus dem Publikum gehandhabt werden.

So wird es gespielt: Man braucht ein Puppentheater. Unseres besteht aus drei faltbaren Teilen, mit einem rechteckigen Loch in der Mitte, aber man kann auch eins aus dem Stegreif improvisieren. Wichtig ist, dass die Puppenspieler versteckt sind (es macht mehr Spaß, sich ihre Schwierigkeiten vorzustellen, als sie tatsächlich zu sehen).

Jemand hinter der Bühne gibt den Freiwilligen die Puppen und flüstert ihnen Ratschläge zu und hält das Mikrofon, falls Dennis Dialoge verlangt.

Dennis' »Vorführer« ist so erschöpft und desillusioniert, dass es egal ist, wie unfähig oder starr vor Angst die Puppen sind; die meisten Freiwilligen jedoch werden bald ungehemmter, und das Publikum belohnt sie gerne. An einem guten Abend kann Dennis' Puppenshow das Witzigste sein, was Sie je gesehen haben.

Zeitlupe mit Kommentar

Der Darsteller bewegt sich in extremer Zeitlupe, während ein anderer Spieler seine Handlungen kommentiert.

Ursprung: Die »Theatre Machine«. Ich wollte eine Szene in Zeitlupe, und Roddy Maude-Roxby begann Antony Trent auszupeitschen. Er verwendete eine echte Peitsche, die durch die langsamen Bewegungen schlaff herunterhing und das Opfer lediglich streichelte. Der Gefangene schrie so langsam wie möglich. Richardson Morgan lieferte den Kommentar und geriet an einem Punkt ganz schön außer sich. Hinterher schlug er vor, wir könnten das Ganze zu einem Spiel machen.

Warum Zeitlupe?

Zeitlupe trägt zur Abwechslung bei und hindert Spieler daran, im Voraus nach »guten Ideen« zu suchen. Sie müssen auf ihren Körper achten, und Körper sind immer in der Gegenwart.

Anfänger glauben, extreme Zeitlupe sei langweilig, doch erfahrene Spieler wissen, dass das Publikum einem Darsteller minutenlang beim Tee-Einschenken zuschaut, solange die Bewegungen langsam genug sind. Ich erinnere mich an ein »Tischdecken« vor über dreißig Jahren am Mercury Theatre in Notting Hill. Ben Benison und Richardson Morgan schalteten plötzlich in extreme Zeitlupe, als sie mimten, ein Tischtuch auseinanderzufalten und über den vorgestellten Tisch zu breiten. Das Ganze erstreckt sich über acht Minuten, und doch war das Publikum hingerissen, obwohl es weder einen Kommentar noch Musik gab.

Bewegung in Zeitlupe

Die meisten Improvisierer befassen sich mit der Peripherie ihres Körpers; es muss jedoch immer eine Verbindung zum Körpermittelpunkt geben, selbst wenn man nur einen kleinen Finger bewegt, selbst wenn man ihn mit einer Geschwindigkeit von drei

Zentimetern pro fünf Sekunden bewegt. Wenn es einem gelingt, diese Verbindung herzustellen, werden die Bewegungen flüssig und wirken »integriert« – man sieht nicht mehr aus wie irgendein Mechanismus, bei dem sich immer nur ein Teil bewegt.

Ich unterrichte das Spiel mit einem Spieler auf der Bühne und rufe: »Langsamer! Mach weniger! Beweg dich kaum wahrnehmbar!« Dem Kommentator sage ich, zu schweigen oder Verstöße auszumachen, die er kommentieren kann, oder in Begeisterung auszubrechen.

Jedesmal, wenn der »Kommentator« ankündigt, dass gleich etwas geschehen wird – »Oh, er wird sich neben den Stuhl setzen« –, neigen Anfänger dazu, schneller zu werden, weil ihnen ein Ziel gesetzt wurde.

Aber wie aufgeregt der Kommentator auch werden mag, ein erstklassiger Schauspieler hält das langsame Tempo gleichmäßig bei. Die Weigerung, schneller zu werden, kann eine magische Wirkung erzielen.

Der Kommentator

Eine Spielanleitung aus Neuseeland beschreibt »Zeitlupe mit Kommentar« so:

»Die Improvisierer bewegen sich so langsam wie möglich, und der Kommentator spricht so schnell wie möglich.« Der das geschrieben hat, muss eine Aufführung gesehen haben, bei der der Kommentator nicht einen Moment aufhörte zu quasseln – ein echter Kommentator wäre wegen einer solchen Aufdringlichkeit längst gefeuert worden. Vielmehr kann »Zeitlupe mit Kommentar« gerade dann am besten sein, wenn der Kommentator gar nichts sagt, auch wenn sich die Spieler kaum bewegen.

Ich bitte die Kommentatoren, sich vorzustellen, dass sie für jeden Darsteller Karten haben, die Hintergrundinformationen über die Darsteller liefern. Zum Beispiel:

»Ron Harris trägt seine roten Shorts, die zu seinem Markenzeichen geworden sind.«

Und:

»Unsere tapfere kleine Audrey Swinburne trägt einen Badeanzug, den ihr ihre zweiundachtzigjährige Großmutter gestrickt hat. Ihr Vater ist bei der hiesigen Leimfabrik in den Ruhestand gegangen, um ihr Training zu überwachen ...« usw.

Hier ein Beispiel dafür, wie ein Kommentator (zusammen mit seinem Assistenten) die Emotionen hochschaukelte, obwohl die Bühne leer war: die Handlung war »zur Tür hereinkommen«.

»Ah ... ich glaube, etwas passiert. Ich sehe einen Lichtstrahl durch den Türspalt fallen ... könnte sein, dass die Tür ein klein wenig anfängt, sich zu öffnen. Mir ist, als hätte ich vor ein paar Minuten gesehen, wie der Türknauf sich zu drehen begann. Man kann das schwer beurteilen, weil der Knauf völlig rund ist. Was denkst du, Kenneth?«

»Nun, ich glaube, dass er sich dreht, John. Sonst hätten die Richter die Szene doch schon längst ausgezählt.«

»Das muss die Nummer fünfzehn sein, Igor Pudowkin aus Omsk; Igor wurde letztes Jahr im Madison Square Garden nach einem fünfzehnminütigen ›In-die-Augen-Stechen‹ disqualifiziert. Oh ... und jawohl! Die Tür beginnt sich in der Tat zu öffnen! Ich kann zwei Fingerspitzen sehen. Oh, und jetzt reißt er die Tür geradezu auf!«

Pause, in der sich die Tür um weitere fünf Zentimeter öffnet.

»Ja, es ist Igor Pudowkin, der einen einwandfreien Auftritt hinlegt. Ich kann sehen, wie sein Trainer ihm Ratschläge gibt. Eine tolle Konzentration, dieser Bursche. Ah ... ich glaube, da ist ihm ein Fehler unterlaufen. Ich denke nicht, dass er sich für diese Bewegung in die richtige Position gebracht hat ... Was meinst du, Kenneth?«

»Richtig, John, ein taktischer Fehler. Ich würde sagen, er wird wie eine Kanonenkugel durch die Tür geschossen kommen.«

»Ich glaube, er ist nicht mehr aufzuhalten. Zu spät, seine Bewegungskurve noch zu ändern. Schade, so hat er sich um den zweiten Platz gebracht! Ah ... ja, und er wird sich gleich den Kopf ordentlich einschlagen ...« usw.

Der abschließende Satz könnte lauten: »Nun, meine Damen und Herren, ein recht langsamer Beginn heute Abend bei der Internationalen Meisterschaft im ›Eine-Tür-Öffnen-und-Hereinkommen‹

hier in St. Chutney. Zeit, Sie mit einigen wichtigen Informationen zu versorgen …«

Ich ermutige die Kommentatoren zu wechseln zwischen:

1. Zulassen, dass die Handlung für sich selbst spricht.
2. Aufgeregt werden und auf einen Höhepunkt hinsteuern (auch wenn es den Höhepunkt in der Handlung nicht gibt).
3. Die diffizileren Probleme des Spiels erklären, Regelverstöße aufweisen und so fort.
4. Hintergrundinformationen über die Figuren oder über nebensächliche Dinge liefern.

Ein guter Kommentator wechselt den Modus seiner Ansage, um das Spiel interessant zu machen; zum Beispiel:

»… Die Meisterschaft im Krötenschlucken hier in Barnsley kommt heute Abend nur langsam in die Gänge. Frank Quimby ist gerade dabei, ein Exemplar zu taxieren – Frank Quimby, der letztes Jahr im Viertelfinale nach der siebzehnten Kröte das Handtuch warf, dem aber Chancen auf einen der ersten Plätze eingeräumt werden. Wie Sie wissen, ist das Limit für jede Kröte fünf Minuten.«

Wechsel im Modus: »Ah, ich glaube, es passiert etwas. Frank scheint zu versuchen, die Kröte zu hypnotisieren. Ein geistiges Duell, das die Kröte womöglich gewinnen wird, urteilt man nach Franks leerem Gesichtsausdruck … Und die Sekunden verstreichen.«

Wechsel im Modus: »Franks Hosen mit dem dehnbaren Zwickel wurden im Übrigen von Herrn Peter Node hergestellt. Vorhin erzählte Frank mir …

Wechsel im Modus: »Oh … es scheint auf der Richterbank zu einer Auseinandersetzung gekommen zu sein darüber, ob Frank sich bewegt oder ob er wirklich starr vor Angst ist, wie es von hier, von der Pressetribüne aus, den Eindruck hat … Frank Quimby, einer der großen alten Meister im Krötenschlucken, scheint vor dieser gewaltigen Kröte in die Knie zu gehen. Die Richter haben sich zur Beratung zurückgezogen, während Franks Fans ihn weiterhin anfeuern.«

Wechsel im Modus: »Ich befürchte, unter den Zuschauern ist es zu Handgreiflichkeiten gekommen. Kein Wunder, die Leute haben schließlich eine Menge Geld gesetzt. Die Uhr tickt, alles wartet gespannt auf die Entscheidung. Ein Londoner Polizist scheint drüben bei der Königlichen Loge Probleme zu haben. Ich kann sehen, wie die Leute seinen Helm umherwerfen.«

Wechsel im Modus: »Franks Trainer verlangt eine Auszeit, die Richter stimmen dagegen ...«

Wechsel im Modus (zu Langweile): »Ja, ich glaube, Frank plant eine Weigerung. Es sieht tatsächlich so aus, als würde Frank Quimby sich weigern! Für Frank Quimby, das walisische As, könnte dies eine Katastrophe sein ... Nun, meine Damen und Herren, für jeden Krötenschlucker kommt einmal die letzte Kröte ... Was für eine Enttäuschung aber für Fans des Jungen, die heute Abend hier in der Halle sind ...«

Wechsel im Modus (zu großer Aufgeregtheit): »Er nimmt die Kröte in Angriff! Er beugt sich vor! Es scheint, er hat sich für ein Hinunterschlingen ohne Einsatz der Hände entschieden. Franks Kiefer öffnen sich! Angeblich soll Frank ja eine Operation gehabt haben, so dass er seinen Unterkiefer ausrenken kann, wann immer er will ...«

Während dieses ganzen irren Kommentars hat Frank lediglich seinen Kopf um etwa fünf Zentimeter gesenkt und seine Lippen leicht geöffnet.

Varianten

Variante 1: Zwei Spieler spielen in Zeitlupe.

Variante 2: Der Kommentator hat einen Assistenten, so dass er immer sagen kann: »Was meinst du, Basil?«, und Basil übernimmt. Oder Basil kann »Trainer« sein.

Variante 3: Der Kommentator kann sein eigener Assistent und/oder Trainer sein, indem er verschiedene Stimmen einsetzt.

Umfassendere Anwendungsmöglichkeiten

Kommentatoren können auch bei anderen Szenen eingesetzt werden (das heißt nicht nur bei Szenen in Zeitlupe). Hier geben ein Kommentator und sein Assistent Anmerkungen zu einer Szene, in der die Spieler versuchen, einen möglichst gleichen Status beizubehalten:

»Sie zeigt ihm ihre oberen Schneidezähne, Tom.«

»Ganz recht. Eindeutig senkt sie damit ihren Status. Wahrscheinlich wird er darauf reagieren, indem er sich mit der Hand im Gesicht berührt.«

»Sie zwinkert jetzt mehr, Tom, und ist atemlos, wenn sie spricht. Er wird das wohl irgendwie ausgleichen müssen ...«

»Oh, er führt die Hand zum Kinn ...«

»Eine beliebte Geste.«

Und so weiter. Diese Kommentare können die Spieler auch auf Irrtümer aufmerksam machen, die dann mitten in der Aufführung korrigiert werden können.

(Flüstert ins Mikro) »Oh, jetzt hat er die dritte Idee ruiniert. Diese Szene wird durch eine gnadenlose Negativität erdrückt. Was denkst du, Nathan?«

(Flüstert ins Mikro) »Ich glaube, er nimmt jetzt das neue Angebot an ...«

(Flüstert ins Mikro) »Und keine Minute zu früh, Jeremy, die Richter sehen schon etwas verwirrt aus ... Oh, und er hat angenommen!«

Hier ein Kommentar zu einer Hochstatus/Tiefstatus-Szene. Kate ist Hochstatus, Ken Tiefstatus.

> *»Ken lümmelt auf dem Sofa und nimmt eine Menge Raum ein. Er hört, wie sich ein Schlüssel im Schloss dreht. Er setzt sich auf und beansprucht dadurch weniger Raum: Er erwartet deutlich, dass eine Person mit höherem Status eintritt. Kate tritt ein und scheint ihn zu ignorieren. Ken lächelt ein Tiefstatuslächeln, indem er die oberen Zähne zeigt. Kate hält Augenkontakt.«*
>
> Kate: Warum bist du nicht bei der Arbeit?
>
> *»Während sie das sagt, hält sie ihren Kopf ganz ruhig. Ken reagiert, indem er die Augen senkt und ein bisschen nervös wird.«*
>
> Ken: Ich fühlte mich nicht danach.

»Kate hält Augenkontakt. Ken sieht weg und wirft nur ab und zu einen Blick zurück. Sein rechter Fuß dreht sich etwas nach innen.«

Kate: Ich wollte meine Sachen abholen.

Ken: Oh.

»Ken ist ein bisschen außer Atem, als er das sagt. Er atmet nicht mehr, als er unbedingt muss.«

Kate: Patrick wartet im Wagen auf mich.

Ken: Äh … ach so.

Kate: Ähem …

»Kate macht ein Hochstatus-»Ähem«, um Ken zum Schweigen zu bringen, bis sie weiß, was sie sagen will.«

Kate: Wo sind meine CDs? Wo zum Teufel sind meine CDs?

»Kate bewegt sich auf Ken zu, ihr Oberkörper neigt sich ihm zu. Ken windet sich nach rechts und links, als sich ihre Augen in ihn bohrten.«

Ken: Ich habe sie weggeworfen!

»Kate macht eine Pause und lässt Ken auf eine Antwort warten.«

Kate: Du hast sie weggeworfen?!

Ken: In den Müll.

Kate: Ich könnte dich umbringen.

»Ken weicht zurück. Er sieht aus, als wollte er gleich zu weinen anfangen.« …

Dies lenkt die Aufmerksamkeit der Zuschauer darauf, wie Status erreicht wird, und es leitet die Schauspieler auf eine Weise an, die normalerweise zu aufdringlich wäre. Und es ist komisch.

Die Schauspieler müssen »Lücken« zulassen, in die der Kommentar eingefügt werden kann. Das kann nervöse Spieler beruhigen, doch die Kommentatoren müssen sehr gut sein. Zu kommentieren sollte besser im Unterricht als in der Öffentlichkeit gelernt werden.

Messer

Die Improvisierer mimen, als »neue« Wesen aus ihrer Haut zu steigen. Dieses Spiel wird selten angewendet, aber manchmal braucht man es. Es ist sehr nützlich als Symbol für das »verborgene Ich« oder für Sex (bitte weiterlesen) oder dafür, in Science-Fiction-Szenen einen Außerirdischen darzustellen.

Ursprung: Ich unterrichtete »Gesicht-Verändern« – ein Kinderspiel, bei dem man die Hand vor das Gesicht hält und die Gesichtszüge ändert, während es verdeckt ist (die Wirkung ist, wie eine Maske mit einer anderen zu vertauschen). Dabei dachte ich: »Warum nur das Gesicht? Warum nicht den gesamten Körper?«

So wird es gespielt: Ein Spieler mimt, ein Messer aus einer Schublade zu nehmen, und hält es, als sei es sehr scharf. Er könnte es auch gegen die Wand werfen: »Doooooing!« Dann mimt er, es mit beiden Händen festzuhalten – die Klinge nach oben – und gibt vor, unter großem Stress zu stehen. Einen Moment hält er inne und stößt sich dann die gemimte Klinge tief in die Stirne. Er schreit auf wie unter schrecklichen Schmerzen; dann erholt er sich langsam wieder – vielleicht immer noch keuchend. Er fasst den Messergriff, hält ihn rechtwinklig zum Körper und mimt, die Schneide über Gesicht und Körper zu ziehen – Vorsicht im Schritt – und dann an einem Bein entlang. Er zieht das Messer heraus und legt es auf einer imaginären Oberfläche ab. Er atmet leichter. Die Zuschauer werden verwirrt sein, aber sie lieben ein Geheimnis, von dem sie wissen, dass es gelöst wird.

Der Improvisierer gibt vor, die Finger in den Anfang des Schlitzes zu zwängen; er packt die Ränder und mimt, die Haut auf schmerzhafte Weise auseinanderzuziehen (mit einer Menge Keuchen und Stöhnen, wie bei einer Geburt). Unter Schreien, Brüllen und Heulen (solche Laute lösen beim Zuschauer Emotionen aus) mimt er, einen grässlich verzerrten Kopf aus der Haut zu schieben: Er verändert seine Augen, zieht die Nase hoch und verzerrt den Mund – jeder Gesichtszug muss beim Erscheinen völlig grotesk aussehen und auch grotesk bleiben. Er nimmt den normalen Arm, um einen hässlich verdrehten aus dem »Hautärmel« zu ziehen. Mit diesem deformierten Arm zieht er den anderen Arm heraus. Dann rollt er die »Haut« am Körper hinunter, wobei er erregte Laute von sich gibt, als sei das ein höchst angenehmes Gefühl. Er streift den Rest der Haut ab, wie man ein Paar Strumpfhosen auszieht, und hängt sie an einen »Haken« oder faltet sie. Er streicht über seinen neuen Körper und ist ganz entzückt davon. Er weidet sich an seinem Spiegelbild und stolziert frohlockend herum.

Messer bei Aufführungen

Die Eltern gehen und der süße, unschuldige Babysitter lässt heimlich ihren Freund rein und fragt: »Hast du die Messer mitgebracht?«

Das Publikum ist gefesselt durch das Geheimnisvolle daran; und wenn die beiden ihre Haut abziehen, ist die Wirkung schockierend.

Vielleicht wacht das Kind auf, oder man hört die Eltern zurückkommen, und die »Monster« geraten in Panik. Vielleicht verwechseln sie ihre Häute.

Ein anderes Beispiel: Peter trägt Susanne über die Schwelle eines Motelzimmers. Sie sind schüchtern. Sie prüfen das Bett, die Aussicht, das Bad, die Bibel und so weiter. Schließlich sagt sie:

»Hast du die … du weißt schon … mitgebracht, Peter?«

Er mimt, eine Schachtel zu öffnen, und reicht ihr ein Messer.

»Chrom!«, sagt er ehrfurchtsvoll.

»Mit Perlmutt eingelegt. Bildschön.«

»Fangen wir an?«

»Mach du mich zuerst, Peter.«

»Gott, wie es mich erregt, wenn du das sagst!«

»Aber Liebling, du … wirst du zärtlich sein?«

»Du weißt doch, dass ich meinem kleinen Schnuckiputzi nie wehtun würde.«

»Dann tu's! Tu's jetzt!«

Sie schreit, als er mit großer Gewalt das Messer in ihre Stirn »stößt« und ihre Haut »abstreift«.

»Mehr Geräusche«, rufe ich. »Seid noch reptilhafter!«

Sie wird zu einem schrecklichen, zischelnden, eidechsenartigen Ding, wirft ihn um, schlitzt seinen Körper auf und zerrt ihn aus der Haut.

Die Wirkung ist sehr gruselig und stark sexuell. Sie könnten noch eine Zigarette rauchen. Oder der Zimmerservice erscheint, und sie häuten ihn ebenfalls – es gibt eine Menge Möglichkeiten.

Möglichkeiten

Ein Student entdeckt, dass sein Mitbewohner ein Außerirdischer ist.

Eine Frau entdeckt, dass ihr Liebhaber ein Schlangenmensch ist, der sich häutet.

Ein Partner wird zwangsweise gehäutet – sinnbildlich für jede Art von Unterdrückung.

Zuckungen

Ein Spieler verfällt in unregelmäßigen Abständen in Zuckungen und stößt dabei einen schrillen Schrei aus. Er/sie ist sich dessen nicht bewusst. Der Vorzug liegt darin, dass in der Beziehung zum Partner ein Kippen entsteht.

Ursprung: Wir sahen dieses Spiel bei einer Weihnachtspantomime als »Füller«, während das Bühnenbild gewechselt wurde. Ich vermute, dass es ein uraltes »Lazzi« (Komikertrick) ist, das nie an Beliebtheit verlor.

»Klassische« Version: Ken und Paula betreten von entgegengesetzten Seiten die Bühne, gehen wie Fremde aneinander vorbei und werden sich plötzlich bewusst, dass sie sich kennen. Sie begrüßen sich überschwänglich und tauschen Geschichten aus, aber plötzlich stößt Ken einen Schrei aus und verfällt in Zuckungen. Das passiert in unregelmäßigen Abständen. Er ist sich nicht bewusst, dass er sich seltsam benimmt, aber er sieht, wie Paula auf ihn reagiert und wirft *ihr* vor, sich seltsam zu benehmen. Sie versucht ihm zu erklären, was los ist, indem sie ihm die Zuckungen vorführt. Bald

verfallen beide in Zuckungen, und sie werden immer wütender (oder glücklicher), bis sie abgehen – vielleicht einer vom anderen verfolgt und (hoffentlich) von Lachsalven begleitet.

Wie man in Zuckungen verfällt

Der Aufschrei muss freudig klingen, und die Zuckung sollte den Körper öffnen und nicht zusammenziehen. Es sollte ein Moment des höchsten Glücks vermittelt werden. Wenn die Wirkung grotesk und/oder furchterregend ist, entsteht eher Entsetzen als Gelächter.

Wenn man Lust hat, könnte man vor dem Spiel die Spieler in einer Reihe aufstellen und für das Publikum in Zuckungen verfallen lassen. Die besten Zuckungen werden durch Beifallsbekundungen ausgewählt (man hält die Hand abwechselnd über die Spieler und sagt: »Applaus«).

Der Aufschrei und die Zuckung sollten jedesmal gleich sein. Anfänger wollen gewöhnlich den Aufschrei und die Zuckung so schwach wie möglich halten; das sollte man nicht zulassen, sonst lernen sie es nie.

Zuckungen zum richtigen Zeitpunkt

Wenn man in die Hände klatscht und wartet (ohne zu zählen), kommt der Moment, wo man das Gefühl hat, wieder klatschen zu müssen.[106]

Versuchen Sie es: Klatschen Sie jetzt und warten Sie, bis Sie wieder das Bedürfnis haben zu klatschen. Es ist, als drehte sich ein großes Rad in unserem Bewusstsein, und eine Speiche – sagen wir eine rot angemalte – kehrt langsam auf den gleichen Platz zurück. Dieser innere Rhythmus ist für die meisten Spiele ein Ärgernis, auch für dieses. Lässt man es zu, werden die Schüler bei jeder »Drehung des Rades« in Zuckungen verfallen. Sie sollten aber in unvorhersehbaren Abständen auftreten.

Ich fördere die Unabhängigkeit vom »Rad«, indem ich den Lernenden sage, nur zu zucken, wenn ich in die Hände klatsche. Und dann klatsche ich nur, wenn sie gerade lieber nicht in Zuckungen verfallen würden. Zum Beispiel flüstern zwei Schüler miteinander, während sie »in ein Haus einbrechen«:

»Vorsicht.«

»Es ist so dunkel hier.«

»Wo ist die Taschenlampe?«

Klatschen

»Aaaarrrrggghh!«

»Psss!«

»Was?«

Klatschen

»Aaaarrrrggghh!«

»Wirst du wohl still sein!«

»Still sein?«

»Der Krach! Hör auf damit!«

»Wovon sprichst du eigentlich?«

Sie warten beide darauf, dass ich klatsche, aber das ignoriere ich.

»Wo bewahrt er die Fotos auf?«

»Im Schreibtisch. Er steht ...«

Klatschen

»Aaaarrrrggghh! ... dort drüben!«

»Halt endlich die Schnauze, du Idiot!«

»Ich mache doch gar nichts.«

Klatschen

»Aaaarrrrggghh!«

»Das! Dieses Aaaarrrrggghh-Getue!«

»Was für ein Aaaarrrrggghh-Getue?«

Klatschen

»Aaaarrrrggghh!«

»Das!«

Klatschen

»Aaaarrrrggghh!«

»Nimm deine Hand von meinem Mund, ich kriege keine Luft!«

»Dann hör auf, ständig ›Aaaarrrrggghh‹ zu brüllen!«

»Wer brüllt hier ›Aaaarrrrggghh‹?«

»Du!«
»Ich?«
»Ja, du wedelst mit den Armen und machst ›Aaaarrrrggghh‹!«
»Aaaarrrrggghh?«
»Jawohl, Aaaarrrrggghh. Hör auf zu brüllen!«
Klatschen
»Aaaarrrrggghh! Du bist derjenige, der ...«
Klatschen
»... Aaaarrrrggghh ... schreit.«
Und so weiter.

Variante

Ken versteht allmählich, dass etwas Bizarres vorgeht, das heißt, er beginnt Paula zu glauben.

Sprachfehlerspiel

Zwei Figuren nehmen den gleichen Sprachfehler an. Jeder glaubt, dass sich der andere über ihn lustig macht. Sie streiten, erkennen die Wahrheit und werden Freunde. Ein Publikum, das sich über den Streit schieflachen kann, wird über die Aussöhnung zu Tränen gerührt sein.

Ursprung: Eine Geschichte von Wolfgang Borchert mit dem Titel *Schischyphusch*. Darin beschreibt der Schriftsteller einen Streit und die Aussöhnung zwischen seinem Onkel und einem Kellner, die beide einen Sprachfehler haben.

So wird es gespielt: Die Spieler sprechen mit der Zunge in der Wange und einigen sich auf eine »Stimme«. Etwa die Hälfte von allem, was gesagt wird, ist unverständlich – Kauderwelsch.

Dann erkläre ich dem Kellner:

»Dein Leben ist wegen dieses Sprachfehlers sehr schwierig, die meisten Leute sind aber verständnisvoll und geduldig. Doch eines Tages macht sich ein Gast über dich lustig. Bleibe geduldig – du hast deinen Job als Kellner zu machen, aber der Gast macht immer weiter und weiter, bis es dich rasend macht und du ihn hinauswirfst.«

Dann erkläre ich dem Gast, dass er sehr hungrig ist, dass Feiertag ist und alle anderen Restaurants geschlossen haben.

»Dein Leben ist wegen dieses Sprachfehlers schwierig, die meisten Leute sind aber verständnisvoll und geduldig. Doch dieser Kellner macht sich so lange über dich lustig, bis du rasend wirst.«

Ich bitte sie, auf einen gewaltigen Höhepunkt hinzuarbeiten. Sie erkennen, dass sich niemand über irgendjemanden lustig macht und dass sie zum ersten Mal in ihrem Leben eine verwandte Seele gefunden haben.

Es ist notwendig, dass der Lehrer Hinweise gibt, damit die Szene wahrhaftig wirkt, der Höhepunkt hinausgezögert und die Aussöhnung wirklich innig gestaltet wird.

»Hol noch einen Stuhl! Hol den Cognac. Weine!«

Man kann der Szene einen Passagier hinzufügen, das heißt einen Gast, der die Szene nicht kontrolliert, sondern nur das Minimum tut, um echt zu wirken. Er antwortet, wenn er angesprochen wird, aber konzentriert sich sonst auf das Bestellen und sein Essen.

Es ist wichtig, dass die erste Zeile oder die ersten Zeilen des Dialogs noch keine Beleidigung sind, das heißt, weder der Kellner noch der Gast bemerken den Sprachfehler sofort.

Kellner: Guten Abend, gnädige Frau.

Gast: Halten Sie mich zum Narren?

Dadurch wird es sehr schwer für den Kellner, die Frau zu beschuldigen, dass sie ihn zum Narren hält.

REGELN UND TECHNISCHES

Strafen

Wer straffällig geworden war, musste früher zwei Minuten lang mit einer braunen Papiertüte aus dem Supermarkt über dem Kopf neben der Anzeigentafel sitzen. Das Publikum schrie: »Eintüten! Eintüten!«, doch Spieler, die an Klaustrophobie litten, hassten die Tüten (obwohl wir Luftlöcher hineinschnitten). Also kaufte ich kopfgroße Weidenkörbe, wo durch die Zwischenräume Luft rein kann (und die eine beschränkte Sicht erlauben); die Rufe: »Korb! Korb!« klingen aber einfach nicht so toll.[107]

Strafen werden von den Richtern vergeben für: antisoziales Verhalten, ungebührliche Tabuverletzungen, Einmischung in das Spiel des gegnerischen Teams und so weiter.

Wenn über die Berechtigung einer Strafe Zweifel aufkommen, soll das Publikum entscheiden:

»Hat dieses Verhalten einen Korb verdient?«

Selbst schüchterne Leute lieben es, auf eine solche Frage laut eine Antwort zu brüllen; wenn das Vergehen aber ganz offensichtlich ist, sollten die Richter allein die Entscheidung treffen.

Sogar Zuschauer dürfen bestraft werden (etwa wenn sie etwas Anstößiges rufen). Ich habe noch nie erlebt, dass ein Zuschauer nicht mitmachte, denn der Gruppendruck ist sehr groß.

Die Körbe sind eine Methode, Disziplin herzustellen, doch sie haben selten Einfluss auf die Endbewertung eines Teams. Ihr Hauptzweck ist der, Leute zu besänftigen, die sich angegriffen fühlen. Früher oder später tut oder sagt jeder Improvisierer einmal etwas Unanständiges, und mit dem Kopf in einem Korb dasitzen zu müssen macht wieder »reinen Tisch«.

Wir fragten eine Frau, was sie während des Tages getan hatte. Sie erzählte uns, dass sie früh aufgestanden war, weil sie eine Predigt halten musste. Wir hatten großen Spaß daran, dies darzustellen: Ihr Wecker klang wie lautes Glockengeläut, sie duschte im Nachthemd, ihr Frühstück erschien auf wunderbare Weise und bestand aus Mengen von Brotlaiben und Fischen und so weiter. Schließlich hielt der nichtchristliche Improvisierer, der sie verkörperte, eine Predigt: Sie war leidenschaftlich, eindrucksvoll, gedämpft, verdammend, bejahend und so weiter. Doch sie bestand nur aus verschiedenen Variationen eines einzigen Wortes – »Scheißdreck!« Da vergaben wir unseren allerersten »Korb wegen Blasphemie«, weil die Pfarrerin hätte beleidigt sein können (obwohl sie es nicht war) oder weil Zuschauer beleidigt sein oder es als Beleidigung der Pfarrerin hätten empfinden können.

Wenn möglich, sollten »Körbe« erst zum Ende der Szene vergeben werden. Sie sind als Absolution zu sehen und auch als weitere Möglichkeit, Abwechslung ins Spiel zu bringen.[108]

Hinauswurf

Körbe sind eine symbolische Strafe, die gewöhnlich keine Auswirkung auf die Bewertung haben, aber sie sind eine Mahnung, dass bestimmtes Benehmen inakzeptabel ist, und sollten respektiert werden. Ein Spieler fluchte, und nachdem er einen Korb erhalten hatte, buchstabierte er die Obszönität Buchstabe für Buchstabe (um »komisch« zu sein). Die Richter hätten ihn aus dem Spiel werfen sollen.

Auszählen

Manche Teams verschwenden Zeit, wenn sie nach Requisiten suchen, mit den Kostümen kämpfen oder Vorschläge einholen und/oder Freiwillige auf die Bühne locken.

Wenn die Richter oder der Kommentator eine Verzögerung feststellen, sollten sie das Team von fünf bis null »auszählen«. Manchmal beteiligt sich das gesamte Publikum.[109] Wenn bei »null« die Szene noch nicht begonnen hat, verlieren die Übeltäter die Bühne. Das kommt jedoch so gut wie nie vor, und wir wollen auch nicht, dass es vorkommt.

Nur fünf Sekunden Zeit zu haben, auf eine Herausforderung zu reagieren, scheint vielleicht übertrieben wenig, doch wir müssen bedenken, dass das Auszählen erst dann beginnt, wenn ein Team sichtlich Zeit verschwendet: Es sind bereits dreißig, vierzig Sekunden, ja eine Minute vergangen, bevor jemand daran denkt, mit dem Auszählen zu beginnen.

Man sollte nicht schnell zählen – sie sollen die vollen fünf Sekunden haben – und nicht vor jeder Szene auszählen (dadurch verringert sich die Abwechslung).

Es besteht immer die Gefahr, dass das Drum und Dran mehr Zeit in Anspruch nimmt als die Improvisationen. »Auszählen« beugt dem vor.

Das Licht herunterwinken

1. Die Spieler auf der Bühne können ein Zeichen geben, damit das Licht heruntergedreht (oder hochgedreht) wird.
2. Das dürfen auch die Spieler auf der Bank (wenn ihr Team auf der Bühne ist).
3. Und der Lichtimprovisierer.
4. Die »Höllenrichter« (S. 480) können dem Lichtimprovisierer bedeuten, dass sie gerne das Licht heruntergedreht hätten (aber man muss ihnen nicht gehorchen).

Manche Spieler winkten das Licht mit einer übertriebenen Geste herunter, die besagt: »War das nicht wunderbar! Seht, wie großartig unsere Improvisierer sind!« Auch wenn die Improvisierer gut waren, wirkt das arrogant, aber oft geschieht es auch aus reiner Gewohnheit, obwohl eine Szene miserabel zu Ende ging. Bitte bescheiden bleiben.

Bewertung

Außer beim dänischen Match (mit seinem Ombudsmann) sind es die drei Richter, die jede Szene mit Punkten bewerten, indem sie Karten hochhalten, die von eins bis fünf nummeriert sind.

NULL heißt »wertlos«.
EINS heißt »schlecht«.
ZWEI heißt »dürftig«.
DREI heißt »durchschnittlich«.
VIER heißt »gut«.
FÜNF heißt »hervorragend«.

Die Punktzahlen der einzelnen Richter werden vom Anschreiber auf der Anzeigetafel addiert (eine Aufgabe, die auch vom Kommentator übernommen werden kann); die höchste Punktzahl, die eine Szene erzielen kann, ist fünfzehn, es sei denn es werden »Zeit-Punkte« verwendet (Seite 469). Die meisten »Auge in Auge«-Herausforderungen bringen dem siegreichen Team FÜNF Punkte, und die Richter bringen dies zum Ausdruck, indem sie auf das Team zeigen, dessen Arbeit sie vorzogen (bei einem Unentschieden zeigen sie nach oben). Bei einem »Das-Beste-aus-drei-Auge-in-Auge-Hutspielen« ist das anders, denn jeder Hut, der geklaut oder erfolgreich verteidigt wird, wird mit DREI Punkten bewertet.

Bei einem dänischen Match gibt es nur einen Richter (den Ombudsmann); der Sieger erhält FÜNF Punkte, der Verlierer NULL.

Anzeigetafeln: Manche Gruppen verwenden Anzeigetafeln, die mit dem Lastwagen herangeschafft werden müssen. Geeignet sind Anzeigetafeln aus Stoff, auf die die Namen der Teams und die Punktzahlen per Klettverschluss angebracht werden können. Tafeln aus Stoff sind leicht und können für den Transport einfach eingerollt werden.

Drei selten gespielte Formen von Theatersport

1. Blockieren verboten

Fälschlicherweise dachte ich, dass die Urform des Theatersports, wie sie in meinen Schauspielklassen praktiziert wurde, für öffentliche Unterhaltung zu primitiv sei. Deshalb ersann ich den »Blockieren verboten«-Theatersport, was einen ständigen Kampf um Bühnenzeit mit sich brachte. Herausforderungen wurden nicht mit Punkten bewertet, sondern die Sieger nahmen für bis zu zehn Minuten »freie Zeit« die Bühne in Besitz, um Punkte zu machen (danach stellte das gegnerische Team eine »Herausforderung um den Besitz der Bühne«).

Ich sage »bis zu zehn Minuten«, denn wenn ein Spieler »eine Idee ruinierte«, durfte das gegnerische Team »Blockierung!« rufen, und wenn ihrer Forderung stattgegeben wurde, übernahm es die Bühne für den Rest der »freien Zeit«. Wenn die Richter nicht »stattgegeben«, sondern »abgewiesen« sagten, verlor es zehn Punkte.

Wenn zum Beispiel ein Spieler, der vorgab, ein Angler zu sein, sagte: »Hat was angebissen?«, und der Partner antwortete: »Er ist mir vom Haken gerutscht«, konnte das gegnerische Team rufen: »Blockierung!«, und die Richter sagten: »Stattgegeben!«

Beim »Blockieren verboten«-Theatersport gibt es eine inhärente Instabilität, durch die wir mehr von den Spitzenteams sehen, aber ein Team, das schlechter war oder kein Glück hatte, verlor womöglich eine Herausforderung nach der anderen und stand am Ende mit hundertfünfzig Minuspunkten da. Sie mussten sich dann hinknien und sich von Freiwilligen aus dem Publikum mit »Sahnetorten« bewerfen lassen. (Ich hatte die Sahnetorten eingeführt, um die Fans des Verliererteams davon abzuhalten, vor Ende der Show wegzugehen, aber wir haben schon seit Jahren niemanden mehr beworfen.)

Ein Team verliert eine Herausforderung nach der anderen und hat keine Chance, durch »freie Zeiten« Punkte aufzuholen; oder ein Team gewinnt die »freie Zeit« und kann trotzdem augenblicklich die Bühne wieder verlieren. Die Leute erinnerten sich an das Match, bei dem die »Bösen Elche« nicht eine einzige Herausforderung gewannen, oder an jenes Match, bei dem sie mit hundert Punkten im Rückstand waren und dann mehr Glück mit den Herausforderungen hatten und das begehrte Gummihuhn gewannen.

Die ersten Zuschauer brüllten und jubelten wie beim Eishockey (oder Ringen), und dann strömten sie auf die Bühne, schüttelten uns die Hände und riefen mitten in dem Tumult Ratschläge. »Die Richter dürfen niemals ihre Meinung ändern!«, schrien sie (ein »Hass«-Ausbruch hatte unsere Richter so eingeschüchtert, dass sie eine Entscheidung zurücknahmen), und: »Ihr müsst Strafen haben! Ihr könnt das nicht einfach als Spiel betrachten!« Nachdem wir jahrelang versucht hatten, »das Publikum zu erziehen«, war es höchst amüsant zu sehen, wie jetzt das Publikum uns erzog.

»Blockieren verboten«-Theatersport wurde nach und nach verändert: »Zeit-Punkte« wurden notwendig, und das Match begann mit einer Herausforderung, statt eine Münze darüber entscheiden zu lassen, wer die zehn Minuten »freie Zeit« bekommt.

Es ist leicht, Aufmerksamkeit zu erregen, wenn etwas neu und zum Schreien komisch ist. Die Leute sahen von ihrer Zeitung auf und stellten fest: »Als Strafe muss man sich hinsetzen und den Kopf in eine Papiertüte stecken! Das Publikum bewirft das Verliererteam mit Sahnetorten! Das müssen wir sehen!«

Ich wollte, dass die Zeitungen unsere Tätigkeit als Sport behandelten – das hätte bedeutet, dass wöchentlich berichtet wird –, doch diese Idee schien den Herausgebern nicht geheuer. Trotzdem wurden wir zu einem regelmäßigen Ereignis bei den Alberta-Spielen – etwas, was in anderen Ländern Generationen gedauert hätte. Ich erinnere mich an ein Treffen in Medicine Hat; eine jubelnde Menge umgab mich, und doch schien Stille zu herrschen. In meiner Hand hielt ich eine »Goldmedaille«, die einem Schauspieler bei einem Sportereignis verliehen wurde, und ich fühlte mich, als wäre ich an einen Punkt in der Geschichte zurückgekehrt, wo das Theater sich vom Sport abzweigte. Ich fühlte mich wie Freud, der die Medaille mit der Sphinx hält.

2. Ernsthafter Theatersport

Ein Team wird nicht nur von der Bühne geworfen, wenn es langweilig ist, sondern auch, wenn das Publikum lacht. (Ein »Lachen« heißt mehr als ein gelegentliches Glucksen – was ein »Lachen« ist, entscheiden die Richter). Dieses Spiel wurde kaum je an der Öffentlichkeit gespielt, denn die Spieler neigen dazu, mit einem todunglücklichen Gesichtsausdruck auf die Bühne zu kommen und absolut nichts zu tun. Aber wenn sie von der Bühne geworfen werden, protestieren sie empört.

»Aber wir waren ernsthaft.«

»Ernsthaft zu sein ist nicht das gleiche, wie unglücklich auszusehen. *Das Neue Testament* ist ernsthaft, aber Jesus steht nicht nur herum und sieht kränklich aus. Das Publikum erwartet, dass ihr euch ändert und Abenteuer habt und interessante Beziehungen aufbaut.«

Dieses Spiel kann man den Schülern nicht aufzwingen. Man muss es ihnen schmackhaft machen, bis sie es von selbst fordern.

Ernsthafter Theatersport ist so schwierig, dass er unter normalen Umständen nicht empfehlenswert ist.

3. Nur ein Spiel

Die Teams bestreiten ein fünfzehnminütiges Match mit Variationen eines einzigen Spiels. Wird »Ein Wort auf einmal« gewählt, können sie zur besten »Ein Wort auf einmal«-Szene herausfordern oder zu einer Szene, bei der das Publikum jedes zweite Wort beisteuert, zu einem »Ein Wort auf einmal« in Kauderwelsch oder zu einem »Ein Wort auf einmal«-Hutspiel. Die Spieler sind gezwungen, neue Möglichkeiten zu entdecken, statt die ausgetretenen Wege zu gehen.

Die fünf Formen von Theatersport, die derzeit aufgeführt werden

1. Das reguläre Match

»*Blockieren verboten*«-Theatersport (Seite 458) wurde ausgehöhlt, als die Schüler lernten, nicht zu blockieren, und ich ersetzte ihn durch das »reguläre Match« mit dem Argument, dass das Verbot von Blockieren nicht von Bedeutung sei, und dass Blockieren sogar zum Vorteil sein könne, solange es nicht defensiv eingesetzt werde. Die Teams kämpften immer noch für die Idee der »freien Zeit« (in der die Gewinner einer Herausforderung sechs Minuten Zeit haben würden, Punkte zu sammeln), doch anstatt »Blockierung!« zu rufen, führte ich die scheinbar bizarre Idee ein, dass die Richter eine »Warnung wegen Langeweile« aussprachen und damit langweilige Teams einfach von der Bühne werfen konnten.

Die Spieler waren entsetzt. »Blockieren *ist* Theatersport!«, sagten sie, erschrocken, dass ich regelrecht die Voraussetzung für den Theatersport aufgeben wolle; ich hatte aber in England eine viel weniger eingeschränkte Form des Theatersports gespielt und wusste, dass es der Wettkampf (oder die Illusion eines Wettkampfs) war, worauf es ankam.

2. Das verbesserte Match

Jim Curry meinte: »Warum sollen die Sieger einer Herausforderung nicht einfach eine beliebig lange Szene spielen dürfen?« Dadurch wurde aus dem regulären Match das »verbesserte« Match. Mir wurde bald klar, dass die Herausforderungen ebenfalls mit Punkten bewertet werden sollten (das heißt nicht nur die »freien Szenen«). Dadurch wurde ein Match weniger demütigend für die Verlierer, denn auch wenn ein Team alle Herausforderungen verlor, konnte es doch wenigstens ein paar Punkte schinden.

3. Das Herausforderungsmatch

Dies ist das Spiel, das am Royal Court Theatre Studio entstand. Es gibt keine freie Zeit und keine freie Szene. Die Teams fordern einander heraus, und das Team, das die meisten Herausforderungen gewinnt, erhält das Gummihuhn (oder was immer der Preis ist).

4. Das Richter-Herausforderungsmatch

Ein Herausforderungsmatch, bei dem die Richter die Herausforderungen stellen und das für Anfänger gedacht ist. Die Spieler wissen nicht, was auf sie zukommt, doch sie brauchen nicht über die beste Herangehensweise nachzudenken.

Ich habe Richter sagen hören: »Wir fordern euch heraus zu …«, doch besser ist es zu sagen: »Die erste Herausforderung ist …« und im Folgenden: »Die nächste Herausforderung ist …« und so weiter.

Kompetente Richter können Abwechslung durchsetzen, indem sie beispielsweise auf eine Hackordnung eine Soloszene in mimischer Darstellung oder auf eine Clownszene eine ernsthafte folgen lassen. Sie können mit ihrer Auswahl an Herausforderungen Einfluss ausüben auf das Tempo und die Form des Matchs.

Herausforderungen müssen den Fähigkeiten der Spieler angemessen sein.

5. Das dänische Match

Das dänische Match ist ein Herausforderungsmatch, bei dem die Zuschauer entscheiden, wer die Herausforderung gewinnt. Die Gruppe, mit der ich in Dänemark arbeitete, hatte zu wenige Mitglieder, um drei Richter zu stellen, weshalb wir einen Ombudsmann einführten und das Publikum dem Team zujubeln ließen, dessen Arbeit es besser fand. Der Ombudsmann führt in das Spiel ein, erklärt den Strafkorb und probt mit dem Publikum, die Namen der Teams zu rufen.

Die Namen der Teams müssen einander angepasst werden, damit sie in etwa gleich viele Silben enthalten. Wenn die »Tiger« gegen ein Team mit dem Namen »Der Untergang des Römischen Reichs« spielen, ist vom Publikum nur ein großes Durcheinander an Rufen zu hören und am Ende ein »... des Römischen Reiches«.

Der Ombudsmann sollte sagen: »Was hat euch besser gefallen: die Fluchtszene der ›Tiger‹, in der sie von dem Killerwal gefangen gehalten wurden, oder die Fluchtszene der ›Römer‹, in der die Zwillinge durch einen Kaiserschnitt gerettet wurden?«

Wenn der Ombudsmann selbst nach einer Wiederholung nicht klar erkennen kann, wen das Publikum favorisiert, bittet er die Anhänger des jeweiligen Teams, getrennt zu rufen.

»Und jetzt ganz laut die Fans der ›Tiger‹!«

Schreien und Jubeln.

»Und das Gleiche von den Fans der ›Römer‹!

Lauteres Schreien und Jubeln.

Danach gibt der Ombudsmann einen Sieg oder ein Unentschieden bekannt. Der große Vorzug des dänischen Matchs ist, dass die Zuschauer alle paar Minuten gemeinsam laut schreien dürfen, was dazu beiträgt, sie zu einem »einzigen Geschöpf« zusammenzuschweißen.

Der Ombudsmann sollte von jeder Szene eine kurze Beschreibung notieren, um dem Publikum ins Gedächtnis zu rufen, wofür sie eigentlich wählen (Lachen beeinträchtigt das Kurzzeitgedächtnis). Solche »Szenenlisten« sind auch bei der Analyse des Spiels nach der Aufführung von Nutzen.

Die Ombudsleute sind nicht nur »Passagiere« – sie leiten das Match –, doch sie dürfen keine Conférenciers sein, die mit den Spielern um die meisten Lacher konkurrieren. Sie müssen freundlich sein, doch nicht aufdringlicher als nötig. Sie sind verantwortlich dafür, dass das Match gelingt. Sie können »Warnungen« erteilen oder Zeichen geben, das Licht herunterzudrehen, oder sagen: »Ihr habt noch zwanzig Sekunden«, und sie verhindern, dass sich eine marode Szene in die Länge zieht, weil das Team unbedingt »mit einem Lacher aufhören« will.

Regeln des Theatersports

(gebräuchlich bei den fünf Spielformen, die gegenwärtig aufgeführt werden)

1. Die Dauer der Spiele

Die Dauer jedes Spiels wird vor Beginn festgelegt.

2. Leitung eines Matchs

Die Richter (oder der Ombudsmann) leitet ein Match und ist verantwortlich für die Qualität. Er darf keine komische Figur sein.

3. Einführung

Der Kommentator heißt die Zuschauer willkommen und hält eine kleine Einführung ab. Dann stellt er die Richter vor (in einem »dänischen Match« den Ombudsmann oder die Ombudsfrau). Er sagt: »Und jetzt das traditionelle ›Buh!‹ für die Richter!« (Ombudsleute werden nicht ausgebuht.) Dann überqueren die Richter die Bühne, um ihre Plätze vor dem Publikum einzunehmen.

Der Kommentator stellt jeweils ein Team vor, während es über die Bühne zu seiner Bank läuft. Die Bänke sollten (wenn möglich) nicht direkt beleuchtet sein, außer wenn es dafür einen ganz bestimmten Grund gibt – bei einer Auseinandersetzung mit den Richtern etwa. Ein direkt beleuchtetes Team lenkt ab.

4. Trainer

Es ist freigestellt, ob ein Trainer anwesend ist oder nicht. Er kann mit seinem Team auf der Bank sitzen und mitmachen, wenn ein Extraspieler benötigt wird oder um eine Szene zu beenden; es gilt aber als geschmacklos, wenn ein Trainer ein Spiel dominiert. Ein Trainer sollte da sein, um zu helfen, nicht um zu glänzen.

5. Beginn des Matchs

Der Kommentator bittet einen Richter (oder Ombudsmann) und die beiden Mannschaftskapitäne zur Bühnenmitte. Der Richter beaufsichtigt das Hochwerfen der Münze; der Gewinner entscheidet, welches Team die erste Herausforderung stellen wird (Gewinner beim Münzewerfen sagen oft: »Ihr dürft uns herausfordern!«). Von da an wechseln sich die beiden Teams mit den Herausforderungen ab.

Wenn alle einverstanden sind, kann das Münzewerfen durch »Stein, Schere, Brunnen« oder etwas Ähnliches ersetzt werden.

6. Auszählen

Wenn bei der Vorbereitung einer Szene Zeit vergeudet wird, dürfen die Richter oder der Kommentator oder das ganze Publikum beginnen, von fünf ab rückwärts zu zählen. Die Richter entscheiden, ob ein Auszählen gültig ist.

Ein Team, das ausgezählt wurde, verliert die Bühne (obwohl das selten passiert, und wir wollen auch nicht, dass es passiert). Auszählen trägt zur Abwechslung bei und übt Druck auf die Spieler aus, mit dem Spiel voranzukommen, und es bietet eine weitere Möglichkeit, das Publikum zu beteiligen. Ein Team sollte aber nur ausgezählt werden, wenn Zeit vergeudet wird.

7. Warnung wegen Langeweile

Ein Richter, der sich bei einer Szene langweilt, soll seine Fahrradhupe betätigen. Nach einer solchen gefürchteten »Warnung wegen Langeweile« muss ein Team seine Szene sofort beenden und die Bühne der gegnerischen Mannschaft überlassen. Bei einem »dänischen Match« kommt es zu weniger Warnungen – ein Ombudsmann neigt eher dazu, »Vielen Dank!« zu sagen oder das Licht herunterdrehen zu lassen.

8. Körbe

Der Bestrafte muss zwei Minuten lang mit einem »Strafkorb« auf dem Kopf neben dem Kommentator sitzen (unabhängig davon, welches Team im Besitz der Bühne ist). Strafen werden vergeben für Behinderung, unangebrachte Obszönität, für Hinauszögern des Spiels, für Schikanierung des anderen Teams, für Ablenkungen (durch Leute, die auf der Bank sitzen) und so weiter.

Körbe werden üblicherweise am Ende einer Szene vergeben, aber in ernsten Fällen können sie auch mitten in der Szene verhängt werden.

Wenn alle Mitglieder eines Teams bestraft wurden und sie deshalb keine Herausforderung annehmen können, verpassen sie die Szene, die sie sonst gespielt hätten (dies ist aber nur einmal vorgekommen). Wenn über alle ein Korb verhängt wurde, wenn sie an der Reihe sind, eine Herausforderung zu stellen, dürfen sie wieder am Spiel teilnehmen, aber ihre Gegner stellen die Herausforderung.

Die Richter können auch Spieler aus dem Spiel werfen (das passiert aber selten und man sollte es vermeiden).

9. Szenen beenden

Wenn ein Team keine Anstalten macht, eine Szene zu beenden, können die Richter das Licht herunterdrehen lassen, oder sie können sagen: »Ihr habt zwanzig Sekunden, um zum Ende zu kommen!«, oder eine Warnung wegen Langeweile aussprechen. Sie sollten kein Zeichen geben, das Licht herunterzudrehen, wenn sie keine passende Stelle sehen, um die Szene zu beenden. Der Beleuchtungsimprovisierer und das Team »im Besitz« der Bühne dürfen ebenfalls Zeichen geben, damit das Licht heruntergedreht wird. Die Spieler dürfen das Licht auch wieder hochdrehen lassen, wenn sie weitermachen wollen – riskieren damit allerdings eine Warnung wegen Langeweile.

10. Das Match beenden

Wenn ein Paar Herausforderungen nicht abgeschlossen hat (oder eine »freie Zeit« gerade läuft), sollte der Kommentator das Ende hinauszögern, bis es so weit ist.

Er oder sie kann auch eine »kurze« Herausforderung verlangen, das heißt eine »Auge in Auge«-Herausforderung. Die Richter sind jedoch für das Match verantwortlich, und sie dürfen jeden Wunsch des Kommentators zurückweisen.

In Freundschaftsspielen, wo die Punktzahl keine Rolle spielt, sollte der Kommentator versuchen, das Match etwa um die vereinbarte Zeit zu beenden, aber zu einem Höhepunkt – wenn alle sich krümmen vor Lachen oder nach einer Szene, die ein gutes Gefühl vermittelte.

11. Punkte notieren

Der Anschreiber notiert alle Punkte (falls niemand dafür zur Verfügung steht, bittet man den Kommentator).

12. Auszeiten

Jedes Team ist berechtigt, eine Auszeit von insgesamt dreißig Sekunden zu fordern. Auch Richter dürfen für sich Auszeiten verlangen, wenn sie sie brauchen, aber das sollte selten der Fall sein.

Der Anschreiber notiert die Länge jeder Auszeit, auch Zeit, die durch Unterbrechungen verloren ging, und addiert sie zu der Länge des Spiels.

13. Ersatzspieler

Ein Spieler kann fordern, ausgewechselt zu werden, indem er mit den Händen ein T formt; sie dürfen sich auch selbst einwechseln (indem sie auf die Bühne laufen, einem Teamkameraden auf die Schulter klopfen und »Ersatz!« rufen).

14. Die Herausforderungen müssen erklärt werden

Die Herausforderer spielen als Erste, so dass das gegnerische Team die Gelegenheit hat, die Herausforderung dargestellt zu sehen, bevor sie es selbst versuchen (außer natürlich in »Auge in Auge«-Herausforderungen). Wenn eine Herausforderung nicht klar und präzise erklärt werden kann, sollte sie abgelehnt werden – das liegt im Ermessen der Richter oder des Ombudsmannes.

15. Eine Herausforderung ablehnen

Ein Team hat die Möglichkeit, sich zu »weigern«, eine Herausforderung anzunehmen. Wenn die Richter einer Weigerung zustimmen, müssen die Herausforderer eine neue Herausforderung stellen. Wenn sie weiterhin unannehmbare Aufgaben stellen, müssen die Richter an ihrer Stelle zu einer Szene herausfordern – wir hoffen aber, dass dies nicht eintreten wird.

Wenn ein Team sich weigert, die Richter dem aber nicht zustimmen, können sie eine Runde aussetzen, und das gegnerische Team erhält fünfzehn Punkte (fünf Punkte beim dänischen Match). Ich habe nie erlebt, dass es so weit gekommen ist.

Auch die Richter können sich von sich aus weigern, was bei reinen Erwachsenenspielen aber selten nötig ist.

16. Die Qualität verbessern

Die Richter sind für die Qualität eines Matchs verantwortlich. Sie dürfen sagen: »Wir würden jetzt gerne eine Herausforderung zu einem nonverbalen Spiel sehen« oder: »Wir hatten jetzt so viele Gruppenszenen – jetzt wollen wir eine Soloszene« oder: »Wir würden gerne eine Liebesszene sehen« oder: »Eine Szene mit Pathos, bitte« und so fort.

Die Richter dürfen nicht mehr als absolut notwendig eingreifen, wenn ein Match gut läuft.

Die Regeln für das reguläre Match

(Regeln 1 bis 16 siehe oben)

17. Die Herausforderungen stellen

Beim regulären Match wird nur »freie Zeit« bewertet. Jedes Team fordert das andere abwechselnd heraus. Die Richter zeigen auf das Team, das ihrer Meinung nach »die Herausforderung gewonnen hat«, und die Sieger erhalten »freie Zeit«, in der sie Punkte sammeln können (Herausforderungen werden nicht mit Punkten bewertet).

18. Freie Zeit

Die Dauer der »freien Zeit« wird vor Beginn des Matchs festgelegt. Wenn wir ein zweistündiges reguläres Match spielten, gab es »freie Zeiten« von zehn Minuten; heute spielen wir kürzere Matchs (vierzig Minuten) und die freie Zeit ist gewöhnlich sechs Minuten.

Wenn die Grenze der freien Zeit überschritten wird, warnt der Anschreiber den Kommentator, der dann sagt: »Ende der freien Zeit«; an dieser Stelle vergeben die Richter ihre Punkte (sie dürfen die Szene aber auch zu Ende gehen lassen). Wenn eine wirklich interessante Szene abgeschnitten wird, sollten die Spieler im weiteren Verlauf des Matchs bei einer anderen Herausforderung darauf zurückkommen.

19. Dauer

Wir spielen ein reguläres Match normalerweise fünfundvierzig Minuten. Empfohlen: eine Dauer von dreißig bis fünfzig Minuten.

20. Zeit-Punkte

Als wir anfingen, reguläre Matchs auszutragen, stellten die Spieler bald fest, dass sie gewinnen konnten, wenn sie so viele Szenen wie möglich in der »freien Zeit« unterbrachten (mit zwanzig einfallslosen Szenen, die durchschnittlich einen Punkt brachten, sammelte man mehr Punkte als mit einer langen Szene, die die maximale Punktzahl einbrachte). Um zu verhindern, dass ein reguläres Match zu einer Anhäufung von »Einzeilern« verkam, schlug ich vor, die Punkte der Richter mit »Zeit-Punkten« zu multiplizieren. Jede Minute auf der Bühne bringt einen »Zeit-Punkt«, so dass eine Szene, die von den Richtern zehn Punkte erhielt und drei Minuten dauerte, insgesamt mit dreißig Punkten bewertet wurde; wohingegen eine Szene, die zwölf Richterpunkte erhielt, aber nur eine halbe Minute dauerte, insgesamt mit sechs Punkten bewertet wurde.

Damit war den »Einzeilern« der Garaus gemacht, doch als wir das »verbesserte« Match erfanden (bei dem die Sieger einer Herausforderung nur eine Szene spielen) wurden »Zeit-Punkte« hinfällig.

Die Regeln für das verbesserte Match

(Regeln 1 bis 16 siehe oben)

17. Die »freie Szene«

Das Team, das eine Herausforderung gewinnt, darf eine »freie Szene« spielen (die »freie Szene« tritt an die Stelle der »freien Zeit« bei einem regulären Match). Theoretisch könnte eine freie Szene Stunden dauern, aber dann wäre es sehr schwer, eine Warnung wegen Langeweile zu vermeiden.

18. Herausforderungen werden bewertet

Herausforderungen erhalten wie die freien Szenen Punkte. Es gibt keine »Zeit-Punkte« – siehe Regel 17.

19. Dauer

Normalerweise dauert ein »verbessertes« Match fünfundvierzig Minuten. Empfohlen: eine Dauer von dreißig bis fünfzig Minuten.

Die Regeln für das Herausforderungsmatch

(Regeln 1 bis 16 siehe oben)

17. Die Herausforderung stellen

Die Teams fordern einander abwechselnd heraus. Es gibt keine »freie Zeit« und keine »freie Szene«.

18. Herausforderungen werden mit Punkten bewertet

Die Sieger jeder Herausforderung erhalten fünf Punkte. Ausnahmen sind einige »Auge in Auge«-Spiele; zum Beispiel in einem »Das-beste-aus-drei-Auge-in-Auge-Hutspiel« gewinnt jeder geklaute Hut oder jeder erfolgreich verteidigte Hut drei Punkte.

19. Dauer

Ein Herausforderungsmatch dauert gewöhnlich zwischen dreißig und vierzig Minuten. Wenn wir es bei Anfängermatchs verwenden, dauert es zwischen zehn und fünfzehn Minuten.

Die Regeln für das Richter-Herausforderungsmatch

(Regeln 1 bis 16 siehe oben)

17. Die Herausforderungen stellen

Die Richter stellen die Herausforderungen für beide Teams; sie richten sich dabei nach den Fähigkeiten der Spieler und den Bedürfnissen des Publikums.

18. Dauer

Wir spielen das Richter-Herausforderungsmatch meistens zwanzig Minuten (zwölf mit Anfängern). Ein solches Match hat nie länger als eine halbe Stunde gedauert, denn wenn die Improvisierer fähig sind, warum sollen sie nicht ihre eigenen Herausforderungen stellen?

Die Regeln für das »dänische« Match

(Regeln 1 bis 16 siehe oben)

17. Der Ombudsmann

Der Ombudsmann drückt auf die Hupe, gibt Zeichen, das Licht herunterzudrehen und so weiter. Er oder sie steht in der Mitte der Bühne und stellt das Spiel vor, demonstriert den Strafkorb und übt mit den Zuschauern das Rufen der Teamnamen.

Nach jeder Herausforderung erinnert der Ombudsmann die Zuschauer an die beiden Szenen, die sie soeben gesehen haben, und hält sie dazu an (bei drei), den Namen des Teams, dem sie den Vorzug geben, laut zu rufen.

18. Bewertung

Das Team, das vom Publikum zum Sieger erkoren wurde – der Ombudsmann entscheidet –, erhält fünf Punkte (außer in Hutspielen, wo jeder erbeutete Hut drei Punkte bringt).

»Auge in Auge«-Hutspiele und andere, bei denen klar ist, wer gesiegt hat, eignen sich nicht für ein dänisches Match, da das Publikum keine Gelegenheit erhält, durch Rufen abzustimmen.

19. Dauer

Ein dänisches Match dauert fünfundzwanzig bis vierzig Minuten (eher fünfundzwanzig).

WARNUNG: Für eine internationale Begegnung ist das dänische Match nicht geeignet, denn das Publikum wird immer für sein Heimatteam stimmen. Als ich einem Match zwischen Schweden und Dänemark zusah, bestanden die gastgebenden Dänen darauf, das dänische Match zu spielen. Wie vorherzusehen war, jubelte das Publikum nur für das Heimatteam gegen die Schweden.

RICHTER

Funktion

Die Richter sind dafür verantwortlich, die Qualität des Spieles zu erhöhen und einzugreifen, wo es nötig ist. Sie sind Schiedsrichter, sie entscheiden bei Streitigkeiten und halten die Dinge am Laufen. (Bei einem Richter-Herausforderungsmatch stellen sie auch die Herausforderungen). Sie sollten ihre Entscheidungen zügig treffen, auch wenn später manche Entscheidungen als »falsch« angesehen werden.

Wenn ein Team etwa eine Herausforderung ablehnt, müssen die Richter diesem Einspruch stattgeben oder ihn zurückweisen. Wenn ein Team zu langsam ist, eine Szene vorzubereiten, müssen die Richter anfangen, sie auszuzählen. Wir wollen objektive und faire Richter, aber wir akzeptieren, dass sie nicht perfekt sein können. Ihre Aufgabe ist es, wenn nötig die Disziplin wiederherzustellen und Streitigkeiten zu vermeiden.

Die Spieler müssen die Entscheidungen der Richter akzeptieren.

Richter als Eltern

Richter dürfen nett und gut gelaunt sein, doch ihr Ziel darf nicht sein, von jedermann geliebt oder für charmant oder amüsant gehalten zu werden. Sie sind da, um gehasst zu werden und nur gelegentlich bewundert. Sie sollten Elternfiguren sein, die das Publikum bis zu einem gewissen Grad ablehnt, und sie sollten nie den Eindruck erwecken, sie nähmen ihre Aufgabe auf die leichte Schulter.

Richter dürfen sich über eine besonders gelungene Szene freuen – doch sie sollten zu »erwachsen« sein, um zu jubeln oder auf und abzuspringen.

Die Richter sind mit Respekt zu behandeln, oder die Qualität des Matches leidet darunter. Trotzdem werden sie oft als Komiker dargestellt, und ihre Macht beschränkt sich darauf, das Münzewerfen zu überwachen und die Szenen mit Punkten zu bewerten.

Ich habe erlebt, wie Teams statt der Münze einen Richter »hochwarfen«, um zu entscheiden, wer die erste Herausforderung stellt, und wie Richter von ihren Plätzen gezerrt und zum Spaß gekidnappt wurden. Ich habe »blinde« Richter gesehen, die sich mit dem Stock über die Bühne zu ihren Plätzen tasteten; und ich habe Richter gesehen, die eine »Fünfer«-Karte hochhielten und sich dann draufsetzten, um damit auszudrücken, dass sie niemals hohe Punktzahlen vergeben – was idiotisch war, denn das Publikum will hohe Punktzahlen sehen.

Jeder möchte komisch sein – die Platzanweiser, die Kommentatoren, die Richter –, es sind aber die Spieler, die Entertainer sein sollen.[110]

Richter sollten ein Gegenstück bilden zur Verspieltheit der Spieler, doch sie sollten sie nicht niederwalzen.

Wer soll Richter sein?

Man muss Leute testen, sie beraten und dazu überreden, ihrer eigenen Meinung Ausdruck zu verleihen, statt sie sich vom Publikum diktieren zu lassen. Aber Vorsicht: Ein schwacher Richter fällt vielleicht die unmöglichsten Entscheidungen, nur um für stark gehalten zu werden. Wenn ein Richter sich gar zu seltsam verhält oder unmögliche Punktzahlen vergibt, sollte er nicht eingesetzt werden.

Es gibt Nichtspieler, die sehr gute Richter sind, doch meistens sind Leute aus dem Publikum zu nachsichtig – sie bewerten fast jede Szene mit einer hohen Punktzahl.

Berühmtheiten als Richter

Laden Sie Showmaster, Fernsehmoderatoren, Journalisten und so fort ein, um als Richter zu fungieren; vielleicht sprechen sie vor oder nach dem Match in ihrer Sendung über Theatersport, und gewöhnlich amüsieren sie sich gut. Jemand besonders Nettes und Zuvorkommendes soll sich um die »Berühmtheiten« kümmern, ihnen Blumen, Drinks, Theatersport-Anstecker oder -T-Shirts zukommen lassen und sich darum kümmern, dass sie hinterher ein Dankesschreiben erhalten. Kurz, sie müssen mit Respekt behandelt werden.

Es sollte nie mehr als ein berühmter Richter dabei sein, und da Berühmtheiten fast immer hohe Punktzahlen vergeben, ist es besser, wenn die anderen Richter Profis sind.

Wie viele Richter?

Wir verwenden drei Richter, so dass es nicht zu einem Unentschieden kommen kann und Voreingenommenheiten sich ausgleichen.

In Notfällen kann man auch zwei Richter einsetzen oder sogar nur einen (wenn die Teams sich einig sind).

Wie sollen Richter aussehen?

Irgendeine Art von Kostüm ist angebracht – unsere tragen Roben. Sie sollen eng beieinander bleiben, so dass sie als Gruppe und nicht als Individuen wahrgenommen werden. Sie sollten nicht albern aussehen.

Wie die Richter vorgestellt werden

Ich habe Kommentatoren sagen hören: »Und hier kommen die Richter, dieser Abschaum, diese lächerlichen Figuren …« Aber wie können sie Autorität ausüben, wenn sie so behandelt werden? Wir wollen zwar, dass das Publikum die Richter ausbuht, doch nicht, dass es sie verachtet, und auch nicht, dass es sie als seine besten Freunde betrachtet. Der Kommentator sollte sie mit folgenden Worten vorstellen:

»Und jetzt bitte das traditionelle ›Buh!‹ für die Richter!«

Wo die Richter sitzen

Man platziert die Richter am besten in der Mitte der ersten Reihe. Von dort haben sie eine ausgezeichnete Sicht, können auf beide

Teams gleichermaßen eingehen, und das Publikum kann die hochgehaltenen Punktkarten gut sehen.

Manche Gruppen lassen ihre Richter hinten sitzen, was weniger günstig ist, denn ein Richter muss manchmal aufstehen, etwa um eine umstrittene Entscheidung zu verteidigen, und sollte für die Zuschauer sichtbar sein, ohne dass sie sich den Hals verrenken müssen (das Publikum beschimpft einen Richter doppelt so laut, wenn er den Mut hat, ihm offen gegenüberzutreten).

Es gibt Gruppen, die die Richter auf der Seite der Bühne platzieren, wo sie die ganze Zeit über gut sichtbar sind, aber man sollte sich auf die Spieler konzentrieren, nicht auf die Richter.

Richter sind nicht perfekt

Unfähige Improvisierer können außer sich vor Zorn geraten über eine in ihren Augen falsche Richterentscheidung (»Wir wurden um den Sieg gebracht!«). Ich verteidige die Richter und sage, dass jeder in jedem Spiel mindestens zwei Fehler machen soll – einschließlich der Richter.

Vielen Spielern fällt es sehr schwer, zu verstehen, dass ein Irrtum der Richter oder eine unpopuläre Entscheidung einen positiven Effekt haben kann. So argumentieren sie etwa gegen eine Warnung wegen Langeweile, weil die Zuschauer lautstark schimpften; doch es tut ihnen gut, wenn sie brüllen und schimpfen – so werden sie aufgestaute Aggressionen los, die sie sonst vielleicht an ihren Familien auslassen würden. Wenn die Richter immer im Recht wären, wäre das Spiel weniger spannend.

Wenn Theatersport richtig läuft, formen die Zuschauer mit den Spielern zusammen das eine Team und die Richter das gegnerische. Unpopuläre Entscheidungen der Richter verfestigen diese Konstellation.

Schwache Richter

Die Richter sollten die Ersten sein, die merken, wann eine Szene »erlöst« werden sollte. Schwache Richter spielen sehnsüchtig mit ihrer Fahrradhupe, während sich die öde Szene weiterschleppt und im Sande verläuft. Solche Richter haben entweder Angst, die Darsteller zu verärgern, oder sie glauben, die Zuschauer genießen die Szene immer noch (auch wenn nur die Freunde des Teams lachen oder ein paar Groupies).

Auf der anderen Seite gibt es Richter, die eine Szene beenden, weil keiner lacht, obwohl die Zuschauer völlig gebannt zusehen. Ein Beispiel: Bei einer »Schreibmaschinen«-Szene hatte ein »Motorradfahrer« in der Nähe eines Bauernhauses eine Panne. Es war Nacht. Er klopfte an die Tür und bat, übernachten zu dürfen. Zachary Quinn verwandelte sich in eine sinistre alte Frau, die ihn in ein Zimmer führte und meinte, er solle nicht erschrecken, wenn er während der Nacht seltsame Geräusche hören sollte. Das Publikum war fasziniert, doch ein Richter hielt die Stille nicht aus und rief: »Noch zehn Sekunden!«, als Warnung, bald zum Ende zu kommen. Die Zuschauer buhten und zischten, denn sie hätten gern gesehen, was passieren würde. Der »Schreiber« (Dennis Cahill) tippte verzweifelt: »... plötzlich explodierte sein Kopf...«, und der Geräuschimprovisierer lieferte eine Explosion. Zachary steckte den Kopf durch den Vorhang und rief: »Also schön, Kinder. Abendessen steht auf dem Tisch!«, und die Szene war gerettet. Aber bestimmt nicht dank der Richter!

Ernste Szenen können wundervoll sein und geben dem Publikum Zeit zum Atemschöpfen. Richter sollten sie nicht beenden, außer sie sind langweilig. Ein totenstilles Publikum kann einfach fasziniert sein, wie man feststellen wird, wenn man eine Szene unterbricht, von der es gefesselt ist.

Starke Richter sind unabdingbar

Wenn ein Publikum wütend wurde, weil die Richter einer Szene ein Ende setzten, lässt ein schwacher Richter die nächste Szene immer weiter laufen, auch wenn sie noch so furchtbar ist. Richter dürfen sich nicht von der Feindseligkeit des Publikums aus der Fassung bringen lassen.

Starke Richter schielen nicht auf die Karten ihrer Kollegen, bevor sie ihre eigene hochhalten. Sie sehen sich nicht ausschließlich als Abgeordnete des Publikums. Sie sind dazu da, die Qualität der Arbeit zu verbessern, nicht, um die Zuschauer zufriedenzustellen. Sobald ein Richter gelangweilt ist, sollte die Szene abgeblasen werden – warum warten, bis das Publikum gelangweilt ist?

Richter als Trainer

Ich sehe es nicht gern, wenn Richter als Conférencier auftreten (man braucht keinen Conférencier, wenn man einen guten Kommentator hat). Aber wenn die Richter klug sind, werden sie nicht eine Szene nach der anderen beenden, wenn schon ein bisschen Hilfe die Spieler beruhigen und auf die richtige Spur bringen kann. Wenn ein Match auseinanderzufallen droht, müssen die Richter versuchen, es zusammenzuhalten (wer sonst?). Deshalb darf ihre Macht nicht eingeschränkt werden, und es sollten keine Uneingeweihten auf der Richterbank sitzen (außer gelegentlich eine Berühmtheit).

Wenn die Spieler in einem Hutspiel auf den entgegengesetzten Seiten der Bühne agieren, müssen die Richter sagen:

»Rückt näher zusammen, bitte.«

Wenn sinnlose »Originalitäten« alles zu ruinieren drohen, sollten die Richter eingreifen: Wenn ein Spieler etwa vorgibt, tausend Jahre alt zu sein, sollte dieses erstaunliche Alter als Kippen dienen.

Starke Richter können sagen:

- »Die nächste Szene, in der die Spieler absichtlich blöd sind, werden wir von der Bühne weisen!«
- »Wenn Henry sich noch einmal ungehörig benimmt, fliegt er aus dem Spiel!«
- »Wir finden die bisherigen Herausforderungen langweilig! Wie wäre es einmal mit Herausforderungen, die uns überraschen?«
- »Wir haben die Nase voll von diesen Banalitäten. Die nächste Herausforderung muss etwas enthalten, für das sich ein vernünftiger Mensch interessiert!«

– »Schluss damit, dass für jede Szene die ganze Mannschaft auf die Bühne gerannt kommt!«
– »Bitte fangt mit der Szene von Neuem an, und macht es diesmal richtig!« etc.

Wenn ein Team ein Versprechen nicht einhält, das heißt außerhalb des Rahmens agiert, unterbrechen die Richter. Zum Beispiel:

»Es wurde festgelegt, dass diese Szene eine Hinrichtung enthält – also wo ist der Henker?«

Oder: »Ihr habt den Vorschlag akzeptiert, Presslufthammer zu verwenden, also wo sind sie?«

Während einer erbärmlich schlechten »Auge in Auge«-Reimszene stand ein Richter auf und sagte: »Hier gibt es nichts zu beurteilen. Können wir die Szene mit zwei anderen Spielern sehen?«

Wenn eine Szene geschmacklos ist, zum Beispiel über Erbrechen, sollte sie an den Punkt zurückgebracht werden, wo die Negativität überhandgenommen hatte (wenn nötig, bis zum Anfang).

Richter sollten eingreifen, um ernsthafte Szenen »auf Kurs« zu halten.

Hoch bewerten, aber nicht zimperlich sein

Wenn eine Szene mit einer EINS oder einer NULL bewertet wird, hätte sie wahrscheinlich beendet werden sollen. Schwache Richter, die Angst haben, ein Team von der Bühne zu werfen, drücken ihre Ablehnung durch eine niedrige Punktzahl aus. Warum aber sollte das Publikum sich schlechte Arbeit gefallen lassen? Wenn eine niedrige Punktzahl berechtigt erscheint, sollten sich die Richter überlegen, ob sie nicht lieber gleich das Licht herunterdrehen lassen oder eine Warnung wegen Langeweile erteilen.

Schwache Richter zögern auch, hohe Punktzahlen zu vergeben. Sie wollen mögliche Kritik vermeiden (»Das hat ihm gefallen? Igitt!«). Wann immer möglich, sollten die Richter eine hohe Bewertung wagen: Nicht die Improvisierer allein sollen Risiken eingehen.

Höllenrichter

Die Richter denken so angestrengt über eine Szene nach, dass ihnen nicht klar ist, dass sie sich langweilen (ich schwöre, es ist so!). Oder es juckt sie, eine Warnung wegen Langeweile zu erteilen, und dennoch wollen sie den Improvisierern »noch eine Chance geben«. Daraus resultiert, dass die Hupe Minuten zu spät eingesetzt wird.

Um hier Abhilfe zu schaffen, bringe ich ein rotes Lämpchen im Blickfeld der Richter an und ein weiteres vor dem Beleuchtungsimprovisierer. Diese Lämpchen werden von den »Höllenrichtern« kontrolliert, das heißt von Improvisierern, die bei diesem Match nicht mitspielen und hinten im Publikum sitzen. Wenn sie den Moment gekommen sehen, das Licht herunterzudrehen, geben sie dem Beleuchter ein Signal, und wenn sie gelangweilt sind, den regulären Richtern. Höllenrichter zaudern nicht, das rote Licht anzudrehen. Warum sollten sie auch, wenn keiner der Zuschauer von ihrer Existenz weiß und ihre Signale nicht befolgt werden müssen? Sie quälen keine Gedanken wie: »Soll ich sie noch ein kleines bisschen weitermachen lassen?« und: »Verdient dieser Spieler eine Strafe?« und: »Wird das jetzt zu negativ?« Höllenrichter haben so wenig Verantwortung, dass sie fast wie normale Zuschauer sind. Sie stellen lediglich fest, dass sie genug gesehen haben, und die regulären Richter können mit dieser Information verfahren, wie sie es für richtig halten.

Richter, die eine Szene genießen, ignorieren das rote Lämpchen, obwohl es permanent blinkt. Aber manchmal erkennen sie beim ersten Aufleuchten, dass sie ebenfalls gelangweilt sind. (Wenn ein Richter zu viele »Warnungen« ausspricht, kann das Fehlen von roten Lämpchen zur Zurückhaltung mahnen.)

Niemand weiß genau, wer die Entscheidungen trifft (vielleicht reagieren die regulären Richter jedesmal, wenn das rote Lämpchen angeht, vielleicht aber auch nicht). Dadurch lernen Anfänger, die Dinge nicht so persönlich zu nehmen, und sie beschimpfen die Richter nicht länger (außer zum Spaß).

Technische Richter

Vor zwölf Jahren setzten wir einen »Technischen Richter« ein, einen »Geschichtenrichter« und einen »Unterhaltungsrichter«. Dieses Experiment war so verwirrend und unwirksam, dass wir es bleiben ließen, aber einige Gruppen setzen es aus reiner Gewohnheit fort.

GEDANKEN ZUM SCHLUSS

Körper und Seele

Der Körper

Viele von uns haben »sich selbst im Griff« – in einer Weise, als könnte der Körper jederzeit auseinanderfliegen, als bestünde die Gefahr, dass die Augen herausfallen und jemand darauftreten wird. Die Schultern werden hochgezogen, das Becken blockiert, das Atmen eingeengt. Gewicht, das von unseren Knochen getragen werden sollte, wird von Muskeln getragen (das ist der Grund, warum wir uns leichter fühlen, wenn sich unsere Haltung verbessert). Wir sind uns nicht bewusst, dass wir uns auf diese Weise selbst bestrafen, weil wir unsere Empfindungen nach außen projizieren, bis uns das gesamte Universum abweisend erscheint.

Ich habe das Argument gehört, dass unser »Abstieg ins Erwachsensein« ebenso unausweichlich ist, wie ein Kätzchen zu einer Katze wird, aber wer hat schon jemals eine Katze mit verkniffenen Augen gesehen? Erwachsene Katzen bewegen sich herrlich, aber wenn man ihnen als Kätzchen Anweisungen geben könnte (»Heb die Pfoten! Barthaare gerade! Schwänzchen hoch!«), würden sie im Haus herumstolpern und gegen die Möbel stoßen.

Lass deinen Kopf hängen und seh kummervoll aus (man kriegt das richtige Gefühl dafür, wenn man sich Dinge vorsagt wie: »Ich hasse dich, Papa!« oder: »Warum darf ich nicht, Mama?«). Niemand bewundert ein solches Kind, und der durchschnittliche Erwachsene wird sagen: »Kinn hoch!«

Heb dein Kinn an, aber behalte den Kummer bei (zusammengesackte Haltung). Dein Nacken ist jetzt kürzer, und Anweisung Nummer zwei wird nicht lange auf sich warten lassen: »Schultern gerade!«

Wenn der Kopf nach unten hängt, hängen die Schultern auch nach vorne. Wenn man sie zurückzieht, wird man noch verspannter, und die eingefallene Brust wird betont.

»Brust raus!«

Folgt man dem, kippt das Becken und der Bauch steht hervor.

»Bauch rein!«

Man fühlt sich schwerer und alles, was an deiner Haltung bewundernswert war, wurde kaputtgemacht. Folgt man diesen Anweisungen und versucht zu laufen – was passiert? Man schlurft mit den Füßen.

»Heb deine Füße hoch!«, sagen die Erwachsenen und dann verzweifelt: »Steh gerade!«

Hat man die vorhergehenden Anweisungen befolgt, kann man diese nicht mehr befolgen, doch gehorsame Kinder versuchen es dennoch, indem sie ihre Knie durchdrücken, und diese Überdehnung wird bald zu irreparablen Schäden führen.[III]

Der Verstand

Der durchschnittliche Nordamerikaner wird für den Großteil seiner/ihrer wachen Stunden »unterhalten« (er sieht über sieben Stunden am Tag fern), und die wichtigste Anforderung an Unterhaltung ist, dass sie Zeit totschlägt, ohne dass sie uns irgendetwas beibringt, das auch nur den geringsten Wert hat. Der Produzent der David-Letterman-Show, Robert Morton, wurde im *Globe and Mail* (11.2.93) wie folgt zitiert: »Wenn ihr aus dieser Show rausgeht und etwas gelernt habt, haben wir unsere Aufgabe nicht erfüllt.« Es sieht so aus, als ob die Schule die Mehrheit von uns gegen Bildung geimpft hat. Es ist nicht leicht, die Neugier eines Affen auszumerzen, und unsere Beschäftigung mit Banalitäten legt den Schluss nahe, dass unser Bedürfnis zu lernen zwar intakt ist, doch irgendetwas von Bedeutung zu lernen Stress bedeutet.

Könnte es nicht sein, dass die Anweisungen, wie wir unseren Verstand zu gebrauchen haben, genauso verheerend sind wie die Anweisungen zur Körperhaltung? Muss uns wirklich gesagt werden: »Denk nach!« und »Versuch dich zu konzentrieren!« und »Sei originell!«, als sei Nachdenken eine Anstrengung und Originalität etwas, das ganz weit außerhalb von uns läge? Es gibt Kulturen, wo jeder Sänger ist und Tänzer und Künstler und Komponist und so weiter[112] – aber ich teile diese erstaunliche Welt mit Millionen von Leuten, die sich langweilen.

Qualität

Ein Theatersportteam brachte an unserem Theater eine chaotische wöchentliche »Revue«, und ich weigerte mich, meine Meinung dazu zu äußern.

»Warum nicht?«, fragten sie ein bisschen beleidigt.

»Weil euer Publikum nur so über die Sitze springt, um nach vorne zu kommen. Weil sie fast die Türen einschlagen, um reinzukommen. Weil das Theater zur Spätvorstellung brechend voll ist, obwohl wir draußen am Flughafen sind. Vielleicht ist das Chaos zum Teil dafür verantwortlich. Ich bin nicht euer Publikum!«

Zehn Jahre später waren sie alle erfolgreiche Schriftsteller und/ oder Entertainer.

Definition guter Improvisation

Wenn der Verlauf gut ist, ist auch das Endprodukt gut. Hätte ich eine andere Einstellung, würde ich am Ende glauben, dass eine Szene »Qualität hat«, weil sie an eine geschriebene Szene erinnert (als sei Improvisation nur ein Schritt auf dem Weg zum konventionellen Theater).

Ich beurteile die Arbeit der Spieler als gut, wenn:

– sie die Szene genießen, in der sie spielen
– sie nicht gegen das Publikum arbeiten
– sie sich verändern
– sie wagemutig und übermütig sind
– alles »mühelos« aussieht
– sie aufgehört haben zu versuchen, »originell« zu sein oder sich »schlaue« Sachen auszudenken
– die Zuschauer zu »einem Wesen« vereinen können
– wenn sie sie selbst sind, anstatt vor der Selbsterkenntnis zu fliehen

Definition schlechter Improvisation

Ich sage, die Spieler sind dann schlecht, wenn sie:
- angeben
- negativ sind (das heißt Ideen ruinieren, Szenen über das Kotzen spielen und so weiter)
- Um Kontrolle kämpfen (das heißt, wenn sie Angst haben, kontrolliert zu werden)
- planen statt teilzunehmen
- Geschichten um eines leichten Lachers willen (oder aus anderen Gründen) vernichten
- den kinetischen Tanz unterdrücken
- moralische Bedeutungen ignorieren
- sich in Klischees suhlen

Definition eines »tollen Publikums«

Ein tolles Publikum:
- jubelt nicht unkritisch
- sitzt nie mit verschränkten Armen
- ist mit den Spielern gegen die Richter vereint
- ist wohlwollend (die Spieler müssen alles unternehmen, um dieses Wohlwollen zu schaffen und beizubehalten)
- lacht schallend, ohne nachzudenken, und wenn es still ist, ist es absolut still
- geht am Ende der Show nur ungern weg

Definition eines »großartigen Improvisierers«

Großartige Improvisierer »schwimmen mit dem Strom« und akzeptieren, dass sie von der Hand Gottes gelenkt werden oder der des Großen Elchs oder von einem unbekannten Modul des Gehirns. Ihre Einstellung ist das genaue Gegenteil von jenen »Anfängern«, für die die Dämonen auf der Bühne mindestens genauso bedrohlich sind wie die im wirklichen Leben und die darum kämpfen, »ganz« zu bleiben. Wenn sich ein Improvisierer »sicher« fühlt, scheint alle

Begrenztheit zu verschwinden. Manchmal ist es so, als sei die Bühne zusätzlich beleuchtet, und die Spieler erscheinen scharf umrissen und strahlend und größer als normal. Bei guten Improvisierern blitzt dieses Phänomen sekundenlang auf; großartige Improvisierer können dieses dämonische Licht (oder himmlische Leuchten) minutenlang aufrechterhalten.

Ich beschreibe hier etwas, was alle Eltern beobachtet haben (es sei denn, sie waren von ihrem Intellekt geblendet). Sehr kleine Kinder können so überströmend sein, so energetisch, so berstend vor Freude, dass es den Eindruck macht, als verströmten sie Licht in die Welt. Deshalb betrachten manche Völker kleine Kinder als Götter, die nur allmählich menschlich werden.

Großartige Improvisierer schaffen es manchmal, sehr nahe an diese Art von Ausstrahlung heranzukommen (ebenso wie großartige Schauspieler).

Abstumpfung

Es ist herrlich, sich von den Wogen von Gelächter aus dem Publikum tragen zu lassen, aber es verliert an Reiz; du hast das Gefühl, dass du deine Fähigkeiten nicht weiterentwickelst und dass die meisten Szenen sinnlos sind; deine Altersgenossen bleiben weg, und an ihre Stelle treten junge Teenager.

Vielleicht gibst du auf, vielleicht schleppst du dich weiter, vielleicht gibst du aber auch auf, nur um wieder zurückzukehren – schließlich kann Theatersport ein interessantes »Hobby« sein. Mit etwas Glück erkennst du schließlich, dass von dir »selbst« sehr wenig auf der Bühne präsent ist und dass die meisten deiner Gedanken einen Schutzschild bilden, der dich vor der Welt abschirmt. Und dass verbales Denken die Spontaneität ruiniert. Und dass die Welt nicht sechs oder sechzehn oder sechzig Sekunden in der Zukunft liegt. Und dass eine gute Geschichte mehr wert ist als jede denkbare Menge billigen Gelächters. Und dass Gewinnen und Verlieren nur Staub sind.

An diesem Punkt wird Theatersport von Neuem aufregend und gefährlich und einmal mehr zu einem großen Abenteuer.

Ein Berufszweig

Lassen Sie mich von gebildeten Flöhen erzählen (wie in dem Cole Porter-Song »... die Bienen tun es, sogar gebildete Flöhe tun es ...«).

Schütteln Sie Ihre ungebildeten Flöhe auf ein Tablett und bedecken Sie sie mit einem Glasdeckel. Die Flöhe lehnen diese Zurschaustellung ab und springen – allerdings haben sie keine Ahnung, ob ins Wasser oder ins Feuer oder auf ein warmes Säugetier. Was sie mit Sicherheit nicht vorhersehen können, ist die Tatsache, dass ein unsichtbarer Deckel sie immer und immer wieder zurückwerfen wird. Zwei Tage, und sie werden nie wieder springen und können jetzt als »gebildet« bezeichnet werden. Jetzt kann man den einen kleine Peitschen ankleben und andere vor kleine Kutschen spannen und *Ben Hur* aufführen.

Anhang I

FAST-FOOD-STANISLAWSKI-LISTEN

Es ist leicht, seine eigenen Listen zu erstellen, aber hier ist für den Anfang eine Auswahl von den meinigen. Sie sind keineswegs vollständig, doch ich hoffe, es macht Spaß, sie zu verwenden. Viele überschneiden sich, zum Beispiel: »Mütterlich/Väterlich sein« und »Kritisch sein«. Man darf nicht vergessen, dass viele Vorschläge nicht in der Absicht gemacht wurden, wirklich mit Erfolg umgesetzt zu werden, und ob das Ziel erreicht wird oder nicht – die Listen unterstützen die Interaktion und helfen, einer Figur Leben einzuhauchen.

Anfängern empfiehlt sich, nur die **fettgedruckten** Vorschläge zu verwenden. Fünf oder sechs Anweisungen reichen eigentlich aus.

LEUTEN DAS LEBEN SCHWERMACHEN (A)

Widersprich ihnen.
Übe Kontrolle über sie aus.
Kritisiere ihr Äußeres, ihre Grammatik, ihren Wortschatz etc.
Statte sie mit schlechten Eigenschaften wie Dummheit usw. aus.
Gib Ratschläge.
Dringe in ihren Raum ein.
Wiederhole böse Bemerkungen über sie.
Fang deine Sätze an mit »Immer machst, sagst du …« oder »Nie machst, sagst du …«.
Erzähle gemeine Geschichten über sie.
Schrei sie an.
Sei auf eklige Weise höflich (sarkastisch).
»Ein Hühnchen rupfen …«
Schikaniere sie.
Gebrauche ihre Sachen, oder mach sie kaputt, oder nimm sie ihnen weg.
Bring sie in Verlegenheit.

Nutze sie aus.
Knirsch mit den Zähnen; knurre; stöhne; kreische; schlag mit dem Kopf gegen die Wand.
Schlag sie.
Unterbrich.
Beleidige sie.
Schneid ihnen Gesichter.

LEUTEN DAS LEBEN SCHWERMACHEN (B)

Beende die Sätze für sie.
Sei unruhig, trommle mit den Fingern.
Wechsle das Thema.
Verbessere sie.
Überkreuze die Beine – von ihnen weg.
Widerspreche ihnen.
Runzle die Stirn.
Nimm vorweg, was sie gerade sagen wollen.
Schau immer wieder weg.
Lass sie arbeiten.
Sei nur an dir interessiert.
Missverstehe sie akustisch.
Missverstehe sie.
Behandle sie herablassend.
Leih dir Geld von ihnen.
Verführ sie auf unbeholfene Weise (oder fang an, sie zu verführen, und gib dann auf).
Seufze.
Lache an den falschen Stellen.
Schau auf die Uhr.
Wirf ihnen Steine in den Weg.
Verwirre sie.
Verspotte ihre Verwandten, Ehepartner, Freunde, Sexualpartner, ihr sexuelles Verhalten, ihre Haustiere, ihr Auto, Haus etc.
Halte den Blickkontakt länger als sie.
Mach sie auf Schönheitsfehler und Irrtümer aufmerksam.

Wechsle das Thema oder weigere dich, das Thema zu wechseln.
Hab Besseres zu tun.
Mach sie (und ihre Ideen) lächerlich.
Schütte was aus über sie.
Sprich sie nur über einen Dritten an.
Berühr sie – verächtlich – am Kopf, im Gesicht.

Für SCHÖN gehalten werden wollen

Sei schmachtend, sinnlich.
Überprüfe dein Aussehen (Spiegel?).
Mach auf deine Vorzüge aufmerksam.
Langweile dich, wenn sich die Unterhaltung nicht um dich dreht.
Beweg dich gleitend; tanze.
Hab ausdrucksvolle Augen.
Schau in den Spiegel.
Lächle viel (lass die Zähne blitzen).
Berühre und streichle dich.
Geh aufrecht.
Sei besorgt um deine Figur, deine Haut, dein Make-up usw.
Hab einen ausdrucksvollen Blick.
Verwende Make-up.
Hab eine/n reiche/n und/oder berühmte/n Geliebte/n.
Sei ein Model (oder du willst Model werden).
Betreibe Gymnastik.
Finde andere Leute hässlich.
Fische nach Komplimenten.
Offene Körperhaltung.
Mach sinnliche Geräusche.
Erwähne berühmte Namen.
Einer deiner Züge ist hässlich.
Gerate in Panik, wenn du einen Pickel entdeckst.
Wirf dich in Posen.
Zeig Fotos von dir herum.
Zeig dich von deiner besten Seite.
Sitz oder steh auf elegante Weise (Posen).

Für einen »COMPUTER« angesehen werden

Sei effizient.

Sei kalt und distanziert.

Hab keine Zeit für Trivialitäten.

Mache eine Pause, bevor du antwortest, oder antworte kalt und knapp.

Andere Leute sind zu langsam.

Lehne Körperkontakt ab.

Alles muss seine Ordnung haben.

Sei körperlich ausdruckslos, steif.

Sei unempfindlich bei körperlichem Schmerz oder Vergnügen.

Zitiere Experten.

Liefere Lösungen.

Ausdruckslose Stimme.

Drücke Liebe oder Hass gleichgültig aus.

Andere sind dumm.

Zügle eine innere Gewalttätigkeit.

Mit jemandem FLIRTEN[113]

Leichtes Lächeln mit verschämtem Blick; senke die Augen, wende sie ab, und wiederhole das Ganze.

Halte den Blickkontakt einen Bruchteil zu lange.

Kleine Berührungen.

Streife mit deiner Hand den Körper des anderen.

Komm näher an ihn heran als gewöhnlich.

Öffne die Lippen ein wenig und schau unbewusst auf einen Körperteil des anderen (nacheinander?).

Nicke zustimmend zu allem, was gesagt wird.

Sieh dem anderen ins Gesicht.

Betone Aussagen mit Handbewegungen (stärker als gewöhnlich).

Überprüfe Reaktionen, vor allem durch Augenbrauenhochziehen und Weiten der Augen.

Befeuchte deine Lippen oft.

Finde ein Thema, bei dem ihr übereinstimmt.

Leuten DAS LEBEN LEICHTMACHEN

Um Rat fragen (um die Meinung fragen).
Lass ihnen den Vortritt.
Gestehe ihnen Humor zu.
Bringe sie dazu, über sich selbst zu reden (hingerissenes Zuhören).
Mach Geschenke (Blumen?).
Lass sie gewinnen.
Biete Essen und Drinks, Sex, Geld etc. an.
Erzähl Geschichten zu ihren Gunsten.
Zitiere sie.
Teile ein Geheimnis mit ihnen.
Bewundere sie – Stimme, Körper, die Art, wie sie die Zeitung aufschlagen etc.
Stimme ihnen zu.
Lobe sie – ihren Besitz, ihr Benehmen, ihre Haustiere etc.
Arrangiere Ferien für sie. Eine Reise? Ein Picknick? Einen Film? Sei bescheiden.
Sei positiv (begeistert?).
Sei gut gelaunt.
Ermutige sie (nicken, aufmunternde Geräusche etc.).
Lass sie erkennen, dass du ihre Gesellschaft genießt.
Finde Freunde, Sexpartner und so weiter für sie.
Biete an, für sie zu arbeiten. (Repariere ihr Auto, wasch ihre Wäsche etc.).
Hab ein Gebrechen, ohne deswegen schlechte Laune zu zeigen.
Gib ihnen zu essen. Biete ihnen Erlebnisse, Unterhaltsames etc. an.
Teile ihre Sorgen.
Unterhalte sie mit Geschichten und Witzen (wenn angemessen).
Berühre und streichle sie, umarme und küsse sie etc. (wenn angemessen).
Mach, dass ihre Wünsche in Erfüllung gehen.

SICH SCHULDIG FÜHLEN

Entschuldige dich.
Sag oft: »Ist es recht so? Macht es dir etwas aus? Bist du sicher?«

Vergewissere dich weit mehr als nötig.

Beichte zum Beispiel, dass du Fahrerflucht begangen hast oder ein Tier totgetreten hast oder jemanden geschwängert hast, dass du etwas gestohlen oder dass du unfair gewesen bist.

Selbstauspeitschung.

Vermeide Blickkontakt, lass den Kopf hängen.

Gib überlange Erklärungen ab für alles, was du tust.

Bring jemanden in Verlegenheit und fühl dich schrecklich.

Vergiss, den Kühlschrank, das Tor etc. zuzumachen.

Hilf Menschen mehr als nötig.

Zerbrich Dinge oder setze sie in Brand.

Tu alles für andere Leute. Arbeite für sie?

Sei überbesorgt.

Du hast ein Geheimnis weitererzählt, das du für dich behalten solltest (oder du deckst es auf).

GLÜCKLICH und mit allem ZUFRIEDEN erscheinen

Verhalte dich, als hättest du ein köstliches Geheimnis.

Glaub, dass alle nur die besten Absichten haben.

Genieße es, Dinge zu berühren (auch dich selbst).

Ein Schlager geht dir im Kopf herum.

Lächle.

Lache aus reiner Lust am Lachen.

Wiederhole im Stillen Mantras (»Ich liebe alles«, »Mir fehlt nichts« ...).

Tanze, singe.

Hör anderen nicht wirklich zu.

Sei unbefangen mit deinem Körper.

Nimm nichts ernst.

Statte andere mit Humor aus.

Sei selbstbewusst.

Sei spielerisch.

Sei sehr lebendig und gesund.

Körper sind für das Vergnügen da.

Sei nie beleidigt.

Verwöhne dich selbst (Pralinen, Drinks etc.).
Bewege dich, lache, strecke dich aus reiner Freude.
Biete Hilfe an, ohne dass es dich wirklich berührt.
Streichle ein Tier? Hab Freude an Tieren.
Sag Dinge wie: »Ja«, »Hört sich gut an«, »Großartig«, »Ich bin dabei!«.
Mach Sachen kaputt, ohne dich schuldig zu fühlen.
Sprich frei heraus (persönliche Informationen).
Lass dir Zeit.
Offene, ungeschützte Körperhaltungen.

Als HELD erscheinen

Besitze eine Waffe.
Sei auf der Jagd.
Sei körperlich.
Sei Hochstatus.
Erkenne Gefahren.
Stelle Kraft, einen athletischen Körper, körperliche Fähigkeiten zur Schau.
Habe eine feste, volltönende Stimme.
Halte den Kopf ruhig beim Sprechen (Hochstatus).
Töte etwas (jemanden).
Stell dir die ganze Zeit eine silberne Kugel in deiner Brust vor, die ein unglaubliches Licht ausstrahlt.[114]
Geh jedes Risiko ein.
Werde angegriffen.
Sei verliebt.
Versende furchtlose Blicke.
Hüte und verteidige deine Ehre.
Ungehemmtes Lachen.
Habe Feinde.
Geh Wagnisse ein.
Sei vergleichsweise ungerührt von Schmerzen.
Beruhige andere Leute.
Rette jemanden; rette jemandem das Leben.

Ernsthaftes Benehmen.
Zeig deine Narben (Wunden).
Lächle viel.
Lass deine Waffen sehen.
Zeig Trophäen.
Stolziere.
Erzähle Geschichten von deinen unglaublichen Abenteuern.

Jemanden DEMÜTIGEN

Tadle sie.
Sie sollen es nicht wagen, dich anzumachen.
Zieh Vergleiche.
Mach sie vor anderen Leuten (vor dem Publikum?) lächerlich.
Sieh sie verächtlich an.
Gähne.
Beleidige sie.
Beschuldige sie einer Lüge, eines Diebstahls, dich angemacht zu haben und so weiter.
Mach schneidende Bemerkungen.
Sei besser als sie: intelligenter, attraktiver etc.
Sei fröhlicher als sie.
Lass sie sich ausziehen, singen und so weiter; stell ihnen unmögliche Aufgaben.
Erzähle schlechte Geschichten über sie.
Erzähle Witze, die sie nicht verstehen.
Verführe sie und weise sie dann zurück.
Lache zur falschen Zeit.
Lache sie aus.
Fessle sie? Überwältige sie?

Jemanden BEEINDRUCKEN

Rede über deine Errungenschaften. Deine Vorzüge. (Übertreiben? Lügen?)
Führ deine Fähigkeiten vor: Messerwerfen? Jodeln? Hypnose? Nach Belieben.

Kritisiere.
Lass im Gespräch bekannte Namen fallen.
Löse Probleme.
Wisse alles.
Erhalte wichtige Telefonanrufe, tolle Geschenke und so weiter.
Hab eine/n berühmte/n Geliebte/n.
Zeig die Preise, die du gewonnen hast.
Sei gut im Sport; Schießen, Polo etc.
Sei sexuell ein Athlet.
Führ Zaubertricks vor.
Sei ein Künstler – komponiere Musik?
Sei Schriftsteller.
Sei reich.
Jemand fotografiert dich? Interviewt dich?

INTELLIGENT erscheinen
Wisse alles.
Erläutere schwierige Dinge.
Andere Leute sind dumm. Andere Leute haben Unrecht.
Zitiere Statistiken.
Verwende Zitate (erfinde sie).
Verwende fremdsprachige Zitate (Kauderwelsch?).
Gib Ratschläge.
Verwende lange Wörter.
Lenke die Unterhaltung.
Unterbreche.
Mach nachdenkliche Geräusche, »Ahhhs« und »Hmmms«.
Verwende lange, komplizierte Sätze.
Pfeife Bachmelodien.
Ernstes Auftreten, ernster Gesichtsausdruck.
Analysiere alles.
Trag ein Buch, einen Rechenstab, einen Taschenrechner oder ein Tonband mit dir rum.
Zitiere Experten.
Kritisiere.

Definiere Begriffe.
Hör nicht zu (sprich weiter?).
Beende die Sätze für andere.
Sei von anderer Leute Meinungen gelangweilt.
Belehre.
Gehöre dem »Mensa« an.
Sei ein Schriftsteller, Professor, Doktor etc.
Lass berühmte Namen fallen.
Biete Nachhilfeunterricht an.
Bedeutungsschwere Pausen.
Ernsthaftes Auftreten.
Beginne Sätze mit: »Meiner Meinung nach …« oder: »Wie ich schon gesagt habe …« oder: »Das hängt ganz davon ab, was Sie unter … verstehen …«
Rede von Büchern, Künstlern, Filmen etc., die kein Mensch kennt.
Stelle deinen überlegenen Verstand heraus.

Als TROTTEL gelten

Sei ungeschickt, verschütte immer etwas.
Krieg Wutanfälle.
Belästige und ärgere die Leute.
Sei taktlos; sprich von schiefgegangenen Liebesaffären, grab alte Geschichten aus.
Iss mit offenem Mund. Kau Kaugummi. Schlürfe. Rülpse.
Richte eine Schweinerei an.
Erzwinge Freundlichkeit.
Drangsaliere andere so lange, bis sie bei einer idiotischen oder unklugen Sache mitmachen.
Sei vor Zorn geladen.
Unterbrich.
Dring in den Raum anderer Leute ein.
Erwecke das Interesse von anderen, und vergiss dann, wovon die Rede war.
Offensichtliche Anmache.
Akzeptiere keine Ablehnung.

Schieb die Schuld immer auf andere.
Lenk die Aufmerksamkeit auf die Defekte von anderen.
Singe, pfeife, summe (auf irritierende Weise).
Schlechte Manieren.
Beginne eine Vendetta (führ sie fort).
Heule.
Hab einen furchtbaren Geschmack.
Albernes Lächeln. Blödes Lachen.
Mach dämliche Witze.
Gib an.
Beleidige und/oder schlage andere.
Sei Fanatiker.

KRITISCH sein

Beschuldige Leute.
Korrigiere sie.
Tadle sie.
Entlarve Missetäter.
Sieh dich selbst als Vorbild.
Schließe Leute aus.
Schneide missbilligende Grimassen.
Mach schneidende Bemerkungen (über andere zu dir selbst).
Bestrafe Leute.
»Ts, ts« – mach angewiderte Geräusche.
Zensiere Verhalten, Ideen.
Sei schockiert.
Sag oft: »Natürlich!«
Beginne Sätze mit: »Immer machst du …« oder: »Immer sagst du …«
Habe einen höheren Status als die anderen.
Betrachte andere Leute als gefährlich und nicht vertrauenswürdig.
Verhöre Leute.
Lach über sie. Verspotte sie.
Belehre sie.
Beobachte sie misstrauisch.

Statte andere Leute mit Falschheit aus.
Herrischer oder nörglerischer Ton.
Nörgle.
Seufze.
Schreie.
Andere sind dumm, unintelligent, sündhaft und so weiter.
Sei schrill.

Der STAR DER PARTY

Bewundere Leute und Dinge.
Sei aufsehenerregend; kleide dich aufsehenerregend.
Sei großzügig.
Sei glücklich und gesund.
Sei laut.
Sei positiv.
Clownereien.
Loben.
Locke andere aus der Reserve.
Alles findet deinen Beifall.
Lach viel und leicht.
Dring in den Raum von anderen an, doch auf spielerische Weise.
Bring andere dazu, gegen Regeln zu verstoßen.
Schmeichle.
Gebrauche viel Raum.
Stell Leute einander vor.
Schlag Pfänderspiele vor.
Verkupple Paare.
Biete Essen und Drinks, Drogen etc. an.
Sei fit und sexy und sehr entspannt.
Zieh die Kleider, Hüte u. Ä. von anderen an.
Erzähl amüsante Geschichten (über Leute?).
Weit offene Augen?
Plane Überraschungen, Picknicks u. Ä.
Spiel ein Instrument.
Leg Musik auf.

Senke oder hebe den Status von anderen zum Spaß.
Erinnere dich an Namen und verwende sie.
Singe, mach Striptease und bring andere dazu, etwas darzubieten.
Schlage Aktivitäten vor (Tanzen, Singen, Spiele, Ausflüge).
Necke Leute.
Kitzle Leute.
Erzähle Witze (und bring andere dazu, welche zu erzählen).
Mach, dass andere sich sicher fühlen.

GEHEIMNISVOLL erscheinen
Sei heimlichtuerisch.
Mach Andeutungen.
Erhalte seltsame Geschenke, Anrufe etc.
Sei ein Medium (sieh Dinge voraus).
Lach über geheime Gedanken.
Du weißt Dinge über jemanden, die du eigentlich nicht wissen kannst.
Besitze eine Waffe.
Sei ungeheuer reich. Ein Leibwächter?
Bedeutungsvolle Blicke.
Bedeutungsschwere Pausen.
Geheimnisvolles Lächeln.
Sei auf dem Weg ins Labor, zur NASA, zur Tierra del Fuego oder ohne ersichtlichen Grund auf dem Weg ins Gefängnis.
Fall in Trance.
Werde von unbekannten Menschen (Kräften?) kontrolliert.
Plötzliche Stimmungsumschwünge.
Hab irgendeine Art von Anfall und versuch es zu verbergen.
Beweg dich wie in Trance; sieh gehetzt aus.
Stell unerklärliche Fragen.

NERVENSÄGE (Teenager)
Sei enthusiastisch.
Sei gut gelaunt.
Sei positiv.

Sei taktlos.

Sei unkoordiniert: verschütte Sachen, stolpere etc.

Rede über Mama und Papa; wiederhole ihre Meinungen über Dinge.

Erzähle blöde Witze.

Lach über blöde Witze.

Hab ein blödes Lachen.

Schnelle, ruckartige Bewegungen (idiotische Armbewegungen).

Halte dich für echt »cool«.

Versuche, mit allen Freundschaft zu schließen.

Rede über die Schule, Noten.

Rede über Schach, Verliese und Drachen, Beobachten von Vögeln.

Putz deine Brille; schieb sie immer wieder die Nase hoch.

Bring oft die Hand zum Mund, an den Kopf etc.

Sammle unnütze Dinge.

Winde dich vor Verlegenheit.

Du versuchst, nicht nervös auszusehen.

NORMAL erscheinen

Stell dumme Fragen.

Vermeidung von Körperkontakt.

Sei leicht schockiert.

Geh zur Kirche.

Sei formell.

Diskutiere langweilige Dinge, die du interessant findest (Fernsehen, Wetter, Ehegatten, Kinder, Kirche, Garten, Besitztümer etc.).

Sprich in Klischees.

Mische dich vorsichtig in eine Unterhaltung.

Vermeide, als Erster zu handeln.

Finde andere seltsam.

Halte andere höflich auf Abstand.

Lache zurückhaltend.

Hör demjenigen zu, der am langweiligsten ist.

Suche Bestätigung.

Überprüfe dein Aussehen (mit anderen Leuten?)
Sei besorgt, wie spät es ist.
Fluche nicht, außer andere fluchen auch – und dann fluche gehemmt.
Hab Angst vor der Zukunft.
Hab einen Hund.
Bewege dich mit äußerster Vorsicht (als wärst du aus Glas?).
Nimm nicht viel Raum ein (außer, du machst jemanden nach).
Gerate für einen Moment in Panik und erhol dich wieder.
Zeig Familienschnappschüsse herum.
Symmetrisches Sitzen.
Versuche ein gelegentliches Zucken zu unterdrücken.
Setze nacheinander konventionelle Posen ein.

MÜTTERLICH/VÄTERLICH sein
Sag Leuten, was sie tun sollen, und tu's dann selbst.
Kümmere dich um die Erscheinung von anderen (Haare, Kleider zurechtzupfen etc.).
Sei selbstlos.
Sei beschützerisch (»Du wirst vergewaltigt!«).
Sei moralisch.
Finde Ungezogenheiten heraus.
Dominiere.
Lege »Gesetze« fest. Setze Grenzen.
Vervollständige Sätze für andere.
Lehne die Freunde anderer Leute ab.
Iss auf, was sie übrig lassen.
Schneide das Fleisch für sie?
Statte Leute mit dem aus, was sie deiner Ansicht nach sind – sie sind dumm, intelligent, ungehorsam etc.
Sprich deutlich.
Bestehe darauf, dass du alles weißt.
Flöße Schuldgefühle ein.
Lege Ziele für sie fest.
Hühnchen rupfen.

Beklage dich über Gefühlskälte.
Einschüchternde Vorträge.
Rechthaberischer oder herablassender Ton.
Dinge müssen genauso geschehen, wie du es dir vorstellst.
Leg Grenzen, Regeln fest.
Entbehrungen von der »Als ich jung war …«-Art.
Sag »wir« statt »ich«.
Sei anklagend.
Sprich die Vornamen aus.
Erzähl Leuten Dinge, die sie bereits wissen.
Schniefe.
Drücke deine Liebe verärgert aus.

Einen Mann VERFÜHREN
Hingerissene Aufmerksamkeit.
Bewundere seinen Geschmack.
Sei atemlos.
Atme ihm ins Gesicht.
Sei ihm nahe.
Sei geheimnisvoll.
Sei verletzlich.
Mach ihm Komplimente.
Dinner bei Kerzenschein.
Tanze langsam (geschmeidige Bewegungen).
Statte ihn mit Humor aus.
Gib ihm zu essen.
Schmeichle seinem Ego.
Fordere ihn zum Tanzen auf.
Iss auf verführerische Weise.
Gib ihm Alkohol, Drogen etc.
Gib ihm persönliche Informationen.
Hab eine leise, tiefe, dunkle Stimme.
Halte den Blickkontakt.
Lache leicht – lache über seine Witze.
Lass ihn wissen, dass er etwas Besonderes ist.

Sitz nah bei ihm, die Beine übereinandergeschlagen (von ihm weg).
Lass ihn wissen, dass du zu haben bist.
Sieh ihm in die Augen.
Strahle Glück aus.
Lockere deine Kleidung. Mach den Hals frei.
Stöhne.
Befeuchte die Lippen.
Sinnliche Bewegungen, Posen.
Spiel mit deinem Haar (seinem Haar).
Reib dich an ihm.
Zieh die Schuhe aus.
Berühre ihn, wenn du sprichst.
Berühre dich selbst (mit langsamen Bewegungen).
Berühre Gegenstände, als würdest du ihn streicheln.
Heb die Arme, um die Brüste zu betonen.
Leg deinen Kopf an seine Schulter.
Massiere ihm den Nacken.
Reib deinen Fuß an seinem Bein.
Sag oft ja.
Sexuelle Anspielungen.
Zeig ihm etwas im Schlafzimmer.
Sprich leise und sanft.
Du willst nichts Festes.
Necke ihn.
Teile ein Geheimnis.
Berühre ihn.
Flüstere ihm ins Ohr.

Eine Frau VERFÜHREN (Liste A)

Benutze ein Mantra – »Ich liebe dich«.
Sanfte Stimme.
Sei jungenhaft, verspielt.
Sei ihr nahe.
Sei »einsam«.
Sei höflich, ritterlich.

Sei selbstenthüllend.
Mach Komplimente.
Stell Charakterstärke zur Schau.
Schenk ihr deine ganze Aufmerksamkeit.
Halte den Blickkontakt.
Entschuldige dich dafür, erregt zu sein.
Sag ihr, dass du sie liebst.
Möge goldige Tiere und Kinder.
Bring sie zum Lachen.
Schlag Umarmungen vor.
Spiel mit ihrem Haar.
Entferne ein Staubkorn aus ihrem Auge.
Zeig dich besorgt.
Sag ihr, dass du unberührt bist.
Berühre ihre Brüste (versehentlich).
Hab einen schwachen Punkt – du bist schwul, impotent, du hast eine Kriegswunde und so weiter.
Mach dir Sorgen, dass du schwul sein könntest.
Sei macho, doch sensibel.
Bitte, bettle, weine, wirf dich auf den Boden.

Eine Frau VERFÜHREN (Liste B)

Benutze ein Mantra – »Ich hasse dich«.
Sei kompetent (gebieterisch). Kontrolliere sie.
Sei ein Held.
Sei athletisch (stell Kraft zur Schau).
Gib rohe Ratschläge.
Berühr ihr Haar, ihr Gesicht etc.
Sag ihr, dass du sie liebst.
Rede über Sex.
Glühe ein wenig.
Sag ihr, dass sie gut riecht.
»Sag das noch einmal …«
Mach sie betrunken.
Sei fest und zuversichtlich.

Sei reich.
Benutze ein Mantra – »Du bist mein! Du bist mein!«.
Erhöhe den Körperkontakt (Kitzeln?)
Sei Hochstatus (geborener Anführer).
Du bist ein Kämpfer.
Du hast jemanden getötet.
Halte den Blickkontakt.
Du weißt, wie sie denkt, was sie will.
Zeig pornografische Bücher, Videos etc.
Reib dich an den Möbeln, stöhne.
Biete Geld an.
Sei reich – biete Geld an, Geschenke.
Sie hat dich verlockt.
Mach ihr Vorhaltungen.
Zieh dich aus.
Sperr die Tür ab.
Lecke (küsse) ihre Handflächen.
Mach alles, was irgend möglich ist.
Streichle sie.
Überwältige sie körperlich.
Hab einen gehorsamen Hund.

HOCHSTATUS

Sei entspannter als die anderen; beweg dich weniger als sie, aber schmettere »Herausforderungen« ab.
Halte den Kopf still, während du einzelne Sätze sprichst.
Sprich in ganzen Sätzen.
Beweg dich geschmeidig.
Halte den Blickkontakt für mindestens fünf Sekunden (wirf niemals einen kurzen Blick zurück).
Nimm viel Raum ein.
Hab eine Menge Atem.
Nenne die Leute beim Namen.
Berühre andere im Gesicht, fahr ihnen durchs Haar, tätschel sie am Kopf.

Verwende manchmal ein langes »ähhhh«, bevor du sprichst.
Reagiere stets mit einer Verzögerung.
Sag abwechselnd Dinge, die dich erhöhen, und Dinge, die den anderen herabsetzen.
Übernimm immer die Kontrolle.
Sei oft regungslos.
Zwinkere selten mit den Lidern, speziell bei Konfrontationen.

TIEFSTATUS (positiv)

Stimme allem zu (wenn es auf glaubwürdige Weise geht).
Schieb beim Lächeln die oberen Zähne über die Unterlippe (denke daran, auszuatmen).
Berühre dein Gesicht (deinen Kopf).
Sei ein Verlierer – kein Job, kein Auto, keine Liebhaber, keine sexuellen Fähigkeiten etc., aber es macht dir nichts aus.
Mach manchmal ein kurzes »Äh«, bevor du sprichst.
Antworte prompt.
Sei außer Atem, wenn du sprichst.
Unterbrich den Blickkontakt, aber wirf immer wieder einen Blick zurück.
Hoffe, dass dein Partner wegsehen wird, so dass du ihm in die Augen schauen kannst.
Sag großartige Dinge über deinen Partner.
Setze dich selbst herab (fröhlich).
Nimm weniger Raum ein als dein Partner.
Lache atemlos (zögerlich).
Winke jemandem zu mit dem Ellbogen gegen den Oberkörper gepresst.
Lass andere die Szene kontrollieren.
Zwinkere oft mit den Augen.
Sei großäugig und glücklich.
Lege ab und zu den Kopf schief.
Dreh die Zehen nach innen (so dass sich die beiden Fußspitzen berühren?)

Schiebe beim Lachen den Kopf nach vorn (doch bleib dabei auf gleicher Höhe, so dass der Nacken gedrungener wird).
Du musst immer zweimal hinsehen.
Erzähle vorteilhafte Geschichten von deinem Partner.
Erzähle Geschichten über dich selbst, die deinen Status erniedrigen oder zumindest nicht erhöhen.
Ahme verstohlen bewundernswürdige Eigenschaften des Partners nach.
Nervös mit den Händen im Schoß spielen.
Rutsch auf dem Stuhl herum.
Beginne manchmal mit leeren Lungen zu sprechen.

MITGEFÜHL heischen
Seufze.
Tapferes Lächeln.
Sei ungeschickt.
Verletze dich (verschütte etwas über dich).
Sei arm, obdachlos.
Bewundere andere.
Weine.
Hab ein Gebrechen.
Bestrafe dich, wenn du scheiterst.
Sei nicht gut im Bett.
Erhalte obszöne Telefonanrufe, Briefe etc.
Sei arbeitslos.
Erzähle Rührgeschichten.
Sei immer das Opfer.
Sprachfehler (Lispeln?).
Niemand mag dich.
Sei verlegen.
Hilf anderen, stell dich dabei ungeschickt an.
Sei verloren.
Jemand hat dich verhauen.

Anhang II

KIPPEN

Einige dieser Beispiele für Kippen könnten in vielen verschiedenen Listen aufgeführt werden, aber es bietet sich an, sie unter Überschriften zusammenzufassen.

Einige wurden noch nie verwendet (weil ich jedesmal, wenn ich sie tippe, neue hinzufüge).

Entfernen Sie jedes Kippen, das Sie anstößig finden und fügen Sie ihre eigenen hinzu (und denken Sie daran, dass es im Theater um Menschen geht, die leiden und sich schlecht benehmen, und dass ein Kippen nur dann ein richtiges Kippen ist, wenn es jemanden verändert).

Ein starkes Kippen stellt ein Geheimnis dar, also füge ich jede Lösung hinzu, die mir während des Schreibens einfällt (sie sind kursiv gedruckt und als Fragen dargestellt, um Sie daran zu erinnern, dass ein gutes Kippen auf viele verschiedene Weisen gelöst werden kann).

Das beste Kippen wirft Geheimnisse auf, die gelöst werden müssen, und ein Kippen liegt erst dann vor, wenn jemand verändert wird.

Babysitter

Finde eine Nazi-Uniform. *(Trage sie und werde zum Nazi?)*

Leg ein Video ein. *(Du bist mit deinem Freund zu sehen? Wo ist die Kamera?)*

Du findest Fotos von toten Teenagern sowie Zeitungsausschnitte über Morde an Babysittern. *(Ruf die Polizei an? Ruf die Eltern an, sie sollen dich abholen? Der Mörder ist Polizist? Der Hausherr erwischt dich, wie du in seinen Sachen schnüffelst?)*

Jemand schleicht sich durchs Haus. *(Gib vor, mehrere verschiedene Leute zu sein, die eine Party feiern?)*

Finde Hinweise auf einen Satanskult. *(Die Hausherren kehren zurück? Du besiegst sie mit ihrem eigenen Zauberspruchbuch?)*

Eine Stimme flüstert über das Interkomsystem: »Bring die Kinder um!« *(Erkenne die Stimme? Es ist die Stimme Gottes? Es ist ein Dämon? Der Stimme gehorchen?)*

Du bringst heimlich deinen Freund ins Haus. *(Spielt das Messerspiel.)*

Ein Freund der Familie kommt zu einem Wochenendbesuch. *(Er/sie hat gelogen? Weiß nichts über die Familie?)*

Das Sofa beginnt dich zu verführen – eine Stimme im Interkom. *(Die Kekse, die du im Kühlschrank gefunden hast, waren psychedelisch? Das Haus ist ein Raumschiff? Das Sofa saugt dich auf?)*

Schlafenszeit für Kinder

»Papa, du gehst jetzt besser, oder das Ding unter dem Bett (oder aus dem Spielzeugschrank) wird dich holen!« *(Der Schrank verschlingt Papa? Das Kind betritt den Spielzeugschrank und verschwindet? Ein Teddybär springt Papa an die Kehle?)*

»Sind Träume echt, Mama? Weil ich das hier beim Aufwachen im Bett gefunden habe!« *(Wenn es ein Spielzeuggewehr ist, lache darüber, und dann jagt es das halbe Haus in die Luft? Oder benutze es gegen Dämonen?)*

»Ich kann nicht schlafen, Papa/Mama, weil ich für die Dämonen arbeiten muss.« *(An den Händen des Kindes sind Blasen zu sehen? Die Dämonen zwingen auch die Eltern, für sie zu arbeiten?)*

»Die anderen Kinder sagen, du bist eine Hexe.« *(Steck Nadeln in eine Puppe? Bring dem Kind das Fliegen bei? Bring dem Kind bei, Gegenstände aus der Ferne in Bewegung zu setzen?)*

»Die Monster haben gesagt, wenn ich euch von ihnen erzähle, würden sie mich mitnehmen.« *(Es passiert tatsächlich? Kämpfe gegen die Monster? Fang eines? Bestrafe das Kind, weil es Lügen erzählt, und die Monster packen dich?)*

»Ich habe gebetet, und Gott hat mir gesagt, dass er eine Nachricht für dich hat.« *(Das Telefon klingelt – es ist Gott? Gott möchte, dass du dein Kind opferst? Gott möchte, dass du keine Kinder mehr bekommst?)*

Verbrechen

»Ich habe einen Fußgänger überfahren und nicht angehalten.« *(Bring jemand anderen dazu, zuzugeben, dass er gefahren ist? Im Fernsehen wird verkündet, dass es der Messias war? Der Geist des Opfers erscheint, aber ist nur für den Fahrer sichtbar?)*

Entführer mit Opfer. *(Es ist das falsche Opfer? Das Opfer erkennt den verkleideten Entführer? Das Opfer möchte nicht freigelassen werden?)*

Erwische einen Einbrecher. *(Er war in der Schule dein bester Freund? Er möchte ins Schuljahresbuch gucken? Brachte etwas zurück, das er sich geborgt hatte? Er ist Antiquitätenhändler aus der Zukunft?)*

»Lass mich diese Narbe sehen.« (Tätowierung, Muttermal etc.) *(»Du bist derjenige, der mich vergewaltigt/angegriffen/ausgeraubt/entführt hat!« Es ist dein verloren geglaubtes Kind?)*

Verbrechensszene. *(Hol dir Verdächtige aus dem Publikum und befrage sie – oder das Publikum wählt einen Missetäter?)*

Du erkennst die Person, die dir oder einem nahen Verwandten etwas Schreckliches angetan hat (vergewaltigt? überfallen? verkrüppelt?) *(Setze ihn/sie unter Drogen? Lade ihn/sie in die Wohnung ein oder ins Haus deiner Eltern, um dich zu rächen?)*

Verabredungen

Du sagst einem Freund/einer Freundin, er/sie sei nicht attraktiv genug, um mit auf die Party zu gehen. *(Er/sie schlitzt sich die Pulsadern auf? Greift dich an? Zerkratzt dein Gesicht?)*

Dein/e Partner/in ist Tierpräparator/in. (*Er/sie möchte dich ausstopfen?)*

Dein Liebhaber ist ein Außerirdischer? (Der Serienmörder?)

Du erkennst eine Tätowierung? Eine Narbe? *(Ihr seid Geschwister?)*

»Ich verabrede mich nur mit dir, weil mir das die Gelegenheit gibt, deinen Bruder zu sehen.« (Deine Schwester, deine Mutter, deinen Vater). *(Den Heuchler umbringen? Ihn bestrafen? Deine Pulsadern aufschlitzen?)*

Jemand, den du leidenschaftlich liebst, lässt sich nicht berühren. *(Plötzlich stimmt er/sie zu, Sex zu haben, aber nur, wenn »X« zuschaut?)*

Familie

Das Kind hat einen Wutanfall und entdeckt übernatürliche Kräfte. *(Großpapa geht in Flammen auf? Das Haus ist von Figuren aus Cartoons umstellt?)*

Du interviewst deinen Vater für ein Projekt in der Schule. *(Du entdeckst, dass du nichts über ihn gewusst hast? Du findest in seinen Papieren ein schreckliches Geheimnis? Er ist ein Gangster? Ein Zuhälter? Ein Kriegsverbrecher? Ein Genie? Ein Mutant?)*

Ein Kind stellt die Eltern zur Rede, die es wegegeben hatten. *(Mutter/Vater verführt das Kind? Die Eltern bitten um ein Darlehen?)*

Du versuchst verzweifelt, die Person, mit der dich deine Mutter verheiraten will, abzuschrecken. *(Er/sie liebt?)*

Du entdeckst, dass ein naher Verwandter ein Serienmörder ist? Drogenhändler? Hure? Ein böser Geist? Schwul? *(Du meldest ihn den Behörden? Der Kirche? Dem psychiatrischen Krankenhaus? Dem Klan? Den Deprogrammierern? Du wirst auch einer?)*

Dein Kind ist missraten. *(Gestehe, dass es von kleinen Männern aus einer fliegenden Untertasse gezeugt wurde? Verändere sein Gehirn?)*

Herr/Diener-Szene: *(»Die Wahrheit ist, Perkins, dass sie zufällig mein Sohn sind!« »Ich habe diese Geburtsurkunde auf dem Dachboden gefunden, Sir. Warum haben Sie mir nicht gesagt, dass Sie mein Vater sind?« »Das ist eine gutaussehende Person – sprechen Sie sie für mich an« – und die Person verknallt sich in den Diener?)*

Das ist mein Vater/meine Mutter. *(Elternteil wird gegenüber Freund/Freundin der Tochter/des Sohnes zudringlich).*

Ein bettlägeriger Teenager. *(Er bittet Papa oder Mama, ihm ein Callgirl zu besorgen?)*

»Es wird Zeit, dass ich dir von dem Familienfluch erzähle.«

Der totgeglaubte Ehemann erscheint Jahre später. *(Er verlor sein Gedächtnis, und man erzählte ihm, er sei jemand anderes?)*

Heure einen Schläger an, um deine Frau zu verprügeln, weil sie die religiösen Gebote nicht einhält. *(Sie läuft mit ihm weg? Er verprügelt dich?)*

Dein Kind ist ein Rassist? *(Sag ihm, dass es jüdisch ist oder schwarz oder chinesisch – was gerade passt?)*

Himmel/Hölle

Ein Christ landet aufgrund eines kirchlichen Irrtums im falschen Himmel. *(Tatsächlich ist er in der Hölle, aber sie ziehen ihn damit auf?)*

Du bist in der Hölle. *(Es ist ein Himmel für Masochisten?)*

Der Himmel ist wunderbar, bis du entdeckst, dass du keine Sexualorgane hast. *(Krieg einen Orgasmus, wenn du dich bekreuzigst?)*

Man verweigert dir den Eintritt in den Himmel – oder in die Hölle. *(Dein Haustier tritt für dich ein? Eine Laborratte tritt für dich ein? Dein Haustier besteht darauf, mit dir wegzugehen? Dein Haustier spricht sich gegen dich aus?)*

Jemand, den du in der Schule verprügelt hast, ist im Himmel der Pförtner. *(Ihn wieder verprügeln?)*

Hölle: »Es gibt eine Möglichkeit, wie du sofort hier herauskommen kannst!« *(Du wirst zurückgeschickt, um dich über die Gifte zu beschweren, die von oben herabsickern? Du wirst als Hummer wiedergeboren, und ein Koch wirft dich in kochendes Wasser?)*

Ein neuer Junge betritt die Hölle. *(Du gewinnst ein Tombolalos, das dich zu deiner Familie zurückbringt … man hat dich nur auf den Arm genommen? Du machst Liebe mit deinem Mann/deiner Frau und entdeckst plötzlich, dass es einer der Dämonen ist?)*

Du hast dich in den Himmel eingeschlichen. *(Du weißt nicht das Geringste über das Christentum – noch nicht einmal, wer gekreuzigt wurde? Du verkleidest dich als Engel? Du setzt dich auf den Thron Gottes und schleuderst ein paar Blitze?)*

»Wir schließen die Hölle!« *(Mach ein Angebot dafür? Suche verzweifelt jemanden, den du kanntest? Werde allein gelassen und entzünde ein Feuer?)*

Die Hölle/der Himmel entdeckt, dass du nie etwas falsch/richtig gemacht hast. *(Rufe im Himmel/in der Hölle an? Alles besetzt?)*

Anhalter

Er/sie lässt dich nicht anhalten, wenn die Polizei dich rauswinkt.

Er/sie zwingt dich, eine Straße zu befahren, die immer tiefer führt, bis ihr in der Hölle ankommt.

Weil sie/er vorbestraft ist (oder Marihuana besitzt), werden dein Auto und dein Boot, das du angehängt hast, an der Grenze konfisziert.

Entweder der Anhalter oder der Fahrer ist der Tod.

Der Fahrer bittet den Anhalter, ein Familienmitglied zu entführen.

Der Fahrer möchte, dass der Anhalter ihn/sie umbringt, damit jemand die Versicherung kassieren kann.

Flitterwochen

»Als ich dir sagte, ich sei reich, habe ich gelogen.« *(Mann/Frau hat ebenfalls gelogen?)*

Flitterwochen. *(Der Ehemann hat arrangiert, dass der Kammerdiener den eigentlichen sexuellen Akt durchführt – »Ich bringe dich nur in Stimmung.«?)*

Beobachte, wie dein Mann deine Kleider trägt. *(Trage seine Sachen?)*

Die Braut öffnet eine verbotene Tür. *(Sie trifft sich selbst im hohen Alter? Findet eine Folterkammer? Findet die früheren Frauen des Mannes, die alle ausgestopft wurden? Findet den Zauberstab des Ehemannes?)*

Horror

Ein Killer ist hinter dir her, und du weißt nicht warum. *(Es ist dein Bruder, der allein erben will? Es ist ein Patient, den du von seiner Geisteskrankheit geheilt hast?)*

Das Buch, das du gerade liest, beschreibt Dinge, die tatsächlich passieren. *(Jemand bricht ins Haus ein? Reiß die Seiten heraus? Schreib etwas auf den Rand, das heißt, kontrolliere die Realität? Entkomme auf die Art, wie du es im Buch liest? Es ist der Autor des Buches, der dich durchs Fenster gesehen hat?)*

Auf einer einsamen Insel ausgesetzt. *(Versuche, einen unsichtbaren Kameraden zu überzeugen, dass du geistig normal bist? Die Insel beginnt mit dir zu sprechen? Befiehlt dir zu gehen?)*

Deine Hand fühlt sich taub an. *(Sie greift nach Leuten? Sie greift dich an?)*

Die Person, die du gerade verführst, zieht sich aus, zieht seine/ihre Haut ab und gibt dir die Knochen. *(Es ist der Tod?)*

»Papa – die Kinder in der Schule sagen, dass ich aus einem Ei komme.« *(Erkläre, dass ihr Reptilien seid? Werde reptilhaft?)*

Jagen/Campen

Du jagst Mimen. *(Ein Mime fängt dich mittels Mimik?)*

»Du fragst dich vielleicht, warum ich dich hierhergebracht habe, so weit von jeglicher Zivilisation.« *(Er/sie möchte deine Seele? Er/sie zieht einen Reißverschluss auf und entpuppt sich als das Wesen, das du gejagt hast?)*

Jäger begraben einen Mann, den sie erschossen haben, weil sie ihn für einen Bären hielten. *(Finde die Leiche in deinem Lastwagen: begrabe sie, und sieh sie dann mit ausgestrecktem Daumen am Straßenrand stehen: geh zum Psychiater, und er ist der Psychiater: geh zur Beichte, und er ist der Priester: werde in die Psychiatrie eingeliefert, und er ist einer der Wärter. Komme im Himmel/in der Hölle an: er ist zuständig für den Einlass und so weiter.)*[115]

Ein verletztes oder gefangenes Tier bittet um sein Leben. *(Bietet dir Unsterblichkeit? Drei Wünsche?)*

»Eigentlich genießen die Tiere die Jagd!« *(Jemand oder etwas beginnt auf dich zu schießen?)*

Erschieße ein Tier. *(Dein Partner sagt: »Ich habe nicht gedacht, dass ihr Erdlinge es ernst meint«, und er macht das Messerspiel und zwingt dich zu einem fliegenden Start?)*

Du jagst Tiere, die aus einem Forschungslabor entkommen sind. *(Sie schießen zurück?)*

Triff jemanden, der übernatürliche Kräfte zeigt. *(Es ist ein Naturgott?)*

Komm zu einem Lebkuchenhaus.

Körper bewegen

Man schafft es zu sehen, dass der andere bewegt wird – sieht schließlich sogar das Publikum. *(Und wird als verrückt weggebracht?)*

Man erkennt, dass sie sich in einer Art Hölle befinden und keinerlei eigenen, freien Willen haben.

Man wirft dem anderen vor, dass er sich lustig macht über die Art, wie er/sie sich bewegt.

Ein Patient in der Psychiatrie, der dringend entlassen werden will, verbirgt sein Wissen darüber, dass unsichtbare Leute jeden operieren.

Ein Philosoph hält einen Vortrag über den freien Willen.

Partys

Ein betrunkener Freund besteht darauf, Auto zu fahren. *(Binde ihn/sie fest? Nimm die Autoschlüssel an dich? Sperre ihn/sie in den Schrank?)*

Dein Penis drängt dich, mit jemandem zu sprechen – nicht mit jemandem zu sprechen. *(Stimme über Interkom?)*

Dein Penis gibt für jeden hörbare Kommentare ab.

Dein Penis gibt nur für dich hörbare Kommentare ab.

Ein Arzt trifft einen Patienten, der entgegen seinen Anweisungen Alkohol trinkt. *(Der Arzt wird wütend und erleidet einen Herzinfarkt?)*

Alle anderen Gäste sind tot. *(Du entdeckst, dass du auch tot bist?)*

Du flirtest mit einer Frau, und sie wird stinksauer. *(Du hattest gerade Sex mit ihr und hast sie nicht wiedererkannt?)*

Parkbank (Fremde)

Einer demonstriert, dass er Kontrolle über das Wetter hat. *(Und verliert die Kontrolle darüber?)*

Einer möchte die Seele des anderen haben.

»Gott (oder Satan) hat mich geschickt.«

»Gott sagte mir, dass du eine Nachricht für mich hast.«

Alte Leute – Fremde. *(Sie stellen fest, dass sie in ihrer Jugend befreundet waren. Und dann stirbt einer von ihnen?)*

»Ich brauche einen Nierenspender.«

»Ich bin ein Besucher aus der Zukunft.«

»Dies war mein Lieblingsplatz, bevor ich starb.«

»Jeder, der mit mir spricht, hat Pech.« *(Sofort passieren dem anderen schlimme Dinge. Er/sie bestreitet es?)*

Stellt fest, dass ihr in einem früheren Leben ein Liebespaar wart. *(Und erinnere dich dann an den Treuebruch?)*

»Ich bin ein Kopfgeldjäger!«

Einer ist ein Medium, das immer weiß, was der andere tun oder sagen wird. *(Ermorde das Medium?)*

Stellt fest, dass ihr zusammen zur Schule gegangen seid.

»Wirfst du mir Stöckchen?« *(Es ist ein Werwolf?)*

Macht

Verlag. *(Kunde besticht den Verleger, damit der die Arbeit seines Sohnes/seiner Tochter nicht veröffentlicht?)*

»Ich habe dich nur wegen deines Geldes geheiratet.«

»Ich habe jeden Orgasmus nur gespielt.«

Der eine will den anderen verlassen, wenn nicht eine bestimmte Bedingung erfüllt wird.

»Robin bevorzugt mich, und du kannst nichts daran ändern.«

»Es ist dir vielleicht entgangen, aber wir waren schon mal zusammen im Bett.«

»Mach Liebe mit mir, oder ich behaupte, dass du mich überfallen hast.«

»Mach, was ich will, oder ich bringe deinen Bruder um (oder einen anderen Angehörigen).«

»Ich habe dir meinen Willen aufgezwungen …«

»Dir ist schlecht? Das liegt daran, dass ich dir Drogen verabreicht habe.«

»Ich kann deine Gedanken lesen.«

Ein Fremder weiß die intimsten Details über dich. *(Es ist ein Engel? Dämon? Jesus? Ein Gespenst? Dein zukünftiges Ich?)*

Gefängnis

Mach dich über einen religiösen Mithäftling lustig, der betet. *(Gott rettet ihn? Rettet euch beide?)*

»Ich beschütze dich vor all den Schwulen hier.« *(Ein Kuss?)*

Ein inhaftierter Zauberer läuft durch gemimte Wände, entfernt Handschellen, geht durch das Gitter, wird unsichtbar und so weiter.

Der Henker bietet dir an, mit dir zu fliehen. *(Er/sie hat sich in dich verliebt? Es ist eine nette Art und Weise, dich hinzurichten?)*

Ein Wächter gibt dir ein Geburtstagsgeschenk. Ein Weihnachtsgeschenk? *(Der Häftling darf den Wächter eine Minute lang verprügeln, der Wächter stirbt? Es ist ein aufblasbarer Häftling? Es ist eine Kugel in den Rücken?)*

Eine schöne, geheimnisvolle, sanfte, liebliche Person erscheint in deiner Zelle. *(Während sie dich hinausführt, blickst du zurück und siehst deinen leblosen Körper?)*

Ein Häftling behauptet, Gott zu sein. *(Dann beweist er es?)*

Psychologe/Patient

»Sie sind der Psychologe? Nein, ich bin der Psychologe!« *(Wärter erscheinen und zerren den Psychologen weg?)*

Ein Insasse versucht zu beweisen, dass er/sie geistig gesund ist. *(Dämonen erscheinen, ohne dass der Arzt sie sehen kann?)*

Der Arzt beginnt, die Dämonen des Patienten zu sehen, aber er muss dazu gezwungen werden, es zuzugeben.

Sei überzeugt, dass der Psychologe dich umbringen will. *(Bring ihn/sie zuerst um, um dein Leben zu retten?)*

Der Psychologe erkennt, dass ein »halluzinierender« Patient die Wahrheit sagt. *(Er ist ein Mörder? Zeuge eines Mordes? Kommt aus der Zukunft? Er ist ein Zeitreisender aus einem Vernichtungslager der Nazis?)*

Religion

Jesus heilt einen Krüppel. *(Jesus hinkt davon, selbst verkrüppelt?)*

An einem Grab. *(Stelle fest, dass es dein eigenes Grab ist – für andere Leute bist du unsichtbar. Spuke bei deiner Familie?)*

An einem Grab. *(Der Tote erscheint, um dich zu trösten. Oder aus Rache?)*

Der Priester sagt dir, die Hostie würde bluten, wenn man darauf beißt. *(Es schießt Blut hervor?)*

Du entdeckst in dir einen bösen oder guten Geist. *(Stimme über Interkom?)*

Ein armer Indianer will die geheimen religiösen Rituale seines Stammes an einen Professor verkaufen. *(Sie wurden schon vor Jahren in Anthropologiebüchern abgedruckt. Zeig es ihm? Verhänge einen Zauberbann über den Professor? Der Große Geist spricht?)*

Dein Partner trägt immer Handschuhe. *(Er/sie zieht sie aus und zeigt dir die Stigmata – die Wunden Jesu?)*

Dein Boss möchte, dass du zu seiner Religion übertrittst. *(Damit du nicht mehr so eingebildet bist? Dein Gott ficht es mit seinem Gott aus?)*

»Ich vollbringe Wunder.«

Rache

Eine Frau spürt die Person (Personen) auf, die sie vergewaltigt hat. *(Zerstört sie? Vergibt ihr?)*

Ein Fremder foltert dich. *(Es ist jemand, den du in der Schule schikaniert hast? Es ist jemand, den du in der Schule unterrichtet hast? Es ist der Vater des Mädchens, mit dem du dich verabredet hast?)*

Eine obdachlose Person, die erfroren ist, sucht einen Politiker heim.

Man bereitet dich gerade auf eine Operation vor. *(Du erkennst, dass der Chirurg ein alter Feind von dir ist?)*

Du bist in einer verzweifelten Zwangslage, versinkst zum Beispiel gerade im Treibsand. *(Dein Mann/deine Frau möchte ein Geständnis, bevor er/sie dir zu Hilfe kommt? Deine Freundin möchte ein Heiratsversprechen?)*

Ein alter Feind »versöhnt sich« mit dir, indem er dich zu einer schicken Jagdparty einlädt. *(Du erkennst, dass du das Wesen bist, das gejagt werden soll).*

»Das schmeckt aber nicht wie Kalbfleisch!« *(»Nein, Liebes, das ist Albert!« Entdecke die Tätowierung von jemandem, den du kennst?)*

Ein Richter bittet die Domina, so zu tun, als würde sie ihn hinrichten. Sie tut es tatsächlich. *(Er hatte ihre Mutter/ihren Vater/ Liebhaber/Geschwister/Kind verurteilt?)*

Ein Erwachsener rächt sich an einem Lehrer aus der Kindheit. *(Verführer aus der Kindheit?)*

Die sexy Person, die dich ans Bett gebunden hat, stellt sich als alter Feind heraus.

Zimmergenossen

»All diese Frauen, die du mit nach Hause bringst – könnten wir uns nicht mal eine teilen?«

Entdecke, dass dein Zimmergenosse von einem anderen Planeten/ aus einem anderen Zeitalter stammt. *(Seine fliegende Untertasse ist abgestürzt? Er/sie entführt dich auf einen anderen Planeten? Nimmt dich in ein anderes Zeitalter mit?)*

Du erkennst, dass dein Zimmergenosse der Mörder ist, der von der Polizei gesucht wird.

Dein/e Zimmergenosse/in hat sich zum ersten Mal prostituiert. *(Lerne, wie es geht? Kaufe sie/ihn für eine bestimmte Zeit?)*

Wahnsinniger Zimmergenosse – »Jemand versucht, mich umzubringen!« »Jemand verfolgt mich!« *(Sag: »Das bin ich!«)*

Stelle fest, dass dein Zimmergenosse durch einen Hochstapler ersetzt wurde.[116]

»Dies ist keine Wohnung, es ist ein Irrenhaus!« (Der Zimmergenosse ist ein Zeitreisender? Verwandelt sich in ein Monster?)

Dein Zimmergenosse, der immer normal erschienen war, zeigt dir einen jungen Hund und behauptet, ihn auf die Welt gebracht zu haben. *(Stelle fest, dass die Türe abgeschlossen ist?)*

»Du musst mir ein Alibi verschaffen!«

Leere Bühne. *(Dein Zimmergenosse hat deine gesamte Habe gestohlen?)*

»Ich habe dich verkauft.«

»Ich liebe dich schon lange heimlich, und es macht mich wahnsinnig!«

»Glaubst du wirklich, dass du mich das erste Mal gesehen hast, als ich auf die Anzeige geantwortet habe?«

Wütender Zimmergenosse packt seine/ihre Sachen, das heißt zieht nach einem Streit aus. *(Die Szene endet mit einer Umarmung?)*

Science-Fiction

»Mutter wurde von Außerirdischen geschwängert.« Vater: »Deshalb kann ich DIES tun!« *(Etwas Unheimliches passiert mit dem Vater oder mit dem Sohn/der Tochter?)*

Plattform: Zwei männliche/weibliche Astronauten mit einer Ladung tiefgekühlter Frauen/Männer. *(Taue einige von ihnen auf? Sie frieren dich ein und übernehmen das Raumschiff? Sie waren Kannibalen auf dem Weg zu einem Gefängnisplaneten?)*

Dein Kind kann Gedanken lesen? Kann durch Telepathie Dinge in Bewegung setzen? Kann dich geistig kontrollieren?

Familie. *(Du entdeckst, dass deine Eltern von einem anderen Planeten sind? Du entdeckst, dass dein Vater ein Roboter ist? Du entdeckst, dass du ein Roboter bist?)*

Ein Aufzug bleibt zwischen zwei Stockwerken stecken. *(Der Computer, mit dem der Aufzug betrieben wird, übernimmt das Gebäude?)*

Parkbank. *(Ein Fremder bittet für die Reparatur seines/ihres Raumschiffs um Hilfe?)*

»Ich bin von einem analogen Universum, und ich muss meinen Verstand gegen deinen tauschen.« *(Ein Zeitpolizist taucht auf und verhaftet den falschen Körper?)*

»Pat ist aus und flirtet herum. Ich bin ein Roboter, den er/sie konstruiert hat und der ihm/ihr absolut gleicht.«

Astronauten auf einem neuen Planeten. *(Sie bohren ein Loch in den Boden und der Planet schreit vor Schmerzen? Er zerstört sie? Sie unterwerfen ihn? Er verwandelt sie in Bäume?)*

Astronauten auf einem neuen Planeten. *(Sie begegnen einem niedlichen fremden Wesen – es verschwindet in einem von ihnen?)*

Du entdeckst ein zweites Gehirn, das an der Wirbelsäule deiner Partnerin befestigt ist. *(Ihr liebt euch trotzdem und als ihr euch küsst, spürst du, dass sich etwas Lebendiges in dich hineinschlängelt? Du wirst ein Außerirdischer? Versklavt? Weitere Gehirne kriechen auf die Bühne?)*

Arzt/Patient – im Inneren des Patienten bewegt sich etwas. *(Sie jagen es durch den ganzen Körper? Es spricht und benutzt dafür den Körper, den es in Besitz genommen hat? Der Arzt lockt es heraus?)*

Sex/Romanze

Ein Paar liebt sich im Bett. *(Ein Priester klettert durch das Fenster? Er bringt Gott dazu, dich fertigzumachen? Gott macht ihn fertig?)*

Jemand masturbiert. *(Er wird blind? Ein Priester klettert durch das Fenster? Das Telefon klingelt – es ist jemand, der ihn vom gegenüberliegenden Fenster aus beobachtet?)*

Ehebruch. *(Ein Teufel taucht auf und überprüft eure Namen in seinem Buch?)*

Ein Mann mit schwachen Augen stellt fest, dass der Junge, den er zu verführen versucht, ein Mädchen ist.

Jemand beschreibt dir einen sexuellen Übergriff. *(Du erkennst aus der Beschreibung deinen Gatten/deine Gattin?)*

Dein Penis ist dir entwischt, und du fängst ihn ein. *(Er greift dich an, und du ergreifst die Flucht? Er greift Zuschauer an? Du suchst ihn in ihren Kleidern? Lockst ihn mit Pornografie?)*

Ehefrau/Ehemann entdeckt mit Entsetzen, dass ihr Gatte/seine Gattin nur vor einem Publikum Liebe machen kann. *(Verkaufe Eintrittskarten? Ziehe die »vierte Wand« hoch, um es das Publikum sehen zu lassen?)*

Eine Schülerin hat eine Affäre mit einer »verbotenen« Person. *(Ihr Priester? Jedesmal wenn sie sich berühren, ertönt ein Donnerschlag?)*

Ein ältlicher Verführer jagt dich. *(Sei so ängstlich, dass er einen Herzinfarkt kriegt, dass du schließlich nachgibst.)*

»Ich fürchte, ich werde nur dann sexuell erregt, wenn ich ein Zugunglück sehe.« *(Lasse einen Zug entgleisen?)*

Das Callgirl oder der Callboy kommt. *(Es ist eine nahe Verwandte/ein naher Verwandter?)*

Ein Spieler ist auf der Flucht – Friedenskämpfer? Werwolf? Soldat? Wissenschaftler, der eine revolutionäre Entdeckung gemacht hat? Ketzer? *(Verrate ihn?)*

Flitterwochen. *(Spielt das Messerspiel? Ein Partner weiß nichts über die Messer?)*

Perfekter Partner. *(Wird zum Monster, wenn man gerade nicht hinsieht, das heißt, man spielt eine Version von Grimassen schneiden.)*

»Ich habe dieses Höschen unter dem Kopfkissen gefunden. Meine Größe ist das nicht.« *(Ehemann sagt: »Sie gehören mir.«?)*

Du stellst fest, dass du mit dem Zwillingsbruder/der Zwillingsschwester Liebe machst.

Jemand steigt durchs Fenster ein, während du schläfst

(Es ist die Person, die dich schon lange verfolgt. Es ist dein zukünftiges Ich? Du bist es selbst – du wurdest gesplittet, als du »heruntergebeamt« wurdest? Es ist jemand, der eine Transplantation braucht – dein Gewebe stimmt mit seinem/ihrem überein? Es ist der Schriftsteller, dessen Stück/Buch/Gedichte du rezensiert hast?)

Es ist jemand auf der Flucht.

Es ist ein irrer Tätowierer.

Es ist ein Autogrammjäger. *(Er/sie ist ein psychopathischer Mörder? Du bist der Mörder?)*

Es ist ein Medium oder ein Zauberer, der dich vor irgendeiner Gefahr warnt. *(Er/sie bringt dich um, um seinen/ihren Ruf zu retten? Er/sie rettet dich – wehrt Feinde/böse Geister ab?)*

»Ich bin dein Obdachloser.«

Es ist ein Fanatiker, der dich bekehren möchte.

Es ist die Seele, die dich nicht finden konnte, als du geboren wurdest. *(Deshalb erschien dein Leben so grausam und sinnlos).*

Es ist die frühreife Vierzehnjährige aus dem Haus gegenüber?

Stimmchen-Spiel

Eine Küchenschabe, ein Frosch, ein Vogel, eine Schlange, ein Käfer, ein Skorpion oder ein anderes Tierchen möchte, dass du:

- ihm hilfst, seine Gedichte zu veröffentlichen.
- seinen Feind tötest.
- seine Kapitulation akzeptierst.
- es umbringst.
- es bei dir überwintern lässt *(seine ganzen Freunde tauchen auf?).*
- zugibst, dass du seine/n Bruder/Vater/Schwester etc. getötet hast.
- ihm ein paar Gebote nennst, nach denen es leben soll *(weil es denkt, dass du Gott bist?).*

Ein winziger Mensch ist ein Wissenschaftler, der Experimente über Gewichtsabnahme leitete.

Ein winziger Mensch ist dein bester Freund, der eine Hexe geheiratet hat.

Ein winziger Mensch ist jemand, der einen Frosch geküsst hat.

Einen Fremden nach Hause einladen

»Erkennst du mich nicht wieder?« *(Es ist das Kind, das du in der Schule terrorisiert hast? Es ist ein Geist? Es ist eine Figur aus deinem Roman? Es ist jemand, den du verraten hast?)*

»Gestern Abend hast du Gott um ein Zeichen gebeten. Hier bin ich.«

Der Fremde ist ein Zauberwesen, das dich für deine Güte belohnt.

Er/sie beichtet ein Vergehen gegen Gott? Gegen Satan? Wird von bösen Geistern verfolgt?

Er/sie beweist, dass du der Gast bist. *(Du erkennst, dass das stimmt und dass du gehen musst?)*

»Ich habe dich verfolgt.«

Er/sie möchte von deinem Fenster aus jemanden erschießen.

Es ist Lazarus, der durch Jesus von den Toten auferweckt wurde. *(Er möchte, dass du ihn tötest?)*

Lehrer/Schüler

Der Lehrer zeigt den Eltern obszöne Zeichnungen des Kindes. *(Die Eltern haben sie gezeichnet? Spielt eine Liebesszene?)*

Ein gelangweilter Schüler erlebt erstaunliche Abenteuer. *(Es war nur ein Tagtraum? Figuren aus dem Traum tauchen im Klassenzimmer auf?)*

»Ich würde alles tun, um in diesem Kurs eine Eins zu kriegen!« – »Alles?«

»In einer Vision habe ich Jesus gesehen, und er sagte mir, dass Bildung unmoralisch sei.«

»Geben Sie mir eine Eins, oder ich behaupte, Sie hätten mich begrapscht!«

Vampir/Werwolf

»Ich werde zum Vampir/Werwolf!«

Der Vampir (Werwolf) möchte geheilt werden. *(Aversionstherapie? Der Werwolf frisst den Therapeuten?)*

Polizeirevier oder Parkbank oder Mitternachtsbesuch. *(Vampir/ Werwolf möchte einen »Handel« machen, so dass er/sie sich ergeben kann?)*

Lehrer/Eltern: »Wo genau gehst du tagsüber hin, Oliver?«

»Ich habe genug von deinen Werwolffantasien und werde dir ein bisschen Verstand einbläuen!« *(Das Opfer wird während der Tracht Prügel zum Werwolf?)*

Dein perfekter Liebhaber gesteht dir, dass er ein Vampir/Werwolf ist. *(Wagst du es, bei Vollmond anwesend zu sein, um die Verwandlung zu sehen?)*

»Kette mich an, und komm erst bei Tagesanbruch zurück.«

»Das ist heute das vierte Mal, dass du dich rasierst.«

»Wirfst du mir ein Stöckchen?«

Verschiedenes

Bergsteiger. *(Die Stimme des Berges führt sie tief in eine Höhle? Der Berg möchte, dass sie ihm irgendetwas kratzen?)*

Einen Riesen erforschen. *(Gebt vor, ein Chirurgenteam zu sein. Bringt ihn um, sobald ihr erst mal in ihm drin seid?)*

Kartenspielen. *(Eine Stimme sagt dir, welche Karten die anderen Spieler haben).*

Einen Riesen erforschen. *(Gelangt zum Gehirn und übernehmt es? Tretet ihm ins Trommelfell, damit er euch gehorcht?)*

Der Boss feuert dich. *(Du sprichst allmählich gleichzeit mit dem Boss und dann tauscht ihr die Rollen aus – der Sicherheitsdienst tritt auf und wirft den Boss hinaus?)*

Ärztliche Untersuchung. *(Der Arzt findet eine Beule – sie bewegt sich. Jage sie über den ganzen Körper? Durch das Krankenhaus? In einem Wald?)*

Ein Buch lesen. *(Dein Lehrer hat deine Arbeit gestohlen und sie veröffentlicht?)*

Die Herren sitzen auf den Rücken ihrer Diener. *(Die Herren streiten sich, und die Diener müssen sich duellieren? Die Diener streiken?)*

Zwei Fremde in Stonehenge. Einer sagt: »Das habe ich gebaut! Wollen Sie sehen wie?« *(Einer der Steinblöcke erhebt sich in die Luft? »Mein Name ist Merlin«?)*

Du besuchst das Lager, in dem dein Sohn Nazi-Arzt ist. *(Du entdeckst zufällig, welche grausamen Forschungen dein Sohn dort betreibt?)*

Ein Buch lesen. *(Du erkennst, dass es deine Lebensgeschichte ist – wagst du es, das Ende zu lesen?)*

Anhang III

WEITERE FÜLLERSPIELE

Aktivitäten zu Musik

Typischerweise wird eine Haushaltstätigkeit verlangt.

»Ein Staubsauger!«

Der Improvisierer saugt zur Musik Staub, dann ändert sich das Tempo der Musik, und das Staubsaugen wird stürmisch oder romantisch oder was auch immer. *Das Publikum lacht, aber nichts passiert!* Ist so etwas wie improvisatorische Musikberieselung.

Hätte der Staubsauger den Teppich eingesaugt, dann die Katze, die Möbel, das Haus, die Stadt, die Welt, die Sonne, den Mond, das gesamte Universum und wäre dann ein wütender Gott erschienen, nur um auch eingesaugt zu werden (einmal sah ich, wie eine Frau genau dies erfolgreich mimte), wäre das etwas gewesen, das es wert gewesen wäre, sich daran zu erinnern.

Alliteration
(nicht empfohlen)

(Nicht mein Spiel.) Man bittet das Publikum um einen Buchstaben. Dann wird die Szene gespielt, indem so viele Wörter wie möglich verwendet werden, die mit diesem Buchstaben beginnen (»unmögliche Buchstaben« sollten nicht akzeptiert werden). Dies ist ein reiner Füller und nicht zu vergleichen mit dem »Kein s«-Spiel, aber nervöse Improvisierer bevorzugen es.

Variante: Jeder Spieler erhält einen Buchstaben, mit dem er Stabreime bildet – keine Verbesserung.

Variante: Wenn man dieses Spiel wirklich spielen will, sollte man es schwierig gestalten, zum Beispiel: Jedes Wort muss mit dem vereinbarten Buchstaben beginnen.

»Albert!« *(Pause)* »Achtung!«

»Aye, aye, Admiral!«

»Angela aß Aprikosen!«

»Absolut abscheulich, Admiral!«

Rückwärtsszenen

Ursprung: Eine Möglichkeit, die Spieler in die Gegenwart zu zwingen. Sie waren damit einverstanden, dass alles rückwärtslaufen sollte, sobald ich »JETZT!« rief (denn wenn man nicht achtgibt auf das, was geschieht, wie kann man es umkehren?). Die »Theatre Machine« wandte diese Technik oft für Mordszenen an, und bei manchen Gruppen heißen Rückwärtsszenen gleich »Mord rückwärts«.

Meine Version

Die »Theatre Machine« steigerte einen Streit bis zu dem Punkt, an dem einer erschossen oder erstochen wurde; dann taumelte die Leiche wieder in aufrechte Position, die Kugel flog zurück in die Pistole und so weiter. Manchmal klang der rückwärts gesprochene Dialog wie ein Band, das falsch herum gespielt wird, manchmal sprachen sie nur die Worte in der umgekehrten Reihenfolge. Mithilfe dieser Rückwärtstechnik konnte ich eine Szene zu dem Punkt zurückführen, an dem sie verdorben wurde, und in eine vorteilhaftere Richtung lenken. Wenn zum Beispiel ein Heiratsantrag abgewiesen worden war, und das Publikum war enttäuscht, konnte ich »das Band zurückspulen«, der Heiratsantrag wurde wiederholt und diesmal angenommen.

»Rückwärtsszenen« standen immer auf meiner Liste von Spielen, die ich bereithielt, wenn die Show mir nicht abwechslungsreich genug erschien.

Heutzutage lassen viele Gruppen den »Vorwärts«-Teil des Spiels weg – was wir nie gemacht hätten –, und das Spiel wird von vornherein als rückwärts »erfunden«, fängt zum Beispiel mit dem Mordopfer an, das sofort aufspringt, das heißt, Fehler werden nicht sichtbar. Wenn man vom Neuigkeitswert absieht, ist diese Version nie von Interesse.

Die Bühne im Gleichgewicht halten

Wir stellen uns vor, dass die Bühne nur in der Mitte an einem Punkt aufliegt und dass die Schauspieler sie im Gleichgewicht halten müssen. Wenn ein Spieler links hereinkommt, muss ein zweiter sofort rechts hereinkommen. Wenn zwei Spieler zwei Meter nach links stehen, muss ein dritter vier Meter nach rechts stehen. (Es ist kein Spiel für eine Aufführung.)

Ursprung: Anfänger haben oft eine solche Angst vor dem Publikum, dass sie sich zur Hinterbühne zurückziehen, bis sie sich wie in einer Art ägyptisches Fries-Theater gegen die Wand drücken (selbst erfahrene Improvisierer bewegen sich weg vom Publikum, wenn sie in Panik geraten). Zu dem Spiel »Die Bühne im Gleichgewicht halten« wurde ich von Antony Stirlings Übungen im Kunstunterricht angeregt, bei denen die Kinder lernen sollten, das ganze Blatt Papier zu verwenden.

Beispiel:

Gregor klopft an eine gemimte Tür auf der linken Bühnenseite: Hilda erscheint gegenüber.

»Ist da jemand?«

»Ich bin's nur!«, sagt Gregor und tritt ein. Das zwingt Hilda, sich nach vorn zu bewegen, um ihn zu begrüßen (um »die Balance zu halten«). Sie umarmen sich in der Mitte der Bühne.

»Möchtest du was trinken?«, fragt sie und bewegt sich nach vorn zu einem unsichtbaren Schrank.

»Guter Gott! Was für eine herrliche Aussicht!«, sagt er. Er ist gezwungen, nach hinten zu gehen und rechtfertigt dies, indem er aus einem imaginären Fenster sieht.

»Eigentlich hätte ich gern einen Drink«, sagt er und bewegt sich auf der Bühne nach rechts: »Das ist doch wohl kein echter Matisse, oder?«

»Nur ein Druck«, sagt sie und bewegt sich nach links, um an ein gemimtes Telefon zu gehen (wobei sie immer noch Gregors Drink in der Hand hält).

»Es ist für dich!«, ruft sie, weigert sich aber, sich zu bewegen, so dass er gezwungen ist, da zu bleiben, wo er ist.

»Das ist diese schreckliche Frau!«, rechtfertigt er dieses Verhalten. »Ich will sie nicht sprechen!« ...

Kommentar: »Die Bühne im Gleichgewicht halten« ist normalerweise ein reines Füllerspiel, doch es trägt zur Abwechslung bei und zwingt die Schüler, in jedem Moment auf das zu achten, was geschieht. Wird man zu diesem Spiel herausgefordert (was ich nicht hoffe), sollte es eine Auge-in-Auge-Herausforderung sein. Es ist kein Spiel, das man zweimal hintereinander sehen möchte.

Bob Fosse

Ursprung unbekannt. Gut für die freie Improvisation. Findet beim Publikum Anklang, wenn wir es nicht zu oft spielen. Eine große Gruppe steht mit dem Gesicht nach vorn. Ein Spieler tritt vor, und die anderen imitieren jede Tanzbewegung, die dieser Anführer macht. Dann ruft er oder sie den Namen eines anderen Spielers, der zum neuen Anführer wird, und so weiter.

Dialogkarten

Ich schrieb Sätze auf den Rand von Spielkarten, so dass diese als Skript verwendet werden konnten.

Ursprung: Ich brauchte Rechtfertigungsspiele, und nach dem Erfolg mit Kauderwelschkarten (Seite 388) schien mir dieses hier nur folgerichtig.

So wird es gespielt: Die Spieler saßen an einem Tisch (oder standen in seiner Nähe), und die Karten wurden ausgegeben. (Wer einen »Joker« bekam, durfte jeden Satz sagen, den er wollte.) Dann spielten sie eine Szene, in der sie nur die Sätze sprachen, die auf den Karten geschrieben standen. Wer einen Satz sagen konnte, der Sinn machte, legte die Karte ab; wer nicht, musste eine Karte aufnehmen. Der Spieler, der als Erster seine Karten alle abgelegt hatte, gewann. (Ein gutes Spiel für Freiwillige aus dem Publikum – überlasst ihnen die Bühne, und sie werden sich königlich amüsieren!)

Typische Sätze können sein:

- »Ich gehe, und du wirst mich nicht aufhalten.«
- »Stell es dort hin, ich esse es später.«
- »Hilfe! Helft mir bitte!«
- »Ich bin sicher, du erkennst das!«
- »Liebling, ist das echt?«
- »Das wollte ich schon lange einmal machen!«
- »Um Himmels willen, lasst mich frei!« …

Spezialkarten

Richardson Morgan (von der »Theatre Machine«) fertigte ein »Shakespeare«-Kartenspiel an mit Sätzen wie:

»So hörtet ihr unsere Sache und kennt jetzt unsre Mittel!«,
»Früh gefreit, stets bereut!«,
»Wie werd' ich zu bestimmter Stunde an ihn denken!«,
»Holla!« sowie:
»Euren Mut schraubt auf das Äußerste!« etc.

Dies regte mich dazu an, ein »Western«-Kartenspiel herzustellen und einen »Kriegsfilm«-, einen »Science-Fiction«-, einen »Romanze«-Satz und so weiter.

Papierstreifen

Später verstreute ich die Karten auf der Bühne und den Möbeln. Die Improvisierer spielten eine Szene und hoben gelegentlich eine

Karte auf: Danach musste der nächste von ihnen gesprochene Satz der auf der Karte sein (und er musste Sinn machen!). Dies zwang die Spieler, nonverbale Lösungen zu finden, und hielt sie davon ab, sich zu sorgen, was sie sagen sollten – sie konnten ja immer »einen Satz aufschnappen«. Dadurch verbesserte sich ihre Stimmung, was auch auf das Publikum abfärbte.

Heute verwenden wir Papierstreifen statt Karten – deshalb der Name.

Jedem eine Karte

Dieses Spiel war für uns von großem Wert, und wir führten es sogar vor Publikum auf (was ich heute nicht mehr tun würde). Jeder Spieler bekommt eine einzige Karte, um sie in einer Szene einzusetzen, die exakt zwei Minuten dauert: Keiner weiß, was auf den Karten der anderen steht.

Wenn Helen auf ihrer Karte liest: »Ich gehe, und du wirst mich nicht aufhalten«, ist sie hin- und hergerissen zwischen den beiden Möglichkeiten, die Karte sofort zu verwenden oder sie sich für später aufzusparen. Sie bricht vielleicht in Tränen aus, tobt über die Bühne und mimt, einen Koffer zu packen.

In der Zwischenzeit ist Tony mit seiner Karte in Verlegenheit, auf der steht: »Stell's dorthin, ich esse es später.« Er nimmt den gemimten Koffer und leert ihn wieder aus. Sie ringen miteinander. Sie versucht, zur Tür zu gelangen, und ruft: »Ich gehe, und du wirst mich nicht aufhalten.«

Sie haben noch etwa sechzig Sekunden, und nur Tony weiß, was der nächste Satz sein wird. Er mimt, die Türe abzuschließen. Helen starrt ihn finster an, während er mimt, den Tisch zu decken. Er setzt sich an den Tisch und wartet offensichtlich darauf, bedient zu werden. Sie geht an den Schrank und mimt, Essen vor ihn hinzustellen. Er fängt an zu essen, doch es schmeckt ihm nicht:

»Stell's dorthin«, sagt er, »ich esse es später.«

Sie packt ihn und beginnt ihn zwangszufüttern. Er wehrt sich, während sie Essen in ihn hineinstopft. Er stirbt, und während die

Bühne dunkel wird, wiederholt sie ihren Satz: »Ich gehe, und du wirst mich nicht aufhalten!«

Gedruckt sieht es nach nicht viel aus, doch das Spiel kann sehr faszinierend sein – sehr langsam und still und intensiv.

Reklame

Ursprung: Ein Spiel der »Theatre Machine«, doch ich nehme an, dass es bereits früher verwendet wurde. Es wird oft dazu herausgefordert, und das Publikum wird gebeten, das Produkt für die Reklame vorzuschlagen; es ist jedoch nutzbringender als Möglichkeit, eine Szene zu beenden (»... und jetzt das Neueste von ...«). Anfänger lieben dieses Spiel, doch es erfordert Geist und Fantasie.

Schneideraum

Ein »Regisseur« konstruiert eine Geschichte, indem er »einen Schnitt macht« von einer Szene zu einer anderen, gleichzeitig stattfindenden Szene: »In der Zwischenzeit auf der Ranch ...«

Theoretisch ist das ein narratives Spiel, aber in der Praxis kriegen die Regisseure Lacher, indem sie Schnitte zu blöden oder »originellen« Orten machen, zum Beispiel: »In der Zwischenzeit in Tanganjika ...« Diese Sprünge tauchen gewöhnlich dann auf, wenn gerade Interaktion stattfinden soll.

Als ich die »Theatre Machine« leitete, machte ich »Schnitte« nach vorn anstatt seitwärts, um Überbrücken zu vermeiden. Wenn ein Heiratsantrag gemacht wurde, sagte ich möglicherweise:

»Szene zwei – ein Flitterwochenhotel auf den Westindischen Inseln.«

Oder wenn einer sich deprimiert fühlte, sagte ich vielleicht: »Schnitt zu einem Fenstersims hoch über der Straße.«

Zu sagen: »In der Zwischenzeit auf der Ranch ...«, ist langweilig und »sicher« im Vergleich dazu, die Szene direkt in die Zukunft zu katapultieren.

Wörterbuch

Ein Moosette-Spiel: Jemand aus dem Publikum wird gebeten, mit geschlossenen Augen auf eine Seite in einem aufgeschlagenen Wörterbuch zu deuten. Die Szene soll auf dem ausgewählten Wort basieren. Ein kleines Wörterbuch eignet sich besser, weil es praktischer ist und weil darin weniger abstruse Wörter vorkommen, mit denen das Spiel nicht so viel Spaß macht.

Emotionale Quadrate
(nicht empfohlen)

Die Bühne wird in vier Felder aufgeteilt, jedes Quadrat wird mit »Furcht«, »Stolz«, »Verdacht« oder etwas anderem ausgestattet. Beim Wechseln der Felder wechselt man die Emotion, und das Publikum lacht.

Ursprung: Stammt mit großer Wahrscheinlichkeit aus der Idee, die Bewegung von Schauspielern in Bereiche der Bühne zu »blockieren«, von denen fälschlicherweise angenommen wird, dass sie mit verschiedenen Emotionen verknüpft sind.

ABER – wenn man Stühle auf der Bühne aufstellt oder durch einen Kreis kennzeichnet, wo der Improvisierer hingehen wird, um den Zuschauern seine innersten Gedanken mitzuteilen, oder es um Rat zu bitten, das funktioniert sehr gut.

Familienspiel
(empfohlen)

Man holt sich einen Freiwilligen auf die Bühne, der einige seiner Familienmitglieder beschreibt, die, sagen wir, um einen Esstisch sitzen. Die Szene beginnt und wenn die Schauspieler etwas sagen oder tun, das ein Familienmitglied auch tun würde, läutet der Freiwillige eine Glocke. Liegen die Schauspieler weit daneben, drückt er einen Summer.

Obstschläger

Ein Beispiel für ein Spiel, das durch seine völlige Dummheit fasziniert (wenn man es nur einmal sieht). Ein Team spielt »Stein, Schere, Brunnen«, und der Gewinner schlägt dem Verlierer eine aufblasbare Banane über den Kopf. Erfordert bei allen Beteiligten eine große Portion gute Laune (von den Three Canadians aus Australien eingeführt).

Grosse Momente der Geschichte ohne ihre Hauptperson

(nicht empfohlen)

Selbst mit Hauptperson sind solche Szenen in den meisten Fällen Unsinn, doch »die Schlacht von Waterloo ohne Napoleon!« zu präsentieren ist schlicht blödsinnig. Die Herausforderung zu formulieren ist witziger, als die Szene auszuführen.

Überschriften

(nicht empfohlen)

Man bittet das Publikum, eine Zeitungsüberschrift zu erfinden; die Spieler stellen dann die »Nachricht« dar. In neunundneunzig Prozent der Fälle wird der Vorschlag einen Lacher kriegen, aber die Szene wird kläglich sein.

Es wäre besser, tatsächliche Überschriften auszuwählen, vorzugsweise aus der aktuellen Tageszeitung, oder einen Fernseher mitzubringen und die Nachrichten direkt nachzuspielen (passen Sie auf, dass man Sie nicht verklagt).

Die Erfindung von ...

Ursprung: Ein Moosette-Spiel.

So wird es gespielt: Die Zuschauer schlagen einen Gegenstand vor – eine Boeing 747, ein Croissant, ein Uhrwerk oder was immer. Die Improvisierer müssen dann eine Szene präsentieren, die zeigt, wie dieser Gegenstand erfunden wurde. Auch dies wird oft genug als Ausrede hergenommen, um blöd zu sein; ich würde es dennoch nicht abschreiben. Es kann sehr einnehmend sein, wenn die Spieler spielerisch und gut gelaunt herangehen und einen Gegenstand wählen, der sie inspiriert.

Letzter Satz

(nicht empfohlen)

Bei diesem Spiel geht es darum, sich einen Satz aus dem Publikum geben zu lassen (fast immer etwas Albernes), und dann eine Szene zu spielen, die mit diesem Satz endet. Schlechte Improvisierer lieben dieses Spiel, weil es ihnen ein Ziel vorgibt, das heißt, es ermutigt sie, »Brücken zu bauen« (»Überbrücken«, Seite 166).

Bei der »Theatre Machine« baten wir oft um einen Satz, um eine Szene damit zu beginnen, und gingen dann in jede Richtung, die das Schicksal vorgab. Das ist vielleicht pervers für Improvisierer, die »sicher« sein wollen, aber ich habe Improvisation immer als etwas betrachtet, bei dem ein Pfeil ins Blaue abgeschossen wird, statt auf ein vereinbartes Ziel zu schießen.[117]

Madrigale

Jeder Spieler singt einen Satz oder ein Wort, worauf man sich geeinigt hat. Einer beginnt, und die anderen stimmen ein, wann immer ein »Leiter« auf sie zeigt.

Teams, die kein Talent zum Singen haben, fühlen sich scheinbar genötigt, andere Teams zu Madrigalen herauszufordern. Ich habe Anfänger gesehen, die Laute anstelle einer Melodie brachten; sie machten »huuuh, huuuh« oder »miau miau«. Das Publikum lachte (zurückhaltend), aber warum sollte man Geld dafür bezahlen, so etwas zu sehen?

Zuschauer in Nordamerika sind höflich gegenüber Sängern und erstaunt über die Fähigkeit der Spieler, Lieder zu improvisieren. Daraus folgt, dass »Lieder« und »Musicals« relativ sicher sind, und es besteht die Gefahr, dass sie auf Kosten von interessanterer Arbeit überhandnehmen (technisches Können ersetzt Inspiration). Improvisierte Musicals sind wahrscheinlich interessanter als Madrigale – weil eine Geschichte herauskommen kann –, aber die Singerei kann unerträglich werden, wenn die Richter die achte Singherausforderung hintereinander zulassen (wie es neulich auf einer Tournee passierte).

Madrigale tragen zur Abwechslung bei, aber wenn sie im Spiel überwiegen, sollte man das Match als Musikereignis ankündigen, und der »Musiksport« kann sich seine eigene Klientel schaffen. Sogar wenn Musikeinlagen ausgezeichnet sind – was sie manchmal sind –, ist es schlecht für den Theatersport, wenn sie vorherrschen; genauso wie es schlecht wäre, wenn »Boris«-Szenen vorherrschten oder »Ein Wort auf einmal«-Szenen.

Das meiste aus einem Gegenstand machen, der vom gegnerischen Team vorgeschlagen wurde

(empfohlen)

Ein Schnürsenkel wird auf die Bühne geworfen und verwandelt sich in eine Schlange, eine Arena für den Flohzirkus, eine Zündschnur, ein Hochseil für zwei Finger, eine Peitsche für den Mäusedompteur und so weiter, bis das vereinbarte Zeitlimit – in der Regel eine Minute – erreicht ist (nach fünfundfünfzig Sekunden folgt eine Fünf-Sekunden-Abblende).

Jetzt schwebt ein langer Luftballon auf die Bühne, und das andere Team verwandelt ihn in eine Geige, ein Holzbein, einen Papagei, der auf jemandes Schulter sitzt, einen Stift, einen Becher zum Trinken, einen Speer, eine Riesenschnecke, die platzt, wenn sie von Massen von kleinen »Fingerleuten« angegriffen wird und so fort.

Von eins bis zehn

Ein Wort, dann zwei Wörter, dann drei Wörter – bis zehn und zurück.

1. John!
2. Ja, Herr?
3. All diese Menschen!
4. Du hast sie geschaffen.
5. Nun, sie widern mich an.
6. Das geht uns allen so, Herr.
7. Wir vernichten sie und beginnen von vorn.
8. Dein Wunsch ist mir Befehl – sie sind erledigt.
9. Bitte servier mir eins von den lebenden Hühnern dort!
10. Mit oder ohne Federn – wie hätten Sie es denn gern?

Anmachszenen

Die »Theatre Machine« spielte solche Szenen oft mit Freiwilligen aus dem Publikum. Man versucht »die beste Anmache mit einem Freiwilligen aus dem Publikum in einer Bar«. Die Zuschauer buhen jeden Verlierer aus (die Spieler sollten absichtlich verlieren, aber nicht zu auffällig).

Sitzen/Stehen/Liegen

Drei Spieler sind auf der Bühne und einige Möbel. Einer sitzt, einer steht, und einer liegt auf dem Boden. Diese Konstellation muss natürlich aussehen und beibehalten werden. Wenn ein Spieler aufsteht, muss derjenige, der steht, sich hinsetzen oder auf den Boden legen – und dabei versuchen, dies zu rechtfertigen. Derjenige, der auf dem Boden liegt, muss – wenn ein anderer sich hinlegt – sich hinsetzen oder -stellen.

Ursprung: Nicht mein Spiel, nicht vom Loose Moose. Es ist ein unterhaltsames Rechtfertigungsspiel, das die Schauspieler dazu zwingt, aufeinander einzugehen (siehe »Die Bühne im Gleichgewicht halten«).

So wird es gespielt: Man rechtfertigt die Stellung, in der man sich befindet. Dann ändert man die Stellung, um bei anderen Spielern eine Veränderung zu erzwingen. Man rechtfertigt die Veränderung, nachdem sie gemacht wurde, sonst wird das Spiel zu langsam.

Sitzen/Stehen

Eine Zweispielerversion für Anfänger.

Sitzen/Stehen/Liegen/Knien

Schwieriger, dennoch brauchbar.

Sitzen/Stehen/Liegen/Hereinkommen

Zu jedem Zeitpunkt dürfen nur drei Spieler auf der Bühne sein; das heißt, wenn ein vierter hereinkommt, muss ein anderer abgehen (und umgekehrt).

Fremde Bettgenossen

Zwei berühmte Gestalten – meistens historisch – interagieren zusammen. Ich habe niemals gesehen, dass dieses Spiel irgendetwas von Wert hervorbringt:

»Wer sollen wir sein?«

»Donald Duck …«

»Und noch jemand!«

»Archimedes!«

»Archie wer?«

Stunt-Doubles

Immer wenn starke körperliche Aktivitäten gefordert sind, sagen die Spieler: »Stuntmen!«, und Schauspieler, die auf der Seite warten, laufen auf die Bühne und ersetzen sie. Ich würde das Spiel nicht zu oft verwenden, aber wenn man es eine Weile nicht gesehen hat, kann es ganz lustig sein.

Ursprung: Nicht mein Spiel – wir bekamen es aus Vancouver.

So wird es gespielt: Die Spieler haben Stuntmen, die die physischen Aktivitäten für sie ausführen. Zum Beispiel:

»Ich laufe mal eben nach oben und hole mein Buch. Stuntman!«

Ein Spieler mimt, die Treppen rauf- und wieder runterzulaufen.

»Ach je, ich hab' das falsche Buch erwischt!«

Der Stuntman »läuft die Treppen hoch«, um das richtige Buch zu holen.

»Liebling, ich möchte dich küssen, wie du noch nie zuvor geküsst worden bist!«

»Natürlich, Liebling. Stuntman!«

Das kann wirklich ganz witzig sein, sollte aber nicht eingesetzt werden, wenn das Publikum schon vom Lachen erschöpft ist, weil es nur ein Gag ist.

Untertitel

Eine Kauderwelsch-Szene wird gespielt, während andere Improvisierer die Übersetzung dazu liefern: Sie laufen als Untertitel im wörtlichen Sinne vorn am Bühnenrand entlang.

Taugt dazu, einen Lacher einzuheimsen, funktioniert aber am besten, wenn es ganz neu ist.

TV-Fernbedienung

Ein »Keine Bewegung!«-Spiel, in welchem jemand »Zweites Programm« ruft anstatt »Keine Bewegung!«, und die Szene wechselt auf ein anderes Programm. Schrott.

Zeitverschiebung

Man verschiebt die Szene in ein anderes Zeitalter, in die Vergangenheit oder die Zukunft. Wenn Zeitverschiebung gefordert wird, erstarren die Spieler in der Bewegung und spielen dann in der neuen Ära weiter. Schrott.

Was tust du?

A fegt den Boden. B fragt: »Was tust du?« A sagt: »Ich sehe durch ein Teleskop!« B sieht durch ein Teleskop. A fragt: »Was tust du?« B sagt: »Ich wechsle die Windeln!« Dann wechselt A die Windeln und so weiter, ad infinitum. Gut zum Aufwärmen. Nicht mein Spiel, aber es macht Spaß.

Wer? Was? Wo?

Ursprung: Eventuell von Stanislawski.

So wird es gespielt: Das Publikum bestimmt, wer die Schauspieler sind, wo sie sind und was die Aktivität beziehungsweise das Problem ist. Das ist in Ordnung, wenn die Vorschläge sinnvoll sind, aber das sind sie oft nicht, zum Beispiel:

»Wer sind wir?«

»Pinguine!«

»Was tun wir?«

»Auf Stelzen laufen!«

»Wo sind wir?«

»Ihr überquert die Sahara!«

Bei Schauspielern, die einen Teil der Verantwortung aufs Publikum abwälzen wollen, ist dieses Spiel sehr beliebt.

Am Theatre Studio verbot ich »Wer? Was? Wo?«, weil es mir zu begrenzt erschien und zu sehr ans konventionelle Theater angelehnt.

RATSCHLÄGE

- Wärmt euch auf – durch Strecken, Singen, Fußball- oder Frisbeespielen oder Tauziehen –, aber ermüdet euch nicht. Sich im Umkleideraum zusammenzurollen und alle anderen herunterzuziehen hilft niemandem.
- Seid fit. Habt körperliche Fähigkeiten.
- Die Stimme darf nicht nur gerade hörbar sein. Setzt sie ein, um das Publikum zu disziplinieren.
- Informiert euch über die neuesten Nachrichten, damit ihr aktuell sein könnt.
- An einem schlechten Abend, oder wenn ihr euch nicht inspiriert fühlt, seid wenigstens effizient. Wenn ihr versucht, kreativ zu sein, werdet ihr mit niemandem zusammenarbeiten können, und eure Ideen werden immer dümmer werden.
- Duscht euch vorher: Wer weiß, welche intimen Stellungen ihr vielleicht einnehmen müsst?
- Wenn ihr wollt, dass die Zuschauer in die vorderen Reihen kommen, sagt ihnen nicht, dass sie dann besser hören können, sondern dass sie mehr Spaß haben werden.
- Platzanweiser sollten sich langsam bewegen. Seine Schritte oder der Raum, den er einnimmt, sollten die Leute nicht stören.
- Es ist in Ordnung, dem anderen Team zu helfen, aber nur als Unterstützung.
- Schlagt eure Beine in Richtung des anderen Spielers übereinander, es sei denn, die Figur ist feindselig gestimmt.
- Der beste Widerstand ist die Wahrheit.
- Lasst das Publikum entscheiden, was komisch ist.
- Wenn ein Lehrer euch sagt, was ihr tun sollt, wiederholt es wörtlich und das Publikum wird lachen und euch als originell empfinden. Verändert ihr die Anweisung, wird es eine viel geringere Reaktion geben.

– Die »Snoggers« sind nie weiter als die Spieler. Stellt die Szenografie, bevor danach gefragt wird. Wenn sie abgelehnt wird, kann das Publikum sich über eure Frustration freuen.
– Versichert euch, dass die Laken festgesteckt sind, damit man keine Schuhe herausragen sehen kann.
– Benutzt ein »Keith-Sofa« (vorne Rollen und am Rücken angeschraubte Griffe, damit es leicht bewegt werden kann und stehen bleibt, wo man es hinstellt).
– Vermeidet Jargon. Sagt nicht: »Wir fordern euch zu einer ›Boris-Szene‹ heraus«, sagt: »›… zu einer Befragung.‹«
– Nennt den Herrn immer »Sir« oder »gnädiger Herr«, nennt den Diener immer beim Namen.
– Eine Hackordnung mit zwei Freiwilligen aus dem Publikum – sie sollten als Nummer eins und Nummer vier eingesetzt werden.
– In der Szene mit Musik: Der zweite Dieb, der den ersten Dieb gestohlen hat, hätte noch langsamer sein können.
– Wenn ihr mimt, Schmutz vom Teppich zu fegen, berührt ihn nicht.
– Wenn ihr jemanden mithilfe eines »Ich hasse dich«-Mantras verführt, nutzt ihn aus, beleidigt ihn, behandelt ihn mit Verachtung (siehe Seite 427)
– »Was kommt als Nächstes« ist eine schlechte Herausforderung nach »Ein Wort auf einmal« (zu ähnlich).
– Unterstützt keine Zwischenrufer durch komödiantische Zurechtweisungen (»Sie wohnen unter einer Starkstromleitung, nicht wahr?« oder: »Ist es nicht erstaunlich, dass bei Millionen von Spermien gerade Sie das schnellste waren?« und so weiter).
– Lasst die Zuschauer sich nicht gegenseitig aufstacheln, sich freiwillig zu melden. Wählt Leute aus, die Augenkontakt halten. Wenn jemand schreit: »Mich, mich, nehmt mich!«, nehmt ihn nicht.
– Die Szene hätte schon früher ausgehupt werden sollen; und dann kam das Hupen genau in dem Moment, wo der Fremde gerade gesagt hatte: »Ich erforsche dich jetzt schon seit Jahren!«, was beim Publikum wieder Interesse geweckt hatte.

- Als R. schöpferisch wurde, hättest du zum Passagier werden und ihm die Szene überlassen sollen.
- Stellt fest, wo unnötige Spannungen auftreten und meidet sie (wir erleben euch sonst nicht als sympathisch). Experimentiert damit, wie wenig man auf einer Bühne tun kann.
- Das »Stirb!«-Spiel ist nur zum Aufwärmen für die Zuschauer geeignet. Hört nicht damit auf.
- Der Kommentator erwähnte nie die Punktliste und behandelte das Spiel nicht als Sportereignis.
- FURCHT und EGO sind die Feinde. Wenn ihr den ersten erledigt habt, wartet der zweite darauf, euch zu zerstören.
- Trefft eine Vereinbarung mit der Kasse, dass das Geld erstattet wird (oder eine Freikarte ausgegeben wird), wenn es eine schlechte Show war. Wenn man das macht, werden die Zuschauer beim Verlassen des Theaters nach positiven Dingen suchen: »Aber *diese* Szene hat mir gefallen«, und: »*Sie* war aber gut!«, und: »Mir gefiel die Hackordnung.« Zuschauer, die zum ersten Mal da waren, werden wiederkommen, weil sie neugierig sind, wie eine wirklich gute Show aussieht.
- Macht euch nicht über andere Spieler lustig, bis ihr außerhalb des Gebäudes seid.

SPIELEVERZEICHNIS

Ich kann in diesem Buch leider nicht meine ganze Arbeit abdecken. Aber als ich anfing, kannte ich Improvisation nur aus der Geschichte des italienischen Theaters – Sie sind also schon wesentlich weiter, als ich es war.

Jedes Spiel kann unter den richtigen Umständen nützlich sein. Manche Spiele sind jedoch »trivial« und/oder bestärken schlechte Gewohnheiten; andere sind wichtig, um den Ausbau der Fähigkeiten von Improvisierern zu beschleunigen. Es folgt eine Liste der meisten Spiele in diesem Buch.

Spiele, die ich für unwichtig oder destruktiv halte, stehen in Klammern.

Die Spiele, die ich empfehle, zuerst zu unterrichten, sind **fettgedruckt**.

Spiele, die Schwierigkeiten bereiten – darunter die besten –, sind mit Sternchen bezeichnet (*). Je mehr Sternchen, desto schwieriger ist m. E. das Spiel.

Macht man »fortgeschrittene« Spiele mit Anfängern, geht man – gelingt es einem nicht, die Begeisterung aufrechtzuerhalten – das Risiko ein, dass die Schüler lediglich lernen, »nicht fähig zum Improvisieren« zu sein. Sie können dem entgegenwirken, indem Sie sich entschuldigen, wenn etwas schiefläuft. Machen Sie die Fehler der Schüler zu ihren eigenen, und sie werden nicht verkrampfen und »sich mehr Mühe geben«.

ANMERKUNGEN

1 Sogar in dem Lehrerseminar, das ich besuchte, wurde nicht an meiner Stimme gearbeitet, und als ich zu unterrichten begann, verlor ich bald die Fähigkeit zu sprechen. Ich verbrachte Hunderte von Stunden in der Hals-Nasen-Ohren-Klinik von Golden Square, was meine Atmung verbesserte und mir half, einige Laute hinzuzufügen, die ich bis dahin nicht wahrgenommen hatte.

2 Ich rief: »Seid langweiliger«, denn wenn meine Schüler »ihr Bestes gaben«, waren sie wirklich langweilig; gaben sie sich damit zufrieden, einfach durchschnittlich zu sein, waren sie sehr interessant. Wenn zum Beispiel eine Szene von allen bewundert wurde, flüstere ich einen Moment mit den Spielern und bitte sie, die Szene nochmals zu spielen, und sie wird noch viel besser erscheinen.

»Also was habe ich ihnen gesagt?«

»Interessante Sachen zu sagen? Ausdrucksstark zu sein? Nicht langweilig zu sein? Entspannter zu sein?«

Ich habe ihnen jedoch gesagt, das Publikum zu langweilen, ohne sich selbst zu langweilen.

(Ich förderte auch die Konzentration, indem ich rief: »Nicht konzentrieren!«)

3 Eva Mekler (Ed.): *Masters Of The Stage. British Acting Teachers Talk About Their Craft,* New York: Grove Press, 1989.

4 Catcher sind am sanftesten, wenn sie scheinbar am gewalttätigsten sind. Jackie Pallo erklärt, wie er manchmal auf einen der Pfosten klettert und dann auf sein auf dem Rücken liegendes Opfer hinunterstürzt, »... wobei ich mit dem Knie auf seiner Kehle lande. Er verfällt in Zuckungen, die Damen in den Logen verfallen in Zuckungen, und jeder ist glücklich. Aber hätte mein Knie mit meinem Gewicht und der Kraft meines Sprungs vom Pfosten dahinter tatsächlich seine Kehle getroffen, wäre der arme Kerl auf der Bahre gelandet ...« Er schreibt Folgendes: »Wenn ich meinen Fuß auf die Nase eines Gegners setze und mich darauf um die eigene Achse drehe, übe ich mit diesem Fuß überhaupt keinen Druck aus. Ich drehe mich auf dem anderen Fuß und trage mein ganzes Gewicht damit. Wenn ich im Ring auf einem Mann herumtrample oder ihn trete, berührt mein Stiefel ihn kaum. Ich springe gleichzeitig mit dem anderen Fuß in die Höhe, und es ist dieser Fuß, der das befriedigende Geräusch macht, als würde ich dem Gegner sonst was antun. Wenn ich einen Ringer auf mein Knie fallen lasse, ist mein Fuß immer noch in der Luft ...« (*You Grunt, I'll*

Groan: The Inside Story of Wrestling von Jackie »Mr. TV« Pallo, London: Queen Anne Press, 1985)

5 Sogar Komiker mussten jedes Wort und jede Geste, die irgendeine Bedeutung hatten, der Vorzensur unterwerfen. Joan Littlewoods großartiger Theatre Workshop wurde gerichtlich belangt mit der Begründung, ein Schauspieler habe Churchills Stimme imitiert und ein anderer sei über die Bühne gelaufen und habe ein Brett »in einem phallischen Winkel« getragen. Wäre Ringen als »Theater« anerkannt worden, hätte jeder Wurf, jedes Knurren und jeder Fluch vorher genehmigt werden müssen.
Gaskill trug dazu bei, das Ende der Zensur zu beschleunigen, als er verbotenerweise Edward Bonds Stück *Gerettet* am Royal Court Theatre aufführte.

6 Viele Mooser sind Medizinstudenten, Computerexperten oder was auch immer und haben kein Interesse, am Theater zu arbeiten; nur ein sehr kleiner Prozentsatz versucht, es in dem Beruf »zu etwas zu bringen«, und ich ermutige sie nicht.

7 Theatersport spricht Teenager an, weil er gefährlich wirkt und sie immer nach neuen Wegen suchen, ihre eigenen Grenzen zu erfahren. Teenies, die jede herkömmliche »kulturelle« Aufführung verschmähen würden, sind bereit, beträchtliche Mühsal auf sich zu nehmen, um unsere Show zu besuchen oder daran teilzunehmen, weil sie die Verantwortung genießen *(The show must go on)*. Und weil sie genau die interpersonellen Fähigkeiten üben können, die sie verzweifelt zu verbessern suchen. Eine Mutter vermachte uns kürzlich Geld mit der Begründung, das Loose Moose sei für ihre Kinder, als sie Teenager waren, immer ein sicherer Hafen gewesen, wo sie sie gut aufgehoben gewusst habe. Manche Lehrer argumentieren, Theatersport sei »schlecht für die Disziplin«, aber »Dampf ablassen« ist therapeutisch und verbessert die Disziplin. Andere (und auch Theaterpraktiker) argumentieren, dass es überhaupt kein Theater sei – na und?

8 Micetro, Gorilla-Theater und Life Game sind alles Möglichkeiten, Improvisationen unterzubringen, die im Moment im Loose Moose angewandt werden – für weitere Informationen bitte mit dem Theater in Verbindung setzen.

9 Wir erhalten Subventionen von etwa fünfunddreißig Cents pro Sitz, wohingegen die Snob-Theater in der Stadt wahrscheinlich über fünf Dollar pro Sitz bekommen. Bei dieser Art von Wettbewerb ist es kein Wunder, dass wir mittellos sind.

10 Regisseure dringen in den Theatersport ein in Gestalt eines Conférenciers, der die Spieler herumkommandiert, auf ihre Kosten die Lacher kriegt und versucht, der Star der Show zu sein. Ein australisches Team stoppte die Zeit ihres Conférenciers und stellte fest, dass er mehr als die Hälfte der Zeit gesprochen hatte. Soviel zu meinen Bemühungen, die Bühne den Darstellern zurückzugeben.

11 In der Praxis kann es bei Auge-in-Auge-Szenen nötig sein, dass mehr als ein Spieler aus jedem Team zusammenarbeiten.

12 Keine »Warnung«, sondern bereits das Aus.

13 Manche Gruppen bitten das Publikum, je nachdem, welches Team sie bevorzugten, rote oder gelbe Karten hochzuhalten. Aber den Arm zu heben ist geradezu läppisch im Vergleich dazu, den Namen des Teams aus vollem Halse zu brüllen.

14 Das *Kamasutra* empfiehlt, dass Liebende aus diesem Grunde beim Liebesakt sinnlose Laute schreien (ich glaube jedenfalls, dass sie sinnlos sind).

15 Moss Hart: *Act One*, New York: Random House, 1959.

16 John Ritter von »Three's Company«.

17 Es wurde in San Francisco aufgenommen, und ich glaube, es hieß *An Evening with Robin Williams*. Williams ist ein guter Komiker und Schauspieler, aber ich glaube, er kämpfte von Anfang an um Fassung.

18 Neueste Nachrichten – ich habe eine Möglichkeit entdeckt, die Urteile beim »Genug gesehen« schneller zu erhalten. Ein »Trainer« sieht zu und sagt, was er/sie erwartet, je nachdem, was vorausgegangen war.
Zum Beispiel:
»Sie sieht unglücklich aus. Sie hat ihre Hände zusammengelegt – vielleicht wird sie beten ...«
Die Spielerin betet um Vergebung.
»Ich frage mich, was Gott tun wird.«
Und so weiter. Danach sagt sie: »Die Idee, dass Gott etwas tun sollte, erstaunte mich, weil ich nur an mich selbst dachte!«

19 Diese ferngesteuerten »Strafkragen« können auf jede Spannung zwischen null und neunzig Volt eingestellt werden.

20 Jackson selbst schien nicht zu wissen, warum er das tat. Als Oprah Winfrey ihn einmal fragte, warum er es mache, sagte er: »So bin ich eben.« Jetzt zeigen sie jedesmal, wenn er im Fernsehen erwähnt wird, Bilder, wie er sich betatscht, das heißt, es war eindeutig ein Fehler. Doch wer hätte ihn anfangs davon überzeugen können, als er so erfolgreich damit war?

21 »Aber du kannst dir nicht vorstellen, wie übel es mir hier ums Herz ist« und so weiter (Zeilen, die von einem Schauspieler hinzugefügt sein müssen).

22 George Devine sagte mir, dass das Theater ein Ort ist, wo müde Leute hingehen, um Energieausbrüche zu sehen: dass »sie Athleten mögen und Vulkane und alles, was explodiert«.

23 Dieses Team verließ Calgary, um Karriere zu machen. Einige von ihnen schreiben und/oder treten in großen amerikanischen Fernsehshows auf, zum Beispiel *Kids in The Hall* und *Saturday Night Live*. Sie nannten sich selbst »Das Zuschauerteam«, um möglichst große Verwirrung zu stiften.

24 Wenn improvisiertes Material nicht besser ist als geprobte Szenen, warum dann nicht proben?

25 Unsere ersten Zuschauer gingen oft in umliegende Theater in der Innenstadt und riefen den Schauspielern, die nach Drehbuch spielten, »Warnungen wegen Langeweile« zu. Wir baten sie aufzuhören, und erklärten, dass Theatersport mehr ein Sportereignis sei als gewöhnliches Theater.

26 Nur die obere Hälfte unserer Techniker ist von außen zu sehen.

27 C. W. Nicol: *Moving Zen: Karate as a Way to Gentleness*, London: Paul H. Crompton, 1989.

28 Die Moosettes waren ein frühes Team in Calgary.

29 Als ich in Chicagos Second City Improvisationstheater Workshops gab, baten die Spieler vor der Pause um Vorschläge und führten nach der Pause darauf basierende Szenen vor. Ich saß mit ihnen hinter der Bühne, während sie Möglichkeiten fanden, altes Material einzubringen. Dies war ihre bevorzugte Methode, und warum nicht, wenn die Ergebnisse gut sind?

30 Der amerikanische Schauspieler Nat Warren White war dabei und erinnert sich daran.

31 Sieben Jahre lang leitete ich jede Vorführung der »Theatre Machine«. Als sie eine Show ohne mich inszenierten, ertappte ich mich – obwohl ich doch wusste, wie wir immer gearbeitet hatten –, dass ich sagte: »Also diese Altarszene müssen sie einstudiert haben. Und diese Idee mit dem Kanaldeckel – so etwas fällt einem doch nicht einfach ein!«

32 Joan Rivers (mit Richard Meryman): *Enter Talking*, New York: Delacorte Press, 1986.

33 Ein ausgezeichnetes Spiel (aus Florida?). Ein Freiwilliger wird gebeten, die Spieler als seine Familienmitglieder auszugeben. Er läutet eine Glocke, wenn sie auf der richtigen Fährte sind, und drückt auf einen Summer, wenn ihre Vermutungen falsch sind.
»Ich brauche eine Zigarette.«
BSSSS!
»Ich bin so froh, dass ich das Rauchen aufgegeben habe!«
DRIIIIING!
(Dies stellte sich als ausgezeichnete Ergänzung zum Life Spiel heraus.)

34 Autor des Romans *Adolphe* (1816) und Geliebter von Madame de Staël.

35 *Enter Talking*, New York: Delacorte Press, 1986.

36 Joseph Wolpe, südafrikanischer Psychiater und Therapeut, geboren 1915 in Johannesburg. Einer der Begründer der Verhaltenstherapie. Er entwickelte die Methode der »Systematischen Desensibilisierung«, die durch Entspannungsübungen Angst vermindert.

37 Daniel J. Wiener, Psychologe; Autor von *Rehearsal For Growth: Theater Improvisation for Psychotherapists* (1994).

38 Zuhören im schauspielerischen Sinne bedeutet, dass man verändert wird durch das, was einem gesagt wird. Peter Oscarson, der schwedische Regisseur, sah einmal einen von Stanislawskis Schauspielern spielen – einen

Neunzigjährigen, der gerade noch in der Lage war, seine Arme ein bisschen zu heben. Er war der beste »Zuhörer«, den Peter jemals gesehen hatte. Als er dem Mann in seiner Garderobe vorgestellt wurde, entdeckte Peter, dass dieser Mann stocktaub war.

39 Gallway erzählt, wie er einmal einen mittelmäßigen Spieler bat, ihm zu zeigen, wie er den Ball schlagen würde, wenn er Experte wäre. Der Mann demonstrierte es, indem er den Ball wieder und wieder perfekt schlug. Als er gefragt wurde, warum er den Ball nicht immer so schlug, sagte er: »Ah, ich glaube nicht, dass ich das noch lange durchhalten kann.«

40 Kimon Nicolaides: *The Natural Way to Draw. A Working Plan for Art Study*, Boston: Houghton Mifflin Company, 1969.

41 Siehe *How Children Fail* von John Holt (New York: Pitman Publishing Company, 1964, dt.: *Aus schlauen Kindern werden Schüler: Von dem, was in der Schule verlernt wird*, Weinheim: Beltz, 2004). Ähnliche Verteidigungsmechanismen können auch bei Erwachsenen funktionieren: Als eine Meute Chicagoer Polizisten mit dem Schrei »Töten! Töten!« auf Abby Hoffman zurannte, zerplatzte er eine Tüte Blut auf seinem Kopf, und sie rannten weg und verdroschen Hugh Hefner.

42 »... Ich nahm jede Gelegenheit war, Sportler zu interviewen, die gerade einen Weltrekord gebrochen oder ihren eigenen Rekord in einer Disziplin beträchtlich verbessert hatten. Ich konnte fast ganz genau vorhersagen, was sie sagen würden. Es lief wie folgt ab: ›Ich fühlte mich nicht wohl an diesem Tag. Mir war übel, und ich fühlte mich schwach. Es ging mir sogar durch den Kopf, den Trainer zu bitten, mich von der Veranstaltung freizustellen ... Ich kann mich an keinen speziellen Moment während der Veranstaltung erinnern. Es schien alles so leicht zu sein. Bei der Endrunde wusste ich, dass ich gut gewesen war, weil die Menge jubelte. Aber ich hatte das Gefühl, ich hätte noch besser sein können, wenn ich mich nur ein bisschen mehr angestrengt hätte.‹« (Laurence E. Morehouse und Leonard Gross: *Maximum Performance*, New York: Pocket Books, 1978)

43 Dieser gute Engel kann auch manchmal ein Idiot sein, wie in dem Falle, als ein Mann ins Wasser sprang, um ein ertrinkendes Kind zu retten; erst dann fiel ihm ein, dass er nicht schwimmen konnte. Natürlich wäre er vielleicht geschwommen, wenn es ihm nicht eingefallen wäre.

44 Die Briten haben Vorschriften, was zu tun ist, wenn das königliche Flugzeug auf die Landebahn stürzt. Früher mussten die Kameras wegschwenken, aber vor einiger Zeit einigte man sich, dass die Zuschauer eine Fernaufnahme sehen dürfen. Ich vermute, heute verwenden sie ein Zoomobjektiv.

45 Ein ungelöstes Rätsel am Ende, das heißt eines, das auf viele gelöste Rätsel folgt, kann akzeptiert werden. Mein Onkel hatte einen Roman, wo im letzten Kapitel beschrieben wurde, wie jemand zu Tode gefoltert wurde. Die Foltermethoden wurden nicht beschrieben, und dies ist mir seit meinem

achten Lebensjahr im Gedächtnis geblieben. Peter Høegs Buch *Fräulein Smillas Gespür für Schnee* baut ein ähnliches ungelöstes Rätsel auf.

46 Ich habe »Originalität« in Anführungszeichen gesetzt, weil der Versuch, originell zu sein, jeglichen Schwung zerstört und die Arbeit langweilig und eintönig macht.

47 Unsere Richter können eingreifen, indem sie zum Beispiel sagen: »Ihr wart zu einer Szene über die Atomkraft herausgefordert, aber ihr bietet uns einen Strickwettbewerb! Wollt ihr das wirklich durchziehen?« Alles, was diese Gruppe ihren Richtern gestattet, ist, dass sie das Münzenwerfen überwachen, Punkte vergeben und Warnungen ausgesprechen.

48 Der interessanteste Darsteller ist gewöhnlich der, der sich in fast unmerklichen Abstufungen verändert (wie die Garbo oder Vanessa Redgrave in dem Film *Howard's End*) oder der sich minimal angesichts massiver Bedrohung verändert.
»Der Schauspieler muss das Publikum durch ständige Veränderungen der Modulation fesseln.« (Laurence Olivier: *On Acting*, London: Weidenfeld & Nicholson, 1986)
»Ich fragte Redgrave (Sir Michael), wie er es fertigbrachte. Er sagte, durch einen einfachen Trick, den ihm Edith Evans beigebracht hatte: Immer wenn du einen neuen Gedanken hast, sollte er in einer anderen Geschwindigkeit und in einer anderen Tonlage ausgedrückt werden … Es ist eigentlich gar kein Trick. So drücken sich Leute über jedes Thema aus. Und ich habe das immer in Erinnerung behalten. Wenn du immer sprichst wie in Wirklichkeit, bringen neue Gedanken neue Energien.« (Robert Stephens: *Knight Errant. Memoirs of a Vagabond Actor*, London: Hodder & Stoughton, 1995)
Natürlich können auch plötzliche Wandlungen hilfreich sein.

49 »Sinn« kann auch durch den Bezug auf etwas außerhalb der Geschichte erzeugt werden. Zwei Jäger fingen einen Yeti, der aus seinem Kostüm stieg: »Charlie! Was machst du hier draußen in den Wäldern als Schneemensch verkleidet?« »Ach, du weißt doch – das staatliche Sommerarbeitsprogramm …«

50 Siehe das »Genug gesehen«-Spiel, Seite 37.

51 Ein Rechtfertigungsspiel: Ein Improvisierer beginnt eine Aktivität, die die Richter gefordert hatten. Dann fordern sie: »Unterbrich die Routine!« Hält das Publikum die Daumen nach oben, wird er/sie belohnt. Zeigen die Daumen nach unten, wird der Spieler von einem Aufseher niedergeschlagen, der einen weichen Boxhandschuh trägt. Er fällt auf die Bühne wie von der Axt getroffen und wird unter lauten Buhrufen an den Füßen von der Bühne geschleift.

52 Das »Nicht-Vorwärtsgehen« kann man auch in der Tragödie beobachten. Nachdem der Rittmeister in Strindbergs *Der Vater* in die Zwangsjacke

gesteckt wurde, wird er in eine Anstalt gebracht? Nichts dergleichen – er befiehlt seinem Diener, ihn zu befreien (der Mann weigert sich), dann tritt seine Frau auf und spielt eine lange Szene mit ihm, dann hat er einen Schlaganfall! Stolpert der geblendete Ödipus über die Bühne und geht ab wie Lawrence von Arabien in Terence Rattigans *Ross*? Mitnichten: Der Chor drückt sein Entsetzen aus, er beklagt sich über sein Elend, er spricht mit dem Chor, er verflucht den Bauern, der ihn als Baby gerettet hatte, er lässt eine lange Rede über seine Leidensgeschichte vom Stapel, und nach alldem spielt er eine lange Szene mit Kreon.

53 Diese Idee erscheint vielleicht nicht intuitiv zu sein, aber es gibt Kulturen (Haiti?), wo sie als gesunder Menschenverstand gesehen wird. Wir erfahren uns selbst als einsames Bewusstsein, weil uns beigebracht wurde, uns so zu erfahren.

54 Prokrustes war der Gastwirt, der seine Gäste absägte oder so lange streckte, bis sie genau in seine schrecklichen Betten passten. Ich ärgerte meinen Lateinlehrer, als ich diesen Mythos dahingehend interpretierte, dass er von Erziehung handele.

55 »Snoggers« ist ein Slangausdruck für Szenografen.

56 Ich habe inzwischen ein kurzes Stück, das auf diesem Kippen beruht, geschrieben.

57 Kipplisten siehe Anhang II.

58 Das Wort »negativ« genügt, solange verstanden wird, dass es das Gegenteil von »voranbringen« ist.

59 Wir waren auf der Titelseite, und obwohl sie eine Gegendarstellung veröffentlichten, dachten sie wahrscheinlich immer noch, dass wir Hunderte von verschiedenen Szenen vorbereitet hatten, damit wir jede Nacht eine neue Reihe vorführen konnten.

60 Ich habe gerade von einer eleganten Art, dieses Spiel darzustellen, gehört (in Orlando, Florida?). Sobald jemand eine Glocke läutet, muss der letzte Satz, der gesprochen wurde, in sein Gegenteil verkehrt werden.

61 Ich sollte hier ein eigentlich wirklich blödes Spiel erwähnen – Megasterben –, durch das die Leute sich daran gewöhnen sollen, sich gegenseitig umzubringen. Wenn es mit Hingabe gespielt wird, kann es schreiend komisch sein. Man steht nur ein paar Sekunden auf der Bühne – zwischen fünf und zehn Sekunden –, bevor man vom nächsten, der die Bühne betritt, umgebracht wird. Wenn man mit vielen Leuten spielt, ist die Bühne in kürzester Zeit von »Leichen« bedeckt.

62 Wenn man ständig den »Rahmen« der Szene sprengt, um sich an seinem eigenen Witz zu ergötzen, wird die Reaktion des Publikums diese Haltung verstärken, und am Ende grinst man wie Malvolio (auch ein Opfer von falschem Feedback).

63 Mike und Bernie Winters: *Shake a Pagoda Tree*, London: W. H. Allen and Co. Ltd., 1975.

64 William Gaskill bat die Improvisierer, Geschichten zu erzählen, indem jeder einen Absatz hinzufügte.

65 Es ermutigte mich zu erfahren, dass die Senoi-Indianer, die darauf spezialisiert sind, ihre »Träume zu kontrollieren«, genau diesen Rat geben.

66 Wenn ich eine Szene unterbreche und die Spieler frage: »Genießt ihr das, war ihr tut«, sagen sie zwar: »Nein, überhaupt nicht«, aber sie klingen erstaunt, als wäre es ihnen noch gar nicht bewusst geworden.

67 Luftschiffballons sind zwischen sechzig und achtzig Zentimeter lang und circa zehn Zentimeter im Durchmesser. Das heißt, sie sind nicht so weich wie die Ballons, aus denen man Tiere formen kann.

68 »Es ist ein verbreiteter Fehler von Anfängern, zur Seite und nach hinten zu laufen, wenn sie den Ball zu kriegen versuchen. Dies sollte ihnen unter allen Umständen ausgetrieben werden.« (Billie Jean King: *Tennis to win*, New York: Harper and Row, 1970)

69 Mit Zenmönchen Hutspiele zu spielen macht großen Spaß, weil sie sich auf dem Teppich rollen und sich schieflachen.

70 »The Three Canadians« ist eine Gruppe von Moosers, die sich ihren Lebensunterhalt damit verdienen, durch Universitäten zu touren, Straßentheater zu machen und auf Komikerfesten und manchmal im Theater zu spielen.

71 Erstmals auf Deutsch erschienen im Alexander Verlag Berlin (1993).

72 Dieses Mantra fand ich in Joanna Field (Marion Milner): *A Life Of One's Own* (Erstveröff. 1934). Ich schlug es einem Zenmönch vor, der mir, als ich ihn ein paar Jahre später wiedersah, sagte, dass es das beste Mantra sei, das er je verwendet habe. Ich hätte gedacht, dass »Keine Unterschiede machen« ein noch besseres sei.

73 Schlagen mit »Eindringen«. Dies ist ein Begriff aus dem Kampfsport und beschreibt, durch die andere Person »hindurchzuschlagen« statt auf die Körperoberfläche, sonst tippt man die andere Person nur leicht an. Schlagt kräftig zu, versucht, den Ballon auf ihr zu zerplatzen (man sollte immer einen Vorrat an aufgeblasenen Ballons als Ersatz haben). Siehe »Erzählspiele«: Anmerkung 67.

74 Hackordnungen sind in meinem Buch *Improvisation und Theater* beschrieben. Hier möchte ich nur hinzufügen, dass die Mitglieder bei »Clown«-Hackordnungen möglichst nahe zusammenbleiben sollten, so dass sie als ein Organismus gesehen werden.

75 Kent Anderson schrieb ein Stück, das diese Idee einbezog. Auf der Hauptbühne, auf der ich das Spiel erfunden hatte, funktionierte sein Stück wunderbar. Als sie versuchten, es auf einer kleineren Probebühne aufzuführen, gelang es ihnen nicht, die Zuschauer zum Mitmachen zu bewegen – wie

ich vorausgesehen hatte, bedarf es einer »kritischen Masse« von Zuschauern, um Erfolg zu garantieren.

76 Viola Spolin: *Improvisationstechniken für Pädagogik, Therapie und Theater* (Paderborn: Junfermann, 1983).

77 Eine exzellente Stimmübung für Schüler mit zugeschnürter Kehle, da die Sprecher sich vorstellen dürfen, dass der Ton weit entfernt von ihnen entsteht.

78 Ich fand einen Hinweis auf einen Vorläufer der Tierpolizei. Richard Libertini beschreibt die Impro-Polizei: »... wenn eine Idee oder ein Darsteller in den letzten Zügen lag, kam sie auf die Bühne, um dich im Namen von diesem oder jenem zu verhaften.« (Donna McCrohan: *The Second City*, New York: Perigee, 1987)

79 Das Ziel, das Improvisierer anstreben sollten, ist zu wissen, was man sagen und tun soll, anstatt es sich »auszudenken«.

80 »Ja, aber« ist in Viola Spolins *Improvisationstechniken* beschrieben (ein Buch, das die Arbeit in der Tradition der Compass Players und Second City beschreibt).

81 Siehe mein Artikel »Improvisation And All That Jazz« in *Plays and Players*, August 1964.

82 Bitten Sie die Schüler, emotionale Geräusche zu unterdrücken, und ihre Arbeit wird sich verbessern (wenn auch nicht auf so spektakuläre Weise). Das liegt daran, dass ihr Verstand nicht in die Zukunft davongaloppieren kann, während sie auf ihr verbales Verhalten achten.

83 Ich nahm einmal einige Schauspieler mit an einen skandinavischen See, um den zweiten Akt von Tschechows *Möwe* zu proben. Beim Sprechen starrten sie zum Horizont; als wir ins Theater zurückkehrten, blickten sie überallhin, nur nicht auf den imaginären Horizont, so sehr hassten sie es, ins Publikum zu schauen.

84 Genauere Informationen zu Statusspielen finden Sie in meinem Buch *Improvisation und Theater*.

85 Das ist einer der Gründe, warum es so schwer ist, mit dem Rauchen anzufangen (Rauchen wirkt »cool«, weil es ein Unterwerfungssignal verbirgt).

86 »Der Kopf eines Häuptlings war das komprimierteste Mana-Objekt in der polynesischen Gesellschaft und wurde mit den furchterregendsten Tabus umgeben ... die Hände einer Person, die das Haar eines Häuptlings geschnitten hatten, waren für einige Zeit nicht für wichtige Tätigkeiten zu gebrauchen, speziell nicht zum Essen. Eine solche Person musste gefüttert werden. Dies betraf häufig die Frau des Häuptlings oder den Häuptling selbst, und unter den Maori waren diese Ernährungsprobleme mehr als alles andere ein Hinweis auf eine gehobene Position. Die Hände von manchen großen Häuptlingen waren so gefährlich, dass sie nicht in die

Nähe des Kopfes gebracht werden durften.« (Ich dachte, das könnte Sie interessieren) Franz Steiner, *Taboo*, London: Cohen and West, 1956.

87 Shimura, der in Kurosawas *Ikiru (Einmal wirklich leben)* den krebskranken Mann spielte, vermied es zu zwinkern, so dass seine Augen bei jeder Aufnahme in Tränen schwammen – ich bezweifle, dass Sie das bemerkt hätten, wenn ich es Ihnen nicht gesagt hätte.

88 Wenn jemand bei Ihnen ist, bitten Sie ihn, Sie nach Ihrem Namen zu fragen. Stoßen Sie ihn sofort hervor, und Sie werden feststellen, wie unterwürfig Sie sich fühlen. Dann soll er Sie noch einmal fragen, aber diesmal sagen Sie für mindestens eine Sekunde lang gar nichts (bewegen Sie keinen Muskel). Dann schauen Sie ihn für eine halbe Sekunde lang an, und sagen dann Ihren Namen. Der Unterschied liegt in der Art und Weise, wie sich selbst erfahren, und im Klang Ihrer Stimme.

89 Ich habe diesen Effekt erfunden, als ich Kind war: Er klingt nach nicht viel, aber einer unserer Improvisierer zeigte ihn dem Meisterkomiker Ken Dodd, der auf der Bühne herumsprang und ihn durchführte und vor Freude wie verrückt war.

90 Weitere Informationen in *Improvisation und Theater.*

91 Chaplin sagte, dass jeder Darsteller eine Einstellung haben muss, doch ich nehme an, er meinte »wähle eine andere Einstellung gegenüber allem, was dir begegnet«, denn das tat er für gewöhnlich.

92 Viele Anfänger wirken, als glaubten sie, neben dem Körper lauerten Dämonen, die nur darauf warten, ihn zu packen und an einen höllischen Ort zu zerren.

93 Jay Ingram, der über »in Zungen sprechen« schreibt, sagt: »Manche Leute lernen es nie. Und wenn man bedenkt, dass sie in den meisten Fällen zu einer Kirche gehören, in der in Zungen zu sprechen nicht nur akzeptiert ist, sondern ein Zeichen dafür, dass man dem Heiligen Geist begegnet ist, ist dieses Versagen ein deprimierendes Zeichen. (Jay Ingram, *Talk Talk Talk*, London: Penguin Books, 1993)

94 Kürzlich unterrichtete ich in Schweden Tankwarte, und sie waren in diesem Spiel die Besten, die ich je hatte.

95 Tut mir leid, Yat, aber das ist zu gut zu gebrauchen, um es wegzulassen.

96 Ich unterrichte oft Fast-Food-Laban zusammen mit Fast-Food-Stanislawski.

97 Eine schwedische Übersetzung dieses Essays wurde im Magazin *Entree* veröffentlicht, in Zusammenarbeit mit der »Nordic Seminars Stanislawski Conference« im Sommer 1988.

98 Aufgezeichnet in Spolin, *Improvisationstechniken.*

99 Richard Feldman beschreibt ähnliche Experimente, und ich frage mich, ob es möglich ist, ein Bewusstsein zu haben, ohne es erforschen zu wollen. Ich beobachtete einen Hummer, der ohne ersichtlichen Grund seine

Scheren öffnete und schloss. Vielleicht dachte er über das Rätsel nach, dass sich seine Zangen öffneten, wenn er es nur wollte.

100 In einer Vorlesung am *Anatomy Theatre* in der London University.

101 Als ich mit dieser Arbeit begann, machte Alan Watts die Idee populär, dass es wichtig sei, »im Jetzt zu sein«. Das bringt mich immer mehr in Verlegenheit, denn obwohl es bei der Improvisation eine alltägliche Erfahrung ist, behandeln Leute diese Vorstellung als etwas Esoterisches.

102 Ich brauchte Jahre, die Idee eines dem Ziel widersprechenden Mantras auf die Reihe zu kriegen. Doch es ist klar, dass die mächtige Wirkung der Kombination Hass plus Verführung von vielen Filmstars ganz von selbst entdeckt wurde – nach all den Demütigungen auf der »Leiter zum Ruhm«.

103 Menschen entdecken das Mantra immer wieder neu. Joanna Field (eine Kunstprofessorin) stellte fest, dass Gemälde für sie nicht mehr Gegenstände zum Erfahren waren, sondern zum Nachdenken. Sie kurierte sich selbst davon, indem sie, wenn sie sie ansah, wiederholte: »Ich will nichts ... ich will nichts«. »Kunstbewertung« kann den Betrachter vom Kunstwerk isolieren. Man sieht, wie das Blau im Gewand der Madonna in Kontrast steht zu den Hauttönen des Babys und wie das Dreieck, das sie bildet in Kontrast steht zu den horizontalen Linien der Landschaft, aber ein Gemälde zu analysieren ist nicht das Gleiche, wie von seiner Schönheit entzückt zu sein.

104 Ben Benison schlug einmal einen Freiwilligen aus dem Publikum mit dem Ballon. Der Fremde sprang in die Luft, wirbelte in die Horizontale und krachte in dieser Stellung auf den harten Boden. Wir dachten, er sei tot, doch er stand auf und erklärte uns, dass er Turner war. Keiner lachte. Wäre er aufgesprungen und hätte verwirrt in alle Richtungen gestarrt, wäre es schreiend komisch gewesen und nicht erschreckend.

105 Ich habe ein Kinderstück geschrieben für Fingermenschen und einen »lebensgroßen« Gulliver.

106 Dies könnte für die medizinische Diagnose eingesetzt werden: »Ihre Temperatur ist normal, doch Ihr Klatschen wird gleich ausbrechen.«

107 Einige Gruppen verwenden noch immer Papiertüten und schneiden dabei das Gesicht des Bösewichts frei. Aber die Strafe besteht ja gerade darin, das Gesicht zu verbergen, also wo liegt der Sinn?

108 Manche Gruppen bestrafen einen Darsteller, indem sie ihn mit dem Korb auf dem Kopf als Figur in der nächsten Szene auftreten lassen. Er muss das Tragen des Korbs innerhalb der Szene rechtfertigen. Dies ist keine Strafe, nicht einmal eine symbolische, da der Missetäter sozusagen die Hauptrolle erhält. Zudem sind solche Szenen fast immer blöd, und das wollen wir schließlich nicht unterstützen.

109 Der Kommentator (oder das Publikum) dürfen mit dem »Auszählen« beginnen, doch es sind die Richter, die das Spiel leiten und deshalb jederzeit sagen können: »Nein, wir glauben nicht, dass sie Zeit vergeuden!«

110 Ich habe ausgezeichnete Musikimprovisierer gesehen, die ihre Arbeit ruinierten, indem sie »geistreich« sein wollten. Sie spielten zum Beispiel Songs, die einen passenden Kommentar lieferten, anstatt eine Klangatmosphäre zu schaffen, die die Spieler inspiriert und das Publikum fesselt. Selbstvertrauen ersetzt Furcht, aber das Ego ruiniert die Leute.

111 Es gibt noch andere Gründe, warum sich Muskeln verkrampfen. So kann durch Spannung Leiden ausgeschaltet werden. Entspannt man die Muskeln, die chronisch verspannt sind, wird man wahrscheinlich von lange vergessenem Schmerz und Traurigkeit überwältigt – das ist allgemein bekannt. Eine weitere Ursache für schlechte Haltung sind die anerkannten modernen Sitzgelegenheiten, die nach hinten geneigt sind, was uns zwingt, unsere Hüften anzuspannen. Dazu kommen die ebenen Schreibtische, die uns zwingen, unsere Wirbelsäule zu verkrümmen.

112 Was halten Sie davon, Herr Freud, Herr Platon?

113 Die Liste basiert auf Irenäus Eibl-Eibesfeldts Beobachtungen des universellen menschlichen Flirtverhaltens (Max-Planck-Institut, München).

114 Michail Tschechow beschreibt diese »Licht in der Brust«-Technik in seinem Buch *To the Actor: On the Technique of Acting* (New York: Harper & Row, 1953). Verwerfen Sie diese Idee nicht als dumm – versuchen Sie es in der Pause in einer Bar, und Sie werden schneller bedient werden.

115 Diese »Sequenz« kann mindestens zwanzig Minuten dauern, wenn die Spieler gut drauf sind.

116 Der klinische Begriff für diese Geisteskrankheit ist Capgras-Syndrom (wenn es Sie interessiert).

117 Ein japanischer Bogenschütze am Big Sur wandte sich vom Ziel ab, schoss einen Pfeil weit in den Pazifik hinaus und rief: »Ins Schwarze!«

INFORMATIONEN

Weiterführende Informationen zu internationalen Theatersport©-Aktivitäten und für die Genehmigung, den Begriff »Theatersport«© für öffentliche Aufführungen zu benutzen, finden Sie unter **www.keithjohnstone.com**.

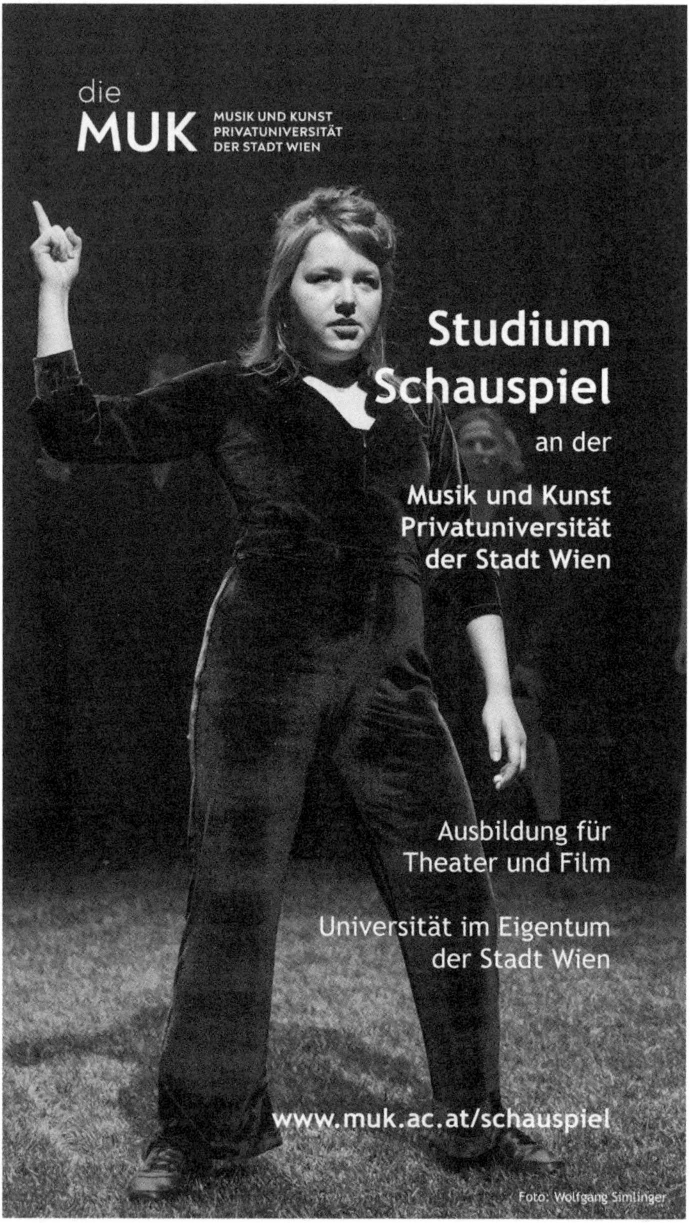
die
MUK
MUSIK UND KUNST
PRIVATUNIVERSITÄT
DER STADT WIEN
Studium
Schauspiel
an der
Musik und Kunst
Privatuniversität
der Stadt Wien
Ausbildung für
Theater und Film
Universität im Eigentum
der Stadt Wien
www.muk.ac.at/schauspiel
Foto: Wolfgang Simlinger

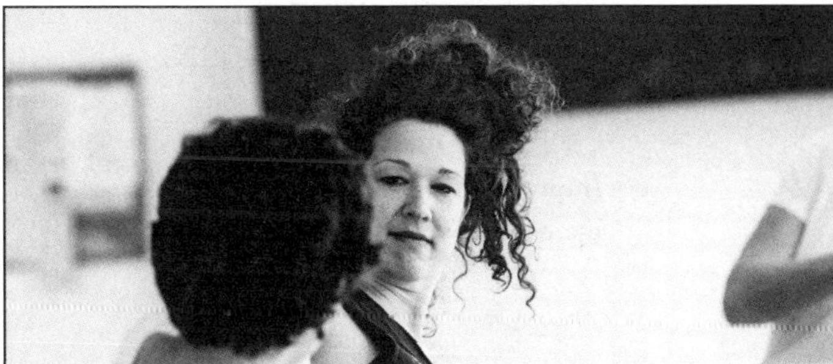

THEATERBÜCHER IM ALEXANDER VERLAG BERLIN

KEITH JOHNSTONE
Improvisation und Theater
Mit einem Nachwort von George Tabori

·

Wie meine Frau dem Wahnsinn verfiel
Storys & Plays

NIKOLAI GORTSCHAKOW
Die Wachtangow-Methode
Die Wiederentdeckung der Improvisation für das Theater
Mit einem Vorwort von Keith Johnstone

MICHAEL SHURTLEFF
Erfolgreich Vorsprechen
Mit einem Vorwort von Bob Fosse und einer Einleitung von Keith Johnstone

SANFORD MEISNER/DENNIS LONGWELL
Schauspielen. Die Sanford-Meisner-Methode

SUSAN BATSON
TRUTH. Wahrhaftigkeit im Schauspiel
Ein Lehrbuch

ANNE BOGART/TINA LANDAU
Viewpoints
Ein praktisches Handbuch für Schauspieler, Regisseure und Choreographen

IVANA CHUBBUCK
Die Chubbuck-Technik
Ein Schauspiel-Lehrbuch

ALAN AYCKBOURN

Theaterhandwerk

101 selbstverständliche Regeln zum Schreiben und Inszenieren

PETER BROOK

Der leere Raum

·

Das offene Geheimnis

Gedanken über Schauspielerei und Theater

YOSHI OIDA

Die Tricks eines Schauspielers

·

Der unsichtbare Schauspieler

Gedanken über Schauspielerei und Theater

WOLFGANG WERMELSKIRCH (HG.)

Texte für Vorsprechen und Acting-Training – Band I

110 Solo- und Duo-Szenen des 20. Jahrhunderts

·

Neue Texte für Vorsprechen und Acting-Training – Band II

110 Solo- und Duo-Szenen des 20. Jahrhunderts

(Mit einer praktischen Trainingseinheit)

LEE STRASBERG

Schauspielen und das Training des Schauspielers

DECLAN DONNELLAN

Der Schauspieler und das Ziel

Ängste und Blockaden überwinden

DAVID MAMET

Richtig und Falsch

Kleines Ketzerbrevier samt Common sense für Schauspieler

JENS ROSELT (HG.)
Seelen mit Methode
Schauspieltheorien

·

Regietheorien. Regie im Theater
Geschichte – Theorie – Praxis

RICHARD BLANK
Schauspielkunst in Theater und Film
Über Strasberg, Stanislawski und Brecht

JACQUES LECOQ
Der poetische Körper
Eine Lehre vom Theaterschaffen

JO SALAS
Playback-Theater

MICHAEL CAINE
Weniger ist mehr
Kleines Handbuch für Filmschauspieler

MICHAEL TSCHECHOW
Der Schauspieler ist das Theater
New Yorker Vorträge 1942
Hg. von Ulrich Meyer-Horsch und Anton Rey

·

Lektionen für den professionellen Schauspieler
Hg. von Anton Rey und Mani Wintsch

HERMANN SCHMIDT-RAHMER
Change the Pattern!
Schauspielen heute. Ein Handbuch